Leitfäden und Monographien
der Informatik

Günter Hotz
Einführung in die Informatik

Leitfäden und Monographien der Informatik

Herausgegeben von

Die Leitfäden und Monographien behandeln Themen aus der Theoretischen, Praktischen und Technischen Informatik entsprechend dem aktuellen Stand der Wissenschaft. Besonderer Wert wird auf eine systematische und fundierte Darstellung des jeweiligen Gebietes gelegt. Die Bücher dieser Reihe sind einerseits als Grundlage und Ergänzung zu Vorlesungen der Informatik und andererseits als Standardwerke für die selbständige Einarbeitung in umfassende Themenbereiche der Informatik konzipiert. Sie sprechen vorwiegend Studierende und Lehrende in Informatik-Studiengängen an Hochschulen an, dienen aber auch in Wirtschaft, Industrie und Verwaltung tätigen Informatikern zur Fortbildung im Zuge der fortschreitenden Wissenschaft.

Einführung in die Informatik

Von Prof. Dr. rer. nat. Günter Hotz
Universität Saarbrücken

B. G. Teubner Stuttgart 1990

Prof. Dr. rer. nat. Günter Hotz

Studium der Mathematik mit Nebenfach Physik an den Universitäten Frankfurt und Göttingen. Diplom und Promotion in Mathematik in Göttingen. Drei Jahre Entwicklungsingenieur in der Firma Telefunken. Seit 1962 in Saarbrücken, zunächst als Habilitand der Fritz-Thyssen-Stiftung; Habilitation in Angewandter Mathematik mit einer Arbeit aus dem Gebiet der Informatik. Seit 1969 Professor, zunächst in Angewandter Mathematik, später in Informatik, an der Universität des Saarlandes.

CIP-Titelaufnahme der Deutschen Bibliothek

Hotz, Günter:
Einführung in die Informatik / von Günter Hotz. - Stuttgart :
Teubner, 1990
(Leitfäden und Monographien der Informatik)
ISBN-13: 978-3-519-02246-6 e-ISBN-13: 978-3-322-80096-1
DOI: 10.1007/978-3-322-80096-1

Gesamtherstellung: Zechnersche Buchdruckerei GmbH, Speyer
Einband: P.P.K,S-Konzepte, T. Koch, Ostfildern/Stuttgart

Vorwort

Das vorliegende Buch ist aus den Vorlesungen Informatik I und II entstanden, die ich seit 1969 in einem regelmäßigen Turnus von drei bis vier Jahren an der Universität des Saarlandes gehalten habe. Das im gleichen Verlag 1972 erschienene Büchlein "Informatik: Rechenanlagen" war sehr rasch fertiggestellt worden, da zu dieser Zeit des Beginnes der Informatikausbildung an deutschen Hochschulen kaum Literatur zu diesem Thema vorhanden war. Das vorliegende Buch ist nicht nur eine bloße Erweiterung dieses Büchleins, sondern stellt an sich ein völlig neues Werk dar.

Der leitende Gesichtspunkt meiner Vorlesungen war die Herleitung der Struktur von Rechenmaschinen aus einfachen Programmieraufgaben. Weiter sollte die Theorie in mathematischer Weise aufgebaut werden. Dies hielt ich für umso notwendiger, als die Informatikstudienpläne relativ wenig mathematische Grundvorlesungen vorsehen. Das Kapitel 1 gibt eine Einführung in die hier benötigten mathematischen Grundbegriffe.

In Kapitel 2 wird stufenweise ein Modell für Rechenmaschinen entwickelt. Der Übergang von Stufe zu Stufe wird durch Programmieraufgaben motiviert. Es wird viel Gewicht darauf gelegt, den Simulationsbegriff als Methode zur Einsicht in die Korrektheit von Algorithmen zu entwickeln. Diese kommt bei dem Aufbau einer Unterprogrammtechnik zum Tragen. Die Unterprogrammtechnik wird hier detailliert entwickelt, da sie eine sehr gute Basis zum Verständnis der interpretierenden Übersetzung von Programmen höherer Programmiersprachen darstellt.

Das Kapitel 3 führt den Leser zum Verständnis der Funktionsweise der Maschine. Hierzu dient zunächst eine Einführung in die Theorie der kombinatorischen Schaltkreise. Es werden anschließend die bistabilen Schaltkreise und die Flipflops diskutiert und schließlich werden auch die endlichen Automaten und ihre Darstellung durch Schaltwerke behandelt. Eine der Beschreibungsmöglichkeiten für Schaltwerke stellen die "Mikroprogramme" dar, deren Realisierung durch Schaltwerke skizziert wird. Das Kapitel wird abgeschlossen durch einige Beispiele von Mikroprogrammen, ein formales Modell des Speicherwerkes und die Beschreibung des Mikroprogrammwerkes. Damit hat der Leser einen Stand erreicht, der ihn befähigt, selbst eine Rechenmaschine zu bauen.

In Kapitel 4 geben wir eine Einführung in die Theorie der höheren Programmiersprachen. Grundlegend ist die ausführliche Darstellung der Datentypen **real**, **string**, **list** und **sentence**. Diese Datentypen sind heterogene Algebren. Variablen werden relativ zu diesen Datentypen deklariert und als Operation für die Sprachen werden die Operationen der eingeführten Datentypen zugelassen.
Die elementaren Kontrollstrukturen der Programme werden durch Bäume definiert. Dies erlaubt es auf einfache Weise, jedem Programm einen Strukturbaum zuzuordnen, der die Grundlage für die Definition der Semantik der Programme bildet. Die Interpretation der Programme konstruiert einen Graphen über dem Strukturbaum. Die durch das Programm definierte Berechnung wird durch eine Art Depth-first Search in diesem Graphen gesteuert.

Wir führen *Arrays*, *Verbunde* und *flexible* Arrays als zusammengesetzte Datenstrukturen ein.

Abschließend zeigen wir, daß sich die Programme der hier eingeführten Sprache in Maschinenprogramme übersetzen lassen. Dies tun wir, indem wir zunächst die Prozeduren eliminieren und schließlich alle Datenstrukturen auf flexible Arrays zurückführen. Die Programme, die sich durch diese Konstruktionen ergeben, lassen sich offensichtlich auf unserer Maschine aus Kapitel 2 interpretieren.

Ein Satz über die Unvollständigkeit der Programmiersprachen rundet das Buch ab und weist auf grundsätzliche Probleme der Berechenbarkeit hin.

Vor allem habe ich Frau Dreyer und Herrn Dipl. Inform. Andreas Nikolaus zu danken. Frau Dreyer hat das ganze Kapitel 4 und die Abschnitte 3.1 bis 3.3.4 in LaTeX erstellt. Herr Nikolaus hat alles andere in LaTeX geschrieben und beide Manuskripte in der Form einander angepaßt. Er hat darüber hinaus mein vorliegendes Manuskript geglättet, von vielen Fehlern befreit und zu dem Abschnitt über die Simulationen auch inhaltlich wesentlich beigetragen. Den wichtigen Abschnitt 2.3 über den Kellermechanismus hat er selbständig verfaßt, Beweisskizzen – insbesondere Dycksprachen und lineare Schaltwerke betreffend – hat er ausgeführt. Er hat die zahlreichen Tabellen entworfen und die bei weitem überwiegende Anzahl der Abbildungen in LaTeX realisiert.

Zu den Übungsaufgaben haben B. Becker, J. Hartmann, R. Kolla, T. Kretschmer, P. Molitor und wiederum A. Nikolaus beigetragen. Korrekturen wurden von T. Kretschmer, P. Molitor, G. Pitsch, M. Ries, E. Schömer gelesen.

Natürlich entsteht so ein Buch nicht im luftleeren Raum, sondern auch in der Auseinandersetzung mit den Vorstellungen der Kollegen am Ort. Wenn sich das Buch auch in der konsequenten Weiterentwicklung seiner "ersten Auflage" von dem Buch von J. Loeckx, K. Mehlhorn, R. Wilhelm im Aufbau und in der Gewichtung wesentlich unterscheidet, so sind beide Bücher doch wohl von dem gleichen Geist getragen und die den Büchern zugrunde liegenden Vorlesungen haben sich im Laufe der Jahre auch gegenseitig befruchtet.

Dem Teubner-Verlag und insbesondere Herrn Dr. Peter Spuhler gilt mein Dank für die viele Jahre währende sehr gute Zusammenarbeit.

Saarbrücken, im Juli 1990 Günter Hotz

Vorwort zu "Informatik: Rechenanlagen"

Dieses Buch ist die Ausarbeitung einer Vorlesung, die ich zweimal, nämlich in den Sommersemestern 1970 und 1971, unter dem Titel "Informatik I (Einführung in die Struktur von Rechenanlagen)" gehalten habe. Sie war für Studienanfänger der Fachrichtung Informatik bestimmt.

Das Ziel der Vorlesung bestand darin, eine systematische Einführung in die Problemkreise zu geben, die beim Entwurf von Rechenanlagen auftreten. Hierbei sollte sich eine Struktur der Rechenanlagen in natürlicher Weise aus Programmieraufgaben entwickeln. Es sollte klar werden, wie die Veränderung der Struktur den Umfang der berechenbaren Funktionen beeinflußt. Die Methoden der Beschreibung von Schaltkreisen und Schaltwerken und Gesichtspunkte ihrer Optimierung sollten dargelegt werden. Es sollten auch einige komplizierte Befehle durch Mikroprogramme beschrieben werden.

Die physikalisch-technischen Grundlagen wurden ausgespart. Sie sind Gegenstand besonderer Vorlesungen. Alle nicht im Detail beschriebenen Einheiten, wie z.B. die Speicher, wurden axiomatisch erfaßt, so daß der ganze Entwurf auf einer strengen und doch auch realistischen Grundlage beruht.

Es war das Ziel, diese Vorlesung nach dem Vorbild mathematischer Vorlesungen aufzubauen. Es ist dies sicher nicht der einzig gangbare Weg, wie das Buch von F. L. Bauer und G. Goos zeigt, das sich stärker an dem phänomenologischen Aufbau der Experimentalphysik orientiert. Ich war der Meinung, eine Alternative zu diesem meines Wissens bis jetzt stets gegangenen Weg versuchen zu sollen, und lege deshalb diese Vorlesung als Buch vor.

Daß dies so rasch geschehen kann, danke ich Herrn Dipl. Math. G. Kaufholz und Herrn Dr. rer. nat. O. Spaniol, die die Vorlesung ausarbeiteten, sowie Herrn Dipl. Math. H. Kopp, der die Übungen zusammenstellte und die Register anlegte. Den Hauptanteil an der Arbeit traf Herrn Kaufholz, der auch den letzten Abschnitt über Speicherverschränkungen nach einer knappen Vorlesungsskizze ausgearbeitet hat. Einige Korrekturen stammen auch von Hörern meiner Vorlesung.

Dem Teubner-Verlag, der meinen Wünschen bezüglich Gestaltung des Satzes großzügig entgegenkam und das Buch in erstaunlich kurzer Zeit fertigstellte, sowie seinen Mitarbeitern möchte ich an dieser Stelle herzlich danken.

Saarbrücken, im April 1972 Günter Hotz

Inhaltsverzeichnis

Kapitel 1

Grundbegriffe

1.1 Notationen

Wir bezeichnen mit $\mathbf{N}$ die Menge der natürlichen Zahlen.

$$\mathbf{N} := \{ 1, 2, 3, \ldots \};$$

während $\mathbf{N}_0$ die Menge der natürlichen Zahlen einschließlich der Null bedeute. Mit $\mathbf{Z}$, $\mathbf{Q}$ bzw. $\mathbf{R}$ bezeichnen wir die Mengen der ganzen Zahlen, der rationalen Zahlen bzw. der reellen Zahlen.

Wir bilden aus verschiedenen Objekten $a, b, c, \ldots$ Mengen M. Diese Mengen beschreiben wir, indem wir diese Elemente in geschweifte Klammern einschließen. Also:

$$M = \{a, b, c, \ldots\}$$

Die Reihenfolge der Elemente in den geschweiften Klammern spielt dabei keine Rolle. So ist :

$$\{a, b, c\} = \{c, a, b\}.$$

Von den Mengen unterscheiden wir Folgen. Beispielsweise ist (a, b, a, c) eine Folge. Bei Folgen kommt es auf die Reihenfolge der Elemente an. So ist beispielsweise (a, b, a, c) verschieden von (a, a, b, c). Im Unterschied zu Mengen gilt auch $(a, a) \neq (a, a, a)$, während $\{a, a, a\} = \{a, a\}$ ist.

Ist M eine Menge und a ein Element dieser Menge, dann schreiben wir $a \in M$. Ist a kein Element dieser Menge, dann schreiben wir $a \notin M$. Wir definieren für Mengen A und B wie üblich:

$$\begin{aligned} A \cup B &:= \{a \mid a \in A \textbf{ oder } a \in B\} \\ A \cap B &:= \{a \mid a \in A \textbf{ und } a \in B\} \\ A - B &:= \{a \mid a \in A \textbf{ und } a \notin B\}. \end{aligned}$$

Diese Ausdrücke sind zu lesen als Menge der a mit den Eigenschaften ...
Weiter verwenden wir

$$A \subset B :\Longleftrightarrow (a \in A \Rightarrow a \in B).$$

Betrachten wir nur Mengen, die Teilmengen einer fest gegebenen Menge M sind, dann schreiben wir auch $\overline{A}$ für $M - A$ und bezeichnen $\overline{A}$ als Komplement von A bezüglich M.

Ist A eine endliche Menge, dann setzen wir:

$$\#A := \text{Anzahl der Elemente von A.}$$

Ist A nicht endlich, dann setzen wir $\#A := \infty$. Für $\#A$ schreibt man auch $card(A)$.

Sind A und B Mengen, dann definieren wir:

$$A \times B := \{(a,b) \mid a \in A, b \in B\}.$$

$A \times B$ heißt **cartesisches Produkt** von A und B.

Ist zudem $R \subseteq A \times B$, dann heißt $r = (A, B, R)$ eine **Relation** zwischen A und B. Wir schreiben:

$$r(a) = \{b \in B \mid (a,b) \in R\} \quad \text{für } a \in A$$

und

$$r^{-1} = (B, A, R^{-1}) \quad \text{mit } R^{-1} = \{(b,a) \mid (a,b) \in R\}.$$

Wir definieren für $r = (A, B, R)$ $Q(r) = A$ und $Z(r) = B$ und lesen $Q(r)$ als **Quelle** und $Z(r)$ als **Ziel** von r.

Sind $r = (C, D, R)$ und $s = (A, B, S)$ Relationen, dann definieren wir die Operation $r \circ s$ genau dann, wenn $Z(s) = Q(r)$ ist, durch die folgende Vorschrift:

$$r \circ s = (A, D, T) \text{ mit } T = \{(a,d) \mid \text{es gibt } c \in B \text{ mit } (a,c) \in S \text{ und } (c,d) \in R\}.$$

Der Leser mag sich fragen, warum wir r anstelle von R schreiben und uns nicht das Mitführen von A und B schenken. Die Gründe dafür sind formaler Natur. Wenn man sich die Elemente von $A \times B$ als Paare (a, b) notiert denkt, so daß sich die Komponenten a und b in eindeutiger Weise zurückgewinnen lassen, kann man sich das Mitführen von Quelle und Ziel in der Tat sparen. Bestehen aber A und B aus Elementfolgen $a, a, \ldots, a$, dann kann die Zerlegung von $(a, \ldots, a, a, \ldots, a)$ mitunter zweifelhaft sein. Es genügt dann offenbar auch nicht, die Quelle und das Ziel mitzuführen, sondern man benötigt sogar eine Vorschrift, die angibt, wie man die beiden Komponenten zurückgewinnt. Diese Vorschriften werden in diesem Zusammenhang als Projektionen bezeichnet.

Eine spezielle Relation ist: $1_A = \{(m,m) \mid m \in A\}$.

Es gilt: $r \circ 1_A = 1_B \circ r = r$.

Zu jeder Relation r mit $Q(r) = A$ und $Z(r) = B$ haben wir also eine Linkseins 1_B und eine Rechtseins 1_A.

Von besonderem Interesse sind die Relationen über einer einzigen Menge, d.h. Relationen der Form $r = (A, A, R)$. Hier setzen wir:

$$\begin{aligned} r^0 &:= 1_A, \\ r^1 &:= r, \\ r^2 &:= r \circ r, \\ r^3 &:= r \circ r^2, \end{aligned}$$

und allgemein für $k = 1, 2, \ldots$

$$r^k := r \circ r^{k-1}.$$

Wir definieren:

$$r^* := 1_A \cup r \cup r^2 \cup \cdots$$

und schreiben dafür auch:

$$r^* = \bigcup_{k=0}^{\infty} r^k.$$

r^* nennen wir den **reflexiven, transitiven Abschluß** von r.

Definition 1.1 *Eine Relation r heißt*

reflexiv *und* **transitiv,**	*falls $r = r^*$ ist.*
symmetrisch,	*falls gilt:* $(m,n) \in R \Rightarrow (n,m) \in R$.
Äquivalenzrelation $\Longleftrightarrow$	*1.) r ist reflexiv und transitiv.*
	2.) r ist symmetrisch. ∎

In diesem Falle schreibt man anstelle von $a \in r(b)$ auch $a \overset{r}{\equiv} b$ oder $a \overset{r}{\sim} b$ oder $a = b(r)$. Für $r(a)$ schreibt man auch $[a]_r$. Alle diese Schreibweisen und weitere finden sich in der Literatur. Man liest diese Relation als "a ist **äquivalent** b modulo r. "

Lemma 1.1 *Ist r eine Äquivalenzrelation, dann gilt für alle $a, b \in A$:*

$$r(a) \cap r(b) = \emptyset \quad \textit{oder} \quad r(a) = r(b).$$

Beweis: Der Beweis wird dem Leser als Übung empfohlen. ∎

Ist r eine Äquivalenzrelation, so heißt $r(a)$ die **Äquivalenzklasse** von $a \in A$. Für die Menge der Äquivalenzklassen von A schreiben wir $A/(r)$.

Man veranschauliche sich den Begriff der Relation durch ein Straßensystem in einer Stadt. Die Menge, auf der die Relation gebildet wird, ist die Menge A der Straßenkreuzungen. Das Paar (a, b) von Kreuzungen liegt genau dann in der Relation r, wenn es eine kreuzungsfreie Straße gibt, die von a nach b durchfahren werden darf. Das Paar (c, e) von Kreuzungen liegt genau dann in der Relation r^2, wenn es Paare (c, d) und (d, e) von Kreuzungen gibt, so daß (c, d) und (d, e) in r liegen. Das Paar (e, g) von Kreuzungen liegt genau dann in der Relation r^3, wenn es Paare $(e, f), (f, g)$ von Kreuzungen gibt, so daß (e, f) in r liegt und (f, g) in r^2 usw. In einer Stadt sollte $r^* = A \times A$ gelten.

Definition 1.2 *Eine Relation $r \subseteq A \times B$ heißt*

$$
\begin{aligned}
\textbf{injektiv} &\iff \#r^{-1}(b) \leq 1 \quad \textit{für alle } b \in B,\\
\textbf{surjektiv} &\iff \#r^{-1}(b) \geq 1 \quad \textit{für alle } b \in B,\\
\textbf{bijektiv} &\iff \#r(a) = 1 \textit{ und } \#r^{-1}(b) = 1\\
&\qquad\qquad \textit{für alle } a \in A,\ b \in B,\\
\textbf{partielle Abbildung} &\iff \#r(a) \leq 1 \quad \textit{für alle } a \in A,\\
\textbf{totale Abbildung} &\iff \#r(a) = 1 \quad \textit{für alle } a \in A.
\end{aligned}
$$
∎

Entsprechend spricht man von **injektiven, surjektiven** und **bijektiven Abbildungen**. Man schreibt auch $f\colon A \to B$ oder $A \xrightarrow{f} B$, falls $f = (A, B, F)$ eine totale Abbildung ist, und $f\colon A \rightsquigarrow B$, falls f eine partielle Abbildung ist. Wir werden im folgenden unter "Abbildungen" stets "totale Abbildungen" verstehen. Synonym zu "Abbildung" wird auch häufig "Funktion" verwendet.

Die Menge $Def(f) := \{a \in A \mid \#f(a) = 1\}$ nennt man den **Definitionsbereich** von f. Im Fall $f\colon A \to B$ ist $Def(f) = A$.

Sei $r = (A, B, R)$ eine Relation und sei $\tilde{A} \subseteq A$, $\tilde{B} \subseteq B$. Die Relation $\tilde{r} = (\tilde{A}, \tilde{B}, \tilde{R})$ heißt **Einschränkung** von r auf $\tilde{A} \times \tilde{B}$, falls $\tilde{R} = \left\{(m, n) \in R \mid (m, n) \in \tilde{A} \times \tilde{B}\right\}$ gilt. Hierfür hätten wir auch schreiben können: $\tilde{R} = R \cap \left(\tilde{A} \times \tilde{B}\right)$.

Ist $\tilde{r}$ **die** Einschränkung von r auf $\tilde{A} \times \tilde{B}$, dann heißt r **eine Fortsetzung** von $\tilde{r}$ auf $A \times B$.

Diese Definiton wenden wir auch auf Abbildungen an. Wenn $\tilde{A} \subseteq A$ und $f\colon A \to B$ eine Abbildung ist, dann versteht man unter der Einschränkung von f auf $\tilde{A}$ die Abbildung $\tilde{f}\colon \tilde{A} \to B$ mit $\tilde{f}(a) = f(a)$ für alle $a \in \tilde{A}$. Hierfür schreibt man kurz $\tilde{f} = f|\tilde{A}$. Analoges gilt auch für partielle Abbildungen $f\colon A \rightsquigarrow B$.

1.2 Halbgruppen und Monoide

Rechenmaschinen verarbeiten Kombinationen von Zeichen und geben solche Kombinationen aus. Im einfachsten Fall sind diese Kombinationen Folgen von Zeichen, z.B. Folgen aus Buchstaben und Ziffern. Kompliziertere Ein- und Ausgaben sind graphischer Natur. Aus diesem Grund spielt die Theorie der Wörter und der formalen Sprachen eine grundlegende Rolle in der Informatik. Es erweist sich rasch als eine zu große Beschränkung, nur Wörter über unserem Alphabet a,b,...,z,A,B,...,Z und den Ziffern 0,1,...,9 zu betrachten. Man muß auch Alphabete zulassen, deren Elemente selbst bereits Zeichenfolgen sind. Diese Konstruktionen können leicht unübersichtlich oder mißverständlich werden. Daher widmen wir diesen Abschnitt den erwähnten Begriffen.

Sei A eine Menge, etwa $A = \{a, b, \ldots, z\}$. Mit den Elementen aus A bilden wir Wörter abc, $aabbcc$, $abacad$, $azbycxazbycx$ etc. Die Menge dieser Wörter bezeichnen wir mit A^+. Aus zwei Wörtern kann man durch Zusammensetzen ein neues Wort erzeugen. Zum Beispiel bilden wir aus den beiden Wörtern abc und $aabcc$ das Wort $abcaabcc$ durch "Konkatenation". Wir schreiben dafür kurz $abc \cdot aabcc = abcaabcc$.

Betrachten wir

$$(abc \cdot cd) \cdot aaa = abccd \cdot aaa = abccdaaa,$$

dann sehen wir, daß

$$(abc \cdot cd) \cdot aaa = abc \cdot (cd \cdot aaa)$$

ist. Das heißt, daß dieses Produkt wohl assoziativ sein wird.

Wir werden im folgenden Text Wörter nur über den ersten Zeichen unseres Alphabets betrachten und $u, v, w, \ldots$ zur Bezeichnung solcher Wörter verwenden. So schreiben wir z.B. $w = abccdaa$. Um das i-te Zeichen des Wortes w zu bezeichnen, schreiben wir $w(i)$. In unserem Fall ist z.B. $w(1) = a, w(3) = c, w(7) = a$.

Die Länge eines Wortes ist gleich der Anzahl seiner Zeichen. In unserem Fall ist die Länge von w gleich 7. Wir schreiben dann Länge$(w) = 7$ oder auch kürzer $|w| = 7$. Ist w ein Wort der Länge n, d.h. $|w| = n$, dann ist

$$w = w(1) \cdot w(2) \cdot \ldots \cdot w(n).$$

Anstelle von $w(i)$ schreiben wir meist w_i, so daß auch

$$w = w_1 \cdot w_2 \cdot \ldots \cdot w_n$$

gilt.

Sind w und v Wörter, dann gilt: $|w \cdot v| = |w| + |v|$.

Wie wir schon gesagt haben, werden auch Wörter über komplizierteren Alphabeten eine Rolle spielen, so daß wir eine exakte Definition dieses Begriffes benötigen.

Wir haben $w(i)$ den i-ten Buchstaben von w genannt, d.h., daß wir w als Abbildung $w : [1{:}n] \to A$ auffassen können, wobei $[1{:}n] := \{i \in \mathbf{N} \mid 1 \le i \le n\}$ und $n = |w|$ ist.

Definition 1.3 *Die Menge* $A^+ := \{f \mid f : [1{:}n] \to A\,,\ n = 1,2,\ldots\}$ *heißt die Menge der* **nichtleeren Wörter** *über* A. $w \in A^+$ *heißt* **Wort** *über* A.
Ist w *die Abbildung* $w : [1{:}n] \to A$*, dann setzen wir* $|w| := n$ *und nennen* $|w|$ *die* **Länge** *von* w.
$A^* := \{f \mid f : [1{:}n] \to A\,,\ n = 0,1,2,\ldots\}$ *heißt die* **Menge der Wörter** *über* A.
Dies ergibt: $A^* - A^+ = \{\, \varepsilon : [1{:}0] \to A \,\}$. *Es ist* $[1{:}0] = \emptyset$ *und somit* $\varepsilon_A = (\emptyset, A, \emptyset)$. ε_A *heißt das* **leere Wort** *über* A. ■

Die Einführung des Wortes ε_A erlaubt es häufig, Aussagen ohne lästige Fallunterscheidungen zu formulieren. Wir werden den Index von ε_A stets weglassen und dieses Wort in allen Fällen nur durch ε bezeichnen.

Wir bestimmen die Anzahl der Wörter der Länge n über A für $\#A = m < \infty$.

Es gibt

1	Wort der Länge	0
m	Wörter der Länge	1
m^2	Wörter der Länge	2.

Wir vermuten:

Lemma 1.2 $\#\Big\{w \in A^* \mid |w| = n\Big\} \;=\; m^n.$

Beweis: Für $n = 0,1,2$ haben wir dies eingesehen. Wir nehmen an, daß diese Behauptung für die Zahl $n \in \mathbf{N}$ gilt und schließen wie folgt auf die Gültigkeit der Behauptung für $n+1$:
Sei $w : [1 : n{+}1] \to A$ und $w' = w|[1{:}n]$. Zwei Abbildungen $u, v\colon [1{:}n+1] \to A$ sind verschieden, falls $u' = u|[1{:}n] \ne v' = v|[1{:}n]$ oder $u(n+1) \ne v(n+1)$ ist.
Nun gibt es nach Induktionsannahme m^n Wörter der Länge n. Jedes dieser m^n Wörter läßt sich auf m verschiedene Weisen zu einem Wort der Länge $n+1$ fortsetzen. Also gibt es m^{n+1} Wörter der Länge $n+1$. Nach dem Prinzip der vollständigen Induktion gilt unsere Behauptung für alle $n \in \mathbf{N}$. ■

Nun wollen wir das Produkt, die "**Konkatenation**" von Wörtern, definieren.
Hierzu definieren wir die Abbildung $\tau\colon A^* \times A^* \to A^*$ wie folgt:

$$\tau(u,v) = w \quad :\Longleftrightarrow \quad \text{es gilt 1.) und 2.) mit}$$

$$\begin{array}{lll} 1.) & |w| & = |u| + |v| \\ 2.) & w(i) & = \begin{cases} u(i) & \text{für } 1 \le i \le |u| \\ v(i - |u|) & \text{für } |u| < i \le |u| + |v|. \end{cases} \end{array}$$

Offensichtlich gibt es zu jedem $u, v \in A^*$ genau ein $w \in A^*$ mit $\tau(u,v) = w$, denn 1.) und 2.) können auch als eindeutige Vorschrift zur Konstruktion von w aus u und v gelesen werden.

Setzen wir $\tau' = \tau | A^+ \times A^+$, so sieht man leicht, daß der folgende Sachverhalt gilt:

Satz 1.3 *Für $u, v, w \in A^*$ gilt:*

$$\tau(\tau(u,v),w) \quad = \quad \tau(u,\tau(v,w))$$

und

$$\tau(\varepsilon,u) \quad = \quad \tau(u,\varepsilon) \quad = \quad u,$$

d.h. (A^*, τ) und (A^+, τ') sind assoziativ und ε ist Einheit in A^*. ■

Definition 1.4

(a) (A^*, τ) *heißt* **das Wörtermonoid** *über* A.

(b) (A^+, τ') *heißt* **die Wörterhalbgruppe** *über* A. ■

Wir schreiben für $w = w_1 \cdot \ldots \cdot w_n$ oder $w = w(1) \cdot \ldots \cdot w(n)$ auch $w = (w_1, w_2, \ldots, w_n)$.

Den Grund für diese Schreibweise erhellt das folgende Beispiel.

Seien $u = (a,b,c)$, $v = (c)$, $w = (a,b)$. Wir bilden nun $\{u,v,w\}^*$. Diese Menge enthält die Wörter $x = ((a,b),(c))$ und $y = ((a,b,c))$. Beide Elemente sind verschieden, denn

$$\begin{array}{lll} |x| = 2 & \text{und} & x(1) = (a,b),\ x(2) = (c); \\ |y| = 1 & \text{und} & y(1) = (a,b,c). \end{array}$$

Die Verwendung der Klammern erlaubt eine einfache Notation zur Unterscheidung von x und y.

Es ist uns im folgenden lästig, für das Wort (a) stets die Klammern mitzuführen. Wir vereinbaren, für (a) kürzer a zu schreiben. In diesem Sinne gilt: $A \subset A^+$ und $A \subset A^*$.

Machen wir uns noch etwas mit A^* vertraut. Auf A^* können wir die Abbildung "Spiegelung" $rev: A^* \to A^*$ für $w : [1:n] \to A$ folgendermaßen definieren:

$$rev(w) : [1:n] \to A \quad \text{mit} \quad rev(w)(i) := w(n-i+1) \quad \text{für } i = 1, \ldots, n.$$

Schreiben wir $w = (w_1, \ldots, w_n)$, so wird die Bezeichnung "Spiegelung" verständlich.

Offensichtlich ist: $rev(w) = (w_n, \ldots, w_1)$ und $rev(\varepsilon) = \varepsilon$.

Lemma 1.4 *Für alle $u, v \in A^*$ gilt:*

$$rev(\tau(u,v)) = \tau(rev(v), rev(u)).$$

Beweis: Der einfache Beweis sei dem Leser als Übung empfohlen. ∎

(A^*, τ) und (A^+, τ') sind Sonderfälle von Monoiden und Halbgruppen.

Definition 1.5 *Ist H eine Menge und $\tau: H \times H \to H$ eine Abbildung, die für alle $a, b, c \in H$*

$$\tau(a, \tau(b,c)) = \tau(\tau(a,b), c)$$

erfüllt, dann heißt (H, τ) **Halbgruppe**.

(H, τ) heißt **Monoid**, *wenn es zusätzlich $\varepsilon \in H$ gibt, so daß für alle $a \in H$ gilt:*

$$\tau(a, \varepsilon) = \tau(\varepsilon, a) = a.$$

ε heißt **Einheit** *von (H, τ).* ∎

Wir schreiben in Zukunft für *assoziative* Verknüpfungen $a \cdot b$ anstelle von $\tau(a,b)$ oder $a + b$, falls die Verknüpfung *kommutativ* ist, d.h., falls $\tau(a,b) = \tau(b,a)$ für alle $a, b \in H$.

Lemma 1.5 *Ein Monoid enthält genau eine Einheit.*

Beweis: Seien $\varepsilon, \lambda \in H$ Einheiten. Da λ Einheit ist, gilt $\varepsilon \cdot \lambda = \varepsilon$. Weil aber ε ebenfalls Einheit ist, gilt auch $\varepsilon \cdot \lambda = \lambda$, woraus $\varepsilon = \lambda$ folgt. ∎

Aus diesem Grund sprechen wir von *der* Einheit eines Monoides.

Wir führen einige Beispiele von Monoiden und Halbgruppen auf.

Beispiel 1.1

1.)	$(A^+, \cdot)$	Halbgruppe
2.)	$(A^*, \cdot)$	Monoid
3.)	$(\mathbf{N}, +)$	kommutative Halbgruppe

4.)	$(\mathbf{N}, \cdot)$	kommutatives Monoid
5.)	$(\mathbf{N}_0, +)$	kommutatives Monoid
6.)	$(\mathbf{Z}, +)$	kommutatives Monoid
7.)	$(\mathbf{Z}, \cdot)$	kommutatives Monoid

8.) Sei $Abb\,(A, A) = \{f \mid f\colon A \to A\}$
$(Abb(A,A), \circ)$ Monoid mit Einheit 1_A ■

Bemerkung: $\big(Abb(A,A), \circ\big)$ ist nicht kommutativ für $\#A > 1$.

Beispiel 1.2 $A = \{a, b\}$ mit $f(a) = b, f(b) = a$ und $g(a) = g(b) = a$.
$a = g\,(f\,(a)) = (g \circ f)\,(a) \neq (f \circ g)\,(a) = f\,(g\,(a)) = b.$ ■

1.3 Unterhalbgruppen, Untermonoide, Homomorphismen und Erzeugendensysteme

Definition 1.6 *Seien (H, τ) und (H', τ') Halbgruppen.*
(H', τ') heißt **Unterhalbgruppe** *von (H, τ), wenn gilt:*

$$H' \subset H \qquad \textit{und} \qquad \tau' = \tau | H' \times H'.$$

Sind (H, τ) und (H', τ') Monoide, dann heißt (H', τ') **Untermonoid** *von (H, τ), falls 1.) und 2.) gelten mit:*

1.) (H', τ') ist Unterhalbgruppe von (H, τ).

2.) Ist ε die Einheit von (H, τ), dann ist $\varepsilon \in H'$. ■

Gehen wir von einer Halbgruppe (H, τ) und einer Menge $E \subset H$ aus, so interessieren wir uns für die kleinste Unterhalbgruppe von (H, τ), die E enthält. Zu diesem Zweck betrachten wir die Menge der Unterhalbgruppen (H', τ') von (H, τ) mit der Eigenschaft $E \subset H'$. Wir definieren diese Menge durch den folgenden Ausdruck:

$$H\,(E) := \big\{H' \mid (H', \tau') \text{ ist Unterhalbgruppe von } (H, \tau)\,,\, E \subset H'\big\}.$$

Nun bilden wir:

$$\langle E \rangle_H := \bigcap_{H' \in H(E)} H'.$$

Man erkennt, daß das folgende Lemma gilt.

Lemma 1.6 *Für alle $u, v \in \langle E \rangle_H$ ist $\tau(u, v) \in \langle E \rangle_H$.*

Beweis: Ist $H' \in H(E)$ und $u, v \in H'$, dann ist $\tau(u,v) \in H'$, denn (H', τ') ist Unterhalbgruppe von (H, τ). Dies gilt für jedes $H' \in H(E)$, somit auch für den Durchschnitt aller $H' \in H(E)$. Wir erhalten: $\tau(u,v) \in \langle E \rangle_H$. ∎

Sei

$$\tau_E : \langle E \rangle_H \times \langle E \rangle_H \to \langle E \rangle_H$$

und

$$\tau_E := \tau | \langle E \rangle_H \times \langle E \rangle_H .$$

Offensichtlich gilt dann:

Satz 1.7 *$(\langle E \rangle_H, \tau_E)$ ist Unterhalbgruppe von (H, τ).* ∎

$(\langle E \rangle_H, \tau_E)$ heißt die durch E **erzeugte** Unterhalbgruppe von (H, τ). Sie ist die gesuchte kleinste Unterhalbgruppe von (H, τ), die E enthält. Völlig analog definiert man das durch E erzeugte Untermonoid $(\langle E \rangle_M, \tau_E)$ des Monoides (M, τ) und erhält das kleinste Untermonoid von (M, τ), das E enthält.
E heißt **ein Erzeugendensystem** von $(\langle E \rangle_H, \tau_E)$ bzw. $(\langle E \rangle_M, \tau_E)$.

Beispiel 1.3 Wir verwenden folgende Bezeichnungen:
$E_k = \{k\}$ (für $k \in \mathbf{N}$), $\mathbf{P} = \{p \in \mathbf{N} \mid p \text{ Primzahl}\}$ und $k \cdot \mathbf{N} = \{k \cdot n \mid n \in \mathbf{N}\}$.

- Beispiele für erzeugte Halbgruppen:

$$\begin{aligned} \left(\langle E_k \rangle_{\mathbf{N}_0}, +\right) &= (k \cdot \mathbf{N}, +) \\ \left(\langle \mathbf{P} \rangle_{\mathbf{N}_0}, \cdot\right) &= (\mathbf{N} - \{1\}, \cdot) \\ \left(\langle E_k \rangle_{\mathbf{N}_0}, \cdot\right) &= (\{k^n \mid n \in \mathbf{N}\}, \cdot) \end{aligned}$$

- Beispiele für erzeugte Monoide:

$$\begin{aligned} \left(\langle E_k \rangle_{\mathbf{N}_0}, +\right) &= (k \cdot \mathbf{N}_0, +) \\ \left(\langle \mathbf{P} \rangle_{\mathbf{N}_0}, \cdot\right) &= (\mathbf{N}, \cdot) \\ \left(\langle E_k \rangle_{\mathbf{N}_0}, \cdot\right) &= (\{k^n \mid n \in \mathbf{N}_0\}, \cdot) \\ (\langle \{-1, +1\} \rangle_{\mathbf{Z}}, +) &= (\mathbf{Z}, +) \\ \left(\langle \{k, k^{-1}\} \rangle_{\mathbf{Q}}, \cdot\right) &= (\{k^n \mid n \in \mathbf{Z}\}, \cdot) \end{aligned}$$

In den erzeugten Monoiden ist die Einheit notwendigerweise enthalten, wohingegen sie in den erzeugten Halbgruppen nur dann existiert, wenn sie bereits Element des Erzeugendensystems oder ein Produkt von Elementen des Erzeugendensystems ist. ∎

Zurückkehrend zu Wörtermonoiden stellt sich in diesem Zusammenhang die Frage, wie $\langle E' \rangle_{A^*}$ aufgebaut ist, wenn wir z.B. $E' = \{(a,b),(b,a,b),(a)\} \subset A^*$ betrachten. Insbesondere wollen wir die Unterschiede im Aufbau von $\langle E' \rangle_{A^*}$ und A^* untersuchen.

Wir haben $\langle E \rangle_H$ in einer sehr einfachen Weise definiert. Diese Definition gibt aber keine Auskunft darüber, wie man, ausgehend von E, beispielsweise alle Elemente von $\langle E \rangle_H$, aufzählen kann. Auf diese Frage werden wir später eine Antwort geben. Hierzu benötigen wir den Begriff des Homomorphismus, den wir in der folgenden Definition einführen.

Definition 1.7 *Seien (H,τ) und (H',τ') zwei Halbgruppen.*

Die Abbildung $\varphi: H \to H'$ heißt **Halbgruppenhomomorphismus** *von H in H', falls für alle $a,b \in H$ gilt:*

$$\varphi(\tau(a,b)) = \tau'(\varphi(a),\varphi(b)).$$

Ein Halbgruppenhomomorphismus φ heißt **Monoidhomomorphismus**, *falls*

$$(H,\tau) \text{ bzw. } (H',\tau') \text{ Monoide sind} \qquad \text{und} \qquad \varphi(\varepsilon_H) = \varepsilon_{H'} \text{ ist.}$$

Hierin ist ε_H bzw. $\varepsilon_{H'}$ die Einheit von H bzw. H'. ■

Die Einfachheit dieser Begriffe wird deutlicher, wenn wir für τ und τ' jeweils nur "$\cdot$" schreiben, wie man es üblicherweise auch tut:

$$\varphi(a \cdot b) = \varphi(a) \cdot \varphi(b)$$

Beispiel 1.4 "Länge der Worte in A^*": Die Abbildung $|\cdot|: A^* \to \mathbf{N}_0$ ist ein Monoidhomomorphismus, denn:

$$|a \cdot b| = |a| + |b| \quad \text{und} \quad |\varepsilon| = 0.$$

"Logarithmus": Sei $\mathbf{R}^+ := \{x \in \mathbf{R} \mid x > 0\}$. Die Abbildung $\log : (\mathbf{R}^+,\cdot) \to (\mathbf{R},+)$ ist ein Monoidhomomorphismus, denn es gilt:

$$\log(x \cdot y) = \log(x) + \log(y) \quad \text{und} \quad \log(1) = 0. \quad ■$$

Wir unterscheiden verschiedene Arten von Homomorphismen.

Definition 1.8 *Der Homomorphismus φ heißt*

Monomorphismus,	*falls φ injektiv ist.*
Epimorphismus,	*falls φ surjektiv ist.*
Isomorphismus,	*falls φ bijektiv ist.*
Automorphismus,	*falls $\varphi: H \to H$ bijektiv ist.*

H ist **isomorph** *zu H' genau dann, wenn es einen Isomorphismus $\varphi: H \to H'$ gibt.* ■

Letzteres bedeutet, H und H' sind strukturgleich. Sie unterscheiden sich nur in der Benennung der Objekte.

Sei nun $E \subset H$ und H eine Halbgruppe. Wir bilden die Abbildung $\phi: E^+ \to H$, indem wir ϕ wie folgt definieren:

$$\phi((e_1, \ldots, e_k)) := e_1 \cdot (e_2 \cdot (e_3 \cdot (\ldots \cdot e_k) \ldots)) \quad \text{für } k = 1, 2, 3, \ldots$$

ϕ ordnet jedem Element $(e_1, \ldots, e_k)$ der Wörterhalbgruppe E^+ das Element aus H zu, das man durch Ausmultiplizieren des Produktes der e_i $(i = 1, \ldots, k)$ in H erhält. H ist als Halbgruppe assoziativ, so daß wir die Klammern weglassen können.

Lemma 1.8 *Die oben definierte Abbildung $\phi: E^+ \to H$ mit*

$$\phi(e_1, \ldots, e_k) = e_1 \cdot e_2 \cdot \ldots \cdot e_k \qquad (k \in \mathbf{N})$$

ist ein Halbgruppenhomomorphismus.

Beweis: Aufgrund der Definition der Multiplikation in E^+ kann man schreiben:

$$\begin{aligned} \phi((e_1, \ldots, e_k) \cdot (e'_1, \ldots, e'_k)) &= \phi((e_1, \ldots, e_k, e'_1, \ldots, e'_k)) = \\ e_1 \cdot \ldots \cdot e_k \cdot e'_1 \cdot \ldots \cdot e'_k &= (e_1 \cdot \ldots \cdot e_k) \cdot (e'_1 \cdot \ldots \cdot e'_k) \\ &= \phi((e_1, \ldots, e_k)) \cdot \phi((e'_1, \ldots, e'_k)). \end{aligned}$$

Also ist ϕ ein Halbgruppenhomomorphismus. ■

Aus dem Lemma 1.8 folgt unmittelbar das

Korollar 1.9 *Ist H ein Monoid und $E \subset H$, dann ist die Abbildung $\phi: E^* \to H$ mit*

$$\phi(e_1, \ldots, e_k) = e_1 \cdot e_2 \cdot \ldots \cdot e_k \quad \text{und} \quad \phi(\varepsilon) = \varepsilon \quad \text{für } k = 1, 2, \ldots$$

ein Monoidhomomorphismus. ■

Bezeichnung: $\phi: E^* \to H$ heißt der **kanonische** oder **natürliche** Homomorphismus von E^* in H.

Satz 1.10 *Ist $\varphi: H \to H'$ ein Halbgruppenhomomorphismus bzw. ein Monoidhomomorphismus, dann ist*

$$\varphi(H) = \{h' \in H' \mid \text{es existiert ein } h \in H \text{ mit } \varphi(h) = h'\}$$

eine Unterhalbgruppe bzw. ein Untermonoid von H'.

Beweis: Seien $h'_1, h'_2 \in \varphi(H)$. Dann gibt es $h_1, h_2 \in H$ mit $\varphi(h_1) = h'_1$ und $\varphi(h_2) = h'_2$. Mit $h_1, h_2 \in H$ ist auch $h_1 \cdot h_2 \in H$ und $\varphi(H) \ni \varphi(h_1 \cdot h_2) = \varphi(h_1) \cdot \varphi(h_2) = h'_1 \cdot h'_2$, d.h., $\varphi(H)$ ist unter der Multiplikation abgeschlossen. Ist φ ein Monoidhomomorphismus, dann ist $\varphi(\varepsilon_H) = \varepsilon_{H'}$. Somit: $\varepsilon_{H'} \in \varphi(H)$. Dies zeigt, daß $\varphi(H)$ Unterhalbgruppe bzw. Untermonoid von H' ist. ■

Satz 1.11 *Sei $E \subset H$ bzw. $E \subset M$ und H eine Halbgruppe bzw. M ein Monoid und*

$$\phi: E^+ \to H \quad \textit{bzw.} \quad \phi: E^* \to M$$

der kanonische Halbgruppenhomomorphismus bzw. Monoidhomomorphismus, dann ist

$$\phi(E^+) = \langle E \rangle_H \qquad \textit{bzw.} \qquad \phi(E^*) = \langle E \rangle_M .$$

Beweis: Wir wissen nach Satz 1.10, daß $\phi(E^+)$ bzw. $\phi(E^*)$ Unterhalbgruppe von H bzw. Untermonoid von M ist. Weiter ist $E = \phi(E) \subset \phi(E^+) \subset \phi(E^*)$. Folglich ist $\phi(E^+) \in H(E)$, falls H Halbgruppe ist, bzw. $\phi(E^*) \in H(E)$, falls M Monoid ist. Somit folgt : $\langle E \rangle_H \subset \phi(E^+)$ bzw. $\langle E \rangle_M \subset \phi(E^*)$.

Es ist noch zu zeigen: $\phi(E^+) \subset \langle E \rangle_H$ bzw. $\phi(E^*) \subset \langle E \rangle_M$.

Da $\langle E \rangle_H$ bzw. $\langle E \rangle_M$ unter der Multiplikation abgeschlossen ist, liegt mit E auch jedes Produkt von Elementen aus E in $\langle E \rangle_H$ bzw. $\langle E \rangle_M$. Also: $\phi(E^+) \subset \langle E \rangle_H$. Ist ϕ Monoidhomomorphismus, dann ist $\phi(\varepsilon) = \varepsilon$ und somit $\langle E \rangle_M = \phi(E^*)$. ■

Korollar 1.12 *Die Menge A ist Erzeugendensystem von A^+ bzw. A^*.* ■

Bemerkung: Nach diesem Satz können wir $\langle E \rangle_M$ schreiben als

$$\langle E \rangle_M = \phi(E^*) = \{e_1 \cdot \ldots \cdot e_k \mid e_i \in E,\ 1 \le i \le k,\ k \in \mathbb{N}\} \cup \{\varepsilon\}$$

und erhalten eine konstruktive Charakterisierung von $\langle E \rangle_M$, denn es ist $\phi((e_1, e_2, \ldots, e_k)) = \phi(e_1) \cdot \phi(e_2) \cdot \ldots \cdot \phi(e_k) = e_1 \cdot \ldots \cdot e_k$.

Kehren wir wieder zurück zu unserem Beispiel eines Erzeugendensystems $E' = \{(a,b), (b,a,b), (a)\} \subset A^*$ eines Wörtermonoides. Wir haben eingesehen, daß sich jedes Wort aus $\langle E' \rangle_{A^*}$ in ein Produkt von Elementen aus E' zerlegen läßt. Während jedoch jedes Wort aus A^* auf genau eine Weise in Elemente aus A zerlegbar ist, kann man die Worte aus $\langle E' \rangle_{A^*}$ im allgemeinen auf verschiedene Weisen in Produkte aus E' zerlegen.

$$\langle E' \rangle_{A^*} \ni (a,b) \cdot (a,b) = (a,b,a,b) = (a) \cdot (b,a,b).$$

Wie muß E' beschaffen sein, damit die Zerlegung eindeutig ist?

Zur Beantwortung dieser Frage betrachten wir A^* bzw. A^+. A^+ und A^* sind vor allen anderen Halbgruppen bzw. Monoiden dadurch ausgezeichnet, daß ihr Erzeugendensystem folgende wichtige Eigenschaft besitzt:

Satz 1.13 *Ist H ein beliebiges Monoid und $\varphi_1: A \to H$ eine beliebige Abbildung, dann gibt es einen Monoidhomomorphismus*

$$\varphi: A^* \to H \quad \textit{mit} \quad \varphi_1 = \varphi|A.$$

Beweis: Wir definieren $\varphi(a_1, \ldots, a_k) = \varphi_1(a_1) \cdot \ldots \cdot \varphi_1(a_k)$ und $\varphi(\varepsilon) = \varepsilon$. φ definiert einen Homomorphismus.

Man zeigt dies auf die gleiche Weise, wie wir es beim kanonischen Homomorphismus getan haben. ■

Dieser Satz gibt die Erklärung für die Bezeichnung **freies** Monoid für A^* und **freie** Halbgruppe für A^+. Wir können nämlich zur Definition eines Homomorphismus eine Abbildung $\varphi_1: A \to H$ **frei** wählen und diese stets zu einem Homomorphismus $\varphi: A^* \to H$ fortsetzen. A heißt deshalb auch **freies Erzeugendensystem** von A^* bzw. A^+.

Definition 1.9 *H heißt* **freies Monoid**, *wenn es ein Erzeugendensystem E von H gibt, so daß der kanonische Homomorphismus $\phi: E^* \to H$ ein Isomorphismus ist. E heißt in diesem Falle* **freies Erzeugendensystem** *von H.* ■

Ist H ein freies Monoid mit freiem Erzeugendensystem E, so sind H und E^* strukturgleich. Zur Untersuchung von H können wir uns auch mit E^* beschäftigen und die Ergebnisse auf H übertragen. Dieses Konzept wollen wir etwas verdeutlichen.

Es wurde bereits erwähnt, daß sich jedes $w \in E^*$ auf genau eine Weise in Elemente aus E zerlegen läßt. Analog ist auch jedes $h \in H$ als eindeutiges Produkt von Elementen aus E darstellbar.

Wir haben die Abbildung "Spiegelung" $rev_{E^*}: E^* \to E^*$ auf Wörtermonoiden kennengelernt. Die Abbildung $rev_H: H \to H$, die mit Hilfe des kanonischen Isomorphismus ϕ definiert ist als $rev_H := \phi \circ rev_{E^*} \circ \phi^{-1}$, ist die Verallgemeinerung der Spiegelung auf ein beliebiges freies Monoid H.

Mit Lemma 1.4 erhalten wir dann

$$rev_H(h_1 \cdot h_2) = rev_H(h_2) \cdot rev_H(h_1) \quad \text{für alle } h_1, h_2 \in H.$$

Auch Satz 1.13 verallgemeinern wir auf freie Monoide zu folgendem Korollar:

Korollar 1.14 *Ist E freies Erzeugendensystem des Monoides H, dann läßt sich jede Abbildung $\varphi_1: E \to H'$ in ein Monoid H' zu einem Monoidhomomorphismus $\varphi: H \to H'$ fortsetzen.*

Beweis: Die Existenz einer Fortsetzung von φ_1 zu einem Monoidhomomorphismus $\tilde{\varphi}: E^* \longrightarrow H'$ ergibt sich aus Satz 1.13. Nach Voraussetzung gibt es einen Isomorphismus $\phi: E^* \to H$ mit $\phi|E = 1_E$. Mit ϕ ist aber auch ϕ^{-1} ein Isomorphismus. Also ist auch $\varphi = \tilde{\varphi} \circ \phi^{-1}$ ein Homomorphismus, dessen Bildung das folgende Diagramm veranschaulicht:

$$\begin{array}{ccc} H & \stackrel{\phi^{-1}}{\longrightarrow} & E^* \\ & \varphi\searrow \quad \swarrow \tilde{\varphi} & \\ & H' & \end{array}$$

Es gilt: $\varphi(e) = \tilde{\varphi}\left(\phi^{-1}(e)\right) = \tilde{\varphi}(e) = \varphi_1(e)$ für alle $e \in E$, d.h. $\varphi|E = \varphi_1$. ■

Satz 1.15 *Seien H und H' Monoide und $E \subset H$ und es gelte $\langle E \rangle_H = H$. Sind $\varphi_1, \varphi_2 : H \to H'$ zwei Monoidhomomorphismen mit $\varphi_1|E = \varphi_2|E$, dann ist:*

$$\varphi_1 = \varphi_2.$$

Beweis: Wir können keine Aussagen über die Struktur von H machen, wohl aber über die Struktur von E^*. Darum bilden wir nun die Monoidhomomorphismen $\psi_1, \psi_2 : E^* \to H'$, indem wir mit Hilfe des kanonischen Homomorphismus $\phi: E^* \to H$ jeweils $\psi_i = \varphi_i \circ \phi$ $(i = 1, 2)$ setzen, wie das Diagramm verdeutlicht:

$$\begin{array}{ccc} E^* & \stackrel{\phi}{\longrightarrow} & H \\ & \psi_i\searrow \quad \swarrow \varphi_i & \\ & H' & \end{array}$$

Nun beweisen wir: $\psi_1(w) = \psi_2(w)$ für alle $w \in E^*$.
Aus den Voraussetzungen über φ_1 und φ_2 folgt $\psi_1|E = \psi_2|E$ und $\psi_1(\varepsilon) = \psi_2(\varepsilon)$. Sei nun $v \in E^+$ beliebig mit $v = (e_1, \ldots, e_k)$ und $k \in \mathbf{N}$. Dann können wir schreiben:

$$\begin{aligned} \psi_1(v) = \psi_1\left((e_1, \ldots, e_k)\right) = \psi_1(e_1) \cdot \ldots \cdot \psi_1(e_k) &= \\ \psi_2(e_1) \cdot \ldots \cdot \psi_2(e_k) &= \psi_2\left((e_1, \ldots, e_k)\right) = \psi_2(v). \end{aligned}$$

ϕ ist surjektiv, da $\phi(E^*) = \langle E \rangle_H = H$ ist, d.h., zu jedem $h \in H$ gibt es ein $w \in E^*$, so daß $\phi(w) = h$ ist. Für beliebiges $h \in H$ gilt dann:

$$\varphi_1(h) = (\varphi_1 \circ \phi)(w) = \psi_1(w) = \psi_2(w) = (\varphi_2 \circ \phi)(w) = \varphi_2(h).$$

Hieraus folgt unsere Behauptung. ■

Wir führen nun ein Beispiel für die mehrfache Fortsetzbarkeit einer auf $E \subset H$ gegebenen Abbildung zu einem Homomorphismus an, falls $\langle E \rangle_H \neq H$.

Beispiel 1.5 Sei $H = A^*$ und $E \subset A, E \neq A$ und $E \neq \emptyset$. Sei weiter $\varphi_1(e) = e$ für $e \in E$. Nun sind wir frei, φ_1 auf verschiedene Weisen zu Abbildungen $\psi_1, \psi_2 : A \to A^*$ fortzusetzen. ψ_1 und ψ_2 lassen sich, wie bereits gezeigt, zu Homomorphismen fortsetzen. Diese sind verschieden, da schon ψ_1 und ψ_2 verschieden sind. ∎

Demgegenüber stellen wir ein Beispiel für ein $E \subset A^*$ und eine Abbildung $\varphi_1 : E \to A^*$, die sich nicht zu einem Homomorphismus fortsetzen läßt.

Beispiel 1.6 Sei $E = \{a, b, ab\} \subset A^*$ und $\varphi_1(a) = a$, $\varphi_1(b) = b$, $\varphi_1(ab) = a$. Unter der Annahme, daß sich φ_1 zu einem Homomorphismus $\varphi : A^* \to A^*$ fortsetzen läßt, erhalten wir $a = \varphi(ab) = \varphi(a) \cdot \varphi(b) = ab$. In A^* gilt aber $a \neq ab$ wegen $|b| > 0$. Dieser Widerspruch wird durch unsere Annahme erzeugt, die sich damit als falsch erwiesen hat. ∎

Der folgende Satz charakterisiert die freien Erzeugendensysteme.

Satz 1.16 *Die Menge $E \subset H$ ist genau dann ein freies Erzeugendensystem von H, wenn sich jede Abbildung*

$$\varphi_1 : E \to H' \quad \text{in ein Monoid } H'$$

auf genau eine Weise zu einem Homomorphismus fortsetzen läßt.

Beweis: Wir beweisen zunächst: Ist E freies Erzeugendensystem von H, dann läßt sich φ_1 höchstens auf eine Weise zu einem Homomorphismus fortsetzen. Da E Erzeugendensystem ist, gibt es, wie gerade gezeigt, höchstens eine Fortsetzung von φ_1 zu einem Homomorphismus. Aus dem Korollar 1.14 folgt die Fortsetzbarkeit.

Nun beweisen wir die andere Richtung des Satzes. Es lasse sich also jede Abbildung $\varphi_1 : E \to H'$ auf genau eine Weise zu einem Homomorphismus fortsetzen. Wir wählen $H' = E^*$ und $\varphi_1 = 1_E$. Sei φ die Fortsetzung von φ_1 zu dem Homomorphismus $\varphi : H \to E^*$. Sei weiter $\phi : E^* \to H$ der kanonische Homomorphismus.

Wir betrachten das Diagramm:

$$\begin{array}{ccc} H & \xrightarrow{\varphi} & E^* \\ & \chi\searrow \quad \swarrow\phi & \\ & H & \end{array}$$

$\chi = \phi \circ \varphi$ ist ein Homomorphismus mit $\chi(e) = e$ für $e \in E$. Aus der Eindeutigkeit von φ folgt die Eindeutigkeit von χ auf H. Nun ist auch $1_H : H \to H$ ein Homomorphismus mit $1_H|E = 1_E$. Also ist $\chi = 1_H$, d.h., $\chi = \phi \circ \varphi = 1_H$. Hieraus folgt: ϕ ist surjektiv und φ ist injektiv.

Nun betrachten wir das zweite Diagramm:

$$\begin{array}{ccc} E^* & \xrightarrow{\phi} & H \\ & \lambda\searrow \quad \swarrow\varphi & \\ & E^* & \end{array}$$

und entnehmen wie zuvor $\lambda = \varphi \circ \phi = 1_{E^*}$. Hieraus folgt: φ ist surjektiv und ϕ ist injektiv.

Fassen wir zusammen, dann erhalten wir, daß φ und der kanonische Homomorphismus ϕ Isomorphismen sind, woraus wegen $E \subset H$ folgt: E ist freies Erzeugendensystem von H. ■

1.4 Quotienten von Monoiden

Wir haben gesehen, daß freie Monoide eine sehr einfache Struktur haben. Wir wollen nun zeigen, wie man beliebige Monoide aus freien Monoiden konstruieren kann. Ist M ein beliebiges Monoid und ist $E \subset M$ ein Erzeugendensystem von M, dann ist die kanonische Abbildung $\phi: E^* \rightarrow M$, wie wir in Satz 1.11 gesehen haben, ein surjektiver Monoidhomomorphismus.

Wir können uns also M auch gegeben denken durch eine Identifikation jeweils aller Elemente von E^*, die durch ϕ auf das gleiche Element in M abgebildet werden. Diese Konstruktion ist i.a. natürlich nicht praktisch durchführbar, da man unendlich viele Identifikationen hinschreiben müßte. Man wird sich also besonders für solche Identifikationen interessieren, die sich aus endlichen Beschreibungen erzeugen lassen.

Definition 1.10 *Eine Relation $\sim$ auf dem Monoid M heißt eine* **Kongruenzrelation** *auf M, falls 1.) und 2.) gelten mit:*

1.) $\sim$ ist eine Äquivalenzrelation auf M.

2.) Sind $a, a', b, b' \in M$, dann gilt: $a \sim a'$, $b \sim b' \Longrightarrow a \cdot b \sim a' \cdot b'$.

Beispiel 1.7 Betrachten wir nochmals die kanonische Abbildung $\phi: E^* \rightarrow M$, dann sehen wir, daß die durch

$$a \sim a' :\Longleftrightarrow \phi(a) = \phi(a')$$

definierte Relation auf E^* eine Kongruenzrelation ist. Es gilt nämlich für alle a, b, c, a', b' in M:

$$\sim^* = \sim \qquad \text{und} \qquad a \sim b \Rightarrow b \sim a,$$

sowie

$$\phi(a \cdot b) = \phi(a) \cdot \phi(b) = \phi(a') \cdot \phi(b') = \phi(a' \cdot b'). \quad ■$$

Wir betrachten nun die Menge der Äquivalenzklassen $M/\sim$ (siehe Seite 18) von M nach der Relation $\sim$. Die zu dem Element $m \in M$ gehörige Äquivalenzklasse bezeichnen wir durch $[m]$ und nennen m *einen* **Repräsentanten** der Äquivalenzklasse $[m]$. Nach Lemma 1.1 gibt es $\#[m]$ Repräsentanten von $[m]$.

Wir definieren auf der Menge der Äquivalenzklassen die folgende Verknüpfung, indem wir für alle $m_1, m_2 \in M$ definieren:

$$[m_1] \cdot [m_2] := [m_1 \cdot m_2] \ .$$

Aus der zweiten Bedingung der Definition der Kongruenz folgt unmittelbar: Ist $m_1' \in [m_1]$, $m_2' \in [m_2]$, dann ist $m_1' \cdot m_2' \in [m_1 \cdot m_2]$, woraus nach Lemma 1.1 die Identität $[m_1 \cdot m_2] = [m_1' \cdot m_2']$ folgt.

Also ist die Definition der Operation $[m_1] \cdot [m_2]$ *unabhängig von der Auswahl der Repräsentanten* aus den Kongruenzklassen. Aus der Assoziativität von $(M, \cdot)$ folgt die Assoziativität von $(M/\sim, \cdot)$. Ist $1 \in M$ die Einheit von M, dann ist $[1]$ Einheit von $(M/\sim, \cdot)$. Wir haben also das

Lemma 1.17 *$(M/\sim, \cdot)$ ist ein Monoid und die Abbildung $\kappa: M \to M/\sim$ mit $\kappa(m) = [m]$ ist ein Epimorphismus.* ∎

Wir bezeichnen $(M/\sim, \cdot)$ als **Quotientenmonoid** von M nach $\sim$ und κ als kanonischen Homomorphismus von M auf $M/\sim$.

Wir betrachten nun die Konstruktion von Kongruenzen aus Relationensystemen r auf M. Ist r gegeben, dann fragen wir nach einer kleinsten Kongruenz auf M, die wir mit (r) bezeichnen wollen, so daß gilt: $r \subset (r)$.

Wir fragen somit nach allen Kongruenzen $K \subset M \times M$ mit $r \subset K$ und suchen unter diesen Kongruenzen die Kleinste aus, die r enthält. Wir definieren hier ganz analog zu der Vorgehensweise bei der Einführung der durch E erzeugten Untermonoide $\langle E \rangle$:

$$(r) \ := \ \bigcap_{r \subset K} \{K \mid K \text{ ist Kongruenz auf } M\} \, .$$

Lemma 1.18 *Es gilt:*

1.) *(r) ist eine Kongruenz auf M.*

2.) *$r \subset (r)$.*

Beweis: Der zweite Teil der Behauptung ergibt sich unmittelbar aus der Definition von (r). Zum Beweis des ersten Teiles des Lemmas zeigen wir zunächst, daß (r) als Äquivalenzrelation eine Klasseneinteilung darstellt.

Sei K irgendeine Kongruenz von M, die r enthält, und seien die Paare $(a,b) \in (r) \subset K$ und $(b,c) \in (r) \subset K$ gegeben. Da K als Äquivalenzrelation reflexiv, transitiv und symmetrisch ist, gilt $(a,c) \in K$, $(b,a) \in K$ und $(d,d) \in K$ für alle $d \in M$.

Da dies für jede solche Kongruenz K gilt, trifft es auch auf den Durchschnitt aller dieser K zu. Also ist auch (r) reflexiv, transitiv und symmetrisch und damit eine Äquivalenzrelation.

Ebenso argumentiert man, um nachzuweisen, daß (r) die zweite Bedingung in der Definition der Kongruenz erfüllt. ∎

Unsere Definition von (r) ist nicht konstruktiv und sie gibt nur eine geringe Einsicht darin, wie (r) aus r erzeugt wird. Wir geben deshalb eine zweite, konstruktive Beschreibung von (r).

Hierzu bilden wir aus r der Reihe nach die folgenden Relationen:

$$\begin{aligned} r_1 &= r \cup r^{-1}, \\ r_2 &= \{(uav, ubv) \mid (a,b) \in r_1 \text{ und } u,v \in M\}, \\ r_3 &= r_2^* . \end{aligned}$$

Lemma 1.19 *Es gilt* $(r) = r_3$.

Beweis: Wir zeigen zunächst: $(r) \subset r_3$.

Wegen $r_3 = r_2^* = (r_2^*)^* = r_3^*$ ist r_3 als reflexiv, transitiver Abschluß von r_2 ebenfalls reflexiv und transitiv. Die Konstruktion von r_2 gewährleistet, daß $r_2^{-1} \subset r_2$ und somit $(r_2^{-1})^i \subset r_2^i$ für alle $i \in \mathbf{N}_0$ gilt, woraus $r_3^{-1} \subset r_3$, d.h. die Symmetrie von r_3 folgt. Sind $(a,a') \in r_2^i \subset r_3$ und $(b,b') \in r_2^j \subset r_3$ mit $i,j \in \mathbf{N}_0$, dann ist $(ab, a'b') \in r^j \circ r^i \subset r_3$. Wegen $r \subset r_1 \subset r_2 \subset r_3$ ist r_3 eine der Kongruenzrelationen, über die der Durchschnitt gebildet wird. Also ist $(r) \subset r_3$.

Die Umkehrung $r_3 \subset (r)$ beweisen wir, indem wir $r_3 \subset K$ für alle Kongruenzrelationen K mit $r \subset K$ nachweisen.

Sei K eine beliebige Kongruenzrelation mit $r \subset K$. Dann gilt: $r_1 = r \cup r^{-1} \subset K$ und $r_2 \subset K$. Hieraus folgert man $r_2^i \subset K^i \subset K^* \subset K$ für $i \in \mathbf{N}_0$, d.h. $r_3 = \bigcup_{i \in \mathbf{N}_0} r_2^i \subset K$. ∎

Wir betrachten zum Abschluß des Abschnittes das

Beispiel 1.8 Es seien $X = \{x_1, x_2, \ldots, x_n\}$, $\overline{X} = \{\overline{x}_1, \overline{x}_2, \ldots, \overline{x}_n\}$ Alphabete und $\tilde{X} = (X \cup \overline{X})^*$.

Weiter sei

$$r = \left\{ \left(x_i \overline{x}_i, 1_{\tilde{X}}\right), \left(\overline{x}_i x_i, 1_{\tilde{X}}\right) \mid i = 1, \ldots, n \right\} .$$

Der Leser zeige folgende Sätze:

Lemma 1.20 $F(X) := \tilde{X}/(r)$ *ist eine Gruppe, d.h*

1.) $F(X)$ *ist ein Monoid.*

2.) Zu jedem $[x] \in F(X)$ *gibt es ein* $[x^{-1}] \in F(X)$, *so daß* $[x] \cdot [x^{-1}] = [x^{-1}] \cdot [x] = 1_{F(X)}$. ■

Ist

$$c = \left\{ \left(x_i x_j \overline{x}_i \overline{x}_j, 1_{\tilde{X}} \right) \mid i, j \in \{1, \ldots, n\} \right\} ,$$

dann gilt

Satz 1.21 $A(X) = \tilde{X}/(r \cup c)$ *ist eine kommutative Gruppe.* ■

Anstelle von

$$r = \{(a_1, b_1), \ldots, (a_n, b_n)\}$$

werden wir in diesem Zusammenhang meist

$$r: \quad a_1 = b_1, \ldots, a_n = b_n$$

schreiben.

Es gibt keinen Algorithmus, um aufgrund von gegebenem r allgemein zu entscheiden, ob für zwei Elemente $u, v \in E^*$ gilt: $u = v(r)$. Der Beweis dieses Sachverhaltes erfordert Mittel, die uns an dieser Stelle noch nicht zur Verfügung stehen. ■

1.5 Einfache Programme

Nachdem wir die mathematischen Grundlagen vorgestellt haben, demonstrieren wir an einfachen Beispielen die Anwendung von Homomorphismen zur Darstellung von Algorithmen. Wir geben eine Methode zur Auswertung eines Polynoms $P(x) = a_k + a_{k-1} \cdot x + a_{k-2} \cdot x^2 + \cdots + a_0 \cdot x^k$ (für $k \in \mathbf{N}_0$ und $a_0, \ldots, a_k \in \mathbf{N}_0$) an einer Stelle $x = x_0 \in \mathbf{N}_0$ an und beschreiben diese Auswertung durch eine Folge von Hintereinanderausführungen von "Grundfunktionen".

Seien die Funktionen

$$\mathit{clear}, \mathit{mult}, \mathit{next} \in \mathit{Abb}(\mathbf{N}_0 \times \mathbf{N}_0, \mathbf{N}_0 \times \mathbf{N}_0)$$

wie folgt definiert:

$$\begin{aligned} clear(x,y) &:= (x,0) \\ next(x,y) &:= (x,y+1) \\ mult(x,y) &:= (x,x\cdot y) \qquad \text{für } x,y\in \mathbf{N}_0. \end{aligned}$$

Wir bilden die Menge $E = \{clear, mult, next\} \subset Abb(\mathbf{N}_0 \times \mathbf{N}_0, \mathbf{N}_0 \times \mathbf{N}_0)$. Konstruiert man das Monoid E^* und den kanonischen Homomorphismus $\phi: E^* \to Abb(\mathbf{N}_0 \times \mathbf{N}_0, \mathbf{N}_0 \times \mathbf{N}_0)$ mit $\phi|E = 1_E$, d.h.

$$\begin{aligned} \phi(clear)(x,y) &= clear(x,y) \\ \phi(mult)(x,y) &= mult(x,y) \\ \phi(next)(x,y) &= next(x,y), \end{aligned}$$

so beschreibt ein $w \in E^*$ eine Folge von Operationen zur Berechnung von $\phi(w)(x,y)$ aus den Werten $x,y \in \mathbf{N}_0$.

Wir verdeutlichen die Verwendung der "Grundfunktionen" an der speziellen Abbildung

$$\begin{aligned} f: \mathbf{N}_0 \times \mathbf{N}_0 &\to \mathbf{N}_0 \times \mathbf{N}_0 \\ (x,y) &\mapsto (x, P_1(x)) \\ \text{mit} \quad P_1(x) &= 2 + x + 2x^2 + 3x^3 \text{ für } x \in \mathbf{N}_0. \end{aligned}$$

Zunächst schreiben wir $P_1(x)$ als $P_1(x) = ((3x+2)\,x+1)\,x+2$ und berechnen

$$\begin{aligned} &(x,y) \xrightarrow{clear} (x,0) \xrightarrow{next} (x,1) \xrightarrow{next} (x,2) \xrightarrow{next} (x,3) \xrightarrow{mult} \\ &(x,3x) \xrightarrow{next} (x,3x+1) \xrightarrow{next} (x,3x+2) \xrightarrow{mult} (x,(3x+2)x) \xrightarrow{next} \\ &(x,(3x+2)x+1) \xrightarrow{mult} (x,((3x+2)x+1)x) \xrightarrow{next} \\ &(x,((3x+2)x+1)x+1) \xrightarrow{next} (x,((3x+2)x+1)x+2) = (x,P_1(x)). \end{aligned}$$

Zum besseren Verständnis des folgenden Textes weisen wir noch einmal explizit auf die Definition der Hintereinanderausführung von Abbildungen $g: A \to B$ und $f: B \to C$ hin. Die Hintereinanderausführung $f \circ g: A \to C$ ist definiert als $(f \circ g)(a) := f(g(a))$ für alle $a \in A$ und wird nach dem Schema

$$a \xrightarrow{g} b \xrightarrow{f} c$$

gebildet, wobei $b := g(a) \in B$ und $c := f(b) \in C$ ist.

Ist nun $w = next^2 \cdot mult \cdot next \cdot mult \cdot next^2 \cdot mult \cdot next^3 \cdot clear \in E^*$, so gilt:

$$\begin{gathered}\phi(w)(x,y) = \phi(next^2 \cdot mult \cdot next \cdot mult \cdot next^2 \cdot mult \cdot next^3 \cdot clear)(x,y) = \\ (\phi(next)^2 \circ \phi(mult) \circ \phi(next) \circ \phi(mult) \circ \phi(next)^2 \circ \phi(mult) \circ \phi(next)^3 \circ \phi(clear))(x,y) \\ = (next^2 \circ mult \circ next \circ mult \circ next^2 \circ mult \circ next^3 \circ clear)(x,y) = \\ (next^2 \circ mult \circ next \circ mult \circ next^2 \circ mult \circ next^3)(x,0) = \\ \vdots \\ (x, P_1(x)) \qquad \text{für alle } x,y \in \mathbf{N}_0.\end{gathered}$$

Hervorzuheben ist der Unterschied zwischen w, das wir als Programm zur Auswertung von $P_1(x)$ betrachten, und $\phi(w)$, welches die durch w berechnete Abbildung darstellt. Es ist: $\phi(w) = f$.

Für alle Argumente (x,y) von $\phi(w)$ wird die gleiche Operationenfolge w ausgeführt. Insbesondere ist die Anzahl der auszuführenden Operationen, unabhängig von den Argumenten, gleich $|w|$.

Zu jedem $P(x)$ existiert ein $w_p \in E^*$ mit $\phi(w_P)(x,y) = (x, P(x)) \quad \forall x,y \in \mathbf{N}_0$.

Für $k \in \mathbf{N}_0, a_0, \ldots, a_k \in \mathbf{N}_0$ und

$$\begin{aligned} P(x) &= a_0 \cdot x^k + a_1 \cdot x^{k-1} + a_2 \cdot x^{k-2} + \cdots + a_k \\ &= (\cdots(a_0 \cdot x + a_1)x + \cdots + a_{k-1})x + a_k \end{aligned}$$

ist

$$w_p = next^{a_k} \cdot mult \cdot next^{a_{k-1}} \cdot mult \cdots next^{a_1} \cdot mult \cdot next^{a_0} \cdot clear.$$

Daraus folgt

$$\phi(w_P)(x,y) = (x, P(x)) \quad \text{für alle } x,y \in \mathbf{N}_0$$

und

$$|w_p| = a_0 + a_1 + \cdots + a_k + k + 1.$$

Im Laufe der Berechnung, die durch w beschrieben wird, bleibt die erste Komponente des Argumentes von $\phi(w)$ unverändert. Formal ausgedrückt:

Für alle $i \in \{1, \ldots, |w|\}$ und alle $x,y \in \mathbf{N}_0$ gibt es ein $z \in \mathbf{N}_0$, so daß

$$\phi(w_1 \cdot \ldots \cdot w_i)(x,y) = (x,z).$$

Auch wenn die erste Komponente nicht manipuliert wird, können wir nicht auf sie verzichten. Wir müssen uns den Wert x merken, an dem das Polynom ausgewertet werden soll, um die Multiplikationen zu realisieren. Die erste Komponente wird als "Hilfskomponente" benutzt.

Wir haben nun Kriterien zur Beurteilung eines "Programmes" $w \in E^*$ kennengelernt:

- Die Länge von w.
- Anzahl der Komponenten des Argumentes von $\phi(w)$ (Stelligkeit von $\phi(w)$).

Zur Definition von Programmen benutzen wir eine Folge w von Funktionennamen. Sie wird durch den kanonischen Homomorphismus ϕ interpretiert. Man erhält dadurch die von w berechnete Abbildung $\phi(w)$. Selbst wenn E nur wenige Funktionen enthält, sieht man sich mit dem Problem konfrontiert, welche Komponente eine Funktion manipuliert bzw. welche Komponente sie unverändert läßt.

Führt beispielsweise die Anwendung von *mult*

zu $\quad (x,y) \xrightarrow{mult} (x, x\cdot y) \quad$ oder zu $\quad (x,y) \xrightarrow{mult} (x\cdot y, x)$?

Enthält E mehrere Funktionen, so wird es Mühe bereiten, die Definitionen der Funktionen im Gedächtnis zu behalten. Es wird mühselig sein, anhand eines vorgegebenen Programmes w die berechnete Abbildung $\phi(w)$ herauszufinden. Man will jedoch nicht nur Programme erstellen, sondern auch Programme lesen können, d.h. von w auf $\phi(w)$ schließen. In diesem Sinne werden wir anstelle der Funktionennamen eine mnemotechnischere Notation benutzen.

Zur besseren Selbsterklärung der Programme führen wir Variablen a, b ein. Dabei ist streng zwischen den Variablennamen und den Werten, die diese Variablen tragen, zu unterscheiden. Dies drückt die Abbildung $\xi\colon \{a,b\} \to \mathbf{N}_0$ aus. Sie wird als **Belegung** der Variablen bezeichnet. Die Variablen a, b dürfen jeden Wert aus $\mathbf{N}_0$ annehmen. $\xi(a)$ bzw. $\xi(b)$ sind die **momentanen** Werte von a bzw. b.

Die Funktionennamen werden ersetzt durch die Anweisungen:

$$\begin{array}{ll} \text{“ } b := c_0;\text{ ”} & \\ \text{“ } b := b + c_0;\text{ ”} & \text{mit } c_0 \in \mathbf{N}_0 \\ \text{“ } b := b * a;\text{ ”} & \\ \text{“ Lese } a\text{ ;”} & \\ \text{“ Drucke } b;\text{ ”} & \\ \text{“ Ende; ” .} & \end{array}$$

Die Rolle von E übernimmt nun

$$\begin{array}{rcl} E_1 & := & \{b := b * a; \text{ , Lese } a; \text{ , Drucke } b; \text{ , Ende; }\} \\ & & \cup\ \{b := c_0; \text{ , } b := b + c_0; \mid c_0 \in \mathbf{N}_0\} \\ & \subset & \{\text{ Lese , Drucke , Ende },:,=,b,a,;,+,*,0,1,2,\ldots\}^*. \end{array}$$

Die Verwendung des Semikolons macht E_1 zu einem freien Erzeugendensystem.

Wir interpretieren auch hier Programme durch den kanonischen Monoidhomomorphismus

$$\phi: E_1^* \to Abb(M,M) \quad \text{mit } M := Abb(\{a,b\},\mathbf{N}_0).$$

Sind nun $\xi_1, \xi_2 \in Abb(\{a,b\},\mathbf{N}_0)$ Belegungen, dann ist $\phi|E_1$ definiert durch:

$$\phi(b := b * a;)(\xi_1) = \xi_2 \quad \text{mit} \begin{cases} \xi_2(a) & = \xi_1(a) \\ \xi_2(b) & = \xi_1(b) \cdot \xi_1(a) \end{cases}$$

$$\phi(b := b + c_0;)(\xi_1) = \xi_2 \quad \text{mit} \begin{cases} \xi_2(a) & = \xi_1(a) \\ \xi_2(b) & = \xi_1(b) + c_0 \end{cases}$$

$$\phi(b := c_0;)(\xi_1) = \xi_2 \quad \text{mit} \begin{cases} \xi_2(a) & = \xi_1(a) \\ \xi_2(b) & = c_0 \end{cases}$$

$$\phi(\text{ Lese } a;)(\xi_1) = \xi_2 \quad \text{mit} \begin{cases} \xi_2(a) & = x_0 \in \mathbf{N}_0, \quad \text{falls } x_0 \text{ eingelesen wird.} \\ \xi_2(b) & = \xi_1(b) \end{cases}$$

$$\phi(\text{ Drucke } b;)(\xi_1) = \xi_1$$

$$\phi(\text{ Ende};)(\xi_1) = \xi_1$$

In der Liste dieser Anweisungen nehmen die Befehle "Lese a;", "Drucke b;", und "Ende;" eine Sonderstellung ein. Hinter dem ersten Befehl verbirgt sich die Vorstellung des Einlesens eines Wertes, welcher auf einem "externen" Speichermedium (z.B. Magnetband) steht, in die Variable a. Hierbei wollen wir von dem eigentlichen Speichermedium und der Darstellung des Einlesevorganges absehen. Der Druckbefehl veranlasse die Ausgabe des momentanen Wertes $\xi(b)$ von b auf ein Ausgabemedium (z.B. Drucker). Da wir auch hier das Ausgabemedium nicht spezifiert haben und der Druckvorgang den momentanen Wert von b nicht ändern soll, hat "Drucke b;" die gleiche Interpretation wie der Befehl "Ende;", welcher die Beendigung der Rechnung unter Beibehaltung der momentanen Werte der Variablen anzeigt.

Wir verdeutlichen die Analogie zum vorherigen Konzept wieder am Beispiel der Auswertung eines Polynoms.

Wir betrachten:

1.) Ein Programm w zur Auswertung des Polynoms P_1 an einer Stelle x_0.

$$\begin{aligned} P_1(x_0) &= 3x_0^3 + 2x_0^2 + x_0 + 2 \\ &= ((3x_0 + 2)x_0 + 1)x_0 + 2. \end{aligned}$$

2.) Die Variablen a, b, die Werte aus $\mathbf{N}_0$ annehmen, und die Addition bzw. Multiplikation natürlicher Zahlen.

3.) Das eigentliche Programm $w = w_1 \cdot \ldots \cdot w_{10} \in E_1^*$:

$$
\begin{aligned}
w \quad = \quad & \text{Lese } a; \\
& b := 3; \\
& b := b * a; \\
& b := b + 2; \\
& b := b * a; \\
& b := b + 1; \\
& b := b * a; \\
& b := b + 2; \\
& \text{Drucke } b; \\
& \text{Ende};
\end{aligned}
$$

Dem Programm zugeordnet sind:

- Die Menge der Belegungsfunktionen $\{ \xi_i : \{a, b\} \to \mathbf{N}_0 \mid i = 0, \ldots, |w| \}$.

  ξ_0 nennen wir die Anfangsbelegung, ξ_{i+1} die Folgebelegung von ξ_i. Wir definieren ξ_0 durch $\xi_0(a) = \xi_0(b) = 0$, d.h. zu Anfang initialisieren wir die Variablen mit 0.

- Die Interpretation $(\phi \circ rev_{E_1^*})(w)$ des Programmes w.

$$
\begin{aligned}
&\phi(rev_{E_1^*}(w))(\xi_0) = \phi(w_{10} \cdot \ldots \cdot w_1)(\xi_0) = \\
&\phi(w_{10} \cdot \ldots \cdot w_2)(\phi(w_1)(\xi_0)) = \phi(w_{10} \cdot \ldots \cdot w_2)\underbrace{(\phi(\text{ Lese } a;)(\xi_0))}_{=\xi_1} \\
&= \phi(w_{10} \cdot \ldots \cdot w_2)(\xi_1) = \\
&\phi(w_{10} \cdot \ldots \cdot w_3)(\phi(w_2)(\xi_1)) = \phi(w_{10} \cdot \ldots \cdot w_3)\underbrace{(\phi(b := 3;)(\xi_1))}_{=\xi_2} \\
&= \phi(w_{10} \cdot \ldots \cdot w_3)(\xi_2) \\
&= \phi(w_{10} \cdot \ldots \cdot w_4)(\phi(w_3)(\xi_2)) = \phi(w_{10} \cdot \ldots \cdot w_4)\underbrace{(\phi(b := b * a;)(\xi_2))}_{=\xi_3} \\
&\qquad \vdots \\
&= \phi(w_{10} \cdot w_9)(\xi_8) = \phi(w_{10})(\phi(w_9)(\xi_8)) = \phi(w_{10})(\phi(\text{ Drucke } b;)(\xi_8)) \\
&\qquad = \phi(w_{10})(\xi_9) = \phi(\text{ Ende};)(\xi_9) = \xi_{10}
\end{aligned}
$$

mit

$$
\begin{aligned}
\xi_0(a) &= \xi_0(b) = 0. \\
\xi_1(a) &= \xi_2(a) = \xi_3(a) = \xi_4(a) = \xi_5(a) = \xi_6(a) = \\
&\quad \xi_7(a) = \xi_8(a) = \xi_9(a) = \xi_{10}(a) = x_0 \in \mathbf{N}_0. \\
\xi_1(b) &= 0. \\
\xi_2(b) &= 3. \\
\xi_3(b) &= \xi_2(b) \cdot \xi_2(a) = 3x_0. \\
\xi_4(b) &= \xi_3(b) + 2 = 3x_0 + 2. \\
\xi_5(b) &= \xi_4(b) \cdot \xi_4(a) = (3x_0 + 2)x_0. \\
\xi_6(b) &= \xi_5(b) + 1 = (3x_0 + 2)x_0 + 1. \\
\xi_7(b) &= \xi_6(b) \cdot \xi_6(a) = ((3x_0 + 2)x_0 + 1)x_0. \\
\xi_8(b) &= \xi_7(b) + 2 = ((3x_0 + 2)x_0 + 1)x_0 + 2. \\
\xi_8(b) &= \xi_9(b) = \xi_{10}(b) = \mathbf{P_1(x_0)}.
\end{aligned}
$$

Unser Programm besteht aus drei Teilen.

- Der *erste* Teil beschreibt in verständlicher Form Funktion und Zweck des Programmes. Er gibt an, in welcher Weise es mit seiner Umgebung kommuniziert: es liest den Wert x_0 in die Variable a und druckt $P(x_0)$. Dieser Teil ist für denjenigen gedacht, der das Programm verwendet. Man bezeichnet ihn als **Programmdokumentation**.

- Der *zweite* Teil definiert die Variablen, den Bereich der Werte, mit dem die Variablen belegt werden können, und die Operationen. Er umfaßt im allgemeinen mehr Angaben als der Benutzer benötigt oder wissen möchte. Die Informationen sind für die Maschine, welche das Programm ausführt, wichtig. Sie muß beispielsweise wissen, ob ganze oder reelle Zahlen addiert werden sollen. Dieser Teil wird **Deklarationsteil** genannt.

- Der *dritte* Teil gibt die Folge der Operationen an, die der Reihe nach auszuführen sind. Er enthält das eigentliche Programm, nämlich den operativen Teil. Er heißt **Zuweisungsteil**, denn hier wird durch die Operationen den links von ":=" stehenden Variablen ein Wert zugewiesen.

Abschließend läßt sich zusammenfassen:

- Der *Deklarationsteil* definiert den Homomorphismus.

- Der *Zuweisungsteil* enthält das Programmwort, das der Homomorphismus interpretiert.

1.6 Aufgaben

Seien $r = (A, B, R)$, $s = (C, D, S)$ und $t = (E, G, T)$ Relationen.

Aufgabe 1.1

a) Seien A, B endliche Mengen. Wieviele verschiedene Relationen, totale und partielle Abbildungen $r = (A, B, R)$ gibt es?

b) Seien A, B endliche Mengen. Zeigen Sie: $\#A = \#B$ genau dann, wenn es eine bijektive Relation $r = (A, B, R)$ gibt.

c) Sei r eine totale Abbildung.

   i) Zeigen Sie: r bijektiv $\iff$ r injektiv und surjektiv.

   ii) Gilt i) auch für allgemeine Relationen?

   iii) Sei $\#A = \#B \neq \infty$. Zeigen Sie: r injektiv $\iff$ r surjektiv

Aufgabe 1.2 Sei $A = B = \mathbf{N}_0$ und $R \subset A \times B$ wie folgt definiert:

$$R := \{\, (x, x^2) \mid x \in \mathbf{N}_0 \} \cup \{\, (x, x+6) \mid x \in \mathbf{N}_0 \}$$

Berechnen Sie: $\#r(x)$ und $\#r^{-1}(x)$ für alle $x \in \mathbf{N}_0$. Ist r eine Abbildung?

Aufgabe 1.3 Seien $A, B \subset \mathbf{Z}$ und $R := \{(2x, x^2) \mid x \in \mathbf{Z}\}$.

a) Für welche A und B ist r eine Abbildung?

b) Man gebe Bedingungen für A und B, so daß

   i) r surjektiv ist.

   ii) r injektiv ist.

Aufgabe 1.4

a) Sind r und s injektiv und ist $r \circ s$ definiert, dann ist auch $r \circ s$ injektiv.

b) Sind r und s surjektiv und ist $r \circ s$ definiert, dann ist auch $r \circ s$ surjektiv.

c) Sind r und s bijektiv und ist $r \circ s$ definiert, dann ist auch $r \circ s$ bijektiv.

Aufgabe 1.5 Ist r bijektiv, dann ist $r \circ r^{-1} = 1_A$ und $r^{-1} \circ r = 1_B$.

Aufgabe 1.6

a) Seien $r \circ s$ und $t \circ s$ definiert und injektiv. Ist s injektiv und gilt $r \circ s = t \circ s$, dann folgt $r = t$.

b) Formulieren Sie einen zu a) analogen Satz unter Verwendung von "surjektiv" anstelle von "injektiv" und beweisen Sie diesen.

Aufgabe 1.7 Seien $A = \mathbf{N}$, $B = \{0,1\}$ und

$$R := \{(x,y) \mid y = 1 \text{ für } x \geq 1 \text{ und } y = 0 \text{ für } x = 0\}.$$

Zeigen Sie:

a) $r = (A, B, R)$ ist eine Abbildung.

b) $r(x+y) = \max\{r(x), r(y)\}$, $r(x \cdot y) = \min\{r(x), r(y)\}$ für alle $x, y \in \mathbf{N}_0$.

Aufgabe 1.8 Seien $\psi: A \to B$ und $\varphi: B \to A$ zwei Abbildungen mit $\psi \circ \varphi = 1_B$. Dann ist ψ surjektiv und φ injektiv.

Aufgabe 1.9 Sei $R_k \subset \mathbf{N}_0 \times [0 : k-1]$ mit $k \in \mathbf{N}$ wie folgt definiert:

$$R_k := \{(x,y) \mid 0 \leq y < k,\ x \in \mathbf{N},\ \text{es gibt ein } c \in \mathbf{N}_0 \text{ mit } x = c \cdot k + y\}$$

Zeigen Sie:

a) $\varphi_k = (\mathbf{N}_0,\ [0 : k-1],\ R_k)$ ist eine surjektive Abbildung.

b) Definiert man für $m, n \in [0 : k-1]$

$$m \oplus n := \varphi_k(m+n) \quad \text{und} \quad m \otimes n := \varphi_k(m \cdot n),$$

dann gilt für $x, y \in \mathbf{N}_0$:

$$\varphi_k(x+y) := \varphi_k(x) \oplus \varphi_k(y) \quad \text{und} \quad \varphi_k(x \cdot y) := \varphi_k(x) \otimes \varphi_k(y).$$

Aufgabe 1.10 Eine Relation $r = (A, A, R)$ heißt

reflexiv $\iff$ $(a,a) \in R$ für alle $a \in A$

transitiv $\iff$ Ist $(a,b) \in R$ und $(a,c) \in R$, dann ist $(a,c) \in R$ für alle $a, b, c \in A$

a) r^* ist reflexiv und transitiv.

b) Sei $\tilde{r} = (A, A, \tilde{R})$ definiert durch $\tilde{R} := \bigcap_{s \in H(R)} s$
mit $H(R) := \{s = (A, A, S) \mid s \text{ ist reflexiv, transitiv und } R \subset S\}$
Zeigen Sie: $r^* = \tilde{r}$.

c) $(r^*)^* = r^*$.

d) Sei s reflexiv, transitiv und $r \subset s$. Dann ist: $r^* \subset s$.

Aufgabe 1.11

a) Sei $p \in \mathbf{Z}$, $p \neq 0$ und $r_p = (\mathbf{Z}, \mathbf{Z}, R_p)$ mit $R_p = \{(m,n) \mid p \text{ teilt } m - n\}$.
Zeigen Sie: r_p ist eine Äquivalenzrelation.

b) Sei $r_< = (\mathbf{Z}, \mathbf{Z}, R_<)$ mit $R_< = \{(m,n) \mid m < n\}$ und sei $r_\% = (\mathbf{Z}, \mathbf{Z}, R_\%)$ mit $R_\% = \{(m,n) \mid m \text{ teilt } n\}$.
Zeigen Sie: $r_\%$ und $r_<$ sind transitiv.

c) Bestimmen Sie $(r_<)^*$ und $(r_\%)^*$.

Statt $(m,n) \in \%$ schreibt man $m \mid n$.

Aufgabe 1.12 Sei $A = \{a,b\}$ und $s = (A^*, A^*, S)$ mit $S = \{(a,aa), (aa,a), (bb,b), (b,bb), (ab,ba), (ba,ab)\}$. Sei weiter $r = (A^*, A^*, R)$ mit $(u,v) \in R$ genau dann, wenn es $u_1, u_2, p, q \in A^*$ gibt mit $u = u_1 \cdot p \cdot u_2$, $v = u_1 \cdot q \cdot u_2$ und $(p,q) \in S$.

a) r^* ist Äquivalenzrelation.

b) Bestimmen sie die Äquivalenzklassen.

Aufgabe 1.13 Man konstruiere Monoide (M, τ) und (M', τ') mit $M' \subset M$, $\tau' = \tau|M \times M'$, aber (M', τ') ist kein Untermonoid von (M, τ).

Aufgabe 1.14 Zeigen Sie die Gültigkeit der Kürzungsregeln in A^*, d.h. daß für alle $u, v, w \in A^*$ gilt:

$$\begin{aligned} \tau(u,w) = \tau(u,v) \quad &\Rightarrow \quad v = w \\ \tau(u,w) = \tau(v,w) \quad &\Rightarrow \quad u = v. \end{aligned}$$

Gelten die Kürzungsregeln in freien Monoiden?

Aufgabe 1.15 Sei $Hom(H) := \{\varphi: H \to H \mid \varphi \text{ ist Monoidhomomorphismus}\}$.
Zeigen Sie: $(Hom(H), \circ)$ ist ein Monoid.

Aufgabe 1.16

a) Ist $\varphi: H \to H'$ ein Isomorphismus, so auch $\varphi^{-1} : H' \to H$.

b) Sei Mon eine Menge von Monoiden und $r = (Mon, Mon, R)$ mit $R := \{(H, H') \mid H \text{ isomorph zu } H'\}$. Zeigen Sie: r ist Äquivalenzrelation.

Aufgabe 1.17 Sei H ein Monoid. Betrachte $\varphi_h : H \to H$ für $h \in H$ beliebig mit $\varphi_h(x) := h \cdot x$ und weiter $\psi: H \to Abb(H,H)$ mit $\psi(h) := \varphi_h$.

a) ψ ist Monoidhomomorphismus.

b) Betrachten Sie speziell $H = A^*$. Dann ist ψ Monomorphismus. Gilt dies auch für beliebige Monoide H?

c) Setzen Sie in **a)** $\varphi_h(x) := h \cdot x \cdot h$ und geben Sie ein hinreichendes Kriterium an, so daß $\psi(H)$ Teilmenge von $Aut(H)$ ist mit $Aut(H) := \{\varphi: H \to H \mid \varphi \text{ ist Isomorphismus}\}$.

Aufgabe 1.18 Sei $E \subset M := A^*$.

a) Gilt für alle $u, v \in E : |u| = |v|$, so ist E freies Erzeugendensystem von $\langle E \rangle_M$.

b) Gilt für alle $u, v \in E$: es gibt kein $w \in M$ mit $u = v \cdot w$ oder $v = u \cdot w$, so ist E freies Erzeugendensystem von $\langle E \rangle_M$.

Aufgabe 1.19 Welche der in Kapitel 1 genannten Beispiele von Erzeugendensystemen sind frei?

Welche der folgenden Mengen E sind freie Erzeugendensysteme von $\langle E \rangle_A$ mit $A = \{a, b\}^*$?

a) $E_1 = \{a, ab, abb, ba\}$

b) $E_2 = \{aab, aba, baa, ba\}$

c) $E_3 = \{a \cdot b^k \mid k \in \mathbf{N}_0\}$
Geben sie eine möglichst kurze Beschreibung von $\langle E_3 \rangle_A$ an.

Aufgabe 1.20 Ist E freies Erzeugendensystem des Monoides M und E' freies Erzeugendensystem des Monoides M' und existiert eine bijektive Abbildung[1] $\chi: E \to E'$, so gibt es einen Isomorphismus $\lambda: M \to M'$.

Aufgabe 1.21 Sei $(M, \circ)$ ein Monoid und $\sigma : (M \times M) \times (M \times M) \to M \times M$ definiert durch $\sigma\big((x_1, x_2), (y_1, y_2)\big) := (x_1 \circ x_2, y_1 \circ y_2)$

a) $(M \times M, \sigma)$ ist ein Monoid.

b) Sind $f, g \in Hom(M)$, so ist $h: M \to M \times M$ mit $h(x) := \big(f(x), g(x)\big)$ ein Monoidhomorphismus.

c) Ist mit $(M, \circ)$ auch $(M \times M, \sigma)$ freies Monoid?

Aufgabe 1.22 Ist M ein freies Monoid, so besitzt M ein eindeutig bestimmtes freies Erzeugendensystem. Gilt die gleiche Aussage, wenn wir "freies Erzeugendensystem" durch "Erzeugendensystem" ersetzen?

Aufgabe 1.23 Sei $(M, \cdot)$ ein Monoid und $\emptyset \neq L \subset M$.

$$R_{\equiv(L)} := \Big\{(a, b) \in M \times M \mid \forall u, v \in M : \big(uav \in L \iff ubv \in L\big)\Big\}$$

a) $r_{\equiv(L)} = \big(M, M, R_{\equiv(L)}\big)$ ist eine Kongruenzrelation. (Die syntaktische Kongruenz von L bzgl. M)

b) Für den kanonischen Epimorphismus $\kappa_L: M \to M/\big(r_{\equiv(L)}\big)$ gilt:
$L = \big(\kappa_L^{-1} \circ \kappa_L\big)(L)$.

[1] Sprechweise: E und E' sind gleichmächtig

c) Bestimmen Sie $\kappa_L(L)$ für

i) $M = X^*$ und $L = \{w \in M \mid w(1) \in A\}$ mit $A \subset X$,

ii) $M = \mathbf{Z}$ mit der Addition als Verknüpfung und
$L = \{w \in M \mid w = 3 \cdot w',\ w' \in \mathbf{Z}\}$.

Aufgabe 1.24 Jeder Monoidhomomorphismus $\psi: M \to M'$ erzeugt eine Kongruenzrelation $\sim$ (siehe Beispiel 1.7 auf Seite 31), so daß gilt: $\kappa : M \to M/\sim$ ist darstellbar als $\kappa = \psi \circ \tau$ mit einem Monoidisomorphismus $\tau : M' \to M/\sim$.

Aufgabe 1.25 Betrachten Sie noch einmal die Auswertung eines Polynoms $Q(x) = a_k + a_{k-1} \cdot x + a_{k-2} \cdot x^2 + \cdots + a_0 \cdot x^k$ (für $k \in \mathbf{N}_0$ und $a_0, \ldots, a_k \in \mathbf{N}_0$) und $E = \{allclear, secclear, next, add, mult\} \subset Abb(\mathbf{N}_0 \times \mathbf{N}_0 \times \mathbf{N}_0, \mathbf{N}_0 \times \mathbf{N}_0 \times \mathbf{N}_0)$.

$$\begin{aligned}
allclear(x,y,z) &:= (x,0,0)\\
secclear(x,y,z) &:= (x,0,z)\\
next(x,y,z) &:= (x,y+1,z)\\
mult(x,y,z) &:= (x,x\cdot y,z)\\
add(x,y,z) &:= (x,y,y+z) \qquad \text{für } x,y,z \in \mathbf{N}_0
\end{aligned}$$

Zudem sei der kanonische Homomorphismus
$\phi: E^* \to Abb(\mathbf{N}_0 \times \mathbf{N}_0 \times \mathbf{N}_0,\ \mathbf{N}_0 \times \mathbf{N}_0 \times \mathbf{N}_0)$ analog wie im Text definiert.

Geben Sie zu jedem $Q(x)$ ein $w_Q \in E^*$ an, so daß $\phi(w_Q)(x,y,z) = (x, 0, Q(x))$ für alle $x, y, z \in \mathbf{N}_0$.

Bestimmen Sie $|w_Q|$. Vergleichen Sie an Hand der im Text angegebenen Kriterien w_Q mit w_P.

Aufgabe 1.26 Betrachte folgende Funktionen aus $M = Abb(\mathbf{Z} \times \mathbf{Z},\ \mathbf{Z} \times \mathbf{Z})$:

$$\begin{aligned}
&c(x,y) = (0,x); \qquad v(x,y) = (y,x); \qquad add(x,y) := (x+y,y);\\
&sub(x,y) := (x-y,y); \qquad sub'(x,y) := (y,x-y);
\end{aligned}$$

Seien $E_1 := \{c, add, sub'\}$ und $E_2 := \{c, v, add, sub\}$.

a) Es gibt einen Homomorphismus $\varphi : E_1^* \to E_2^*$ mit

$$\phi_2(\varphi(w)) = \phi_1(w), \qquad \text{für alle } w \in E_1^*$$

wobei $\phi_1 : E_1^* \to M$, $\phi_2 : E_2^* \to M$ die kanonischen Homomorphismen sind.

b) Gilt $\langle E_1 \rangle_M = \langle E_2 \rangle_M$?

Kapitel 2

Mathematische Modelle einfacher elektronischer Rechenanlagen

2.1 Definition einer mathematischen Maschine

Die hier beschriebenen **mathematischen** Maschinen sind mehr oder weniger abstrakte Modelle von elektronischen Rechnern. "Mathematisch" ist als Gegensatz zu "physikalisch" zu verstehen. Es handelt sich also nicht um die Realisierung einer physikalischen Maschine, sondern um eine mathematische Konstruktion. Zwar verwenden wir dabei physikalische Begriffe ("Speicher", "Adresse", "Befehl", "Schaltwerk", ...) und geben auch eine physikalische Interpretation für die Arbeitsweise unserer Maschine ("Befehl wird in das Befehlsregister β geladen", "Maschine stoppt", ...), dadurch soll jedoch nur der intuitive Hintergrund der Definitionen angedeutet werden. Desweiteren sehen wir von physikalischen Problemen wie Ausführungszeiten von Operationen etc. ab. Um beweisbare Aussagen innerhalb einer Theorie der Rechenmaschinen formulieren zu können, bedarf es solcher mathematischer Modelle.

Unser Modell wird zunächst nur grob gegliedert und nach Bedarf zunehmend verfeinert, bis wir schließlich das Modell einer brauchbaren Rechenmaschine erhalten. Die Vervollständigung der Befehlsliste und die Verfeinerung der logischen Struktur der Maschine motivieren wir an konkreten Programmierproblemen.

Im einführenden Kapitel haben wir Algorithmen beschrieben, indem wir die Wörter eines freien Monoides E^* durch eine Abbildung ϕ von E^* in ein Monoid von Abbildungen $Abb(M, M)$ interpretiert haben. Die Wörter $u \in E^*$ haben wir als eine Folge von Rechenvorschriften $u = u_1 \cdot \ldots \cdot u_{|u|}$ aufgefaßt.

Eine Berechnung bestand in der sukzessiven Anwendung der Abbildung ϕ auf u unter Ausnutzung der Homomorphieeigenschaft. Diese Form von Programmen ist insofern zu restriktiv, als die Berechnung unabhängig vom Argument von $\phi(u)$ immer die gleiche ist. Bei vielen Problemstellungen ist es jedoch nicht nur wünschenswert, sondern auch notwendig, je nach Argument verschiedene Berechnungen durchzuführen. So erhalten wir bereits erste Anforderungen, denen unser Modell genügen muß.

In den nachfolgenden Kapiteln werden wir sehen, wie man das so gewonnene Modell mit einfachen logischen Bausteinen realisiert.

2.1.1 Eine erste Gliederung der Maschine

In unserer Maschine unterscheiden wir zunächst drei Hauptbestandteile:

- Rechenspeicher,
- Schaltwerk,
- Programmspeicher.

Die Pfeile in Abbildung 2.1 deuten an, zwischen welchen Einheiten gewisse Verbindungen bestehen.

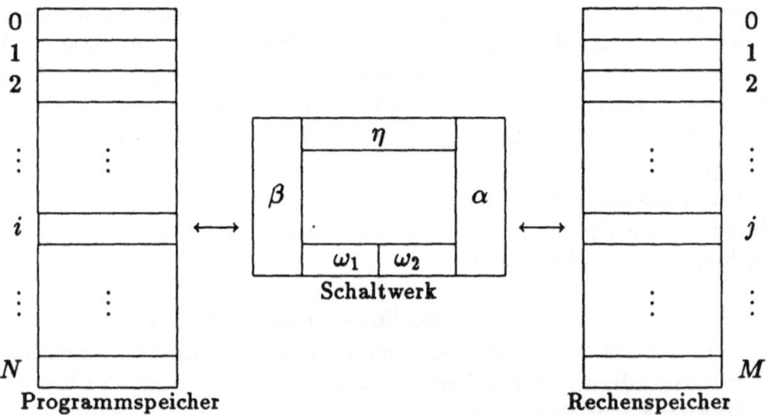

Abbildung 2.1: *Grobstruktur der Maschine*

Der **Rechenspeicher** dient

– zur Aufbewahrung von endlich vielen Zahlen, die in der Rechnung gebraucht werden,

– zur Ablage von Zwischenresultaten,

– zum Abspeichern der Resultate.

Er besteht aus $M + 1$ Speicherzellen, von denen jede eine Zahl aus einem beschränkten Zahlenbereich aufnehmen kann. Wir nehmen an, auf jede Speicherzelle könne man direkt zugreifen.

Der **Programmspeicher** enthält die Rechenvorschrift, die durch eine Folge von Befehlen beschrieben wird. Er ist in $N + 1$ Speicherzellen aufgeteilt, von denen jede einen Befehl aus einem beschränkten Befehlsvorrat aufnehmen kann.

Das **Schaltwerk** ist die aktive Einheit, in der die Rechnungen durchgeführt werden. Hierzu dienen die **Register** α, β und η. Das Register α kann eine Zahl aus dem Zahlenbereich aufnehmen, β einen Befehl aus dem Programmspeicher und η eine Zahl aus $[0\colon N]$. Der im β-Register stehende Befehl wird vom Schaltwerk ausgeführt. Die Ausführung bewirkt eine Änderung der Inhalte der Register oder der Speicher. Diese Änderung besteht unter anderem darin, daß zunächst eine andere Zahl aus $[0\colon N]$ in das η-Register geschrieben wird und anschließend der Befehl in das β-Register geladen wird, der in der Programmspeicherzelle steht, die durch den Inhalt von η angegeben wird. ω_1 und ω_2 in Abbildung 2.1 bezeichnen zwei Schalter:

- ω_1 ist der Ein/Aus-Schalter,

- ω_2 dient zur Fehleranzeige.

In einer realen Rechenanlage findet man keine Trennung von Programmspeicher und Rechenspeicher. Jede reale Speicherzelle kann sowohl eine Zahl als auch einen Befehl tragen. Diese Trennung hat jedoch den Vorteil, daß wir uns nicht mit dem Problem der Kodierung von Befehlen und Zahlen befassen müssen. Sie spiegelt auch unsere Vorstellung wieder, daß das Programm als operierender Teil von den Daten, auf denen das Programm operiert, getrennt werden sollte. Diese Vorstellung ist jedoch nur begrenzt richtig, da das Programm sich während einer Berechnung zu transformieren vermag. Hiervon macht man aber nur mit großer Vorsicht Gebrauch, denn die Wirkung solcher Programme ist i.a. kaum überschaubar.

Die drei Einheiten der Maschine werden nun der Reihe nach genauer beschrieben.

2.1.2 Beschreibung des Programm– und Rechenspeichers

Beide bestehen aus einer Folge jeweils untereinander gleicher *Speicherzellen*. Jede Zelle kann beliebig oft *beschrieben* und *gelesen* werden. Ein Beschreiben einer Speicherzelle *löscht* die alte Information der betreffenden Zelle. Durch eine neue Inschrift wird die alte Information *überschrieben*. Der Programmspeicher besteht aus $N+1$ Zellen, die durch die Zahlen aus $[0\colon N]$ angesprochen werden. Die Zahl

$i \in [0\colon N]$ heißt **Adresse** der Zelle i des Programmspeichers. Entsprechendes gilt für den Rechenspeicher. Den **Inhalt** der i-ten Programmspeicherzelle bezeichnen wir mit $\pi(i)$, den Inhalt der i-ten Rechenspeicherzelle mit $\rho(i)$.

2.1.2.1 Der Programmspeicher

Eine Speicherzelle des Programmspeichers enthält jeweils einen Befehl. Dazu unterteilen wir jede Zelle in zwei Teile (Abbildung 2.2). Der linke Teil enthält das *Operationszeichen*, der rechte Teil eine *Adresse* des Rechen- bzw. Programmspeichers. Die *Operation*, die durch das Operationszeichen bezeichnet wird, bezieht sich auf die Rechenspeicher- bzw. Programmspeicherzelle, die durch den Adreßteil spezifiziert ist.

Operationszeichen	Adresse einer Zelle

Abbildung 2.2: *Speicherzelle des Programmspeichers*

Sei O die endliche Menge der Operationszeichen und $\tilde{K} := \max\{N, M\}$.

Definition 2.1 $W := O \times [0\colon \tilde{K}]$ *heißt die* **Menge der Befehlswörter** *unserer Maschine.* $w \in W$ *heißt* **Befehlswort** *oder* **Befehl** *bzw.* **Anweisung**. ∎

W ist also die Menge der möglichen Inhalte einer Programmspeicherzelle.

Wir können nun formal definieren, was wir unter dem Programmspeicher und seinem momentanen Zustand verstehen:

Definition 2.2
$\Pi[0\colon N] := \{ (\Pi, i) \mid i \in [0\colon N]\}$ *heißt* **Programmspeicher**.

- (Π, i) *ist die i-te Zelle des Programmspeichers.*
- i *heißt die Adresse der Programmspeicherzelle* (Π, i).

Ein **momentaner Speicherzustand** *oder* **Inhalt** π *des Programmspeichers ist eine Abbildung* $\pi : \Pi[0\colon N] \to W$. ∎

Für $\pi\big((\Pi, i)\big)$ schreiben wir kurz $\pi(i)$. $\pi(i)$ ist also der *momentane Inhalt der Programmspeicherzelle mit der Adresse i*. Die Menge der möglichen Programmspeicherzustände ist gleich der Menge der Abbildungen von $\Pi[0\colon N]$ nach W. Sie enthält $(\#W)^{N+1} = (\#O \cdot (\tilde{K}+1))^{N+1}$ Speicherzustände.

2.1.2.2 Der Rechenspeicher

Der Zahlenbereich der Maschine sei $\{-Q, \ldots, -1, 0, 1, \ldots, Q\}$, also $[-Q : Q]$. Um diese Zahlen abspeichern zu können, muß jede Speicherzelle $2Q + 1$ verschiedene Inhalte (*Zustände*) annehmen können.

Analog zum Programmspeicher definieren wir:

Definition 2.3 $\mathrm{P}[0{:}M] := \{(\mathrm{P}, j) \mid j \in [0{:}M]\}$ *heißt* **Rechenspeicher**.

- (P, j) *ist die j-te Zelle des Rechenspeichers.*
- j *heißt die Adresse der Rechenspeicherzelle* (P, j).

Ein **momentaner Speicherzustand** *oder* **Inhalt** ρ *des Rechenspeichers ist eine Abbildung* $\rho : \mathrm{P}[0{:}M] \to [-Q : Q]$. ■

Für $\rho((\mathrm{P}, j))$ schreiben wir kurz $\rho(j)$. $\rho(j)$ ist also der *momentane Inhalt der Rechenspeicherzelle mit der Adresse j*. Die Menge der möglichen Rechenspeicherzustände ist gleich $Abb(\mathrm{P}[0{:}M], [-Q : Q])$ und enthält $(2Q + 1)^{M+1}$ Speicherzustände.

Zusammenfassung: Wir sind ausgegangen von einem Modell, das einen Rechen- und einen Programmspeicher enthält. Sie bestehen aus Zellen, die bestimmte Zustände annehmen können. Diese Zustände werden als Befehle bzw. als Zahlen interpretiert. Die Zellen tragen Nummern, die wir als Adressen bezeichnen.

Beide Speicher unterscheiden sich nicht wesentlich in ihrem Aufbau. Wir abstrahieren nun von beiden Speichertypen und verallgemeinern unsere Definition der Speicher auf einen beliebigen Speicher der Größe $I + 1$ vom Typ U.

Definition 2.4 *Sei U eine Menge, $I \in \mathbf{N}_0$ und $\Delta := \{\delta \mid \delta : A[0{:}I] \to U\}$.*
Das Tripel $S = (A[0{:}I], U, \Delta)$ heißt **Speicher**.

- *A ist der Speichername.*
- *$I + 1$ ist die Speichergröße.*
- *U ist der Speichertyp.*
- *$\delta \in \Delta$ ist ein momentaner Speicherzustand.*
- *$\delta(i)$ ist der Inhalt der i-ten Speicherzelle* ■

Beispiel 2.1

1.) Mit $A := \mathrm{P}$; $I := M$; $U := [-Q : Q]$ erhalten wir den Rechenspeicher unserer Maschine.

2.) A, I wie oben; $U := \{0,1\}^m$ (Menge der binären Folgen der Länge m) Dieser Speicher nimmt Binärkodierungen der Länge m auf.

3.) $U := \mathbf{Q}$ oder eine endliche Teilmenge von $\mathbf{Q}$, so dient S als Speicher von rationalen Zahlen. ■

Die vorliegende Definition des Speichers wird später noch durch die Hinzunahme von Größen, die Schreibe- und Lesezeiten auf Speichern betreffen, erweitert.

2.1.3 Beschreibung des Schaltwerkes

Das Schaltwerk besteht aus den Registern α, β, η, den Schaltern ω_1, ω_2 und einem "logischen Netz", das die Operation ausführt, die in β steht.

Die Register und Schalter sind Speicherzellen mit besonderen Funktionen.

- α kann den Inhalt genau einer Zelle des Rechenspeichers aufnehmen. α heißt **Akkumulator**.

- β kann den Inhalt genau einer Zelle des Programmspeichers aufnehmen. β heißt **Befehlsregister**.

- η kann eine Zahl aus $[0\colon N]$ aufnehmen. Diese Zahl stellt die Adresse der Zelle des Programmspeichers dar, deren Inhalt in das β-Register geladen wird bzw. sich bereits dort befindet (siehe Beschreibung des β-Registers). η heißt **Programm-** oder **Befehlszähler**.

- ω_1 und ω_2 können jeweils genau zwei Zustände annehmen, die wir mit 0 und 1 bezeichnen.

SPRECHWEISE: Man sagt auch, η zeigt auf die aktuelle Programmspeicherzelle bzw. auf den aktuellen Befehl.

Um Bezeichnungen zu sparen, verwenden wir α, β, η, ω_1 und ω_2 auch zur Bezeichnung des Inhalts der betreffenden Speicherzelle. In diesem Sinne definieren wir:

Definition 2.5

$$Z_S := \{\, (\alpha\,, \eta\,, \beta\,, \omega_1\,, \omega_2\,) \mid \alpha \in [-Q:Q]\,, \eta \in [0:N]\,, \beta \in W\,, \omega_1, \omega_2 \in \{0,1\}\}$$

heißt die Menge der **momentanen Zustände des Schaltwerkes**. ■

Unsere vorläufige Beschreibung des Aufbaus der Maschine fassen wir in der Definition des momentanen Zustands (Konfiguration) der Maschine zusammen.

Definition 2.6

$K_M := Abb(\Pi[0{:}N], W) \times Abb(\mathrm{P}[0{:}M], [-Q : Q]) \times Z_S$ heißt die Menge der **momentanen Zustände** *oder* **Konfigurationen der Maschine**.

Eine Abbildung $\Delta \in Abb(K_M, K_M)$ heißt die **Übergangsfunktion** *der Maschine. $\Delta(k) \in K_M$ ist die Folgekonfiguration der Maschinenkonfiguration $k \in K_M$.* ■

Diese Definitionen erlauben es, die Befehle und ihre Semantik in einfacher und übersichtlicher Weise darzustellen.

2.1.3.1 Einige Operationen und ihre Wirkungen

Um eine Vorstellung von der Arbeitsweise unserer Maschine zu vermitteln, werden wir einige typische Operationen und ihre Wirkung diskutieren. Die Liste der Befehle beschreiben wir zunächst sowohl anschaulich als auch formal. Später beschränken wir uns auf die formale Beschreibung. Anhand konkreter Programmieraufgaben bauen wir die Liste der Operationen aus. Wir verwenden dabei für die Befehlswörter aus W eine anschauliche Notation, die das Programmieren erleichtert.

Im folgenden setzen wir stets voraus, daß

- $\omega_1 = 1$ ist, d.h. die Maschine eingeschaltet ist.
- $\omega_2 = 0$ ist, d.h. keine Fehlermeldung vorliegt.
- in α eine Zahl aus $[-Q : Q]$ steht.
- in β der zu bearbeitende Befehl aus dem Programmspeicher steht.
- in η die Adresse der Programmspeicherzelle steht, aus der der Befehl in β herrührt $(\beta = \pi(\eta))$.

Wir vereinbaren außerdem, daß beim Start der Maschine in den Programmzähler der Wert Null und in das Befehlsregister der Befehl $\pi(0)$ geschrieben wird.

Wir unterscheiden zunächst zwei Klassen von Befehlen:

- die **bedingten** Befehle und
- die **unbedingten** Befehle.

Die bedingten Befehle werden zur Programmverzweigung verwendet. Als erste Klasse behandeln wir jedoch die der unbedingten Befehle.

Die Operationen der Form: do F(i);

Die Schreibweise "do F(i);" steht anstelle von $(\mathrm{F}, i) \in W = O \times [0 : \tilde{K}]$. i ist eine Adresse, die sich vorerst nur auf den Rechenspeicher bezieht. Im weiteren Ausbau der Maschine kann sie sich jedoch auch auf den Programmspeicher beziehen. F gibt an, in welcher Form die Inhalte der Register α, β und η mit gewissen Speicherzellen verknüpft werden, deren Adressen durch α, β, η und i bestimmt sind.

Beispiel 2.2

(B 1) do $\alpha := \alpha + \rho(i)$; (anstelle von $(+, i)$)

WIRKUNG DES BEFEHLS: Der Inhalt des Akkumulators α wird durch $\alpha + \rho(i)$ ersetzt, d.h. der alte Inhalt von α wird um den Inhalt der Rechenspeicherzelle mit der Adresse i erhöht. Der Inhalt von η wird inkrementiert (um eins erhöht). ***Anschließend*** wird der Inhalt von β durch $\pi(\eta)$ ersetzt. Das Programm wird also mit dem Befehl fortgesetzt, der im Programmspeicher auf den soeben ausgeführten Befehl folgt. Die Inhalte von Π und P bleiben unverändert. Damit dieser Befehl wie beschrieben ausgeführt werden kann, muß gelten:

1.) $0 \leq i \leq M$

2.) $0 \leq \eta < N$

3.) $\alpha + \rho(i) \in [-Q : Q]$

Ist eine der Bedingungen verletzt, so "stoppt" die Maschine, indem sie den Schalter ω_2 von 0 auf 1 setzt, d.h. einen Fehler anzeigt, wobei die sonstigen Inhalte nicht verändert werden.

Ist $k = (\pi, \rho, \alpha, \eta, \beta, \omega_1, \omega_2)$ mit $\beta = (\text{do } \alpha := \alpha + \rho(i);)$, dann ist $\Delta(k) = k^1 = (\pi^1, \rho^1, \alpha^1, \eta^1, \beta^1, \omega_1^1, \omega_2^1) \in K_M$ wie in Tabelle 2.1 definiert.

(B 2) do $\rho(i) := \alpha$; (anstelle von (T, i))

WIRKUNG DES BEFEHLS: Dieser Befehl bewirkt den Transport des Inhalts des Akkumulators α in die Rechenspeicherzelle mit der Adresse i, wobei deren vorheriger Inhalt überschrieben wird. Der Inhalt von η wird inkrementiert. ***Anschließend*** wird $\pi(\eta)$ in das Befehlsregister geladen. Auch hier wird das Programm konsekutiv abgearbeitet. Alle übrigen Speicherinhalte bleiben unverändert. Es muß gelten:

1.) $0 \leq i \leq M$

2.) $0 \leq \eta < N$

do $\alpha := \alpha + \rho(i)$;		do $\rho(i) := \alpha$;	
Wenn $0 \leq i \leq M, 0 \leq \eta < N$, $\alpha + \rho(i) \in [-Q : Q]$ erfüllt ist, dann wird	sonst	Wenn $0 \leq i \leq M$, $0 \leq \eta < N$ erfüllt ist, dann wird	sonst
$\pi^1 := \pi$,	$\pi^1 := \pi$,	$\pi^2 := \pi$,	$\pi^2 := \pi$,
$\rho^1 := \rho$,	$\rho^1 := \rho$,	$\rho^2(j) := \begin{cases} \rho(j) & \text{für } j \neq i \\ \alpha & \text{für } j = i, \end{cases}$	$\rho^2 := \rho$,
$\alpha^1 := \alpha + \rho(i)$,	$\alpha^1 := \alpha$,	$\alpha^2 := \alpha$,	$\alpha^2 := \alpha$,
$\eta^1 := \eta + 1$,	$\eta^1 := \eta$,	$\eta^2 := \eta + 1$,	$\eta^2 := \eta$,
$\beta^1 := \pi(\eta^1)$,	$\beta^1 := \beta$,	$\beta^2 := \pi(\eta^2)$,	$\beta^2 := \beta$,
$\omega_1^1 := \omega_1 \ (= 1)$,	$\omega_1^1 := 1$,	$\omega_1^2 := \omega_1 \ (= 1)$,	$\omega_1^2 := 1$,
$\omega_2^1 := \omega_2 \ (= 0)$.	$\omega_2^1 := 1$.	$\omega_2^2 := \omega_2 \ (= 0)$.	$\omega_2^2 := 1$.

Tabelle 2.1: *Wirkung der Befehle* (B 1) *und* (B 2)

Andernfalls stoppt die Maschine, indem sie ω_2 auf 1 setzt.

Ist $k = (\pi, \rho, \alpha, \eta, \beta, \omega_1, \omega_2)$ mit $\beta = (\text{do } \rho(i) := \alpha;\ )$, dann ist $\Delta(k) = k^2 = (\pi^2, \rho^2, \alpha^2, \eta^2, \beta^2, \omega_1^2, \omega_2^2) \in K_M$ wie in Tabelle 2.1 definiert.

(B 3) **do** $\alpha := \rho(i)$; (anstelle von (GT, i))

WIRKUNG DES BEFEHLS: Dieser Befehl ist symmetrisch zu (B 2). Er bewirkt den Transport in der Gegenrichtung von (T, i), also vom Rechenspeicher in den Akkumulator. Die Ausführung geschieht analog zum Ablauf von (B 2).

Ist $k = (\pi, \rho, \alpha, \eta, \beta, \omega_1, \omega_2)$ mit $\beta = (\text{do } \alpha := \rho(i);\ )$, dann ist $\Delta(k) = k^3 = (\pi^3, \rho^3, \alpha^3, \eta^3, \beta^3, \omega_1^3, \omega_2^3) \in K_M$ wie in Tabelle 2.2 definiert.

(B 4) **goto** j; (anstelle von (goto, j))

WIRKUNG DES BEFEHLS: Dieser Befehl beläßt die Speicher in ihren momentanen Zuständen. Zuerst wird η auf den Wert j gesetzt. j ist eine Programmspeicheradresse. *Anschließend* wird $\pi(\eta)$ in das β-Register geladen. Mit diesem Befehl wird das Programm fortgeführt. Falls $j \notin [0 : N]$, schaltet die Maschine den Fehlerschalter ein ($\omega_2 := 1$).

Ist $k = (\pi, \rho, \alpha, \eta, \beta, \omega_1, \omega_2)$ mit $\beta = (\text{goto } j;\ )$, dann ist $\Delta(k) = k^4 = (\pi^4, \rho^4, \alpha^4, \eta^4, \beta^4, \omega_1^4, \omega_2^4) \in K_M$ wie in Tabelle 2.2 definiert. ■

Kommen wir nun zu den bedingten Befehlen.

do $\alpha := \rho(i)$;		goto j;	
Wenn $0 \leq i \leq M, 0 \leq \eta < N$ erfüllt ist, dann wird	sonst	Wenn $0 \leq j \leq N$ erfüllt ist, dann wird	sonst
$\pi^3 := \pi$,	$\pi^3 := \pi$,	$\pi^4 := \pi$,	$\pi^4 := \pi$,
$\rho^3 := \rho$,	$\rho^3 := \rho$,	$\rho^4 := \rho$,	$\rho^4 := \rho$,
$\alpha^3 := \rho(i)$,	$\alpha^3 := \alpha$,	$\alpha^4 := \alpha$,	$\alpha^4 := \alpha$,
$\eta^3 := \eta + 1$,	$\eta^3 := \eta$,	$\eta^4 := j$,	$\eta^4 := \eta$,
$\beta^3 := \pi(\eta^3)$,	$\beta^3 := \beta$,	$\beta^4 := \pi(\eta^4)$,	$\beta^4 := \beta$,
$\omega_1^3 := \omega_1 \ (= 1)$,	$\omega_1^3 := 1$,	$\omega_1^4 := \omega_1 \ (= 1)$,	$\omega_1^4 := 1$,
$\omega_2^3 := \omega_2 \ (= 0)$.	$\omega_2^3 := 1$.	$\omega_2^4 := \omega_2 \ (= 0)$.	$\omega_2^4 := 1$.

Tabelle 2.2: *Wirkung der Befehle* $(B\ 3)$ *und* $(B\ 4)$

Die Operationen der Form: if B then goto j;

Die Schreibweise "**if** B **then goto** j;" steht anstelle von (B, j). j ist eine Programmspeicheradresse. B ist das Operationszeichen, das eine Bedingung für den Inhalt von α repräsentiert. Ist B erfüllt, so wird η auf den Wert j gesetzt und *anschließend* $\pi(\eta)$ in das β-Register geladen. Ist B nicht erfüllt, so wird η inkrementiert und der Folgebefehl des "if-Befehls" geladen. Man springt also "in die j-te Programmspeicherzelle", falls B erfüllt ist, sonst "in die nächste".

Beispiel 2.3

$(B\ 5a)$ **if** $\alpha = 0$ **then goto** j; (anstelle von $(=, j)$)

WIRKUNG DES BEFEHLS: Ist der Inhalt von α gleich 0, so wird in η der Wert j geschrieben und $\pi(\eta)$ in das β-Register geladen. Für j muß gelten: $0 \leq j \leq N$, ansonsten wird $\omega_2 := 1$. Ist $\alpha \neq 0$, so wird η um eins erhöht und $\pi(\eta)$ in β geladen vorausgesetzt $0 \leq \eta < N$. Sonst wird ω_2 auf 1 gesetzt. Die übrigen Zellen verbleiben in ihrem Zustand.

Ist $k = (\pi, \rho, \alpha, \eta, \beta, \omega_1, \omega_2)$ mit $\beta = ($ **if** $\alpha = 0$ **then goto** j; $)$, dann ist $\Delta(k) = k^5 = (\pi^5, \rho^5, \alpha^5, \eta^5, \beta^5, \omega_1^5, \omega_2^5) \in K_M$ wie in Tabelle 2.3 definiert.

Analog wirken die Befehle:

$(B\ 5b)$ **if** $\alpha \neq 0$ **then goto** j; (anstelle von $(\neq, j)$)

$(B\ 5c)$ **if** $\alpha > 0$ **then goto** j; (anstelle von $(>, j)$)

$(B\ 5d)$ **if** $\alpha < 0$ **then goto** j; (anstelle von $(<, j)$)

Später werden wir die Abfrage weiterer Register zulassen.

Die Liste der Basisbefehle komplettieren wir mit zwei speziellen Befehlen, die jeweils den Start und das Ende des Programms anzeigen:

(B 6) **begin: goto** j; (anstelle von **(begin,** j**)**)

WIRKUNG DES BEFEHLS: Mit diesem Befehl starten wir ein Programm. Zu Beginn einer Rechnung steht dieser Befehl in β. Er bewirkt, daß η auf j gesetzt wird und $\pi(j)$ in β gebracht wird, sofern $0 \leq j \leq N$. Sonst wird $\omega_2 := 1$.

Ist $k = (\pi, \rho, \alpha, \eta, \beta, \omega_1, \omega_2)$ mit $\beta =$ (**begin: goto** j;), dann ist $\Delta(k) = k^6 = (\pi^6, \rho^6, \alpha^6, \eta^6, \beta^6, \omega_1^6, \omega_2^6) \in K_M$ wie in Tabelle 2.3 definiert.

(B 7) **end.** (anstelle von **(end,** j**)** mit j beliebig)

WIRKUNG DES BEFEHLS: Dieser Befehl dient dazu, die Maschine nach beendeter Rechnung anzuhalten, indem der Schalter ω_1 von 1 auf 0 gesetzt wird. Der Zustand der übrigen Komponenten der Maschine bleibt unverändert.

Ist $k = (\pi, \rho, \alpha, \eta, \beta, \omega_1, \omega_2)$ mit $\beta =$ (**end.**), dann ist $\Delta(k) = k^7 = (\pi^7, \rho^7, \alpha^7, \eta^7, \beta^7, \omega_1^7, \omega_2^7) \in K_M$ wie in Tabelle 2.3 definiert. ■

if $\alpha = 0$ then goto j;		begin: goto j;	
Ist $0 \leq \eta < N$ falls $\alpha \neq 0$, bzw. $0 \leq j \leq N$ falls $\alpha = 0$ erfüllt, dann wird	sonst	Ist $0 \leq j \leq N$ erfüllt, dann wird	sonst
$\pi^5 := \pi$,	$\pi^5 := \pi$,	$\pi^6 := \pi$,	$\pi^6 := \pi$,
$\rho^5 := \rho$,	$\rho^5 := \rho$,	$\rho^6 := \rho$,	$\rho^6 := \rho$,
$\alpha^5 := \alpha$,	$\alpha^5 := \alpha$,	$\alpha^6 := \alpha$,	$\alpha^6 := \alpha$,
$\eta^5 := \begin{cases} j & \text{für } \alpha = 0 \\ \eta + 1 & \text{für } \alpha \neq 0, \end{cases}$	$\eta^5 := \eta$,	$\eta^6 := j$,	$\eta^6 := \eta$,
$\beta^5 := \pi(\eta^5)$,	$\beta^5 := \beta$,	$\beta^6 := \pi(\eta^6)$,	$\beta^6 := \beta$,
$\omega_1^5 := \omega_1$ $(= 1)$,	$\omega_1^5 := 1$,	$\omega_1^6 := \omega_1$ $(= 1)$,	$\omega_1^6 := 1$,
$\omega_2^5 := \omega_2$ $(= 0)$.	$\omega_2^5 := 1$.	$\omega_2^6 := \omega_2$ $(= 0)$.	$\omega_2^6 := 1$.

end.						
$\pi^7 := \pi$	$\rho^7 := \rho$	$\alpha^7 := \alpha$	$\eta^7 := \eta$	$\beta^7 := \beta$	$\omega_1^7 := 0$	$\omega_2^7 := 0$

Tabelle 2.3: *Wirkung der Befehle* (B 5a), (B 6) *und* (B 7)

2.1.3.2 Bedeutung der Schalter ω_1 und ω_2

Wir wollen in diesem Abschnitt die Bedeutung der Schalter ω_1 und ω_2 zusammenfassen (siehe Tabelle 2.4). ω_1 hat zwei Zustände: 0 (Aus) und 1 (Ein), ebenso ω_2: 0 (Normalzustand) und 1 (Fehlermeldung). Wird der Befehl $(B\ 7)$ in das β-Register geladen, so wird ω_1 auf Null gesetzt und die Maschine ausgeschaltet. Steht in β eine Operation, die nicht ausführbar ist, so wird ω_2 auf Eins gesetzt und die Maschine abgeschaltet, z.B. wenn in $(B\ 1)$ $\alpha + \rho(i) > Q$ ist.

ω_1	ω_2	Semantik
0	0	Maschine ausgeschaltet, kein Fehleralarm. Der Folgezustand ist $\Delta(k) = k$.
0	1	Maschine hat mit Fehlermeldung angehalten. Der Folgezustand ist $\Delta(k) = k$.
1	0	Maschine rechnet. β wird ausgeführt.
1	1	Maschine ist auf Fehler getroffen. Sie geht in $k' = \Delta(k) = (\pi, \rho, \alpha, \eta, \beta, 0, 1)$ über.

Tabelle 2.4: *Bedeutung der Schalter ω_1 und ω_2*

2.1.4 Ausbau des Befehlsvorrats, Indexregister, Adressenrechnung, Programmbeispiele

2.1.4.1 Das Hornerschema als Programmbeispiel

Wir verwenden im folgenden außer den bekannten Befehlen noch die arithmetischen Befehle:

$(B\ 1a)$ **do** $\alpha := \alpha - \rho(i);$

$(B\ 1b)$ **do** $\alpha := \alpha \cdot \rho(i);$

$(B\ 1c)$ **do** $\alpha := \alpha / \rho(i);$

Die Definitionen von $(B\ 1a)$ und $(B\ 1b)$ sind analog zu der Definition des Befehls $(B\ 1)$. Erläutern werden wir den Befehl $(B\ 1c)$:

Seien $k = (\pi, \rho, \alpha, \eta, \beta, \omega_1, \omega_2)$ und $k' = (\pi', \rho', \alpha', \eta', \beta', \omega_1', \omega_2') \in K_M$ mit $\beta = (\ \textbf{do}\ \alpha := \alpha/\rho(i);\ )$ und $\Delta(k) = k'$, dann ist:

Falls $0 \leq i \leq M$, $0 \leq \eta < N$ und $\rho(i) \neq 0$, dann ist:

$$\alpha' := x \in [-Q:Q] \quad \text{mit } |x| \le \left|\frac{\alpha}{\rho(i)}\right| \text{ und } \left|x - \frac{\alpha}{\rho(i)}\right| < 1,$$
$$\eta' := \eta + 1,$$
$$\beta' := \pi(\eta'),$$

sonst

$$\omega_2' := 1.$$

Die nicht angegebenen Komponenten von k' bleiben gegenüber k unverändert. Der Befehl bewirkt die ganzzahlige Division.

Weitere, häufig verwendete Befehle ermöglichen es, einen konstanten Wert $c_0 \in [-Q:Q]$ in den Akkumulator zu laden

$(B\ 8a)$ do $\alpha := c_0;$

und einen konstanten Wert $c_0 \in [-Q:Q]$ zum Akkumulatorinhalt aufzuaddieren

$(B\ 8b)$ do $\alpha := \alpha + c_0;$.

Hierbei wird ω_2 auf 1 gesetzt, wenn zur Zeit der Ausführung des Befehls $(B\ 8a)$ $c_0 \notin [-Q:Q]$ oder $\eta \notin [0:N-1]$ ist bzw. zur Zeit der Ausführung des Befehls $(B\ 8b)$ $\alpha + c_0 \notin [-Q:Q]$ oder $\eta \notin [0:N-1]$ ist. Die Semantik der Befehle ist selbsterklärend.

Am Beispiel des *Hornerschema*'s zur Auswertung von Polynomen (siehe Kapitel 1, Seite 36), entwickeln wir unseren Befehlsvorrat weiter.

Sei

$$P(x_0) = a_0 \cdot x_0^n + a_1 \cdot x_0^{n-1} + a_2 \cdot x_0^{n-2} + \cdots + a_n$$

ein Polynom in der Unbestimmten x_0, wobei $x_0 \in \mathbf{N}_0$, $n \in \mathbf{N}_0$ ist und die Koeffizienten $a_i \in [-Q:Q]$ sind für $i = 0, \ldots, n$.
Wir formen wieder $P(x_0)$ folgendermaßen um:

$$\begin{aligned} P(x_0) &= a_0 \cdot x_0^n + a_1 \cdot x_0^{n-1} + a_2 \cdot x_0^{n-2} + \cdots + a_n \\ &= (\cdots(a_0 \cdot x_0 + a_1)x_0 + \cdots + a_{n-1})x_0 + a_n. \end{aligned}$$

Indem man die Klammern von innen nach außen auswertet, erhält man das folgende Berechnungsschema:

$$\begin{aligned} f_0 &:= a_0, \\ f_1 &:= f_0 \cdot x_0 + a_1, \\ f_2 &:= f_1 \cdot x_0 + a_2, \\ &\vdots \\ f_n &:= f_{n-1} \cdot x_0 + a_n. \end{aligned}$$

Mit Hilfe dieses Berechnungsschemas wollen wir ein Programm schreiben, das für Werte $x_0 \in [-Q : Q]$ den Wert $P(x_0)$ berechnet. Dabei setzen wir $f_0, \ldots, f_n \in [-Q : Q]$ und $f_0 \cdot x_0, \ldots, f_{n-1} \cdot x_0 \in [-Q : Q]$ voraus.

Aus der obigen Identität erkennt man, daß $P(x_0) = f_n$. Dieses Schema, das f_n **rekursiv** über die f_k $(k = 0, \ldots, n)$ berechnet, heißt **Hornerschema**. Es ist bezüglich der Anzahl der Multiplikationen optimal zur Berechnung eines "nichtspeziellen" Polynoms.

Organisation des Rechenspeichers Bevor man sich damit befassen kann, ein Programm zu schreiben, muß man sich Gedanken über die Organisation der Daten und Zwischenergebnisse im Rechenspeicher machen. Ihre Anordnung im Rechenspeicher hat einen großen Einfluß auf die Struktur des Programmes. Ungeschickte Organisation kann den Rechen- und Speicheraufwand erheblich vergrößern.

0	n
1	x_0
2	f_k
3	a_0
$\vdots$	$\vdots$
$n+3$	a_n
$\vdots$	$\vdots$
M	

Abbildung 2.3: *Rechenspeicherbelegung für das Hornerschema*

In unserem Beispiel bestehen die anfallenden Daten in den Zahlen n, a_0, a_1, $\ldots$, a_n, x_0 sowie $f_0, \ldots, f_n$. Man erkennt aus dem Rekursionsschema, daß von den Zwischenwerten $f_0, \ldots, f_k$ lediglich f_k zur Berechnung von f_{k+1} benötigt wird. Wir müssen also nur eine Speicherzelle zur Speicherung der relevanten Zwischenwerte reservieren. Wir setzen voraus, daß $n + 3 \leq M$ ist, und daß die Koeffizienten im Rechenspeicher so angeordnet sind, wie es Abbildung 2.3 zeigt. Die Zelle (P, 2) wird verwendet, um das Zwischenresultat f_k abzuspeichern. Zu Beginn der Rechnung stehen in (P, 2) und $(\mathrm{P}, n+4), \ldots, (\mathrm{P}, M)$ beliebige Werte aus $[-Q : Q]$. In (P, 0) steht der Grad n des Polynoms.

Das Programm Das folgende Programm, das einen Funktionswert $P(x_0)$ eines Polynoms P mit Grad n nach dem Hornerschema berechnet, bezeichnen wir mit HORNER 1.

Wir vereinbaren folgende Konvention zur Programmnotation:

Die Befehle stehen in Programmspeicherzellen mit Adressen. Die jeweilige Adresse schreiben wir – durch Doppelpunkt getrennt – vor den Befehl. So bedeutet:

$$i: \quad \textbf{do}\ \alpha := \alpha + \rho(4); \ ,$$

daß

$$\pi(i) = (+, 4).$$

Rechts neben den Befehl schreiben wir Erläuterungen zum Befehl (Kommentare). In Zelle $(\Pi, 0)$ soll der Befehl **begin: goto** 1 stehen. Um Schreibarbeit zu sparen, lassen wir "**do**" jeweils weg.

DAS PROGRAMM HORNER 1

0:	**begin: goto** 1;	
1:	$\alpha := \rho(3);$	a_0 nach α bringen
2:	$\alpha := \alpha \cdot \rho(1);$	$f_0 \cdot x_0$ nach α bringen
3:	$\alpha := \alpha + \rho(4);$	$f_1 = f_0 \cdot x_0 + a_1$ nach α bringen
4:	$\alpha := \alpha \cdot \rho(1);$	$f_1 \cdot x_0$ nach α bringen
5:	$\alpha := \alpha + \rho(5);$	$f_2 = f_1 \cdot x_0 + a_2$ nach α bringen
6:	$\alpha := \alpha \cdot \rho(1);$	$f_2 \cdot x_0$ nach α bringen
7:	$\alpha := \alpha + \rho(6);$	$f_3 = f_2 \cdot x_0 + a_3$ nach α bringen
$\vdots$	$\vdots$	$\vdots$
$2i$:	$\alpha := \alpha \cdot \rho(1);$	$f_{i-1} \cdot x_0$ nach α bringen
$2i+1$:	$\alpha := \alpha + \rho(i+3);$	f_i nach α bringen
$\vdots$	$\vdots$	$\vdots$
$2n$:	$\alpha := \alpha \cdot \rho(1);$	$f_{n-1} \cdot x_0$ nach α bringen
$2n+1$:	$\alpha := \alpha + \rho(n+3);$	$f_n = P(x_0)$ nach α bringen
$2n+2$:	$\rho(2) := \alpha;$	$P(x_0)$ nach (P, 2) bringen
$2n+3$:	**end.**	

Starten wir die Maschine M in der Anfangskonfiguration

$$k^0 = (\pi^0, \rho^0, \alpha^0, 0, \pi^0(0), 1, 0) \in K_M$$

mit π^0, ρ^0 wie oben angegeben und α^0 beliebig, so durchläuft sie der Reihe nach die Befehle $\pi^0(0), \ldots, \pi^0(2n+3)$, d.h. sie nimmt Konfigurationen $k^0, \ldots, k^{2n+4} \in K_M$ an.

Der Kommentar macht plausibel, daß das Programm HORNER 1 den Wert $P(x_0)$ berechnet, falls während der Berechnung keine Überschreitung des Zahlenbereichs $[-Q : Q]$ auftritt.

Am Beispiel dieses einfachen und übersichtlichen Programmes demonstrieren wir, wie man die Korrektheit eines Programmes formal beweisen kann.

Zu Beginn der Rechnung ist $\beta = \pi(0)$ und $\eta = 0$. Dann geht die Maschine in die Folgekonfiguration $k^1 = (\pi^0, \rho^0, \alpha^0, 1, \pi^0(1), 1, 0) \in K_M$ über, d.h. $\Delta(k^0) = k^1$. Nach Ausführung von $\pi^0(1)$ steht in α der Wert f_0, in η der Wert 2 und in β der Befehl $\pi^0(2)$, d.h. $\Delta(k^1) = k^2$ mit $k^2 = (\pi^0, \rho^0, f_0, 2, \pi^0(2), 1, 0) \in K_M$.

Nehmen wir an, daß nach der Ausführung des Befehls $\pi^0(2i-1)$ in α der Wert f_{i-1}, in η der Wert $2i$ und in β der Befehl $\pi^0(2i)$ für $i = 1, \ldots, n+1$ steht, d.h.

$$\Delta^{2i}(k^0) = \Delta^{2i-1}(k^1) = \cdots = \Delta(k^{2i-1}) = k^{2i} \in K_M$$

mit

$$k^{2i} = (\pi^0, \rho^0, f_{i-1}, 2i, \pi^0(2i), 1, 0) \in K_M.$$

Dann ergibt sich hieraus, daß nach der Ausführung von $\pi^0(2i+1)$ in η der Wert $2i+2$, in β der Befehl $\pi^0(2i+2)$ und in α der Wert f_i steht, falls die Voraussetzung $f_{i-1} \cdot x_0 \in [-Q : Q]$ und $f_i = f_{i-1} \cdot x_0 + a_i \in [-Q : Q]$ erfüllt ist.

Denn es gilt:

$$\Delta^2(k^{2i}) = \Delta(k^{2i+1}) = k^{2i+2},$$

wobei:

$$\begin{aligned} k^{2i} &= (\pi^0, \rho^0, f_{i-1}, 2i, \pi^0(2i), 1, 0) \in K_M. \\ k^{2i+1} &= (\pi^0, \rho^0, f_{i-1} \cdot x_0, 2i+1, \pi^0(2i+1), 1, 0) \in K_M. \\ k^{2i+2} &= (\pi^0, \rho^0, f_i = f_{i-1} \cdot x_0 + a_i, 2i+2, \pi^0(2i+2), 1, 0) \in K_M. \end{aligned}$$

Also gilt nach dem Prinzip der vollständigen Induktion:

Liegen $f_0, \ldots, f_n \in [-Q : Q]$ und $f_0 \cdot x_0, \ldots, f_{n-1} \cdot x_0 \in [-Q : Q]$, dann ist

$$k^{2n+2} = (\pi^0, \rho^0, f_n, 2n+2, \pi^0(2n+2), 1, 0) \in K_M,$$

d.h. nach Ausführung von $\pi^0(2n+1)$ steht in α der Wert f_n.

Die Maschine stoppt in $k^{2n+4} = (\pi^0, \rho^{2n+3}, f_n, 2n+3, \pi^0(2n+3), 0, 0) \in K_M$ mit $\rho^{2n+3}(j) = \begin{cases} f_n & \text{für } j = 2 \\ \rho^0(j) & \text{für } j \in [0 : M] \text{ und } j \neq 2. \end{cases}$

Am Ende der Rechnung steht in (P, 2) das Ergebnis f_n. ■

Wir haben eine Behauptung über den Maschinenzustand in Abhängigkeit vom aktuellen Befehl aufgestellt. Die in der Behauptung enthaltene Größe i wird **Parameter** der Behauptung genannt. Wir haben bewiesen, daß unsere Behauptung unabhängig von der speziellen Wahl des Parameters i gültig ist. Darum nennt man eine solche Behauptung auch eine **Invariante** der Berechnung.

Daraus haben wir geschlossen, daß

- die Maschine ohne Fehlermeldung und
- mit dem gewünschten Resultat stoppt,

falls keine Bereichsüberschreitung vorliegt.

Das Programm ist also nur in dem Sinne korrekt, als in (P, 2) das Resultat $P(x_0)$ steht, *wenn* die Maschine keine Bereichsüberschreitung feststellt.

Es ist natürlich unbefriedigend, daß die Korrektheit des Programmes so stark von Größen wie M, N, Q abhängt, die von Maschine zu Maschine verschieden sein können. Auf einen allgemeineren Korrektheitsbegriff, der die Übertragbarkeit von Programmen einschließt, gehen wir später ein.

Das Programm HORNER 1 benötigt $2n + 4$ Rechenschritte zur Berechnung von $P(x_0)$. Außer den Rechenspeicherzellen zur Abspeicherung von x_0 und den Koeffizienten $a_0, \ldots, a_n$ werden keine weiteren Hilfsspeicherzellen benützt. Die Länge des Programmes wächst linear mit dem Grad n des Polynoms.

Ähnlich wie in Kapitel 1 lernen wir auch hier Kriterien zur Beurteilung der Komplexität eines Programmes kennen:

Zeitkomplexität: Anzahl der Rechenschritte, die das Programm von der Ausführung des begin-Befehls bis zum end-Befehl benötigt.

Rechenspeicherkomplexität: Anzahl der belegten Rechenspeicherzellen.

Programmspeicherkomplexität: Anzahl der belegten Programmspeicherzellen = Programmlänge.

Das Programm der Länge $2n_0 + 3 \leq N$ mit $n_0 \in \mathbf{N}_0$ ist nur zur Auswertung von Polynomen mit Grad $n \leq n_0$ verwendbar. Polynome mit Grad $> n_0$ können wir hiermit nicht auswerten.

Wir wollen im folgenden ein Programm angeben, das nach dem Hornerschema den Wert $P(x_0)$ für alle Polynome $P(x)$ mit Grad $\leq M - 3$ und Grad $\leq Q$ berechnet, sofern bei der Berechnung der Zahlenbereich nicht überschritten wird.

Unser jetziger Befehlsvorrat reicht dazu nicht aus, wenn wir die verwendete Rechenspeicherbelegung zugrunde legen. Jedes Programm, das auf unserem derzeitigen Befehlssatz aufbaut, kann auf höchstens L verschiedene Rechenspeicherzellen zugreifen, wobei L die Länge des Programmes bedeute. Ist der Grad des

Polynoms größer gleich L, so besitzt das Polynom mindestens $L+1$ Koeffizienten. Das Programm kann nicht auf alle Rechenspeicherzellen, die einen Koeffizienten des Polynoms enthalten, zugreifen und damit auch nicht $P(x_0)$ berechnen, wenn die Koeffizienten von P von Null verschieden sind.

Um diesen Mangel zu beseitigen, führen wir den folgenden Befehl ein:

(B 9) **do** $\alpha := \rho(\alpha)$;

WIRKUNG DES BEFEHLS: Dieser Befehl bewirkt, daß der Inhalt von (P, α) nach α gebracht wird. Er ist definiert für $0 \leq \alpha \leq M$ und $0 \leq \eta < N$.

Sind $k = (\pi, \rho, \alpha, \eta, \beta, \omega_1, \omega_2)$ und $k' = (\pi', \rho', \alpha', \eta', \beta', \omega_1', \omega_2') \in K_M$ mit $\beta = ($ **do** $\alpha := \rho(\alpha);\ )$ und $\Delta(k) = k'$, dann ist k' in Tabelle 2.5 definiert.

do $\alpha := \rho(\alpha)$;	
Wenn $0 \leq \alpha \leq M$ und $0 \leq \eta < N$ erfüllt ist, dann wird	sonst
$\pi' := \pi$,	$\pi' := \pi$,
$\rho' := \rho$,	$\rho' := \rho$,
$\alpha' := \rho(\alpha)$,	$\alpha' := \alpha$,
$\eta' := \eta + 1$,	$\eta' := \eta$,
$\beta' := \pi(\eta')$,	$\beta' := \beta$,
$\omega_1' := \omega_1\ (= 1)$,	$\omega_1' := 1$,
$\omega_2' := \omega_2\ (= 0)$.	$\omega_2' := 1$.

Tabelle 2.5: *Wirkung des Befehls* (B 9)

Der Befehl erlaubt es uns, den Inhalt von Zellen in den Akkumulator zu laden, deren absolute Adressen wir zum Zeitpunkt des Programmierens noch nicht explizit kennen.

In HORNER 1 haben wir keinen Gebrauch vom Inhalt von $(\mathrm{P}, 0)$ gemacht. In Verbindung mit dem neuen Befehl benützen wir $\rho(0)$, um eine zweite Version des HORNER-Programmes zu schreiben.

DAS PROGRAMM HORNER 2

0: **begin: goto** 1;

1: $\alpha := \rho(3)$; $f_0 = a_0$ nach α bringen

2:	$\rho(2) := \alpha$;	f_0 nach (P, 2)
3:	$\alpha := 3$;	3 nach (P, 3)
4:	$\rho(3) := \alpha$;	a_0 ist jetzt überflüssig
5:	$\alpha := \rho(0)$;	
6:	**if** $\alpha = 0$ **then goto** 19;	$\rho(0) = 0$?
7:	$\alpha := \alpha - 1$;	
8:	$\rho(0) := \alpha$;	$\rho(0) := \rho(0) - 1$
9:	$\alpha := \rho(2)$;	f_k nach α
10:	$\alpha := \alpha \cdot \rho(1)$;	$f_k \cdot x_0$ nach α
11:	$\rho(2) := \alpha$;	$f_k \cdot x_0$ nach (P, 2)
12:	$\alpha := \rho(3)$;	
13:	$\alpha := \alpha + 1$;	
14:	$\rho(3) := \alpha$;	$\rho(3) := \rho(3) + 1$
15:	$\alpha := \rho(\alpha)$;	a_{k+1} nach α
16:	$\alpha := \alpha + \rho(2)$;	f_{k+1} nach α
17:	$\rho(2) := \alpha$;	f_{k+1} nach (P, 2)
18:	**goto** 5;	
19:	**end.**	

Nach dem bereits vorgestellten Schema kann man auch die Korrektheit des Programmes HORNER 2 beweisen.

Die Befehle $\pi(0), \ldots, \pi(4)$ werden nur einmal – zu Beginn – durchlaufen. Nach Ausführung des Befehls $\pi(4)$ steht:

- n in (P,0),
- f_0 in (P, 2),
- 3 in (P, 3).

Betrachten wir den Rechenspeicherzustand jeweils vor Eintritt in den Befehl $\pi(6)$, um die Invariante zu formulieren.

INVARIANTE:

Befindet sich die Maschine zum i-ten Mal ($i \geq 1$) in einer Konfiguration mit $\eta = 6$ und $\beta = \pi(6)$, d.h. die Maschine hat zum i-ten Mal den Befehl $\pi(5)$ ausgeführt, dann steht

$$n - i + 1 \text{ in } (P,0), \qquad f_{i-1} \text{ in } (P,2),$$
$$3 + i - 1 \text{ in } (P,3), \qquad n - i + 1 \text{ in } \alpha.$$

Wir verfolgen die Rechnung der Maschine unter der Annahme, $\rho(0)$ sei *größer Null*. Dann ist die Bedingung $\alpha = 0$ nicht erfüllt, η wird auf 7 gesetzt und die Befehle $\pi(7), \ldots, \pi(18), \pi(5)$ werden der Reihe nach ausgeführt.

Der Übersichtlichkeit halber führen wir die Konfigurationsänderungen in der Tabelle 2.6 auf, wobei wir die Komponenten des Maschinenzustandes bzw. die Speicherzellen weglassen, die unverändert bleiben.

β	η	α	(P,0)	(P,2)	(P,3)
if $\alpha = 0 \cdots$	6	$n-i+1$	$n-i+1$	f_{i-1}	$3+i-1$
$\alpha := \alpha - 1$	7	$n-i+1$	$n-i+1$	f_{i-1}	$3+i-1$
$\rho(0) := \alpha$	8	$n-i$	$n-i+1$	f_{i-1}	$3+i-1$
$\alpha := \rho(2)$	9	$n-i$	$n-i$	f_{i-1}	$3+i-1$
$\alpha := \alpha \cdot \rho(1)$	10	f_{i-1}	$n-i$	f_{i-1}	$3+i-1$
$\rho(2) := \alpha$	11	$f_{i-1}x_0$	$n-i$	f_{i-1}	$3+i-1$
$\alpha := \rho(3)$	12	$f_{i-1}x_0$	$n-i$	$f_{i-1}x_0$	$3+i-1$
$\alpha := \alpha + 1$	13	$3+i-1$	$n-i$	$f_{i-1}x_0$	$3+i-1$
$\rho(3) := \alpha$	14	$3+i$	$n-i$	$f_{i-1}x_0$	$3+i-1$
$\alpha := \rho(\alpha)$	15	$3+i$	$n-i$	$f_{i-1}x_0$	$3+i$
$\alpha := \alpha + \rho(2)$	16	a_i	$n-i$	$f_{i-1}x_0$	$3+i$
$\rho(2) := \alpha$	17	$a_i + f_{i-1}x_0$	$n-i$	$f_{i-1}x_0$	$3+i$
goto 5	18	$a_i + f_{i-1}x_0$	$n-i$	$a_i + f_{i-1}x_0$	$3+i$
$\alpha := \rho(0)$	5	$a_i + f_{i-1}x_0$	$n-i$	$a_i + f_{i-1}x_0$	$3+i$
if $\alpha = 0 \cdots$	6	$n-i$	$n-i$	$a_i + f_{i-1}x_0$	$3+i$

Tabelle 2.6: *Korrektheitsbeweis des Programmes* HORNER *2*

Wir ersehen aus der Tabelle:
Nach der $(i+1)$-ten Ausführung des Befehls $\pi(5)$ steht

- $n-i$ in (P,0),
- $f_i = a_i + f_{i-1} \cdot x_0$ in (P,2),
- $3+i$ in (P,3),
- $n-i$ in α,

womit die Invariante für $i+1$ erfüllt ist.

Nach dem Induktionsprinzip gilt die Invariante für alle $1 \leq i \leq n+1$.

Bei der $(n+1)$-ten Ausführung von $\pi(5)$ ist $i = n$, $\alpha = 0$, $\rho((\mathrm{P},2)) = f_n$. Die Maschine lädt den Befehl $\pi(19)$ und stoppt ohne Fehlermeldung, falls $f_0 \cdot x_0, \ldots, f_{n-1} \cdot x_0 \in [-Q : Q]$ und $f_0, \ldots, f_n \in [-Q : Q]$ sind. ∎

Im Gegensatz zum "Geradeaus"-Programm HORNER 1 hängt die Länge des Programmes HORNER 2 nicht mehr vom Grad n des Polynoms ab. HORNER 2 belegt 20 Programmspeicherzellen. Im Laufe der Rechnung greift HORNER 2 auf $n+4$ Rechenspeicherzellen zu. Davon ist nur eine Zelle, nämlich $(\mathrm{P},2)$ eine explizite Hilfsspeicherzelle.

Die Anzahl der Rechenschritte T_n des Programmes beträgt:

$$T_n(\text{HORNER } 2) = 8 + 14n \quad \text{gegenüber} \quad T_n(\text{HORNER } 1) = 4 + 2n.$$

Das verzweigte Programm HORNER 2 rechnet also siebenmal so lang wie das unverzweigte Programm HORNER 1. Um die Differenzen in der Rechenzeit beider Konzepte zu reduzieren, ohne die Vorteile der Adressenberechnung zu verlieren, erweitern wir den Befehlssatz und das Schaltwerk der Maschine.

2.1.4.2 Adressenrechnung und Adressenmodifikation

Das vorige Beispiel zeigt, daß die Möglichkeit, im Laufe einer Rechnung die Adresse eines Befehles zu verändern bzw. zu berechnen, die Verwendungsmöglichkeit eines Programmes wesentlich steigert. Diesen Vorteil mußten wir allerdings mit längerer Rechenzeit infolge des größeren organisatorischen Aufwandes bezahlen.

Betrachten wir darum einige weitere Möglichkeiten, Adressen zu verändern. Wir geben Programmbeispiele und vergleichen die Programme anhand der vorgestellten Komplexitätskriterien.

Das Konzept, das allen diesen Alternativen zugrunde liegt, nennt man **Adressenrechnung** oder **Adressenmodifikation**.

Adressenmodifikation durch Indexregister Untersucht man HORNER 2 genauer, so fällt auf, daß 6 der 20 Befehle nur zum Inkrementieren bzw. Dekrementieren von Inhalten des Rechenspeichers dienen.

Dies läßt sich vermeiden durch Einführung eines speziellen, zusätzlichen Registers, dessen Inhalt ohne Mitwirkung des Akkumulators verändert werden kann. Man erspart sich dadurch das Laden in den Akkumulator bzw. das Abspeichern. Das Register kann als akkumulatorunabhängige Operationseinheit zeitparallel mit dem Akkumulator arbeiten.

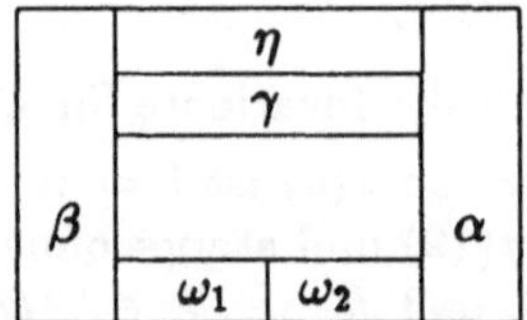

Abbildung 2.4: *Erweitertes Schaltwerk*

Es wird häufig zum Inkrementieren und Dekrementieren von Laufindizes benutzt und heißt deshalb **Indexregister**. In realen Maschinen ist die Zeit für diese Operationen vernachlässigbar im Vergleich zu anderen Operationen.

Das Indexregister γ unserer Maschine (Abbildung 2.4) kann eine Zahl aus $[0{:}\tilde{K}]$ aufnehmen. Man kann also den Rechenspeicher oder den Programmspeicher adressieren.

Dementsprechend ändern wir die Definition des momentanen Zustandes des Schaltwerkes:

Definition 2.7

$$Z_S := \{(\alpha, \eta, \beta, \gamma, \omega_1, \omega_2) \mid \alpha \in [-Q : Q], \eta \in [0{:}N], \beta \in W, \gamma \in [0{:}\tilde{K}], \omega_1, \omega_2 \in \{0,1\}\}$$

heißt die Menge der **momentanen Zustände des Schaltwerkes**. ■

Unverändert bleibt die Definition der Konfiguration K_M der Maschine.

Im Zusammenhang mit Indexregistern verwenden wir folgende Befehle:

$(B\ 10)$	**do** $\gamma := \alpha$;	$(B\ 11)$	**do** $\alpha := \gamma$;
$(B\ 12a)$	**do** $\gamma := \gamma + 1$;	$(B\ 12b)$	**do** $\gamma := \gamma - 1$;
$(B\ 13a)$	**do** $\alpha := \rho(\gamma + i)$;	$(B\ 13b)$	**do** $\alpha := \rho(\gamma - i)$;
$(B\ 14a)$	**do** $\rho(\gamma + i) := \alpha$;	$(B\ 14b)$	**do** $\rho(\gamma - i) := \alpha$;
$(B\ 15a)$	**do** $\alpha := \alpha + \rho(\gamma + i)$;	$(B\ 15b)$	**do** $\alpha := \alpha - \rho(\gamma + i)$;
$(B\ 15c)$	**do** $\alpha := \alpha \cdot \rho(\gamma + i)$;		

mit $i \in [0{:}\tilde{K}]$.

do $\gamma := \alpha$;		do $\alpha := \gamma$;	
Wenn $0 \leq \eta < N$, $0 \leq \alpha \leq \tilde{K}$ erfüllt ist, dann wird	sonst	Wenn $0 \leq \eta < N$, $-Q \leq \gamma \leq Q$ erfüllt ist, dann wird	sonst
$\pi' := \pi$,	$\pi' := \pi$,	$\pi' := \pi$,	$\pi' := \pi$,
$\rho' := \rho$,	$\rho' := \rho$,	$\rho' = \rho$,	$\rho' := \rho$,
$\alpha' := \alpha$,	$\alpha' := \alpha$,	$\alpha' := \gamma$,	$\alpha' := \alpha$,
$\eta' := \eta + 1$,	$\eta' := \eta$,	$\eta' := \eta + 1$,	$\eta' := \eta$,
$\beta' := \pi(\eta')$,	$\beta' := \beta$,	$\beta' := \pi(\eta')$,	$\beta' := \beta$,
$\gamma' := \alpha$,	$\gamma' := \gamma$,	$\gamma' := \gamma$,	$\gamma' := \gamma$,
$\omega_1' := \omega_1$ $(= 1)$,	$\omega_1' := 1$,	$\omega_1' := \omega_1$ $(= 1)$,	$\omega_1' := 1$,
$\omega_2' := \omega_2$ $(= 0)$.	$\omega_2' := 1$.	$\omega_2' := \omega_2$ $(= 0)$.	$\omega_2' := 1$.

Tabelle 2.7: *Wirkung der Befehle* (B 10) *und* (B 11)

Die Semantik der Befehle definieren wir wieder in Tabellenform. Seien also $k = (\pi, \rho, \alpha, \eta, \beta, \gamma, \omega_1, \omega_2)$, $k' = (\pi', \rho', \alpha', \eta', \beta', \gamma', \omega_1', \omega_2') \in K_M$ und $\Delta(k) = k'$, dann sind (B 10) und (B 11) in Tabelle 2.7, (B 12a) und (B 13a) in Tabelle 2.8, sowie (B 14a) und (B 15a) in Tabelle 2.9 definiert. Die Semantik der Befehle, die nicht in den Tabellen erscheinen, ist jeweils analog zu verstehen.

Die Adressierung mit Hilfe der Befehle (B 13a) bis (B 15c) wird oft als **indizierte Adressierung** klassifiziert. Bisher haben wir – mit Ausnahme des Befehls (B 9) – den Rechenspeicher **unmittelbar** adressiert. Die Befehle der indizierten Adressierung greifen auf die Zelle des Rechenspeichers zu, deren Adresse sich aus der Summe bzw. Differenz des Inhalts des Indexregisters γ und der indizierenden Größe $i \in [0{:}\tilde{K}]$ ergibt. Jeder Befehl der indizierten Adressierung ist als $(op, i) \in W$ aufzufassen mit geeignetem Operationszeichen op. Der indizierende Wert i bildet jeweils den ***Adreßteil***.

Häufiger schreibt man für $\alpha := \rho(\gamma{+}0)$ kürzer $\alpha := \rho(\gamma)$. Analoge Kurzversionen führen wir auch für die übrigen Befehle der indizierten Adressierung ein.

Die Wirkung des Befehls "$\alpha := \rho(\gamma + i)$;" mit $1 \leq i \leq \tilde{K}$ wird auch durch die nachstehende Befehlsfolge erzielt:

$$\underbrace{\gamma := \gamma + 1; \quad \cdots \quad \gamma := \gamma + 1;}_{i\text{-mal}} \;\; \alpha := \rho(\gamma);$$

Man sagt auch, die entsprechende Befehlsfolge simuliert den Befehl "$\alpha := \rho(\gamma{+}i)$;", insofern als die Semantik des Befehls der Semantik der Befehlsfolge entspricht. Die Simulation gibt uns einen Hinweis, wie der komplexe Befehl als Folge

do $\gamma := \gamma + 1$;		do $\alpha := \rho(\gamma + i)$;	
Wenn $0 \leq \gamma < \tilde{\tilde{K}}$ $0 \leq \eta < N$, erfüllt ist, dann wird	sonst	Wenn $0 \leq \eta < N$, $0 \leq i \leq \tilde{\tilde{K}}$, $0 \leq \gamma + i \leq M$ erfüllt ist, dann wird	sonst
$\pi' := \pi$, $\rho' := \rho$, $\alpha' := \alpha$, $\eta' := \eta + 1$, $\beta' := \pi(\eta')$, $\gamma' := \gamma + 1$, $\omega_1' := \omega_1$ $(= 1)$, $\omega_2' := \omega_2$ $(= 0)$.	$\pi' := \pi$, $\rho' := \rho$, $\alpha' := \alpha$, $\eta' := \eta$, $\beta' := \beta$, $\gamma' := \gamma$, $\omega_1' := 1$, $\omega_2' := 1$.	$\pi' := \pi$, $\rho' = \rho$, $\alpha' := \rho(\gamma + i)$ $\eta' := \eta + 1$, $\beta' := \pi(\eta')$, $\gamma' := \gamma + i$, $\omega_1' := \omega_1$ $(= 1)$, $\omega_2' := \omega_2$ $(= 0)$.	$\pi' := \pi$, $\rho' := \rho$, $\alpha' := \alpha$, $\eta' := \eta$, $\beta' := \beta$, $\gamma' := \gamma$, $\omega_1' := 1$, $\omega_2' := 1$.

Tabelle 2.8: *Wirkung der Befehle* (B 12a) *und* (B 13a)

von einfacheren Befehlen realisiert werden kann. In dieser Realisierung wird die Rechenspeicheradresse der Zelle, auf die zugegriffen wird, im Indexregister γ berechnet. Das hat zur Folge, daß der Inhalt von γ zu $\gamma' := \gamma + i$ abgeändert wird. Eine solche "Nebenwirkung" wird in der Informatik als **Seiteneffekt** bezeichnet.

Soll der Seiteneffekt verhindert werden, d.h. $\gamma' = \gamma$ sein, so muß die Berechnung der Adresse in einem Hilfsregister vorgenommen werden, welches dann die Adresse zum Zugriff auf den Rechenspeicher bereitstellt.

In realen Maschinen sind mehrere Indexregister verfügbar. Auch wir werden bei Bedarf ***endlich viele***, zusätzliche Indexregister benutzen, die wir mit $\gamma_1, \ldots, \gamma_m$ bezeichnen. Beim Start der Maschine werden sie mit Null initialisiert. Alle Indexregister arbeiten unabhängig voneinander nach demselben Prinzip wie γ und den analogen Befehlen.

Illustrieren wir die Verwendung des Indexregisters an dem uns wohlbekannten Hornerschema.

Das Programm HORNER 3 benutzt die gleiche Rechenspeicherbelegung wie HORNER 1. Zunächst wird nur ein Indexregister γ benutzt. Es wird von 3 bis $n + 3$ inkrementiert und dient zur Adressierung der Koeffizienten $a_0, \ldots, a_n$. In (P, 2) werden wieder die Zwischenergebnisse $f_0, \ldots, f_n$ abgespeichert.

DAS PROGRAMM HORNER 3

0: **begin: goto** 1;

1: $\alpha := \rho(0)$; $\qquad$ $\alpha := n$

do $\rho(\gamma+i) := \alpha$;		do $\alpha := \alpha + \rho(\gamma+i)$;	
Wenn $0 \le i \le \tilde{K}$, $0 \le \eta < N$, $0 \le \gamma + i \le M$ erfüllt ist, dann wird	sonst	Wenn $0 \le i \le \tilde{K}$, $0 \le \eta < N$, $0 \le \gamma + i \le M$, $-Q \le \alpha + \rho(\gamma+i) \le Q$ erfüllt ist, dann wird	sonst
$\pi' := \pi$,	$\pi' := \pi$,	$\pi' := \pi$,	$\pi' := \pi$,
$\rho'(j) := \begin{cases} \rho(j) & \text{für } j \neq \gamma + i \\ \alpha & \text{für } j = \gamma + i, \end{cases}$	$\rho' := \rho$,	$\rho' := \rho$,	$\rho' := \rho$,
$\alpha' := \alpha$,	$\alpha' := \alpha$,	$\alpha' := \alpha + \rho(\gamma+i)$,	$\alpha' := \alpha$,
$\eta' := \eta + 1$,	$\eta' := \eta$,	$\eta' := \eta + 1$,	$\eta' := \eta$,
$\beta' := \pi(\eta')$,	$\beta' := \beta$,	$\beta' := \pi(\eta')$,	$\beta' := \beta$,
$\gamma' := \gamma + i$,	$\gamma' := \gamma$,	$\gamma' := \gamma + i$,	$\gamma' := \gamma$,
$\omega_1' := \omega_1 \ (= 1)$,	$\omega_1' := 1$,	$\omega_1' := \omega_1 \ (= 1)$,	$\omega_1' := 1$,
$\omega_2' := \omega_2 \ (= 0)$.	$\omega_2' := 1$.	$\omega_2' := \omega_2 \ (= 0)$.	$\omega_2' := 1$.

Tabelle 2.9: *Wirkung der Befehle* (B 14a) *und* (B 15a)

2:	$\alpha := \alpha + 3$;	
3:	$\rho(0) := \alpha$;	$\rho(0) := n + 3$
4:	$\alpha := 0$;	
5:	$\gamma := \alpha$;	$\gamma := 0$
6:	$\alpha := \rho(\gamma + 3)$;	$\alpha := a_0,\ \gamma := 3$;
7:	$\rho(2) := \alpha$;	$\rho(2) := f_k \ (k = \gamma - 3)$
8:	$\alpha := \gamma$;	
9:	$\alpha := \alpha - \rho(0)$;	
10:	**if** $\alpha = 0$ **then goto** 15;	$\gamma = n + 3$?
11:	$\alpha := \rho(2)$;	$\alpha := f_k$
12:	$\alpha := \alpha \cdot \rho(1)$;	$\alpha := f_k \cdot x_0$
13:	$\alpha := \alpha + \rho(\gamma + 1)$;	$\alpha := f_k \cdot x_0 + a_{k+1},\ \gamma := \gamma + 1$
14:	**goto** 7;	
15:	**end.**	

KORREKTHEITSBEWEIS ZUM PROGRAMM HORNER 3

INVARIANTE:

Befindet sich die Maschine zum i-ten Mal ($i \geq 1$) in einer Konfiguration mit $\eta = 10$ und $\beta = \pi(10)$, dann ist:

- $\rho(2) = f_{i-1}$,
- $\alpha = i - 1 - n$,
- $\gamma = 3 + i - 1$.

Beweis: Für $i = 1$, d.h. beim ersten Eintritt in $\pi(10)$ ist: $\gamma = 3$, $\rho(2) = \rho(3) = a_0 = f_0$ und $\alpha = \gamma - \rho(0) = 3 - (n + 3) = -n$. Die Invariante ist also für $i = 1$ erfüllt.

Induktiv nehmen wir an, daß die Invariante für $1 \leq i \leq n$ erfüllt ist. Dann ist $i - 1 - n < 0$.

Verfolgen wir die Rechnung bis zum nächsten Eintritt in $\pi(10)$ in der Tabelle 2.10.

β	η	α	(P,0)	(P,2)	γ
if $\alpha = 0 \cdots$	10	$i - 1 - n$	$n + 3$	f_{i-1}	$3 + i - 1$
$\alpha := \rho(2)$;	11	$i - 1 - n$	$n + 3$	f_{i-1}	$3 + i - 1$
$\alpha := \alpha \cdot \rho(1)$;	12	f_{i-1}	$n + 3$	f_{i-1}	$3 + i - 1$
$\alpha := \alpha + \rho(\gamma + 1)$;	13	$f_{i-1} \cdot x_0$	$n + 3$	f_{i-1}	$3 + i - 1$
goto 7;	14	$f_{i-1} \cdot x_0 + a_i$	$n + 3$	f_{i-1}	$3 + i$
$\rho(2) := \alpha$;	7	$f_{i-1} \cdot x_0 + a_i$	$n + 3$	f_{i-1}	$3 + i$
$\alpha := \gamma$	8	$f_{i-1} \cdot x_0 + a_i$	$n + 3$	$f_{i-1} \cdot x_0 + a_i$	$3 + i$
$\alpha := \alpha - \rho(0)$;	9	$3 + i$	$n + 3$	$f_{i-1} \cdot x_0 + a_i$	$3 + i$
if $\alpha = 0 \cdots$	10	$i - n$	$n + 3$	$f_{i-1} \cdot x_0 + a_i$	$3 + i$

Tabelle 2.10: *Korrektheitsbeweis des Programmes* HORNER *3*

Also ist: $\rho(2) = f_i$, $\alpha = i - n$ und $\gamma = 3 + i$, womit die Invariante für $i + 1$ erfüllt ist und damit auch für $1 \leq i \leq n + 1$ gültig ist.

Beim $(n + 1)$-ten Eintritt in $\pi(10)$ ist:

- $\rho(2) = f_n$,
- $\alpha = 0$,

– $\gamma = n + 3$.

Die Maschine lädt $\pi(15)$ in das β-Register und stoppt mit $\omega_2 = 0$, falls $f_0 \cdot x_0, \ldots, f_{n-1} \cdot x_0 \in [-Q : Q]$ und $f_0, \ldots, f_n \in [-Q : Q]$ sind. ■

HORNER 3 umfaßt 16 Befehle. Es benötigt (P, 2) als Hilfsspeicherzelle. Die Rechenzeit beträgt:

$$T_n(\text{HORNER 3}) = 8n + 12.$$

Im Vergleich zu HORNER 2 haben wir in der Schleife 6 Befehle eingespart. HORNER 3 läuft um den Faktor 1,75 schneller als HORNER 2.

Schwerfällig in HORNER 3 wirken die Befehle $\pi(8) - \pi(10)$, die notwendig sind, weil einerseits in unserem Befehlssatz nur die Abfrage des Akkumulators möglich ist, anderseits das Indexregister γ von 3 bis $n+3$ inkrementiert wird, so daß prinzipiell die Bedingung $\gamma = n + 3$ abgetestet wird. Dies erfordert eine zusätzliche Subtraktion in $\pi(9)$. Ökonomischer ist es, auch die Abfrage "if $\gamma = 0 \cdots$" zuzulassen und das Indexregister γ von n bis 0 zu dekrementieren, während ein weiteres Indexregister γ_1 von 3 bis $n + 3$ inkrementiert wird. γ_1 dient zur Adressierung der Koeffizienten $a_0, \ldots, a_n$. γ wird lediglich als Zähler benutzt.

Wir verwenden den neuen Befehl

(B 16) **if** $\gamma = 0$ **then goto** j;

dessen Semantik analog zu (B 5) zu definieren ist, um ein schnelleres und kürzeres Hornerprogramm zu schreiben.

Das Programm HORNER 4 ist mit 13 Befehlen um 3 Befehle kürzer als HORNER 3. (P, 2) wird nur noch zum Abspeichern des Endresultates, aber nicht mehr als Hilfsspeicherzelle für Zwischenergebnisse gebraucht. HORNER 4 benutzt zwei Indexregister γ und γ_1. Die Rechenspeicherbelegung bleibt unverändert. Mit einer Rechenzeit von

$$T_n(\text{HORNER 4}) = 5n + 9$$

haben wir noch einmal den Faktor 1,6 an Rechenzeit gegenüber HORNER 3 und den Faktor 2,8 gegenüber HORNER 2 gewonnen.

DAS PROGRAMM HORNER 4

0: **begin: goto** 1;

1: $\alpha := \rho(0)$;

2: $\gamma := \alpha$; $\gamma = n$

3: $\alpha := 0$;

4: $\gamma_1 := \alpha$; $\gamma_1 := 0$

5:	$\alpha := \rho(\gamma_1 + 3);$	$\alpha := a_0,\ \gamma_1 := 3$
6:	**if** $\gamma = 0$ **then goto** 11;	
7:	$\gamma := \gamma - 1;$	
8:	$\alpha := \alpha \cdot \rho(1);$	$\alpha := f_k \cdot x_0$
9:	$\alpha := \alpha + \rho(\gamma_1 + 1);$	$\alpha := f_{k+1},\ \gamma_1 := \gamma_1 + 1$
10:	**goto** 6;	
11:	$\rho(2) := \alpha;$	$\rho(2) := f_n$
12:	**end.**	

Den Korrektheitsheitsbeweis überlassen wir dem Leser.

Allgemeine Adressensubstituition Mit den folgenden Befehlen, deren Semantik in Tabelle 2.11 beschrieben ist, können wir auf den Inhalt einer Rechenspeicherzelle zugreifen, deren Adresse in einer anderen, zum Zeitpunkt der Programmausführung bekannten Rechenspeicherzelle zu finden ist.

$(B\ 17)$ do $\alpha := \rho(\rho(i));$

$(B\ 18)$ do $\rho(\rho(i)) := \alpha;$

do $\alpha := \rho(\rho(i));$		do $\rho(\rho(i)) := \alpha;$	
Wenn $0 \leq \eta < N$ $0 \leq i \leq M$, $0 \leq \rho(i) \leq M$, erfüllt ist, dann wird	sonst	Wenn $0 \leq \eta < N$ $0 \leq i \leq M$, $0 \leq \rho(i) \leq M$, erfüllt ist, dann wird	sonst
$\pi' := \pi,$	$\pi' := \pi,$	$\pi' := \pi,$	$\pi' := \pi,$
$\rho' := \rho,$	$\rho' := \rho,$	$\rho'(j) := \begin{cases} \rho(j) & \text{für } j \neq \rho(i) \\ \alpha & \text{für } j = \rho(i), \end{cases}$	$\rho' := \rho,$
$\alpha' := \rho(\rho(i)),$	$\alpha' := \alpha,$	$\alpha' := \alpha,$	$\alpha' := \alpha,$
$\eta' := \eta + 1,$	$\eta' := \eta,$	$\eta' := \eta + 1,$	$\eta' := \eta,$
$\beta' := \pi(\eta'),$	$\beta' := \beta,$	$\beta' := \pi(\eta'),$	$\beta' := \beta,$
$\gamma' := \gamma,$	$\gamma' := \gamma,$	$\gamma' := \gamma,$	$\gamma' := \gamma,$
$\omega_1' := \omega_1\ (= 1),$	$\omega_1' := 1,$	$\omega_1' := \omega_1\ (= 1),$	$\omega_1' := 1,$
$\omega_2' := \omega_2\ (= 0).$	$\omega_2' := 1.$	$\omega_2' := \omega_2\ (= 0).$	$\omega_2' := 1.$

Tabelle 2.11: *Wirkung der Befehle* $(B\ 17)$ *und* $(B\ 18)$

Veranschaulicht man sich den Adressierungsvorgang der allgemeinen Adressensubstitution durch ein Schaubild, so wird die Sprechweise:

" **Zelle i zeigt auf Zelle $\rho(i)$** "

deutlich.

$$i: \boxed{\rho(i)} \longrightarrow \rho(i): \boxed{\rho(\rho(i))}$$

Man bezeichnet die Zelle (P, i) auch als **Zeiger**. Den Inhalt von (P, i) bezeichnet man anschaulich als *Position* oder *Stellung* des Zeigers.

Diese Adressierungsart nennt man diese auch **indirekte** oder **implizite** Adressierung.

Direkte Adressenrechnung Eine weitere Möglichkeit der Adressenrechnung besteht darin, mit Hilfe des Akkumulators den Adreßteil eines Befehlswortes zu verändern.

Um die neuen Befehle zu definieren, führen wir die folgende Bezeichnung ein.

Betrachten wir die Abbildungen

$$\pi_1 : \Pi\,[0:N] \to O \quad \text{und} \quad \pi_2 : \Pi\,[0:N] \to [0:\tilde{K}]$$

und schreiben $\pi(i) \in W = O \times [0:\tilde{K}]$ als $\pi(i) = \big(\pi_1(i), \pi_2(i)\big)$, so bezeichnet $\pi_1(i)$ das Operationszeichen des Befehls $\pi(i)$ und $\pi_2(i)$ den Adreßteil.

Wir benutzen die folgenden in Tabelle 2.12 definierten Befehle:

(B 19) **do** $\alpha := \pi_2(i)$;

(B 20) **do** $\pi_2(i) := \alpha$;

Anwendungsbeispiel zur Adressenmodifikation Wir werden nun die vorgestellten Möglichkeiten der Adressenrechnung an einer Programmieraufgabe demonstrieren und miteinander vergleichen. Als Programmierproblem wählen wir die Aufgabe, eine Liste von Zahlen im Rechenspeicher zu kopieren.

Genauer: In den Zellen $(\mathrm{P}, 0), \ldots, (\mathrm{P}, n)$ stehen $n + 1$ Zahlen $a_0, \ldots, a_n$. Sie sollen in der gleichen Reihenfolge in die Zellen $(\mathrm{P}, m), \ldots, (\mathrm{P}, m + n)$ kopiert werden. Nach Ausführung des Programmes soll also gelten: $\rho(m + i) = \rho(i) = a_i$ für $i = 0, \ldots, n$. Die Anfangsadresse m der ***Zielliste*** stehe in $(\mathrm{P}, M - 1)$. Die Schlußadresse n der ***Quelliste*** stehe in (P, M). Wir gehen also von der in Abbildung 2.5 dargestellten Rechenspeicherorganisation aus.

do $\alpha := \pi_2(i)$;		do $\pi_2(i) := \alpha$;	
Wenn $0 \leq \eta < N$ $0 \leq i \leq N$, erfüllt ist, dann wird	sonst	Wenn $0 \leq \eta < N$ $0 \leq i \leq N, 0 \leq \alpha \leq \tilde{K}$, erfüllt ist, dann wird	sonst
$\pi' := \pi$,	$\pi' := \pi$,	$\pi'(j) := \pi(j)$ für $j \neq i$, $\pi'_1(i) := \pi_1(i)$, $\pi'_2(i) := \alpha$,	$\pi' := \pi$,
$\rho' := \rho$,	$\rho' := \rho$,	$\rho' := \rho$,	$\rho' := \rho$,
$\alpha' := \pi_2(i)$,	$\alpha' := \alpha$,	$\alpha' := \alpha$,	$\alpha' := \alpha$,
$\eta' := \eta + 1$,	$\eta' := \eta$,	$\eta' := \eta + 1$,	$\eta' := \eta$,
$\beta' := \pi(\eta')$,	$\beta' := \beta$,	$\beta' := \pi(\eta')$,	$\beta' := \beta$,
$\gamma' := \gamma$,	$\gamma' := \gamma$,	$\gamma' := \gamma$,	$\gamma' := \gamma$,
$\omega'_1 := \omega_1 \ (= 1)$,	$\omega'_1 := 1$,	$\omega'_1 := \omega_1 \ (= 1)$,	$\omega'_1 := 1$,
$\omega'_2 := \omega_2 \ (= 0)$.	$\omega'_2 := 1$.	$\omega'_2 := \omega_2 \ (= 0)$.	$\omega'_2 := 1$.

Tabelle 2.12: *Wirkung der Befehle* (B 19) *und* (B 20)

Wir nehmen an, daß M und N hinreichend groß sind und $0 \leq n < m$, $m + n < M - 1$ gilt.

DAS PROGRAMM KOPIEREN 1: VERWENDUNG VON INDEXREGISTERN

Es werden der Reihe nach die Zahlen a_i von (P, i) nach $(\mathrm{P}, m+i)$ für $i = n, \ldots, 0$ kopiert. Die Quelladresse i des Transports dekrementieren wir im Indexregister γ, die Zieladresse $m + i$ im Indexregister γ_1. Das Durchlaufen der Quelliste von hinten nach vorne erlaubt das Abbruchkriterium $i = 0$.

0:	**begin: goto** 1;	
1:	$\alpha := \rho(M)$;	$\alpha := n$
2:	$\alpha := \alpha + 1$;	$\alpha := n + 1$
3:	$\gamma := \alpha$;	$\gamma := n + 1$
4:	$\alpha := \alpha + \rho(M - 1)$;	$\alpha := m + n + 1$
5:	$\gamma_1 := \alpha$;	$\gamma_1 := n + m + 1$
6:	$\alpha := \rho(\gamma - 1)$;	$\gamma := \gamma - 1$, $\alpha := a_\gamma$
7:	$\rho(\gamma_1 - 1) := \alpha$;	$\gamma_1 := \gamma_1 - 1$, $\rho(\gamma_1) := a_\gamma$
8:	**if** $\gamma = 0$ **then goto** 10;	
9:	**goto** 6;	
10:	**end.**	

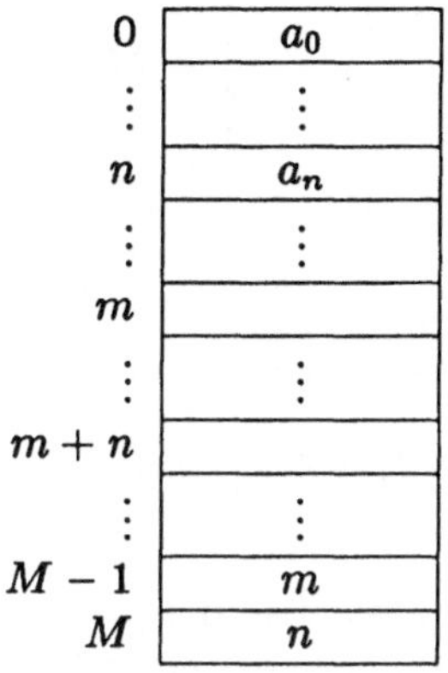

0	a_0
$\vdots$	$\vdots$
n	a_n
$\vdots$	$\vdots$
m	
$\vdots$	$\vdots$
$m+n$	
$\vdots$	$\vdots$
$M-1$	m
M	n

Abbildung 2.5: *Rechenspeicherbelegung für "Kopieren einer Liste"*

Die Anzahl der Rechenschritte beträgt: $T_n(\text{KOPIEREN } 1) = 4n + 10$.

DAS PROGRAMM KOPIEREN 2: VERWENDUNG DER ALLGEMEINEN ADRESSENRECHNUNG

Auch hier organisieren wir den Transport in der Reihenfolge a_i von (P, i) nach $(\mathrm{P}, m+i)$ für $i = n, \ldots, 0$. Die Zellen (P, M) bzw. $(\mathrm{P}, M-1)$ werden zur indirekten Adressierung von (P, i) bzw. $(\mathrm{P}, m+i)$ benutzt. (P, M) übernimmt die Rolle des Indexregisters γ, $(\mathrm{P}, M-1)$ die des Indexregisters γ_1 in KOPIEREN 1. Das Abbruchkriterium lautet $\rho(M) = 0$.

0:	**begin: goto** 1;	
1:	$\alpha := \rho(M)$;	$\alpha := n$
2:	$\alpha := \alpha + \rho(M-1)$;	$\alpha := n + m$
3:	$\rho(M-1) := \alpha$	$\rho(M-1) := n + m$
4:	$\alpha := \rho(\rho(M))$;	$\alpha := \rho(i) = a_i$
5:	$\rho(\rho(M-1)) := \alpha$;	$\rho(m+i) := a_i = \rho(i)$
6:	$\alpha := \rho(M)$;	
7:	**if** $\alpha = 0$ **then goto** 14;	$i = 0$?
8:	$\alpha := \alpha - 1$;	$\left.\right\}\ \rho(M) := \rho(M) - 1$
9:	$\rho(M) := \alpha$;	

10: $\alpha := \rho(M-1);$
11: $\alpha := \alpha - 1;$
12: $\rho(M-1) := \alpha;$
13: **goto** 4;
14: **end.**

$\left.\begin{array}{l}10\text{–}12\end{array}\right\} \rho(M-1) := \rho(M-1) - 1$

Die Anzahl der Rechenschritte beträgt: $T_n(\text{KOPIEREN } \dot{2}) = 10n + 9.$

DAS PROGRAMM KOPIEREN 3: VERWENDUNG DER DIREKTEN ADRESSENRECHNUNG

Die Befehle $\pi(5) = (\alpha := \rho(\gamma);)$ und $\pi(6) = (\rho(\gamma_1) := \alpha;)$ bewirken in KOPIEREN 1 den eigentlichen Transport eines Listenelementes.

Das Ziel wird sein, mit Hilfe der π_2-Befehle anstelle von γ bzw. γ_1 die korrekte Quelladresse bzw. Zieladresse des Transportes einzusetzen. Dies geschieht in KOPIEREN 3 in den Befehlen $\pi(2)$ und $\pi(10)$ bzw. $\pi(4)$ und $\pi(12)$.

Die Notation "$*$" besagt, daß zur Zeit der Ausführung des entsprechenden Befehls bereits eine Adresse eingesetzt ist. Zum Zeitpunkt des Starts der Maschine kann an der Stelle von "$*$" eine beliebige Adresse aus $[0:\tilde{K}]$ stehen.

0:	**begin: goto** 1;	
1:	$\alpha := \rho(M);$	
2:	$\pi_2(5) := \alpha;$	Quelladresse j des nächsten Transports
3:	$\alpha := \alpha + \rho(M-1);$	$\alpha := n + m$
4:	$\pi_2(6) := \alpha;$	Zieladresse $m + j$ des nächsten Transports
5:	$\alpha := \rho(*);$	siehe $\pi(2)$ bzw. $\pi(10)$
6:	$\rho(*) := \alpha;$	siehe $\pi(4)$ bzw. $\pi(12)$
7:	$\alpha := \pi_2(5);$	
8:	**if** $\alpha = 0$ **then goto** 14;	Quelladresse des letzten Transports = 0 ?
9:	$\alpha := \alpha - 1;$	
10:	$\pi_2(5) := \alpha;$	Quelladresse dekrementieren
11:	$\alpha := \alpha + \rho(M-1);$	Zieladresse = Quelladresse + m
12:	$\pi_2(6) := \alpha;$	
13:	**goto** 5;	
14:	**end.**	

Die Anzahl der Rechenschritte beträgt: T_n(KOPIEREN 3) $= 9n + 10$.

Vergleich der verschiedenen Methoden der Adressenmodifikation Wir gehen davon aus, daß die Ausführung aller Befehle gleich lang dauert. Dies ist in einer realen Maschine nicht der Fall, wo reine Registeroperationen wie z.B. Inkrementieren oder Dekrementieren von Indexregistern wesentlich schneller abgearbeitet werden als Zugriffe auf große Speicher.

Verwendet man *Indexregister*, so erzielt man im allgemeinen kurze und übersichtliche Programme. Sie haben zudem durch kleinen Schleifenumfang einen geringen Rechenzeitverbrauch. Nachteilig wirkt nur die Tatsache, daß – insbesondere in realen Maschinen – die Anzahl der verfügbaren Register begrenzt ist.

Die *allgemeine Adressensubstitution* bietet den Vorteil, jede Rechenspeicherzelle nicht nur zur Aufbewahrung eines Datums, sondern auch als Zeiger verwenden zu können. Als Zeiger benutzt kann eine Zelle u.a. die Funktion eines Indexregisters übernehmen, was jedoch, vor allem in der Praxis, einen nicht unbedeutenden Verlust an Rechenzeit bedeutet, wie wir im Programm KOPIEREN 2 gesehen haben. Einen Zeiger als Indexregister zu verwenden, ist nur von Interesse, wenn der Bedarf an Indexregistern durch die vorhandenen nicht gedeckt ist.

Die Zeigerstruktur bietet den Vorteil, eine Vielzahl großer, zusammenhängender Datenstrukturen – beispielsweise Listen – bequem ablegen zu können. Ein Zeiger auf den Beginn einer Liste erlaubt es, mit wenigen Befehlen die einzelnen Listenelemente zu adressieren. Dabei ist zum Zeitpunkt der Programmerstellung die spätere absolute Lage der Liste von untergeordneter Bedeutung. Die Kenntnis der relativen Lage bezogen auf den Zeiger genügt. Stellt man für jede Liste einen solchen Zeiger zur Verfügung, so lassen sich durch geschickte Organisation und Programmierung sowohl große Datenmengen abspeichern als auch vertretbare Rechenzeiten erzielen. Man spricht in diesem Zusammenhang auch von **dynamischer** Organisation des Speichers, da die Belegung des Speichers zur Laufzeit nicht statisch, sondern flexibel organisiert ist.

Durch die *direkte Adressenrechnung* kann sich das Programm zur Ausführungszeit selbst modifizieren. Dies läßt eine dynamische Programmierung zu. Man kann damit trickreiche Programme schreiben, sollte sie jedoch mit Bedacht verwenden, denn Programme mit solchen Befehlen können sehr schwer lesbar sein. Dieser Gesichtspunkt ist allerdings von untergeordneter Bedeutung, wenn man Maschinen nicht direkt programmiert, sondern Programme in einer höheren Programmiersprache schreibt und sie durch einen "Compiler" (Übersetzungsprogramm) in die Maschinensprache übersetzen läßt.

Den größten Effekt erreicht man durch die problemangepaßte, gemischte Verwendung von Indexregistern, allgemeiner Adressensubstitution und direkter Adressenrechnung.

In unseren Programmen haben wir gesehen, daß kurze Programme nicht notwendigerweise die schnellsten Programme sind. Eine geringe Rechenzeit wird vielmehr durch kleine Programmschleifen erzielt.

2.1.5 Ein Sortierprogramm

Um die Wirkungsweise der π_2-Befehle nochmals zu studieren, schreiben wir ein größeres und komplizierteres Programm. Hierbei wird auch deutlich werden, daß es für das Verständnis des Programmes wichtig ist, alle Schritte gut zu dokumentieren.

Problemstellung

Sortieraufgaben treten in Verwaltung und Industrie sehr häufig auf. Meist sind sie Teil einer Aufgabe, die große Datenbestände betrifft. Als Beispiel sei die Organisation des Telephonbuches genannt. Dadurch, daß dessen Eintragungen lexikographisch nach dem Familiennamen des Fernsprechteilnehmers sortiert sind, spart man große Suchzeiten ein.

Sortiert wird, indem die einzelnen Elemente des Datenbestandes nach einem bestimmten Kriterium, das man **Sortierschlüssel** nennt, untersucht werden. Mit Hilfe des Sortierschlüssels kann man zwei beliebige Elemente des Datenbestandes miteinander vergleichen. Im Beispiel des Telephonbuches stellt die lexikographische Wertigkeit des Familiennamens des Fernsprechteilnehmers den Sortierschlüssel dar.

In unserer Sortieraufgabe soll eine Liste von k Zahlen sortiert werden. Der Sortierschlüssel sei eine Zahl aus $\{0, \ldots, 9\}$, z.B. die erste Ziffer eines Elementes der Liste. Über die explizite Berechnung des Sortierschlüssels wollen wir uns keine Gedanken machen. Wir werden die vorgegebene Liste der k Zahlen so umsortieren, daß in der neuen Liste die Zahlen mit dem Schlüssel 0 am Anfang stehen, als nächstes die Zahlen mit dem Schlüssel 1 usw., d.h. wir bilden Blöcke von Elementen gleichen Schlüssels.

Im folgenden werden wir den Block von Elementen mit Schlüssel i als den i-ten Block bezeichnen.

Speicherorganisation

Die Länge k der Liste steht in der Zelle $(P, 0)$, die einzelnen Listenelemente $a_1, \ldots, a_k$ stehen in $(P, 1), \ldots, (P, k)$. Die neue, sortierte Liste soll in den Zellen $(P, k+1)$,...,$(P, 2k)$ gespeichert werden. Die Zelle (P, M) benutzen wir als Hilfsspeicherzelle. Die Organisation des Rechenspeichers ist aus Abbildung 2.6 zu ersehen.

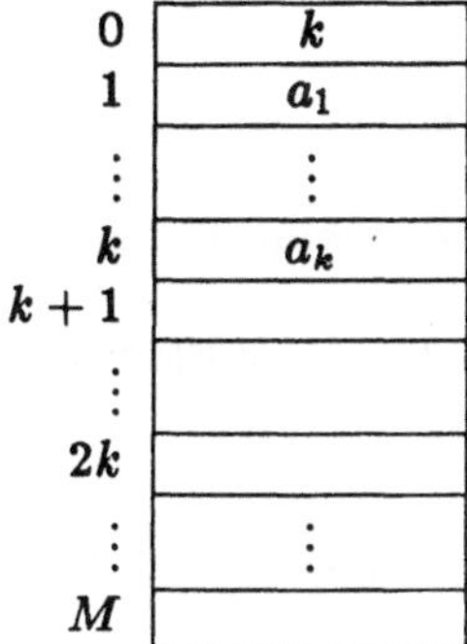

Abbildung 2.6: *Rechenspeicherbelegung für das Sortierprogramm*

Im Programmspeicher wollen wir die ***Anzahl*** der Elemente mit Schlüssel i für $i = 0, \ldots, 8$ in $\pi_2(2i + 3)$ speichern. Wie sich später zeigen wird, benötigen wir die Anzahl der Elemente mit Schlüssel 9 nicht.

Die Anfangsadresse des i-ten Blocks schreiben wir in $\pi_2(2i + 1)$ für $i = 0, \ldots, 9$.

Programmbeschreibung

Das Programm besteht im wesentlichen aus drei Teilen:

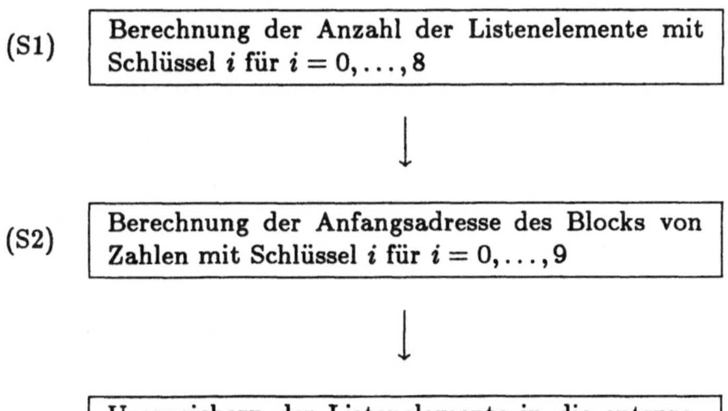

Die drei Teile (S1) bis (S3) werden nun nacheinander genauer beschrieben. Wir benutzen dazu eine informale Abwandlung des vorhandenen Befehlssatzes, der im Kontext selbsterklärend sein wird.

BESCHREIBUNG VON (S1)

Nach Ablauf von (S1) soll gelten:

$$\pi_2(2i + 3) = \text{Anzahl der Elemente mit Schlüssel } i \text{ für } i = 0, \ldots, 8$$

Dazu greifen wir für $j = k, \ldots, 1$ auf das Element a_j zu, berechnen den Schlüssel von a_j. Wir inkrementieren $\pi_2(2j + 3)$, das wir mit Null vorbesetzt haben, falls der Schlüssel von $a_j \neq 9$ ist.

Dies erreicht man durch die unten dargestellte Folge von Operationen:

i: $\gamma := \rho(0)$;
ii: **if** $\gamma = 0$ **then goto** (S2)
iii: $\alpha := \rho(\gamma)$;
iv: $\alpha :=$ Schlüssel(α);
v: **if** $\alpha = 9$ **then goto** vii ;
vi: $\pi_2(2 \cdot \alpha + 3) := \pi_2(2 \cdot \alpha + 3) + 1$;
vii: $\gamma := \gamma - 1$;
viii: **goto** ii;

BESCHREIBUNG VON (S2)

Ist der zweite Teil (S2) des Programmes durchlaufen, so ist:

$$\pi_2(2i + 1) = \text{Anfangsadresse des } i\text{-ten Blocks} \quad \text{für } i = 0, \ldots, 9$$

Die Anfangsadresse des 0-ten Blocks ist $k + 1$.

Für $i = 1, \ldots, 9$ gilt:
Die Anfangsadresse des i-ten Blocks ergibt sich durch Addition der Anfangsadresse des $(i - 1)$-ten Blocks und der Anzahl der Elemente mit Schlüssel i.

Dies bedeutet:

$$\pi_2(1) := k + 1$$

und für $i = 1, \ldots, 9$:

$$\pi_2(2i + 1) := \pi_2(2 \cdot (i - 1) + 1) + \pi_2(2 \cdot (i - 1) + 3).$$

Ausgeschrieben:

$$\begin{aligned}
\pi_2(1) &:= k+1, \\
\pi_2(3) &:= \pi_2(1)+\pi_2(3), \\
\pi_2(5) &:= \pi_2(3)+\pi_2(5), \\
&\vdots \\
\pi_2(19) &:= \pi_2(17)+\pi_2(19).
\end{aligned}$$

BESCHREIBUNG VON (S3)

Dieser Programmteil durchläuft die Liste ein zweites Mal. Besitzt das jeweilige Listenelement den Schlüssel $i \in \{0,\ldots,9\}$, so wird es in der ersten freien Speicherzelle des i-ten Blocks abgelegt.

Die Adresse der entsprechenden freien Speicherzelle im i-ten Block ist in $\pi_2(2i + 1)$ gespeichert. Wird diese Speicherzelle dann belegt, so inkrementiert man $\pi_2(2i + 1)$ und adressiert die nächste Zelle.

Der Befehl $\pi(2i + 1)$ ist ein Befehl zum Abspeichern des Akkumulatorinhaltes:

$$\pi(2i+1) = \big(\mathbf{do}\ \rho(*) := \alpha;\ \big)$$

In (Π, $2i + 1$) steht – nach obigen Bemerkungen – die korrekte Zieladresse der Abspeicherung.

Vor Eintritt in (S3) ist $\pi(2i + 1)$ mit der entsprechenden Blockanfangsadresse initialisiert.

i: $\gamma := \rho(0)$;

ii: **if** $\gamma = 0$ **then goto** ix

iii: $\alpha := \rho(\gamma)$;

iv: $j :=$ Schlüssel(α);

v: **goto** $2j + 1$;

2j + 1: $\rho\big(\pi_2(2j+1)\big) := \alpha$;

2j + 2: **goto** vi;

vi: $\pi_2(2j+1) := \pi_2(2j+1) + 1$;

vii: $\gamma := \gamma - 1$;

viii: **goto** ii;

ix: **end.**

Das Programm

Nun verfeinern wir die informale Operationenfolge zu einem Programm, das unsere Maschine ausführen kann.

Bemerkungen zum Programm:

1.) Die Befehle $\pi(1)$ – $\pi(20)$ werden beim Start des Programms nicht ausgeführt. In Teil (S1) und (S2) wird lediglich der entsprechende π_2-Teil bearbeitet, um die Blockanfangsadressen zu speichern. Erst in (S3) werden $\pi(1)$ – $\pi(20)$ ausgeführt.

2.) Der Befehl "$\alpha :=$ Schlüssel(α);" ist ein Pseudobefehl. Er steht anstelle eines Programmabschnittes, in dem der Schlüssel von α berechnet und in α abgespeichert wird.

DAS PROGRAMM SORTIEREN

0:	**begin: goto** 21;	
1:	$\rho(0) := \alpha$;	Diese Befehle sind zu Beginn des Programms noch unbedeutend. Sie dienen zur Abspeicherung eines Listenelementes in den korrekten Block.
2:	**goto** 95;	
⋮	⋮	
19:	$\rho(0) := \alpha$;	
20:	**goto** 95;	
21:	$\gamma := \rho(0)$;	$\gamma := k$
22:	**if** $\gamma = 0$ **then goto** 38;	Liste durchlaufen ?
23:	$\alpha := \rho(\gamma)$;	a_γ nach α bringen
24:	$\alpha :=$ Schlüssel(α);	Berechnung des Schlüssels von a_γ
25:	$\alpha := \alpha - 9$;	Schlüssel $= 9$?
26:	**if** $\alpha = 0$ **then goto** 36;	
27:	$\alpha := \alpha + 9$;	Schlüssel regenerieren
28:	$\rho(M) := \alpha$;	$\alpha := 2 \cdot$ Schlüssel$(a_\gamma) + 3$
29:	$\alpha := \alpha + \rho(M)$;	
30:	$\alpha := \alpha + 3$;	

31:	$\pi_2(33) := \alpha;$	
32:	$\pi_2(35) := \alpha;$	$\pi_2(2 \cdot \text{Schlüssel}(a_\gamma) + 3) :=$
33:	$\alpha := \pi_2(*);$	$\pi_2(2 \cdot \text{Schlüssel}(a_\gamma) + 3) + 1$
34:	$\alpha := \alpha + 1;$	
35:	$\pi_2(*) := \alpha;$	
36:	$\gamma := \gamma - 1;$	nächstes Listenelement adressieren
37:	**goto** 22;	

Ende des ersten Teils

38:	$\alpha := \rho(0);$	$\pi_2(1) := k + 1$
39:	$\alpha := \alpha + 1;$	Anfangsadresse von Block 0
40:	$\pi_2(1) := \alpha;$	
41:	$\rho(M) := \alpha;$	
42:	$\alpha := \pi_2(3);$	$\pi_2(3) := \pi_2(3) + \pi_2(1)$
43:	$\alpha := \alpha + \rho(M);$	Anfangsadresse von Block 1
44:	$\pi_2(3) := \alpha;$	
⋮	⋮	
81:	$\rho(M) := \alpha;$	
82:	$\alpha := \pi_2(19);$	$\pi_2(19) := \pi_2(19) + \pi_2(17)$
83:	$\alpha := \alpha + \rho(M);$	Anfangsadresse von Block 9
84:	$\pi_2(19) := \alpha;$	

Ende des zweiten Teils

85:	$\gamma := \rho(0);$	$\gamma := k$
86:	**if** $\gamma = 0$ **then goto** 103;	Liste durchlaufen ?
87:	$\alpha := \rho(\gamma);$	a_γ nach α bringen
88:	$\alpha := \text{Schlüssel}(\alpha);$	Berechnung des Schlüssels von a_γ
89:	$\rho(M) := \alpha;$	
90:	$\alpha := \alpha + \rho(M);$	$\pi_2(94) := 2 \cdot \text{Schlüssel}(a_\gamma) + 1$
91:	$\alpha := \alpha + 1;$	
92:	$\pi_2(94) := \alpha;$	
93:	$\alpha := \rho(\gamma);$	a_γ nach α bringen

94:	goto *;	Sprung in $\pi(2 \cdot \text{Schlüssel}(a_\gamma) + 1)$ zur Abspeicherung von a_γ in die erste freie Speicherzelle von Block von Elementen mit Schlüssel von a_γ.
95:	$\alpha := \pi_2(94)$;	
96:	$\pi_2(98) := \alpha$;	
97:	$\pi_2(100) := \alpha$;	$\pi_2\big(2 \cdot \text{Schlüssel}(a_\gamma) + 1\big) :=$ $\pi_2\big(2 \cdot \text{Schlüssel}(a_\gamma) + 1\big) + 1$
98:	$\alpha := \pi_2(*)$;	
99:	$\alpha := \alpha + 1$;	
100:	$\pi_2(*) := \alpha$;	
101:	$\gamma := \gamma - 1$;	nächstes Listenelement adressieren
102:	goto 86;	
103:	**end.**	

Die exakte Laufzeit des Programmes beträgt – wie man leicht nachvollzieht –

$$\mathrm{T}_n(\text{SORTIEREN}) = 52 + 26 \cdot k + 10 \cdot l \le 52 + 36 \cdot k,$$

wobei $l := \#\{i \in [1{:}k] \mid \text{Schlüssel}(a_i) \neq 9\} \le k$ ist.

2.2 Die formale Definition der Maschine und der Begriff der Simulation

Wir wollen Rechenmaschinen auf ihre Leistungsfähigkeit hin vergleichen. Für gewisse Programme wollen wir beweisen, daß sie die gleiche Funktion berechnen. Hierzu geben wir zunächst eine abstrakte Fassung des Begriffes einer Rechenmaschine, der als Sonderfall unsere bisher definierte Maschine enthält. Zum Vergleich der Maschinen verwenden wir als technisches Hilfsmittel die "Simulation". Diese ist eine Übertragung des aus der Algebra bekannten Homomorphismus. Eine Simulation der Maschine $\mathcal{M}$ auf der Maschine $\mathcal{M}'$ bildet die Zustandsmenge von $\mathcal{M}$ in die Zustandsmenge von $\mathcal{M}'$ ab, so daß sich die Berechnungen von $\mathcal{M}$ auf Berechnungen in $\mathcal{M}'$ übertragen. Dabei wollen wir zulassen, daß einerseits $\mathcal{M}'$ manchmal mehr Rechenschritte benötigt als $\mathcal{M}$, andererseits aber auch $\mathcal{M}'$ manchmal ruht, während $\mathcal{M}$ rechnet.

2.2.1 Abstrakte Maschinen und Berechnungen

Definition 2.8

Ein 5-Tupel $\mathcal{M} = \big(K(\mathcal{M}), K_a(\mathcal{M}), K_e(\mathcal{M}), K_\infty(\mathcal{M}), \Delta_\mathcal{M}\big)$ *heißt* **abstrakte Maschine,** *falls 1.) – 3.) gelten:*

1.) $K(\mathcal{M})$ *ist eine Menge und die Mengen* $K_a(\mathcal{M})$, $K_e(\mathcal{M})$, $K_\infty(\mathcal{M})$ *sind Teilmengen von* $K(\mathcal{M})$.

2.) $K_a(\mathcal{M}) \cap K_\infty(\mathcal{M}) = K_e(\mathcal{M}) \cap K_\infty(\mathcal{M}) = \emptyset$.

3.) $\Delta_\mathcal{M} \in Abb\big(K(\mathcal{M}), K(\mathcal{M})\big)$ *mit* $\Delta_\mathcal{M}(k_e) = k_e$ *für alle* $k_e \in K_e(\mathcal{M})$ *und* $\Delta_\mathcal{M}(K_\infty(\mathcal{M})) \subset K_\infty(\mathcal{M})$.

- $K(\mathcal{M})$ heißt Menge der **momentanen Zustände** oder **Konfigurationen** der Maschine $\mathcal{M}$.
- $K_a(\mathcal{M})$ heißt Menge der **Anfangszustände** oder **Anfangskonfigurationen** der Maschine $\mathcal{M}$.
- $K_e(\mathcal{M})$ heißt Menge der **Endzustände** oder **Endkonfigurationen** der Maschine $\mathcal{M}$.
- $K_\infty(\mathcal{M})$ heißt Menge der **undefinierten Zustände** (Konfigurationen) der Maschine $\mathcal{M}$.
- $\Delta_\mathcal{M}$ heißt **Übergangsfunktion** der Maschine $\mathcal{M}$.
- $\overline{K_\infty(\mathcal{M})} = K(\mathcal{M}) - K_\infty(\mathcal{M})$ ist die Menge der **definierten** oder **regulären** Zustände (Konfigurationen) der Maschine $\mathcal{M}$. ■

Die 3.Bedingung der Definition besagt, daß eine abstrakte Maschine, sobald sie sich in einem Endzustand befindet, in diesem auch bei weiterer Anwendung von $\Delta_\mathcal{M}$ verbleibt. Ebenso kann sie die Menge der undefinierten Zustände nicht wieder verlassen. Wir haben darauf verzichtet, einen Befehl zum "Restart" der Maschine einzuführen, den eine reale Maschine natürlich besitzt.

Eine einmalige Anwendung der Übergangsfunktion bestimmt – wie wir gesehen haben – einen Rechenschritt der Maschine $\mathcal{M}$. Die mehrmalige Anwendung von $\Delta_\mathcal{M}$ bezeichnen wir als Berechnung. Wir präzisieren dies in der folgenden Definition:

Definition 2.9 *Sei* $\mathcal{M}$ *eine abstrakte Maschine.*

a) *Eine Folge* $k_0, \ldots, k_n \in K(\mathcal{M})$ *mit* $n \in \mathbf{N}_0$ *nennen wir eine* **Berechnung** *auf der Maschine* $\mathcal{M}$, *falls*

$$\Delta_\mathcal{M}(k_i) = k_{i+1} \quad \text{für } i = 0, \ldots, n-1.$$

Dabei heißt k_{i+1} *die* **Folgekonfiguration** *von* k_i *und* k_{i+r} *die* r*-te* **Folgekonfiguration** *von* k_i *mit* $1 \le i+1 < i+r \le n$. *Allgemein heißt ein* k_{i+j} *eine* **Folgekonfiguration** *von* k_i, *falls* $1 \le i+1 \le i+j \le n$ *ist.*

b) *Eine Berechnung auf der Maschine* $\mathcal{M}$ *heißt* **regulär**, *falls* $k_0 \in K_a(\mathcal{M})$ *und* $k_n \in K_e(\mathcal{M})$ *ist.*

c) *Die* **Länge** $T_{\mathcal{M}}(k_0)$ *einer regulären Berechnung* $k_0, \ldots, k_n$ *auf der Maschine* $\mathcal{M}$ *ist bestimmt als:*

$$T_{\mathcal{M}} : K_a(\mathcal{M}) \rightsquigarrow \mathbf{N}_0 \quad \textit{mit} \quad T_{\mathcal{M}}(k_0) = \min\{i \in \mathbf{N}_0 \mid k_i \in K_e(\mathcal{M})\}.$$

Erzeugt $\mathcal{M}$ *angesetzt auf* $k_0 \in K_a(\mathcal{M})$ *keine reguläre Berechnung, dann setzen wir* $T_{\mathcal{M}}(k_0) := \infty$.

d) *Die* **Resultatsfunktion** $\mathcal{RES}_{\mathcal{M}} : K_a(\mathcal{M}) \rightsquigarrow K_e(\mathcal{M})$ *ist definiert durch*

$$\mathcal{RES}_{\mathcal{M}}(k_0) = \begin{cases} k_n, & \textit{falls } k_0, \ldots, k_n \textit{ eine reguläre Berechnung auf } \mathcal{M} \textit{ ist.} \\ \infty, & \textit{falls es auf } \mathcal{M} \textit{ keine reguläre Berechnung mit der} \\ & \textit{Anfangskonfiguration } k_0 \in K_a(\mathcal{M}) \textit{ gibt.} \end{cases}$$ ■

Durch die Anfangskonfiguration $k_0 \in K_a(\mathcal{M})$ wird bereits die Berechnung $k_0, \ldots, k_n$ auf der Maschine $\mathcal{M}$ bis auf die Wiederholung des potientiellen Endzustandes festgelegt. In anderen Worten: Zwei reguläre Berechnungen auf der Maschine $\mathcal{M}$ mit Anfangszustand k_0 unterscheiden sich nur in der Wiederholung des Endzustandes. Dies folgt unmittelbar aus der Tatsache, daß $\Delta_{\mathcal{M}}$ eine Abbildung ist. Man spricht in diesem Zusammenhang auch von einer **deterministischen** abstrakten Maschine.

$\mathcal{RES}_{\mathcal{M}}$ liefert den Endzustand, der aus der Berechnung mit der Anfangskonfiguration $k_0 \in K_a(\mathcal{M})$ resultiert. Wir nennen $\mathcal{RES}_{\mathcal{M}}(k_0)$ das Resultat der regulären Berechnung der Maschine $\mathcal{M}$ angesetzt auf k_0. $T_{\mathcal{M}}$ und $\mathcal{RES}_{\mathcal{M}}$ sind partielle Abbildungen von $K_a(\mathcal{M})$ in $\mathbf{N}_0$ bzw. in $K_e(\mathcal{M})$. Das Zeichen ∞ dient dazu, die Undefiniertheit von $T_{\mathcal{M}}$ bzw. $\mathcal{RES}_{\mathcal{M}}$ für das Argument $k_0 \in K_a(\mathcal{M})$ anzuzeigen.

Eine Berechnung $k_0, \ldots, k_n$ auf $\mathcal{M}$ stellen wir anschaulich durch das Schema

$$k_0 \overset{\Delta_{\mathcal{M}}}{\longrightarrow} k_1 \overset{\Delta_{\mathcal{M}}}{\longrightarrow} \ldots \overset{\Delta_{\mathcal{M}}}{\longrightarrow} k_n$$

bzw. durch

$$K_a(\mathcal{M}) \ni \; k_0 \overset{\Delta_{\mathcal{M}}}{\longrightarrow} k_1 \overset{\Delta_{\mathcal{M}}}{\longrightarrow} \ldots \overset{\Delta_{\mathcal{M}}}{\longrightarrow} k_n \; \in K_e(\mathcal{M})$$

dar, falls die Berechnung regulär ist.

Die eingeführte Definition der abstrakten Maschine erläutern wir am Beispiel unserer speziellen Maschine.

Beispiel 2.4 Setzen wir: $K(\mathcal{M}) := K_M$ und $\Delta_{\mathcal{M}} := \Delta$ wie in 2.1.3 definiert und

$K_a(\mathcal{M}) := \{k \in K_M \mid \eta = 0, \beta = (\text{begin}, j) \text{ mit } 0 \leq j \leq N, \omega_1 = 1, \omega_2 = 0\}$,
$K_e(\mathcal{M}) := \{k \in K_M \mid \beta = (\text{end}, j) \text{ mit } 0 \leq j \leq N, \omega_1 = \omega_2 = 0\}$,

$K_\infty(\mathcal{M}) := \{k \in K_M \mid \omega_2 = 1\}$,
so ist $\mathcal{M} = \big(K(\mathcal{M}), K_a(\mathcal{M}), K_e(\mathcal{M}), K_\infty(\mathcal{M}), \Delta_\mathcal{M}\big)$ offensichtlich eine abstrakte Maschine im Sinne unserer Definition.

Betrachten wir insbesondere eine abstrakte Maschine $\mathcal{M}_1$, die im Programmspeicher das Programm KOPIEREN 1 stehen hat. Sie besitzt zwei Indexregister und benutzt die Rechenspeicherbelegung, die in Abbildung 2.5 angegeben ist.

Sei $\rho^0 : \mathrm{P}[0{:}\,M] \to [-Q{:}\,Q]$ die Rechenspeicherbelegung der Anfangskonfiguration k_0, dann ist:

$$T_{\mathcal{M}_1}(k_0) = \begin{cases} \infty, & \text{falls } 1 + \rho^0(M) + \rho^0(M-1) \notin [0{:}\,M] \\ & \text{und } 0 \leq \rho^0(M) < \rho^0(M-1) \\ 4 \cdot \rho^0(M) + 10 & \text{sonst.} \end{cases}$$

■

2.2.2 Simulationen

Um abstrakte Maschinen miteinander zu vergleichen, führen wir den Begriff der Simulation ein. Man kann auch sagen, daß Simulationen Berechnungen einer Maschine auf eine andere übertragen.

Definition 2.10 *Seien $\mathcal{M}_i = \big(K(\mathcal{M}_i), K_a(\mathcal{M}_i), K_e(\mathcal{M}_i), K_\infty(\mathcal{M}_i), \Delta_{\mathcal{M}_i}\big)$ für $i \in \{1,2\}$ zwei abstrakte Maschinen.*

Eine Abbildung $\sigma: K(\mathcal{M}_1) \to K(\mathcal{M}_2)$ heißt eine **Simulation** *von $\mathcal{M}_1$ auf $\mathcal{M}_2$, falls 1.) und 2.) gelten:*

1.) $\sigma(K_a(\mathcal{M}_1)) \subset K_a(\mathcal{M}_2)$, $\sigma(K_e(\mathcal{M}_1)) \subset K_e(\mathcal{M}_2)$ und
$\sigma\big(\overline{K_\infty(\mathcal{M}_1)}\big) \subset \overline{K_\infty(\mathcal{M}_2)}$.

2.) Zu jedem $k_1 \in K(\mathcal{M}_1)$ mit $\Delta_{\mathcal{M}_1}(k_1) \notin K_\infty(\mathcal{M}_1)$ gibt es ein $j = j(k_1) \in \mathbf{N}_0$, so daß

$$\sigma(\Delta_{\mathcal{M}_1}(k_1)) = \Delta^j_{\mathcal{M}_2}(\sigma(k_1))$$

gilt.

Dies drückt man auch durch das folgende Diagramm aus

$$\begin{array}{ccc} k_1 & \xrightarrow{\Delta_{\mathcal{M}_1}} & k_1' \\ \sigma \big\downarrow & & \big\downarrow \sigma \\ k_2 & \xrightarrow{\Delta^j_{\mathcal{M}_2}} & k_2' \end{array}$$

mit $k_1' \notin K_\infty(\mathcal{M}_1)$. Falls $k_1' \in K_\infty(\mathcal{M}_1)$, muß es ein solches j nicht geben.

■

Falls σ eine Simulation von $\mathcal{M}_1$ auf $\mathcal{M}_2$ ist, so schreiben wir kurz $\sigma\colon \mathcal{M}_1 \to \mathcal{M}_2$. Wir sagen: "Die Maschine $\mathcal{M}_2$ simuliert die Maschine $\mathcal{M}_1$", falls es eine Simulation von $\mathcal{M}_1$ auf $\mathcal{M}_2$ gibt. Beispielsweise simuliert eine abstrakte Maschine $\mathcal{M}$ mittels der identischen Abbildung $1_{K(\mathcal{M})} : K(\mathcal{M}) \to K(\mathcal{M})$ sich selbst.

Es ist zu beachten, daß wir die Bedingung $\sigma(K_\infty(\mathcal{M}_1)) \subset K_\infty(\mathcal{M}_2)$ *nicht* verlangt haben. Der Grund hierfür besteht darin, daß z.B. auf einer "kleineren Maschine" eine Berechnung nicht-regulär sein kann, während die simulierte Berechnung auf einer "größeren Maschine" regulär ist.

Der Definition liegt folgende Intuition zugrunde:

Den Konfigurationen der Maschine $\mathcal{M}_1$ werden mittels σ entsprechende Konfigurationen der Maschine $\mathcal{M}_2$ zugeordnet. Startet man $\mathcal{M}_1$ in einer Anfangskonfiguration, so existiert mittels σ die entsprechende Anfangskonfiguration der Maschine $\mathcal{M}_2$. Nun läßt man beide Maschinen laufen. Dann gibt es zu jeder Folgekonfiguration der Anfangskonfiguration der Maschine $\mathcal{M}_1$ die entsprechende Konfiguration der Maschine $\mathcal{M}_2$. Diese Konfiguration erreicht $\mathcal{M}_2$ im Laufe seiner Berechnung. Hält die Maschine $\mathcal{M}_1$ im Endzustand, d.h. sie führt eine reguläre Berechnung aus, so hält auch $\mathcal{M}_2$ in dem dazu entsprechenden Endzustand. Gerät $\mathcal{M}_1$ in einen undefinierten Zustand, dann ist ein weiteres Verfolgen der Berechnungen nicht mehr von Interesse.

Indem man eine reguläre Berechnung auf der Maschine $\mathcal{M}_1$ verfolgt und auf jede der darin vorkommenden Konfigurationen die Abbildung σ anwendet, kann man von der regulären Berechnung auf der Maschine $\mathcal{M}_1$ auf entsprechende Konfigurationen einer regulären Berechnung auf $\mathcal{M}_2$ schließen. So erhält man, ausgehend von einer regulären Berechnung auf $\mathcal{M}_1$, eine entsprechende reguläre Berechnung auf $\mathcal{M}_2$.

Wir beweisen dies im folgenden Satz.

Satz 2.1 *Seien $\mathcal{M}_1$, $\mathcal{M}_2$ abstrakte Maschinen und $\sigma\colon \mathcal{M}_1 \to \mathcal{M}_2$ eine Simulation. Erzeugt $\mathcal{M}_1$ eine reguläre Berechnung mit der Anfangskonfiguration $k_0 \in K_a(\mathcal{M}_1)$, so existiert eine reguläre Berechnung auf $\mathcal{M}_2$ mit $\sigma(k_0) \in K_a(\mathcal{M}_2)$ als Anfangskonfiguration.*

Es gilt dann:

$$\sigma(\mathcal{RES}_{\mathcal{M}_1}(k_0)) = \mathcal{RES}_{\mathcal{M}_2}(\sigma(k_0)).$$

Beweis: Wegen $\sigma(K_a(\mathcal{M}_1)) \subset K_a(\mathcal{M}_2)$ ist $\sigma(k_0) \in K_a(\mathcal{M}_2)$. Ist zudem $k_0 \in K_e(\mathcal{M}_1)$, so ist auch $\sigma(k_0) \in K_e(\mathcal{M}_2)$ und die Behauptung ist erfüllt.

Sei nun

$$K_a(\mathcal{M}_1) \ni \quad k_0 \quad \overset{\Delta_{\mathcal{M}_1}}{\longrightarrow} \quad k_1 \quad \overset{\Delta_{\mathcal{M}_1}}{\longrightarrow} \quad \cdots \quad \overset{\Delta_{\mathcal{M}_1}}{\longrightarrow} \quad k_n \quad \in K_e(\mathcal{M}_1)$$

die reguläre Berechnung auf $\mathcal{M}_1$ und $n \in \mathbf{N}$. Dann ist $k_i \notin K_\infty(\mathcal{M}_1)$ für $i = 0, \ldots, n$.

Aufgrund der zweiten Bedingung der Definition der Simulation gibt es zu jedem k_i ein $j_i = j_i(k_i)$, so daß das folgende Diagramm erfüllt ist:

$$\begin{array}{ccc} k_i & \xrightarrow{\Delta_{\mathcal{M}_1}} & k_{i+1} \\ \sigma \downarrow & & \downarrow \sigma \\ \sigma(k_i) & \xrightarrow{\Delta^{j_i}_{\mathcal{M}_2}} & \sigma(k_{i+1}). \end{array}$$

Indem wir alle diese Diagramme aneinanderheften, erhalten wir eine Übertragung der Berechnung der ersten Maschine auf die zweite Maschine, wie dies das folgende Diagramm darstellt:

$$\begin{array}{cccccccc} K_a(\mathcal{M}_1) \ni & k_0 & \xrightarrow{\Delta_{\mathcal{M}_1}} & k_1 & \xrightarrow{\Delta_{\mathcal{M}_1}} & \cdots \xrightarrow{\Delta_{\mathcal{M}_1}} & k_n & \in K_e(\mathcal{M}_1) \\ & \sigma \downarrow & & \downarrow \sigma & & & \downarrow \sigma & \\ K_a(\mathcal{M}_2) \ni & k'_0 & \xrightarrow{\Delta^{j_0}_{\mathcal{M}_2}} & k'_{j_0} & \xrightarrow{\Delta^{j_1}_{\mathcal{M}_2}} & \cdots \xrightarrow{\Delta^{j_{n-1}}_{\mathcal{M}_2}} & k'_{j_0+\cdots+j_{n-1}} & \in K_e(\mathcal{M}_2). \end{array}$$

Wegen $k_n \in K_e(\mathcal{M}_1)$ folgt nun $\sigma(k_n) \in K_e(\mathcal{M}_2)$. Dies bedeutet, daß $\sigma(k_n) = \mathcal{RES}_{\mathcal{M}_2}(k'_0)$ ist, was zu zeigen war. ■

2.2.3 Beispiele von Simulationen und Weiterentwicklung des Begriffes

Beispiel 2.5 Es sei $\mathcal{M}$ eine Maschine, wie wir sie bis hierhin entwickelt haben, allerdings ohne π_2-Befehle. $\mathcal{M}'$ sei eine Maschine, die außer den Multiplikationsbefehlen über den bis jetzt eingeführten Befehlssatz verfüge. Zudem soll $\mathcal{M}'$ in der Lage sein, mit Hilfe des Sonderbefehls (**do** $\rho(M') := 0;$) den Inhalt der Rechenspeicherzelle (P, M') der Maschine $\mathcal{M}'$ zu löschen, ohne den Akkumulator in Anspruch nehmen zu müssen. Ohne diesen Befehl hätten wir Schwierigkeiten, eine Simulation σ: $\mathcal{M} \to \mathcal{M}'$ anzugeben.

Wir konstruieren σ wie folgt:

Alle Befehle aus dem Programmspeicher Π von $\mathcal{M}$, die keine Multiplikation definieren, übernehmen wir unverändert. Treffen wir in Π auf einen Multiplikationsbefehl, so springt $\mathcal{M}'$ in ein Unterprogramm, das die Multiplikation mittels der Addition nachbildet. Wir nehmen an, daß dieses Unterprogramm am Ende des Programmspeichers Π' von $\mathcal{M}'$ stehe und zwar in den Zellen $\Pi'[N_0, N']$.

Der erste Befehl des Unterprogrammes befinde sich in (Π', N_0), während der Befehl "**goto** $*$;" in (Π', N') das Unterprogramm abschließe. Vor dem Sprung ins

"Multiplikations-Unterprogramm" wird die π_2-Komponente des Sprungbefehls in (Π', N') auf die Programmspeicheradresse des Befehls in Π' gesetzt, mit dem das Programm der Maschine $\mathcal{M}'$ nach Beendigung der Multiplikation fortgesetzt werden soll. Diese Adresse nennt man auch **Rücksprungadresse**.

Den Rechenspeicher P übertragen wir Zelle für Zelle, wobei wir allerdings einige Zellen am Ende von $P'[0{:}\,M']$ als Hilfsspeicherzellen reservieren. In (P', M') sollen die Zwischenergebnisse bzw. das Endergebnis der Multiplikation zu finden sein. In $(P', M'-1)$ wird der Akkumulatorinhalt vor der Ausführung des Multiplikationsbefehls abgespeichert. Dieser Inhalt des Akkumulators stellt einen Faktor der Multiplikation dar. Der andere Faktor wird in $(P', M'-2)$ gerettet.

Damit wir bei der Simulation keine Programmüberschneidungen erhalten, setzen wir voraus, daß N' hinreichend groß ist. Es soll zudem $M' = M + 3$ sein. Weiter nehmen wir $Q' = Q$ an.

Nun definieren wir die Simulation im einzelnen.

Sei k eine Konfiguration von M und π die zu k gehörige Belegung des Programmspeichers von M. Wir definieren den zu $\sigma(k)$ gehörigen Programmspeicherinhalt π' induktiv. Hierzu konstruieren wir eine Abbildung $h : [0{:}\,N] \to [0{:}\,N']$. Wir definieren $h(0) = 0$ und $h(i)$ für $i \geq 1$ derart, daß die Befehlssequenz $\pi'[h(i) : h(i+1) - 1]$ den Befehl $\pi(i)$ nachvollzieht.

Wir nehmen an, daß h bereits auf dem nichtleeren Intervall $[0{:}\,j]$ und π' für $\Pi'[0 : h(j) - 1]$ definiert ist. Wir setzen nun diese Definitionen auf $j+1$ und $\Pi'[h(j) : h(j+1) - 1]$ fort.

Dazu unterscheiden wir vier Fälle:

FALL 1: $\pi(j)$ ist kein Multiplikations- und kein Sprungbefehl.

In diesem Fall setzen wir:

$$h(j+1) = h(j) + 1 \quad \text{und} \quad \pi'(h(j)) = \pi(j).$$

FALL 2: $\pi(j)$ ist ein Sprungbefehl, z.B. $\pi(j) =$ (**goto** l;) .

Wir definieren

$$h(j+1) = h(j) + 1 \quad \text{und} \quad \pi'(h(j)) = (\pi_1(j), h(\pi_2(j))),$$

z.B. $\pi'(h(j)) =$ (**goto** $h(l)$;) .

Ist $\pi_2(j) > j$, d.h. $\pi(j)$ ist ein Vorwärtssprung, so wird $h(\pi_2(j))$ während der induktiven Definition von h erst zu einem späteren Zeitpunkt festgelegt. Erst wenn $h(\pi_2(j))$ feststeht, kann der Befehl $\pi'(h(j))$ komplettiert werden.

FALL 3: $\pi(j) = (\alpha := \alpha \cdot \rho(i);)$

Diesen Befehl ersetzen wir durch die folgende Aufrufsequenz des Multiplikationsprogrammes, an deren Ende wir die Hilfsspeicherzellen auf Null setzen. Ebenso setzen wir $\pi_2'(N') := 0$.

$$\begin{array}{rll}
\pi'(h(j)) = & \rho(M'-1) := \alpha; & \text{Retten des Faktors } \alpha' = \alpha \\
\pi'(h(j)+1) = & \alpha := \rho(i); & \left.\right\} \text{Retten des Faktors } \rho'(i) = \rho(i) \\
\pi'(h(j)+2) = & \rho(M'-2) := \alpha & \\
\pi'(h(j)+3) = & \alpha := h(j)+6; & \left.\right\} \text{Rücksprungadresse eintragen} \\
\pi'(h(j)+4) = & \pi_2(N') := \alpha; & \\
\pi'(h(j)+5) = & \textbf{goto } N_0; & \text{Sprung ins Multiplikationsprogramm} \\
\pi'(h(j)+6) = & \alpha := 0; & \\
\pi'(h(j)+7) = & \pi_2(N') := \alpha; & \pi_2'(N') := 0 \\
\pi'(h(j)+8) = & \rho(M'-2) := \alpha; & \rho'(M'-2) := 0 \\
\pi'(h(j)+9) = & \rho(M'-1) := \alpha; & \rho'(M'-1) := 0 \\
\pi'(h(j)+10) = & \alpha := \rho(M'); & \text{Ergebnis ``}\alpha \cdot \rho(i)\text{'' nach } \alpha \text{ laden} \\
\pi'(h(j)+11) = & \rho(M') := 0; & \rho'(M') := 0
\end{array}$$

Weiter setzen wir: $h(j+1) = h(j) + 12.$

FALL 4: $\pi(j) = (\alpha := \alpha \cdot \rho(\gamma + i);)$.

Die Sequenz, die diesen Befehl ersetzt, unterscheidet sich von der Sequenz im FALL 3 nur durch den Befehl

$$\pi'(h(j)+1) = \quad \alpha := \rho(\gamma + i);,$$

wodurch der Faktor $\rho'(\gamma' + i) = \rho(\gamma + i)$ mit $\gamma' = \gamma$ in $(\mathrm{P}', M'-2)$ abgespeichert und $\gamma' := \gamma' + i$ ausgeführt wird.

Auch hier setzen wir: $h(j+1) = h(j) + 12.$

Die Formulierung des Multiplikationsprogrammes überlassen wir dem Leser als Übungsaufgabe. Wir nehmen an, daß dieses Programm außer den Zellen (P', M'),

$(\mathrm{P}', M' - 1)$ und $(\mathrm{P}', M' - 2)$ keine weiteren Hilfsspeicherzellen benützt und den Inhalt von $\mathrm{P}'[0\colon M]$ unverändert läßt. Desweiteren soll es keine π_2-Befehle enthalten.

Wir schließen die Definition von π' ab mit

$$\pi'(i) = (\ \textbf{end.}) \qquad \text{für } h(N) < i < N_0.$$

Zur Definition von σ betrachten wir nur solche Konfigurationen $k = (\pi, \rho, \alpha, \eta, \beta, \gamma, \omega_1, \omega_2)$ der Maschine $\mathcal{M}$, für die $\beta = \pi(\eta)$ gilt, d.h. wir beschränken uns auf

$$K(\mathcal{M}) = \left\{k \in Abb(\Pi[0\colon N], \tilde{W}) \times Abb(\mathrm{P}[0\colon M], [-Q : Q]) \times Z_S \mid \beta = \pi(\eta)\right\},$$

wobei $\tilde{W}$ aus der Befehlsmenge W durch Entfernen der π_2-Befehle hervorgeht. Sei weiter $k' = (\pi', \rho', \alpha', \eta', \beta', \gamma', \omega_1', \omega_2') \in K(\mathcal{M}')$, dann definieren wir zur Konfiguration k die Komponenten der korrespondierenden Konfiguration $k' = \sigma(k)$ wie folgt:

$$\begin{aligned}
\pi' & \quad \text{wie oben dargestellt und } \pi_2'(N') = 0,\\
\rho'(i) &= \begin{cases} \rho(i) & \text{für } 0 \le i \le M \\ 0 & \text{für } M < i \le M', \end{cases}\\
\alpha' &= \alpha,\\
\eta' &= h(\eta),\\
\beta' &= \pi'(\eta'),\\
\gamma' &= \gamma,\\
\omega_1' &= \omega_1,\\
\omega_2' &= \omega_2.
\end{aligned}$$

Wir starten die Maschine $\mathcal{M}$ in den Anfangskonfigurationen

$$K_a(\mathcal{M}) = \{k \in K(\mathcal{M}) \mid \eta = 0,\ \beta = \pi(0),\ \omega_1 = 1,\ \omega_2 = 0\}.$$

Die Menge $K_a(\mathcal{M}')$ entspricht den gewohnten Anfangszuständen unserer speziellen abstrakten Maschine, wie wir sie im obigen Beispiel vorgestellt haben, so daß die Bedingung $\sigma(K_a(\mathcal{M})) \subset K_a(\mathcal{M}')$ ebenso wie $\sigma(K_e(\mathcal{M})) \subset K_e(\mathcal{M}')$ und $\sigma(K_\infty(\mathcal{M})) \subset K_\infty(\mathcal{M}')$ erfüllt ist.

Wir müssen zeigen, daß es zu jedem $k_1 = (\pi^1, \rho^1, \alpha^1, \eta^1, \beta^1, \gamma^1, \omega_1^1, \omega_2^1) \in K(\mathcal{M})$ mit $\Delta_{\mathcal{M}}(k_1) = k_2 = (\pi^2, \rho^2, \alpha^2, \eta^2, \beta^2, \gamma^2, \omega_1^2, \omega_2^2) \notin K_\infty(\mathcal{M})$ stets ein $j = j(k_1) \in \mathbf{N}_0$ gibt mit

$$\begin{array}{ccc} k_1 & \stackrel{\Delta_{\mathcal{M}}}{\longrightarrow} & k_2 \\ \sigma\big\downarrow & & \big\downarrow\sigma \\ k' & \stackrel{\Delta^j_{\mathcal{M}'}}{\longrightarrow} & k'' \end{array},$$

wobei $k' = (\pi', \rho', \alpha', \eta', \beta', \gamma', \omega_1', \omega_2')$ und $k'' = (\pi'', \rho'', \alpha'', \eta'', \beta'', \gamma'', \omega_1'', \omega_2'') \in K(\mathcal{M}')$ sind.

Wir prüfen diese Beziehung für die vier genannten Fälle nach.

Im FALL 1 und FALL 2 setzt man $j(k_1) = 1$ und sieht leicht ein, daß das Diagramm erfüllt ist.

FALL 3: Wähle $j(k_1) = 12 +$ Laufzeit des Multiplikationsprogrammes.

Zur Verifikation der Behauptung überprüfen wir der Reihe nach π'', ρ'', α'', η'', β''. Beim Verlassen der Aufrufsequenz ist $\pi_2''(N') = \rho''(M') = \rho''(M'-1) = \rho''(M'-2) = 0$. Da das Multiplikationsprogramm den Inhalt von $P'[0{:}\,M]$ nicht verändert, stimmt $\rho''([0{:}\,M])$ mit $\rho^2([0{:}\,M])$ überein. $\pi'' = \pi'$, denn das Multiplikationsprogramm enthält keine π_2-Befehle. Der Befehl $\pi'(h(j)+10)$ lädt das Ergebnis der Multiplikation in den Akkumulator. Deshalb ist $\alpha'' = \alpha^2$. Nach Ausführung der Aufrufsequenz und des Multiplikationsprogrammes ist $\eta'' = \eta' + 12$ und $\beta'' = \pi''(\eta'')$. Mit $h(\eta^1) = \eta'$ folgt die Beziehung $\eta'' = h(\eta^1) + 12 = h(\eta^1 + 1) = h(\eta^2)$.

Im FALL 4 bewirkt der Befehl $\pi'(h(\eta^1)+1)$, daß das Indexregister von $\mathcal{M}'$ auf $\gamma' + i$ gesetzt wird. Nach Voraussetzung ist $\gamma' = \gamma^1$, woraus sich $\gamma'' = \gamma^2$ ergibt.

Das Diagramm ist also in der Tat erfüllt. ■

Die Konstruktion einer Simulation σ zwingt uns, alle Komponenten einer korrespondierenden Konfiguration zu benennen. Insbesondere ist die Belegung der Speicher anzugeben, was in unserem Beispiel Mühe bereitet.

Wir haben uns darum entschlossen, die Hilfsspeicherzellen und die Sprungadresse $\pi_2'(N')$ am Ende einer Aufrufsequenz auf Null zu setzen. Wenn wir jedoch nur mit Hilfe des Akkumulators die Zelle (P', M') löschen, kann der Akkumulator nicht mit dem Ergebnis der Multiplikation geladen werden. Um dieses Dilemma aufzulösen, lassen wir den Befehl "do $\rho(M') := 0;$" zu.

Verzichtet man auf diesen zusätzlichen Befehl, so steht im Akkumulator wie auch in (P', M') das Produkt der beiden Faktoren. Speichert man im FALL 3 und FALL 4 mit dem Befehl $\pi'(h(j)+11) = (\rho(M') := \alpha;)$ den Inhalt des Akkumulators von $\mathcal{M}'$ in (P', M') ab, so liegt es nahe, in der Formulierung der Simulation "$\rho'(M') = \alpha'$" zu definieren.

Die Kenntnis der Inhalte der Hilfsspeicherzellen und der Sprungadresse $\pi_2'(N')$ nach Beendigung einer Aufrufsequenz ist für die Berechnung des Resultatswertes auf der Maschine $\mathcal{M}'$ ohne Bedeutung. Insofern wäre es bequemer, könnten wir uns diese Anstrengungen ersparen. Wir nehmen diese Gedanken im späteren wieder auf.

Wir werden Simulationen auch zum Vergleich von Programmen heranziehen. Dem steht zunächst entgegen, daß man bei der Definition von Simulationen die Abbildung für jede Konfiguration der Maschine $\mathcal{M}$ angeben muß, was die Methode schwerfällig macht. Hier erweist sich aber unsere abstrakte Definition der Maschine als vorteilhaft.

Wir schränken unser Maschinenmodell stark ein, indem wir die Speicherzellen entfernen, die vom Programm nicht benötigt werden, und uns nur auf die Folgekonfigurationen von Anfangszuständen konzentrieren. Enthält unser Programm keine π_2-Befehle, dann können wir zudem den notwendigen Programmspeicher vollständig auf unser Programm fixieren. Man erhält dadurch wieder eine abstrakte Maschine im Sinne unserer Definition, deren Sicht ganz und gar auf das Programm im Programmspeicher gerichtet ist.

Benutzt man Simulationen zum Vergleich von Programmen, so kann dies in der Verifikation des Diagrammes

$$\begin{array}{ccccccccc}
K_a(\mathcal{M}) \ni & k_0 & \xrightarrow{\Delta_{\mathcal{M}}} & k_1 & \xrightarrow{\Delta_{\mathcal{M}}} & \cdots & \xrightarrow{\Delta_{\mathcal{M}}} & k_n & \in K_e(\mathcal{M}) \\
& \downarrow \sigma & & \downarrow \sigma & & & & \downarrow \sigma & \\
K_a(\mathcal{M}') \ni & k_0' & \xrightarrow{\Delta_{\mathcal{M}'}^{j_1}} & k_{j_1}' & \xrightarrow{\Delta_{\mathcal{M}'}^{j_2}} & \cdots & \xrightarrow{\Delta_{\mathcal{M}'}^{j_n}} & k_n' & \in K_e(\mathcal{M}')
\end{array}$$

für jeden einzelnen Rechenschritt auf der Maschine $\mathcal{M}$ oder in der Nachprüfung des Diagrammes

$$\begin{array}{cccc}
K_a(\mathcal{M}) \ni & k_0 & \xrightarrow{\Delta_{\mathcal{M}}^{T_{\mathcal{M}}(k_0)}} & \mathcal{RES}_{\mathcal{M}}(k_0) \\
& \downarrow \sigma & & \downarrow \sigma \\
K_a(\mathcal{M}') \ni & k_0' & \xrightarrow{\Delta_{\mathcal{M}'}^{T_{\mathcal{M}'}(k_0)}} & \mathcal{RES}_{\mathcal{M}'}(k_0')
\end{array}$$

bestehen.

Wirklich interessiert sind wir lediglich am zweiten Diagramm, das die Argumente und die Resultate der Berechnung zueinander in Beziehung setzt. Das erste Diagramm zeigt einen Weg zum Beweis des zweiten Diagrammes. Zwischen beiden ambivalenten Lösungen gibt es noch viele Zwischenformen. Gelingt es uns, für eine Teilfolge $k_0, k_{i_1}, k_{i_1+i_2}, \ldots, k_{i_1+\cdots+i_m} = k_n$ von $k_0, \ldots, k_n$ die Gültigkeit des Diagrammes

$$\begin{array}{ccccccccc}
K_a(\mathcal{M}) \ni & k_0 & \xrightarrow{\Delta^{i_1}_{\mathcal{M}}} & k_{i_1} & \xrightarrow{\Delta^{i_2}_{\mathcal{M}}} & \cdots & \xrightarrow{\Delta^{i_m}_{\mathcal{M}}} & k_n & \in K_e(\mathcal{M}) \\
& \downarrow \sigma & & \downarrow \sigma & & & & \downarrow \sigma & \\
K_a(\mathcal{M}') \ni & k'_0 & \xrightarrow{\Delta^{j_1}_{\mathcal{M}'}} & k'_{j_1} & \xrightarrow{\Delta^{j_2}_{\mathcal{M}'}} & \cdots & \xrightarrow{\Delta^{j_m}_{\mathcal{M}'}} & k'_n & \in K_e(\mathcal{M}')
\end{array} \tag{2.1}$$

zu beweisen, dann folgt auch hieraus

$$\sigma\Big(\mathcal{RES}_{\mathcal{M}}(k_0)\Big) = \mathcal{RES}_{\mathcal{M}'}\Big(\sigma(k_0)\Big).$$

Definiert man σ nur auf solchen Teilfolgen, dann erhält man *partielle* Simulationen. Diese Simulationen können aber auch durch Modifikation der Maschine $\mathcal{M}$ und durch zwei Simulationen in unser bisheriges Konzept der Simulation integriert werden. Wir werden beide Konstruktionen ausführlicher beschreiben.

Zunächst wenden wir uns der zuletzt beschriebenen Alternative zu. Hierzu nehmen wir uns aus $K(\mathcal{M})$ die Teilmenge $\tilde{K} \subset K(\mathcal{M})$ von Konfigurationen heraus, die wir in unserer Form der Simulation verwenden wollen. $\tilde{K}$ stellt dann die Menge der Konfigurationen dar, die in den relevanten Teilfolgen vorkommen.

Wir definieren die totale Abbildung

$$\tilde{\Delta} : \tilde{K} \to \tilde{K},$$

indem wir für jedes $k \in \tilde{K}$

$$\tilde{\Delta}(k) := \Delta^j_{\mathcal{M}}(k)$$

setzen, wobei

$$j = j(k) = \begin{cases} \min\{i \in \mathbf{N} \mid \Delta^i_{\mathcal{M}}(k) \in \tilde{K}\} & \text{falls eine Folgekonfiguration} \\ & \text{von } k \text{ bzgl. } \mathcal{M} \text{ in } K(\tilde{\mathcal{M}}) \text{ liegt} \\ 0 & \text{sonst} \end{cases}$$

bedeute.

Die Definition von $\tilde{\mathcal{M}} = \big(\tilde{K}, K_a(\tilde{\mathcal{M}}), K_e(\tilde{\mathcal{M}}), K_\infty(\tilde{\mathcal{M}}), \tilde{\Delta}\big)$ wird vervollständigt durch

$$\begin{aligned}
K_a(\tilde{\mathcal{M}}) &:= K_a(\mathcal{M}) \cap \tilde{K}, \\
K_e(\tilde{\mathcal{M}}) &:= K_e(\mathcal{M}) \cap \tilde{K}, \\
K_\infty(\tilde{\mathcal{M}}) &:= K_\infty(\mathcal{M}) \cap \tilde{K}.
\end{aligned}$$

Man sieht, daß die Inklusion

$$\begin{array}{rcl} \iota : \tilde{K} & \hookrightarrow & K(\mathcal{M}) \\ k & \mapsto & k \end{array}$$

eine Simulation $\iota : \tilde{\mathcal{M}} \rightarrow \mathcal{M}$ definiert.

Die Simulation (2.1) auf Seite 97 ergibt nun eine Simulation σ: $\tilde{\mathcal{M}} \rightarrow \mathcal{M}$. Beide Simulationen gestatten es, die Resultate beider Maschinen $\mathcal{M}$ und $\mathcal{M}'$ in Beziehung zueinander zu setzen. Wir sehen also, daß wir diese partielle Simulation durch die bereits eingeführte Simulation erfassen können. Bevor wir die Konstruktion vorführen, die diesen Sachverhalt auf andere Weise herbeiführt, betrachten wir als Beispiel den Vergleich unserer Programme "KOPIEREN 1" und "KOPIEREN 2".

Beispiel 2.6 Wir gehen von der Maschine $\mathcal{M}$ mit dem Programm KOPIEREN 2 und der Maschine $\mathcal{M}'$ mit dem Programm KOPIEREN 1 aus. Die Rechenspeicher beider Maschinen seien gleich groß. Um den Inhalt von (P', M) und $(\mathrm{P}', M-1)$ zu jedem Zeitpunkt zu kennen, fügen wir in "KOPIEREN 1" noch Befehle ein, die beide Zellen auf Null setzen, sobald ihre anfänglichen Inhalte in die Indexregister geschrieben wurden.

DAS ERWEITERTE PROGRAMM KOPIEREN 1

0:	**begin: goto** 1;	
1:	$\alpha := \rho(M)$;	$\alpha := n$
2:	$\alpha := \alpha + 1$;	$\alpha := n + 1$
3:	$\gamma := \alpha$;	$\gamma := n + 1$
4:	$\alpha := \alpha + \rho(M-1)$;	$\alpha := m + n + 1$
5:	$\gamma_1 := \alpha$;	$\gamma_1 := n + m + 1$
6:	$\alpha := 0$;	
7:	$\rho(M) := \alpha$;	$\rho(M) := 0$
8:	$\rho(M-1) := \alpha$;	$\rho(M-1) := 0$
9:	$\alpha := \rho(\gamma - 1)$;	$\gamma := \gamma - 1,\ \alpha := a_\gamma$
10:	$\rho(\gamma_1 - 1) := \alpha$;	$\gamma_1 := \gamma_1 - 1,\ \rho(\gamma_1) := a_\gamma$
11:	**if** $\gamma = 0$ **then goto** 13;	
12:	**goto** 9;	
13:	**end.**	

Beide Maschinen fixieren wir auf ihre Programme. Wir setzen $N' = 13$, $N = 14$ und $Q' = Q$. Es seien im folgenden stets $k = (\pi, \rho, \alpha, \eta, \beta, \omega_1, \omega_2) \in K(\mathcal{M})$ und $k' = (\pi', \rho', \alpha', \eta', \beta', \gamma', \gamma_1', \omega_1', \omega_2') \in K(\mathcal{M}')$. Die Maschine $\mathcal{M}$ sei weiter durch

$$\begin{aligned} K_a(\mathcal{M}) &= \{k \in K(\mathcal{M}) \mid \eta = 0,\ \beta = \pi(0),\ \omega_1 = 1,\ \omega_2 = 0\} \\ K_e(\mathcal{M}) &= \{k \in K(\mathcal{M}) \mid \eta = 14,\ \beta = \pi(14),\ \omega_1 = \omega_2 = 0\} \end{aligned}$$

spezifiziert.

Unsere Simulation ordnet einer Teilmenge $\tilde{K} \subset K(\mathcal{M})$ Konfigurationen der Maschine $\mathcal{M}'$ zu. Als Teilmenge wählen wir

$$\tilde{K} = \{k \in K'_{\mathcal{M}} \mid \beta = \pi(\eta),\ \eta \in \{0, 7, 14\}\},$$

mit

$$K'_{\mathcal{M}} = \{k \in K(\mathcal{M}) \mid 0 \le \rho(M) < \rho(M-1),\ \rho(M) + \rho(M-1) < M - 1\}.$$

Wir definieren

$$\sigma : K(\tilde{\mathcal{M}}) \to K(\mathcal{M}') \qquad \text{mit} \qquad \sigma(k) = k'$$

zunächst auf $K_a(\tilde{\mathcal{M}}) = \tilde{K} \cap K_a(\mathcal{M})$.

Ist $k \in K_a(\tilde{\mathcal{M}})$, dann setzen wir $\rho' := \rho$, $\alpha' := \alpha$, $\eta' := \eta$, $\beta' := \beta$, $\gamma' := 0$, $\gamma_1' := 0$, $\omega_1' := \omega_1$, $\omega_2' := \omega_2$ und in π' steht das erweiterte Programm KOPIEREN 1.

Für ein beliebiges $k \in \tilde{K}$ mit $k \notin K_a(\mathcal{M})$ setzen wir

$$\begin{aligned} \rho'(i) &= \begin{cases} \rho(i) & \text{für } i \in [0 : M-2] \\ 0 & \text{für } i = M-1, M \end{cases}, \\ \alpha' &= \rho'(\gamma') \\ \eta' &= \begin{cases} 11 & \text{für } \eta = 7 \\ 13 & \text{für } \eta = 14 \end{cases} \\ \beta' &= \pi'(\eta') \\ \gamma' &= \rho(M) \\ \gamma_1' &= \rho(M-1) \\ \omega_1' &= \omega_1 \\ \omega_2' &= \omega_2. \end{aligned}$$

Wir vergleichen also die Maschinen, wenn sie

- sich in einem Anfangs- oder Endzustand befinden.
- in die if-Abfrage eintreten.

Dann zeigen wir für $k \in \tilde{K}$, $k_1 = (\pi^1, \rho^1, \alpha^1, \eta^1, \beta^1, \omega_1^1, \omega_2^1) \in K(\mathcal{M})$ und $k' = (\pi', \rho', \alpha', \eta', \beta', \gamma', \gamma_1', \omega_1', \omega_2')$, $k'' = (\pi'', \rho'', \alpha'', \eta'', \beta'', \gamma'', \gamma_1'', \omega_1'', \omega_2'') \in K(\mathcal{M}')$ die Gültigkeit folgender Diagramme:

$$\begin{array}{ccc} k & \xrightarrow{\Delta^7_{\mathcal{M}}} & k_1 \\ \sigma \downarrow & & \downarrow \sigma \\ k' & \xrightarrow{\Delta^{11}_{\mathcal{M}'}} & k'' \end{array}$$

für $k \in K_a(\tilde{\mathcal{M}})$ mit $\Delta^7_{\mathcal{M}}(k) \notin K_\infty(\mathcal{M})$,

$$\begin{array}{ccc} k & \xrightarrow{\Delta^{10}_{\mathcal{M}}} & k_1 \\ \sigma \downarrow & & \downarrow \sigma \\ k' & \xrightarrow{\Delta^{4}_{\mathcal{M}'}} & k'' \end{array}$$

für $k \in \tilde{K}$ mit $\eta = 7$ und $\alpha \neq 0$, sowie

$$\begin{array}{ccc} k & \xrightarrow{\Delta^{2}_{\mathcal{M}}} & k_1 \\ \sigma \downarrow & & \downarrow \sigma \\ k' & \xrightarrow{\Delta^{2}_{\mathcal{M}'}} & k'' \end{array}$$

für $k \in \tilde{K}$ mit $\eta = 7$ und $\alpha = 0$.

Wir verifizieren zunächst das *erste* Diagramm, indem wir die beiden entsprechenden Berechnungen verfolgen. Wir haben das Resultat von k nach sieben Rechenschritten festzustellen.

Ist dieses Resultat ein regulärer Zustand von $\mathcal{M}$, so steht nach der Ausführung von $\pi(3)$ in $(\mathrm{P}, M-1)$ der Inhalt $n+m$ und in (P, M) der Wert n. Die Zelle $(\mathrm{P}, n+m)$ wird durch den Befehl $\pi(5)$ mit dem Inhalt von (P, n) geladen. Die Ausführung von $\pi(6)$ ergibt damit $\rho^1(n+m) = \rho^1(n)$ und $\rho^1(M) = n$ bzw. $\rho^1(M-1) = n+m$. Ansonsten bleibt der Inhalt des Rechenspeichers P unverändert. Desweiteren ist $\eta^1 = 7$, $\beta^1 = \pi(7)$.

Verfolgt man die Berechnung $\sigma(k), \Delta_{\mathcal{M}'}(\sigma(k)), \ldots, \Delta^{11}_{\mathcal{M}'}(\sigma(k))$, so wird γ' in $\pi'(3)$ auf $n+1$, γ_1' in $\pi'(5)$ auf $n+m+1$ und in den drei folgenden Befehlen $\rho'(M) := \rho'(M-1) := 0$ gesetzt. Der Befehl $\pi'(9)$ dekrementiert das Indexregister γ' von $\mathcal{M}'$ und lädt den Akkumulator von $\mathcal{M}'$ mit $\rho'(n)$. $\pi'(10)$ dekrementiert γ_1' und führt $\rho''(n+m) := \rho'(n)$ aus. Die Inhalte der sonstigen Rechenspeicherzellen werden nicht geändert. Beim Eintritt in $\pi'(11)$ sind die

Komponenten von k'' durch $\gamma'' = n$, $\gamma_1'' = n + m$, $\rho''(n+m) = \rho''(n) = \rho'(n)$, $\rho''(M) = \rho''(M-1) = 0$ und $\alpha'' = \rho''(n) = \rho''(\gamma'')$ bestimmt.

Damit ist $\sigma(k_1) = k''$ gezeigt.

Überprüfen wir nun die Berechnungen des *zweiten* Diagrammes:

Nach Voraussetzung ist $\alpha \neq 0$, so daß die Berechnung auf $\mathcal{M}$ mit dem Befehl $\pi(8)$ fortgesetzt wird. Es wird der Reihe nach $\rho^1(M) := \rho(M) - 1$, $\rho^1(M-1) := \rho(M-1) - 1$ gesetzt und nach $\pi(4)$ gesprungen. $\pi(4)$ und $\pi(5)$ laden die Zelle $(\mathrm{P}, \rho^1(M-1))$ mit dem Wert in $(\mathrm{P}, (\rho^1(M))$. Der Inhalt von (P, M) wird in den Akkumulator übernommen. Die sonstigen Zellen werden nicht angesprochen.

Betrachten wir nun die Wirkung von $\Delta^4_{\mathcal{M}'}$ auf $k' = \sigma(k)$. Nach Definition von σ ist $\gamma' = \rho(M) = \alpha \neq 0$, so daß $\gamma'' := \gamma' - 1 = \rho(M) - 1 = \rho^1(M)$ und $\gamma_1'' := \gamma_1' - 1 = \rho(M-1) - 1 = \rho^1(M-1)$ ausgeführt wird. Die restlichen, relevanten Komponenten besitzen nach Ausführung von $\pi'(9)$ und $\pi'(10)$ die Werte $\alpha'' = \rho'(\gamma' - 1) = \rho''(\gamma'')$ und $\rho''(\gamma_1'') = \rho''(\gamma'')$. Auch hier werden in den übrigen Speicherzellen keine Zahlen abgespeichert. Vergleicht man die Rechenspeicherbelegungen ρ^2 und ρ'', so ist

$$\rho''(i) = \begin{cases} \rho^1(i) & \text{für } i \in [0\colon M-2] \\ 0 & \text{für } i = M, M-1. \end{cases}$$

Insgesamt resultiert auch in diesem Fall: $\sigma(k^1) = k''$.

Also ist auch das zweite Diagramm erfüllt. In beiden Fällen ist $k_1 \in \tilde{K}$.

Wir empfehlen dem Leser auch die Nachprüfung des *dritten* Diagrammes.

Setzen wir nun

$$\tilde{\Delta}(k) = \begin{cases} \Delta^7_{\mathcal{M}}(k) & \text{für } k \in K_a(\tilde{\mathcal{M}}), \\ \Delta_{\mathcal{M}}(k) & \text{für } k \in K_e(\tilde{\mathcal{M}}) \cup K_\infty(\tilde{\mathcal{M}}), \\ \Delta^{10}_{\mathcal{M}}(k) & \text{für } k \in \tilde{K},\ k \notin K_a(\tilde{\mathcal{M}}) \cup K_e(\tilde{\mathcal{M}}) \cup K_\infty(\tilde{\mathcal{M}}),\ \alpha \neq 0, \\ \Delta^2_{\mathcal{M}}(k) & \text{für } k \in \tilde{K},\ k \notin K_a(\tilde{\mathcal{M}}) \cup K_e(\tilde{\mathcal{M}}) \cup K_\infty(\tilde{\mathcal{M}}),\ \alpha = 0, \end{cases}$$

dann ist

$$\sigma : \tilde{\mathcal{M}} \to \mathcal{M}'$$

eine Simulation. ∎

Simulationen von der Art, wie wir sie soeben betrachtet haben, bezeichnen wir als *partielle Simulationen*. Wir fügen zunächst den Begriff der *Untermaschine* $\tilde{\mathcal{M}}$ einer Maschine $\mathcal{M}$ ein. Schreibweise: $\tilde{\mathcal{M}} \subset \mathcal{M}$.

2.2.4 Partielle und relationelle Simulationen

Definition 2.11 *Seien $\mathcal{M}$ und $\tilde{\mathcal{M}}$ abstrakte Maschinen. $\tilde{\mathcal{M}}$ heißt* **Untermaschine** *von $\mathcal{M}$, falls*

1.)
$$\begin{aligned} K(\tilde{\mathcal{M}}) &\subset K(\mathcal{M}), \\ K_a(\tilde{\mathcal{M}}) &= K_a(\mathcal{M}) \cap K(\tilde{\mathcal{M}}), \\ K_e(\tilde{\mathcal{M}}) &= K_e(\mathcal{M}) \cap K(\tilde{\mathcal{M}}), \\ K_\infty(\tilde{\mathcal{M}}) &= K_\infty(\mathcal{M}) \cap K(\tilde{\mathcal{M}}). \end{aligned}$$

2.) Für alle $k \in K(\tilde{\mathcal{M}})$ gilt:

$$\Delta_{\tilde{\mathcal{M}}}(k) := \Delta^j_{\mathcal{M}}(k)$$

mit

$$j = \begin{cases} \min\{i \in \mathbf{N} \mid \Delta^i_{\mathcal{M}}(k) \in K(\tilde{\mathcal{M}})\} & \textit{falls eine Folgekonfiguration von } k \textit{ bzgl. } \mathcal{M} \textit{ in } K(\tilde{\mathcal{M}}) \textit{ liegt} \\ 0 & \textit{sonst.} \end{cases}$$ ■

Ähnlich wie in unseren Vorüberlegungen (Seite 98) ist auch in diesem Zusammenhang das folgende Lemma leicht einzusehen.

Lemma 2.2 *Ist $\tilde{\mathcal{M}}$ eine Untermaschine von $\mathcal{M}$, dann stellt die Inklusion $\iota: K(\tilde{\mathcal{M}}) \hookrightarrow K(\mathcal{M})$ eine Simulation $\iota: \tilde{\mathcal{M}} \to \mathcal{M}$ von $\tilde{\mathcal{M}}$ auf $\mathcal{M}$ dar.* ■

Nachdem wir den Begriff der Untermaschine bereitgestellt haben, können wir uns der formalen Definition einer partiellen Simulation zuwenden.

Definition 2.12 *Ist $\tilde{\mathcal{M}}$ eine Untermaschine von $\mathcal{M}$ und ist zudem $\sigma: \tilde{\mathcal{M}} \to \mathcal{M}'$ eine Simulation, dann heißt σ* **partielle** *Simulation von $\mathcal{M}$ auf $\mathcal{M}'$.*

Eine partielle Simulation σ heißt **fortsetzbar**, *falls die Bedingungen 1.) bis 3.) erfüllt sind:*

1.) $\overline{K_\infty(\mathcal{M}')} \neq \emptyset$, *falls* $\overline{K_\infty(\mathcal{M})} \neq \emptyset$ *ist.*

2.) $K_a(\tilde{\mathcal{M}}) = K_a(\mathcal{M})$ *und* $K_e(\tilde{\mathcal{M}}) = K_e(\mathcal{M})$.

3.) Ist $k \in K(\tilde{\mathcal{M}})$ und $\Delta_{\mathcal{M}}(k) \notin K_\infty(\mathcal{M})$, dann gibt es ein $i \in \mathbf{N}$ mit $\Delta^i_{\mathcal{M}}(k) \in \overline{K_\infty(\tilde{\mathcal{M}})} = K(\tilde{\mathcal{M}}) - K_\infty(\tilde{\mathcal{M}})$. ■

Die Obermaschine $\mathcal{M}$ und die Konfigurationsmenge $K(\tilde{\mathcal{M}}) \subset K(\mathcal{M})$ definieren bereits eindeutig die Untermaschine $\tilde{\mathcal{M}}$ von $\mathcal{M}$. Eine partielle Simulation $\tilde{\sigma}$ von $\mathcal{M}$ auf $\mathcal{M}'$ kann man als eine partielle Abbildung $\tilde{\sigma}: K(\mathcal{M}) \rightsquigarrow K(\mathcal{M}')$ mit $Def(\tilde{\sigma}) = K(\tilde{\mathcal{M}})$ interpretieren. Insbesondere legt auch $\tilde{\sigma}$ die Untermaschine $\tilde{\mathcal{M}}$ fest.

In der obigen Definition wird die partielle Simulation nicht als separater Simulationsbegriff eingeführt, sondern mit Hilfe der Simulation im Sinne der totalen Abbildung ausgedrückt. Es stellt sich die Frage, unter welchen Voraussetzungen man eine partielle Simulation zu einer totalen Abbildung fortsetzen kann. Im nächsten Satz werden wir beweisen, daß die fortsetzbaren partiellen Simulationen entsprechende Voraussetzungen erfüllen.

Satz 2.3 *Jede fortsetzbare partielle Simulation $\tilde{\sigma}$ vom $\mathcal{M}$ auf $\mathcal{M}'$ läßt sich zu einer Simulation $\sigma: \mathcal{M} \to \mathcal{M}'$ fortsetzen.*

Beweis: Sei $\tilde{\sigma}$ eine partielle Simulation von $\mathcal{M}$ auf $\mathcal{M}'$, dann existiert nach Definition eine Untermaschine $\tilde{\mathcal{M}}$ von $\mathcal{M}$, so daß die Simulation $\tilde{\sigma}: \tilde{\mathcal{M}} \to \mathcal{M}'$ eine partielle Abbildung $\tilde{\sigma}: K(\mathcal{M}) \rightsquigarrow K(\mathcal{M}')$ mit $Def(\tilde{\sigma}) = K(\tilde{\mathcal{M}})$ darstellt. Wir setzen $\tilde{\sigma}$ zu einer totalen Abbildung $\sigma: K(\mathcal{M}) \to K(\mathcal{M}')$ fort und zeigen, daß σ eine Simulation von $\mathcal{M}$ auf $\mathcal{M}'$ ist.
Hierzu wählen wir eine ausgezeichnete Konfiguration k^*, wobei $k^* \in \overline{K_\infty(\mathcal{M}')}$, falls $\overline{K_\infty(\mathcal{M})} \neq \emptyset$ ist, bzw. $k^* \in K(\mathcal{M}')$, falls $\overline{K_\infty(\mathcal{M})} = \emptyset$ ist. Zur Definition von $\sigma(k)$ für $k \in K(\mathcal{M})$ unterscheiden wir drei Fälle:

1.) Für alle $k \in K(\tilde{\mathcal{M}})$ setzen wir: $\sigma(k) := \tilde{\sigma}(k)$.

2.) Ist $k \in K(\mathcal{M})$, $k \notin K(\tilde{\mathcal{M}})$ und gibt es eine reguläre Folgekonfiguration $\tilde{k} \in \overline{K_\infty(\tilde{\mathcal{M}})}$ von k, dann definieren wir:

$$\sigma(k) := \tilde{\sigma}(\Delta^j_{\mathcal{M}}(k)) \quad \text{mit} \quad j := \min\{i \in \mathbf{N} \mid \Delta^i_{\mathcal{M}}(k) \in \overline{K_\infty(\tilde{\mathcal{M}})}\}.$$

3.) Ansonsten setzen wir: $\sigma(k) := k^*$.

Hierdurch ist σ auf $K(\mathcal{M})$ definiert. Nach Voraussetzung ist $\tilde{\sigma}$ eine partielle Abbildung, d.h. $\#\tilde{\sigma}(\tilde{k}) \leq 1$ für alle $\tilde{k} \in K(\tilde{\mathcal{M}})$. Zudem ist durch eine Zahl $i \in \mathbf{N}$ die i-te Folgekonfiguration $\Delta^i_{\mathcal{M}}(k)$ von k eindeutig bestimmt, so daß für alle $k \in K(\mathcal{M})$ folgt:

$$\#\sigma(k) = \begin{cases} \#\tilde{\sigma}(k) = 1 & \text{im 1.Fall} \\ \#\tilde{\sigma}(\Delta^j_{\mathcal{M}}(k)) = 1 & \text{im 2.Fall} \\ \#\{k^*\} = 1 & \text{im 3.Fall,} \end{cases}$$

d.h. $\sigma : K(\mathcal{M}) \to K(\mathcal{M}')$ ist eine Fortsetzung von $\tilde{\sigma}$ zu einer totalen Abbildung.

Nach Voraussetzung ist $\tilde{\sigma}$ eine Simulation von $\tilde{\mathcal{M}}$ auf $\mathcal{M}'$. Also ist $\tilde{\sigma}(K_a(\tilde{\mathcal{M}}))$ Teilmenge von $K_a(\mathcal{M}')$, $\tilde{\sigma}(K_e(\tilde{\mathcal{M}})) \subset K_e(\mathcal{M}')$ und $\tilde{\sigma}(\overline{K_\infty(\tilde{\mathcal{M}})}) \subset \overline{K_\infty(\mathcal{M}')}$. Aus der zweiten Bedingung der Definition einer fortsetzbaren partiellen Simulation folgt nun $\sigma(K_a(\mathcal{M})) = \tilde{\sigma}(K_a(\tilde{\mathcal{M}})) \subset K_a(\mathcal{M}')$ und $\sigma(K_e(\mathcal{M})) =$

$\tilde{\sigma}(K_e(\tilde{\mathcal{M}})) \subset K_e(\mathcal{M}')$. Die Wahl von $k^* \in \overline{K_\infty(\mathcal{M}')}$, falls $\overline{K_\infty(\mathcal{M})} \neq \emptyset$ ist, gewährleistet, daß $\sigma(\overline{K_\infty(\mathcal{M})}) \subset \overline{K_\infty(\mathcal{M}')}$ erfüllt wird.

Es verbleibt also noch, das Diagramm

$$\begin{array}{ccc} k & \xrightarrow{\Delta_{\mathcal{M}}} & k_1 \\ \sigma\downarrow & & \downarrow\sigma \\ k' & \xrightarrow{\Delta^i_{\mathcal{M}'}} & k'' \end{array}$$

für $k \in K(\mathcal{M})$ und $\Delta_{\mathcal{M}}(k) = k_1 \in \overline{K_\infty(\mathcal{M})}$ zu zeigen.

1.FALL: $k \in K(\tilde{\mathcal{M}})$ und $k_1 \in K(\tilde{\mathcal{M}})$.
Dann ist $\sigma(k) = \tilde{\sigma}(k) = k'$ und $\sigma(k_1) = \tilde{\sigma}(k_1) = k''$. Das Diagramm wird bereits von der Simulation $\tilde{\sigma}$ erfüllt, also auch von σ.

2.FALL: $k \in K(\tilde{\mathcal{M}})$ und $k_1 \notin K(\tilde{\mathcal{M}})$.
Nach der 3.Bedingung der Definition einer fortsetzbaren partiellen Simulation ist die Konfiguration $k_{\min} := \Delta_{\tilde{\mathcal{M}}}(k) \in \overline{K_\infty(\tilde{\mathcal{M}})}$ eine reguläre Folgekonfiguration von k_1. Somit erfüllt k_1 die Voraussetzungen von Fall 2 der Definition von σ. Weiterhin ist $k_{\min} = \Delta^j_{\mathcal{M}}(k)$ mit $j = \min\{i \in \mathbf{N} \mid \Delta^i_{\mathcal{M}}(k) \in \overline{K_\infty(\tilde{\mathcal{M}})}\} > 1$, woraus $\sigma(k_1) = \tilde{\sigma}(k_{\min})$ folgt.
Nach Voraussetzung erfüllt $\tilde{\sigma}$ das Diagramm

$$\begin{array}{ccc} k & \xrightarrow{\Delta^j_{\mathcal{M}}} & k_{\min} \\ \tilde{\sigma}\downarrow & & \downarrow\tilde{\sigma} \\ k' & \xrightarrow{\Delta^i_{\mathcal{M}'}} & k'', \end{array}$$

so daß auch das folgende Diagramm erfüllt ist:

$$\begin{array}{ccccc} k & \xrightarrow{\Delta_{\mathcal{M}}} & k_1 & \xrightarrow{\Delta^{j-1}_{\mathcal{M}}} & k_{\min} \\ \sigma\downarrow & & & \searrow\sigma & \downarrow\sigma \\ k' & & \xrightarrow{\Delta^i_{\mathcal{M}'}} & & k'' \end{array}$$

3.FALL: $k \notin K(\tilde{\mathcal{M}})$ und es gibt eine Folgekonfiguration $\tilde{k} \in \overline{K_\infty(\tilde{\mathcal{M}})}$ von k.
So setzen wir $k_{\min} := \Delta^j_{\mathcal{M}}(k)$, wobei wir hier ebenfalls $j = \min\{i \in \mathbf{N} \mid \Delta^i_{\mathcal{M}}(k) \in \overline{K_\infty(\tilde{\mathcal{M}})}\} \geq 1$ wählen. Dann ist $\sigma(k) = \sigma(\Delta_{\mathcal{M}}(k)) = \sigma(k_{\min}) = \tilde{\sigma}(k_{\min})$.

4. FALL: $k \notin K(\tilde{\mathcal{M}})$ und es gibt keine reguläre Folgekonfiguration von k in $K(\tilde{\mathcal{M}})$.
Dann folgt: $\sigma(k) = \sigma(\Delta_{\mathcal{M}}(k)) = k^*$.

Damit haben wir $\sigma\colon \mathcal{M} \rightarrow \mathcal{M}'$ bewiesen. ■

Im vorigen Satz haben wir gezeigt, daß die Bedingungen, die eine fortsetzbare partielle Simulation erfüllt, hinreichend zur Fortsetzbarkeit sind. Man kann zu jeder dieser drei Bedingungen eine partielle Simulation finden, die genau diese Bedingung verletzt und nicht zu einer totalen Simulation fortgesetzt werden kann. Hieraus läßt sich ableiten, daß diese drei Bedingungen bezogen auf die gesamte Klasse der partiellen Simulationen notwendige Bedingungen zur Fortsetzbarkeit darstellen.

In unseren Beispielen haben wir mittels speziellen Simulationen Programme von einer Maschine $\mathcal{M}$ auf eine Maschine $\mathcal{M}'$ übertragen. Dabei wurde deutlich, daß man sich auf eine Maschine zurückziehen muß, deren Struktur auf das Progamm fixiert ist. So haben wir nicht benutzte Speicherzellen verworfen und solche Konfigurationen außer Betracht gelassen, die keine Folgekonfiguration einer Anfangskonfiguration darstellen können, weil $\beta \neq \pi(\eta)$ gilt. Darüberhinaus ist es sinnvoll, den letzten Ansatz noch weiterzuführen.

Beim Vergleich von Programmen interessiert man sich – wie schon erwähnt – lediglich für $\mathcal{RES}_{\mathcal{M}}(k_0)$ und $\mathcal{RES}_{\mathcal{M}'}(\sigma(k_0))$, wobei $k_0 \in K_a(\mathcal{M})$ ist. In diesem Sinne ist es überflüssig, Berechnungen zu betrachten, die nicht in einem Anfangszustand beginnen. Darum engen wir die Konfigurationsmenge auf die Menge der Folgekonfigurationen von Anfangszuständen ein. Um dies formal zu fassen, definieren wir ein Analogon zu dem Begriff des von einer Menge E erzeugten Untermonoides.

Definition 2.13 *Sei $\mathcal{M}$ eine abstrakte Maschine und $\tilde{K}_a \subset K_a(\mathcal{M})$.
Wir definieren*

$$\begin{aligned}
K(\tilde{\mathcal{M}}) &:= \{\Delta^i_{\mathcal{M}}(k) \mid k \in \tilde{K}_a \text{ und } i \in \mathbb{N}_0\},\\
K_a(\tilde{\mathcal{M}}) &:= \tilde{K}_a,\\
K_e(\tilde{\mathcal{M}}) &:= K_e(\mathcal{M}) \cap K(\tilde{\mathcal{M}}),\\
K_\infty(\tilde{\mathcal{M}}) &:= K_\infty(\mathcal{M}) \cap K(\tilde{\mathcal{M}}),\\
\Delta_{\tilde{\mathcal{M}}} &:= \Delta_{\mathcal{M}} | K(\tilde{\mathcal{M}}).
\end{aligned}$$

Die abstrakte Maschine $\tilde{\mathcal{M}} = (K(\tilde{\mathcal{M}}), K_a(\tilde{\mathcal{M}}), K_e(\tilde{\mathcal{M}}), K_\infty(\tilde{\mathcal{M}}), \Delta_{\tilde{\mathcal{M}}})$ heißt die durch $\tilde{K}_a$ **erzeugte Untermaschine** *von $\mathcal{M}$ und wird mit $\tilde{\mathcal{M}} = \mathcal{M}|\tilde{K}_a$ bezeichnet.* ■

Wir haben in unserem letzten Beispiel mit Hilfe einer partiellen Simulation das Programm KOPIEREN 2 mit dem Programm KOPIEREN 1 verglichen und so eingesehen, daß beide Maschinen, abgesehen von den letzten beiden Speicherzellen, eine Berechnung mit der gleichen Rechenspeicherbelegung beenden. Die Festlegung der partiellen Simulation war wesentlich von der Wahl der Untermaschine abhängig.

Beispiel 2.7 Demonstrieren wir die letzte Definition an diesem Beispiel. Die Maschine $\mathcal{M}'$ mit dem Programm KOPIEREN 1 und die Maschine $\mathcal{M}$ mit dem Programm KOPIEREN 2 werden aus Beispiel 2.6 übernommen.
Wir konstruieren die Untermaschinen

$$\mathcal{M}_1 \subset \mathcal{M} \quad \text{mit} \quad K(\mathcal{M}_1) = K_a(\mathcal{M}) \cup K_e(\mathcal{M}) \cup \{k \in K(\mathcal{M}) \mid \eta = 7\},$$

sowie $\mathcal{M}_2 = \mathcal{M}|\tilde{K}_a$ mit

$$\tilde{K}_a = \{k \in K_a(\mathcal{M}) \mid 0 \leq \rho(M) < \rho(M-1),\, 1 + \rho(M) + \rho(M-1) < M\}$$

und bilden hieraus die Untermaschine

$$\mathcal{M}_3 \subset \mathcal{M} \quad \text{mit} \quad K(\mathcal{M}_3) := K(\mathcal{M}_1) \cap K(\mathcal{M}_2).$$

Wie man leicht sieht, ist auch $\mathcal{M}_3 \subset \mathcal{M}_2$.

Wir haben nur solche Anfangszustände der Maschine $\mathcal{M}$ in unsere Menge $\tilde{K}_a$ aufgenommen, die eine reguläre Berechnung auf $\mathcal{M}$ erzeugen und in der von uns beabsichtigten Weise das Problem, eine Zahlenliste zu kopieren, lösen. Greifen wir nochmals die Simulation σ: $\tilde{\mathcal{M}} \rightarrow \mathcal{M}'$ auf. Wie man leicht sieht, ist $K(\mathcal{M}_3) = K(\tilde{\mathcal{M}})$. Man erhält dann eine (nicht fortsetzbare) partielle Simulation σ von $\mathcal{M}$ auf $\mathcal{M}'$. Definiert man die Maschine $\mathcal{M}'' = (K(\mathcal{M}), K_a(\mathcal{M}_3), K_e(\mathcal{M}_3), K_\infty(\mathcal{M}), \Delta_\mathcal{M})$, so stellt σ eine fortsetzbare partielle Simulation von $\mathcal{M}''$ auf $\mathcal{M}'$ dar. ■

Die Simulationen in unseren Beispielen waren von einer speziellen Art. Sie ließen die Ein- und Ausgabewerte beider Programme unverändert. Zumindest die Eingabewerte, die reguläre Berechnungen erzeugen, und die entsprechenden Ausgabewerte wurden nicht verändert. Es stellt sich die Frage, wieviel Information Simulationen von einer Maschine auf eine andere übertragen. Oder anders gefragt, wie sehr müssen Maschinen einander verwandt sein, wenn eine Maschine auf der anderen oder beide sogar aufeinander simuliert werden können.

Im Zusammenhang mit Monoiden und Monoidhomomorphismen taucht die Frage auf, ob sich ein beliebiges Monoid H in jedes Monoid H' homomorph abbilden läßt. Eine Abbildung, die jedes Element $h \in H$ auf die Einheit $\varepsilon_{H'} \in H'$ abbildet, stellt einen Homomorphismus von H nach H' dar. Solche Homomorphismen bezeichnet man als trivial und schließt sie aus.

Versuchen wir, diesen Sachverhalt auf Simulationen zu transferieren, so müssen wir die Frage untersuchen: Gibt es in diesem Sinne triviale Simulationen?

Man kann jede Maschine $\mathcal{M}_1$ auf einer beliebigen Maschine $\mathcal{M}_2$ simulieren, die eine reguläre Berechnung erzeugt. Hierzu reicht es aus, alle Elemente $k \in K(\mathcal{M}_1)$ mit $k \notin K_a(\mathcal{M}_1)$ auf den Endzustand dieser regulären Berechnung auf $\mathcal{M}_2$ und jeden Anfangszustand $k \in K_a(\mathcal{M}_1)$ auf den Anfangszustand der regulären Berechnung abzubilden.

Aber es gibt zwischen einer beliebigen Maschine $\mathcal{M}_1$ und einer Maschine $\mathcal{M}_2$, die beide wenigstens eine reguläre Berechnung erzeugen, auch nichttriviale Simulationen. Man muß lediglich eine reguläre Berechnung auf $\mathcal{M}_1$ auf eine reguläre Berechnung auf $\mathcal{M}_2$ legen. Dies stellt keinen Einwand gegen die Bedeutung des Simulationsbegriffes dar, sondern besagt nur, daß eine Klassifikation von Maschinen aufgrund von Verwandtschaften, die von Simulationen ohne sonstige Bedingungen vermittelt werden, "trivial" ist.

Im Laufe der Diskussion der partiellen Simulation ist die Situation aufgetreten, die durch das folgende Diagramm beschrieben wird:

$$\mathcal{M} \xleftarrow{\iota} \tilde{\mathcal{M}} \xrightarrow{\sigma} \mathcal{M}' .$$

Hierbei war ι: $\tilde{\mathcal{M}} \rightarrow \mathcal{M}$ die Inklusionsabbildung.

Wie behandelt man Beziehungen zwischen Maschinen, deren Verwandtschaft sich nicht durch eine einzige Simulation erfassen läßt bzw. nur umständlich ausgedrückt werden kann? Muß man eventuell längere Ketten solcher Diagramme zulassen?

Ein Beispiel einer solchen Kette stellt das Diagramm

$$\mathcal{M}_1 \xleftarrow{\sigma_1} \mathcal{M}_2 \xleftarrow{\sigma_2} \mathcal{M}_3 \xrightarrow{\sigma_3} \mathcal{M}_4$$

dar.

Aus dem folgenden Lemma ergibt sich, daß man diese Diagramme stets durch

$$\mathcal{M}_1 \xleftarrow{\sigma} \mathcal{M}_3 \xrightarrow{\sigma_3} \mathcal{M}_4 ,$$

mit $\sigma := \sigma_2 \circ \sigma_1$ ersetzen kann.

Lemma 2.4 *Ist σ_1 eine (partielle) Simulation von $\mathcal{M}_1$ auf $\mathcal{M}_2$ und σ_2 eine (partielle) Simulation von $\mathcal{M}_2$ auf $\mathcal{M}_3$, so ist $\sigma_2 \circ \sigma_1$ ebenfalls eine (partielle) Simulation von $\mathcal{M}_1$ auf $\mathcal{M}_3$.*

Beweis: $(\sigma_2 \circ \sigma_1)(K_a(\mathcal{M}_1)) = \sigma_2(\sigma_1(K_a(\mathcal{M}_1)) \subset \sigma_2(K_a(\mathcal{M}_2)) \subset K_a(\mathcal{M}_3)$.

Ebenso folgert man: $(\sigma_2 \circ \sigma_1)(K_e(\mathcal{M}_1)) \subset K_e(\mathcal{M}_3)$ und $(\sigma_2 \circ \sigma_1)(\overline{K_\infty(\mathcal{M}_1)}) \subset \overline{K_\infty(\mathcal{M}_3)}$.

Zu jedem $k_0 \in K(\mathcal{M}_1)$ mit $k_1 = \Delta_{\mathcal{M}_1}(k_0) \notin K_\infty(\mathcal{M}_1)$ existiert ein $j = j(k_0) \in \mathbf{N}_0$, so daß das Diagramm

$$\begin{array}{ccc} k_0 & \xrightarrow{\Delta_{\mathcal{M}_1}} & k_1 \\ \sigma_1 \downarrow & & \downarrow \sigma_1 \\ k'_0 & \xrightarrow{\Delta^j_{\mathcal{M}_2}} & k'_j \end{array}$$

mit $k'_0 \in K(\mathcal{M}_2)$ und $k'_j = \Delta^j_{\mathcal{M}_2}(k'_0) \in K(\mathcal{M}_2)$ kommutiert.

Aus $\sigma(\overline{K_\infty(\mathcal{M}_1)}) \subset \overline{K_\infty(\mathcal{M}_2)}$ folgt $k'_i \notin K_\infty(\mathcal{M}_2)$ für $i = 0, \ldots, j$, wobei k'_i die i-te Folgekonfiguration von k'_0 ist.

Dann existieren Exponenten $s_1, \ldots, s_j$ mit $s_i = s_i(k_{i-1}) \in \mathbf{N}_0$, wobei $1 \leq i \leq j$ ist, so daß das Diagramm

$$\begin{array}{ccccccc} k'_0 & \xrightarrow{\Delta_{\mathcal{M}_2}} & k'_1 & \xrightarrow{\Delta_{\mathcal{M}_2}} & \cdots & \xrightarrow{\Delta_{\mathcal{M}_2}} & k'_j \\ \sigma_2 \downarrow & & \downarrow \sigma_2 & & & & \downarrow \sigma_2 \\ k''_0 & \xrightarrow{\Delta^{s_1}_{\mathcal{M}_3}} & k''_{s_1} & \xrightarrow{\Delta^{s_2}_{\mathcal{M}_3}} & \cdots & \xrightarrow{\Delta^{s_j}_{\mathcal{M}_3}} & k''_{s_1+\cdots+s_j} \end{array}$$

segmentweise kommutiert.

Somit kommutiert für $s := s_1 + \cdots + s_j$ auch das Diagramm

$$\begin{array}{ccc} k_0 & \xrightarrow{\Delta_{\mathcal{M}_1}} & k_1 \\ \sigma_2 \circ \sigma_1 \downarrow & & \downarrow \sigma_2 \circ \sigma_1 \\ k''_0 & \xrightarrow{\Delta^s_{\mathcal{M}_3}} & k''_{s_1+\cdots+s_j} \end{array}$$

Damit ist $\sigma_2 \circ \sigma_1 : \mathcal{M}_1 \to \mathcal{M}_3$ eine Simulation.

Sind σ_1 und σ_2 partielle Simulationen, dann existieren Untermaschinen $\tilde{\mathcal{M}}_1 \subset \mathcal{M}_1$ und $\tilde{\mathcal{M}}_2 \subset \mathcal{M}_2$, so daß σ_1: $\tilde{\mathcal{M}}_1 \to \mathcal{M}_2$ und σ_2: $\tilde{\mathcal{M}}_2 \to \mathcal{M}_3$ Simulationen sind. Konstruieren wir hieraus die Untermaschine $\tilde{\mathcal{M}} \subset \tilde{\mathcal{M}}_1 \subset \mathcal{M}$ mit der Konfigurationsmenge

$$K(\tilde{\mathcal{M}}) := \sigma_1^{-1}\Big(K(\tilde{\mathcal{M}}_2) \cap \sigma_1(K(\tilde{\mathcal{M}}_1))\Big).$$

Analog zur obigen Beweisführung zeigt man auch hier, daß $\sigma_2 \circ \sigma_1 : \tilde{\mathcal{M}} \to \mathcal{M}_3$ Simulation ist, indem man σ_1 als Simulation von $\tilde{\mathcal{M}}$ auf $\tilde{\mathcal{M}}_2 \subset \mathcal{M}_2$ interpretiert. ■

Damit reduziert sich unsere oben aufgeworfene Frage auf die Betrachtung von Ketten der Form

$$\begin{array}{ccccccccccc} & & \mathcal{M}_2 & & & & & & \mathcal{M}_{n-1} & & \\ & \swarrow & & \searrow & & \swarrow \cdots \searrow & & \swarrow & & \searrow & \\ \mathcal{M}_1 & & & & \mathcal{M}_3 & & \mathcal{M}_{n-2} & & & & \mathcal{M}_n. \end{array}$$

Wir können stets annehmen, daß $\mathcal{M}_1$ und $\mathcal{M}_n$ in der unteren Zeile des Diagramms stehen, da wir andernfalls die erste bzw. letzte Maschine verdoppeln und durch die identische Simulation in der unteren Reihe anschließen können.

Die Maschine $\mathcal{M}_{2i}$ vermittelt durch die Simulation σ_{2i-1} von $\mathcal{M}_{2i}$ auf $\mathcal{M}_{2i-1}$ bzw. σ_{2i+1} von $\mathcal{M}_{2i}$ auf $\mathcal{M}_{2i+1}$ eine Relation $\sigma_{2i-1}(K(\mathcal{M}_{2i})) \times \sigma_{2i+1}(K(\mathcal{M}_{2i}))$ zwischen $\mathcal{M}_{2i-1}$ und $\mathcal{M}_{2i+1}$. Im allgemeinen lassen sich solche Ketten bzw. die entsprechenden Folgen von Relationen nicht verkürzen, ohne daß sich die Relation zwischen $\mathcal{M}_1$ und $\mathcal{M}_n$ verändert. Wir wollen die auftretenden Schwierigkeiten verdeutlichen.

Zunächst definieren wir einen weiteren Simulationsbegriff, der sich auf die Relation als Zuordnungsvorschrift zwischen Konfigurationen der Maschinen stützt.

Definition 2.14 *Sind $\mathcal{M}$ und $\mathcal{M}'$ abstrakte Maschinen und ist $\tau \subset K(\mathcal{M}) \times K(\mathcal{M}')$ eine Relation, dann heißt τ eine* **relationelle Simulation** *zwischen $\mathcal{M}$ und $\mathcal{M}'$, falls alle Paare $(k, k') \in \tau$ folgenden Bedingungen genügen:*

1.) Es ist $k \in K_a(\mathcal{M})$ genau dann, wenn $k' \in K_a(\mathcal{M}')$ ist, und es ist $k \in K_e(\mathcal{M})$ genau dann, wenn $k' \in K_e(\mathcal{M}')$ ist.

2.) Ist $(k, k') \in \overline{K_\infty(\mathcal{M})} \times \overline{K_\infty(\mathcal{M}')}$, so gibt es natürliche Zahlen j_1 und j_2, welche nicht beide Null sind, so daß

$$(\Delta_{\mathcal{M}}^{j_1}, \Delta_{\mathcal{M}'}^{j_2}) \in \tau$$

ist, d.h. das Diagramm

$$\begin{array}{ccc} k & \xrightarrow{\Delta_{\mathcal{M}}^{j_1}} & k_1 \\ \tau \updownarrow & & \updownarrow \tau \\ k' & \xrightarrow{\Delta_{\mathcal{M}'}^{j_2}} & k_1' \end{array}$$

ist erfüllt mit $(k_1, k_1') \neq (k, k')$. ■

Eine relationelle Simulation überträgt alle oder möglicherweise nur gewisse Anfangs- bzw. Endzustände einer der beiden Maschinen in die Menge der Anfangs- bzw. Endzustände der anderen Maschine. Ordnet τ die Anfangszustände von regulären Berechnungen auf $\mathcal{M}$ und auf $\mathcal{M}'$ einander zu, so setzt τ auch die Berechnungen selbst zueinander in Beziehung. Dies sieht man, indem man die entsprechenden Diagramme aneinanderhängt. Man erhält dann ein Diagramm der Form

$$\begin{array}{ccccccccc} K_a(\mathcal{M}) \ni & k_0 & \overset{\Delta_{\mathcal{M}}^{j_{1,1}}}{\longrightarrow} & k_1 & \overset{\Delta_{\mathcal{M}}^{j_{1,2}}}{\longrightarrow} & \cdots & \overset{\Delta_{\mathcal{M}}^{j_{1,n}}}{\longrightarrow} & k_n & \in K_e(\mathcal{M}) \\ & \tau \updownarrow & & \updownarrow \tau & & & & \updownarrow \tau & \\ K_a(\mathcal{M}') \ni & k_0' & \overset{\Delta_{\mathcal{M}'}^{j_{2,1}}}{\longrightarrow} & k_1' & \overset{\Delta_{\mathcal{M}'}^{j_{2,2}}}{\longrightarrow} & \cdots & \overset{\Delta_{\mathcal{M}'}^{j_{2,n}}}{\longrightarrow} & k_n' & \in K_e(\mathcal{M}'). \end{array}$$

Ist eine der Maschinen in der jeweiligen Endkonfiguration angelangt, so wird diese von τ erfasst. Nach Bedingung 1 ist insbesondere die mittels τ korrespondierende Konfiguration die Endkonfiguration der Berechnung der anderen Maschine.

Gehen wir von einer Elementarkette der Form

$$\begin{array}{ccc} & \mathcal{M}_2 & \\ \sigma_1 \swarrow & & \searrow \sigma_3 \\ \mathcal{M}_1 & & \mathcal{M}_3 \end{array}$$

aus, so überträgt σ_1 eine reguläre Berechnung von $\mathcal{M}_2$ auf $\mathcal{M}_1$, während σ_3 sie auf $\mathcal{M}_3$ überträgt. Wir suchen eine relationelle Simulation $\tau \subset \sigma_1\big(K(\mathcal{M}_2)\big) \times \sigma_3\big(K(\mathcal{M}_2)\big)$, die so entstandene Berechnungen in Beziehung setzt. Die Simulationen σ_1 und σ_3 vermitteln die relationelle Simulation τ. Dies drücken wir durch das Diagramm

$$\begin{array}{ccc} & \mathcal{M}_2 & \\ \sigma_1 \swarrow & & \searrow \sigma_3 \\ \mathcal{M}_1 & \overset{\tau}{\longleftrightarrow} & \mathcal{M}_3 \end{array}$$

aus. Knüpft man an die Simulationen bestimmte Voraussetzungen, so liegt die gesuchte relationelle Simulation zwischen $\mathcal{M}_1$ und $\mathcal{M}_3$ auf der Hand.

Lemma 2.5 *Sind $\sigma_1\colon \mathcal{M}_2 \to \mathcal{M}_1$ und $\sigma_3\colon \mathcal{M}_2 \to \mathcal{M}_3$ Simulationen, die die folgenden Voraussetzungen erfüllen:*

1.) $\sigma_1^{-1}\big(K_a(\mathcal{M}_1)\big) \subset K_a(\mathcal{M}_2)$ und $\sigma_3^{-1}\big(K_a(\mathcal{M}_3)\big) \subset K_a(\mathcal{M}_2)$.

2.) $\sigma_1^{-1}\big(K_e(\mathcal{M}_1)\big) \subset K_e(\mathcal{M}_2)$ und $\sigma_3^{-1}\big(K_e(\mathcal{M}_3)\big) \subset K_e(\mathcal{M}_2)$.

3.) $\sigma_1\Big(\Delta_{\mathcal{M}_2}^{-1}\big(K_\infty(\mathcal{M}_2)\big)\Big) \subset K_\infty(\mathcal{M}_1)$ oder $\sigma_3\Big(\Delta_{\mathcal{M}_2}^{-1}\big(K_\infty(\mathcal{M}_2)\big)\Big) \subset K_\infty(\mathcal{M}_3)$.

4.) Zu jedem $k \in \Delta^{-1}_{\mathcal{M}_2}\left(\overline{K_\infty(\mathcal{M}_2)}\right)$ *gibt es ein* $i > 0$, *so daß*

$$\Delta^i_{\mathcal{M}_2}(k) \notin K_\infty(\mathcal{M}_2)$$

und

$$\sigma_j(k) \neq \sigma_j(\Delta^i_{\mathcal{M}_2}(k)) \quad \textit{oder} \quad \Delta_{\mathcal{M}_j}(\sigma_j(k)) = \sigma_j(k) \qquad \textit{für } j \in \{1,3\}$$

sind.

Dann ist

$$\tau = \{(k_1,k_3) \mid \textit{Es gibt ein } k \in K(\mathcal{M}_2) \textit{ mit } \sigma_1(k) = k_1 \textit{ und } \sigma_3(k) = k_3\}$$

eine relationelle Simulation zwischen $\mathcal{M}_1$ *und* $\mathcal{M}_3$.

Beweis: Sei $(k_1,k_3) \in \tau$. Die erste Bedingung in der Definition 2.10 und die erste und zweite der obigen Voraussetzungen besagen: $k_1 \in K_a(\mathcal{M}_1) \iff k \in K_a(\mathcal{M}_2) \iff k_3 \in K_a(\mathcal{M}_3)$ und $k_1 \in K_e(\mathcal{M}_1) \iff k \in K_e(\mathcal{M}_2) \iff k_3 \in K_e(\mathcal{M}_3)$.

Nehmen wir an, $\Delta_{\mathcal{M}_2}(k)$ wäre ein undefinierter Zustand. Dann liegt k in $\Delta^{-1}_{\mathcal{M}_2}(K_\infty(\mathcal{M}_2))$ und nach der dritten Voraussetzungen wäre k_1 oder k_3 ein undefinierter Zustand. Somit können wir aus $(k_1,k_3) \in \overline{K_\infty(\mathcal{M}_1)} \times \overline{K_\infty(\mathcal{M}_3)}$ folgern, daß $\Delta_{\mathcal{M}_2}(k) \notin K_\infty(\mathcal{M}_2)$ gilt.

Nach der vierten Voraussetzung des hiesigen Lemmas gibt es ein $i = i(k) > 0$ mit $\Delta^i_{\mathcal{M}_2}(k) \notin K_\infty(\mathcal{M}_2)$. Da σ_1 und σ_3 Simulationen sind, existieren nach der zweiten Bedingung in Definition 2.10 zu jedem $l \in \{0,\ldots,i-1\}$ ein Diagramm der Form

$$\begin{array}{ccc}
\sigma_1(\Delta^l_{\mathcal{M}_2}(k)) & \xrightarrow{\Delta^{j_{1,l}}_{\mathcal{M}_1}} & \sigma_1(\Delta^{l+1}_{\mathcal{M}_2}(k)) \\
\uparrow \sigma_1 & & \uparrow \sigma_1 \\
\Delta^l_{\mathcal{M}_2}(k) & \xrightarrow{\Delta_{\mathcal{M}_2}} & \Delta^{l+1}_{\mathcal{M}_2}(k) \\
\downarrow \sigma_3 & & \downarrow \sigma_3 \\
\sigma_3(\Delta^l_{\mathcal{M}_2}(k)) & \xrightarrow{\Delta^{j_{3,l}}_{\mathcal{M}_3}} & \sigma_3(\Delta^{l+1}_{\mathcal{M}_2}(k))
\end{array}$$

Heftet man diese Diagramme aneinander, so erhält man das Diagramm

$$\begin{array}{ccc}
k_1 & \xrightarrow{\Delta^{j_1}_{\mathcal{M}_1}} & k_1' \\
\updownarrow \tau & & \updownarrow \tau \\
k_3 & \xrightarrow{\Delta^{j_3}_{\mathcal{M}_3}} & k_3'
\end{array}$$

mit $k_1 = \sigma_1(k)$, $k_3 = \sigma_3(k)$, $k'_1 = \sigma_1(\Delta^i_{\mathcal{M}_2}(k))$, $k'_3 = \sigma_3(\Delta^i_{\mathcal{M}_2}(k))$, $j_1 = \sum_{l=0}^{i-1} j_{1,l}$ und $j_3 = \sum_{l=0}^{i-1} j_{3,l}$.

Nach der vierten Voraussetzung ist $k_j \neq k'_j$ oder $k'_j = \Delta_{\mathcal{M}_j}(k_j)$ für $j \in \{1,3\}$, woraus $j_1 > 0$ oder $j_3 > 0$ folgt. Damit erfüllt τ die Anforderungen einer relationellen Simulation.

■

Kann man die Vorgehensweise des letzten Lemmas auch umkehren? Man müßte dann zu einer relationellen Simulation $\mathcal{M}_1 \overset{\tau}{\longleftrightarrow} \mathcal{M}_3$ eine Maschine $\mathcal{M}_2$ und Simulationen $\sigma_1: \mathcal{M}_2 \to \mathcal{M}_1$, $\sigma_3: \mathcal{M}_2 \to \mathcal{M}_3$ finden mit

$$\begin{array}{ccc} & \mathcal{M}_2 & \\ \sigma_1\swarrow & & \searrow\sigma_3 \\ \mathcal{M}_1 & \overset{\tau}{\longleftrightarrow} & \mathcal{M}_3 \end{array}$$

Lemma 2.6 *Ist $\mathcal{M}_1 \overset{\tau}{\longleftrightarrow} \mathcal{M}_3$ eine relationelle Simulation, dann lassen sich eine abstrakte Maschine $\mathcal{M}_2$ und Simulationen $\sigma_1: \mathcal{M}_2 \to \mathcal{M}_1$, $\sigma_3: \mathcal{M}_2 \to \mathcal{M}_3$ finden, die die Relation τ vermitteln.*

Beweis: Wir konstruieren zunächst die Maschine $\mathcal{M}_2$:

$$\begin{array}{rcl} K(\mathcal{M}_2) & := & \{(k_1,k_3) \mid k_1 \overset{\tau}{\longleftrightarrow} k_3\} \;=\; \tau \\ K_a(\mathcal{M}_2) & := & \tau \cap \big(K_a(\mathcal{M}_1) \times K(\mathcal{M}_3)\big) \\ & = & \tau \cap \big(K(\mathcal{M}_1) \times K_a(\mathcal{M}_3)\big) \;=\; \tau \cap \big(K_a(\mathcal{M}_1) \times K_a(\mathcal{M}_3)\big) \\ K_e(\mathcal{M}_2) & := & \tau \cap \big(K_e(\mathcal{M}_1) \times K(\mathcal{M}_3)\big) \\ & = & \tau \cap \big(K(\mathcal{M}_1) \times K_e(\mathcal{M}_3)\big) \;=\; \tau \cap \big(K_e(\mathcal{M}_1) \times K_e(\mathcal{M}_3)\big) \\ K_\infty(\mathcal{M}_2) & := & \tau \cap \Big(K(\mathcal{M}_1) \times K_\infty(\mathcal{M}_3) \cup K_\infty(\mathcal{M}_1) \times K(\mathcal{M}_3)\Big). \\ \overline{K_\infty(\mathcal{M}_2)} & = & \tau \cap \Big(\overline{K_\infty(\mathcal{M}_1)} \times \overline{K_\infty(\mathcal{M}_3)}\Big) \end{array}$$

Da τ eine relationelle Simulation zwischen $\mathcal{M}_1$ und $\mathcal{M}_3$ ist, stehen $j_1, j_3 \in \mathbf{N}_0$ zur Verfügung, so daß das Diagramm

$$\begin{array}{ccc} k_1 & \overset{\Delta^{j_1}_{\mathcal{M}_1}}{\longrightarrow} & k'_1 \\ \tau \updownarrow & & \updownarrow \tau \\ k_3 & \overset{\Delta^{j_3}_{\mathcal{M}_3}}{\longrightarrow} & k'_3 \end{array}$$

kommutativ ist, falls $(k_1, k_3) \in \overline{K_\infty(\mathcal{M}_2)}$.

Wir wählen jeweils die minimalen $j_1, j_3 \in \mathbf{N}_0$, die ein solches Diagramm erfüllen, und nutzen sie zur Definition der Übergangsfunktion $\Delta_{\mathcal{M}_2}$:

$$\Delta_{\mathcal{M}_2}((k_1,k_3)) := \begin{cases} (\Delta^{j_1}_{\mathcal{M}_1}(k_1), \Delta^{j_3}_{\mathcal{M}_3}(k_3)) & \text{falls } (k_1,k_3) \notin \overline{K_\infty(\mathcal{M}_2)}, \\ (k_1,k_3) & \text{sonst.} \end{cases}$$

Aufgrund der minimalen Wahl von j_1, j_3 und der Disjunktheit der Fälle , die bei der Definition von $\Delta_{\mathcal{M}_2}$ auftreten, ist $\Delta_{\mathcal{M}_2}$ eine Abbildung.

Wie man leicht nachvollzieht, erfüllen die Projektionen

$$\sigma_1((k_1,k_3)) := k_1 \quad \text{und} \quad \sigma_3((k_1,k_3)) := k_3$$

die Bedingungen in Definition 2.10 und stellen die gesuchten Simulationen dar. ■

Könnte man nun aus relationellen Simulationen τ_1 und τ_2 durch Hintereinanderausführen, d.h. durch $\tau_2 \circ \tau_1$, wieder eine relationelle Simulation erzeugen, dann ließen sich die oben beschriebenen Ketten von Simulationen verkürzen. Die Schwierigkeit, die sich diesem Versuch entgegenstellt, macht das folgende Diagramm deutlich, das wir, um Platz zu sparen, um 90^0 gegenüber unseren früheren Diagrammen gedreht haben:

$$\begin{array}{ccccccc} k_1 & \overset{\tau_1}{\longleftrightarrow} & k_2 & & k_2 & \overset{\tau_2}{\longleftrightarrow} & k_3 \\ \Delta^{j_1}_{\mathcal{M}_1}\Big\downarrow & & \Big\downarrow\Delta^{j_2}_{\mathcal{M}_2} & & \Delta^{i_2}_{\mathcal{M}_2}\Big\downarrow & & \Big\downarrow\Delta^{i_3}_{\mathcal{M}_3} \\ k_1' & \overset{\tau_1}{\longleftrightarrow} & k_2' & \neq & k_2'' & \overset{\tau_2}{\longleftrightarrow} & k_3' \end{array}$$

Im allgemeinen wird $k_2' \neq k_2''$ sein, so daß wir diese Diagramme nicht aneinandersetzen können. Man wird also bei der Übertragung von Programmen von einer Maschine auf eine andere Maschine eventuell eine übersichtlichere Situation erzielen, wenn man diese Übertragung über mehrere Zwischenmaschinen vornimmt. Bei speziellen Klassen von Simulationen liegen Verhältnisse vor, die die hier beschriebene Idee zur Konstruktion der Verkürzungen der Diagramme erlauben.

Wir zeigen, daß die relationellen Simulationen Vorteile vor den Simulationen haben. Dazu betrachten wir nochmals unser Beispiel der Simulation einer Maschine $\mathcal{M}$ mit Multiplikation auf einer Maschine $\mathcal{M}'$ ohne Multiplikationsbefehle. Wir werden sehen, daß wir mit Hilfe der relationellen Simulation ohne den aus dem Stehgreif eingeführten Befehl "$\rho(M) := 0;$" und ohne das Löschen der Hilfsspeicherzellen auskommen. Die Relation anstelle der Abbildung gestattet es uns dennoch, die Beziehung zwischen beiden Maschinen hinreichend klar kontrollieren zu können.

Beispiel 2.8 Wir können die Aufrufsequenzen des Multiplikationsprogrammes in den Fällen 3 und 4 vereinfachen, denn wir müssen die Hilfsspeicherzellen nicht auf Null setzen.

FALL 3: $\pi(j) = \quad \alpha := \alpha \cdot \rho(i);$

Aufrufsequenz:

$$\begin{array}{rll} \pi'(h(j)) = & \rho(M'-1) := \alpha; & \text{Retten des Faktors } \alpha' = \alpha \\ \pi'(h(j)+1) = & \alpha := \rho(i); & \rbrace \text{ Retten des Faktors } \rho'(i) = \rho(i) \\ \pi'(h(j)+2) = & \rho(M'-2) := \alpha & \\ \pi'(h(j)+3) = & \alpha := h(j)+6; & \rbrace \text{ Rücksprungadresse eintragen} \\ \pi'(h(j)+4) = & \pi_2(N') := \alpha; & \\ \pi'(h(j)+5) = & \textbf{goto } N_0; & \text{Sprung ins Multiplikationsprogramm} \\ \pi'(h(j)+6) = & \alpha := \rho(M'); & \end{array}$$

Wir setzen: $\quad h(j+1) = h(j) + 7.$

FALL 4: $\pi(j) = \quad \alpha := \alpha \cdot \rho(\gamma + i);.$

Dann unterscheidet sich auch hier die Sequenz, die diesen Befehl ersetzt, von der Sequenz im Fall 3 nur durch den Befehl:

$$\pi'(h(j)+1) = \quad \alpha := \rho(\gamma + i);$$

Wir setzen ebenfalls: $\quad h(j+1) = h(j) + 7.$

Ansonsten unterscheidet sich die Definition von π' nicht gegenüber Beispiel 2.5.

Die Definition der Relation $\tau \subset K(\mathcal{M}) \times K(\mathcal{M}')$ fällt nun leichter als die Festlegung der Abbildung σ im Beispiel 2.5. Wir können die Werte von $\rho'([M'-2 : M'])$ und $\pi_2'(N')$ ignorieren.

Sei $k = (\pi, \rho, \alpha, \eta, \beta, \gamma, \omega_1, \omega_2) \in K(\mathcal{M})$ und $k' = (\pi', \rho', \alpha', \eta', \beta', \gamma', \omega_1', \omega_2') \in K(\mathcal{M}')$, dann ist $(k, k') \in \tau$ genau dann, wenn

$$\begin{array}{rcll} \pi' & & \text{wie oben angegeben,} & \\ \rho'(i) & = & \rho(i) & \text{für } i \in [0:M], \\ \alpha' & = & \alpha, & \\ \eta' & = & h(\eta), & \end{array}$$

$$\begin{aligned}
\beta' &= \pi'(\eta'),\\
\gamma' &= \gamma,\\
\omega_1' &= \omega_1,\\
\omega_2' &= \omega_2.
\end{aligned}$$

Dann gibt es zu jedem Paar $(k, k') \in \tau \cap \left(\overline{K_\infty(\mathcal{M})} \times \overline{K_\infty(\mathcal{M}')}\right)$ eine Zahl $j_2 \in \mathbf{N}$, so daß das Diagramm

$$\begin{array}{ccc}
k & \xrightarrow{\Delta_{\mathcal{M}}} & k_1 \\
\tau \updownarrow & & \updownarrow \tau \\
k' & \xrightarrow{\Delta_{\mathcal{M}'}^{j_2}} & k_1'
\end{array}$$

erfüllt ist.

Im Fall 1 und Fall 2 ist $j_2 = 1$ zu wählen. In den Fällen 3 und 4 kommt man mit $j_2 = 7 +$ Laufzeit des Multiplikationsprogrammes zum Ziel. Der Beweis verläuft analog zum Beispiel 1, indem man in den vier beschriebenen Fällen die Berechnungen verfolgt. ∎

2.2.5 Spezielle Simulationen und Abschlußeigenschaften

Bisher stand die Frage nach dem Informationsgehalt einer Simulation im Vordergrund. Indem die Simulation die Resultatsfunktion überträgt, ist ausgehend von dem Resultat einer Maschine eine Aussage über das Resultat der anderen Maschine möglich. Damit kann gezeigt werden, daß Programme die gleiche Funktion berechnen.

Zur Beurteilung von Programmen haben wir Kriterien wie Zeit-, Rechenspeicher- und Programmspeicherkomplexität herangezogen. Vom Bedarf an Rechenspeicher- und Programmspeicherzellen eines Programmes kann man auf den Bedarf der anderen Maschine an den entsprechenden Ressourcen schließen, wenn man sich die Abbildung σ bzw. die Relation τ ansieht.

Um aber auch den möglichen Laufzeitverlust bei der Übertragung einer Berechnung abschätzen zu können, definieren wir wichtige Sonderfälle von Simulationen:

Definition 2.15

a) *Eine Simulation $\sigma: \mathcal{M}_1 \to \mathcal{M}_2$ heißt* **Maschinenhomomorphismus,** *falls für alle $k \in K(\mathcal{M}_1)$ mit $\Delta_{\mathcal{M}_1}(k) \notin K_\infty(\mathcal{M}_1)$ gilt:*

$$\sigma(\Delta_{\mathcal{M}_1}(k)) = \Delta_{\mathcal{M}_2}(\sigma(k)).$$

b) *Eine (partielle) Simulation* $\sigma: \mathcal{M}_1 \to \mathcal{M}_2$ *heißt* **vom Grad** m *mit* $m \in \mathbf{N}_0$, *falls in der zweiten Bedingung der Definition der Simulation der Exponent* j *immer so gewählt werden kann, daß* $j \leq m$ *gilt, und es ein* k *gibt mit* $j(k) = m$.

   Schreibweise: $Grad(\sigma) = m$.

c) *Eine Simulation* σ *heißt* **beschränkt**, *falls es ein* $m \in \mathbf{N}_0$ *gibt, so daß* $Grad(\sigma) = m$.

d) *Eine relationelle Simulation* τ *zwischen* $\mathcal{M}$ *und* $\mathcal{M}'$ *heißt*

   - *von* $\mathcal{M}$ *auf* $\mathcal{M}'$ **m-beschränkt** *mit* $m \in \mathbf{N}_0$, *falls in der zweiten Bedingung der Definition der relationellen Simulation die Exponenten* j_1, j_2 *immer so gewählt werden können, daß* $0 \leq j_2 \leq m \cdot j_1$ *gilt, und es ein Paar* (j_1, j_2) *gibt mit* $j_2 = m \cdot j_1$.

     Schreibweise: $Grad_{\mathcal{M},\mathcal{M}'}(\tau) = m$.

   - *von* $\mathcal{M}'$ *auf* $\mathcal{M}$ **m-beschränkt**, *falls immer* $0 \leq j_1 \leq m \cdot j_2$ *gilt, und es ein Paar* j_1, j_2 *gibt mit* $j_1 = m \cdot j_2$.

     Schreibweise: $Grad_{\mathcal{M}',\mathcal{M}}(\tau) = m$.

Die Laufzeitabschätzungen, die diese speziellen Simulationen erlauben, sind im wesentlichen Korollare zum Satz 2.1.

Korollar 2.7 *Ist* $\sigma: \mathcal{M}_1 \to \mathcal{M}_2$ *ein Maschinenhomomorphismus und* $k_0, \ldots, k_n$ *eine reguläre Berechnung auf* $\mathcal{M}_1$, *so ist auch* $\sigma(k_0), \ldots, \sigma(k_n)$ *eine reguläre Berechnung auf* $\mathcal{M}_2$.

Insbesondere ist: $T_{\mathcal{M}_1}(k_0) = T_{\mathcal{M}_2}(\sigma(k_0))$.

Beweis: Man wähle im Beweis des Satzes 2.1: $j(k_i) := 1$ für $i = 0, \ldots, n-1$.

■

Korollar 2.8 *Ist* $\sigma: \mathcal{M}_1 \to \mathcal{M}_2$ *eine Simulation vom Grad* m, *so gilt für jede reguläre Berechnung* $k_0, \ldots, k_n$ *auf* $\mathcal{M}_1$:

$$T_{\mathcal{M}_2}(\sigma(k_0)) \leq m \cdot T_{\mathcal{M}_1}(k_0).$$

Beweis: Es ist $T_{\mathcal{M}_1}(k_0) = 0$ genau dann, wenn $k_0 \in K_a(\mathcal{M}_1) \cap K_e(\mathcal{M}_1)$ ist. Daraus folgt, daß $\sigma(k_0) \in K_a(\mathcal{M}_2) \cap K_e(\mathcal{M}_2)$ ist. Dies ist gleichbedeutend mit $T_{\mathcal{M}_2}(\sigma(k_0)) = 0$.

Setzt man $t := T_{\mathcal{M}_1}(k_0) > 0$, so kommutiert das folgende Diagramm segmentweise:

$$\begin{array}{ccccccccc}
K_a(\mathcal{M}_1) \ni & k_0 & \overset{\Delta_{\mathcal{M}_1}}{\longrightarrow} & k_1 & \overset{\Delta_{\mathcal{M}_1}}{\longrightarrow} & \cdots & \overset{\Delta_{\mathcal{M}_1}}{\longrightarrow} & k_t & \in K_e(\mathcal{M}_1) \\
& \downarrow\sigma & & \downarrow\sigma & & & & \downarrow\sigma & \\
K_a(\mathcal{M}_2) \ni & k_0' & \overset{\Delta_{\mathcal{M}_2}^{j_0}}{\longrightarrow} & k_{j_0}' & \overset{\Delta_{\mathcal{M}_2}^{j_1}}{\longrightarrow} & \cdots & \overset{\Delta_{\mathcal{M}_2}^{j_{t-1}}}{\longrightarrow} & k_{j_0+\ldots+j_{t-1}}' & \in K_e(\mathcal{M}_2)
\end{array}$$

Nach Voraussetzung gilt:

$$j_r \leq m \quad (r = 0, \ldots, t-1).$$

Also ist:

$$T_{\mathcal{M}_2}(\sigma(k_0)) \leq \sum_{r=0}^{t-1} j_r \leq \sum_{r=0}^{t-1} m = m \cdot T_{\mathcal{M}_1}(k_0).$$ ■

Korollar 2.9 *Ist σ eine partielle Simulation von $\mathcal{M}_1$ auf $\mathcal{M}_2$ vom Grad m, so gilt für alle $k_0 \in K_a(\mathcal{M}) \cap Def(\sigma)$ mit $\mathcal{RES}_{\mathcal{M}_1}(k_0) \in Def(\sigma)$:*

$$T_{\mathcal{M}_2}(\sigma(k_0)) \leq m \cdot T_{\mathcal{M}_1}(k_0).$$

Beweis: Wir betrachten die Maschine $\tilde{\mathcal{M}} \subset \mathcal{M}_1$ mit $K(\tilde{\mathcal{M}}) = Def(\sigma)$. Dann ist $\sigma: \tilde{\mathcal{M}} \to \mathcal{M}_2$ eine Simulation vom Grad m.

Erzeugt $\mathcal{M}_1$ angesetzt auf $k_0 \in K_a(\tilde{\mathcal{M}}) = K_a(\mathcal{M}_1) \cap Def(\sigma)$ eine reguläre Berechnung mit $\mathcal{RES}_{\mathcal{M}_1}(k_0) \in K_e(\tilde{\mathcal{M}}) = K_e(\mathcal{M}_1) \cap Def(\sigma)$, so erzeugt auch $\tilde{\mathcal{M}}$ angesetzt auf k_0 eine reguläre Berechnung, d.h. $T_{\tilde{\mathcal{M}}}(k_0) \neq \infty$.

Dann gilt: $0 \leq T_{\tilde{\mathcal{M}}}(k_0) \leq T_{\mathcal{M}_1}(k_0)$.

Aus Korollar 2.8 folgt: $T_{\mathcal{M}_2}(\sigma(k_0)) \leq m \cdot T_{\tilde{\mathcal{M}}}(k_0) \leq m \cdot T_{\mathcal{M}_1}(k_0)$. ■

Die Laufzeitabschätzungen bei beschränkten relationelle Simulationen lassen sich unmittelbar aus Definition 2.14 und den anschließenden Bemerkungen herleiten.

Korollar 2.10 *Es seien $\mathcal{M}$ und $\mathcal{M}'$ abstrakte Maschinen, die durch eine relationelle Simulation τ verglichen werden können. $\mathcal{M}$ erzeuge angesetzt auf $k \in K_a(\mathcal{M})$ und $\mathcal{M}'$ angesetzt auf $k' \in K_a(\mathcal{M}')$ eine reguläre Berechnung. Ist $(k, k') \in \tau$, dann gilt:*

$T_{\mathcal{M}'}(k') \leq m \cdot T_{\mathcal{M}}(k)$ *falls τ von $\mathcal{M}$ auf $\mathcal{M}'$ m-beschränkt ist,*
$T_{\mathcal{M}}(k) \leq m \cdot T_{\mathcal{M}'}(k')$ *falls τ von $\mathcal{M}'$ auf $\mathcal{M}$ m-beschränkt ist.* ■

Beispiel 2.9 Die in den Beispielen 2.5 bis 2.8 genannten Simulationen sind beschränkte Simulationen:

1.) $\sigma: \mathcal{M} \to \mathcal{M}'$ aus Beispiel 2.5 ist beschränkt vom Grad $12+$ Laufzeit des Multiplikationsprogrammes.

2.) Die partielle Simulation σ von $\mathcal{M}$ auf $\mathcal{M}'$ aus Beispiel 2.6 ist beschränkt vom Grad 11.

3.) Die relationelle Simulation τ aus Beispiel 2.8 ist von $\mathcal{M}$ auf $\mathcal{M}'$ m-beschränkt mit $m = 7 +$ Laufzeit des Multiplikationsprogrammes ■

Wir haben im Lemma 2.4 bewiesen, daß die Menge der Simulationen unter der Hintereinanderausführung abgeschlossen ist. In dieser Hinsicht überträgt sich eine Eigenschaft von Monoidhomomorphismen auf Simulationen. Im Kapitel 1 wurde deutlich, daß die Menge der Monoidhomomorphismen ein Monoid bildet. In ähnlicher Weise stellt auch die Menge der Simulationen ein Monoid dar.

Eine Sonderstellung in dieser Menge nehmen die Maschinenhomomorphismen ein. Wie im Korollar 2.7 deutlich wurde, sind zwei Maschinen, die durch einen Maschinenhomomorphismus verglichen werden können, in besonderem Maße miteinander verwandt. Dies kommmt auch zum Ausdruck, wenn man sich die Untermaschine von $\mathcal{M}'$ anschaut, die durch das Bild $\sigma(\overline{K_\infty(\mathcal{M})})$ der regulären Zustände der Maschine $\mathcal{M}$ unter einem Maschinenhomomorphismus σ von $\mathcal{M}$ auf $\mathcal{M}'$ definiert wird.

Ist $\tilde{\mathcal{M}}' \subset \mathcal{M}'$ mit $K(\tilde{\mathcal{M}}') = \sigma(\overline{K_\infty(\mathcal{M})})$, dann ist $\tilde{\mathcal{M}}'$ durch die Mengen

$$K_a(\tilde{\mathcal{M}}') = \sigma(K_a(\mathcal{M})), \qquad K_e(\tilde{\mathcal{M}}') = \sigma(K_e(\mathcal{M})), \qquad K_\infty(\tilde{\mathcal{M}}') = \emptyset$$

und die Übergangsfunktion

$$\Delta_{\tilde{\mathcal{M}}'} = \Delta_{\mathcal{M}'} | K(\tilde{\mathcal{M}})$$

charakterisiert.

Auch hinsichtlicher ihrer algebraischen Struktur zeichnet sich die Menge der Maschinenhomomorphismen als eine besondere Teilmenge in der Menge der Simulationen aus. Sie stellt ein Untermonoid des Monoids der Simulationen dar.

Wählt man im Beweis zu Lemma 2.4: $j := 1$ und $s_1 := 1$, so folgt unmittelbar das

Korollar 2.11 *Sind $\sigma_1: \mathcal{M}_1 \to \mathcal{M}_2$ und $\sigma_2: \mathcal{M}_2 \to \mathcal{M}_3$ Maschinenhomomorphismen, so ist auch $\sigma_2 \circ \sigma_1 : \mathcal{M}_1 \to \mathcal{M}_3$ ein Maschinenhomomorphismus.* ■

Das Lemma 2.4 liefert auch folgendes interessante Ergebnis bezüglich den beschränkten Simulationen:

Korollar 2.12 *Sind $\sigma_1: \mathcal{M}_1 \to \mathcal{M}_2$ und $\sigma_2: \mathcal{M}_2 \to \mathcal{M}_3$ Simulationen mit $Grad(\sigma_1) = n$ und $Grad(\sigma_2) = m$, so ist $Grad(\sigma_2 \circ \sigma_1) \leq m \cdot n$.*

Beweis: Sind $j \leq n$ und $s_i \leq m$ für $i = 1, \ldots, n$, so ist $s = s_1 + \cdots + s_j \leq m \cdot j \leq m \cdot n$. ■

Die Hintereinanderausführung der beiden Simulationen vom *Grad* n bzw. vom *Grad* m ergibt nicht notwendigerweise eine Simulation vom *Grad* $n \cdot m$. Dieser Fall tritt nur dann ein, wenn es ein $k_0 \in K(\mathcal{M}_1)$ mit $\Delta_{\mathcal{M}_1}(k_0) \notin K_\infty(\mathcal{M}_1)$ gibt, so daß $j(k_0) = n$ und $s_1(k_0) = \cdots = s_n(k_0) = m$ ist.

Die Menge der Simulationen vom *Grad* $= m$ ($m \in \mathbf{N}$ fest) ist für $m > 1$ darum auch nicht abgeschlossen, wohl gilt aber:

Satz 2.13 *Die Menge der beschränkten Simulationen ist unter der Hintereinanderausführung abgeschlossen.* ■

2.2.6 Verschiebbarkeit von Programmen im Programmspeicher

Wir diskutieren zum Abschluß dieses Abschnittes als Anwendung des Simulationsbegriffes den Befehlsausbau für Basisadressenregister.

Wenn man größere Programme erstellt, so zerlegt man die Gesamtaufgabe in Teilaufgaben, die möglichst unabhängig voneinander programmiert werden können. Wir haben dies am Beispiel des Sortierprogramms vorgeführt. Will man die Teilaufgaben an verschiedene Autoren verteilen, so steht man vor der Schwierigkeit, die genaue Lage der Teilprogramme im Programmspeicher zu bestimmen.

Wir sind bisher gezwungen, einen fixen Abschnitt des Programmspeichers für ein Teilprogramm zu reservieren. Wird das entsprechende Teilprogramm umfangreicher als erwartet, so reicht der reservierte Speicherabschnitt nicht aus. Wird das Teilprogramm kürzer als erwartet, so entstehen Abschnitte unbelegten Speicherplatzes.

Um sowohl die Überschneidung von "Programmtext" als auch Speicherplatzverschwendung zu verhindern, benötigen wir eine möglichst einfache Methode, um die Teilprogramme durch Verschieben im Programmspeicher zu *einem* großen Programm zu montieren.

Dazu vereinbaren wir, jedes Teilprogramm als eigenständiges Programm in den Programmspeicher zu schreiben, ohne dessen genaue spätere Lage zu beachten.

Wir gehen davon aus, daß jedes Teilprogramm bestehend aus $n + 1$ Befehlen so geschrieben ist, als stehe es ab $(\Pi, 0)$ fortlaufend. Dies bedeutet, alle Adreßkomponenten des Teilprogrammes, die sich auf den Programmspeicher beziehen, sind Elemente aus $[0:n]$.

Dann erfordert die Verschiebung entweder die Änderung aller Adreßkomponenten, die den Programmspeicher betreffen, oder deren Interpretation relativ zur genauen späteren Position des Teilprogrammes.

Zur Realisierung der zweiten, programmtechnisch einfacheren Möglichkeit führen wir ein weiteres Register im Schaltwerk ein, nämlich das **Basisadressenregister**. Wir bezeichnen es mit μ. Es kann eine Zahl aus $[0{:}N]$ aufnehmen. Lautet zur Ausführungszeit des Programmes die Adreßkomponente $\pi_2(j) = i$, so wird die Adreßkomponente der j-ten Programmspeicherzelle als $i + \mu$ interpretiert, falls sie sich auf den Programmspeicher bezieht.

Man erhält dadurch eine "koordinatenfreie" Notation der Programme. Das Basisadressenregister legt den Nullpunkt des Programmes im Programmspeicher fest. Die Verschiebung eines Programmes ähnelt der Verschiebung eines Koordinatensystems. i nennt man **relative** Adresse, die Summe $\mu + i$ **absolute** Adresse.

Wir definieren nun diese Maschinenerweiterungen. Dabei beginnen wir mit der neuen Zustandsmenge Z_S.

Definition 2.16

$$Z_S := \{(\alpha, \mu, \eta, \beta, \gamma, \omega_1, \omega_2) \mid \alpha \in [-Q : Q], \mu \in [0 : N], \\ \eta \in [0 : N], \beta \in W, \gamma \in [0 : \tilde{K}], \omega_1, \omega_2 \in \{0,1\}\}$$

heißt die Menge der **momentanen Zustände des Schaltwerkes.** ∎

Als neue Befehle verwenden wir:

(B 21) **do** $\mu := c_0$;

(B 22) **do** $\mu := \mu + c_0$;

(B 23) **do** $\mu := \alpha$; ,

um einen konstanten Wert $c_0 \in [0{:}N]$ in das Basisadressenregister zu laden, das Basisadressenregister um eine konstanten Wert c_0 zu erhöhen oder den Akkumulatorinhalt in das Basisadressenregister zu transportieren.

Seien $k = (\pi, \rho, \alpha, \mu, \eta, \beta, \gamma, \omega_1, \omega_2)$, $k' = (\pi', \rho', \alpha', \mu', \eta', \beta', \gamma', \omega_1', \omega_2') \in K_M$ und $\Delta(k) = k'$, dann ist k' für (B 21) und (B 22) in der Tabelle 2.13 aufgelistet.

Die Semantik des Befehls (B 23) ist selbsterklärend.

Das Basisadressenregister hat Auswirkungen auf jene Befehle, deren Adreßkomponente sich auf den Programmspeicher bezieht. Es ergeben sich für folgende Befehle

(B 5a) **if** $\alpha = 0$ **then goto** j;

(B 4) **bzw.** (B 6) **goto** j; bzw. **begin: goto** j;

do $\mu := c_0$;		do $\mu := \mu + c_0$;	
Wenn $0 \leq \eta < N$, $0 \leq c_0 \leq N$ erfüllt ist, dann wird	sonst	Wenn $0 \leq \eta < N$, $0 \leq \mu + c_0 \leq N$ erfüllt ist, dann wird	sonst
$\pi' := \pi$,	$\pi' := \pi$,	$\pi' := \pi$,	$\pi' := \pi$,
$\rho' := \rho$,	$\rho' := \rho$,	$\rho' = \rho$,	$\rho' := \rho$,
$\alpha' := \alpha$,	$\alpha' := \alpha$,	$\alpha' := \alpha$,	$\alpha' := \alpha$,
$\mu' := c_0$,	$\mu' := \mu$,	$\mu' := \mu + c_0$,	$\mu' := \mu$,
$\eta' := \eta + 1$,	$\eta' := \eta$,	$\eta' := \eta + 1$,	$\eta' := \eta$,
$\beta' := \pi(\eta')$,	$\beta' := \beta$,	$\beta' := \pi(\eta')$,	$\beta' := \beta$,
$\gamma' := \gamma$,	$\gamma' := \gamma$,	$\gamma' := \gamma$,	$\gamma' := \gamma$,
$\omega_1' := \omega_1$ $(= 1)$,	$\omega_1' := 1$,	$\omega_1' := \omega_1$ $(= 1)$,	$\omega_1' := 1$,
$\omega_2' := \omega_2$ $(= 0)$.	$\omega_2' := 1$.	$\omega_2' := \omega_2$ $(= 0)$.	$\omega_2' := 1$.

Tabelle 2.13: *Wirkung der Befehle* (B 21) *und* (B 22)

if $\alpha = 0$ then goto j;		begin: goto j; oder goto j;	
Ist $0 \leq \eta < N$ falls $\alpha \neq 0$, bzw. $0 \leq \mu + j \leq N$, $0 \leq j \leq N$ falls $\alpha = 0$ erfüllt, dann wird	sonst	Ist $0 \leq j \leq N$, $0 \leq \mu + j \leq N$ erfüllt, dann wird	sonst
$\pi' := \pi$,	$\pi' := \pi$,	$\pi' := \pi$,	$\pi' := \pi$,
$\rho' := \rho$,	$\rho' := \rho$,	$\rho' := \rho$,	$\rho' := \rho$,
$\alpha' := \alpha$,	$\alpha' := \alpha$,	$\alpha' := \alpha$,	$\alpha' := \alpha$,
$\mu' := \mu$,	$\mu' := \mu$,	$\mu' := \mu$,	$\mu' := \mu$,
$\eta' := \begin{cases} \mu + j & \text{für } \alpha = 0 \\ \eta + 1 & \text{für } \alpha \neq 0, \end{cases}$	$\eta' := \eta$,	$\eta' := \mu + j$,	$\eta' := \eta$,
$\beta' := \pi(\eta')$,	$\beta' := \beta$,	$\beta' := \pi(\eta')$,	$\beta' := \beta$,
$\gamma' := \gamma$	$\gamma' := \gamma$	$\gamma' := \gamma$	$\gamma' := \gamma$
$\omega_1' := \omega_1$ $(= 1)$,	$\omega_1' := 1$,	$\omega_1' := \omega_1$ $(= 1)$,	$\omega_1' := 1$,
$\omega_2' := \omega_2$ $(= 0)$.	$\omega_2' := 1$.	$\omega_2' := \omega_2$ $(= 0)$.	$\omega_2' := 1$.

Tabelle 2.14: *Geänderte Wirkung der Befehle* (B 4), (B 5) *und* (B 6)

Änderungen in der Semantik, die in der Tabelle 2.14 zu finden sind.

Analog ist auch die Semantik der Befehle

(B 5b) **if** $\alpha \neq 0$ **then goto** j;

(B 5c) **if** $\alpha > 0$ **then goto** j;

(B 5d) **if** $\alpha < 0$ **then goto** j;

neu zu definieren.

Die Befehle der direkten Adressenrechnung

(B 19) **do** $\alpha := \pi_2(i)$;

(B 20) **do** $\pi_2(i) := \alpha$;

müssen ebenfalls abgeändert werden, wie aus Tabelle 2.15 zu ersehen ist.

<table>
<tr><th colspan="2">do $\alpha := \pi_2(i)$;</th><th colspan="2">do $\pi_2(i) := \alpha$;</th></tr>
<tr><td>Wenn $0 \leq \eta < N$,
$0 \leq \mu + i \leq N$,
erfüllt ist, dann wird</td><td>sonst</td><td>Wenn $0 \leq \eta < N$,
$0 \leq \mu + i \leq N, 0 \leq \alpha \leq \tilde{K}$,
erfüllt ist, dann wird</td><td>sonst</td></tr>
<tr><td>$\pi' := \pi$,
$\rho' := \rho$,
$\alpha' := \pi_2(i + \mu)$,
$\mu' := \mu$,
$\eta' := \eta + 1$,
$\beta' := \pi(\eta')$,
$\gamma' := \gamma$,
$\omega_1' := \omega_1\ (= 1)$,
$\omega_2' := \omega_2\ (= 0)$.</td><td>$\pi' := \pi$,
$\rho' := \rho$,
$\alpha' := \alpha$,
$\mu' := \mu$,
$\eta' := \eta$,
$\beta' := \beta$,
$\gamma' := \gamma$,
$\omega_1' := 1$,
$\omega_2' := 1$.</td><td>$\pi'(j) := \pi(j)$ für $j \neq i + \mu$,
$\pi_1'(i + \mu) := \pi_1(i + \mu)$,
$\pi_2'(i + \mu) := \alpha$,
$\rho' := \rho$,
$\alpha' := \alpha$,
$\mu' := \mu$,
$\eta' := \eta + 1$,
$\beta' := \pi(\eta')$,
$\gamma' := \gamma$,
$\omega_1' := \omega_1\ (= 1)$,
$\omega_2' := \omega_2\ (= 0)$.</td><td>$\pi' := \pi$,
$\rho' := \rho$,
$\alpha' := \alpha$,
$\mu' := \mu$,
$\eta' := \eta$,
$\beta' := \beta$,
$\gamma' := \gamma$,
$\omega_1' := 1$,
$\omega_2' := 1$.</td></tr>
</table>

Tabelle 2.15: *Geänderte Wirkung der Befehle* (B 19) *und* (B 20)

Wir haben das Ziel vor Augen, die Korrektheit der Verschiebung von Programmen im Programmspeicher unter Verwendung des Basisadressenregisters zu zeigen. Die Intuition besteht darin, ein Programm u, das wir als Abbildung

$u : [0{:}n] \to W$ darstellen, zu verschieben, ohne daß sich dadurch die berechnete Funktion ändert. Wir werden zeigen, daß unter geeigneten Voraussetzungen die Belegung des Rechenspeichers von der präzisen Lage des Programmes unabhängig ist.

Ausgehend von zwei abstrakten Maschinen $\mathcal{M}$ und $\mathcal{M}'$ unseres speziellen Typs mit Basisadressenregister betrachten wir die Situation, daß Konfigurationen $k_a \in K(\mathcal{M})$ jeweils denselben Programmspeicherabschnitt $\Pi[\mu : \mu{+}n]$ von $\mathcal{M}$ mit dem Programm u belegen, wobei $0 \le \mu + n \le N$ vorausgesetzt ist. Das Programm u beginnt mit $u(0) = (\textbf{begin: goto } j;)$ und endet mit $u(n) = (\textbf{end.})$, während $u(i)$ für $0 < i < n$ ohne Beschränkung der Allgemeinheit kein end-Befehl ist.

Wir definieren die Menge

$$\begin{aligned} K_a = K_{a,(\mu,u)} = \{k_a \in K(\mathcal{M}) \mid \eta = \mu,\ \beta = \pi(\eta),\ \omega_1 = 1,\ \omega_2 = 0 \text{ und} \\ \pi(\mu + i) = u(i) \quad \text{für } i = 0, \dots, n\}, \end{aligned}$$

die abhängig ist vom Programm u und dem Wert des Basisadressenregisters μ, und beschränken uns auf die von K_a erzeugte Untermaschine

$$\tilde{\mathcal{M}} = \mathcal{M}|K_a$$

Analog ist $K'_a \subset K(\mathcal{M}')$ als

$$\begin{aligned} K'_a = K'_{a,(\mu',u)} = \{k'_a \in K(\mathcal{M}') \mid \eta' = \mu',\ \beta' = \pi'(\eta'),\ \omega'_1 = 1,\ \omega'_2 = 0 \text{ und} \\ \pi'(\mu' + i) = u(i) \quad \text{für } i = 0, \dots, n\}, \end{aligned}$$

und

$$\tilde{\mathcal{M}}\,' = \mathcal{M}'|K'_a$$

in Abhängigkeit vom demselben Programm u, aber eventuell verschiedenem Wert μ' definiert.

Wir legen nun die Korrespondenz

$$\tilde{\mathcal{M}} \overset{T}{\longleftrightarrow} \tilde{\mathcal{M}}\,'$$

durch die folgende Definition fest:

$$k \overset{T}{\longleftrightarrow} k' \iff \begin{array}{ll} \rho = \rho', & \alpha = \alpha', \\ \gamma = \gamma', & \omega_1 = \omega'_1, \\ \omega_2 = \omega'_2, & \beta = \pi(\eta), \\ \beta' = \pi'(\eta'), & \eta - \mu = \eta' - \mu', \\ \pi(\mu + i) = \pi'(\mu' + i) & \text{für } i \in [0{:}n] \end{array}$$

und beweisen den folgenden Satz.

Satz 2.14 *τ ist eine relationelle Simulation zwischen $\tilde{\mathcal{M}}$ und $\tilde{\mathcal{M}}'$, falls u*

keinen π_2-Befehl,

keinen μ-Befehl,

keinen Sprungbefehl mit Sprungadresse $> n$

enthält.

Beweis: Die Maschine $\tilde{\mathcal{M}}'$ wird von K'_a, die Maschine $\tilde{\mathcal{M}}$ wird von K_a erzeugt. Darum ist $\beta = \pi(\eta)$ und $\beta' = \pi'(\eta')$ für alle $k \in K(\tilde{\mathcal{M}})$ und $k' \in K(\tilde{\mathcal{M}}')$. Da u keinen π_2-Befehl enthält, steht im Programmspeicher dieser Konfigurationen jeweils das Programm u ab der Zelle (Π, μ) bzw. (Π', μ').

Es sei im folgenden Beweis stets $k \overset{\tau}{\longleftrightarrow} k' \in K(\tilde{\mathcal{M}}) \times K(\tilde{\mathcal{M}}')$. Desweiteren sei $i = \eta - \mu = \eta' - \mu'$. u enthält keine Sprungbefehle mit Sprungadressen $> n$. Die Sprungadressen werden nicht durch π_2-Befehle verändert. Die Inhalte der Basisadressenregister werden von u nicht geändert. Da zudem $u(n) = \textbf{end}$ den Befehlszähler nicht verändert, folgt insgesamt $i \in [0{:}\,n]$.

Dann gilt:

$$\begin{array}{lcl} k \in K_a = K_a(\tilde{\mathcal{M}}) & \iff & i = \eta - \mu = 0, \quad \beta = \pi(\eta), \quad \omega_1 = 1, \quad \omega_2 = 0, \\ & & \pi(\mu + j) = u(j) \text{ für } j = 0, \ldots, n. \\ & \iff & i = \eta' - \mu' = 0, \quad \beta' = \pi'(\eta'), \quad \omega_1' = 1, \quad \omega_2' = 0, \\ & & \pi(\mu' + j) = u(j) \text{ für } j = 0, \ldots, n. \\ & \iff & k' \in K'_a = K'_a(\tilde{\mathcal{M}}'). \end{array}$$

Ebenso gilt:

$$\begin{array}{lcl} k \in K_e(\tilde{\mathcal{M}}) & \iff & \textbf{end} = \beta = \pi(\eta) = \pi(\mu + i) = u(i), \qquad \omega_1 = \omega_2 = 0 \\ & \iff & \textbf{end} = \beta' = \pi'(\eta') = \pi'(\mu' + i) = u(i), \quad \omega_1' = \omega_2' = 0 \\ & \iff & k' \in K_e(\tilde{\mathcal{M}}'), \end{array}$$

so daß die erste Bedingung der Definition der relationellen Simulation erfüllt ist.

Nehmen wir an, k und k' seien reguläre Konfigurationen. Dann zeigen wir, daß $\tilde{k} \overset{\tau}{\longleftrightarrow} k''$ sind, wobei $\tilde{k} = \Delta_{\tilde{\mathcal{M}}}(k)$ und $k'' = \Delta_{\tilde{\mathcal{M}}'}(k')$ die Folgekonfigurationen sind.

Wegen $\beta = \pi(\eta) = \pi(\mu + i) = u(i) = \pi'(\mu' + i) = \pi'(\eta') = \beta'$ steht in beiden Befehlsregistern der gleiche Befehl. Die Konfigurationen k und k' stimmen zudem in Rechenspeicherbelegung, Akkumulatorinhalt, Indexregisterinhalt und Zustand des Fehlerschalters bzw. Ein/Aus-Schalters überein. Nun führen beide Maschinen den Befehl $u(i)$ aus.

Dann stimmen auch die Folgekonfigurationen $\tilde{k}$ und k'' in den genannten Komponenten überein.

- Ist $u(i)$ ein Sprungbefehl mit Sprungadresse j, dann setzt $\Delta_{\tilde{\mathcal{M}}}$ den Befehlszähler von $\tilde{\mathcal{M}}$ auf $\mu + j$ und lädt den Befehl $\pi(\mu + j)$ ins Befehlsregister von $\tilde{\mathcal{M}}$. $\Delta_{\tilde{\mathcal{M}}'}$ setzt den Befehlszähler auf $\mu' + j$ und lädt $\pi'(\mu' + j)$ ins Befehlsregister von $\tilde{\mathcal{M}}'$. Damit ist $\tilde{\eta} - \tilde{\mu} = \tilde{\eta} - \mu = j = \eta'' - \mu' = \eta'' - \mu''$. Die anderen Komponenten der Maschinen werden nicht verändert. Darum ist $\tilde{k} \overset{\tau}{\longleftrightarrow} k''$.

- Ist $u(i)$ kein Sprungbefehl und kein **end**-Befehl, dann ist insbesondere $i \neq n$. In beiden Maschinen wird der Befehlszähler inkrementiert, so daß $\tilde{\eta} - \tilde{\mu} = \eta + 1 - \mu = i + 1 = \eta' - \mu' + 1 = \eta'' - \mu''$ ist. Ebenso laden beide Maschinen den Befehl $u(i + 1) = \pi(\tilde{\eta}) = \pi'(\eta'')$ ins Befehlsregister, so daß $\tilde{k} \overset{\tau}{\longleftrightarrow} k''$ gilt.

- Bei end-Befehlen werden lediglich die Ein/Aus-Schalter auf Null gesetzt.

Damit ist der Satz bewiesen. ■

Bei der Durchsicht des Beweises bemerkt man, daß die Voraussetzung über u und die Beschränkung der Befehle i.a. notwendig sind, wenn τ eine Simulation vermitteln soll. Dies ist natürlich ein sehr unbefriedigender Zustand. *Die Verschiebung eines Programmes sollte in jedem Fall*, in dem nicht Speicherbegrenzungen verletzt werden, zu gleichen Resultaten bei Berechnungen mit diesen Programmen führen. Um diese "Verschiebungsinvarianz" der Programme zu erreichen, werden wir im folgenden Paragraphen noch weitere Register einführen. *Jedes Programm sollte sich so verhalten, als ob es das einzige Programm im Programmspeicher wäre.*

2.3 Unterprogrammtechnik

2.3.1 Anforderungen an eine Unterprogrammtechnik

Wir haben bis jetzt nur einfache Programme betrachtet, die jeweils die ganze Maschine für sich hatten. Wir haben gesehen, daß das Programmieren hohe Aufmerksamkeit erfordert, da auch reine Schreibfehler zu falschen Resultaten bei Berechnungen führen. Das Auffinden von Fehlern ist äußerst zeitraubend, so daß man große Programme stets in Teilprogramme zerlegen muß, deren Korrektheit man für sich testen kann, so daß man anschließend nur die *Korrektheit des Gesamtprogrammes auf der Basis der Korrektheit der Teilprogramme* nachprüfen muß. Hierbei ist es von großem Einfluß, auf welche Weisen man das Gesamtprogramm aus diesen Teilprogrammen aufbaut.

Ein zweiter Gesichtspunkt zur Zerlegung von Programmen in Teilprogramme besteht in der *Reduktion der Programmlänge*. Eine solche kann man erreichen, indem man gleiche Programmabschnitte, die an verschiedenen Stellen eines Programmes auftreten, nur einmal hinschreibt und diesen einmaligen Abschnitt dann von der Stelle aus aufruft, an der man ihn braucht. Dieses erfordert einen gewissen organisatorischen Aufwand, da die Maschine wieder an *den* Ort zurückfinden muß, den sie beim Aufruf verlassen hat. Wir haben solche Beispiele im Zusammenhang mit der Simulation der "Maschine mit Multiplikation" auf einer "Maschine ohne Multiplikation" kennengelernt.

Die beiden aufgeführten Gesichtspunkte, nämlich die *Fehleranfälligkeit des Programmierens* und die *Reduktion der Programmlänge*, führen zu der Notwendigkeit einer systematischen Organisation des Programmaufbaus aus Teilprogrammen.

Auf realen Rechnern befinden sich immer mehrere, i.a. viele Programme. *Fehler* in einem Programm *mögen andere Programme zerstören*. Neben diesem unbeabsichtigen Zerstören von wichtigen Daten muß man bei Rechnern, zu denen verschiedene Benutzer Zugang haben, auch mit dem *absichtlichen Zerstören von Daten* rechnen.

Wir wollen von diesen Vorüberlegungen ausgehend zunächst einige detailliertere Anforderungen für eine "Unterprogrammtechnik", die sich aus dem oben Gesagten ergeben, zusammenstellen.

- Programme sollen sich gegenseitig nicht ins Gehege kommen, d.h. sie sollen einen "*privaten Teilraum*" auf dem Rechner besitzen. Keinem Programm soll erlaubt sein, in den privaten Raum eines anderen Programmes einzudringen.

- Programme müssen miteinander *Nachrichten austauschen*. Dieser Nachrichtenaustausch muß standardisiert werden, damit er auch zwischen Programmen stattfinden kann, die unabhängig voneinander entstanden sind.

- Programme müssen auch Programme erzeugen können, da man Programme in verschiedenen Sprachen in die Maschinensprache übersetzen können muß. Man darf also das *Schreiben in den Programmspeicher* nicht völlig verbieten.

- Programme müssen *verschiebungsinvariant* sein. Dies soll heißen, daß die *Funktion*, die das Programm berechnet, unabhängig von der Lage des Programmes im Programmspeicher ist. Ebenso soll die *Korrektheit des Verhaltens* nicht von der Lage des Programmes im Programmspeicher abhängen.

- Soll das gleiche Programm während einer Berechnung mehrfach verwendet werden, so muß es nach seiner Verwendung wieder in seinem *Anfangszustand vorliegen*.

- Soll ein *Programm sich selbst aufrufen* dürfen, dann muß es auch bei jedem seiner Aufrufe im Originalzustand vorhanden sein. Es darf sich also entweder nicht selbst verändern, oder es muß stets ein unbenutztes Exemplar des Programmes zur Verfügung stehen, das bei Bedarf kopiert werden kann.

2.3.1.1 Realisierungsidee

Unterprogramme können mehrfach geschachtelt auftreten. Wir bezeichnen alle Programme als **aktiviert**, die das gerade aktive Unterprogramm enthalten. Die aktivierten Programme bilden bei dieser Betrachtung eine Folge von Programmen $P_0, \ldots, P_n$, worin jedes Programm das ihm folgende als Unterprogramm enthält. Das Programm P_{i+1} wurde durch das Programm P_i aktiviert. In dieser Hinsicht stellt $P_0, \ldots, P_n$ die *aktuelle Aufruffolge* dar. Wirklich aktiv ist aber nur das letzte Programm dieser Folge. Wird dieses Programm beendet, so wird das unmittelbar vorhergehende Programm reaktiviert und wieder aktiv. Der Aufruf eines Programmes bewirkt, daß dieses aktiviert *wird* und solange aktiviert *ist*, bis es beendet wird.

Wir ordnen *jedem aktivierten Programm eine eigene Maschine* zu. Diese Maschine ist **virtuell**. Das soll folgendes heißen: Jedes Programm ist eingeschlossen in einen bestimmten Bereich der beiden Speicher. Auf diesen Speichereinschränkungen verhält sich das Programm so, als ob es allein auf der Maschine wäre. So geht die Maschine in den ∞-Zustand über, falls das Programm versucht, seinen Speicherbereich zu verlassen (Abbildung 2.7).

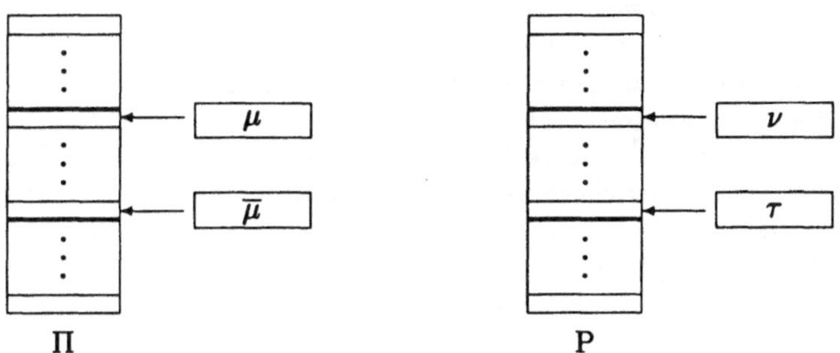

Abbildung 2.7: *virtuelle Maschine*

Die aktive virtuelle Maschine kann eine andere virtuelle Maschine aufrufen. Keine Maschine darf jedoch einer anderen in ihren *privaten* Rechen- oder Programmspeicherbereich schreiben. Diese Speicherbereiche der Gesamtmaschine, die einer virtuellen Maschine bezüglich P_i zugeordnet sind, heißen **lokal** zu dieser Maschine. Der Nachrichtenaustausch findet zwischen Programmen P_i und P_{i+1} statt, indem P_i das Programm P_{i+1} aufruft und ihm mitteilt, wo es die Daten findet, die es zur Verarbeitung benötigt. Der Aufruf wird durch einen besonderen Befehl ausgelöst. Wird P_{i+1} beendet, übermittelt es P_i, wo die Resultate zu finden sind, die P_{i+1} berechnet hat.

Die Aufruforganisation soll erlauben, daß sich Programme selbst aufrufen. Auch bei diesem Aufruf wird eine "neue virtuelle" Maschine kreiert. Die dazu erforderliche Organisation nimmt das sogenannte *Betriebsprogramm* der Gesamtmaschine wahr. Ein solcher Aufruf wird **rekursiver Aufruf** genannt. Insbesondere kann ein Programm in der Aufruffolge als mehrfach hintereinander aktiviert auftreten, wobei jeder Aktivierung dieses Programmes eine eigene virtuelle Maschine zugeordnet ist.
Die *Reihenfolge nebeneinanderstehender Programme* sollte auf die Resultate einer Berechnung keinen Einfluß haben. Dies erreicht man, indem man die *Programme durch Namen aufruft.*

2.3.2 Erweiterung der Maschinenkonfiguration

Wir erweitern unser Modell einer Rechenmaschine, so daß sich die angestrebte Unterprogrammorganisation leicht realisieren läßt.

Zunächst schaffen wir uns die Möglichkeit, für jedes Programm die Maschine auf den von ihm benötigten *Speicherraum einzuschränken.* Dies geschieht durch die Einführung von weiteren Registern und Speichern.

Wir ergänzen das μ-Register, welches die π-Basisadresse des aktiven Programmes enthält, durch ein zweites Register $\overline{\mu}$, das die Adresse des letzten Befehls des aktiven Programmes aufnimmt. In Analogie zum π-Basisadressenregister sehen wir das Register ν für den Rechenspeicher als P-Basisadressenregister vor. Es enthält die Anfangsadresse des lokalen Rechenspeicherbereiches der aktiven Maschine. Bezieht sich die Adreßkomponente eines Befehls im Befehlsregister auf den lokalen Rechenspeicherbereich der aktiven, virtuellen Maschine, so wird diese Adresse relativ zum Inhalt des P-Basisregisters ν interpretiert und in die entsprechende absolute Adresse umgerechnet. Es kann auf diese Weise nie eine Rechenspeicherzelle mit Adresse kleiner als ν angesprochen werden. Das Register ν grenzt den lokalen Bereich nach "oben" ab. Das Register τ, das wir P-Speicherende-Zeiger nennen, grenzt den lokalen Rechenspeicherbereich des gerade aktiven Programmes nach "unten" ab.

Die Register μ und $\overline{\mu}$ ordnen wir dem Programmspeicher zu, während wir ν und τ mit dem Rechenspeicher verbinden. So adressiert beispielsweise der Befehl $\alpha := \rho(i)$; die P-Zelle (P,$\nu + i$). Auch hier handelt es sich bei i um die relative, bei $\nu + i$ um die absolute Adresse. Die mit einem Programm assoziierte virtuelle Maschine wird also durch die Inhalte der Register μ, $\overline{\mu}$, ν, τ festgelegt.

Die Maschine kann mit keinem der uns bereits bekannten Befehle den Bereich des aktiven Programmes verlassen. Diese Möglichkeit wird durch die Einführung eines neuen Befehls "**call** h;" geschaffen. Dieser Befehl aktiviert das Programm mit dem Namen h und bewirkt die skizzierten, notwendigen Datentransporte.

Der Befehl "**end**;" erhält eine neue Interpretation: Die Maschine verläßt das aktive Programm und nimmt die Datentransporte vor, falls dieses Programm von einem anderen Programm her aufgerufen wurde. Ist das beendete Programm das erste Programm in der Folge der aktivierten Programme, dann hält die Maschine an.

Alle bisherigen Befehle verhalten sich in dem durch die Register μ, $\overline{\mu}$, ν, τ abgegrenzten Maschinenbereich wie seither. Jeder Befehl, der die Maschine zum Verlassen dieses Bereiches veranlaßt, führt zur Fehleranzeige. Davon ausgenommen sind nur der call-Befehl und der end-Befehl.

Dieses Konzept macht es notwendig, den Programmen einen Namen zu geben. Wir wollen annehmen, daß jedes "**begin**" dementsprechend mit einer *Hausnummer h* versehen ist. Dies heißt, daß jedes Programm mit einem Befehl der Form **begin**(h); anfängt. Die *Namensgebung* für die Programme muß *eindeutig* sein. Die einfachste Form, dies zu realisieren, besteht darin, für jedes Programm einen anderen Namen vorzuschreiben. Dies ist aber unrealistisch. Programme, die man bereits existent vorfindet, mögen Unterprogramme enthalten. Man müßte dann alle vorkommenden Namen kennen.

Man kann die *Eindeutigkeit der Programmaufrufe* aber auch anders gewährleisten, nämlich indem man verlangt, daß dies nur für alle Programme gelten muß, die "auf gleichem Niveau" im gleichen Programm stehen. Diese Aussage bedarf einer Präzisierung, die wir später geben werden.

Unsere *Programmorganisation erfordert weitere Übereinkünfte*: Es muß festgelegt werden, welche Daten an ein aufgerufenes Programm und wohin diese Daten übergeben werden sollen. Die Daten, die an ein aufgerufenes Programm übergeben werden, nennen wir auch **Parameter**. Das gleiche gilt für die **Resultate** von Programmen nach deren Beendigung.

Weiter muß bestimmt werden, bei welcher Adresse der lokale Rechenspeicherbereich beginnt, der der gerade aktivierten, virtuellen Maschine zugewiesen werden soll. Diese Angabe ist zum Setzen von ν notwendig. Hierzu muß das Ende des Speicherraumes der unmittelbar zuvor aktiven Maschine bekannt sein. An diese Grenze schließt sich der Speicherbereich der soeben aktivierten Maschine an.

Hierzu bedarf es einer Verwaltung des bereits *reservierten* und somit auch des *noch nicht reservierten* Speicherbereiches. Zu diesem Zweck benutzen wir das Register τ. Der Inhalt dieses Registers zeigt auf das Ende der Speicherzone des Rechenspeichers, die dem aktiven Programm zugeordnet ist. Etwas formaler: Die Speicherzellen $\mathrm{P}[\tau+1 : M]$ sind noch keinem aktivierten Programm zugeordnet.

Die "untere" Speichergrenze eines ***aktiven*** Programmes ist im Gegensatz zu seiner "oberen" Speichergrenze eine flexible Grenze, die nach "unten" verschoben werden kann, sobald das aktive Programmm zusätzlichen Speicherplatz benötigt. Wird die Grenze beim Verlassen des gerade aktiven Programmes nach "oben" verschoben, so kommt dies der Freigabe belegten Speicherplatzes gleich. Dies erfolgt in einfacher Weise durch Manipulation des P-Speicherende-Zeigers.

Wir führen einen besonderen Speicher ein, der alle Informationen enthält, die zur Verwaltung der aktivierten Programme notwendig sind. Aus dem Ablauf der Aktivierung, Reaktivierung und Desaktivierung von Programmen und dem Wachsen und Schrumpfen der Aufruffolge ersieht man, daß man hierbei mit einem sehr speziellen Speicher auskommt: Ein unmittelbarer Zugriff ist stets nur auf die Nachrichten und Registerinhalte der noch aktiven oder der gerade desaktivierten virtuellen Maschine erforderlich. Ersteres beim Aufruf, letzteres bei der Beendigung eines Programmes.

Das heißt, daß wir diese Daten wie einen Aktenstapel bearbeiten, von dem stets nur die oberste Akte bearbeitet wird und auf den die Neuzugänge von oben her abgelegt werden. Man nennt dieses Verarbeitungsprinzip **Last In First Out**. Abgekürzt wird es als *LIFO-Prinzip* bezeichnet. Dieses Speicherprinzip wurde zuerst von F.L. Bauer und K. Samuelson eingeführt und damals als **Kellerspeicher** bezeichnet.

Bevor wir diesen Speicher im einzelnen definieren, holen wir die angekündigte *Präzisierung* der *Programmschachtelung* nach. Hierzu gehört auch die Definition des *syntaktisch korrekten Maschinenprogrammes* mit Unterprogrammen. Diesem Zweck dienen die folgenden beiden Abschnitte.

2.3.3 Dycksprachen und Klammerausdrücke

Seien X und $\overline{X}$ endliche Mengen, und es sei eine Relation τ zwischen X und $\overline{X}$ gegeben, die folgende Bedingungen erfüllt:

1.) $X \cap \overline{X} = \emptyset$.

2.) Zu jedem $x \in X$ gibt es ein $\overline{x} \in \overline{X}$ mit $(x, \overline{x}) \in \tau$.

3.) Zu jedem $\overline{x} \in \overline{X}$ gibt es ein $x \in X$ mit $(x, \overline{x}) \in \tau$.

4.) Weiter sei T eine beliebige Menge mit $T \cap X = T \cap \overline{X} = \emptyset$.

Wir betrachten nun eine Teilmenge $D = D(X, \overline{X}, \tau, T)$ von $(X \cup \overline{X} \cup T)^*$, die wir als Klammerausdrücke mit Klammern aus $X \cup \overline{X}$ auffassen. (x, y) bildet genau dann ein Klammerpaar, wenn $(x, y) \in \tau$ ist. Die Elemente von T sind vorerst unbestimmte "Füllsel", über die wir später geeignet verfügen werden. Wir definieren nun:

Definition 2.17 *D ist eine* **allgemeine Dycksprache** *mit Klammern* $(X, \overline{X}, \tau)$ *und Füllsel aus T, falls die Bedingungen* (D1), (D2), (D3) *und* (D4) *erfüllt sind.*

(D1) $T^* \subset D$.

(D2) *Sind* $u, v \in D$, *dann ist auch* $u \cdot v \in D$.

(D3) *Ist* $u \in D$ *und* $(x, \overline{x}) \in \tau$, *dann gilt* $x \cdot u \cdot \overline{x} \in D$.

(D4) *D ist die kleinste Teilmenge von* $(X \cup \overline{X} \cup T)^*$, *die diese Eigenschaft besitzt.* ■

Die Charakterisierung "kleinste Teilmenge" mit einer bestimmten Eigenschaft E besagt, daß es sich um den Durchschnitt aller Teilmengen mit dieser Eigenschaft handelt.

Man kann (D1), (D2) und (D3) verwenden, um die Menge D zu konstruieren. Beginnend mit einem Wort $w_0 \in T^*$ wird in jedem der darauffolgenden Schritte entweder aus bereits konstruierten Elementen in D unter Anwendung von (D2) bzw. (D3) ein neues Element in D erzeugt oder gemäß (D1) ein Füllselwort aus T^* bereitgestellt.

w liegt also genau dann in D, wenn es eine Folge $w_0, w_1, \ldots, w_n$ gibt, so daß $w_0 \in T^*$, $w_n = w$ sind und für $i = 0, \ldots, n$ das Wort w_i aus w_j bzw. aus w_k, w_j $(k, j < i)$ durch Anwendung von (D3) bzw. (D2) gewonnen werden kann oder $w_i \in T^*$ ist. Wir nennen $w_0, w_1, \ldots, w_n$ eine **Herleitung** der Länge n von w.

Ist $T = \emptyset$ und τ bijektiv, dann heißt D **Dycksprache**.

Historische Bemerkung Diese Bezeichnung geht auf den Mathematiker Dyck zurück, der sich zu Beginn dieses Jahrhunderts im Zusammenhang mit freien Gruppen dafür interessierte, wie man gleiche Elemente solcher Gruppen durch Anwendung der Regeln

$$x \cdot x^{-1} = x^{-1} \cdot x = \varepsilon$$

ineinander überführen kann. Häufig wird die Menge der Wörter, die man durch diese Rechenregeln in ε überführen kann, als Dycksprache bezeichnet und die von uns oben definierte Sprache als Semi-Dyck-Sprache. Der Grund dafür ist die Möglichkeit, diese Sprachen als Menge der Wörter aus $(X \cup \overline{X})^*$ zu definieren, die man durch Anwendung der Rechenregeln $x \cdot \overline{x} = \varepsilon$ für $x \in X$ in ε überführen kann.

Dycksprachen sind in der Informatik von großer Bedeutung. In der Theorie der Formalen Sprachen kommt dies in Sätzen von N. Chomsky, M. Schützenberger und E. Shamir zum Ausdruck.

Wir betrachten zunächst vier Beispiele:

Beispiel 2.10 Arithmetische Ausdrücke wie

$$w = [(a + b \cdot (a + c)) \cdot a - 3 \cdot b \uparrow 2] .$$

Hier ist $\{[,(\} \subset X$, $\{],)\} \subset \overline{X}$ und $\{a, b, c, 2, 3, +, -, \cdot, \uparrow\} \subset T$. ■

Beispiel 2.11 Funktionale Ausdrücke wie

$$w = f\Big(a \cdot \sin(a + b) \cdot g\big(\cos(a) + 2\big)\Big) .$$

■

Beispiel 2.12 In einigen Programmiersprachen wird zur Kennzeichnung des Prozedurendes anstelle von "**end;**" auch "**return**" geschrieben. So werden Klammerfolgen der Form

begin $\cdots$**begin** $\cdots$**return begin** $\cdots$**return end**

möglich. ■

Beispiel 2.13 Wir betrachten als Alphabet die Menge unserer Maschinenbefehle und setzen $X := \{\mathbf{begin}(h); \mid h \in [0{:}N]\}$, $\overline{X} := \{\mathbf{end}\}$. T ist die Menge der restlichen Befehle und $\tau = X \times \overline{X}$. Die Menge der **syntaktisch korrekten** Maschinenprogramme ist in $\bigcup_{h \in [0:N]} \mathbf{begin}(h)\ D(X, \overline{X}, \tau, T)\ \mathbf{end}$ enthalten. ■

Wir beweisen einige Eigenschaften von Dycksprachen, die zum Verständnis der Unterprogrammorganisation hilfreich sind.

Wir definieren für $w \in (X \cup \overline{X} \cup T)^*$ die Funktion

$$\text{Tiefe}(w, i) \qquad \text{für } i \in \mathbf{Z}.$$

Hierzu setzen wir

$$\text{Tiefe}(w, i) \quad := \quad 0 \qquad \text{für } i \leq 0,$$

und

$$\text{Tiefe}(w, i) \quad := \quad \begin{cases} \text{Tiefe}(w, i-1) & \text{falls } w(i) \in T \\ \text{Tiefe}(w, i-1) + 1 & \text{falls } w(i) \in X \\ \text{Tiefe}(w, i-1) - 1 & \text{falls } w(i) \in \overline{X} \end{cases}$$

für $i = 1, 2, \ldots, |w|$, sowie

$$\text{Tiefe}(w, i) \quad := \quad \text{Tiefe}(w, |w|) \qquad \text{für } i > |w|.$$

Dadurch ist Tiefe(w, i) wohldefiniert, denn wir haben X, $\overline{X}$, T als disjunkte Mengen vorausgesetzt.

Beispiel 2.14 Betrachten wir nun die Funktion Tiefe(w, i) für das Beispiel

$$w = [a(b + c(a + b)(a + [a + b]c)) + a]c\,.$$

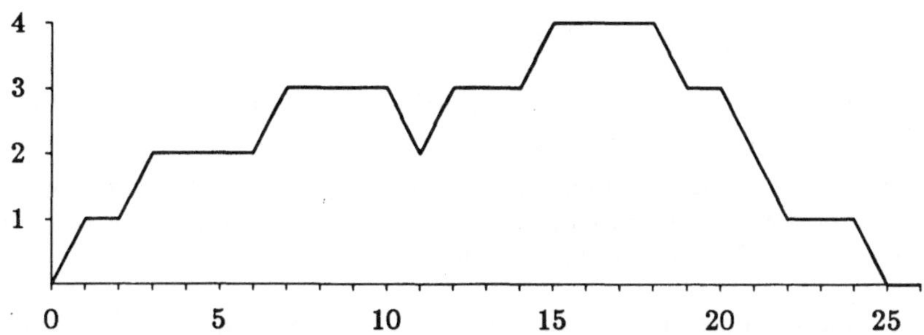

Abbildung 2.8: *Graphische Darstellung für Tiefe(w, i) in Beispiel 2.14*

Wir stellen Tiefe(w, i) in einem Koordinatensystem dar, indem wir in der Abbildung 2.8 i horizontal, die Tiefe vertikal abtragen, und die Punkte des Funktionsgraphen durch eine dick gezogene Linie verbinden. ■

So erhalten wir ein "Gebirge", das von dem Züricher Mathematiker Rutishauser im Zusammenhang mit der ersten automatischen Formelübersetzung betrachtet wurde. Er hat die Auswertung von Formeln an den "Berggipfeln" begonnen, wobei ihn die Funktion Tiefe(w, i) leitete. Den Übersetzer schrieb der italienische Mathematiker Böhm in Zürich. Die Methode wurde später von F.L. Bauer und K. Samuelson in einen eleganten Algorithmus umgesetzt, der zum Vorbild einer wichtigen Maschinenklasse wurde, nämlich der Klasse der **Kellerautomaten** oder **Push-Down-Automaten**. Wir kommen bald hierauf zurück.

2.3.3.1 Analyse von Klammerausdrücken

Die jeweilige Höhe des "Klammergebirges" bringt die **Schachtelungstiefe** der Formel zum Ausdruck. Ist Tiefe$(w, i) = m$, dann ist $w(i) \in T$ von m Klammerpaaren eingeschlossen. Der Schachtelungstiefe verdankt unsere Funktion auch ihre Bezeichnung.

Wir haben Tiefe(w, i) für $i \in \mathbf{Z}$ und nicht nur für $i \in [0 : |w|]$ definiert, um eine einfache Formulierung der folgenden Lemmata zu ermöglichen. Zu deren Beweis sind die Beziehungen

$$\text{Tiefe}(w, i) = \text{Tiefe}(w_1 \cdot \ldots \cdot w_j, i) \quad \text{für } 1 \leq i \leq j \leq |w|$$

und

$$\text{Tiefe}(wa, |wa|) = \text{Tiefe}(w, |w|) + \text{Tiefe}(a, 1) \quad \text{für } a \in X \cup \overline{X} \cup T$$

nützlich, deren Gültigkeit man unmittelbar aus der Definition der Funktion Tiefe folgert.

Lemma 2.15 *Für $u, v \in (X \cup \overline{X} \cup T)^*$ und $i \in \mathbf{Z}$ gilt:*

$$\mathit{Tiefe}(uv, i) \;=\; \mathit{Tiefe}(u, i) + \mathit{Tiefe}(v, i - |u|).$$

Beweis: Wir wählen $u \in (X \cup \overline{X} \cup T)^*$ beliebig, aber fest. Den Beweis führen wir durch vollständige Induktion nach $|v|$.

Für $|v| = 0$ ist unsere Behauptung trivial, denn $\text{Tiefe}(\varepsilon, i) = 0$ für $i \in \mathbf{Z}$. Sei also die Behauptung für alle v mit $|v| \leq n$ bewiesen. Wir betrachten ein v mit $|v| = n$ sowie ein $a \in X \cup \overline{X} \cup T$ und bilden $\text{Tiefe}(uva, i)$.

Nach Induktionsannahme können wir für $i \leq |uv|$, d.h. $i - |u| \leq |v|$, folgern:

$$\begin{aligned}
\text{Tiefe}(uva, i) \;=\; \text{Tiefe}(uv, i) &= \text{Tiefe}(u, i) + \text{Tiefe}(v, i - |u|) \\
&= \text{Tiefe}(u, i) + \text{Tiefe}(va, i - |u|).
\end{aligned}$$

Für $i = |uv| \geq |u|$, d.h $i - |u| = |v|$, schließt man aus der Induktionsannahme

$$\begin{aligned}
\text{Tiefe}(uva, i+1) &= \text{Tiefe}(uv, i) + \text{Tiefe}(a, 1) \\
&= \text{Tiefe}(u, i) + \text{Tiefe}(v, i - |u|) + \text{Tiefe}(a, 1) \\
&= \text{Tiefe}(u, i+1) + \text{Tiefe}(va, i - |u| + 1).
\end{aligned}$$

Für $i > |uva|$ folgt die Behauptung aus der letzten Gleichung. ■

Lemma 2.16 *Ist $w \in D$, dann ist*

$$\mathit{Tiefe}(w, i) \geq 0 \quad \textit{für } i \in \mathbf{Z} \quad \textit{und} \quad \mathit{Tiefe}(w, |w|) = 0.$$

Beweis: Wir argumentieren induktiv nach der Länge der Herleitungen der Elemente aus D.

Existiert für $w \in D$ eine Herleitung der Länge 0, so ist $w \in T^*$. In diesem Fall ist $\text{Tiefe}(w, i) = 0$ für $i \in \mathbf{Z}$.

Sei das Lemma für alle Wörter mit Herleitungen der Länge $< n$ bewiesen. $w \in D$ besitze eine Herleitung der Länge n. Wir nehmen eine Fallunterscheidung danach vor, welche der beiden Konstruktionsvorschriften (D2) oder (D3) im letzten Herleitungsschritt zur Erzeugung von w_n angewendet wurde. Ist $w_n \in T^*$, so greift die Induktionsverankerung.

FALL (D2): Hier dürfen wir annehmen, daß es eine Zerlegung $w = u \cdot v$ mit $u, v \in D$ gibt, so daß u und v Herleitungen der Länge $< n$ besitzen. Wir wenden das vorige Lemma an und erhalten für alle $i \in \mathbf{Z}$ nach Induktionsannahme

$$\begin{aligned} \text{Tiefe}(w,i) &= \underbrace{\text{Tiefe}(u,i)}_{\geq 0} + \underbrace{\text{Tiefe}(v,i-|u|)}_{\geq 0} \geq 0, \\ \text{Tiefe}(w,|w|) &= \text{Tiefe}(u,|u|) + \text{Tiefe}(v,|v|) = 0. \end{aligned}$$

FALL (D3): Es sei $w = xv\overline{x}$ mit $(x,\overline{x}) \in \tau$ und $v \in D$. Auch v besitzt eine Ableitung der Länge $< n$. Wir wenden wieder das Lemma 2.15 an und haben somit für alle $i \in \mathbf{Z}$ nach Induktionsannahme

$$\begin{aligned} \text{Tiefe}(xv\overline{x},i) &= \underbrace{\text{Tiefe}(x,i) + \text{Tiefe}(\overline{x},i-|v|-1)}_{\geq 0} + \text{Tiefe}(v,i-1) \quad \geq 0 \\ \text{Tiefe}(xv\overline{x},|xv\overline{x}|) &= 1 + \text{Tiefe}(v,|v|) - 1 = 0. \end{aligned}$$

■

Das Beispiel 2.14 läßt vermuten, daß man an dem Klammergebirge erkennen kann, welche Teilwörter v von w selbst in D liegen. Um diese Vermutung bestätigen zu können, beweisen wir die folgenden Lemmata.

Lemma 2.17 *Ist $u = xvy \in D$ und Tiefe$(u,i) \geq 1$ für $1 \leq i < |u|$, dann ist $(x,y) \in \tau$ und $v \in D$.*

Beweis: Tiefe$(u,1) = 1$ ist gleichbedeutend mit $x \in X$. Aus Tiefe$(u,|u|-1) > 0$ und Tiefe$(u,|u|) = 0$ folgt $y \in \overline{X}$. Es gibt keine Zerlegung $u = v_1 \cdot v_2$ von u mit $v_1, v_2 \in D - \{\varepsilon\}$, da sonst Tiefe$(u,|v_1|) =$ Tiefe$(v_1,|v_1|) = 0$ und $1 \leq |v_1| < |u|$ wäre. Darum kommt als letzter Herleitungsschritt für $u \in D$ nur (D3) in Frage, woraus die Aussage des Lemmas folgt. ■

Lemma 2.18 *Es sei $w \in D$ und $w = v_1 \cdot u \cdot v_2$ eine Zerlegung von w.*
Es ist $u \in D$ genau dann, wenn gilt:

$$\mathit{Tiefe}(w,|v_1|) = \mathit{Tiefe}(w,|v_1 u|)$$

und

$$\mathit{Tiefe}(w,i) \geq \mathit{Tiefe}(w,|v_1|) \quad \textit{für } |v_1| < i < |v_1 u|.$$

Beweis: Wir beweisen zunächst, daß man aus $u \in D$ die genannten Eigenschaften der Tiefe von w folgern kann.

Durch Anwendung von Lemma 2.15 erhalten wir

$$\text{Tiefe}(w,i) = \text{Tiefe}(v_1,|v_1|) + \text{Tiefe}(u,i-|v_1|) \quad \text{für } |v_1| \leq i \leq |v_1 u|.$$

Hieraus folgt wegen $u \in D$ und Lemma 2.16

$$\begin{aligned} \text{Tiefe}(w,i) - \text{Tiefe}(v_1,|v_1|) &= \text{Tiefe}(u,i-|v_1|) \geq 0 \text{ für } |v_1| \leq i \leq |v_1 u| \\ \text{Tiefe}(w,|v_1 u|) - \text{Tiefe}(v_1,|v_1|) &= \text{Tiefe}(u,|u|) = 0. \end{aligned}$$

Die Umkehrung zeigen wir durch Induktion nach der Länge der Herleitung von w. Die Induktionsverankerung ist hierbei trivial, da $\text{Tiefe}(w,i) = 0$ für $i \in \mathbf{Z}$ und $w \in T^*$.

Betrachten wir wieder die Herleitungsschritte (D2) und (D3).

FALL (D2): Es liegt eine Zerlegung $w = w_1 w_2$ mit $w_1, w_2 \in D$ vor. Wir unterscheiden nun, ob u ein Teilstring von w_1 bzw. w_2 ist oder ob u durch die Zerlegung aufgeteilt wird.

1.) Ist w_1 Präfix von v_1, dann gibt es v_1' mit $w_2 = v_1' u v_2$. Die Induktionsvoraussetzung bezüglich w_2 und $\text{Tiefe}(w,i) = \text{Tiefe}(w_2, i-|w_1|)$ liefern das Ergebnis $u \in D$.

2.) Ist w_2 Suffix von v_2, d.h. $w_1 = v_1 u v_2'$, so wenden wir die Induktionsvoraussetzung auf w_1 an, um $u \in D$ zu erhalten.

3.) Andernfalls gibt es eine Zerlegung $u = u_1 u_2$ mit $u_1, u_2 \neq \varepsilon$, so daß $w_1 = v_1 u_1$ und $w_2 = u_2 v_2$ ist.

Nach Lemma 2.16 wissen wir: $\text{Tiefe}(w_1, |w_1|) = 0$. Da w die Voraussetzungen des Lemmas erfüllt, gilt $\text{Tiefe}(w_1, i) = \text{Tiefe}(w,i) \geq \text{Tiefe}(w,|v_1|) = \text{Tiefe}(w_1,|v_1|) \geq 0$ für $|v_1| \leq i \leq |w_1|$. Insbesondere liefert $i = |w_1| > |v_1|$, daß $\text{Tiefe}(w_1,|v_1|) = 0$. Dies bedeutet, wir können auf $w_1 = v_1 \cdot u_1 \cdot \varepsilon$ die Induktionsvoraussetzung anwenden, die $u_1 \in D$ ergibt.

Mit Hilfe der Beziehung $\text{Tiefe}(w_2, j) = \text{Tiefe}(w, j + |w_1|)$ zeigt man in analoger Weise, daß $w_2 = \varepsilon \cdot u_2 \cdot v_2$ die Voraussetzungen der Behauptung erfüllt. Wir benutzen die Induktionshypothese und erhalten $u_2 \in D$, woraus insgesamt $u \in D$ folgt.

FALL (D3): Wir haben also $w = xvy$ mit $v \in D$ und $(x,y) \in \tau$. U.a. ist dann $\text{Tiefe}(w,i) > 0$ für $0 < i < |w|$.

Ist $v_1 = \varepsilon$, so folgt hieraus wegen $\text{Tiefe}(w,|v_1 u|) = \text{Tiefe}(w,|v_1|) = 0$ auch $v_2 = \varepsilon$. Ist nun umgekehrt $v_2 = \varepsilon$, so gilt $0 = \text{Tiefe}(w,|w|) = \text{Tiefe}(w,|v_1 u|) = \text{Tiefe}(w,|v_1|)$. Also ist auch $v_1 = \varepsilon$. Beide Male ist $u = w \in D$.

Sei also $v_1 = xv_1' \neq \varepsilon$, $v_2 = v_2' y \neq \varepsilon$ und $v = v_1' u v_2'$. Man folgert für $|v_1'| \leq i \leq |v_1' u|$: $\text{Tiefe}(v,i) = \text{Tiefe}(w,i+1) - 1 \geq \text{Tiefe}(w,|v_1|) - 1 = \text{Tiefe}(v,|v_1'|)$ und $\text{Tiefe}(v,|v_1' u|) = \text{Tiefe}(w,|v_1 u|) - 1 = \text{Tiefe}(w,|v_1|) - 1 = \text{Tiefe}(v,|v_1'|)$. Nach Induktionsvoraussetzung ist $u \in D$. ■

Satz 2.19 *Ein Wort $w \in (X \cup \overline{X} \cup T)^*$ ist genau dann in D, wenn die folgenden Bedingungen erfüllt sind.*

1.) Tiefe$(w,i) \geq 0$ für $i \in \mathbf{Z}$ und Tiefe$(w,|w|) = 0$.

2.) Ist $w = v_1 \cdot u \cdot v_2$ und ist

$$\begin{array}{rcll} \text{Tiefe}(w,|v_1|) & = & \text{Tiefe}(w,|v_1 u|), & \\ \text{Tiefe}(w,i) & > & \text{Tiefe}(w,|v_1|) & \text{für } |v_1| < i < |v_1 u|, \end{array}$$

dann gibt es eine Zerlegung $u = x \cdot \tilde{u} \cdot y$ mit $(x,y) \in \tau$.

Beweis: Nehmen wir zunächst an, daß $w \in D$ ist.

1.) folgt unmittelbar aus Lemma 2.16. Die Eigenschaft 2.) folgt, indem man $u \in D$ aus dem vorigen Lemma 2.18 und weiter $(x,y) \in \tau$ aus Lemma 2.17 schließt.

Die andere Richtung des Satzes beweisen wir induktiv nach $|w|$. Wir setzen also voraus, daß w die beiden Bedingungen erfüllt. Für $|w| = 0$ ist der Satz trivial. Es sei also $|w| = n > 0$ und der Satz für alle $v \in (X \cup \overline{X} \cup T)^*$ mit $|v| < n$ bewiesen.

Wir betrachten zunächst den speziellen Fall: Tiefe$(w,i) > 0$ für $1 \leq i < |w|$. In diesem Fall ist $|w| \geq 2$. Ist $w = x_1 u_1 y_1$, so ist $|u_1| < |w| = n$. Setzen wir $v_1 = \varepsilon$ und $v_2 = \varepsilon$ in 2.), so folgt, daß $(x_1, y_1) \in \tau$ ist. Wir wollen auf den Faktor u_1 die Induktionshypothese anwenden. Diese liefert dann $u_1 \in D$, woraus sich das Resultat $w \in X \cdot D \cdot \overline{X} \subset D$ ergibt. Wir müssen also zeigen, daß u_1 die Bedingungen 1.) und 2.) erfüllt, wenn w sie erfüllt.

Wegen $(x_1, y_1) \in \tau$ ist die Gültigkeit der ersten Bedingung bezüglich u_1 im vorliegenden speziellen Fall evident. Nach Lemma 2.15 schließen wir weiterhin Tiefe$(w,i+1)$ = Tiefe$(u_1,i) + 1$ für $1 \leq i \leq |u_1|$.
Erfüllt u_1 die Voraussetzungen über die Tiefe-Funktion in der zweiten Bedingung bezüglich der Zerlegung $u_1 = v_1' w_1 v_2'$, so erfüllt sie auch w bezüglich der Zerlegung $w = v_1 w_1 v_2$ mit $v_1 = x_1 v_1'$ und $v_2 = v_2' y_1$, wie man nun leicht nachrechnet. Hieraus folgt $\big(w_1(1), w_1(|w_1|)\big) \in \tau$, was zu zeigen ist.

Wir gehen über zum allgemeinen Fall: Tiefe$(w,i) \geq 0$ für $i \in \mathbf{Z}$. Hierbei setzen wir $m := \min\{i \in \mathbf{N} \mid \text{Tiefe}(u,i) = 0\} \leq |w|$.
Dann betrachten wir die Zerlegung $w = w_1 \cdot w_2$ mit $|w_1| = m$. w_1 erfüllt offensichtlich 1.) und 2.), da w sie erfüllt. Es ist entweder $w_1 \in T^* \subset D$ oder $w_1 \in XD\overline{X} \subset D$ aufgrund der Behandlung des speziellen Falles. Nun betrachten wir w_2. w_2 erfüllt ebenfalls 1.) und 2.) und ist kürzer als w. Induktiv schließen wir nun $w_2 \in D$ und insgesamt $w \in D$. ∎

Korollar 2.20 *Ist $w = v_1 u v_2 \in D$ und ist $u \in D$, dann ist auch $v_1 v_2 \in D$.*

Beweis: Aufgrund unseres Satzes wissen wir, daß w und u die Bedingungen 1.) und 2.) erfüllen. Dann rechnet man leicht nach, daß auch $v_1 v_2$ die beiden Bedingungen in Satz 2.19 erfüllt. Nach nochmaliger Anwendung des Satzes folgt die Behauptung. ∎

Korollar 2.21 *Sei $w = u \cdot v \in D$. Es ist $u \in D$ genau dann, wenn $v \in D$ ist.*

Beweis: Wähle in Korollar 2.20 $v_1 = \varepsilon$ bzw. $v_2 = \varepsilon$. ∎

Wandelt man die Charakterisierung von D, die Satz 2.19 liefert, in einen Algorithmus um, so erhält man ein einfaches Verfahren, das zu gegebenem $w \in (X \cup \overline{X} \cup T)^*$ entscheidet, ob w in D liegt. Dieses Problem ist auch als Wortproblem für allgemeine Dycksprachen bekannt.

Wieviel Rechenzeit bzw. Speicherplatz benötigt der Algorithmus zur Entscheidung dieser Frage? Er kommt mit einer Speicherkapazität von höchstens $c_1 \cdot \log_2(|w|)$ Speicherplätzen aus, wobei $c_1 > 0$ eine (kleine) Konstante ist, die von der Größe des Alphabets, d.h. der verwendeten Kodierung der Klammern, und der Zahlendarstellung des Maschinenmodells abhängt. Hierbei zählt man nicht die Speicherplätze, die zur Eingabe des Wortes w vor dem Start des Programmes nötig sind. Die Rechenzeit ist kleiner gleich $c_2 \cdot |w|^2$ mit einer Konstanten $c_2 > 0$ (siehe Aufgabe 2.18).

Das Korollar 2.20 zeigt, daß man den Nachweis von $w \in D$ auch auf andere Weise erbringen kann. Man löscht zunächst alle Elemente aus T. Dies ist offensichtlich ein Monoidhomomorphismus. Anschließend ersetzt man benachbarte Alphabetelemente x, y im Wort w durch ε, falls $(x, y) \in \tau$ ist. Man "kürzt" also benachbarte Alphabetelemente x, y, falls sie korrespondierende Klammern bilden (siehe Beispiel 1.8 auf Seite 33). Dies bedeutet, man rechnet formal mit den Rechenregeln

$$t = \varepsilon \quad \text{für } t \in T \qquad \text{und} \qquad x \cdot y = \varepsilon \quad \text{für } (x, y) \in \tau.$$

Hieraus folgen die nachstehenden Korollare.

Korollar 2.22 *D ist die Menge der Wörter in $(X \cup \overline{X} \cup T)^*$, die mittels obigen Rechenregeln auf ε gekürzt werden können.* ∎

Korollar 2.23

a) D ist ein Untermonoid von $(X \cup \overline{X} \cup T)^*$.

b) D ist ein freies Monoid mit $E := (X \cdot D \cdot \overline{X} \cap D) \cup T$ als freiem Erzeugendensystem, d.h. D und E^* sind isomorphe Monoide. ∎

Das Korollar 2.23 besagt u.a., daß jedes allgemeine Dyckwort eine eindeutige Zerlegung in Faktoren aus E besitzt. Wir dürfen also für $u \in D$ eine "Länge" – nämlich die Anzahl der Faktoren aus E – definieren

$$|u|_D = k \;:\Longleftrightarrow\; \text{Es gibt } u_1, \ldots, u_k \in E \text{ mit } u = u_1 \cdot \ldots \cdot u_k.$$

Da E ein freies Erzeugendensystem ist, ist $|u|_D$ für alle $u \in D$ eindeutig definiert.

Wenn es aus dem Kontext zweifelsfrei ersichtlich ist, schreiben wir auch

$$u(i)_D = u_i \quad \text{für } i = 1, \ldots, k.$$

Der Index D gibt an, worauf sich das Längenmaß bezieht.

2.3.3.2 Listen und Programme

Wie Beispiel 2.13 schon gezeigt hat, sind unsere Maschinenprogramme Elemente aus

$$\mathcal{L} := X \cdot D \cdot \overline{X} \cap D.$$

Der Buchstabe $\mathcal{L}$ leitet sich von Liste her. Man kann diese Elemente auch als eine rekursive Struktur von Listen auffassen, wie dies z.B. in der Programmiersprache **LISP** geschieht. Uns interessieren die Elemente von $\mathcal{L}$ in besonderem Maße.

Ist $u \in \mathcal{L}$, dann definieren wir

$$\text{Schale}(u) := \Big(u(1), u\left(|u|\right) \Big)$$

und

$$\text{Kern}(u) := u(2) \cdot \ldots \cdot u\left(|u| - 1\right).$$

Wir haben somit die Liste u in die zwei Teile Schale$(u) \in \tau$ und Kern$(u) \in D$ aufgetrennt.

Weiter setzen wir

$$\|u\| := |\text{Kern}(u)|_D$$

und

$$u[i] := \begin{cases} u(1) & \text{für } i = 0, \\ u\left(|u|\right) & \text{für } i = \|u\| + 1, \\ v(i)_D & \text{für } v = \text{Kern}(u) \text{ und } 1 \leq i \leq \|u\|. \end{cases}$$

Es gilt also

- $u = u[0] \cdot u[1] \cdot \ldots \cdot u[\|u\|] \cdot u[\|u\|+1]$.
- $\text{Schale}(u) = \big(u[0], u[\|u\|+1]\big)$.
- $u[i]$ ist der i-te Faktor der Zerlegung von $\text{Kern}(u)$ in Faktoren aus $E = \mathcal{L} \cup T$.

Wir betrachten das

Beispiel 2.15 Es sind $X := \{ [, (\}$, $\overline{X} := \{],) \}$ und τ so, wie man es im Rechenalltag gewohnt ist. Zudem sind $a, b, c, d \in T$. Als Wort $u \in \mathcal{L}$ wählen wir

$$u = \Big[(abc) \cdot b \cdot ((cda))\Big]$$

Man sieht, daß $\|u\| = 3$ und $u[0] = \Big[$, $u[1] = (abc)$, $u[2] = b$, $u[3] = \big((cda)\big)$, $u[4] = \Big]$. ■

Wir definieren weiter für $u[i] \in \mathcal{L}$:

$$u[i,j] := u[i][j] \quad \text{für } 0 \leq j \leq \big\|u[i]\big\| + 1.$$

In unserem Beispiel ist $u[1,3] = c$, $u[1,0] = ($, $u[3,1] = (cda)$, $u[3,2] =)$ und $u[0,1]$, $u[1,5]$, $u[2,0]$, $u[3,6]$ sind undefiniert .

Allgemein definieren wir für $u \in \mathcal{L}$:

Ist $u[i_1, i_2, \ldots, i_k] \in \mathcal{L}$ und $k \in \mathbf{N}$, dann ist

$$u[i_1, i_2, \ldots, i_k, j] \;:=\; u[i_1, i_2, \ldots, i_k][j] \quad \text{für } 0 \leq j \leq \|u[i_1 \ldots, i_k]\| + 1.$$

Ist $k = 0$, so vereinbaren wir

$$u[i_1, i_2, \ldots, i_k] \;:=\; u.$$

Wir bezeichnen die Menge

$$\mathcal{S}(u) \;:=\; \{\, (i_1, \ldots, i_k) \in \mathbf{N}_0^k \mid k \in \mathbf{N}_0 \text{ und } u[i_1, \ldots, i_k] \text{ ist definiert } \}$$

als die **Selektormenge** zu u.
Jeder Selektor $s \in \mathcal{S}(u)$ adressiert eine "Unterliste" von u, nämlich die Liste $u[s]$.

Wir veranschaulichen uns die formalen Beschreibungen durch einen Baum, der den Aufbau der Liste u für unser Beispiel 2.15 widerspiegelt (Abbildung 2.9).

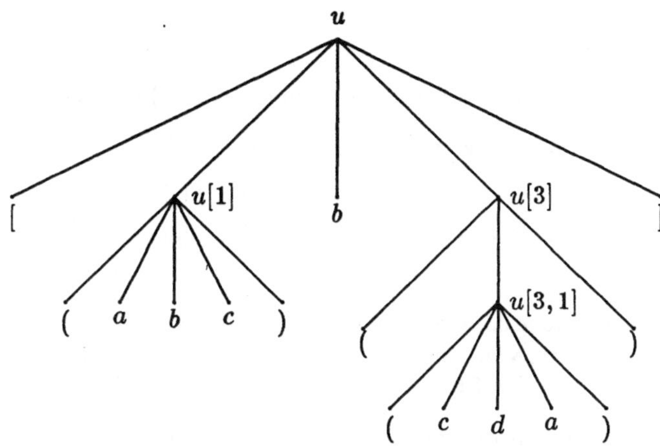

Abbildung 2.9: *Strukturbaum einer Liste*

Die Blätter des Strukturbaumes sind mit Zeichen aus $X \cup \overline{X} \cup T$ beschriftet. Die inneren Knoten des Baumes repräsentieren Listen aus $\mathcal{L}$.

Der Baum besteht aus $|u|$ Blättern und so vielen inneren Knoten, wie es Selektoren $s \in \mathcal{S}(u)$ mit $u[s] \in \mathcal{L}$ gibt. Jeder Selektor $s \in \mathcal{S}(u)$ beschreibt also einen Pfad von der Wurzel u zum Knoten $u[s]$ in unserem Baum. Der Pfad wählt den Unterbaum aus, der am Endknoten des Pfades hängt.

Wir ordnen nun jeder "Unterliste" $u[i_1, \ldots, i_k] \in \mathcal{L} \cup T$ von $u \in \mathcal{L}$ eine "Adresse" zu. In Anlehnung an den Begriff "Adresse eines Programmes im Programmspeicher" wollen wir darunter die Anfangsposition der entsprechenden "Unterliste" $u[i_1, \ldots, i_k]$ in der Liste u verstehen.
Wir setzen zunächst

$$\mathrm{Adr}(u,i) := \begin{cases} 1 & \text{für } i = 0, \\ |u[1] \cdot \ldots \cdot u[i-1]| + 2 & \text{für } 0 < i \leq \|u\|, \\ |u| & \text{für } i = \|u\| + 1, \end{cases}$$

worin $i \in \mathbf{N}_0 \cap \mathcal{S}(u)$ ist.

Ist $s = (i_1, \ldots, i_k) \in \mathcal{S}(u)$, dann definieren wir für $k > 0$

$$\mathrm{Adr}(u, i_1, \ldots, i_k) \quad := \quad \mathrm{Adr}(u, i_1, \ldots, i_{k-1}) + \mathrm{Adr}(u[i_1, \ldots, i_{k-1}], i_k) - 1$$

und für k=0

$$\mathrm{Adr}(u, i_1, \ldots, i_k) \quad := \quad 1\,.$$

Damit ist $\mathrm{Adr}(u, s)$ induktiv für alle $u \in \mathcal{L}$ und $s \in S(u)$ definiert.

Man sieht leicht ein, daß für alle $s = (i_1, \ldots, i_k) \in S(u)$

$$\mathrm{Tiefe}(u, \mathrm{Adr}(u, s)) = \begin{cases} k+1 & \text{für } u[s] \in \mathcal{L} \\ k & \text{für } u[s] \in X \cup T \\ k-1 & \text{für } u[s] \in \overline{X} \end{cases}$$

ist. Übersetzt man die Aussage in die Baumdarstellung, so entspricht die Anzahl der Klammerpaare, von denen die "Unterliste" $u[s] \in \mathcal{L} \cup T$ in der Liste u umgeben ist, der Länge des Pfades s von der Wurzel u zu $u[s]$.

Entspricht nun die Definition der Funktion "Adr" auch der angedeuteten Intuition? Um dies zu überprüfen, beweisen wir das folgende Lemma.

Lemma 2.24 *Für alle* $(i_1, \ldots, i_k) \in S(u)$ *mit* $k > 0$ *gilt:*

$$Adr(u, (i_1, \ldots, i_k)) = 1 + \sum_{l=0}^{i_1-1} |u[l]| + \sum_{l=0}^{i_2-1} |u[i_1, l]| + \cdots + \sum_{l=0}^{i_k-1} |u[i_1, \ldots, i_{k-1}, l]|.$$

Beweis: Wir führen den Beweis durch Induktion nach k. Für $k = 1$ ergibt sich die Behauptung unmittelbar aus der Definition der Funktion Adr und $|u[0]| = \big|u\big[\|u\|+1\big]\big| = 1$.

Nach Definition und Induktionsvoraussetzung gilt für $k > 1$

$$\begin{aligned} \mathrm{Adr}(u, (i_1, \ldots, i_k)) &= \mathrm{Adr}(u, i_1, \ldots, i_{k-1}) + \mathrm{Adr}(u[i_1, \ldots, i_{k-1}], i_k) - 1 \\ &= 1 + \sum_{l=0}^{i_1-1} |u[l]| + \cdots + \sum_{l=0}^{i_{k-1}-1} |u[i_1, \ldots, i_{k-2}, l]| + \\ &\quad 1 + \sum_{l=0}^{i_k-1} \Big|u[i_1, \ldots, i_{k-1}][l]\Big| - 1. \end{aligned}$$

■

Wie man aus dem Lemma ersieht, ist die Menge $[1 : |u|]$ der Wertebereich von $\mathrm{Adr}(u)$. Die Funktion ist nicht injektiv, denn es gilt für ein festes $u \in \mathcal{L}$ und für $1 \le i \le |u|$

$$\#\mathrm{Adr}_u^{-1}(i) = \begin{cases} 1 & \text{falls } u(i) \in T \cup \overline{X} \\ 2 & \text{falls } u(i) \in X\,. \end{cases}$$

Ist man darauf angewiesen, von der Adresse in eindeutiger Weise auf den Selektor dieser Adresse schließen zu müssen, so muß man zusätzlich spezifizieren, ob man den Selektor s mit $u[s] \in \mathcal{L}$ oder $(s, 0)$ mit $u[s, 0] \in X$ wünscht. Insbesondere folgt hieraus $\#S(u) = \#\{u(i) \in X \mid 1 \le i \le |u|\} + |u|$.

2.3.4 Der Kellerautomat oder Push-Down-Automat

Zur Entscheidung des Wortproblems für allgemeine Dycksprachen führen wir einen weiteren Algorithmus vor. Algorithmen dieser Art werden Kellerautomat oder Push-Down-Automat (PDA) genannt. Sie arbeiten nach dem bereits erwähnten *LIFO*-Prinzip.

Wir schildern zunächst das Prinzip:

Ein Sachbearbeiter erhält Akten auf den Tisch. Auf seinem Tisch liegt bereits ein Stapel unerledigter Akten. Jede neu eingehende Akte erledigt er sofort, wenn er dies aufgrund der Informationen tun kann, die die eingegangene Akte selbst und die oberste Akte auf dem Stapel enthalten. Hierbei verwendet er auch sein Gedächtnis, das aber in seinem Umfang als beschränkt angesehen wird. Erledigte Akten verlassen den Tisch. Der Eingang einer Akte kann auch dazu führen, daß die oberste Akte oder der Reihe nach mehrere der obersten Akten des Stapels erledigt werden. Kann die eingegangene Akte aufgrund der zugänglichen Informationen nicht erledigt werden, kommt sie als oberste Akte auf den Stapel.

Natürlich lassen sich nicht alle Sachvorgänge auf diese Weise erfolgreich bearbeiten.

Sehen wir uns die Folge der Zeichen von $u \in (X \cup \overline{X} \cup T)^*$ von links nach rechts fortschreitend an und betrachten das Lesen eines solchen Zeichens als Akteneingang. Dann kann unser Sachbearbeiter (SB) die Frage, ob $u \in D$ ist, nach diesem Verfahren entscheiden.

Der SB beginnt mit einem leeren Tisch und einem leeren Stapel.

Bei Eingang des ersten Zeichens $u(1)$ von u sieht er nach, ob $u(1) \in \overline{X}$ ist. Ist das der Fall, erklärt er den ganzen Vorgang als beendet und berichtet $u \notin D$. Ist $u(1) \in X$, dann kommt $u(1)$ als erstes Element auf den Stapel, denn es ist zwar $u(1) \notin D$, läßt aber eine Fortsetzung zu einem Wort $u \in D$ zu. Ist $u(1) \in T$, dann ist insbesondere $u(1) \in D$. Aufgrund von Korollar 2.21 kann die Akte $u(1)$ vom Tisch genommen werden, da die Entscheidung des gesamten Vorganges nicht mehr von $u(1)$ abhängt. Der Stapel bleibt leer.

Wir nehmen nun an, daß der Vorgang schon i Schritte gelaufen ist und die Zeichen $u(1), \ldots, u(i)$ bereits gelesen sind. Der Stapel enthalte Tiefe(u, i) Elemente, welche allesamt aus X sind. Die neue Akte $u(i+1)$ kommt auf den Tisch.

Der SB setzt seine Arbeit wie folgt fort:

1.) Der SB stellt $u(i+1) \in X$ fest. Er legt $u(i+1)$ auf den Stapel und wartet auf neue Eingänge. Es befinden sich jetzt Tiefe$(u, i+1)$ = Tiefe(u, i) + 1 Elemente im Stapel.

2.) Der SB registriert $u(i+1) \in \overline{X}$. Er liest das oberste Stapelelement y und testet, ob die eingegangene Akte und y korrespondierende Klammern darstellen, d.h. er prüft, ob y die Relation $(y, u(i+1)) \in \tau$ erfüllt.

   Kommt er zu einem positiven Urteil, dann entnimmt er y dem Stapel und sowohl y als auch $u(i+1)$ kommen vom Tisch. Nach unserem Satz hängt die Entscheidung über den Gesamtvorgang nicht von $y \cdot u(i+1)$ ab. Der neue Stapel enthält jetzt Tiefe$(u, i+1) =$ Tiefe$(u, i) - 1$ Elemente.

   Ergibt der Test $(y, u(i+1)) \notin \tau$ oder ist Tiefe$(u, i) = 0$, d.h. der Stapel ist leer, so ist gemäß Satz 2.19 eine Fortsetzung des Vorganges mit dem Ausgang $u \in D$ unmöglich. Deshalb lehnt der SB die weitere Bearbeitung des Vorganges ab.

3.) Der SB konstatiert $u(i+1) \notin X \cup \overline{X}$, d.h. $u(i+1) \in T$. Er entfernt $u(i+1)$ vom Tisch, ohne den Stapel zu verändern. Die endgültige Entscheidung hängt nicht von $u(i+1)$ ab. Wir haben weiterhin Tiefe$(u, i+1) =$ Tiefe(u, i) Elemente im Stapel.

Ist nach Erledigung des letzten Eingangs der Stapel leer, dann ist aufgrund von Satz 2.19 $u \in D$, andernfalls ist $u \notin D$. ■

Nehmen wir an, der SB sei ein ordnungsliebender Angestellter, der über eine Ablage mit Schubfächern zu verfügen wünscht. Wir statten ihn mit Ablagefächern aus, die er auftürmt. Jedes Fach faßt genau eine Akte. Um bei jedem Schritt auf den ersten Blick das Schubfach zu finden, welches das oberste Stapelelement enthält, verwendet er eine Markierung, die er an das entsprechende Fach klebt. Die Markierung wird je nach vorliegendem Fall um ein Fach nach unten bzw. oben versetzt oder bleibt unangetastet.

Nach dem i-ten Rechenschritt ist die Tiefe des Stapels gleich Tiefe(u, i). Der SB benötigt also $\max\{\text{Tiefe}(u, i) \mid 1 \leq i \leq |u|\}$ Schubfächer. Zur Bearbeitung eines Wortes $u \in (X \cup \overline{X} \cup T)^*$ der Länge n reichen in jedem Fall n Fächer aus. Ist $u \in X^*$, so werden sie auch alle belegt werden.
Unser Algorithmus hat nach n Rechenschritten die Antwort gefunden, wenn wir davon ausgehen, daß ein Rechenschritt in der Erledigung eines Falles besteht. Er benötigt linearen Speicher und lineare Zeit in der Länge des Eingabewortes.

Numerieren wir die Fächer der Ablage vom Tisch aufwärts durch, wobei das unterste Fach die Nummer 1 erhält. Liest der SB im i-ten Schritt die Nummer des markierten Faches ab, so registriert er insbesondere die entsprechende Stapeltiefe, die identisch mit Tiefe(u, i) ist. Dies bedeutet in algorithmischer Sprache, er führt einen Tiefe-Zähler mit, der je nach Stapelbewegung inkrementiert oder dekrementiert wird. Nach Ausführung des i-ten Schrittes gibt der Inhalt dieses Zählers Tiefe(u, i) an. Zu Beginn des Vorganges ist der Zähler auf Null zu setzen.

Der SB kann natürlich auch entscheiden, ob $u \in \mathcal{L}$ ist. Dazu muß die obige Arbeitsweise in zwei Punkten modifiziert werden. Er bricht den Vorgang mit negativem Ergebnis ab, wenn $u(1) \notin X$ ist oder der Stapel zwischenzeitlich geleert wird.

Die Wirkungsweise des PDA's basiert auf den beiden Grundoperationen "Ablegen auf den Stapel" und "Entnehmen des obersten Stapelelementes". Für diese beiden Grundoperationen sind die Fachbegriffe **Push-Operation** und **Pop-Operation** reserviert. Man unterscheidet außerdem noch, ob der Stapel lesend angesprochen werden kann, d.h., ob das oberste Stapelelement eingesehen werden kann, ohne daß Pop notwendig ist. In der obigen Anwendung haben wir keinen Gebrauch davon gemacht. Wir werden aber später Realisierungen erläutern, bei denen dies vorgesehen ist.

2.3.5 Syntaktisch korrekte Programme

Damit unsere Maschine die skizzierte Unterprogrammorganisation auch verwalten kann, müssen die Programme gewisse formale Regeln erfüllen. Diese Regeln haben keinen Einfluß auf die eigentliche Bedeutung der Programme, sondern unterstützen die Organisation des Berechnungsablaufes. Sie heißen **syntaktische** Regeln.

Wir verlangen, daß alle Unterprogramme – auch Prozeduren genannt – eines Programmes namens h unmittelbar hinter "**begin**(h);" aufgelistet werden. Dieser Abschnitt nennt sich der **Prozedurteil** des Programmes. Hierauf folgt der **Hauptteil** oder **Anweisungsteil** des Programmes, nämlich die eigentlichen Maschinenbefehle des Programmes h. Im Konzept ohne Unterprogrammtechnik entspricht dieser Teil den Anweisungen, die auf den Befehl "**begin:**" folgten. Die Trennung von Prozedur- und Hauptteil bezweckt, daß wie bisher eine kompakte Struktur des Hauptprogrammes vorliegt, welche die Bearbeitung zur Laufzeit entschieden erleichtert.

Die Namen der Prozeduren stellen **symbolische** Sprungziele bzgl. des Aufrufs der Prozedur dar. Der Begriff "symbolisch" ist dabei folgendermaßen zu verstehen. Das Sprungziel wird nicht – wie bisher – durch explizite Adressen benannt. Die absoluten π-Adressen werden erst durch die genaue Lage des Gesamtprogramms im Programmspeicher bestimmt.

Die eigentliche Berechnung beginnt mit dem ersten Maschinenbefehl des Hauptteiles. Diese Adresse berechnet die Maschine und lädt sie als Basisadresse ins Basisadressenregister μ. Wir schreiben hierbei zwingend vor, daß der Benutzer den *Hauptteil eines Unterprogrammes* – insbesondere die Adreßkomponenten – so abfaßt, als stünde er ab $(\Pi, 0)$ fortlaufend.

2.3.5.1 Syntaxregeln

Wir stellen nun die formale Definition der **Syntax** unserer Programme vor, wobei wir als Klammern bzw. Füllsel folgende Mengen X, $\overline{X}$ und T verwenden:

$$\begin{aligned} X &:= \{\mathbf{begin}(h); \mid h \in [0\colon N]\}, \\ \overline{X} &:= \{\mathbf{end};\}, \\ T &:= \text{Menge der restlichen Maschinenbefehle}, \\ \tau &:= X \times \overline{X}, \\ \mathcal{L} &:= X \cdot D \cdot \overline{X} \subset D. \end{aligned}$$

Weiter setzen wir

$$\text{Name}(\mathbf{begin}(h);) := h$$

und

$$\text{Name}(u) := \text{Name}(u(1)) = \text{Name}(u[0]) \quad \text{für } u \in \mathcal{L}.$$

Wir schreiben zudem $\mathcal{L}(X, \overline{X}, \tau, T)$, falls $D = D(X, \overline{X}, \tau, T)$ ist.

Die Begriffe Selektor, Pfad und Strukturbaum sind mit obigen Mengen im bereits bekannten Sinne zu verstehen.

Definition 2.18 $u = \pi\big|[c\colon c']$ *heißt* **syntaktisch korrekt**, *wenn (UP1) bis (UP4) gelten.*

(UP1) $u \in \mathcal{L}(X, \overline{X}, \tau, T)$.

(UP2) *Es gibt zu jedem* $s \in S(u)$ *mit* $u[s] \in \mathcal{L}$ *ein* $r_s \in \big[0 : \|u[s]\|\big]$, *so daß*

$$u[s,i] \in \begin{cases} \mathcal{L} & \text{für } 1 \leq i \leq r_s \\ T & \text{für } r_s < i \leq \|u[s]\| \end{cases}.$$

Wir setzen

$$\begin{aligned} \mathit{Anfangsadresse}(u[s]) &:= \mathit{Adr}(u, (s, r_s + 1)), \\ \mathit{Endadresse}(u[s]) &:= \mathit{Adr}\big(u, (s, \|u[s]\| + 1)\big), \\ \pi\text{-}\mathit{Adr}(u,s) &:= \mathit{Adr}(u,s) + c - 1, \\ \pi\text{-}\mathit{Anfangsadresse}(u[s]) &:= \mathit{Anfangsadresse}(u[s]) + c - 1, \\ \pi\text{-}\mathit{Endadresse}(u[s]) &:= \mathit{Endadresse}(u[s]) + c - 1\ . \end{aligned}$$

(UP3) *Ist $u[s]$ ein Programm, d.h. $u[s] \in \mathcal{L}$, dann gilt:*

$$Name(u[s,i]) \neq Name(u[s,j]) \quad \text{für } 0 \leq i < j \leq r_s.$$

(UP4) *Ist $u[s,i] = (\textbf{call } h;)$, dann gibt es ein $j \in [0 : r_s]$ mit $Name(u[s,j]) = h$.* ■

ERLÄUTERUNG DER AXIOME (UP1) BIS (UP4):

(UP1) fordert, daß Programme "vernünftig" geschachtelt sind.

(UP2) verlangt, daß der Prozedurteil vor dem Hauptteil steht. Dies bedeutet, daß die Unterprogramme vor den eigentlichen Maschinenbefehlen stehen.

(UP3) gewährleistet, daß die Bezeichnung der Programme in der aktuellen Programmumgebung eindeutig ist.

(UP4) besagt, daß jeder Unterprogrammaufruf auch ein Unterprogramm dieses Namens in der aktuellen Programmumgebung findet.

Konzentrieren wir uns auf die begin-, end- und call-Befehle und blenden die restlichen Maschinenbefehle aus, so verbleibt ein Skelett des Programmes.

Beispiel 2.16 Das Skelett eines syntaktisch korrekten Programmes könnte folgende Struktur aufweisen, wobei die ausgeblendeten Befehle durch horizontale Punkte ersetzt sind:

```
c :  begin(0);
         begin(1);
             begin(2);
                 ...
                 call 2;
                 ...
             end;
             begin(3);
                 ...
             end;
             ...
             call 2;
             ...
             call 3;
             ...
         end;
         begin(2);
             ...
         end;
```

```
          ...
          call 2;
          ...
          call 1;
          ...
c' :  end;
```

Der Leser möge an Hand des entsprechenden Strukturbaumes die Kriterien (UP1) bis (UP4) nachprüfen und sich vergewissern, daß wir in der Tat das Skelett eines syntaktisch korrekten Programmes angegeben haben. ■

Offensichtlich schließt die Forderung der eindeutigen Namensgebung in der aktuellen Programmumgebung nicht aus, daß der gleiche Name auch an anderen Stellen des Programmes für unterschiedliche Unterprogramme verwendet wird. Ein Unterprogramm h kann nur in seinem eigenen Anweisungsteil (***rekursiver Aufruf***) oder im Anweisungsteil des Programmes, welches das Unterprogramm h auf der obersten Schachtelungsebene – Fachausdruck: "unmittelbar" – enthält, aufgerufen werden.

Taucht der Befehl "**call** h;" im Hauptteil sonstiger Programme auf, die überhaupt nicht oder nicht unmittelbar in diesem bestimmten Programm geschachtelt sind, so ist entweder (UP4) verletzt oder es wird zur Laufzeit ein anderes, gleichnamiges Programm aufgerufen.

Man spricht in diesem Zusammenhang von der **lokalen** Gültigkeit von Namen. Der Programmabschnitt, innerhalb dessen das Unterprogramm aufgerufen werden darf, bezeichnet man als **Gültigkeitsbereich** oder **Sichtbarkeitszone** des entsprechenden Namens.

Die sichtbare Zone des Namens eines Unterprogrammes umfaßt in unserer Konstruktion den Anweisungsteil des Unterprogrammes sowie des Programmes, welches das Unterprogramm unmittelbar enthält. Überschneiden sich die Gültigkeitsbereiche zweier Namen, so müssen sich die Namen unterscheiden. Zusammen mit (UP4) führt die call-Anweisung somit zu einem eindeutigen, erfolgreichen Aufruf.

Wir sprechen während der Syntaxuntersuchung oder der Programmausführung von einem ***aktuellen*** Namen, falls sich der soeben betrachtete Befehl im Gültigkeitsbereich des entsprechenden Namens befindet. Wir werden oftmals die Begriffe "Gültigkeitsbereich des Namens eines Unterprogrammes" und "Gültigkeitsbereich des Unterprogrammes" in identischem Sinne verwenden.

Fassen wir das Postulat der Eindeutigkeit in Worte:

Der Name eines Programmes $u[s]$ mit Selektor $s \in S(u)$ darf nicht identisch sein

- mit dem Namen des Programmes $u[s']$, in welchem das Programm $u[s]$ auf der obersten Schachtelungsebene enthalten ist,

- mit den Namen der Unterprogramme, die ebenfalls auf dem obersten Schachtelungsniveau im Programm $u[s']$ enthalten sind,

- mit den Namen der Unterprogramme, die im Programm $u[s]$ auf der obersten Schachtelungsebene enthalten sind.

Die Gültigkeitsbereiche haben wir im Beipiel 2.16 visuell durch Einrücken der Unterprogramme unterstrichen. Man durchschaut dadurch auf einen Blick die Schachtelungsstruktur des Programmes, die auch durch den Strukturbaum ausgedrückt wird, und vermeidet Programmierfehler.

Die mehrfache Verwendbarkeit von Namen in verschiedenen Gültigkeitsbereichen hat sich in der praktischen Programmerstellung als vernünftig und hilfreich durchgesetzt. Übernimmt man etwa fremde Programme als Teilprogramme, so ist man oft nur an ihrer Funktion nicht aber an ihrem inneren Aufbau interessiert. Eine *globale Eindeutigkeit* von Namen – sprich: der Gültigkeitsbereich umfaßt jeweils das Gesamtprogramm – zwänge jedoch dazu, über *alle* darin enthaltenen Namen Buch zu führen und gegebenenfalls Umbenennungen vorzunehmen.

Eine weitere Motivation des Konzeptes ist der Wunsch, Unterprogramme mit gleicher Funktion, die in verschiedenen Kontexten unterschiedlich realisiert sind, mit dem gleichen Namen zu bezeichnen. Als Beispiel könnte man sich hierbei die Berechnung von Quadratwurzeln durch verschiedene numerische Verfahren vorstellen.

Die Idee der lokalen Namensgebung ist schon seit langem geläufig. Man findet in verschiedenen Städten stets Straßen mit gleichen Namen, und niemand hat mit dieser lokalen Namensgebung Schwierigkeiten, solange die Stadtgrenzen bekannt sind. Auf dem Gebiet der Informatik ist sie u.a. in UNIX und DOS verwandten Betriebssytemen bei der Anlage von Dateien, in blockorientierten Programmiersprachen zur Benennung von Variablen und Prozeduren realisiert.

Darüber hinaus besteht in der Softwaretechnologie aber auch Bedarf an global verfügbaren Programmen. Solche Programme sind häufig Algorithmen zur Berechnung von Funktionen mit universell akzeptierter Namensgebung. Beispiele sind die trigonometrischen Funktionen oder Differential- und Integraloperatoren.

Außer Programmen mit solchen allgemein akzeptierten Namen kann es für einen Benutzer auch wichtig sein, daß er ein Programm, das er oft braucht, auf mehreren oder allen Ebenen seiner Programmorganisation zur Verfügung hat. Man kann unschwer das hier vorgestellte Konzept in dieser Richtung erweitern (siehe Übungen).

2.3.5.2 Automatische Überprüfung der Kriterien

Die Verwaltung der Unterprogrammtechnik basiert darauf, daß im Programmspeicher von Adresse c bis c' ein syntaktisch korrektes Programm steht. Sind die Syntaxkriterien nicht erfüllt, können wir keine funktionstüchtige Verwaltung garantieren. Man muß sich somit der syntaktischen Korrektheit des Benutzerprogrammes vergewissern. Es stellt jedoch einen wesentlichen Verlust an Benutzerkomfort dar, wenn der Anwender den Syntaxtest von Hand vornehmen müßte. Diese Überlegung führt unweigerlich zur Fragestellung, wie man diese Analyse automatisiert.

Die erste Phase der Inbetriebnahme unserer Maschine bestünde dann in der automatischen Syntaxanalyse des vorgegebenen Benutzerprogrammes. Nur wenn die vier Korrektheitsregeln verifiziert sind, wird das Programm auch tatsächlich gestartet.

Unser Ziel ist es, in unserer mathematischen Maschine einen wirklichkeitsnahen Test zu implementieren. Unter "wirklichkeitsnah" wollen wir verstehen, daß Zeit- und Platzaufwand in erträglichen Grenzen bleiben. Wir beabsichtigen, von Adresse c bis Adresse c' über den Programmspeicher zu laufen und jeden Befehl des Benutzerprogramms genau einmal anzusehen. Der Terminus technicus lautet: "*Test in einem Pass*". Zudem soll die Anzahl der Operationen, die sich nicht mit dem Lesen des Programmspeichers befassen, möglichst gering sein, ohne daß hierunter die Verständlichkeit der Algorithmen und die Lesbarkeit der Maschinenprogramme leidet.

Wir klären zunächst, wie unser Sachbearbeiter hierzu seine Fähigkeiten entfalten kann, so daß wir den geschilderten PDA dazu heranziehen können. Die Erkenntnisse, die man hierbei gewinnt, werden wesentlich zum Verständnis der Maschinenprogramme beitragen.

Wie man den PDA einsetzt, um das Wortproblem $u \in \mathcal{L}(X, \overline{X}, \tau, T)$ zu lösen, ist uns bereits geläufig. Die Strategie des Automaten ist weder auf endliche Mengen $X, \overline{X}$ noch auf Relationen $\tau \subset X \times \overline{X}$ von ausgewählter Struktur fixiert. Darum nutzt er die einfachere Situation $\tau = X \times \overline{X}$ unserer Programme nicht aus.
Hier wird die Abfrage, ob eine öffnende Klammer und eine schließende Klammer korrespondieren, natürlich immer positiv beantwortet und ist somit überflüssig. Der Algorithmus reduziert sich nun auf die Berechnung der Funktion Tiefe, wozu ein einfacher Zähler ausreicht. Wir formulieren dies in einem Korollar zu Satz 2.19.

Korollar 2.25 *Ist $\tau = X \times \overline{X}$, dann gilt:*

$$u \in D(X, \overline{X}, \tau, T) \iff \mathit{Tiefe}(u, i) \geq 0 \text{ für } i \in \mathbf{Z} \quad \text{und } \mathit{Tiefe}(u, |u|) = 0.$$
$$u \in \mathcal{L}(X, \overline{X}, \tau, T) \iff \mathit{Tiefe}(u, i) \geq 1 \text{ für } 1 \leq i < |u| \text{ und } \mathit{Tiefe}(u, |u|) = 0.$$

Beweis: Der Beweis ergibt sich unmittelbar aus Satz 2.19, der obigen Diskussion, Lemma 2.17 und $\mathcal{L} = XD\overline{X}$. ∎

Das Korollar zeigt die zwei möglichen Fälle auf, die ein automatischer Test als Verstoß gegen (UP1) erkennen kann. Entweder sinkt die Tiefe auf Null ab, bevor der Pass im Laufe der Analyse die Adresse c' erreicht hat, oder der Pass ist an Adresse c' angelangt, aber die Tiefe ist noch größer Null. Wir wollen uns im Rahmen dieses Buches jedoch nicht um Fehlermeldung, Fehlerkorrektur und Programmfortsetzung nach Auftreten eines Fehlers kümmern, sondern einen Fehler wie bisher quittieren.

Wir überprüfen (UP2) mit Hilfe des folgenden einfachen Lemmas.

Lemma 2.26 *Es sei $u \in \mathcal{L}(X, \overline{X}, \tau, T)$. Das Kriterium (UP2) ist bezüglich u genau dann verletzt, wenn es ein $k < |u|$ gibt, so daß $u(k) \in T$ und $u(k+1) \in X$ liegt.*

Beweis: Gibt es ein solches k, so existiert ein Selektor $(s, i) \in \mathcal{S}(u)$ mit $1 \leq i \leq \|u[s]\| - 1$, so daß $\mathrm{Adr}(u, (s, i)) = k$ und $u(k) = u[s, i] \in T$ ist. Also gilt $\mathrm{Adr}(u, (s, i+1)) = k + 1$, woraus nun auch $u[s, i+1] \in \mathcal{L}$ und ein Widerspruch zu (UP2) folgen.

Ist die Syntaxregel (UP2) nicht erfüllt, so existiert ein Selektor $s \in \mathcal{S}(u)$ und Selektoren $i, j \in \mathcal{S}(u[s])$ mit $1 \leq i < j \leq \|u[s]\|$, so daß $u[s, i] \in T$ und $u[s, j] \in \mathcal{L}$ ist. Wählt man j unter dieser Voraussetzung minimal, dann ist $u\Big(\mathrm{Adr}\big(u, (s, j)\big)\Big) \in X$ und $u\Big(\mathrm{Adr}\big(u, (s, j)\big) - 1\Big) \in T$. ∎

Das Lemma schildert die lokal begrenzte Situation, die genau dann aufzufinden ist, wenn (UP2) verletzt ist.

Wir suchen von Adresse c bis c' nach einem begin-Befehl, der auf einen Maschinenbefehl in T folgt. Sobald man während des Passes auf einen Maschinenbefehl trifft, signalisiert man dies durch Setzen eines Schalters. Trifft man auf einen begin- oder end-Befehl, wird der Schalter zurückgesetzt. Ist der Schalter gesetzt und man kommt währenddessen an einen begin-Befehl, hat man die gesuchte Situation gefunden.

Wir bezeichnen den Schalter im folgenden als $X\overline{X}$-T-Schalter.

Wir werden nun zeigen, wie man auch den Test von (UP3) und (UP4) in einem Pass über den relevanten Programmspeicherbereich realisieren kann. Nehmen wir ohne Beschränkung der Allgemeinheit an, (UP1) und (UP2) seien bereits mit positivem Resultat überprüft.

Bei jedem Befehl $u[s] \in X$, den sich der Algorithmus gerade anschaut, möchten wir über alle Namen von bereits entdeckten Unterprogrammen verfügen, in deren Gültigkeitsbereiche wir uns aufhalten.

Steigen wir eine Schachtelungsebene tiefer in das Unterprogramm hinab, so bleibt der Name dieses Unterprogramms sichtbar, die restlichen – bis jetzt noch sichtbaren Namen – sind jedoch ungültig (unsichtbar), solange dieses Unterprogramm untersucht wird. Sie werden wieder gültig werden, sobald man auf die vorherige Tiefe zurückkehrt. Dann möchten wir auf diese Namen wieder zugreifen können.

Diese Schilderung zeigt auf, daß die Problemstellung tiefenabhängig und der Kellerverarbeitung zugänglich ist.

Als *Akteneingang* interpretieren wir das Lesen eines Befehls. Befehle $u(i) \notin X \cup \overline{X}$ verschwinden unmittelbar wieder vom Tisch. Im *Stapel* abgelegt werden nur die Namen der Unterprogramme. In jedem Schritt der Analyse sind im gesamten Stapel die Namen der bisher registrierten Unterprogramme vorhanden, in deren Gültigkeitsbereiche wir uns befinden oder die im weiteren Verlauf des Analysevorganges noch einmal gültig werden können. In einem *Schubfach* lagern wir dann die Liste der Unterprogramme, deren Gültigkeitsbereiche sich überschneiden.

Zu Anfang ist der Stapel und der Tisch leer. Kommt die erste Akte auf den Tisch, so muß $u(1) \in X$ sein, da $u \in \mathcal{L}$ ist. Also wirft der SB die Information Name($u(1)$) in das unterste, anfangs noch leere Fach.

Gelangt der SB zum i-ten Befehl $u(i)$, so handelt er nach folgenden Vorschriften:

1.) Sieht er, daß $u(i) \in X$ ist, so hat er das markierte Fach – das oberste belegte Fach des Stapels – zu durchsuchen.

   (a) Findet er darin Name($u(i)$), bricht er den Vorgang ab, da in diesem Fall (UP3) verletzt ist.

   (b) Ist Name($u(i)$) nicht in diesem Fach enthalten, legt er den Namen in diesem Fach ab. Danach zieht er das darüberliegende Schubfach, deponiert Name($u(i)$) ebenfalls darin und ändert die Position der Marke.

2.) Ist $u(i) \in \overline{X}$, dann räumt der SB das markierte Fach und setzt die Marke um ein Fach nach unten.

3.) Stellt er $u(i) \notin X \cup \overline{X}$ fest, beschäftigt er sich nicht weiter mit dieser Akte. Sie kommt ohne weitere Aktion vom Tisch.

Indem wir den SB auch mit der Behandlung eines call-Befehls instruieren, kann er auch (UP4) abtesten:

4.) Ist $u(i) = (\textbf{call } h;)$, dann durchblättert er den Inhalt des markierten Faches.

   (a) Ist darin der Name h nicht enthalten, bricht er den Vorgang wegen Verstoßes gegen (UP4) ab.

   (b) Andernfalls liest er den nächsten Befehl. ■

Wir wollen uns nicht mit der intuitiven Einsicht begnügen, sondern auch auf formale Art und Weise argumentieren, weshalb die Syntaxregeln (UP3) und (UP4) genau dann verletzt sind, wenn der PDA abbricht, bevor die Akte $u(|u|)$ vom Tisch ist. Den zentralen Pfeiler des Beweises bildet die nun folgende Invariante.

INVARIANTE:

Betrachten wir uns das oberste belegte Schubfach zum Zeitpunkt des Eingangs der Akte $u(i)$ für $1 \leq i \leq |u|$. Der Adresse i ordnen wir dann den Selektor $(i_1, \ldots, i_k) \in S(u)$ durch folgende Vorschrift zu:

$$i = \mathrm{Adr}\big(u, (i_1, \ldots, i_k)\big) \quad \text{und} \quad u[i_1, \ldots, i_k] \in \mathcal{L} \cup T \cup \overline{X}$$

Falls $k = 0$ ist, so ist kein Schubfach markiert.

Falls $k > 0$ ist, dann ist das k-te Schubfach markiert und enthält die Menge N_k

$$N_k := \Big\{\mathrm{Name}\big(u[i_1, \ldots, i_{k-1}, j]\big) \mid u[i_1, \ldots, i_{k-1}, j] \in \mathcal{L} \cup X,\ 0 \leq j < i_k\Big\}.$$

Das l-te Schubfach $(1 \leq l < k)$ enthält die Menge

$$N_l := \Big\{\mathrm{Name}\big(u[i_1, \ldots, i_{l-1}, j]\big) \mid u[i_1, \ldots, i_{l-1}, j] \in \mathcal{L} \cup X,\ 0 \leq j \leq i_l\Big\}.$$

Die Schubfächer mit Nummern größer als k sind leer.

Beweis: Wie wir bei der Einführung der Funktion "Adr" bereits gesehen haben, ist die obige Zuordung wohldefiniert.

Falls $i = 1$ ist, ist $k = 0$ und die Aussage ist gültig. Nehmen wir an, die Aussage ist auch gültig zum Zeitpunkt des Eingangs von $u(i)$ für $1 \leq i < |u|$. Die Akte $u(i)$ wird nun bearbeitet und sodann kommt die Akte $u(i+1)$ auf den Tisch. Wir kürzen $w = u[i_1, \ldots, i_{k-1}]$ ab.

1.) $u(i) \in X$, dann ist $u[i_1, \ldots, i_k] \in \mathcal{L}$, $\mathrm{Name}(u(i)) = \mathrm{Name}(u[i_1, \ldots, i_k, 0]) = \mathrm{Name}(u[i_1, \ldots, i_k])$. Der SB prüft, ob der Name bereits in N_k vorhanden ist. Falls nicht, wird er den Namen zu N_k hinzunehmen. Dann markiert er das $(k+1)$-te Schubfach und bildet $N_{k+1} = \{\mathrm{Name}(u[i_1, \ldots, i_k, 0])\}$. Die Invariante ist auch für $i+1$ gültig, da $i+1 = \mathrm{Adr}\big(u, (i_1, \ldots, i_k, 1)\big)$ und $u[i_1, \ldots, i_k, 1] \in \mathcal{L} \cup T \cup \overline{X}$ ist.

2.) $u(i) \in \overline{X}$, dann ist $w \in \mathcal{L}$, $k > 1$ und $i = \text{Endadresse}(w)$. Nach Voraussetzung liegt $\text{Name}(w) = \text{Name}(w[0])$ in N_{k-1} und N_k, d.h. in den Fächern $k-1$ und k. Das k-te Fach wird geräumt. Das $(k-1)$-te Fach wird markiert, bleibt aber ansonsten unangetastet. Da $i+1 = \text{Adr}\big(u,(i_1,\ldots,i_{k-1}+1)\big)$ und $u[i_1,\ldots,i_{k-1}+1] \in \mathcal{L} \cup T \cup \overline{X}$, ist die Invariante für $i+1$ erfüllt.

3.) $u(i) \in T$, dann ist $u(i+1) \in T \cup \overline{X}$ und $i+1 = \text{Adr}\big(u,(i_1,\ldots,i_k+1)\big)$. Auch in diesem Fall gilt die Invariante.

Hieraus ergibt sich unmittelbar die Korrektheit des Algorithmus. ■

Dem Beweis und dem Zusammenhang zwischen Tiefe und "Selektorlänge" entnimmt man, daß auch in dieser Anwendung des Kellerautomaten genau $\max\{\text{Tiefe}(u,i) \mid 1 \le i \le |u|\}$ Schubfächer gebraucht werden.

Welche Laufzeit haben wir bei der Analyse zu erwarten? Die Untersuchung von (UP1) und (UP2) benötigt lediglich lineare Zeit, d.h. die Laufzeit ist kleiner gleich $c_1 \cdot |u|$ mit einer geeigneten Konstanten $c_1 > 0$, wenn wir das Inkrementieren und Dekrementieren des Tiefe-Zählers sowie das Setzen und Zurücksetzen des $X\overline{X}$-T-Schalters als jeweils eine Aktion zählen.

Bei der Analyse von (UP3) und (UP4) betrachten wir als einen Rechenschritt das Ansehen einer Akte, die auf den Tisch kommt oder sich in einem Schubfach befindet. Wandeln wir später diese Rechenschritte in Maschinenbefehle um, so wird sich die Laufzeit nur um einen konstanten Faktor ändern.

Der Großteil der Analyse wird sich i.a. mit dem Durchsuchen der Fächer beschäftigen. Um das später folgende Maschinenprogramm überschaubar zu halten, werden wir hierbei lineare Suche verwenden, d.h. die Liste der Akten in der Reihenfolge ihres Eintreffens durchmustern. In den Fällen, in denen die Analyse nicht vorzeitig abbricht, schwankt die Laufzeit zwischen linearer Anzahl bis zu quadratischer Anzahl von Rechenschritten in der Länge von u. Die exakte Laufzeit ist ganz und gar von der Schachtelungsstruktur des Programmes abhängig.

Zur Analyse des Programmes

$$|u| = n \text{ gerade und } u(i) = \begin{cases} (\textbf{begin}(i);) & \text{für } i = 1,2,4,\ldots,|u|-2, \\ (\textbf{end};) & \text{für } i = 3,5,\ldots,|u|-1,|u| \,. \end{cases}$$

benötigt der SB

$$c_1 \cdot \left(|u| + \sum_{i=1}^{|u|/2-1} i \right) = \frac{c_1}{8} \cdot |u|^2 + \frac{3c_1}{4} \cdot |u|$$

Rechenschritte, wobei c_1 eine positive Konstante ist. Demgegenüber ist die Analyse des Programmes

$$|u| = n \text{ und } \quad u(i) \; = \; (\mathbf{begin}(i);\,) \quad \text{für } 1 \leq i \leq |u|$$

bereits nach $c_2 \cdot n$ Rechenschritten abgeschlossen, obwohl die doppelte Anzahl von begin-Befehlen darin enthalten ist. Auch hier ist $c_2 > 0$ eine geeignete Konstante. Eine genauere Untersuchung für den allgemeinen Fall mittels obiger Invariante ergibt bis auf einen konstanten positiven Faktor die Schranke:

$$\sum_{\substack{s \in \mathcal{S}(u) \\ u[s] \in \mathcal{L}}} \left(\sum_{i=1}^{r_s} i + \|u[s]\| + t_{\text{call}}(s) \cdot (r_s + 1) \right).$$

Hierbei ist $t_{\text{call}}(s) := \#\{u[s,i] = (\mathbf{call}\ h;) \mid 1 \leq i \leq \|u[s]\|, 1 \leq h \leq N\}$ die Anzahl der in $u[s]$ auf der obersten Ebene enthaltenen call-Befehle. r_s sei wie in (UP2) definiert. Den Beweis empfehlen wir dem Leser als Übung.

Zählt der SB, wieviele Befehle er schon bearbeitet hat, versetzen den PDA einfache Zusätze zu den Fällen 2.) bzw. 3.) auch in die Lage, die Anfangs- und Endadresse der Unterprogramme zu erkennen. Wir nehmen auch hier ohne Beschränkung der Allgemeinheit an, daß (UP1) bis (UP4) erfüllt sind.

$u(i) \in \overline{X}$: In diesem Fall gilt i = Endadresse($u[s]$), wobei $u[s]$ das Unterprogramm ist, dessen Name als erster in das gerade markierte Schubfach gelegt wurde. Dieses Unterprogramm kann er auch nachträglich finden, indem in jedem Schubfach die Akten ebenfalls als Stapel aufgeschichtet sind. Dann handelt es sich um die unterste Akte im markierten Fach.

$u(i) \in T$: Gelangt ein Befehl aus T zur Vorlage, weiß der SB, daß er sich im Hauptteil eines Programmes befindet. Nun muß er nachsehen, ob der unmittelbar zuvor vorgelegte Befehle ebenfalls aus T war. Hierzu liest er die Stellung des $X\overline{X}$-T-Schalters ab.

(a) Ist dieser Schalter zurückgesetzt, d.h. er signalisiert, als vorherigen Befehl $u(i-1) \in X \cup \overline{X}$ registriert zu haben, so ist i =Anfangsadresse($u[s]$) mit $u[s]$ wie oben. Er recherchiert wieder wie oben den Namen.

(b) Andernfalls handelt es sich bei i nicht um eine Anfangsadresse. ■

2.3.5.3 Abfolge der Befehle

Wir können uns also im folgenden darauf verlassen, daß ein syntaktisch korrektes Benutzerprogramm vorliegt. Auf dieser Grundlage spezifizieren wir die Reihenfolge, in der die Befehle des Benutzerprogrammes in das Befehlsregister geladen werden. Wir legen dies fest, indem wir die Besetzung des Programmzählers η und des π-Basisadressenregisters μ angeben. Sowohl die Spezifikation des Ablaufes wie auch der Verwaltung der mathematischen Maschine basiert zusätzlich auf der Vereinbarung, daß die Hauptprogramme so abgefaßt sind, als stünden sie jeweils ab $(\Pi, 0)$ fortlaufend.

Es sei $u = \pi\big|[c : c']$ ein syntaktisch korrektes Programm, $u[s] \in \mathcal{L}$ für $s \in S(u)$ und $u[s,j]$ der aktuelle Befehl im Befehlsregister, der gerade ausgeführt wird.

1.) $u[s,j] \in T$ ist kein Sprungbefehl.

Da $u \in \mathcal{L}$ ist, gilt insbesondere $\eta <$ π-Endadresse$(u[s])$. Also wird in diesem Fall $\eta' := \eta + 1$ und μ bleibt unverändert.

2.) $u[s,j] \in T$ ist ein Sprungbefehl.

(a) Falls

$$\pi_2\Big(\pi\text{-Adr}\big(u,(s,j)\big)\Big) + \pi\text{-Anfangsadresse}(u[s]) > \pi\text{-Endadresse}(u[s])$$

oder

$$\pi_2\Big(\pi\text{-Adr}\big(u,(s,j)\big)\Big) < 0$$

ist, dann hält die Maschine mit Fehler an.

(b) Andernfalls wird

$$\eta' := \pi\text{-Anfangsadresse}(u[s]) + \pi_2\Big(\pi\text{-Adr}\big(u,(s,j)\big)\Big)$$

gesetzt.

3.) $u[s,j] = (\textbf{call } h;\,)$

Ist $s' = s$ oder $s' = (s,i)$ mit $1 \leq i \leq r_s$ der eindeutig definierte Selektor, so daß Name$(u[s']) = h$ und $u[s'] \in \mathcal{L}$ gilt, dann setzen wir:

$$\mu' := \pi\text{-Anfangsadresse}(u[s']) \quad \text{und} \quad \eta' := \mu'\,.$$

4.) $u[s,j] = (\textbf{end};\,)$

(a) Falls die virtuelle Maschine bzgl. $u[s] \in \mathcal{L}$ durch den Befehl $u[s',i] = (\textbf{call } h;\,)$ mit $h =$ Name$(u[s])$ aktiviert wurde, so wird

$$\mu' := \pi\text{-Anfangsadresse}(u[s']) \text{ und } \eta' := \pi\text{-Adr}\big(u,(s',i)\big) + 1$$

gesetzt. Die Adresse η' wird **Rücksprungadresse** genannt.

(b) Andernfalls ist diese virtuelle Maschine unmittelbar nach der Syntaxanalyse aktiviert worden. Dann befindet sich $u[s] = u$ als einzige Maschine in der Aufruffolge. Die Wirkung des end-Befehls entspricht dem gewohnten fehlerfreien Abschalten der Maschine.

Die Organisation der Maschine und die syntaktische Korrektheit des Programmes u garantieren, daß das Abschalten nur dem Befehl $u(|u|)$ zukommt. Es sei jedoch bemerkt, daß aufgrund möglicher rekursiver Aufrufe von u diese Wirkung nicht beim ersten Antreffen von $u(|u|)$ eintreten muß. ■

2.3.6 Organisation der Maschine

Die Verwaltung der Maschine mit Unterprogrammtechnik wird auf zwei funktionalen Ebenen vorgenommen. Die Ebene, die der physikalischen Realisierung näher ist, besteht aus den unveränderlichen, fest mit der Maschine verankerten Komponenten. Man nennt sie auch **Hardware**-Ebene. Darunter zählen die Speicher und das Schaltwerk. Wir haben von dieser Ebene in physikalischer Hinsicht abstrahiert, indem wir die Speicher und Register durch ihren momentanen Inhalt und die Befehle durch ihre "Wirkung", d.h. durch die Definition der Übergangsfunktion beschrieben haben.

Die von der physikalischen Realisierung entferntere Ebene ist die **Betriebssystem**- oder **Software**-Ebene. Hier werden die Aufgaben von Organisationsprogrammen übernommen. Dieser Teil der Maschine ist für den Benutzer nicht einsehbar, der ihn somit als festen Bestandteil der Maschine empfindet. In Wirklichkeit kann das Betriebssystem jedoch von autorisierter Seite verändert werden. Man spricht als Pendant zur Hardware-Ebene auch von der *System-Software.*

Die Komponenten beider Ebenen können vom Benutzer als "black boxes" zur Ausführung seiner Programme, nicht jedoch zur Abänderung der Maschinenorganisation verwendet werden. Dementsprechend wird streng zwischen Benutzerprogramm und Betriebsprogramm unterschieden. Das Betriebsprogramm wird in unserer Maschine den Programmspeicherbereich $\Pi[0 : \tilde{N}-1]$ mit $\tilde{N} := 278$ belegen. Der untere Abschnitt des Programmspeichers $\Pi[\tilde{N} : N]$ – und nur dieser – kann von Benutzerprogrammen beansprucht werden.

Wir werden Befehlen eine umfangreichere Semantik einräumen, wenn sie als Teil des Betriebssystems ausgeführt werden. Manche Befehle entziehen wir dem Zugriff des Benutzers oder ordnen ihnen eine eingeschränktere Wirkung zu, falls es sich um die Ausführung eines Benutzerprogrammes handelt.

2.3.6.1 Definition der erweiterten Konfiguration

Um den entsprechenden Betriebsmodus anzuzeigen, verwenden ein spezielles Register δ, das wir **Statusregister** nennen. Das Statusregister stellt einen Schalter dar, d.h. es kann nur Werte aus $\{0,1\}$ annehmen. Ist der Schalter gesetzt ($\delta = 1$), so läuft ein Betriebsprogramm, andernfalls ($\delta = 0$) ein Benutzerprogramm.

Nur im Modus $\delta = 1$ angesprochen oder benutzt werden können:

- das π-Basisadressenregister μ und das π-Endadressenregister $\overline{\mu}$.

  Das μ-Register enthält zur Laufzeit die π-Basisadresse, das $\overline{\mu}$-Register die π-Endadresse des aktiven Unterprogrammes. Beide Register können Werte aus $[0{:}\,N]$ enthalten.

- das P-Basisadressenregister ν und der P-Speicherende-Zeiger τ.

  Das ν-Register enthält zur Laufzeit die Anfangsadresse des Rechenspeicherbereiches, der dem aktiven Unterprogramm zur Ausführung seiner Berechnungen bereitgestellt wird. Das τ-Register enthält die Endadresse dieses Bereiches. Beide Register haben $[0{:}\,M]$ als Wertebereich.

- der Kellerspeicher oder Stapel K.

  Er besteht aus N_1 Zellen, welche die Adressen 1 bis N_1 tragen. Er stellt die Umsetzung des Stapels des PDA's in eine Speicherabbildung dar. Jede Zelle entspricht einem Schubfach im Stapelmodell und kann ein 7-Tupel aus $[-Q{:}\,Q] \times [0{:}\,\tilde{K}]^6$ mit $\tilde{K} := \max\{N, M\}$ aufnehmen. Ein "Schubfach" des Kellerspeichers wird ein Paket enthalten, das aus einer Zahl aus dem Zahlenbereich und 6 Adressen des Rechenspeichers bzw. Programmspeichers besteht. Die Struktur eines Paketes legen wir so fest, wie in den folgenden Kästen beschrieben ist:

α	η	ζ	γ_2	γ_1	γ	ν

  Wir können also in einer Speicherzelle des Kellers den Inhalt dieser Register aufbewahren. Auf die Speicherzellen kann nur mit Hilfe eines besonderen Registers in der Weise zugegriffen werden, wie wir es im Zusammenhang mit der Stapelverarbeitung des PDA's gesehen haben. Der Zugriff auf die Komponenten eines Paketes in einer Zelle lassen wir bezogen auf die obige Darstellung nur "von links nach rechts" beim Abspeichern und "von rechts nach links" bei der Entnahme der Daten zu.

- der Kellerkopf oder Stapelzeiger ξ.

  Das Register adressiert eine Zelle des Kellerspeichers. Der Kellerkopf oder Stapelzeiger entspricht der Marke des PDA's. Wie diese kann der Kellerkopf nur inkrementiert oder dekrementiert werden. Ihm ist der Wertebereich $[0{:}\,N_1]$ zugeordnet.

- der π-Adressenspeicher oder Symboltabelle Θ.

  In jeder Zelle kann ein Paar aus $[0{:}N] \times [0{:}N]$ abgelegt werden. Er hat $N_2 + 1$ solcher Zellen, die mit Adressen aus $[0{:}N_2]$ versehen sind. Hierin wird zum globalen Namen – der als *Symbol*, insbesondere als symbolisches Sprungziel im Programm betrachtet wird – eines jeden Unterprogrammes die π-Anfangs- und π-Endadresse abgelegt. Es ist wie der Rechenspeicher ein Speicher mit wahlfreiem Zugriff. Einen solchen Speicher nennt man **RAM** (random access memory). Um den Speicher Θ zu adressieren, assoziieren wir ihn mit einem speziellen Register,

- dem π-Adressen- oder Tabellenzeiger ζ.

Definition 2.19

$$\begin{aligned} Z_S \ := \ \Big\{ & (\alpha, \mu, \overline{\mu}, \eta, \beta, \nu, \tau, \gamma, \gamma_1, \gamma_2, \xi, \zeta, \delta, \omega_1, \omega_2) \ \mid \ \alpha \in [-Q{:}Q], \\ & \mu, \overline{\mu}, \eta \in [0{:}N], \ \beta \in W, \ \nu, \tau \in [0{:}M], \ \gamma, \gamma_1, \gamma_2 \in [0{:}\tilde{K}], \\ & \xi \in [0{:}N_1], \ \zeta \in [0{:}N_2], \ \delta, \omega_1, \omega_2 \in \{0,1\} \Big\} \end{aligned}$$

heißt die Menge der **momentanen Zustände des Schaltwerkes**.

- $K[1{:}N_1]$ *heißt* **Kellerspeicher**. $\kappa{:}\ K[1{:}N_1] \to [-Q:Q] \times [0{:}\tilde{K}]^6$ *heißt ein* momentaner Speicherzustand *des Kellerspeichers. Wir bezeichnen den Inhalt der entsprechenden Komponenten der Speicherzelle (K,i) mit* $\kappa\alpha(i)$, $\kappa\eta(i)$, $\kappa\zeta(i)$, $\kappa\gamma(i)$, $\kappa\gamma_1(i)$, $\kappa\gamma_2(i)$ *und* $\kappa\nu(i)$, *d.h.* $\kappa(i) = (\kappa\alpha(i), \kappa\eta(i), \kappa\zeta(i), \kappa\gamma(i), \kappa\gamma_1(i), \kappa\gamma_2(i), \kappa\nu(i))$.
- $\Theta[0{:}N_2]$ *heißt* **π-Adressenspeicher** *oder* **Symboltabelle**. $\theta{:}\ \Theta[0{:}N_2] \to [0{:}N] \times [0{:}N]$ *heißt ein* momentaner Speicherzustand *des π-Adressenspeichers. Die erste Komponente des Paares $\theta(i)$ bezeichnen wir mit $\theta\mu(i)$, die zweite Komponente mit $\theta\overline{\mu}(i)$.*

$$\begin{aligned} K_M \ := \ & Abb(\Pi[0{:}N], W) \times Abb(P[0{:}M], [-Q{:}Q]) \times \\ & Abb\Big(K[1{:}N_1], [-Q:Q] \times [0{:}\tilde{K}]^6\Big) \times Abb\Big(\Theta[0{:}N_2], [0{:}N]^2\Big) \times Z_S \end{aligned}$$

heißt die Menge der momentanen Zustände *oder* Konfigurationen *der Maschine*.

■

Wir haben es nun mit fünf Konstanten zu tun, die die Hardware-Bausteine der Maschine begrenzen. Die Grenze des Zahlenbereiches Q, die Größe des Rechenspeichers M, des Programmspeichers N, des Kellerspeichers N_1, der Symboltabelle $N_2 < N$. Wie bisher setzen wir auch weiterhin voraus, daß alle Adressen des Rechen- und Programmspeichers im Zahlenbereich liegen, d.h. $M \leq Q$,

$N \leq Q$. Dadurch erhalten wir keine Bereichsüberschreitung, wenn eine Adresse des Rechen-, Programm- oder π-Adressenspeichers in den Akkumulator geladen wird.

Eine Übersicht über die Struktur unserer Maschine in der Endausbaustufe gibt die Abbildung 2.10.

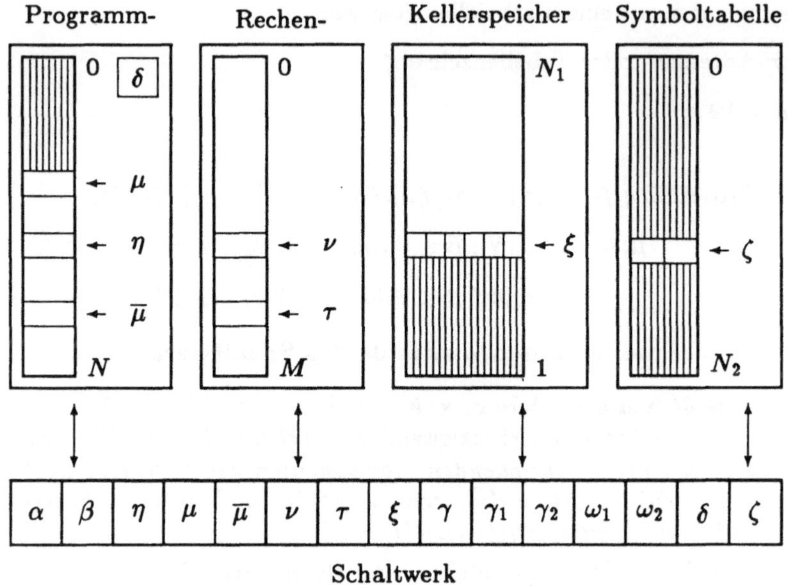

Abbildung 2.10: *Struktur der Maschine im Endausbau*

Die explizite Verwendung und Verwaltung der Speicher und Register werden im entsprechenden sachlichen Zusammenhang noch ausführlicher erklärt werden.

2.3.6.2 Die Syntaxanalyse

Dem Start des Benutzerprogrammes zeitlich vorgeschaltet ist die automatische Überprüfung der Syntaxregeln (UP1) bis (UP4). Diese Aufgabe teilen wir dem Betriebssystem der Maschine zu. Das entsprechende Betriebsprogramm wird den oberen Teil des in Abbildung 2.10 schraffierten Programmspeicherbereiches belegen.

Das algorithmische Konzept der syntaktischen Analyse haben wir bereits entworfen. Die Fragen, die es noch zu lösen gilt, betreffen die Umsetzung der Struktur und Funktionsweise des PDA's in den Aufbau und die Wirkungsweise unserer mathematischen Maschine.

Anpassung an die mathematische Maschine Die Integration der Verfahren zur Überprüfung von (UP1) und (UP2) in ein Maschinenprogramm ist unmittelbar einsichtig. Zur Berechnung und Abfrage der Funktion Tiefe benutzen wir das Indexregister γ_2. Wir vereinbaren, als $X\overline{X}$-T-Schalter die Rechenspeicherzelle (P,0) zu benutzen. Ihr Inhalt wird genau dann 1 sein, wenn der zuletzt erkannte Befehl kein end- oder begin-Befehl war.

Zum Durchlaufen des Benutzerprogrammes von Adresse c bis c' verwenden wir das Indexregister γ. Die Adressen c und c' sollen beim Start der Maschine in (P,4) bzw. (P,5) stehen.

Um nicht nur den Adreßteil, sondern auch das Operationszeichen eines Befehls in den Akkumulator laden und abfragen zu können, führen wir entsprechende Befehle ein, die nur als Betriebssystem-Befehle zugelassen sind. Gelangt ein solcher Befehl im Benutzermodus ($\delta = 0$) in das Befehlsregister, so wird der Fehlerschalter betätigt.

(B 24) **do** $\alpha := \pi_1(\gamma)$;

(B 25a) **if** $\alpha =$ begin **then goto** j;

Ebenso erlauben wir die Abfrage auf "end" und "call". Wir gehen hierbei davon aus, daß die Operationszeichen der Befehle als natürliche Zahlen maschinenimmanent kodiert sind. Die injektive Kodierungsvorschrift $code : O \rightarrow [0{:}Q]$ soll uns nicht weiter interessieren, da sie sekundärer Natur ist. Die Abfrage (B 25) ist hierbei eine Zusammenfassung der Befehlsfolge $\alpha := \alpha - code(\text{begin})$; if $\alpha = 0$ then goto j;.

In diesem Zusammenhang werden wir noch weitere, "reine" Betriebssystem-Befehle erwähnen, deren Ausführung nur im Falle $\delta = 1$ erlaubt ist.

(B 26) **do** $\alpha := \tau$; (B 27) **do** $\tau := \alpha$;

(B 28) **do** $\rho(\tau) := \alpha$; (B 29) **do** $\alpha := \rho(\tau)$;

(B 30a) **do** $\tau := \tau + 1$; (B 30b) **do** $\tau := \tau - 1$;

(B 31) **do** $\omega_2 := 1$; (B 32) **gotoo** j;

(B 33) **do** $\zeta := \alpha$; (B 34) **do** $\alpha := \zeta$;

(B 35) **do** $\theta\mu(\zeta) := \alpha$; ($B$ 36) **do** $\alpha := \theta\mu(\zeta)$;

(*B* 37) **do** $\theta\overline{\mu}(\zeta) := \alpha$; (*B* 38) **do** $\alpha := \theta\overline{\mu}(\zeta)$;

Der Befehl (*B* 31) veranlaßt die Maschine, einen Fehler anzuzeigen. Die Befehle (*B* 35) bis (*B* 38) dienen dazu, die entsprechende Komponente des Inhaltes der Zelle des π-Adressenspeichers anzusprechen, deren Adresse im Register ζ steht. Eine wichtige Rolle spielt der Befehl (*B* 32). Er bewirkt ebenso wie der goto-Befehl einen unbedingten Programmsprung, setzt aber zusätzlich noch den Schalter zurück ($\delta := 0$). Er schaltet also in den Benutzermodus um.

Alle Adreßkomponenten von Befehlen, die im Betriebssystem-Status ins Befehlsregister gelangen, werden als *absolute* Adressen interpretiert. Im Status $\delta = 1$ werden wir die Basisregister als mit Null besetzt betrachten. Dadurch steht dem Betriebssystem der *gesamte* Adressenraum zur Verfügung. Ebenso haben die Register $\overline{\mu}$ und τ im Betriebssystem-Modus keinerlei Wechselwirkung mit den Adreßkomponenten der ausgeführten Befehle. Zudem verbieten wir alle π_2-Befehle im Status $\delta = 0$.

Wenden wir uns dem Problem zu, welches Analogon zum Stapel bzw. den Schubfächern angebracht ist. Wir haben bereits erwähnt, daß der Inhalt der Schubfächer ebenso nach dem LIFO-Prinzip bearbeitet wird wie die Schubfächer selbst. Wir benötigen eine Datenstruktur, die das *Einfügen* einer "Akte", das *Löschen*, *Durchsuchen* und schnelle *Auffinden* der untersten "Akte eines Schubfaches" unterstützt.

Es liegt nahe, die anfallende Datenmenge, welche aus den Adreßteilen der begin-Befehle besteht, als Liste im Rechenspeicher abzuspeichern. Durch Abspeichern eines "Trenndatums", das nicht als Adreßteil eines begin-Befehls vorkommen darf, strukturiert man die Gesamtliste in Teillisten, die jeweils dem Inhalt eines Schubfaches entsprechen. Als Trenndatum wählen wir -1.

Die Gesamtliste, die dem Stapelinhalt entspricht, wird im Rechenspeicher zu höheren Adressen hin anwachsen. Das Ende der Liste ist unter der Adresse des zuletzt hinzugefügten Datums zu finden. Um dieses Ende direkt zu finden, verwenden wir den P-Speicherende-Zeiger τ. Er zeigt auf diese Zelle. Das *Ablegen eines Datums* besteht dann im Inkrementieren von τ und Abspeichern in (P,τ).

Der PDA-Algorithmus hat eine neu angekommene Akte in zwei übereinander liegenden Fächern abgelegt. Um Speicherplatz zu sparen, werden wir den Adreßteil eines gerade registrierten begin-Befehls nur einmal abspeichern. Diese Zelle, die von einem neuen Datum beansprucht wird, gehört somit noch zu der Teilliste, die dem markierten Schubfach vor dem Nachobenversetzen der Marke entspricht, und stellt gleichzeitig den Kopf der nächsten, "oberen" Teilliste dar. In der Rechenspeicherzelle, die unmittelbar auf die Position des Listenkopfes folgt, werden wir -1 ablegen, was der Eröffnung eines neuen Schubfaches gleichkommt.

Das *Durchsuchen des markierten Faches* übersetzt sich dann wie folgt:

Laufe die Gesamtliste an deren Ende beginnend aufwärts [1] und betrachte jeweils den entsprechenden Zelleninhalt. Ist der gesuchte Name gefunden, so wird die Suche erfolgreich abgebrochen. Wird die Zelle mit dem Inhalt -1 angetroffen, so wird sie übersprungen, um noch an den oberen Listenkopf zu gelangen. Der Vergleich mit dessen Inhalt entscheidet darüber, ob die Suche von Erfolg gekrönt ist oder nicht. Um die Gesamtliste aufwärts zu laufen, benutzen wir das Indexregister γ_1, das mit der Endadresse der Gesamtliste, die in τ steht, initialisiert und fortlaufend dekrementiert wird.

Das *Räumen* besteht ebenfalls in der Suche des oberen Listenkopfes, wobei jeweils der τ-Zeiger dekrementiert wird.

Zu jedem Programm $u[s] \in \mathcal{L}$, das im Benutzerprogramm vorhanden ist, wollen wir die π-Anfangs- und π-Endadresse in der Symboltabelle Θ abspeichern. Die entsprechenden Adressen werden zur Laufzeit des Benutzerprogrammes benötigt, wie wir im Abschnitt "Abfolge der Befehle" erläutert haben. Da man sie bereits zur Analysezeit ermitteln kann, zieht man diese Strategie unter Anwendung des PDA's bzw. seines hiesigen Analogons der Suche zur Laufzeit vor.

Unter welchem Zugriffsindex speichert man jedoch die zu einem Unterprogramm gehörigen π-Adressen ab? Der Zugriffsindex muß eindeutig sein, weshalb der lokal gültige Name des Unterprogrammes ausscheidet. Wir werden aber jedem Unterprogramm in wohldefinierter Weise einen global gültigen Namen aus $[0\colon N_1]$ zuweisen.

Dieser Name ist als Zugriffsindex (=Adresse) der Symboltabelle verwendbar. Mathematisch ausgedrückt bedeutet dies, wir konstruieren eine injektive Funktion $f\colon \mathcal{P} \rightarrow [0 : \#\mathcal{P}]$ mit $\mathcal{P} = \{s \in S(u) \mid u[s] \in \mathcal{L}\}$.

Nach (UP3) und (UP4) bezieht sich jeder call-Befehl auf genau ein Unterprogramm. Wird der lokale Name des Unterprogrammes durch den globalen Namen ersetzt, muß garantiert bleiben, daß der call-Befehl immer noch dieses Unterprogramm referenziert. Man muß den Adreßteil des call-Befehls mit dem globalen Namen des angesprochenen Unterprogrammes besetzen. Ist (UP4) nicht verletzt, ist der lokale Name in der oberen Liste zugänglich. Formal ausgedrückt: Der Befehl $u[s,i] = (\text{call } h;)$" wird abgeändert in "call $f(s,j)$", wobei nun $\text{Name}(u[s,j]) = h$ der Name des angesprochenen Unterprogrammes ist.

Man erreicht die gewünschte Namensgebung, indem die begin-Befehle gemäß ihrer π-Position während des Passes durchgezählt werden. Unsere Funktionsvorschrift lautet also: $f(s) := \#\{u[s'] \in \mathcal{L} \mid \text{Adr}(u,s') < \text{Adr}(u,s)\}$. Den entsprechenden Zähler, der beim Registrieren eines neuen begin-Befehls inkrementiert

[1] Der Ausdruck "aufwärts" bezieht sich auf die Darstellung des Rechenspeichers in der Abbildung 2.10 und das Faktum, daß die Listen zu höheren Adressen hin wachsen. Der Listenkopf liegt in dieser Abbildung immer oberhalb des Listenendes.

wird, nennen wir UP-Zähler. Er wird mit Null initialisiert. So soll auch der globale Name von u lauten.

Wir ersetzen jedes in der Liste vorkommende Datum (=Name eines Unterprogrammes) durch ein Paket bestehend aus zwei Einzeldaten. Das erste Datum, das beispielsweise unter der P-Adresse i abgespeichert sei, ist wie bisher der lokal gültige Name($u[s]$). Das zweite Datum unter der P-Adresse $i + 1$ ist der global gültige Name $f(s)$.

Trifft man einen call-Befehl an, so ist die oberste Liste zu durchsuchen. Hat man den lokalen Namen in einem Paket der oberen Liste gefunden, ist der globale Name in diesem Paket als neue π_2-Komponente des call-Befehls einzusetzen.

Das Maschinenprogramm zur Syntaxanalyse und der Start der Maschine Beim Start der Maschine sollen die Register mit folgenden Werten initialisiert werden:

$$\begin{array}{llll} \alpha := 0, & \nu := 0, & \tau := 0, & \beta := \pi(0), \\ \mu := 0, & \overline{\mu} := 0, & \gamma := 0, & \gamma_1 := 0, \\ \gamma_2 := 0, & \xi := 0, & \zeta := 0, & \delta := 1, \\ \omega_1 := 1, & \omega_2 := 0. & & \end{array}$$

Die Speicherzellen des Keller- und des π-Adressenspeichers sind zum Zeitpunkt des Starts der Maschine mit beliebigen Daten aus dem entsprechenden Wertebereich belegt.

Beim Start der Maschine müssen alle Eingabedaten, die das Benutzerprogramm zu diesem Zeitpunkt benötigt, in einer Liste im Rechenspeicher zusammengefaßt sein. Die Eingabeliste beginnt ab Zelle (P,6). In Zelle (P,6) ist die Länge der Eingabeliste einschließlich (P,6) selbst abgespeichert. Insbesondere ist darum $\rho(6) > 0$. Der Eingabebereich umfaßt die Zellen (P,6) bis $\big(\text{P},5 + \rho(6)\big)$.

Wie schon erwähnt sind die π-Adressen c und c', die das Programm zur Syntaxanalyse benötigt, in (P,4) und (P,5) zu finden. Der übrige Speicher (P,6+$\rho(6)$) bis (P,M) wird zum Abspeichern der geschilderten Listen genutzt. Die Zellen (P,0) bis (P,3) werden ebenfalls als Hilfsspeicherzellen der Syntaxanalyse beansprucht.

Die Darstellung der genannten Belegung des Rechenspeichers zum Zeitpunkt des Starts der Maschine und das eigentliche Analyseprogramm folgen nun.

0	$X\overline{X}$-T-Schalter
1	UP-Zähler
2	UP-Name bzw. call-Name
3	Zeiger auf globalen Namen im Kopf der obersten Liste
4	π-Adresse c
5	π-Adresse c'
6	Länge der Eingabeliste
⋮	⋮
$5+\rho(6)$	Ende der Eingabeliste
⋮	⋮

DAS MASCHINENPROGRAMM ZUR SYNTAXANALYSE

0: $\alpha := \rho(4)$;	
1: $\alpha := \alpha - \rho(5)$;	
2: **if** $\alpha \geq 0$ **then goto** 9;	$c \geq c'$?
3: $\alpha := \rho(4)$;	
4: $\alpha := \alpha - 278$;	
5: **if** $\alpha < 0$ **then goto** 9;	$c < \tilde{N} = 278$?
6: $\alpha := \rho(5)$;	
7: $\alpha := \alpha - N$;	
8: **if** $\alpha \leq 0$ **then goto** 10;	$c' \leq N$?
9: $\omega_2 := 1$;	Fehler, falls $c \geq c'$ oder $c, c' \notin [\tilde{N} : N]$
10: $\alpha := \rho(4)$;	
11: $\gamma := \alpha$	$\gamma := c$
12: $\alpha := 5$	
13: $\alpha := \alpha + \rho(6)$;	
14: $\tau := \alpha$	$\tau := \rho(6) + 5$
15: $\alpha := \pi_1(\gamma)$;	Operationszeichen von $\pi(c)$ laden
16: **if** $\alpha =$ begin **then goto** 18;	
17: $\omega_2 := 1$;	(UP1) verletzt
18: $\alpha := 1$	
19: $\gamma_2 := \alpha$;	Tiefe := 1
20: $\alpha := 0$;	
21: $\rho(0) := \alpha$;	$X\overline{X}$-T-Schalter := 0;

22: $\alpha := 0$	
23: $\rho(1) := \alpha;$	UP-Zähler := 0;
24: $\alpha := \pi_2(\gamma);$	Adreßkomponente = Name ?
25: $\rho(2) := \alpha;$	Name des UP's in (P,2) abspeichern
26: **if** $\alpha \geq 0$ **then goto** 28;	UP-Name ≥ 0 ?
27: $\omega_2 := 1;$	Syntaxfehler, falls UP-Name < 0
28: $\rho(\tau) := \alpha;$	UP-Name am Listenende abspeichern
29: $\tau := \tau + 1;$	
30: $\alpha := \tau;$	
31: $\rho(3) := \alpha;$	Zeiger auf globalen Namen im Listenkopf setzen
32: $\alpha := \rho(1);$	
33: $\rho(\tau) := \alpha;$	globaler Name := UP-Zähler
34: $\tau := \tau + 1;$	
35: $\alpha := -1;$	
36: $\rho(\tau) := \alpha;$	Listen durch -1 trennen
37: $\gamma := \gamma + 1;$	Nächsten Befehl adressieren
38: $\alpha := \pi_1(\gamma);$	Operationszeichen laden
39: **if** $\alpha =$ begin **then goto** 43;	
40: **if** $\alpha =$ end **then goto** 81;	
41: **if** $\alpha =$ call **then goto** 101;	
42: **goto** 122;	sonstige Befehle aus T

Behandlung eines begin-Befehls

43: $\alpha := \rho(0);$	
44: **if** $\alpha = 0$ **then goto** 46;	$X\overline{X}$-T-Schalter = 0 ?
45: $\omega_2 := 1;$	Verstoß gegen (UP2)
46: $\alpha := \pi_2(\gamma);$	Adreßkomponente = Name ?
47: $\rho(2) := \alpha;$	Name des UP's in (P,2) abspeichern
48: **if** $\alpha \geq 0$ **then goto** 50;	
49: $\omega_2 := 1;$	Fehler, falls UP-Name < 0
50: $\alpha := \tau;$	Endadresse der Gesamtliste
51: $\gamma_1 := \alpha;$	in γ_1 schreiben
52: $\alpha := \rho(\gamma_1);$	Durchsuchen der obersten Liste

53: **if** $\alpha < 0$ **then goto** 60;	Trennmarke der Liste erreicht ?
54: $\gamma_1 := \gamma_1 - 1$;	globalen Namen überspringen
55: $\alpha := \alpha - \rho(2)$;	bereits in der Liste vorhanden ?
56: **if** $\alpha \neq 0$ **then goto** 58;	UP-Name in Liste ?
57: $\omega_2 := 1$;	Verstoß gegen (UP3)
58: $\gamma_1 := \gamma_1 - 1$;	nächsten globalen Namen adressieren
59: **goto** 52;	Weitersuchen
60: $\gamma_1 := \gamma_1 - 1$;	die -1 und globalen Namen
61: $\gamma_1 := \gamma_1 - 1$;	im Listenkopf überspringen
62: $\alpha := \rho(2)$;	Name des UP's laden
63: $\alpha := \alpha - \rho(\gamma_1)$;	
64: **if** $\alpha \neq 0$ **then goto** 66;	Ist der lokale Name im Kopf der obersten Liste = UP-Name ?
65: $\omega_2 := 1$;	Verstoß gegen (UP3)
66: $\alpha := \rho(2)$;	UP-Name laden
67: $\tau := \tau + 1$;	
68: $\rho(\tau) := \alpha$;	UP-Name als lokalen Namen am Listenende abspeichern
69: $\alpha := \rho(1)$;	UP-Zähler laden
70: $\alpha := \alpha + 1$;	
71: $\rho(1) := \alpha$;	UP-Zähler inkrementieren
72: $\tau := \tau + 1$;	
73: $\rho(\tau) := \alpha$;	UP-Zähler als globalen Namen ans Listenende
74: $\alpha := \tau$;	
75: $\rho(3) := \alpha$;	τ = Adresse des globalen Namens im obersten Listenkopf
76: $\tau := \tau + 1$;	
77: $\alpha := -1$;	
78: $\rho(\tau) := \alpha$;	Listen durch -1 trennen
79: $\gamma_2 := \gamma_2 + 1$;	Tiefe inkrementieren
80: **goto** 131;	Behandlung des begin-Befehls beendet

Behandlung eines end-Befehls

81: $\gamma_2 := \gamma_2 - 1$;	Tiefe dekrementieren
82: **if** $\gamma_2 > 0$ **then goto** 87;	Tiefe > 0 ?

Befehl	Kommentar
83: $\alpha := \gamma$;	
84: $\alpha := \alpha - \rho(5)$;	
85: **if** $\alpha = 0$ **then goto** 136;	π-Adresse c' bereits erreicht ?
86: $\omega_2 := 1$;	Verstoß gegen (UP1)
87: $\alpha := 0$;	
88: $\rho(0) := \alpha$;	$X\overline{X}$-T-Schalter := 0;
89: $\alpha := \rho(\tau)$;	Oberste Liste räumen.
90: **if** $\alpha < 0$ **then goto** 93;	Trennmarke der oberen Liste erreicht ?
91: $\tau := \tau - 1$;	
92: **goto** 89;	
93: $\tau := \tau - 1$;	Oberste Liste geleert, -1 überspringen
94: $\alpha := \tau$;	
95: $\rho(3) := \tau$;	τ = Adresse des globalen Namens im obersten Listenkopf
96: $\alpha := \rho(\tau)$;	
97: $\zeta := \alpha$;	globaler Name ist Zugriffsindex für Θ-Speicher
98: $\alpha := \gamma$;	
99: $\theta\overline{\mu}(\zeta) := \alpha$;	π-Endadresse eintragen
100: **goto** 131;	Ende der Behandlung eines end-Befehls

Behandlung eines call-Befehls

Befehl	Kommentar
101: $\alpha := \pi_2(\gamma)$;	
102: $\rho(2) := \alpha$;	Name des call-Befehls abspeichern
103: $\alpha := \tau$;	
104: $\gamma_1 := \alpha$;	oberste Liste durchsuchen
105: $\alpha := \rho(\gamma_1)$;	
106: **if** $\alpha < 0$ **then goto** 112;	Trennmarke der oberen Liste erreicht ?
107: $\alpha := \alpha - \rho(2)$;	
108: **if** $\alpha = 0$ **then goto** 118;	call-Name in oberster Liste gefunden ?
109: $\gamma_1 := \gamma_1 - 1$;	
110: $\gamma_1 := \gamma_1 - 1$;	nächsten lokalen Namen adressieren
111: **goto** 105;	Weitersuchen
112: $\gamma_1 := \gamma_1 - 1$;	-1 und globalen Namen
113: $\gamma_1 := \gamma_1 - 1$;	im Listenkopf überspringen
114: $\alpha := \rho(\gamma_1)$;	

115: $\alpha := \alpha - \rho(2)$;	
116: **if** $\alpha = 0$ **then goto** 118;	call-Name in oberstem Listenkopf gefunden?
117: $\omega_2 := 1$;	Verstoß gegen (UP4)
118: $\gamma_1 := \gamma_1 + 1$;	
119: $\alpha := \rho(\gamma_1)$;	den globalen Namen im obersten Listenkopf in Akku laden
120: $\pi_2(\gamma) := \alpha$;	lokalen call-Namen in globalen ändern
121: **goto** 131;	Ende der Behandlung eines call-Befehls

Behandlung eines Befehls aus T, $\neq$ call-Befehl

122: $\alpha := \rho(0)$;	
123: $\alpha := \alpha - 1$;	
124: **if** $\alpha = 0$ **then goto** 131;	$X\overline{X}$-T-Schalter $= 1$?
125: $\alpha := \rho(\rho(3))$;	Zeiger auf globalen Namen im Listenkopf
126: $\zeta := \alpha$;	ist Zugriffsindex, um π-Anfangsadresse abzulegen
127: $\alpha := \gamma$;	
128: $\theta\mu(\zeta) := \alpha$;	π-Anfangsadresse eintragen
129: $\alpha := 0$;	
130: $\rho(0) := \alpha$;	$X\overline{X}$-T-Schalter $:= 0$
131: $\alpha := \gamma$;	
132: $\alpha := \alpha - \rho(5)$;	
133: **if** $\alpha < 0$ **then goto** 37;	aktuelle π-Adresse $< c'$?
134: **if** $\gamma_2 = 0$ **then goto** 136;	Tiefe $= 0$?
135: $\omega_2 := 1$;	Verstoß gegen (UP1)

Benutzerprogramm aktivieren

136: $\alpha := 0$;	
137: $\zeta := \alpha$;	
138: $\alpha := \theta\overline{\mu}(\zeta)$;	
139: $\overline{\mu} := \alpha$;	Endadresse des Rahmenprogrammes laden
140: $\alpha := \theta\mu(\zeta)$;	
141: $\mu := \alpha$;	Anfangsadresse des Rahmenprogrammes in π-Basisadressenregister μ laden
142: $\pi_2(159) := \alpha$;	in den Hauptteil des Benutzerprogrammes u springen
159: **gotoo** $*$;	

2.3.7 Seitenorientierte Verwaltung des Rechenspeichers

In der Einleitung zur Unterprogrammtechnik wurden die Aufgaben, die eine Unterprogrammtechnik bewältigen muß, bereits geschildert. Grundlegende Verfahren zur Lösung der organisatorischen Fragen hinsichtlich des

- Eingrenzens des Programmspeichers auf das Programm der virtuellen Maschine,
- Bereitstellens und Freigebens des lokalen Rechenspeichers,
- Transports der Parameter bzw. Resultate

werden wir im folgenden erläutern.

Der Programmspeicher wird auf den Hauptteil des aktiven Programmes eingegrenzt, indem das π-Basisadressenregister μ mit der π-Anfangsadresse und das π-Endadressenregister $\overline{\mu}$ mit der π-Endadresse des aktiven Programmes geladen wird. Den Mechanismus der Eingrenzung haben wir bereits im Abschnitt "Abfolge der Befehle" geschildert.

Die Register μ und $\overline{\mu}$ sind tatsächlich nur im Benutzermodus wirksam. Im Betriebssytem-Modus stellen *alle* Adreßkomponenten absolute Adressen dar. Dadurch kann das Betriebssystem den gesamten Speicher adressieren.

Während der Syntaxanalyse haben wir diese beiden Adressen in der Symboltabelle Θ unter dem globalen Namen des jeweiligen Progammes abgelegt. Soll zur Laufzeit das Programm $u[s]$ durch den Befehl "**call** h;" aufgerufen werden, so haben wir sichergestellt, daß h den gobal gültigen Namen von $u[s]$ darstellt. Wir können die π-Anfangs- und π-Endadresse in der Zelle (Θ, h) finden. Den Speicher adressiert man mit Hilfe des ζ-Registers, welches stets den globalen Namen des aktiven Programmes enthält. Der Datenfluß beim abspeichernden und lesenden Zugriff auf die Symboltabelle verläuft jeweils über den Akkumulator.

Das Hauptprogramm haben wir mit dem gobalen Namen 0 versehen. Die Adressen $\theta\mu(0)$ und $\theta\overline{\mu}(0)$ werden am Ende der Syntaxanalyse in die beiden Register μ bzw. $\overline{\mu}$ geladen.

Wir definieren exemplarisch die Wirkung eines Sprungbefehls.

Seien im folgenden jeweils $k, k' \in K_M$ und $k' = \Delta(k)$ wie üblich, dann ist die Wirkung von **goto** j; in der Tabelle 2.16 beschrieben. Sämtliche nicht aufgeführten Komponenten der Konfiguration k' sind mit den entsprechenden Komponenten der Konfiguration k identisch.

goto j;		
Wenn $\delta = 1$, $0 \leq j \leq N$ erfüllt ist, dann wird $\eta' := j$, $\beta' := \pi(\eta')$, $\omega_2' := \omega_2\ (= 0)$.	Wenn $\delta = 0$, $0 \leq j$ $0 \leq \mu + j \leq \overline{\mu}$ erfüllt ist, dann wird $\eta' := \mu + j$, $\beta' := \pi(\eta')$, $\omega_2' := \omega_2\ (= 0)$.	sonst $\eta' := \eta$, $\beta' := \beta$, $\omega_2' := 1$.

Tabelle 2.16: *Endgültige Definition des Befehls* $(B\ 4)$

Die Verwaltung des Rechenspeichers Wir denken uns den gesamten linearen Rechenspeicher in Segmente konstanter Größe gegliedert, ohne daß die Adressen der Rechenspeicherzellen verändert werden. Ein solches Segment wird **Speicherseite** oder kurz Seite genannt.

Gehen wir im folgenden davon aus, daß jede Seite $m > 0$ Speicherzellen umfaßt, wobei $M + 1$ ein Vielfaches von m ist. Die Seiten des Rechenspeichers werden von 1 bis $q = (M + 1)/m$ numeriert. Dann umfaßt die Seite 1 den Abschnitt $\text{P}[0 : m-1]$, die Seite 2 den Abschnitt $\text{P}[m : 2m-1]$ usw. Die Seite i enthält die P-Adressen $m \cdot (i - 1)$ bis $m \cdot i - 1$. Die erstere der beiden Adressen heißt die *Anfangsadresse*, die zweite die *Endadresse* der Seite i.

Während der Ausführung des Benutzerprogrammes können in bezug auf die Rechenspeicherbelegung drei funktionale Zonen unterschieden werden:

1.) die Zone der globalen Daten,

2.) die Zone der Speicherseiten, die für aktivierte Programme reserviert sind,

3.) die Zone der freien Speicherseiten.

Ein **globales** Datum ist jedem aktivierten Programm zugänglich. Der Begriff ist als Gegensatz zum Begriff des lokalen Rechenspeicherbereiches eines aktivierten Programmes zu verstehen.

Wir sehen alle **Eingabedaten** – und nur diese – als globale Daten an. Eine Rechenspeicherzelle der Eingabeliste darf von einem beliebigen aktivierten Programm gelesen, nicht aber beschrieben werden. Das Lesen ist mit Hilfe eines speziellen Befehls gestattet. Er stößt eine Sequenz des Betriebssystems an, die nur Zugriffe auf Rechenspeicherzellen mit absoluten Adressen aus $[6 : 5 + \rho(6)]$ zuläßt. Andernfalls erzeugt sie mit Hilfe des Befehls "$\omega_2 := 1;$" einen Fehlerhalt der Maschine.

Der globale Datenbereich reicht von Seite 1 bis zu jener Seite, die das Ende der Eingabeliste enthält. Der globale Datenbereich besteht also aus den Zellen

P[0: M_1] mit $M_1 := \min\{i \cdot m - 1 \mid i \cdot m - 1 \geq 5 + \rho(6)\}$ und aus den Seiten 1 bis p mit $p = (M_1 + 1)/m$.

Die Zone der Speicherseiten, die für die aktivierten virtuellen Maschinen reserviert sind, umfaßt die Seiten $p+1$ bis $(\tau + 1)/m$, d.h. den Bereich P[M_1+1 : τ]. Der P-Speicherende-Zeiger τ wird so gesetzt, daß er immer auf die Endadresse einer Speicherseite zeigt.

Die Speicherseiten, die nicht für aktivierte Maschinen reserviert sind, heißen **freie** Seiten. Es sind dies die Seiten $(\tau + 1)/m + 1$ bis q. Sie unterteilen den Rechenspeicherbereich P[τ+1 : M].

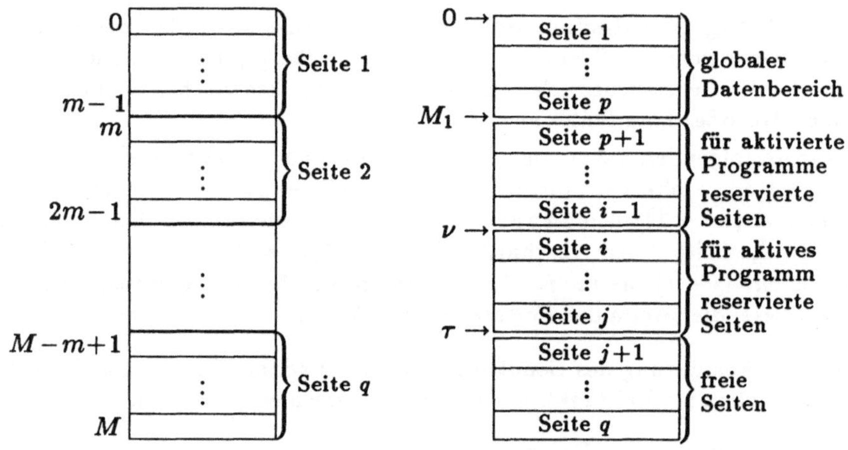

Abbildung 2.11: *Seitenweise Einteilung des Rechenspeichers*

Der lokale Speicherbereich, der einer aktiven virtuellen Maschine vorbehalten ist, wird durch die Positionen der Zeiger ν und τ eingegrenzt. Einer virtuellen Maschine wird der Rechenspeicherplatz nur seitenweise bereitgestellt, d.h. $\tau - \nu + 1$ wird ein Vielfaches der Seitengröße m sein. Der Speicherbereich der aktiven Maschine, der die Seiten ν/m bis $(\tau + 1)/m$ umfaßt, grenzt unmittelbar an die Zone der freien Seiten.

Reicht während der Ausführung eines Unterprogrammes der lokale Rechenspeicherbereich nicht aus, so werden – soweit noch vorhanden – eine oder mehrere freie Speicherseite(n) reserviert. Der Mechanismus zum Anfordern freier Seiten kann nur durch einen Befehl gestartet werden, der *schreibend* auf eine Zelle (P,i) mit $i > \tau$ zugreift. Ein lesender Zugriff führt in diesem Falle zu einem Fehler. Die entsprechende Zelle wurde dann nicht vom aktiven Programm beschrieben. Eine Betriebssystem-Sequenz setzt den Zeiger τ auf die Endadresse der Seite, welche die P-Zelle i enthält. Wird hierbei die Größe des Rechenspeichers überschritten, so hält die Maschine wegen "**Speicherüberlaufs**" mit Fehler an.

Aktiviert ein Programm $u[s]$ durch Aufruf des Programmes $u[s']$ eine virtuelle Maschine, so beginnt der lokale Rechenspeicherbereich von $u[s']$ bei der ersten bisher freien Speicherseite. In der bildlichen Darstellung (Abbildung 2.11) wäre dies die Seite $j + 1$.

Hierzu setzt man das P-Basisadressenregister ν auf den inkrementierten Wert des P-Speicherende-Zeigers τ. Alle P-Adressen, die im Benutzer-Modus wirken und nicht in einem Befehl zum Lesen eines globalen Datums vorkommen, werden relativ zum Inhalt des P-Basisregisters interpretiert. Auch die Register ν und τ sind nur im Status $\delta = 0$ wirksam. Das Betriebssytem kann den gesamten Rechenspeicher adressieren, was insbesondere zum Datentransport wichtig ist.

Das aufrufende Programm übergibt dem aktivierten Programm die Parameter in Form einer Liste, die ähnlich aufgebaut ist wie die Eingabeliste. Das erste Datum dieser Liste gibt ihre Länge inklusive der Längeninformation selbst an. Die eigentliche Datenübertragung wird von einer Betriebssystem-Sequenz vorgenommen, die durch den call-Befehl gestartet wird. Sie kopiert die Parameterliste vom lokalen Speicherbereich der Maschine bzgl. $u[s]$ in den lokalen Speicherbereich der Maschine bzgl. $u[s']$, die beide aneinandergrenzen.

Bei Desaktivierung der Maschine $u[s']$ durch den end-Befehl werden die Resultate ebenfalls in Listenform von einer Betriebssytem-Sequenz kopiert. Der Transfer verläuft in umgekehrter Richtung wie der Transport der Parameter. Die Resultatsliste ist analog zur Parameterliste aufgebaut.

Damit das Betriebssystem die Daten übertragen kann, müssen vor der Ausführung des call-Befehls jeweils

- die relative Adresse m_0 feststehen, von der ab die Parameter im lokalen Bereich der aufrufenden Maschine zu finden sind.
- die relativen Adressen m_2 bzw. m_1 feststehen, von welchen ab die Resultate im lokalen Bereich der aufgerufenen Maschine zu finden sind bzw. die Resultate im lokalen Bereich der aufrufenden Maschine abzuspeichern sind.

Um dem Benutzer Spielraum bei der Aufteilung und Belegung des lokalen Speichers einzuräumen, werden die Listen indirekt adressiert. Als Zeiger werden die ersten beiden lokalen Zellen benutzt.

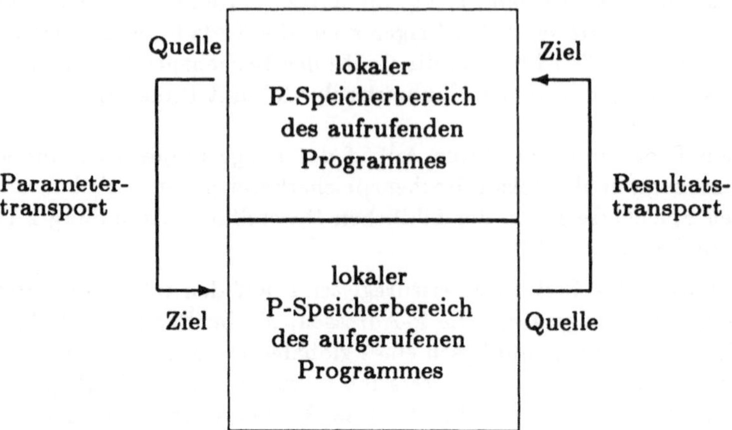

Abbildung 2.12: *Übertragungsrichtungen des Datentransportes*

Sowohl während des Parameter- als auch während des Resultatstransportes zeigt die Zelle mit der relativen Adresse 0 auf den Beginn des Quellbereiches. Die hierdurch referenzierte Zelle enthält jeweils die Länge k_0 der Parameterliste bzw. k_2 der Resultatsliste. Die Zelle mit der relativen Adresse 1 zeigt beim Resultatstransport auf den Beginn des Zielbereiches. Beim Parametertransport beginnt der Zielbereich immer ab der P-Zelle mit der relativen Adresse 2. Die entsprechenden Zeiger müssen vor dem Absprung in das aufgerufene Unterprogramm bzw. vor dem Rücksprung in das aufrufende Unterprogramm gesetzt sein.

Sind die Parameter in die Zellen mit den relativen P-Adressen 2 bis $1 + k_0$ der aufgerufenen Maschine übertragen, so wird der P-Speicherende-Zeiger τ auf das Ende der Speicherseite gesetzt, welche die letzte Zelle enthält, die die kopierte Parameterliste belegt.

Bei Beendigung des Programmes $u[s']$ wird automatisch die virtuelle Maschine bzgl. $u[s]$ wieder aktiv. Dies bedeutet, daß die Register μ, $\overline{\mu}$, ν und τ mit den entsprechenden Adressen, die diese Maschine begrenzen, geladen werden. Die bisher aktive Maschine wird desaktiviert. Insbesondere werden hierdurch die Seiten, die dieser Maschine vorbehalten waren, freigegeben und in die Zone der freien Seiten eingegliedert. Danach werden die Resultate vom Betriebssystem kopiert.

Überschreitet die Resultatsliste den für $u[s]$ bisher reservierten Speicherplatz, so wird analog zum Parametertransport der P-Speicherende-Zeiger auf das Ende der Seite gesetzt, welche die letzte Zelle enthält, die die kopierte Resultatsliste belegt. Der Speicherbereich einer aktiven Maschine wird *niemals* verkleinert.

Die Verwaltung des Kellerspeichers Die Daten, die zur Reaktivierung einer vorübergehend nicht aktiven Maschine nötig sind, werden im Kellerspeicher abgelegt. Sie werden abgespeichert, wenn die aktive Maschine P_i durch einen call-Befehl eine andere Maschine P_{i+1} aktiviert und ihre eigene "Tätigkeit" vorübergehend einstellt. Nach Desaktivierung der Maschine P_{i+1} muß die Rücksprungadresse zugänglich sein, damit als nächster der Befehl ausgeführt werden kann, der auf den call-Befehl in P_i folgt.

Die Adressen, die die Speicher eingrenzen, müssen zur Wiedereinsetzung der virtuellen Maschine ebenfalls verfügbar sein. Da die entsprechenden μ- und $\overline{\mu}$-Adressen in der Symboltabelle gespeichert sind, genügt es, den globalen Namen des unterbrochenen Programmes P_i aufzubewahren. Dieser Name steht im Symboltabellen-Zeiger ζ, dessen Inhalt im Keller abgespeichert wird.

Um den lokalen Rechenspeicherbereich zu rekonstruieren, legen wir die entsprechende P-Basisadresse, d.h. den Inhalt des ν-Registers, im Keller ab. Sie wird als "obere Grenze" bei der Rückkehr wieder geladen. Die "untere Grenze" muß nicht aufbewahrt werden, da die lokalen Speicherbereiche der virtuellen Maschinen in der Aufruffolge jeweils aneinandergrenzen. Kennt man die P-Basisadresse der desaktivierten Maschine, so ergibt sich hieraus die untere Grenze des Bereiches der reaktivierten Maschine durch Dekrementieren.

Zusätzlich speichern wir noch die Inhalte der Indexregister und des Akkumulators ab. Die Inhalte dieser 7 Register fassen wir als eine Einheit, die man als **Aktivierungsverbund** bezeichnet, in einer Kellerzelle zusammen.

Der Keller kann nur mit Hilfe des Kellerkopfes adressiert werden. Der Inhalt des Kellerkopfes entspricht der Tiefe des Stapels. Er ist immer identisch mit der Länge der Aufruffolge, d.h. der Zahl der aktivierten virtuellen Maschinen, minus 1, nämlich abzüglich der aktiven Maschine. Zu Anfang des Benutzerbetriebes ist nur eine Maschine aktiviert, der Keller ist leer, der Kellerkopf enthält 0.

Das Abspeichern des Aktivierungsverbundes nehmen wir komponentenweise vor. Die Komponenten können nicht wahlfrei abgespeichert werden, sondern nur in einer ganz bestimmten Reihenfolge. Zunächst wird der Inhalt des Akkumulators, dann die Rücksprungadresse $\eta+1$, und weiter die Inhalte der Register ζ, γ, γ_1, γ_2 in der durch den Stapelzeiger ξ referenzierten Kellerzelle abgelegt, bis zuletzt die P-Basisadresse abgespeichert wird. Ebenso ist die Entnahme der Komponenten nur in umgekehrter Reihenfolge zulässig. Der Vorgang des Abspeicherns und der Entnahme einer Kellerzellenkomponente verläuft *nur* via Akku.

Der Kellerkopf wird auf die nächst höhere Adresse gesetzt, wenn die α-Komponente eines Aktivierungsverbundes abgespeichert wird. Das "Kellern" der restlichen Komponenten verändert den Kopf nicht. Ebenso führt nur die Entnahme der α-Komponente zum Dekrementieren des Kopfes.

Definition der Befehle und Dokumentation des Betriebssytems Wir haben den letzten Teil der Betriebssystem-Sequenz zur Syntaxanalyse, die der Ausführung des Benutzerprogrammes u vorgeschaltet ist, noch ausgespart. Sie umfaßt die Befehle $\pi(\Pi, 143)$ bis $\pi(\Pi, 158)$.

$\pi(\Pi, 143)$ bis $\pi(\Pi, 153)$ legen vor dem Start von u den globalen Datenbereich $P[0{:}\,M_1]$ fest, indem beginnend bei der Adresse $m-1$ solange mit der Schrittweite m hochgezählt wird, bis zum ersten Mal das Ende der Eingabeliste erreicht oder überschritten ist. Die restlichen Befehle $\pi(\Pi, 154)$ bis $\pi(\Pi, 158)$ stellen dem Hauptteil von u die erste freie Speicherseite $p+1$ zur Verfügung, indem $\nu := M_1 + 1$ und $\tau := M_1 + m$ gesetzt werden.

In diesem Programmabschnitt wird (P,1) mit der Endadresse der Eingabeliste geladen. Diese wird dort von der Betriebssytem-Sequenz gelesen, die den Zugriff auf die Eingabedaten kontrolliert.

AM ENDE DER SYNTAXANALYSE DEN GLOBALEN DATENBEREICH FESTLEGEN UND EINE SPEICHERSEITE BEREITSTELLEN

143: $\alpha := 5$;	
144: $\alpha := \alpha + \rho(6)$;	
145: $\rho(1) := \alpha$;	$\rho(1) := 5 + \rho(6)$ = Endadresse der Eingabeliste
146: $\alpha := m - 1$;	
147: $\rho(0) := \alpha$;	$\rho(0) := m - 1$
148: $\alpha := \alpha - \rho(1)$;	
149: **if** $\alpha \geq 0$ **then goto** 154;	$m \cdot i - 1 \geq 5 + \rho(6)$? Falls ja, dann $M - 1 = m \cdot i - 1$ nach (P,0)
150: $\alpha := \rho(0)$;	
151: $\alpha := \alpha + m$;	$i := i + 1$
152: $\rho(0) := \alpha$;	$\rho(0) := m \cdot i - 1$
153: **goto** 148;	
154: $\alpha := \alpha + 1$;	
155: $\nu := \alpha$;	$\nu := M_1 + 1$
156: $\alpha := \rho(0)$;	
157: $\alpha := \alpha + m$;	
158: $\tau := \alpha$;	$\tau := M_1 + m$
159: **gotoo** $*$;	in den Hauptteil von u springen

Ein schreibender Rechenspeicherbefehl hat verschiedene Wirkungen je nachdem, ob er im Betriebssytem- oder im Benutzer-Modus verwendet wird.

Die Adreßkomponente des Befehls zum Beschreiben des Rechenspeichers

$(B\ 14a)$ **do** $\rho(\gamma + i) := \alpha;$

wird im Status $\delta = 1$ als absolute Adresse aufgefaßt, so daß das Betriebssystem den gesamten Rechenspeicher adressieren kann. Im Benutzermodus ($\delta = 0$) wird die Adreßkomponente als lokale Adresse relativ zur P-Basisadresse interpretiert.

Ist die entsprechende absolute Adresse größer als τ wird die Betriebssystem-Sequenz zum Anfordern von Speicherseiten ausgeführt. Diese erhöht τ um die Größe einer Speicherseite und springt wieder zum Ursprungsbefehl, der die Speicheranforderung provoziert hat, zurück, welcher dann nochmals ausgeführt wird. Durch diese Iteration wird sooft eine neue Seite reserviert, bis die absolute Adresse kleiner gleich τ ist.

Um zum Ursprungsbefehl zurückzufinden, speichern wir dessen π-Adresse im Keller ab. Zuvor wird in der entsprechenden α-Komponente der aktuellen Kellerzelle der Inhalt des Akkus abgespeichert.

Diese Daten werden mit Hilfe der Befehle

$(B\ 39a)$ **Pop** $\alpha;$ $(B\ 39b)$ **Pop** $\eta;$

dem Keller entnommen, deren Semantik in der Tabelle 2.17 definiert ist.

Pop α;		Pop η;	
Wenn $\delta = 1$ ist, dann	sonst	Wenn $\delta = 1$ ist, dann	sonst
$\alpha' := \kappa\alpha(\xi)$,	$\alpha' := \alpha$,	$\alpha' := \kappa\eta(\xi)$,	$\alpha' := \alpha$,
$\eta' := \eta + 1$,	$\eta' := \eta$,	$\eta' := \eta + 1$,	$\eta' := \eta$,
$\beta' := \pi(\eta')$,	$\beta' := \beta$,	$\beta' := \pi(\eta')$,	$\beta' := \beta$,
$\xi' := \xi - 1$,	$\xi' := \xi$,	$\omega_2' := \omega_2\ (= 0)$.	$\omega_2' := 1$.
$\omega_2' := \omega_2\ (= 0)$.	$\omega_2' := 1$.		

Tabelle 2.17: *Wirkung der Befehle* $(B\ 39a)$ *und* $(B\ 39b)$

Wir definieren die Wirkung des Befehls $(B\ 14a)$ in der Tabelle 2.18, wobei hier – wie auch schon bei der Definition der Pop-Befehle – die Komponenten der Konfiguration bzw. der Speicher, die unverändert bleiben, nicht genannt sind.

$\rho(\gamma + i) := \alpha;$			
Wenn $0 \leq i \leq \tilde{K}$, $\delta = 1$, $0 \leq \gamma + i \leq M$, erfüllt ist, dann	Wenn $0 \leq i \leq \tilde{K}$, $\delta = 0$, $0 \leq \gamma + i$, $\nu + \gamma + i \leq \tau$, erfüllt ist, dann	Wenn $0 \leq i \leq \tilde{K}$, $\delta = 0$, $\xi < N_1$, $0 \leq \gamma + i$, $\tau < \nu + \gamma + i \leq M$, erfüllt ist, dann	sonst
$\rho'(\gamma') := \alpha$, $\kappa' := \kappa$, $\alpha' := \alpha$, $\eta' := \eta + 1$,	$\rho'(\nu + \gamma') := \alpha$, $\kappa' := \kappa$, $\alpha' := \alpha$, $\eta' := \eta + 1$,	$\rho' := \rho$, $\kappa'\alpha(\xi') := \alpha$, $\kappa'\eta(\xi') := \eta$, $\alpha' := \eta$, $\eta' :=$ Anfangsadresse der Speicheranforderungs-Sequenz	$\rho' := \rho$, $\kappa' := \kappa$, $\alpha' := \alpha$, $\eta' := \eta$
$\beta' := \pi(\eta')$, $\gamma' := \gamma + i$, $\xi' := \xi$, $\delta' := \delta$, $\omega_2' := \omega_2$.	$\beta' := \pi(\eta')$, $\gamma' := \gamma + i$, $\xi' := \xi$, $\delta' := \delta$, $\omega_2' := \omega_2$.	$\beta' := \pi(\eta')$, $\gamma' := \gamma$, $\xi' := \xi + 1$, $\delta' := 1$, $\omega_2' := \omega_2$.	$\beta' := \beta$, $\gamma' := \gamma$, $\xi' := \xi$, $\delta' := \delta$, $\omega_2' := 1$.

Tabelle 2.18: *Endgültige Definition des Befehls* (B 14a)

BETRIEBSSYTEM-SEQUENZ ZUM ANFORDERN VON SPEICHERSEITEN

160: $\alpha := \tau$;	P-Speicherende-Zeiger auf das
161: $\alpha := \alpha + m$;	Ende der nächsten Speicher-
162: $\tau := \alpha$;	seite setzen,
163: **Pop** η;	die Adresse des
164: $\pi_2(166) := \alpha$;	Ursprungsbefehls eintragen
165: **Pop** α;	Akku wieder laden
166: **gotoo** $*$;	Ende des Betriebssystem-Modus

Der entsprechende Lesebefehl

(B 13a) **do** $\alpha := \rho(\gamma + i)$;

unterscheidet nur zwischen relativer und absoluter Adressierung des Speichers in Abhängigkeit von $\delta = 0$ oder $\delta = 1$. Seine Wirkung ist in Tabelle 2.19 aufgelistet.

Zum Aufruf des Programmes mit dem globalen Namen h dient der Befehl

$\alpha := \rho(\gamma + i);$		
Wenn $0 \le i \le \tilde{K}$, $\delta = 1$, $0 \le \gamma + i \le M$, erfüllt ist, dann wird	Wenn $0 \le i \le \tilde{K}$, $\delta = 0, 0 \le \gamma + i$, $0 \le \nu + \gamma + i \le \tau$, erfüllt ist, dann wird	sonst
$\alpha' := \rho(\gamma')$, $\eta' := \eta + 1$, $\beta' := \pi(\eta')$, $\gamma' := \gamma + i$, $\omega_2' := \omega_2$.	$\alpha' := \rho(\nu + \gamma')$, $\eta' := \eta + 1$, $\beta' := \pi(\eta')$, $\gamma' := \gamma + i$, $\omega_2' := \omega_2$.	$\alpha' := \alpha$, $\eta' := \eta$ $\beta' := \beta$, $\gamma' := \gamma$, $\omega_2' := 1$.

Tabelle 2.19: *Endgültige Definition des Befehls* (B 13a)

(B 40) **call** h;

Er inkrementiert den Kellerkopf und legt den gegenwärtigen Akkuinhalt in der entsprechenden Komponente der Zelle des Kellers ab, auf die der Stapelzeiger zeigt. Danach wird als Rücksprungadresse der um 1 erhöhte Inhalt des Befehlszählers, der Inhalt des ζ-Registers, d.h. der globale Name des bisher aktiven Programmes, abgelegt. Zuletzt wird h in ζ eingetragen und im Status $\delta = 1$ die "Aufrufsequenz des Betriebssytems" angestoßen. Der obige Befehl löst einen Fehlerhalt der Maschine aus, falls die Größe des Kellers nicht ausreicht, um den Aktivierungsverbund abzuspeichern.

call h;	
Wenn $0 \le \xi < N_1$ erfüllt ist, dann wird	sonst
$\kappa'\alpha(\xi') := \alpha$, $\kappa'\eta(\xi') := \eta + 1$, $\kappa'\zeta(\xi') := \alpha' = \zeta$ $\alpha' := \zeta$, $\eta' :=$ Anfangsadresse der Aufrufsequenz des Betriebssystems, $\beta' := \pi(\eta')$, $\xi' := \xi + 1$, $\zeta' := h$, $\delta' := 1$, $\omega_2' := \omega_2\ (= 0)$.	$\kappa' := \kappa$, $\alpha' := \alpha$, $\eta' := \eta$, $\beta' := \beta$, $\xi' := \xi$ $\zeta' := \zeta$, $\delta' := \delta$, $\omega_2' := 1$.

Tabelle 2.20: *Wirkung des Befehls* (B 40)

Die Aufrufsequenz speichert zunächst die restlichen Komponenten des Aktivierungsverbundes in der aktuellen Kellerzelle ab. Der Inhalt des entsprechenden Registers wird zunächst in den Akkumulator geladen, um dann mit Hilfe der Befehle

(B 41a) **Push** γ; (B 41b) **Push** γ_1;

(B 41c) **Push** γ_2; (B 41d) **Push** ν;

in die entsprechende Komponente der mittels ξ adressierten Kellerzelle übernommen zu werden. Dies wird durch den Abschnitt $\pi(\Pi, 167)$ bis $\pi(\Pi, 174)$ erledigt. Den Befehl (B 41a) werden wir in Tabelle 2.21 exemplarisch definieren.

Push γ;	
Wenn $\delta = 1$ erfüllt ist, dann wird	sonst
$\kappa'\gamma(\xi) := \alpha$, $\eta' := \eta + 1$, $\beta' := \pi(\eta')$, $\omega_2' := \omega_2$ $(= 0)$.	$\kappa' := \kappa$, $\eta' := \eta$, $\beta' := \beta$, $\omega_2' := 1$.

Tabelle 2.21: *Wirkung des Befehls* (B 41a)

Danach wird der Transport der Parameter gemäß dem linken Schema in Abbildung 2.13 vorgenommen, wobei die genannten P-Adressen jeweils relative Adressen darstellen.

Das Datum in (P,$\nu + m_0 + i$) wird nach (P,$\tau + 3 + i$) transportiert für $i = 0, \dots, k_0 - 1$. Die absolute Quelladresse des Transports eines Datums steht in γ, die absolute Zieladresse in γ_1. Wie oft die dafür vorgesehene Programmschleife $\pi(\Pi, 189)$ bis $\pi(\Pi, 195)$ ausgeführt wir, kontrolliert γ_2, das die Zahl der noch zu übertragenden Daten zählt.

Danach wird dem nun aktiven Programm Speicherplatz bereitgestellt, indem $\nu' := \tau + 1$ und $\tau' := \min\{j \cdot m - 1 \mid j \cdot m - 1 \geq \rho(\mathrm{P}, 2)\}$, wobei (P,2) die absolute Endadresse der kopierten Parameterliste enthält, gesetzt werden.

Zuletzt sind die π-Anfangs- und π-Endadresse des nun aktiven Programmes, dessen globaler Name in ζ steht, der Symboltabelle unter der Adresse ζ zu entnehmen und via Akku in das μ- bzw. $\overline{\mu}$-Register zu laden. Die Indexregister und der Akku werden wieder auf Null zurückgesetzt, bevor der erste Befehl des Hauptteils des nun aktiven Programmes angesprungen wird. Dessen Adresse steht in

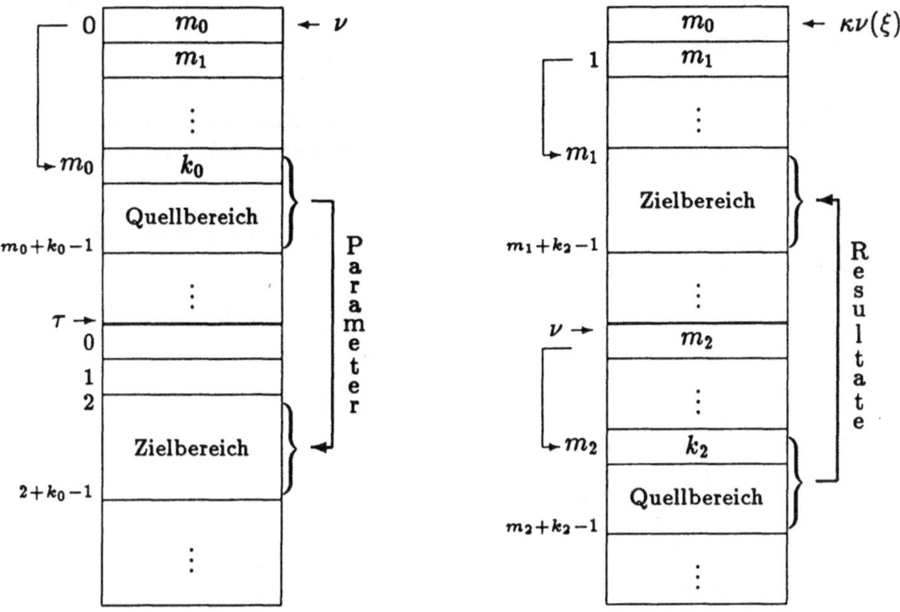

Abbildung 2.13: *Schematische Darstellung des Datentransportes*

$(\Theta\mu, \zeta)$. Dieser Sprung setzt $\delta' := 0$, denn danach wird ein Benutzerprogramm ausgeführt.

AUFRUFSEQUENZ DES BETRIEBSSYTEMS

167: $\alpha := \gamma$;	
168: **Push** γ;	
169: $\alpha := \gamma_1$;	
170: **Push** γ_1;	
171: $\alpha := \gamma_2$;	
172: **Push** γ_2;	
173: $\alpha := \nu$;	
174: **Push** ν;	Aktivierungsverbund ergänzen
175: $\gamma := \alpha$;	$\gamma := \nu$
176: $\alpha := \nu$;	$\alpha := \nu$
177: $\alpha := \alpha + \rho(\gamma)$;	$\alpha := \nu + m_0 = \nu + \rho(\mathrm{P}, \nu)$

178: $\gamma := \alpha;$	$\gamma := \nu + m_0 \;=$ absolute Quelladresse
179: $\alpha := \rho(\gamma);$	$\alpha := k_0$
180: $\gamma_2 := \alpha;$	$\gamma_2 := k_0$
181: $\alpha := \tau;$	τ enthält die Endadresse des lokalen P-Bereiches des zuvor aktiven Programmes
182: $\alpha := \alpha + 3;$	
183: $\gamma_1 := \alpha;$	$\gamma_1 := \tau + 3 =$ absolute Zieladresse
184: **if** $\gamma_2 > 0$ **then goto** 189;	$k_0 \leq 0$?
185: $\alpha := 1;$	Falls Listenlänge ≤ 0 ist, dann
186: $\rho(\gamma) := \alpha;$	unter Quell- und Zieladresse
187: $\rho(\gamma_1) := \alpha;$	die Länge 1 eintragen
188: **goto** 196;	
189: $\alpha := \rho(\gamma);$	Transport
190: $\rho(\gamma_1) := \alpha;$	eines Datums
191: $\gamma_2 := \gamma_2 - 1;$	
192: **if** $\gamma_2 = 0$ **then goto** 196;	Ende der Liste erreicht ?
193: $\gamma := \gamma + 1;$	
194: $\gamma_1 := \gamma_1 + 1;$	
195: **goto** 189;	

τ ist bisher noch unverändert. γ_1 zeigt auf das Ende der übertragenen Liste, d.h. $\gamma_1 = \tau + 2 + k_0$. Falls $\tau + 2 + k_0 > M$, dann verursachte Befehl 194 einen Fehler.

196: $\alpha := \tau;$	Der lokale P-Bereich des neu aktivierten
197: $\alpha := \alpha + 1;$	Programmes beginnt bei (P,$\tau + 1$).
198: $\nu := \alpha;$	P-BAR setzen: $\nu := \tau + 1$
199: $\alpha := \gamma_1;$	$\alpha :=$ Endadresse der kopierten Liste
200: $\rho(2) := \alpha;$	diese Adresse in (P,2) abspeichern
201: $\alpha := \tau;$	$\alpha :=$Endadresse der letzten belegten Seite
202: $\alpha := \alpha + m;$	Endadresse der nächsten Seite in
203: $\tau := \alpha;$	P-Speicherende-Register τ laden
204: $\alpha := \alpha - \rho(2);$	
205: **if** $\alpha \geq 0$ **then goto** 207;	P-Seitenende $\geq$ Endadresse der Liste ?
206: **goto** 201;	
207: $\alpha := \theta\mu(\zeta);$	π-Anfangsadresse des Unterprogrammes
208: $\mu := \alpha;$	ins μ-Register laden und
209: $\pi_2(216) := \alpha;$	in den gotoo-Befehl eintragen,

210: $\alpha := \theta\overline{\mu}(\zeta)$;	π-Endadresse des Unterprogrammes
211: $\overline{\mu} := \alpha$;	ins $\overline{\mu}$-Register laden,
212: $\alpha := 0$;	Akku und Indexregister auf Null setzen
213: $\gamma := \alpha$;	
214: $\gamma_1 := \alpha$;	
215: $\gamma_2 := \alpha$;	
216: gotoo $*$;	Betriebssystem-Modus beenden

Trifft die Maschine auf den Befehl

(B 7) **end**;

so hält sie regulär an, wenn der Kellerkopf die Zahl 0 enthält. In diesem Fall steht nur das Programm u als einziges aktiviertes Programm in der Aufruffolge. Zeigt der Stapelzeiger auf eine Zelle des Kellerspeichers, so wurde das noch aktive Programm durch einen call-Befehl aktiviert. Die aktivierende virtuelle Maschine wird als nächste wieder aktiv. Ihr Aktivierungsverbund liegt auf dem Stapel obenauf.

end;	
Wenn $\xi > 0$ ist, dann	Wenn $\xi = 0$ ist, dann
$\eta' :=$ Anfangsadresse der Rückkehrsequenz des Betriebssystems,	$\eta' := \eta$,
$\beta' := \pi(\eta')$,	$\beta' := \beta$,
$\delta' := 1$,	$\delta' := \delta$,
$\omega_1' := \omega_1\ (= 1)$.	$\omega_1' := 0$.

Tabelle 2.22: *Endgültige Definition des Befehls* (B 7)

Mit dem end-Befehl gekoppelt ist, sofern der Keller nicht leer ist, die Ausführung der "Rückkehrsequenz des Betriebssytems". Die Sequenz entnimmt der obersten Kellerzelle zunächst die P-Basisadresse $\kappa\nu(\xi)$ des lokalen Speicherbereiches der wiedereinzusetzenden Maschine. Damit kann der Resultatstransport analog zum Parametertransport anlaufen. Das Schema ist in Abbildung 2.13 dargestellt.

Das Datum in (P,$\nu + m_2 + i$) wird nach (P,$\kappa\nu(\xi) + m_1 + i$) transportiert für $i = 0, \ldots, k_2 - 1$. Die absolute Quelladresse des Transports eines Datums steht in γ, die absolute Zieladresse in γ_1. Die Schleifenhäufigkeit wird wieder durch γ_2 kontrolliert.

Nach Beendigung des Resultatstransportes wird $\tau' := \nu - 1$ gesetzt, d.h. das Ende des lokalen Speicherbereiches wird wieder eingesetzt, falls die Resultatsliste nicht darüber hinausragt. Andernfalls wird $\tau' := \min\{jm-1 \mid jm-1 \geq \rho(\mathrm{P},2)\}$ gesetzt, wobei dieses Mal (P,2) die absolute Endadresse der kopierten Resultatsliste enthält.

Der Aktivierungsverbund in der obersten Kellerzelle wird mit Hilfe der Pop-Befehle

(B 39a) **Pop** α; (B 39b) **Pop** η;

(B 39c) **Pop** ζ; (B 39d) **Pop** γ;

(B 39e) **Pop** γ_1; (B 39f) **Pop** γ_2;

(B 39g) **Pop** ν;

dem Keller entnommen. Die Befehle (B 39c) bis (B 39g) wirken analog zu **Pop** η (siehe Tabelle 2.17).

RÜCKKEHRSEQUENZ DES BETRIEBSSYTEMS

217: $\alpha := \nu$;

218: $\gamma := \alpha$; das P-Speicherende des reaktivierten

219: $\alpha := \alpha - 1$; Programmes ergibt sich als P-Basisadresse

220: $\tau := \alpha$; des desaktivierten Programmes -1

221: $\alpha := \nu$;

222: $\alpha := \alpha + \rho(\gamma)$; $\alpha := \nu + \rho(\mathrm{P},\nu) = \nu + m_2$

223: $\gamma := \alpha$; $\gamma := \nu + m_2$ = absolute Quelladresse

224: $\alpha := \rho(\gamma)$;

225: $\gamma_2 := \alpha$; $\gamma_2 := k_2$

226: **Pop** ν; P-Basisadresse des nun aktiven Programmes

227: $\nu := \alpha$; vom Keller ins ν-Register laden, $\nu' := \kappa\nu(\xi)$

228: $\alpha := \alpha + 1$;

229: $\gamma_1 := \alpha$; $\gamma_1 := \nu' + 1$

230: $\alpha := \nu$;

231: $\alpha := \alpha + \rho(\gamma_1)$; $\alpha := \nu' + \rho(\mathrm{P},\nu' + 1) = \nu' + m_1$

232: $\gamma_1 := \alpha$; $\gamma_1 := \nu' + m_1$ = absolute Zieladresse

233: **if** $\gamma_2 > 0$ **then goto** 238;

234: $\alpha := 1$;

235: $\rho(\gamma) := \alpha$;	
236: $\rho(\gamma_1) := \alpha$;	
237: **goto** 245;	
238: $\alpha := \rho(\gamma)$;	Transport
239: $\rho(\gamma_1) := \alpha$;	eines Datums
240: $\gamma_2 := \gamma_2 - 1$;	
241: **if** $\gamma_2 = 0$ **then goto** 245;	Ende der Liste erreicht ?
242: $\gamma := \gamma + 1$;	
243: $\gamma_1 := \gamma_1 + 1$;	
244: **goto** 238;	
245: $\alpha := \gamma_1$;	γ_1 = Endadresse der kopierten Liste
246: $\rho(2) := \alpha$;	in (P,2) abspeichern
247: $\alpha := \tau$;	
248: $\alpha := \alpha - \rho(2)$;	
249: **if** $\alpha \geq 0$ **then goto** 254;	P-Seitenende $\geq$ Endadresse der Liste ?
250: $\alpha := \tau$;	
251: $\alpha := \alpha + m$;	Endadresse der nächsten Seite in
252: $\tau := \alpha$;	P-Speicherende-Register τ laden
253: **goto** 248;	
254: **Pop** γ_2;	Aktivierungsverbund laden
255: $\gamma_2 := \alpha$;	
256: **Pop** γ_1;	
257: $\gamma_1 := \alpha$;	
258: **Pop** γ;	
259: $\gamma := \alpha$;	
260: **Pop** ζ;	
261: $\zeta := \alpha$;	
262: **Pop** η;	Rücksprungadresse vom Keller holen
263: $\pi_2(269) := \alpha$;	in gotoo-Befehl eintragen
264: $\alpha := \theta\mu(\zeta)$;	
265: $\mu := \alpha$;	π-Basisadresse und π-Endadresse
266: $\alpha := \theta\overline{\mu}(\zeta)$;	des reaktivierten Programmes laden
267: $\overline{\mu} := \alpha$;	
268: **Pop** α;	"Akku laden"
269: **gotoo** $*$;	Betriebssystem-Modus beenden

Die Darstellung der Unterprogrammorganisation, welche auf der seitenorientierten Verwaltung des Rechenspeichers aufbaut, runden wir ab mit der Beschreibung der Befehle, die auf die Eingabedaten lesend zugreifen. Als Beispiel dieser Befehlsklasse behandeln wir den Zugriff mittels Indexregister

$(B\ 42a)$ do $\alpha := \rho_{ein}(\gamma + i)$; $(B\ 42b)$ do $\alpha := \rho_{ein}(\gamma - i)$;

do $\alpha := \rho_{ein}(\gamma + i)$;	
Wenn $0 \leq i \leq \tilde{K}, 0 \leq \gamma + i \leq M, \xi < N_1$ erfüllt ist, dann wird	sonst
$\kappa'\alpha(\xi') := \rho(\gamma'), \kappa'\eta(\xi') := \eta + 1,$	$\kappa' := \kappa,$
$\alpha' := \eta + 1,$	$\alpha' := \alpha,$
$\eta' :=$ Anfangsadresse der Kontrollsequenz zum Lesen im globalen Datenbereich	$\eta' := \eta,$
$\beta' := \pi(\eta'),$	$\beta' := \beta,$
$\gamma' := \gamma + i,$	$\gamma' := \gamma,$
$\xi' := \xi + 1,$	$\xi' := \xi,$
$\delta' := 1,$	$\delta' := \delta,$
$\omega_2' := \omega_2\ (= 0).$	$\omega_2' := 1.$

Tabelle 2.23: *Wirkung des Befehls* $(B\ 42a)$

Sie bewirken das Lesen des Datums $\rho(\mathrm{P},\gamma + i)$ bzw. des Datums $\rho(\mathrm{P},\gamma - i)$, wie in Tabelle 2.23 exemplarisch für den Befehl $(B\ 42a)$ dargestellt ist. Dieses Datum und der um 1 erhöhte Inhalt des Befehlszählers, d.h. die π-Adresse des Folgebefehls, werden im Keller zwischengespeichert.

Die daraufhin folgende Kontrollsequenz des Betriebsystems – die ganz und gar auf die Befehle $(B\ 42a)$ und $(B\ 42b)$ zugeschnitten ist – überprüft, ob die P-Adresse der Speicherzelle, auf die der Lesebefehl zugreift, das Ende der Eingabeliste überschreitet.

Diese P-Adresse befindet sich im Indexregister (siehe Tabelle 2.23). Die Endadresse der Eingabeliste wurde bereits während der Festlegung des globalen Datenbereiches in der P-Zelle (P,1) abgelegt. So stehen beide Adressen zum Vergleich zur Verfügung. Stellt die Kontrollsequenz fest, daß kein Eingabedatum adressiert wurde, produziert sie einen Fehlerhalt. Andernfalls wird das bereits gelesene Datum von der α-Komponente der obersten Kellerzelle in den Akkumulator geladen.

Zuletzt wird durch Ausführung des gotoo-Befehls der Befehl des Benutzerprogrammes angesprungen, der auf den die Kontrollsequenz anstoßenden Lesebefehl folgt. Die π-Adresse des Folgebefehls wurde bereits zu Anfang der Kontrollsequenz vom Keller geholt und per π_2-Befehl in den gotoo-Befehl eingetragen.

KONTROLLSEQUENZ ZUM LESEN IM GLOBALEN DATENBEREICH

270: **Pop** η;	π-Adresse des Folgebefehls als
271: $\pi_2(277) := \alpha$;	"Rücksprungadr." in gotoo-Befehl eintragen;
272: $\alpha := \gamma$;	Zugriffsadresse der Befehle (B 42a), (B 42b)
273: $\alpha := \alpha - \rho(1)$;	mit Endadresse $\rho((\mathrm{P}, 1))$
274: **if** $\alpha \leq 0$ **then goto** 276;	der Eingabeliste vergleichen
275: $\omega_2 := 1$;	Fehler (Lesen im Nicht-Eingabebereich)
276: **Pop** α;	Datum laden
277: **gotoo** $*$;	Ende des Betriebssystem-Modus

2.3.8 Ein Beispiel

Nachdem wir ausführlich die seitenorientierte Verwaltung der Unterprogrammtechnik beschrieben haben, wollen wir sie an einem Beispielprogramm demonstrieren.

Wir stellen uns zur Aufgabe, ein Benutzerprogramm u zu erstellen, das als einfacher Taschenrechner eingesetzt werden kann. Unser "Taschenrechner" besitzt die auf den Zahlenbereich $[-Q\colon Q]$ eingeschränkten Grundrechenarten Addition, Subtraktion, Multiplikation und ganzzahlige Division (siehe Definition der Befehle (B 1), (B 1a), (B 1b), (B 1c)).

Er erhält als Eingabe eine Folge von Zeichen. Als Zeichen kommt eine öffnende Klammer aus $Y := \{(\}$, eine schließende Klammer aus $\overline{Y} := \{)\}$, eine Ziffer aus $\mathcal{Z} := \{0, 1, \ldots, 9\}$ oder ein Operationszeichen aus $\mathcal{O} := \{+, -, *, /\}$ in Frage. Repräsentiert die vorgegebene Zeichenfolge einen arithmetischen Ausdruck, der nach bestimmten syntaktischen Regeln aufgebaut ist, so "spuckt der Taschenrechner" den entsprechenden Zahlenwert aus.

Auch hier ist – wie bereits in Kapitel 1 – die methodische Trennung von Zeichen und Zahlenwerten von enormer Bedeutung. In diesem Sinne wird z.B. + sowohl als formales (Operations-)Zeichen wie auch als Bezeichnung der Addition verwendet.

Die Zeichenfolge $w \in (Y \cup \overline{Y} \cup \mathcal{Z} \cup \mathcal{O})^+$ wird gemäß einer bestimmten Kodierungsvorschrift als Zahlenfolge in der Eingabeliste gespeichert sein. Die Kodierung ist durch eine fest definierte injektive Funktion *code* vom Zeichenvorrat in die Menge $[-Q:Q]$ realisiert. Diese ist in der Praxis eng verflochten mit der verwendeten realen Maschine, wenn nicht sogar ein "Bestandteil".

2.3.8.1 Aufgabenstellung

Die Zeichenfolge muß einen vollständig geklammerten arithmetischen Ausdruck darstellen. Die Menge der vollständig geklammerten arithmetischen Ausdrücke $\mathcal{A}$ über dem Zeichenvorrat $(Y \cup \overline{Y} \cup \mathcal{Z} \cup \mathcal{O})^+$ ist folgendermaßen definiert:

Definition 2.20 *Die Menge $\mathcal{A}$ heißt* **Menge der vollständig geklammerten arithmetischen Ausdrücke** *über dem Zeichenvorrat $(Y \cup \overline{Y} \cup \mathcal{Z} \cup \mathcal{O})^+$, falls die Bedingungen (A1) bis (A6) erfüllt sind.*

(A1) $\mathcal{Z}^+ \subset \mathcal{A}$.

(A2) *Sind $w', w'' \in \mathcal{A}$, dann ist auch $(w' + w'') \in \mathcal{A}$.*

(A3) *Sind $w', w'' \in \mathcal{A}$, dann ist auch $(w' - w'') \in \mathcal{A}$.*

(A4) *Sind $w', w'' \in \mathcal{A}$, dann ist auch $(w' * w'') \in \mathcal{A}$.*

(A5) *Sind $w', w'' \in \mathcal{A}$, dann ist auch $(w'/w'') \in \mathcal{A}$.*

(A6) *$\mathcal{A}$ ist die kleinste Teilmenge von $(Y \cup \overline{Y} \cup \mathcal{Z} \cup \mathcal{O})^+$, die diese Eigenschaft besitzt.*

Die Zeichenfolgen w' bzw. w'' werden **Operanden***, die Elemente aus $\mathcal{O}$ werden* **binäre Operatoren** *genannt.* ■

Betrachten wir die Ziffern und die Operationszeichen als Füllsel, d.h. setzen wir $T := \mathcal{Z} \cup \mathcal{O}$. Die Elemente aus Y bzw. $\overline{Y}$ fassen wir als korrespondierende Klammern auf, indem wir $\tau := Y \times \overline{Y}$ setzen. Dann sieht man unmittelbar, daß $\mathcal{A} \subset D(Y, \overline{Y}, T, \tau)$ und $\mathcal{A} - \mathcal{Z}^+ \subset \mathcal{L}(Y, \overline{Y}, T, \tau)$ gilt.

Einer solchen Zeichenfolge $w \in \mathcal{A}$ wird in natürlicher Weise ein Zahlenwert zugeordnet. Diese Zuordnung definieren wir durch die Interpretation φ.

Definition 2.21 *Die Abbildung $\varphi: \mathcal{A} \to \mathbf{Z}$, die folgendermaßen definiert ist:*

$$\varphi(w) := \begin{cases} 0 & \textit{für } w = 0 \in \mathcal{Z}, \\ \vdots & \vdots \\ 9 & \textit{für } w = 9 \in \mathcal{Z}, \end{cases}$$

$$\begin{aligned}
&\varphi(w_1 \cdot \ldots \cdot w_k) := \sum_{i=1}^{k} \varphi(w_i) \cdot 10^{k-i} && \textit{für } w_1 \cdot \ldots \cdot w_k \in \mathcal{Z}^+, \\
&\varphi(w) := \varphi(w') + \varphi(w'') && \textit{für } w = (w' + w'') \in \mathcal{A}, \\
&\varphi(w) := \varphi(w') - \varphi(w'') && \textit{für } w = (w' - w'') \in \mathcal{A}, \\
&\varphi(w) := \varphi(w') * \varphi(w'') && \textit{für } w = (w' * w'') \in \mathcal{A}, \\
&\varphi(w) := \varphi(w') / \varphi(w'') && \textit{für } w = (w' / w'') \in \mathcal{A},
\end{aligned}$$

heißt **Interpretation** *der Menge $\mathcal{A}$ der vollständig geklammerten arithmetischen Ausdrücke in $\mathcal{A}$.* ■

Die Interpretation $\varphi(w)$ eines Ausdrucks $w \in \mathcal{A}$ ist durch die vollständige Klammerung eindeutig, denn die Herleitung von w ist bis auf die Reihenfolge der Schritte zur Konstruktion der Operanden eindeutig. Ein Algorithmus zur Erkennung der syntaktischen Struktur kann unmittelbar zu dessen Auswertung (Fachbegriff: *syntaxgesteuerte Auswertung*) erweitert werden.

Die Syntax von Ausdrücken aus $\mathcal{A}$ haben wir rekursiv definiert. Das Programm zur Analyse der syntaktischen Struktur wird ebenfalls eine rekursive Prozedur enthalten, die aufgerufen wird, sobald eine öffnende Klammer angetroffen wird, und beendet wird, wenn eine schließende Klammer registriert wird.

2.3.8.2 Beschreibung des Programmes u zur Berechnung von $\varphi(w)$ für $w \in \mathcal{A} - \mathcal{Z}^+$

Eingabe: Die Eingabeliste $\rho(\mathrm{P},6),\ldots,\rho(\mathrm{P},6+\rho(\mathrm{P},6))$ des Programmes u enthält für $i = 1,\ldots,n$ in der Zelle (P,6 + i) die Kodierung $code(w_i)$ des i-ten Zeichens des Ausdrucks $w = w_1 \cdot \ldots \cdot w_n$. Die Zelle (P,6) enthält die Länge $n+1$ der Eingabeliste.

Das Maschinenprogramm $u \in \mathcal{L}$ beginnt in $(\Pi, 300)$ und endet in $(\Pi, 475)$, d.h. $c = 300$, $c' = 475$.

Skizze des Algorithmus: Das Programm u testet, ob $w \in \mathcal{A} - \mathcal{Z}^+$ ist. Wenn ja, liefert es in (P,M_1 + 5) den Zahlenwert $\varphi(w)$ zurück. In der ersten Phase des Programmes wird geprüft, ob das erste Zeichen des Ausdrucks eine öffnende Klammer ist.

- Falls nein, so ist ein Syntaxfehler entdeckt.

- Falls ja, so wird das Unterprogramm $u[1] \in \mathcal{L}$ aufgerufen. Dieses wertet einen geklammerten Ausdruck $\in \mathcal{A} - \mathcal{Z}^+$ aus. Zunächst liest es das Zeichen, das unmittelbar auf die öffnende Klammer folgt. Es überprüft, ob der erste Operand $w' \in \mathcal{A} - \mathcal{Z}^+$ oder $w' \in \mathcal{Z}^+$ ist. Dies wird aus dem ersten Zeichen w_1' geschlossen, je nachdem ob $w_1' \in Y$ oder $w_1' \notin Y$.
  - Falls $w_1' \in Y$, so muß $w' \in \mathcal{A} - \mathcal{Z}^+$ sein. $u[1]$ ruft sich rekursiv auf, um $\varphi(w')$ zu berechnen.
  - Ansonsten muß $w' \in \mathcal{Z}^+$ sein. Es wird $u[1,1] \in \mathcal{L}$ aufgerufen, das die erwartete Ziffernfolge nach dem Hornerschema in $\varphi(w')$ umwandelt. Hierbei wird das Programm $u[1,1,1]$ verwendet, das ein kodiertes Ziffernzeichen in den entsprechenden Zahlenwert dekodiert.

  Ist der erste Operand bearbeitet, wird das Operationszeichen gelesen. Der zweite Operand wird ebenso wie der erste behandelt. Je nach Operationszeichen werden zuletzt die beiden Resultatswerte verknüpft.

Das Programm $u[1,1,1]$ wird aufgerufen von $u[1,1]$, um eine kodierte Ziffer zu dekodieren. Dem Aufruf wird als Parameter die absolute P-Adresse i des zu lesenden Zeichens mitgegeben.

Es liest das kodierte Zeichen a und liefert als Resultat $\varphi(a)$ in $\rho(\text{P},3+\nu)$ zurück, falls $\rho(i) = code(a)$ mit $a \in \mathcal{Z}$. Ist $a \notin \mathcal{Z}$, d.h. $a \in Y \cup \overline{Y} \cup \mathcal{O}$, dann liefert es -1 als Resultat in $(\text{P},3+\nu)$ zurück.

Es benötigt $(\text{P},4+\nu)$ als Hilfsspeicherzelle zum Zwischenspeichern des gelesenen Zeichens in kodierter Form.

Das Programm $u[1,1]$ wird aufgerufen von $u[1]$, sobald eine Ziffernfolge $\in \mathcal{Z}^+$ erwartet wird. Dem Aufruf wird als Parameter die absolute P-Adresse des ersten Zeichens der vermuteten Ziffernfolge mitgegeben.

$u[1,1]$ ruft $u[1,1,1]$ zur Dekodierung auf. Stellt $u[1,1,1]$ fest, daß das erste Zeichen dieser angeblichen Ziffernfolge keine Ziffer ist, so gibt $u[1,1]$ ebenfalls -1 als Resultat in $(\text{P},4+\nu)$ zurück, die Syntax ist verletzt. Ansonsten wird in $(\text{P},4+\nu)$ bzw. $(\text{P},3+\nu)$ als Resultat der Zahlenwert der Ziffernfolge und die absolute P-Adresse der letzten Ziffer der Folge zurückgegeben.

Hilfsspeicherzellen: $(\text{P},4+\nu)$ zur Berechnung des Zahlenwerts der Ziffernfolge nach dem Hornerschema.

Das Programm $u[1]$ wird von u aufgerufen, sobald ein geklammerter Ausdruck $\in \mathcal{A} - \mathcal{Z}^+$ erwartet wird, d.h. sobald man auf eine öffnende Klammer stößt. Dem Aufruf wird als Parameter die absolute P-Adresse der öffnenden Klammer mitgegeben.

$u[1]$ liefert als Resultat in (P,5 + ν) die Information zurück, ob ein Syntaxfehler entdeckt wurde. Wurde ein solcher entdeckt, so steht in dieser Zelle die Zahl 0, andernfalls 1. Im fehlerfreien Falle wird in (P,4 + ν) der entsprechende Zahlenwert des Teilausdrucks abgelegt. (P,3 + ν) enthält die absolute P-Adresse des letzten Zeichens des Teilausdrucks, welches eine schließende Klammer sein muß. Beide Zellen stellen im fehlerfreien Fall die Resultate bereit, wohingegen sie im sonstigen Fall irrelevant sind.

Hilfsspeicherzellen: (P,6+ν) zum Abspeichern des Zahlenwertes des 1.Operanden und (P,7+ν) zum Zwischenspeichern der kodierter Form des gelesenen Zeichens.

Das Programm u ruft $u[1]$ auf, falls der Ausdruck mit öffnender Klammer beginnt. Andernfalls meldet es einen Syntaxfehler. Wurde ein Syntaxfehler registriert, so schreibt u in (P,M_1 + 6) eine 0, andernfalls eine 1. In (P,M_1 + 5) wird das Endresultat bereitgestellt. ∎

Das Programm stellt fest, ob ein Teilausdruck $\notin \mathcal{A}$ ist. In diesem Fall wird vom jeweiligen Unterprogramm eine entsprechende Fehlerinformation geliefert. Bei der Rückkehr ins "Oberprogramm" wird als erstes diese Information ausgewertet. Nur wenn kein Fehler angezeigt ist, wird der Restausdruck weiter ausgewertet. Ansonsten werden alle aktivierten Programme in der Reihenfolge verlassen, in der sie in der Aufruffolge stehen.

Wenn die Maschine nach Abarbeitung des erstmaligen Aufrufs von $u[1]$ wieder im Hauptprogramm u landet und die Adresse der Zelle des Eingabebereiches, auf die das Indexregister γ zeigt, kleiner als $6 + |w|$ ist, dann wurde entweder ein Syntaxfehler registriert oder die Klammerschachtelung ist fehlerhaft.

Die Maschine hält mit Fehler an, falls sie versucht, auf eine P-Adresse des globalen Datenbereiches zuzugreifen, die jenseits der Eingabeliste liegt. Dies ist dann der Fall, wenn entweder $|w| = 0$ oder Tiefe$(w, |w|) > 0$ ist und bis zur P-Adresse $6 + |w|$ noch kein Syntaxfehler gefunden wurde. Ist das Zeichen w_i das aktuelle Zeichen, entspricht die *Rekursionstiefe* des Programmes $u[1]$ der Tiefe(w, i).

Die Belegungen der lokalen Rechenspeicherbereiche sind durch die Schemata in Abbildung 2.14 graphisch dargestellt. Hierbei stellt sowohl beim Parameter- als auch beim Resultatstransport die linke Hälfte den P-Bereich des aufrufenden und die rechte den Bereich des aufgerufenen Programmes dar.

Im darauffolgenden Programm verwenden wir Befehle der Form "if α = '9' then goto". Ein solcher Befehl stellt eine textmäßige Abkürzung zweier Befehl dar. Der erste Befehl subtrahiert die Kodierung des in Hochkommata eingeschlossenen Zeichens vom Akkuinhalt, der dann im zweiten Befehl auf Null abgeprüft werden kann.

Parameter- und Resultatstransport beim Aufruf von $u[1]$ durch u ebenso beim Aufruf von $u[1]$ durch $u[1]$ und von $u[1,1]$ durch $u[1]$:

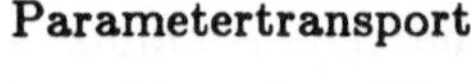

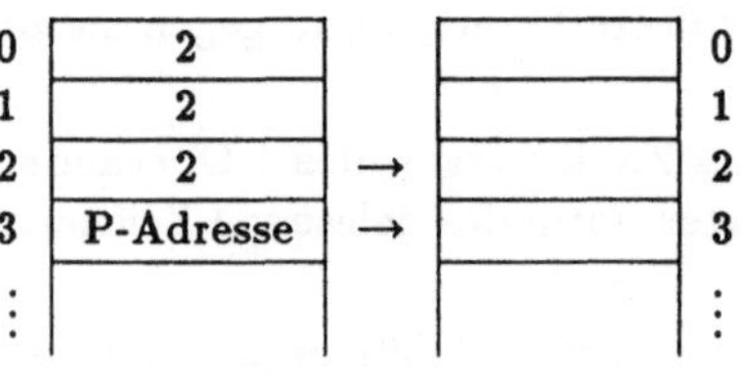

Resultatstransport

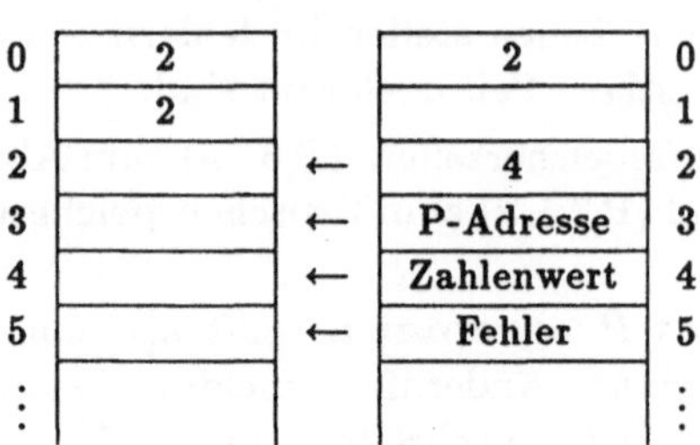

Parameter- und Resultatstransport beim Aufruf von $u[1,1,1]$ durch $u[1,1]$:

Parametertransport

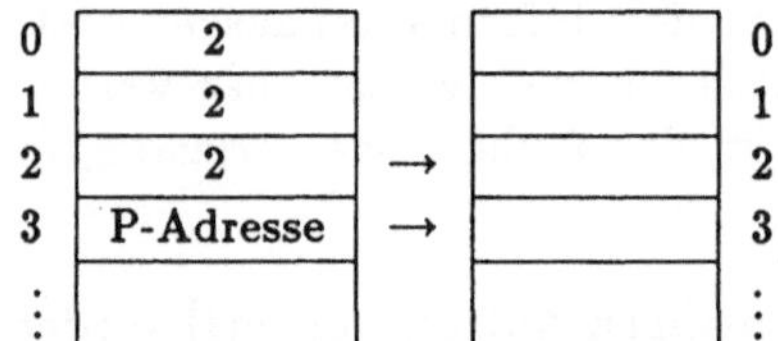

Resultatstransport

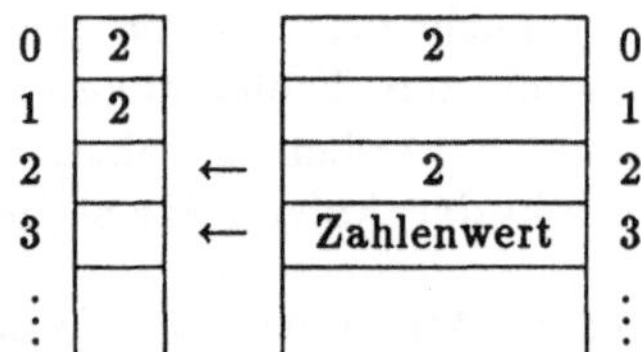

Abbildung 2.14: *Parameter- und Resultatstransport im Programm zur Auswertung vollständig geklammerter Ausdrücke*

PROGRAMM ZUR AUSWERTUNG VOLLSTÄNDIG GEKLAMMERTER ARITHMETISCHER AUSDRÜCKE

300: **begin** (0); π-Anfang von u

301: **begin** (1); π-Anfang von $u[1]$

302: **begin** (0); π-Anfang von $u[1,1]$

303: **begin** (1); π-Anfang von $u[1,1,1]$

Nun folgt der Hauptteil von $u[1,1,1]$:

304+0: $\alpha := \rho(3)$;

+1: $\gamma := \alpha$; aktuelle Position in γ speichern.

+2: $\alpha := \rho_{ein}(\gamma)$; aktuelles Zeichen in kodierter Form lesen.

+3: $\rho(4) := \alpha$; in (P,4 + ν) zwischenspeichern.

+4: **if** $\alpha =$ '0' **then goto** 24; Zeichen = '0' ?

+5:	$\alpha := \rho(4)$;	
+6:	**if** $\alpha =$ '1' **then goto** 26;	Zeichen = '1' ?
+7:	$\alpha := \rho(4)$;	
⋮	⋮	
+21:	$\alpha := \rho(4)$;	
+22:	**if** $\alpha =$ '9' **then goto** 42;	Zeichen = '9' ?
+23:	**goto** 44;	Zeichen ist keine Ziffer.
+24:	$\alpha := 0$;	Akku mit entsprechender Zahl laden.
+25:	**goto** 45;	
+26:	$\alpha := 1$;	Akku mit entsprechender Zahl laden.
+27:	**goto** 45;	
⋮	⋮	⋮
+42:	$\alpha := 9$;	
+43:	**goto** 45;	
+44:	$\alpha := -1$;	
+45:	$\rho(3) := \alpha$;	Resultat in (P,3 + ν) speichern.
+46:	$\alpha := 2$;	Die Resultatsliste hat
+47:	$\rho(2) := \alpha$;	die Länge 2.
+48:	$\rho(0) := \alpha$;	Anfangsadresse der Resultatsliste setzen.
+49:	**end**;	Ende von $u[1,1,1]$.

Nun folgt der Hauptteil von $u[1,1]$:

354+0:	$\alpha := \rho(3)$;	
+1:	$\gamma := \alpha$;	$\gamma :=$ aktuelle Position.
+2:	$\alpha := 1$;	
+3:	$\gamma_2 := \alpha$;	γ_2 wird benutzt, um abzufragen, ob die erste Ziffer der Folge ermittelt wird; $\Leftrightarrow \gamma_2 = 1$.
+4:	$\gamma := \gamma + 1$;	nächstes Zeichen ist aktuell.
+5:	$\alpha := 2$;	ab hier Aufruf von $u[1,1,1]$ vorbereiten.
+6:	$\rho(0) := \alpha$;	
+7:	$\rho(1) := \alpha$;	
+8:	$\rho(2) := \alpha$;	
+9:	$\alpha := \gamma$;	
+10:	$\rho(3) := \alpha$;	Aufruf von $u[1,1,1]$ vorbereitet.
+11:	**call** 1;	

+12: $\alpha := \rho(3)$;	resultierenden Zahlenwert lesen.
+13: $\alpha := \alpha + 1$;	
+14: **if** $\alpha = 0$ **then goto** 25;	Resultat $= -1 \Leftrightarrow$ keine Ziffer.
+15: **if** $\gamma_2 = 0$ **then goto** 20;	die 1.Ziffer ?
+16: $\alpha := \rho(3)$;	Resultat der ersten Ziffer in der
+17: $\rho(4) := \alpha$;	Zelle $(P,4+\nu)$ abspeichern.
+18: $\gamma_2 := \gamma_2 - 1$;	$\gamma_2 := 0$, d.h. nicht die erste Ziffer.
+19: **goto** 4;	Schleife wiederholen.
die weiteren Ziffern gemäß Hornerschema verarbeiten	
+20: $\alpha := \rho(4)$;	in $(P,4+\nu)$ steht das Zwischen-
+21: $\alpha := \alpha * 10$;	ergebnis.
+22: $\alpha := \alpha + \rho(3)$;	in $(P,3+\nu)$ steht die aktuelle Ziffer.
+23: $\rho(4) := \alpha$;	
+24: **goto** 4;	
Resultatsliste und Zellen für Rückkehr setzen	
+25: **if** $\gamma_2 = 0$ **then goto** 28;	Rückkehr mit $\Leftrightarrow = 1$ oder ohne $\Leftrightarrow = 0$ Fehler
+26: $\alpha := \rho(3)$;	Rückkehr, da 1.Zeichen keine Ziffer.
+27: $\rho(4) := \alpha$;	$\rho(P,4) := -1$
+28: $\alpha := 2$;	
+29: $\rho(0) := \alpha$;	Anfangsadr. der Resultatsliste setzen.
+30: $\alpha := 4$;	
+31: $\rho(2) := \alpha$;	Länge der Resultatsliste $= 4$.
+32: $\alpha := \gamma$;	
+33: $\alpha := \alpha - 1$;	Position der letzten Ziffer $= \alpha$
+34: $\rho(3) := \alpha$;	in $(P,3+\nu)$ eintragen.
+35: **end**;	Ende von $u[1,1]$.

Nun folgt der Hauptteil von $u[1]$:

390+0: $\alpha := \rho(3)$;	Position der öffnenden Klammer
+1: $\gamma := \alpha$;	des Teilausdrucks einlesen.
+2: $\gamma := \gamma + 1$;	nächstes Zeichen adressieren
+3: $\alpha := 1$;	
+4: $\gamma_2 := \alpha$;	$\gamma_2 = 1 \Leftrightarrow$ 1.Operand wird untersucht.
Auswertung der Operanden	
+5: $\alpha := 2$;	Aufruf von $u[1]$ bzw. $u[1,1]$ vorbereiten.

+6: $\rho(0) := \alpha$;
+7: $\rho(1) := \alpha$;
+8: $\rho(2) := \alpha$;
+9: $\alpha := \gamma$;
+10: $\rho(3) := \alpha$; Aufruf vorbereitet.
+11: $\alpha := \rho_{ein}(\gamma)$; erstes Zeichen des Operanden lesen.
+12: **if** $\alpha \neq$ '(' **then goto** 17; beginnt mit '(', dann Operand $\in \mathcal{A}$.
Fall: $w_i \in \mathcal{A}$, dann $u[1]$ aufrufen
+13: **call** 1;
+14: $\alpha := \rho(5)$;
+15: **if** $\alpha = 0$ **then goto** 56; Syntaxfehler in $w_i \Leftrightarrow \alpha = 0$
+16: **goto** 21;
ansonsten Fall: $w_i \in Z^+$, dann $u[1, 1]$ aufrufen
+17: **call** 0;
+18: $\alpha := \rho(4)$;
+19: $\alpha := \alpha + 1$;
+20: **if** $\alpha = 0$ **then goto** 56; Resultat $= -1$, dann Syntaxfehler in w_i
+21: $\alpha := \rho(3)$;
+22: $\gamma := \alpha$;
+23: $\gamma := \gamma + 1$; nächstes Zeichen adressieren.
+24: **if** $\gamma_2 = 0$ **then goto** 32; erster oder zweiter Operand ?
Es war der erste Operand
+25: $\alpha := \rho(4)$; Resultat des 1.Operanden
+26: $\rho(6) := \alpha$; in (P,6 + ν) abspeichern.
+27: $\alpha := \gamma$;
+28: $\gamma_1 := \alpha$; γ_1 zeigt auf Operationszeichen.
+29: $\gamma_2 := \gamma_2 - 1$; $\gamma_2 := 0$; nun kommt der zweite Operand.
+30: $\gamma := \gamma + 1$;
+31: **goto** 5;
Es war der zweite Operand
+32: $\alpha := \rho_{ein}(\gamma_1)$; Operationszeichen lesen und
+33: $\rho(7) := \alpha$; in (P,7 + ν) ablegen.
+34: **if** $\alpha =$ ' + ' **then goto** 42; Addition ausführen ?
+35: $\alpha := \rho(7)$;
+36: **if** $\alpha =$ ' − ' **then goto** 45; Subtraktion ausführen ?

+37:	$\alpha := \rho(7)$;	
+38:	**if** $\alpha =$ ' * ' **then goto** 48;	Multiplikation ausführen ?
+39:	$\alpha := \rho(7)$;	
+40:	**if** $\alpha =$ '/' **then goto** 51;	
+41:	**goto** 56;	kein Operationszeichen, dann Syntaxfehler.
+42:	$\alpha := \rho(6)$;	ersten Operanden laden
+43:	$\alpha := \alpha + \rho(4)$;	zweiten Operanden addieren.
+44:	**goto** 53;	
+45:	$\alpha := \rho(6)$;	ersten Operanden laden
+46:	$\alpha := \alpha - \rho(4)$;	zweiten Operanden subtrahieren.
+47:	**goto** 53;	
+48:	$\alpha := \rho(6)$;	ersten Operanden laden
+49:	$\alpha := \alpha * \rho(4)$;	mit zweitem Operanden multiplizieren.
+50:	**goto** 53;	
+51:	$\alpha := \rho(6)$;	ersten Operanden laden
+52:	$\alpha := \alpha / \rho(4)$;	durch zweiten Operanden dividieren.
+53:	$\rho(4) := \alpha$;	Ergebnis in $(P, 4 + \nu)$ abspeichern.
+54:	$\alpha := \rho_{ein}(\gamma)$;	Zeichen hinter 2.Operanden lesen.
+55:	**if** $\alpha =$ ')' **then goto** 58;	ist das letzte Zeichen in $w =$ ')' ?
+56:	$\alpha := 0$;	Es wurde ein Syntaxfehler
+57:	**goto** 59;	festgestellt, deshalb $\rho(P, 5 + \nu) := 0$.
+58:	$\alpha := 1$;	Es wurde kein Syntaxfehler
+59:	$\rho(5) := \alpha$;	festgestellt, deshalb $\rho(P, 5 + \nu) := 1$.
+60:	$\alpha := 2$;	Anfangsadresse der Resultats-
+61:	$\rho(0) := \alpha$;	liste eintragen.
+62:	$\alpha := 4$;	
+63:	$\rho(2) := \alpha$;	Länge der Liste = 4 eintragen.
+64:	$\alpha := \gamma$;	Endposition von w
+65:	$\rho(3) := \alpha$;	in $(P, 3 + \nu)$ eintragen.
+66:	**end**;	Ende von $u[1]$.

Nun folgt der Hauptteil von u:

457+0:	$\alpha := 7$;	
+1:	$\gamma := \alpha$;	das erste Zeichen in (P,7) lesen.
+2:	$\alpha := \rho_{ein}(\gamma)$;	

+3: **if** $\alpha \neq$ '(' **then goto** 16;	
+4: $\alpha := 2$;	Aufruf von $u[1]$ vorbereiten.
+5: $\rho(0) := \alpha$;	
+6: $\rho(1) := \alpha$;	
+7: $\rho(2) := \alpha$;	
+8: $\alpha := \gamma$;	
+9: $\rho(3) := \alpha$;	Aufruf von $u[1]$ vorbereitet.
+10: **call** 1;	
+11: $\alpha := \rho(5)$;	Fehlerinfo lesen. Fehler, falls $\rho(\mathrm{P}, 5+\nu) = 0$.
+12: **if** $\alpha = 0$ **then goto** 18;	
+13: $\alpha := \rho_{ein}(1)$;	Endadresse der Eingabeliste lesen.
+14: $\alpha := \alpha - \rho(3)$;	
+15: **if** $\alpha = 0$ **then goto** 18;	aktuelle Position = Endadresse der Eingabeliste ?
+16: $\alpha := 0$;	Syntaxfehler festgestellt,
+17: $\rho(5) := \alpha$;	dann (P,5+ν) = $(\mathrm{P}, 5+M_1)$ mit 0 besetzen.
+18: **end**;	Ende von u.

2.3.9 Dynamische Verwaltung des Rechenspeichers

Die seitenorientierte Verwaltung zeichnet sich dadurch aus, daß Speicherseiten der festen Größe m von der Maschine zur Verfügung gestellt und wieder freigegeben werden. Je nach Wahl von m und Auslastung der Seiten kann eine beträchtliche Verschwendung von Speicherplatz entstehen.

Der Speicher zerfällt in Bruchstücke belegter und unbelegter Abschnitte. Die unbelegten Speicherzellen sind jedoch "verdeckt", da sie innerhalb einer reservierten Seite liegen. Aufgrund dieser **Fragmentierung** können während der Berechnung Speicherengpäße oder ein Speicherüberlauf auftreten.

Für den praktischen Einsatz wurden mehr oder weniger ausgeklügelte Verfahren zur Rückgewinnung von Speicherzellen ersonnen, die weder belegt noch zugänglich sind. Diese sogenannte **Garbage Collection** erfordert zusätzlichen Hardware- und Softwareaufwand und muß bereits beim Entwurf von Maschinen, Betriebssystemen und Programmiersprachen bedacht werden.

Wählt man m bei der Festlegung der Betriebssystem-Sequenzen klein, so hält man die Speicherverschwendung gering. Da jedoch das Betriebssytem nicht nur auf ein bestimmtes Benutzerprogramm abgestimmt sein darf, wird andererseits i.a. umso häufiger eine neue Seite benötigt, je kleiner m ist. Dies verlangsamt die Ausführung der Benutzerprogramme. Wählt man m zu klein, so werden die Berechnungen unangemessen verzögert.

Darum sucht man nach einer flexibleren Lösung, um sich vom starren Konzept der Seiteneinteilung des Rechenspeichers zu befreien. Man ist daran interessiert, die Reservierung des Speicherplatzes besser dem Bedarf anzupassen. Wir werden die wesentlichen Grundzüge dieser Alternative gegenüber der vorherigen Lösung abgrenzen.

Die Speicherverwaltung legen wir in die Hand und damit in die Verantwortung des Programmierers. Die Manipulation des P-Speicherende-Zeigers τ wird aus dem Aufgabenbereich des Betriebssystems ausgegliedert. Die entsprechenden Befehle sind hinfort im Benutzermodus ausführbar.

Der ***aktiven*** virtuellen Maschine wird der Abschnitt $P[\nu: M]$ als lokaler Rechenspeicher zugeordnet. Der Zeiger τ hat "während der Berechnung" keinen (abgrenzenden) Effekt auf den Restspeicher. In diesem Sinne hat die Ausführung von Befehlen mit Adressenkomponenten, die sich auf den Rechenspeicher beziehen, bei der dynamischen Verwaltung keinerlei Auswirkung auf den Zeiger τ. Erst wenn die aktive Maschine vorübergehend verlassen wird, kommt τ wieder als Speichergrenze, die vom Benutzer zu ziehen ist, ins Spiel.

Der Zeiger τ verliert damit auch seine bisherige starre funktionale Bedeutung, die ihm als Speicherbarriere während der gesamten Ausführung des Benutzerprogrammes zugeteilt war. Ihm kann nun eine bifunktionale Rolle zugedacht werden. Wird er nicht zur Abgrenzung des lokalen Speicherbereiches gebraucht, kann er auch für andere Aufgaben herangezogen werden, so z.B. als Adressenregister wie dies bei den γ-Registern der Fall ist.

An der Verwaltung und Belegung des Kellers ändert sich gegenüber der seitenorientierten Verwaltung nichts. Der Aktivierungsverbund hat den gleichen Aufbau wie zuvor.

Betrachten wir zunächst die einzelnen Schritte, die aufeinander folgen, wenn das Programm $u[s]$ das Programm $u[s']$ aufruft.

- Vor dem Sprung ins Unterprogramm $u[s']$
  - positioniert der Programmierer den P-Speicherende-Zeiger τ geeignet, um das Ende des Speicherbereiches bzgl. des Programmes $u[s]$ festzulegen. Dadurch hat er ein Instrument, überflüssigen Speicherplatz freizugeben und nur den von $u[s]$ benötigten zu reservieren.
  - muß die Liste der zu übertragenden Parameter unmittelbar auf die neue Position von τ folgen. Dies kann in der zeitlichen Abfolge bereits vor der Manipulation von τ oder auch danach geschehen.

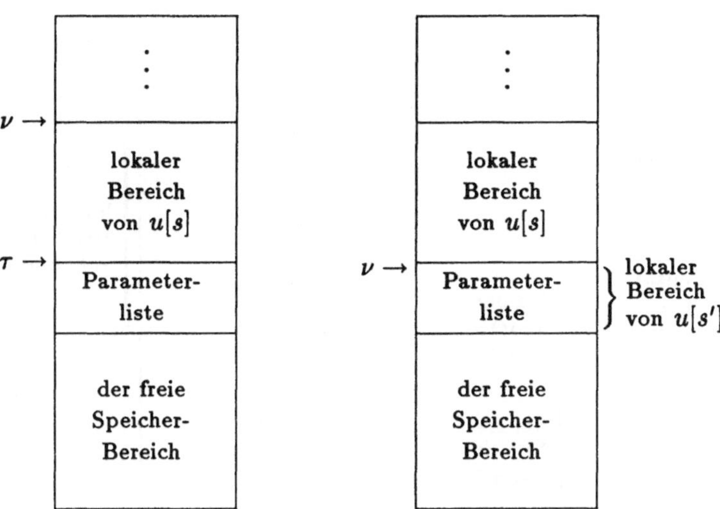

Abbildung 2.15: *Organisation der lokalen Rechenspeicherbereiche unmittelbar vor und unmittelbar nach dem Aufruf des Programmes $u[s']$ durch das Programm $u[s]$*

- Unmittelbar nach dem Aufruf der virtuellen Maschine bzgl. $u[s']$ lädt das Betriebssystem – wie bisher – den inkrementierten Wert des Zeigers τ ins P-Basisadressenregister. Dieses wird hierbei auf den Beginn der Parameterliste gesetzt. Dadurch werden die Parameter in den Speicherbereich des Unterprogrammes $u[s']$ einverleibt und sind darin ab der relativen Adresse 0 anzusprechen.

Wird die virtuelle Maschine bzgl. $u[s']$ beendet, so sind die folgenden Aufgaben zu bewältigen:

- Vor der Rückkehr ins aufrufende Programm $u[s]$
  - speichert das Unterprogramm $u[s']$ die Resultate an den oberen Rand seines Speicherbereiches. Der Beginn der Resultatsliste ist dann identisch mit der lokalen P-Basisadresse. Dies kann durch explizites Kopieren von Daten oder durch geschickte Organisation des lokalen Speichers, soweit dies der jeweilige Algorithmus zuläßt, geschehen.
  - positioniert der Programmierer den Zeiger τ auf die P-Basisadresse des Unterprogrammes. Er zeigt nun auf den Anfang der Resultatsliste.

  Die beiden Schritte müssen zeitlich nicht voneinander abhängen, sondern können programmtechnisch unabhängig vorgenommen werden.

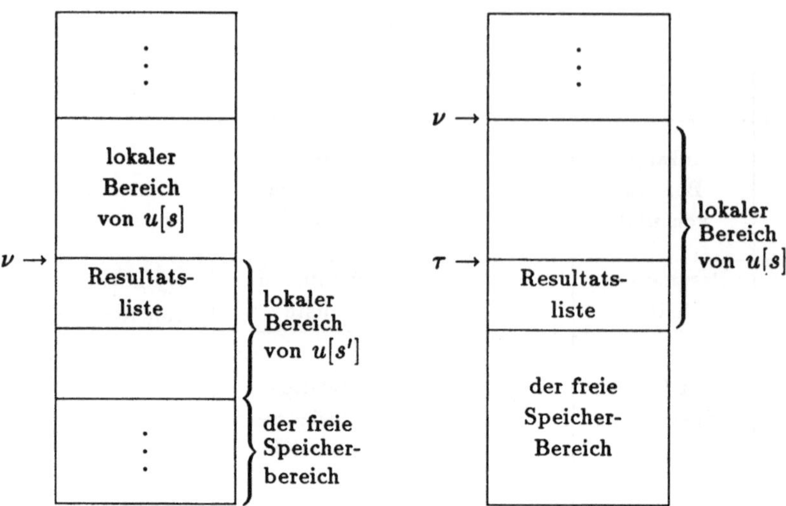

Abbildung 2.16: *Organisation der lokalen Rechenspeicherbereiche unmittelbar vor und unmittelbar nach der Rückkehr vom Programm $u[s']$ in das Programm $u[s]$*

- Unmittelbar nach der Rückkehr wird das P-Basisadressenregister wieder mit der lokalen Basisadresse restauriert, die im Keller abgelegt ist. Damit ist die Resultatsliste ebenfalls in "kompakter" Art und Weise in den lokalen Bereich von $u[s]$ einverleibt. Man findet sie unmittelbar im Anschluß an die Position von τ. Sie kann mit Hilfe des Zeigers τ in der Verwendung als Adressenregister angesprochen werden.

In beiden Situationen findet der Datentransport durch Abspeicherung an den Kontaktzonen der beiden angrenzenden Speicherbereiche statt, was wir auch im Falle des Resultatstransportes wieder bildlich darstellen.

Mit der Verfügungsgewalt über das P-Speicherende besitzt der Programmierer ein wirkungsvolles Instrument zur flexiblen Verwaltung des Rechenspeicherplatzes und des Datentransportes. Die Mächtigkeit des Registers bzgl. der Verwaltung des Speichers macht es jedoch zu einem gefährlichen Werkzeug, das gravierende Fehler verursachen kann und mit Sorgfalt verwendet werden will.

Demgegenüber gestellt haben wir die Verwaltung, die durch ein Betriebssystem gesteuert wird. Sie ist weniger flexibel, da schablonenhafter angelegt, bietet dafür aber ein sicheres Konzept zur Bewältigung der anfallenden Aufgaben.

2.4 Aufgaben

Aufgabe 2.1 In den Zellen (P,1),...,(P,n) des Rechenspeichers stehen paarweise verschiedene Zahlen $a_1, \ldots, a_n$, $a_i \in [-Q : Q]$, in (P,0) stehe n.

a) Schreiben Sie ein Programm, das $\max\{a_1, \ldots, a_n\}$ bestimmt und in der Zelle $(P, n+1)$ ablegt.

b) Beweisen Sie die Korrekheit des Programms.

Aufgabe 2.2 Sei $\rho(0) = n$ und $\rho(1) = k$ mit $n, k \in [0 : Q]$.

a) Schreiben Sie ein Programm, das $\binom{n}{k} := \frac{n!}{k!(n-k)!}$ für möglichst große $\binom{n}{k}$ berechnet und in (P,2) ablegt.

b) Bestimmen Sie die Rechenzeit Ihres Programmes.

c) Beweisen Sie die Korrektheit Ihres Programmes. Für welche $\binom{n}{k}$ überschreitet ihr Programm den Zahlenbereich?

Aufgabe 2.3 In P[0: 1] stehen zwei natürliche Zahlen a, b. Schreiben Sie ein Programm, das den größten gemeinsamen Teiler und hieraus das kleinste gemeinsame Vielfache von a, b berechnet und nach (P,2) bzw. (P,3) schreibt. Beweisen Sie die Korrektheit des Programmes durch Wahl einer geeigneten Invarianten.

Aufgabe 2.4 In den Zellen (P,1),...,(P,n) stehen Zahlen $a_1, \ldots, a_n$ mit $a_i \in [-Q : Q]$ und in $(P, 0)$ stehe $n \in [1 : Q]$. Schreiben Sie jeweils ein Programm, das in (P, M) den Wert 1 ablegt, wenn mindestens zwei der Zahlen gleich sind, andernfalls den Wert 0, und dabei zur Adressenrechnung ausschließlich

a) Indexregister

b) allgemeine Adressensubstitution

c) direkte Adressenrechnung

benutzt. Analysieren Sie deren Laufzeitverhalten, Programm- und Rechenspeicherbedarf.

Aufgabe 2.5 In P[0 : $2n$] stehen der Reihe nach die Zahlen n, $a_1, \ldots, a_n$ und $s_1, \ldots, s_n$, wobei $(s_1, \ldots, s_n)$ eine beliebige Umordnung der Zahlen $1, \ldots, n$ ist. Schreiben Sie ein Programm, das für $i = 1, \ldots, n$ die Zahl a_i in die Zelle (P, s_i) bringt und nur eine Hilfssspeicherzelle benutzt.

Aufgabe 2.6 Seien $n, m \in \mathbf{N}$ und zwei Mengen $A := \{a_1, \ldots, a_n\} \subset [-Q : Q]$, $B := \{b_1, \ldots, b_m\} \subset [-Q : Q]$ fest vorgegeben. Der Rechenspeicher sei wie folgt belegt:

$$\rho(i) = \begin{cases} n & \text{für } i = 2; \\ m & \text{für } i = 3; \\ a_{i-3} & \text{für } 3 < i < n + 4; \\ b_{i-n-3} & \text{für } n + 3 < i < m + n + 4; \end{cases}$$

Schreiben Sie ein Programm, das

a) $A \cap B$ berechnet. $k := \#(A \cap B)$ soll in $\rho(1)$, die Elemente der Schnittmenge sollen in den Zellen $\rho(n+m+4), \ldots, \rho(n+m+3+k)$ abgespeichert werden.

b) überprüft, ob $A = B$, $A \underset{\neq}{\subset} B$ oder $B \underset{\neq}{\subset} A$ ist und in $\rho(0)$ vermerkt.

Aufgabe 2.7 In P$[0 : 2n]$ stehen der Reihe nach die Zahlen n, $a_1, \ldots, a_n$ und $b_1, \ldots, b_n$ mit $\widetilde{Q} > a_i, b_i \geq 0$. Man fasse $(a_1, \ldots, a_n)$ und $(b_1, \ldots, b_n)$ als n-stellige $\widetilde{Q}$-näre Darstellungen der natürlichen Zahlen $\sum_{i=1}^{n} a_i \cdot \widetilde{Q}^{i-1}$ bzw. $\sum_{i=1}^{n} b_i \cdot \widetilde{Q}^{i-1}$ auf.

Schreiben Sie ein Programm, das die Summe der beiden Zahlen in der gleichen Darstellung in die Zellen P$[0: n]$ schreibt.

Aufgabe 2.8 In (P,0) stehe die Zahl $n \in [0 : Q]$. Schreiben Sie ein Maschinenprogramm, das ohne Verwendung von Multiplikationsbefehlen den Wert $\lceil \sqrt{n} \rceil$ berechnet und in (P,1) ablegt. Analysieren Sie die Laufzeit und beweisen Sie die Korrektheit des Programmes.

Aufgabe 2.9 In P$[1 : 2n + 1]$ stehen nacheinander die Zahlen n, $a_1, \ldots, a_n$ und $b_1, \ldots, b_n$. Schreiben sie ein Programm, welches das Standardskalarprodukt $\sum_{i=1}^{n} a_i \cdot b_i$ berechnet und in (P,0) ablegt. Analysieren Sie das Programm und beweisen Sie die Korrektheit.

Aufgabe 2.10 Es bezeichne $A = (a_{i,j})_{\substack{i=1,\ldots,n \\ j=1,\ldots,n}}$ eine $n \times n$-Matrix mit $a_{i,j} \in \mathbf{Z}$. Die Matrix sei zeilenweise, d.h. nach folgendem Schema, abgespeichert: $a_{i,j} = \rho\big(3 + j + (i-1) \cdot n\big)$. In (P,2) stehe $n^2 + 2$, in (P,3) sei n gespeichert.

Schreiben Sie ein Programm, das die Matrix A transponiert, d.h. so umordnet, daß das Element $a_{i,j}$ in der Zelle $\big(\text{P},\ 3 + i + (j-1) \cdot n\big)$ zu liegen kommt. Untersuchen Sie Laufzeit und Rechenspeicherbedarf. Beweisen Sie die Korrektheit.

Aufgabe 2.11 Seien $\mathcal{M}_1$, $\mathcal{M}_2$ mathematische Maschinen, und sei $K(\mathcal{M}_2)$ endlich. Zeigen Sie: Jede Simulation $\sigma : K(\mathcal{M}_1) \to K(\mathcal{M}_2)$ ist beschränkt.

Aufgabe 2.12 Sei $\mathcal{M}_Z$ eine mathematische Maschine mit

$$
\begin{aligned}
K(\mathcal{M}_Z) &:= [0 : Z] \times [-Q : Q]^Z, \qquad Z, Q \in \mathbf{N} \\
K_a(\mathcal{M}_Z) &:= \{1\} \times [-Q : Q]^Z \\
K_e(\mathcal{M}_Z) &:= \{Z\} \times [-Q : Q]^Z \\
K_\infty(\mathcal{M}_Z) &:= \{0\} \times [-Q : Q]^Z \\
\Delta_{\mathcal{M}_Z}(i, a_1, \ldots, a_Z) &:= \begin{cases} (i+1, a_1, \ldots, a_Z) & \text{falls } 0 < i < Z \text{ und } a_i < a_{i+1} \\ (Z, a_1, \ldots, a_Z) & \text{falls } i = Z \\ (0, a_1, \ldots, a_Z) & \text{sonst} \end{cases}
\end{aligned}
$$

Zeigen Sie: Ist $Z \leq \min\{Q, M\}$, so gibt es eine Simulation $\sigma : K(\mathcal{M}_Z) \to K(\mathcal{M})$ auf einer Rechenmaschine $\mathcal{M}$ mit Zahlenbereich $[-Q : Q]$ und $M+1$ Rechenspeicherzellen.

Aufgabe 2.13

a) Sei $\mathcal{M}_1$ eine mathematische Maschine, die nicht über direkte Adressenrechnung verfüge.

   Zeigen Sie: Es gibt eine mathematische Maschine $\mathcal{M}_2$, welche ausschließlich direkte Adressenrechnung besitzt, und eine Simulation σ_1 von $\mathcal{M}_1$ auf $\mathcal{M}_2$. Von welcher Art (total, partiell, relationell) ist Ihre Simulation? Ist sie beschränkt?

b) Es sei $\mathcal{M}_3$ eine mathematische Maschine mit direkter Adressenrechnung.

   Zeigen Sie: Es gibt eine mathematische Maschine $\mathcal{M}_4$ ohne direkte Adressenrechnung und eine Simulation σ_1 von $\mathcal{M}_3$ auf $\mathcal{M}_4$. Charakterisieren Sie die Art der Simulation.

Aufgabe 2.14 Seien $r, s, k \in \mathbf{N}$ fest vorgegeben. Ebenso gebe es Funktionen $g_i : [-Q : Q]^r \to [-Q : Q]^s$ für $i = 1, \ldots, k$. Die Funktion $f : [-Q : Q]^r \times [1:k] \to [-Q : Q]^s$ sei für $x \in [-Q : Q]^r$ folgendermaßen definiert:

$$f(x, i) = g_i(x) \qquad \text{für } i = 1, \ldots, k,$$

Bezüglich der Maschine mit π-Basisadressenregister aus Abschnitt 2.2.6 seien jeweils Programmabschnitte $G_i : [0 : n_i] \to W$ vorhanden, die $g_i(x)$ berechnen. Die j-te Komponente der Eingabe $x \in [-Q : Q]^r$ soll in (P,j) zu finden sein, die j-te Komponente des Resultates $g_i(x) \in [-Q : Q]^s$ in der Zelle (P,j) ablegt werden.

Montieren Sie die Programmabschnitte G_i zu einem Programm F_i auf der Maschine mit μ-Befehlen, das $f(x, i)$ berechnet, wenn sich $1 \leq i \leq k$ in (P,0) befindet. Analysieren Sie Laufzeit und Programmspeicherbedarf.

Aufgabe 2.15 Es sei $u \in D$. Zeigen Sie: $v_1 \cdot v_2 \in D \iff v_1 \cdot u \cdot v_2 \in D$

Aufgabe 2.16 Beweisen Sie Korollar 2.23 auf Seite 138.

Aufgabe 2.17

a) Geben Sie eine formale Definition des Kellerautomaten aus Abschnitt 2.3.4, welcher das Wortproblem für allgemeine Dycksprachen $u \in D\left(X, \overline{X}, \tau, T\right)$ entscheidet, die ihn als abstrakte Maschine charakterisiert.

b) Seien $A := \{a_1, \ldots, a_n\}$, $B := \{b_1, \ldots, b_n\}$, $C := \{c_1, \ldots, c_n\}$ endliche Alphabete und $L \subset (A \cup B \cup C)^*$ die kleinste Menge mit

$$\begin{array}{lll} (1) & \varepsilon \in L & \\ (2) & w \in L \;\Rightarrow\; a_i \cdot b_i \cdot w \cdot c_i,\; b_i \cdot a_i \cdot w \cdot c_i \in L & \text{für } i = 1, \ldots, n \\ (3) & v, w \in L \;\Rightarrow\; v \cdot w \in L & \end{array}$$

Geben Sie einen Kellerautomaten K_L an, der $u \in L$ entscheidet.

c) Zeigen Sie: Es gibt Mengen X, $\overline{X}$ und eine Relation τ, so daß es eine Simulation $\sigma : K_L \to K_D$ gibt, wobei K_D der Kellerautomat aus **a)** ist.

d) Bearbeiten Sie **b)** und **c)**, falls die Konstruktionsregel (2) von L lautet:

$$(2) \qquad w \in L \;\Rightarrow\; a_i \cdot b_i \cdot w \cdot c_i \in L \text{ für } i = 1, \ldots, n$$

e) Schreiben Sie ein Programm, das in (P,0) eine 1 ablegt, falls $u \in D(X, \overline{X}, \tau, \emptyset)$ ist, und 0 sonst. τ soll bijektiv und $\#X \leq Q$ sein. Wählen Sie eine geeignete Kodierung von $X \cup \overline{X}$ in den Zahlenbereich $[-Q : Q]$ der Maschine.

f) Schreiben Sie ein Programm, das bezüglich einer vorgegebenen Kodierung $code : X \cup \overline{X} \cup T \to [-Q : Q]$ in (P,0) den Wert $\text{Adr}(u, (i_1, \ldots, i_k))$ ablegt für $u \in \mathcal{L}(X, \overline{X}, \tau, T)$. Gehen Sie davon aus, daß der Rechenspeicher gemäß $\rho(1) := |u|$, $\rho(2) := k$ und $\rho(j+2) := i_j \in [-Q : Q]$ belegt ist.

Aufgabe 2.18 Beweisen Sie: Das Wortproblem für Dycksprachen ist mit Speicherplatz $\log_2 (|w|) + \text{const}$ entscheidbar.

Aufgabe 2.19 Die Folge der *Fibonacci-Zahlen* ist für $n \in \mathbf{N}_0$ folgendermaßen definiert:

$$fib(n+2) = fib(n+1) + fib(n), \qquad fib(1) = 1, \qquad fib(0) = 0$$

a) Schreiben Sie ein Programm mit einem rekursiven Unterprogramm, das auf Vorgabe von $m \geq 0$ den Wert $fib(m)$ berechnet. Analysieren Sie die Laufzeit und den Speicherbedarf der Maschine inklusive Verwaltungsprogramme der Unterprogrammtechnik.

b) Lösen Sie das gleiche Problem ohne Rekursion und vergleichen Sie Laufzeit und Speicherbedarf mit der Lösung aus **a)**.

Aufgabe 2.20 Gegeben ist das Wegenetz von Abbildung 2.17, in dem man sich nur in Pfeilrichtung weiterbewegen darf. Schreiben Sie ein Programm, das auf Vorgabe von $n, m \in [0 : Q]$ die Anzahl der Wege von (0,0) nach (n, m) berechnet.

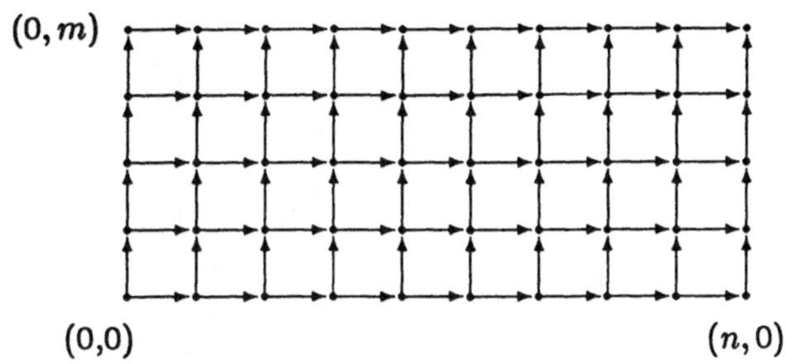

Abbildung 2.17: *Wegenetz von Aufgabe 2.20*

Aufgabe 2.21 *Ulams Funktion* $f\colon \mathbf{N} \to \mathbf{N}$ ist definiert durch:

$$f(n) := \begin{cases} 1 & \text{falls } n = 1; \\ f(n/2) & \text{falls } n \text{ gerade;} \\ f(3n+1) & \text{sonst} \end{cases}$$

Geben Sie ein Programm an, welches die Funktion berechnet

a) auf der Maschine mit Unterprogrammtechnik und seitenweiser Rechenspeicherverwaltung.

b) auf der Maschine ohne Unterprogrammtechnik.

Aufgabe 2.22 Zwei $n \times n$-Matrizen $A = (a_{i,j})_{\substack{i=1,\dots,n \\ j=1,\dots,n}}$ und $B = (b_{i,j})_{\substack{i=1,\dots,n \\ j=1,\dots,n}}$ seien zeilenweise im Eingabebereich abgespeichert. Dort stehe auch die Größe n der Matrizen.

Schreiben Sie ein Unterprogramm, welches das Matrizenprodukt $C = A \cdot B$ berechnet. Dieses ist folgendermaßen definiert

$$c_{i,j} = \sum_{k=1}^{n} a_{i,k} \cdot b_{k,j} \qquad \text{für } i,j = 1,\dots,n.$$

Benutzen Sie hierbei die Programme aus Aufgabe 2.9 und Aufgabe 2.10 als Unterprogramm.

Aufgabe 2.23 In Abbildung 2.18 sind von links nach rechts die Hilbert-Kurven der Ordnung 1 bis 4 abgebildet.

a) Analysieren Sie das Rekursionsmuster.

b) Überlegen Sie sich eine geeignete Datenstruktur zur Repräsentation von Hilbert-Kurven beliebiger Ordnung in einem Koordinatensystem. Schreiben Sie ein Unterprogramm, das auf Eingabe von i die Repräsentation der Hilbert-Kurve der i-ten Ordnung berechnet.

Abbildung 2.18: *Hilbert-Kurven der Ordnung 1, 2, 3 und 4*

Aufgabe 2.24

a) Definieren Sie die Wirkung des call- bzw. end-Befehls bei der Unterprogrammtechnik mit dynamischer Rechenspeicherverwaltung. Arbeiten Sie das entsprechende Betriebssystem aus.

b) Schreiben Sie das Programm zur Auswertung vollständig geklammerter arithmetischer Ausdrücke auf diese Rechenspeicherverwaltung um und vergleichen Sie beide Programme anhand der Komplexitätskriterien.

Aufgabe 2.25 Wie auf Seite 126 kurz erwähnt, kann man eine Unterprogrammtechnik entwickeln, die den Hauptteil des jeweils aktuellen Unterprogrammes in einen speziell hierzu reservierten Arbeitsbereich $\Pi\left[\overline{N} : N\right]$ des Programmspeichers kopiert. Skizzieren Sie eine solche Unterprogrammtechnik. Sind π_2-Befehle im Benutzermodus zuzulassen? Wenn ja, welchen Einschränkungen sind sie zu unterwerfen?

Kapitel 3

Schaltkreise und Schaltwerke

3.1 Einleitung

Wir haben im vorigen Kapitel ausgehend von einfachen Programmierbeispielen ein mathematisches Modell für eine Rechenmaschine entwickelt. Dabei haben wir uns keine Gedanken über die Realisierbarkeit dieser Maschine gemacht. Wir wollen elementare Bausteine einführen, die sich physikalisch leicht realisieren lassen und aus solchen Bausteinen unser Maschinenmodell entwerfen.

Dieses Kapitel ist ein erster Schritt in dieser Richtung, indem wir zunächst eine allgemeine Theorie dieser Bausteinsysteme entwickeln. Hierbei gehen wir nicht auf die zugrunde liegende Physik ein, sondern beginnen mit den Funktionen dieser Bausteine. Dabei lassen wir zunächst auch die Probleme außer acht, die sich durch die zeitlichen Verzögerungen ergeben, mit der diese Bausteine auf Eingangssignale mit einem Ausgangsignal reagieren.

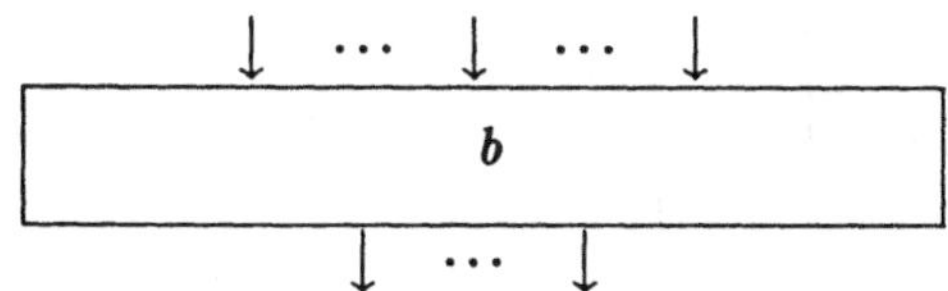

Bausteine sind für uns also "black boxes", die wir durch geometrische Figuren in der Ebene kennzeichnen. Diese Bausteine haben **Anschlüsse** nach Außen. Über einige dieser Anschlüsse können **Signale** *eingegeben* werden, über andere

Anschlüsse gibt der Baustein ***Signale aus***. Die Richtung der Signalausbreitung deuten wir durch Pfeile an den Anschlußleitungen an.

Es gibt weiter Anschlüsse, die " **bidirektional**" arbeiten, d.h. Leitungen, die in beiden Richtungen Signale transportieren dürfen. Es liegt dann an dem Baustein, ob er ein Signal, das sich auf einer solchen Leitung ausbreitet, als Eingabesignal akzeptieren will. Wir werden hier den Bidirektionsfall nicht ***betrachten***, da er begrifflich schwieriger ist.

Die **Spezifikation** dieser Bausteine findet man auf den zugehörigen Datenblättern. Diese Spezifikationen umfassen die "***logische Funktion***" des Bausteins, die "***Reaktionszeit des Bausteins***" und ***elektrische Daten***, die die erlaubten elektrischen Betriebsparameter angeben.

Die elektrischen Signale variieren in Spannung und Stromstärke kontinuierlich in einem erlaubten Betriebsintervall. Die Zeit wird durch eine Uhr in diskrete Intervalle gleicher Länge zerlegt. Als Wert der elektischen Signale wird stets nur ihr Wert auf diesem diskreten Zeitgitter betrachtet. Bei dieser Betrachtungsweise nehmen alle Signale auf einer Leitung im Rahmen gewisser zulässiger Abweichungen nur zwei Werte an, die wir mit 0 und 1 bezeichnen.

Ein Schaltkreis wird dadurch für uns zu einem räumlich ausgedehnten Gebilde mit n Eingängen, m Ausgängen und einer Funktion

$$f : \mathbf{B}^n \to \mathbf{B}^m,$$

worin $\mathbf{B} = \{0,1\}$ ist. Dazu gehört eine **Zeitangabe** δ, die die Feinheit des zugrunde liegenden Zeitgitters angibt. Liegen die Signale $\xi = (\xi_1, \ldots, \xi_n) \in \mathbf{B}^n$ zur Zeit t an dem Baustein an, dann kann man zur Zeit $t + \delta$ die Signale $(\eta_1, \ldots, \eta_m) = f(\xi) \in \mathbf{B}^m$ an den Ausgängen abnehmen.

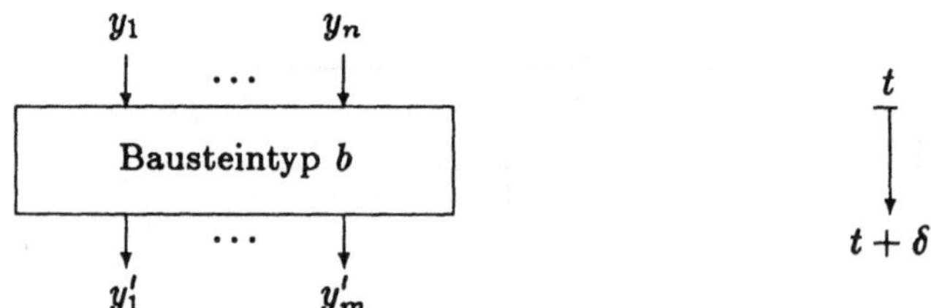

Abbildung 3.1: *Darstellung der Signalleitungen eines Bausteintyps*

Damit diese Vorschrift eindeutig ist, müssen die Signalleitungen natürlich eindeutig bezeichnet sein. Wir gehen davon aus, daß sie mit den Zahlen $1, \ldots, n$

bzw. $1, \ldots, m$ durchnumeriert sind. So liege am Baustein in Abbildung 3.1 zum Zeitpunkt t an der Leitung y_i das Signal $\xi_i \in \mathbf{B}$ an. Dann liegt zum Zeitpunkt $t + \delta$ an der Leitung y'_j das Signal $\eta_j \in \mathbf{B}$ an.

Ist f die Funktion des Bausteintyps b, dann schreiben wir $f = \varphi(b)$. Solche Bausteine heißen **Schaltkreise**. Schaltkreise darf man in bestimmter Weise zusammensetzen. Wir erlauben, daß man stets den Ausgang eines Schaltkreises S_1 mit dem Eingang eines Schaltkreises $S_2 \neq S_1$ verbinden darf. Zum Beispiel repräsentiert Abbildung 3.2 einen aus Bausteinen b_1, b_2 zusammengesetzten Schaltkreis b.

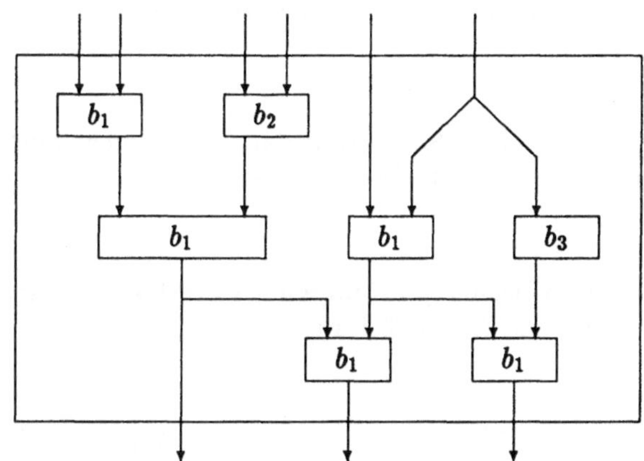

Abbildung 3.2: *Aus Bausteinen zusammengesetzter Schaltkreis*

Ist $f_i = \varphi(b_i)$ die Funktion des Bausteintyps b_i in Abbildung 3.2, dann erhält man als Funktion $f = \varphi(b) : \mathbf{B}^6 \to \mathbf{B}^3$ des Schaltkreises b:

$$\begin{aligned} \eta_1 &= f_1\Big(f_1(\xi_1, \xi_2), f_2(\xi_3, \xi_4)\Big), \\ \eta_2 &= f_1\Big(\eta_1, f_1(\xi_5, \xi_6)\Big), \\ \eta_3 &= f_1\Big(f_1(\xi_5, \xi_6), f_3(\xi_6)\Big). \end{aligned}$$

Das Resultat ist zur Zeit $t + 3\delta$ an den Ausgängen vorhanden, wenn die Eingangssignale zur Zeit t anliegen.

Die Schalterstellung von y_i bezeichnen wir mit $\xi(y_i)$. Indem wir die "Variable" y_i der i-ten Komponente von $\mathbf{B}^n$ zuordnen, d.h. $\xi(y_i) = \xi_i$, können wir ξ als Element von $\mathbf{B}^n$ auffassen.

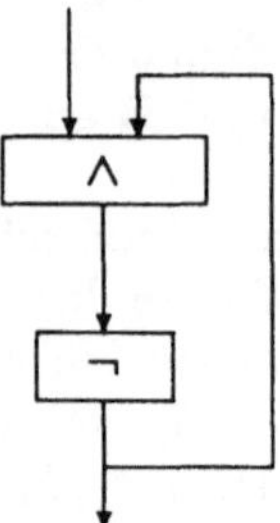

Abbildung 3.3: *Eine Kombination von Bausteinen, die keinen Schaltkreis darstellt*

Die Abbildung 3.3 stellt keinen Schaltkreis dar, da wir nicht erlaubt haben, den Ausgang eines Schaltkreises mit einem Eingang des gleichen Schaltkreises zu verbinden.

Wir erläutern an diesem Beispiel, warum wir dies verbieten. Dazu geben wir die Funktionen für $\wedge$ und $\neg$ in Tabelle 3.1 an.

y_1	y_2	$\varphi(\wedge)(y_1, y_2)$
0	0	0
0	1	0
1	0	0
1	1	1

y	$\varphi(\neg)(y)$
0	1
1	0

Tabelle 3.1: *Funktion der Bausteine* $\wedge$ *und* $\neg$

Legen wir zur Zeit t an den freien Eingang des "Schaltkreises" von Abbildung 3.3 eine 1 an und nehmen wir an, daß zur gleichen Zeit an dem zweiten Eingang von $\wedge$ auch der Wert 1 anliegt, dann hat der Ausgang des "Schaltkreises" zur Zeit $t+2\delta$ den Wert 0 und damit hat auch der angeschlossene Eingang von $\wedge$ zu dieser Zeit den gleichen Wert. Lassen wir das Eingangssignal des "Gesamtschaltkreises" stehen, dann haben wir also zum Zeitpunkt $t + 4\delta$ an einem Ausgang wieder eine 1.

Das Ausgangssignal des "Schaltkreises" oszilliert also mit der Periode 2δ. Durch unsere Zusammenschaltung ist also die Funktion des "Schaltkreises" von Abbildung 3.3 nicht eindeutig bestimmt. Der "Schaltkreis" arbeitet aufgrund der Zeitverzögerung δ mit einem "Gedächnis". Solche Gebilde werden wir später unter der Bezeichnung **Schaltwerke** betrachten.

3.2 Die boolesche Algebra der Schaltfunktionen

3.2.1 Definition der Schaltfunktionen und ein Beispiel

Wir setzen wie schon im vorigen Abschnitt $\mathbf{B} = \{0, 1\}$ und betrachten Teilmengen $D \subset \mathbf{B}^n$ und die Menge der Abbildungen

$$\mathcal{S}(D) = \{f : D \to \mathbf{B} \mid f \text{ ist Abbildung } \}.$$

Wir nennen $f \in \mathcal{S}(D)$ eine **boolesche Funktion** oder **Schaltfunktion** mit dem Definitionsbereich D.

Die Bezeichnung hat ihren Ursprung in der Relaistechnik. f gibt an, für welche Stellungen $\xi_1, \ldots, \xi_n$ von Schaltern $y_1, \ldots, y_n$ ein "Strompfad" geöffnet ist. Für die Schalterstellungen $\xi \in \mathbf{B}^n - D$ wird keine Vorschrift gemacht. Da Schaltfunktionen einen endlichen Definitionsbereich haben, kann man sie zumindest grundsätzlich durch eine Tabelle beschreiben.

Wir geben als Beispiel eine Schaltfunktion an, die das Brennen einer Lampe in Abhängigkeit von der Stellung von vier Schaltern beschreibt.

Beispiel 3.1 Wir gehen also von vier Schaltern y_1, y_2, y_3, y_4 aus, die je zwei Stellungen haben können.

Wir schreiben für

$$\left.\begin{array}{ll} \text{Stellung 1 von } y_i: & \xi(y_i) = 1 \\ \text{Stellung 2 von } y_i: & \xi(y_i) = 0 \end{array}\right\} \text{ für } i = 1, 2, 3, 4.$$

Ist $\xi = (\xi_1, \xi_2, \xi_3, \xi_4) \in \mathbf{B}^4$ eine Stellung der Schalter, bei der die Lampe brennt, d.h. $f(\xi_1, \xi_2, \xi_3, \xi_4) = 1$ ist, dann soll das Licht bei einer Betätigung eines Schalters nicht mehr brennen. Geht also $\xi' = (\xi_1', \xi_2', \xi_3', \xi_4')$ aus ξ durch Änderung einer Komponente hervor, dann soll $f(\xi') = 0$ sein. Weiter verlangen wir $f(0, 0, 0, 0) = 0$. Hieraus erhält man für f die durch Tabelle 3.2 beschriebene Schaltfunktion.

Wir bauen nun unsere Schalter y_i so, daß jeder Schalter 8 Kontakte regiert entsprechend den 8 Kombinationen von Schalterstellungen, für die die Lampe brennen soll (siehe Abbildung 3.4). In Stellung $(1, 0, 0, 0)$ fließt über einen der eingezeichneten Pfade Strom. Der andere Pfad führt Strom in der Stellung $(0, 1, 1, 1)$.

Man sieht, daß die angegebene Lösung sehr aufwendig ist. Die Anzahl der Kontakte pro Schalter verdoppelt sich, wenn wir einen weiteren Schalter hinzunehmen, denn es gibt doppelt soviele Kombinationen, für die die Lampe brennt. D.h. bei zehn Schaltern für eine Lampe hat man bereits $10 \cdot 2^9 = 5120$ Kontakte.

Man überlegt sich aber leicht, daß man stets mit einem Relaistyp mit 4 Kontakten auskommt, wie dies in Abbildung 3.5 dargestellt ist. Man erkennt nämlich:

y_1	y_2	y_3	y_4	$f(y_1, y_2, y_3, y_4)$
0	0	0	0	0
1	0	0	0	1
0	1	0	0	1
0	0	1	0	1
0	0	0	1	1
1	1	0	0	0
1	0	1	0	0
1	0	0	1	0
0	1	1	0	0
0	1	0	1	0
0	0	1	1	0
1	1	1	0	1
1	1	0	1	1
1	0	1	1	1
0	1	1	1	1
1	1	1	1	0

Tabelle 3.2: *Funktionstabelle zu Beispiel 3.1*

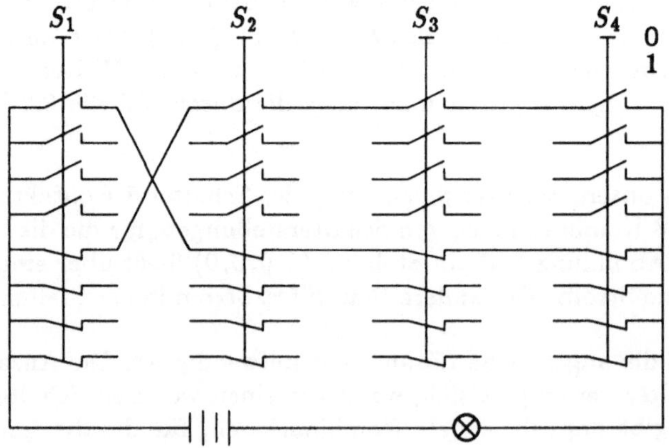

Abbildung 3.4: *Eine erste Lösung des Schalterproblems (Beispiel 3.1)*

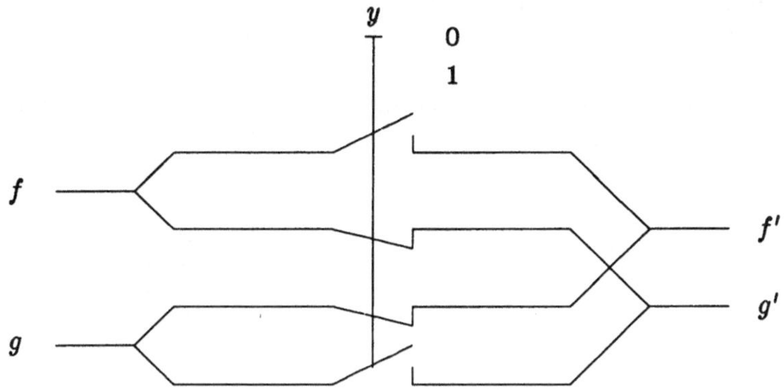

Abbildung 3.5: *Relaistyp mit 4 Kontakten zur Lösung des Schalterproblems*

Der	Pfad	f, f'	ist	leitend	für	$\xi(y) = 1$
"	"	g, f'	"	"	"	$\xi(y) = 0$
"	"	f, g'	"	"	"	$\xi(y) = 0$
"	"	g, g'	"	"	"	$\xi(y) = 1$

Zur Abkürzung der Schreibweise schreiben wir auch $y = 1$ anstelle von $\xi(y) = 1$.

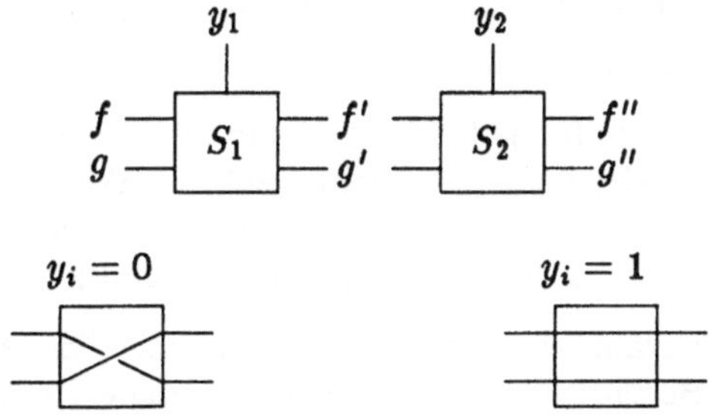

Abbildung 3.6: *Hintereinandersetzen zweier Schalter aus Abbildung 3.5 und Stromfluß in einem dieser Schalter*

Setzen wir zwei solche Schalter hintereinander wie in Abbildung 3.6 geschehen, dann erkennen wir:

$$f, f'' \text{ leitend} \iff (y_1 = 1 \text{ und } y_2 = 1) \text{ oder } (y_1 = 0 \text{ und } y_2 = 0)$$
$$g, g'' \text{ leitend} \iff (y_1 = 1 \text{ und } y_2 = 1) \text{ oder } (y_1 = 0 \text{ und } y_2 = 0)$$

$$f, g'' \text{ leitend} \iff (y_1 = 1 \text{ und } y_2 = 0) \text{ oder } (y_1 = 0 \text{ und } y_2 = 1)$$
$$g, f'' \text{ leitend} \iff (y_1 = 1 \text{ und } y_2 = 0) \text{ oder } (y_1 = 0 \text{ und } y_2 = 1)$$

Baut man die Schaltung gemäß Abbildung 3.7, dann hat man auch eine Lösung unseres Schalterproblems. ∎

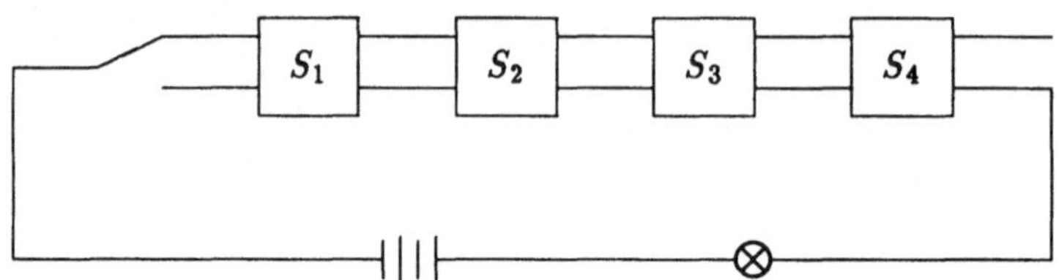

Abbildung 3.7: *Ausgereiftere Lösung des Schalterproblems*

Dieses einfache Beispiel erfordert schon soviel Aufmerksamkeit, daß man sich einen Kalkül wünscht, in dem solche Aufgaben beschrieben und gelöst werden können.

Unser Beispiel wirft die folgenden Fragen auf:

- Gibt es einfache Bausteine, aus denen man durch geeignete Kombination Schaltungen aufbauen kann zur Realisierung irgendeiner beliebig vorgegebenen Schaltfunktion?
- Kann man die Vielfalt aller möglichen Realisierungen übersehen und daraus die günstigsten auslesen?
- Muß man diese Frage für jede Technologie neu stellen oder kann man von der Technologie weitgehend abstrahieren? Konkret: Sind beim Entwurf von Relaisschaltungen oder Schaltungen auf rein elektronischer Basis oder "fluid"-Basis völlig andere Überlegungen notwendig?

Eine erste Antwort hierauf kann man direkt geben. "Schaltfunktion" ist ein rein mathematischer Begriff. Erlaubt es die Technologie die Ausgangssignale der physikalischen Schaltkreise als Eingangssignale von Schaltkreisen der gleichen Art zu verwenden, dann kann man mit Funktionen $f{:}\mathbf{B}^n \to \mathbf{B}^m$ und $g{:}\mathbf{B}^m \to \mathbf{B}^k$ auch die Funktion $(g \circ f) : \mathbf{B}^n \to \mathbf{B}^k$ realisieren.

Hiermit hat man dann einen Ansatz gefunden, eine Schaltkreistheorie zu entwickeln, die große technologieunabhängige Teile besitzt. Die Technologie kommt herein in Gestalt von Kriterien dafür, was "platzsparende" oder sehr "schnelle" oder "billige" Realisierungen sind. Wir wollen die Theorie der Schaltfunktionen hier nicht allgemein entwickeln, sondern nur so weit treiben, daß wir in der Lage sind, zu verstehen, wie eine Rechenmaschine arbeitet.

3.2.2 Die Boolesche Algebra der Schaltfunktionen

Wir betrachten die in Tabelle 3.3 definierten Schaltfunktionen
$k: \mathbf{B}^2 \to \mathbf{B}$, $d: \mathbf{B}^2 \to \mathbf{B}$ und $n: \mathbf{B} \to \mathbf{B}$.

y_1	y_2	$k(y_1, y_2)$
0	0	0
0	1	0
1	0	0
1	1	1

y_1	y_2	$d(y_1, y_2)$
0	0	0
0	1	1
1	0	1
1	1	1

x	$n(y)$
0	1
1	0

Tabelle 3.3: *Definition der Konjunktion, Disjunktion und Negation*

Man ersieht aus der Tabelle direkt die folgenden Eigenschaften dieser Funktionen

$$k(y_1, y_2) = 1 \iff y_1 = y_2 = 1 \qquad \text{und} \qquad d(y_1, y_2) = 0 \iff y_1 = y_2 = 0.$$

Wir schreiben nun $y_1 \cdot y_2$ für $k(x_1, x_2)$, $y_1 \vee y_2$ für $d(y_1, y_2)$ und $\overline{y}$ für $n(y)$. Man nennt k die **Konjunktion**, d die **Disjunktion** und n die **Negation**.

Man prüft leicht die folgenden Relationen nach:

$$
\begin{array}{lll}
(\mathrm{A1}) & \xi_1 \cdot \xi_2 = \xi_2 \cdot \xi_1, & \xi_1 \vee \xi_2 = \xi_2 \vee \xi_1. \\
(\mathrm{A2}) & (\xi_1 \cdot \xi_2) \cdot \xi_3 = \xi_1 \cdot (\xi_2 \cdot \xi_3), & (\xi_1 \vee \xi_2) \vee \xi_3 = \xi_1 \vee (\xi_2 \vee \xi_3). \\
(\mathrm{A3}) & (\xi_1 \cdot \xi_2) \vee \xi_1 = \xi_1, & (\xi_1 \vee \xi_2) \cdot \xi_1 = \xi_1. \\
(\mathrm{A4}) & \xi_1 \cdot (\xi_2 \vee \xi_3) = (\xi_1 \cdot \xi_2) \vee (\xi_1 \cdot \xi_3), & \xi_1 \vee (\xi_2 \cdot \xi_3) = (\xi_1 \vee \xi_2) \cdot (\xi_1 \vee \xi_3). \\
(\mathrm{A5}) & \xi_1 \vee (\xi_2 \cdot \overline{\xi_2}) = \xi_1, & \xi_1 \cdot (\xi_2 \vee \overline{\xi_2}) = \xi_1.
\end{array}
$$

Eine Menge $\mathcal{M}$ mit Operationen $\cdot$, $\vee$ und $^-$ heißt **boolesche Algebra**, wenn für alle ξ_1, ξ_2, ξ_3 aus $\mathcal{M}$ die Axiome (A1) bis (A5) erfüllt sind.

Beispiel 3.2 Also ist $(\mathbf{B}, d, k, n)$ eine boolesche Algebra. ■

Nun übertragen wir die Operationen d, k, n von $\mathbf{B}$ auf $S(D)$, indem wir für $\xi \in D$ definieren

$$(f \cdot g)(\xi) := f(\xi) \cdot g(\xi)\,, \qquad (f \vee g)(\xi) := f(\xi) \vee g(\xi)\,, \qquad \overline{f}(\xi) := \overline{f(\xi)}.$$

Satz 3.1 $(S(D), \vee, \cdot, ^-)$ *ist eine boolesche Algebra.* ■

Beweis: Man hat zum Beweis des Satzes die Axiome (A1) bis (A5) nachzuprüfen. Wir tun dies nur für das linke Axiom von (A2). Sind $f_1, f_2, f_3 \in S(D)$, dann gilt:

$$\begin{array}{rclclcl} ((f_1 \cdot f_2) \cdot f_3)(\xi) & = & (f_1 \cdot f_2)(\xi) \cdot f_3(\xi) & = & (f_1(\xi) \cdot f_2(\xi)) \cdot f_3(\xi) & = \\ f_1(\xi) \cdot (f_2(\xi) \cdot f_3(\xi)) & = & f_1(\xi) \cdot (f_2 \cdot f_3)(\xi) & = & (f_1 \cdot (f_2 \cdot f_3))(\xi). \end{array}$$

Da dies für alle $\xi \in D$ gilt, haben wir $(f_1 \cdot f_2) \cdot f_3 = f_1 \cdot (f_2 \cdot f_3)$, was zu zeigen war. ∎

Wir betrachten folgende spezielle Schaltfunktionen $x_i: D \to \mathbf{B}$ für $i = 1, \ldots, n$, die wie folgt definiert sind

$$x_i(\xi_1, \xi_2, \ldots, \xi_n) = \xi_i \qquad \text{für } i \in [1:n].$$

Also x_i ist die Projektion auf die i–Komponente.

Genauer hätten wir x_i^D schreiben sollen. Wir lassen den Index D aber stets weg, wenn sich der Bezug aus dem Zusammenhang ergibt.

Satz 3.2 $E_0 := \{x_i \mid i = 1, \cdots, n\}$ *ist ein Erzeugendensystem von* $(S(D), \cdot, \vee, {}^-)$, *d.h. jede Schaltfunktion* $f \in S(D)$ *läßt sich durch* E_0 *mittels* $\cdot, \vee, {}^-$ *ausdrücken.*

Beweis: Wir lassen im folgenden häufig die Klammern weg, indem wir vorschreiben, daß "—" vor "·" und "·" vor "∨" ausgeführt wird.

Wir setzen nun für $\epsilon \in D$

$$x^\epsilon := x_1^{\epsilon_1} \cdot x_2^{\epsilon_2} \cdot \ldots \cdot x_n^{\epsilon_n} \qquad \text{mit } x_i^{\epsilon_i} = \begin{cases} x_i & \text{für } \epsilon_i = 1, \\ \overline{x_i} & \text{für } \epsilon_i = 0 \end{cases}.$$

Es genügt zum Beweis des Satzes die Beziehung

$$f = \bigcup_{\epsilon \in D} f(\epsilon) \cdot x^\epsilon$$

zu zeigen. Um diese Relation nachzuprüfen, setzen wir $\eta \in D$ ein und haben

$$f(\eta) = \bigcup_{\epsilon \in D} f(\epsilon) \cdot \eta^\epsilon .$$

Nun ist aber

$$\eta^\epsilon = \eta_1^{\epsilon_1} \cdot \ldots \cdot \eta_n^{\epsilon_n} = 1 \iff \eta_i = \epsilon_i \text{ für } i = 1, \ldots, n.$$

Also haben wir

$$\bigcup_{\epsilon \in D} f(\epsilon) \cdot \eta^\epsilon = f(\eta) \cdot \eta^\eta = f(\eta).$$

Symbol	Schaltfunktion	Bezeichnung
y_2, y_1 — f_1	$f_1 = y_1 \cdot y_2$	UND-Gatter
y_2, y_1 — f_2	$f_2 = y_1 \vee y_2$	ODER-Gatter
y —•— f_3	$f_3 = \overline{y}$	NEGATION

Tabelle 3.4: *Symbole für Konjunktion, Disjunktion und Negation*

Da dies für jedes $\eta \in D$ gilt, ist unser Satz hiermit bewiesen. ∎

Häufig verwenden wir zur Darstellung von Schaltkreisen Diagramme. Hierzu bedienen wir uns der in der Tabelle 3.4 beschriebenen Symbole

Wir *erläutern* nun den Begriff des **Schaltkreises über einem Bausteinsystem** $\mathcal{A}$. Für $A \in \mathcal{A}$ bezeichne $Q(A)$ die Anzahl der Eingänge und $Z(A)$ die Anzahl der Ausgänge, die von "links" nach "rechts" fortlaufend mit 1 bis $Q(A)$ bzw. $Z(A)$ durchnumeriert sind. Wir erklären induktiv, was Schaltkreise über $\mathcal{A}$ sind. Die entsprechende graphische Erläuterung findet sich in Abbildung 3.8.

1.) Jedes Element aus $\mathcal{A}$ ist ein Schaltkreis.

2.) Sind A und B Schaltkreise, dann bilden wir aus A und B auf zwei verschiedene Weisen neue Schaltkreise.

    Wir bilden den mit $A \times B$ bezeichneten Schaltkreis, indem wir A und B parallel setzen und definieren $Q(A \times B) = Q(A) + Q(B)$, $Z(A \times B) = Z(A) + Z(B)$. Die Numerierung der Ein- und Ausgänge wird so verändert, wie es in der Abbildung 3.8 beschrieben ist.

    Wir bilden $B \circ A$, falls $Z(A) = Q(B)$ ist und definieren $Q(B \circ A) = Q(A), Z(B \circ A) = Z(B)$. Es wird hierbei der i-te Ausgang von A auf den i-ten Eingang von B geschaltet. ∎

Ohne dies explizit auszuführen, nehmen wir stets an, daß in unserem Bausteinsystem "Drähte" vorhanden sind, "Verzweigungen" und "Überkreuzungen", so daß wir z.B. stets den in Abbildung 3.9 beschriebenen Schaltkreis bilden können.

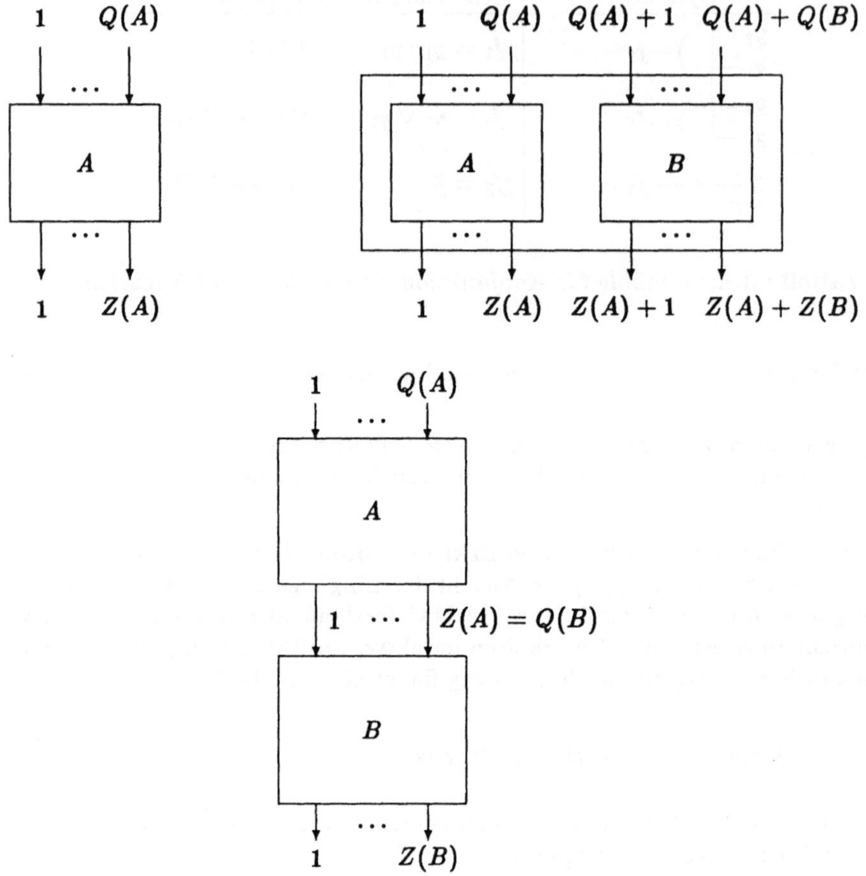

1 $Q(A)$ 1 $Q(A)$ $Q(A)+1$ $Q(A)+Q(B)$

A A B

1 $Z(A)$ 1 $Z(A)$ $Z(A)+1$ $Z(A)+Z(B)$

1 $Q(A)$

A

1 $Z(A)=Q(B)$

B

1 $Z(B)$

Abbildung 3.8: *Schaltkreise über einem Bausteinsystem $\mathcal{A}$*

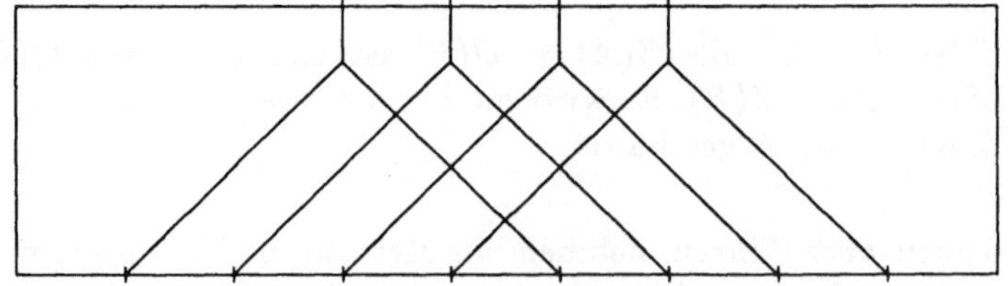

Abbildung 3.9: *Schaltkreis zur Verdopplung des Signaltupels*

Um die Kraft dieser Operationen zu zeigen, beschreiben wir mittels beider Operationen rekursiv einige allgemeinere Netze dieser Art. Dazu setzen wir

$\sigma =$ und $\delta =$

σ repräsentiert also zwei sich überkreuzende, δ eine sich verzweigende Leitung.

Nun definieren wir

$$\sigma_1 = \sigma \,, \quad \delta_1 = \delta \,, \quad \epsilon_1 =$$

Hierin bezeichnet ϵ_1 eine durch das Kästchen laufende Leitung.

Wir setzen für $n \geq 1$

$$\begin{aligned} \sigma_{n+1} &= (\epsilon_n \times \sigma_n \times \epsilon_n) \circ (\sigma_n \times \sigma_n) \circ (\epsilon_n \times \sigma_n \times \epsilon_n) \\ \epsilon_{n+1} &= \epsilon_n \times \epsilon_n \\ \delta_{n+1} &= (\delta_n \times \delta_n) \circ (\epsilon_n \times \sigma_n \times \epsilon_n). \end{aligned}$$

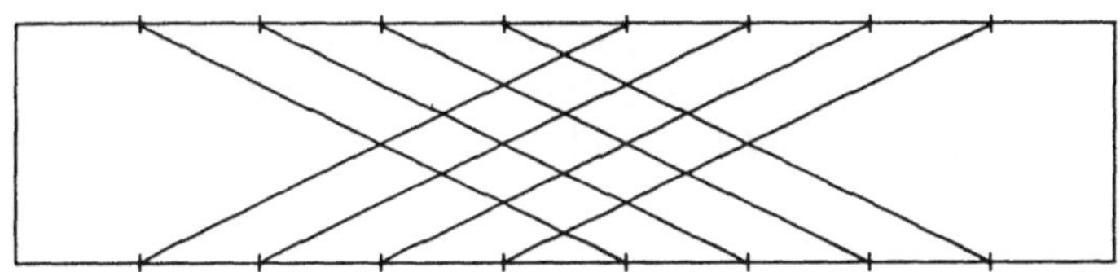

Abbildung 3.10: *Schaltkreis zur Vertauschung zweier 4-Tupel*

σ_n ist also ein Baustein, der die Vertauschung von zwei 2^{n-1}-Tupel beschreibt. Also wird δ_3 durch Abbildung 3.9 beschrieben. Abbildung 3.10 wird durch σ_3 definiert. Als letztes Beispiel beschreiben wir das "Mischen" von Signalen. Wir setzen

$$\mu_2 = \epsilon_1 \times \sigma \times \epsilon_1,$$

und für $n \geq 1$

$$\mu_{n+1} = (\epsilon_n \times \sigma_n \times \epsilon_n) \circ (\mu_n \times \mu_n).$$

Die Abbildung 3.11 stellt μ_3 dar.

In allen unseren Beispielen haben wir uns auf Schaltungen mit $n = 2^n$ Eingängen beschränkt. Zur Verallgemeinerung auf beliebige Anzahlen von Eingängen sehe man in die Übungen.

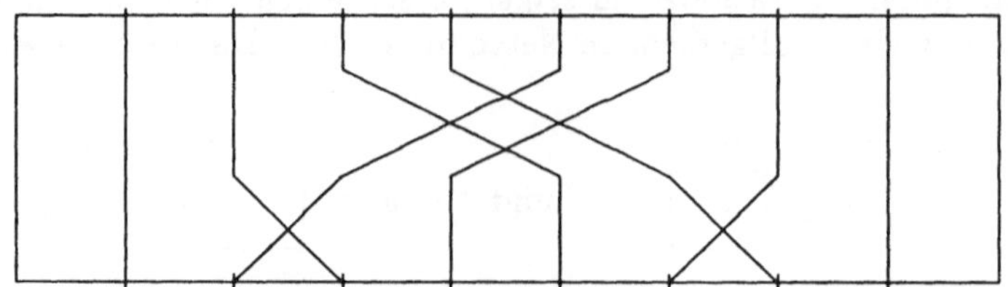

Abbildung 3.11: *Mischen zweier 4-Tupel*

3.2.3 Boolesche Ausdrücke und Schaltkreise

Der vorhergegangene Satz 3.2 zeigt, daß man zu jeder Schaltfunktion einen Schaltkreis finden kann, der gerade diese Schaltfunktion realisiert. Die zum Beweis des Satzes angegebene Darstellung von f ist ein Polynom in $x_1, \ldots, x_n$, wobei nur die Exponenten 0 oder 1 auftreten. Dieses Polynom entspricht der ersten Lösung unseres Schalterproblems. Für dieses Problem haben wir eine zweite einfachere Lösung angegeben.

Wir wollen nun boolesche Ausdrücke definieren, diesen Ausdrücken Schaltungen zuordnen und lernen, mit diesen Ausdrücken zu rechnen.

Definition 3.1 *Seien* $Y = \{y_1, \ldots, y_n\}$, $E = \{0, 1, y_1, \ldots, y_n, (,), \cdot, \vee, \neg\}$ *zwei Alphabete und* E^* *sei das freie Monoid über* E. $\mathcal{A}(Y)$ *ist der Durchschnitt aller Teilmengen* $L \subset E^*$, *die 1.) und 2.) erfüllen.*

1.) $\{0, 1, y_1, \ldots, y_n\} \subset L$,

2.) $w_1, \ldots, w_k \in L \implies (w_1 \cdot \ldots \cdot w_k) \in L$,
$(w_1 \vee w_2 \vee \cdots \vee w_k) \in L$
$(\neg w_1) \in L$

$\mathcal{A}(Y)$ *ist die Menge der* **boolesche Ausdrücke** *über* Y. ∎

Für $(\neg w)$ schreiben wir nun wieder wie vorher $\overline{w}$ und lesen $\overline{w}$ als $(\neg w)$. Man zeigt nun in Analogie zu den bereits bewiesenen Sätzen über Untermonoide und Dycksprachen den

Satz 3.3 *w ist genau dann ein boolescher Ausdruck über Y, wenn sich w aus $\{0, 1, y_1, \ldots, y_n\}$ durch Anwendung der "booleschen Operationen" und geeignete Klammerung erzeugen läßt.* ∎

Wir haben hier "boolesche Operationen" mit Anführungszeichen versehen, weil wir hier diese Operationen nicht ausführen, sondern nur das Einfügen der entsprechenden Operationszeichen meinen. Wir schreiben auch $(w)^0 = \overline{w}$, $w^1 = w$ und w^ϵ mit $\epsilon \in \{0, 1\}$, falls wir beide Fälle zulassen.

Definition 3.2 $\mathcal{M} \subset \mathcal{A}(Y)$ *heißt die Menge der* **Monome** *über* Y, *wenn 1.),2.),3.) und 4.) gelten.*

1.) $1 \in \mathcal{M}$,

2.) $(y_{i1}^{\epsilon_1} \cdot \ldots \cdot y_{i_l}^{\epsilon_l}) \in \mathcal{M}$ *für* $\{i_1, \ldots, i_l\} \subset \{1, \ldots, n\}, \epsilon_i \in \{0, 1\}$ *für* $i = 1, \ldots, l$,

3.) Sind $w_1, w_2, \ldots, w_k \in \mathcal{M}$, *dann ist auch* $(w_1 \cdot \ldots \cdot w_k) \in \mathcal{M}$,

4.) $\mathcal{M}$ *ist minimal mit den Eigenschaften 1.),2.),3.)* ■

$\mathcal{P} \subset \mathcal{A}(Y)$ *heißt die Menge der* **Polynome** *über* Y, *falls 5.),6.),7.) gelten.*

5.) $\mathcal{M} \subset \mathcal{P}$,

6.) Sind $p_1, p_2, \cdots, p_n \in \mathcal{P}$, *dann ist auch* $(p_1 \vee p_2 \vee \cdots \vee p_n) \in \mathcal{P}$,

7.) $\mathcal{P}$ *ist minimal mit 5.) und 6.)* ■

Den Zusammenhang zwischen $\mathcal{A}(Y)$ und $\mathcal{S}(D)$, $D \subset \mathbf{B}^n$ stellen wir durch eine Interpretation her.

Definition 3.3 *Die Abbildung* $\varphi: \mathcal{A}(Y) \to \mathcal{S}(D)$ *heißt* **Interpretation** *von* $\mathcal{M}(Y)$ *in* $\mathcal{S}(D)$, *wenn die folgenden Bedingungen erfüllt sind:*

- $\varphi(0) = c_0$, *mit* $c_0(\xi) = 0$ *für alle* $\xi \in D$,
- $\varphi(1) = c_1$, *mit* $c_1(\xi) = 1$ *für alle* $\xi \in D$,
- $\varphi(y_i) = f_i$, $i = 1, \ldots, n$ *und* $f_i \in \mathcal{S}(D)$ *beliebig,*
- $\varphi(w_1 \cdot \ldots \cdot w_k) = \varphi(w_1) \cdot \ldots \cdot \varphi(w_k)$,
- $\varphi(\neg w) = \overline{\varphi(w)}$,
- $\varphi(w_1 \vee \ldots \vee w_k) = \varphi(w_1) \vee \ldots \vee \varphi(w_k)$ *für* $w, w_1, \ldots, w_k \in \mathcal{A}(Y)$. ■

Satz 3.4 *Jede Interpretation ist durch ihre Werte auf* Y *eindeutig bestimmt. Jede Abbildung* $\varphi' : Y \to \mathcal{S}(D)$ *läßt sich zu einer Interpretation* φ *von* $\mathcal{A}(Y)$ *in* $\mathcal{S}(D)$ *fortsetzen.*

Beweis: Wir beweisen beide Aussagen des Satzes zusammen. Hierbei verwenden wir vollständige Induktion nach der Klammertiefe der booleschen Ausdrücke.

Für $\{0, 1\} \vee Y$ ist φ durch Definition der Interpretation und durch φ' eindeutig bestimmt.

Wir nehmen an, daß diese Aussage für alle boolesche Ausdrücke der Klammertiefe k gilt. Sei nun w ein boolescher Ausdruck der Klammertiefe $k + 1$. Dann gibt es eine eindeutig bestimmte Zerlegung

$$w = (w_1 \vee w_2 \vee \ldots \vee w_m) \quad \text{oder} \quad w = (\neg w_1)$$

oder

$$w = (w_1 \cdot \ldots \cdot w_m)$$

mit $w_1, \ldots, w_m \in \mathcal{A}(Y)$ und Klammertiefe $(w_i) \leq k$. Nach Induktionsannahme ist φ auf $w_1, \ldots, w_m$ eindeutig definiert. Wir setzen nun

$$\begin{aligned} \varphi(w) &= \varphi(w_1) \vee \cdots \vee \varphi(w_m), \\ \varphi(w) &= \overline{\varphi(w_1)}, \\ \varphi(w) &= \varphi(w_1) \cdot \ldots \cdot \varphi(w_m) \end{aligned}$$

Damit ist φ für w eindeutig definiert. ■

Eine spezielle Interpretation, die wir im folgenden stets verwenden, wird durch

$$\psi_D(y_i) = x_i^D, \quad i = 1, \ldots, n$$

festgelegt. Auch hier werden wir der Kürze halber häufig ψ anstelle von ψ_D schreiben.

Rechnen wir mittels booleschen Ausdrücken unter Anwendung von (A1),...,(A5), dann wird dadurch der Wert der Interpretationen ψ nicht geändert. Das gilt auch, wenn wir vereinbaren, daß stets "$\neg$" vor "$\cdot$" und "$\cdot$" vor "$\vee$" ausgeführt wird, und Klammern weglassen, die aufgrund dieser Prioritätsregeln überflüssig werden.

Veränderungen der Klammerstruktur führen aber zu verschiedenen Realisierungen, wie sich aus unserer Vorschrift zur Konstruktion von "Schaltkreisen" aus booleschen Ausdrücken ergibt.

Rechnet man in $\mathcal{A}(Y)$ mit (A1) bis (A5) als Rechenregeln, dann wird $\mathcal{A}(Y)$ zu einer booleschen Algebra und zwar zu einer **freien** booleschen Algebra. Letzteres ergibt sich unmittelbar aus der oben erläuterten Invarianz der Interpretation, wenn man weiß, daß jede endliche boolesche Algebra isomorph zu einer der Algebren $S(D)$ ist (Übung).

Daraus, daß $\mathcal{A}(Y)$ durch das Rechnen mit den Axiomen (A1),...,(A5) eine freie boolesche Algebra wird, und daraus, daß $S(D)$ für $D = \mathbf{B}^n$ frei ist, ergibt sich, daß häufig zwischen den Abbildungen x_i und den Alphabetelementen y_i nicht unterschieden wird. Diese Unterscheidung ist an sich aber notwendig, da wir mittels den Ausdrücken $\mathcal{A}(Y)$ Schaltungen beschreiben und es zur gleichen Funktion f sehr viele Schaltungen w gibt mit $\psi(w) = f$. Insbesondere folgt wegen $\varphi(y_i^\epsilon) = \varphi(y_i^\epsilon y_i^\epsilon)$, $\varphi(y_i^\epsilon \cdot y_k^\eta) = \varphi(y_k^\eta \cdot y_i^\epsilon)$, $\varphi(y_i^0 y_i) = 0$, daß man sich darauf beschränken darf, nur solche Monome zu betrachten, die kein $y \in Y$ zweimal enthalten.

Wir ordnen nun jedem booleschen Ausdruck einen Schaltkreis zu, der mittels unserer Bausteinsymbole und Verbindungslinien beschrieben wird. Zunächst tun wir dies für die elementaren Ausdrücke.

$(y_1 \cdot \ldots \cdot y_k) \quad \mapsto$

$(y_1 \vee \ldots \vee y_k) \quad \mapsto$

$\overline{y_i} \quad \mapsto$

Seien $w_1, \ldots, w_m$ boolesche Ausdrücke der Tiefe $\leq t$ und ein w_i von der Tiefe t. Dann ordnen wir dem booleschen Ausdruck $(w_1 * \ldots * w_m)$ mit $* \in \{\cdot, \vee\}$ bzw. $(\neg w_i)$ der Tiefe $t+1$ den entsprechenden in Abbildung 3.12 gezeigten Schaltkreis zu.

Hierin wird die Verbindung von y_l zu w_i nur dann gezogen, wenn w_i wirklich von y_l abhängt.

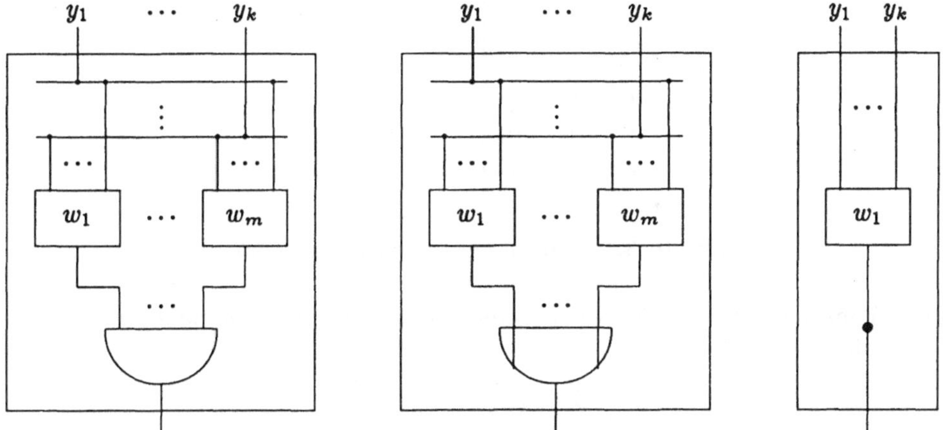

Abbildung 3.12: *Schaltkreise, die den booleschen Ausdrücken* $(w_1 * \ldots * w_m)$ *mit* $* \in \{\cdot, \vee\}$ *bzw.* $(\neg w_i)$ *zugeordnet werden*

Wir beobachten, daß der zu w konstruierte Schaltkreis von der Klammerung wesentlich abhängt. Das Beispiel in Abbildung 3.13 zeigt dies deutlich. Insbesondere erkennt man, daß die Umformung boolescher Ausdrücke unter Verwendung der Assoziativität zu verschiedenen Schaltungen führt.

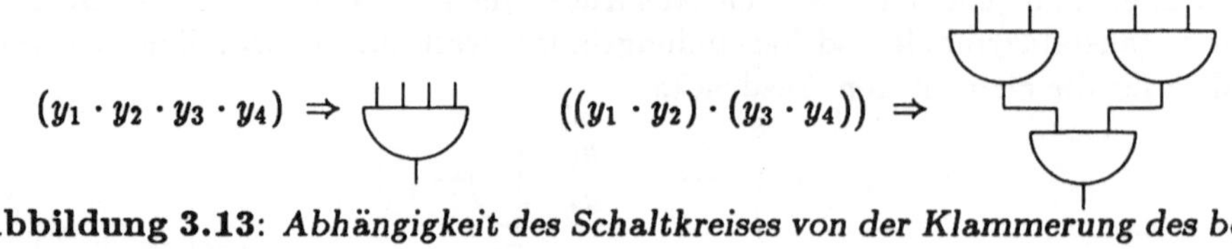

$(y_1 \cdot y_2 \cdot y_3 \cdot y_4) \Rightarrow$ $((y_1 \cdot y_2) \cdot (y_3 \cdot y_4)) \Rightarrow$

Abbildung 3.13: *Abhängigkeit des Schaltkreises von der Klammerung des booleschen Ausdruckes*

Als Übung zeige man, daß sich jeder Schaltkreis auch mittels den Operationen "$\circ$" und "$\times$" aus den logischen Bausteinen erzeugen läßt.

Beispiel 3.3 Wir betrachten ein Beispiel für einen Schaltkreis. Die Funktion $f: \mathbf{B}^3 \to \mathbf{B}$ sei durch die Tabelle 3.5 gegeben.

x_1	x_2	x_3	$f(x_1, x_2, x_3)$
0	0	0	0
0	0	1	1
0	1	0	1
0	1	1	1
1	0	0	0
1	0	1	0
1	1	0	0
1	1	1	1

Tabelle 3.5: *Funktionstafel zu Beispiel 3.3*

Diese Funktionstafel können wir unserem Darstellungssatz entsprechend durch das boolesche Polynom

$$f = \overline{y_1}\,\overline{y_2}\,y_3 \vee \overline{y_1}\,y_2\,\overline{y_3} \vee \overline{y_1}\,y_2\,y_3 \vee y_1\,y_2\,y_3$$

repräsentieren.

Das zugehörige Schaltbild zeigt das linke der beiden Diagramme in Abbildung 3.14.

Aufgrund der Rechenregeln (A1) bis (A5) kann man dieses Polynom in den booleschen Ausdruck

$$(\overline{y_1} \cdot y_2) \vee (\overline{y_1} \cdot y_3) \vee (y_2 \cdot y_3)$$

umformen. Diesem Ausdruck korrespondiert die rechte der Schaltungen in Abbildung 3.14. ■

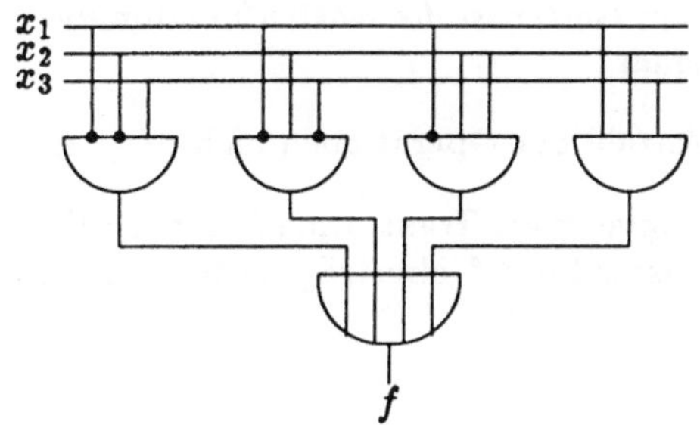

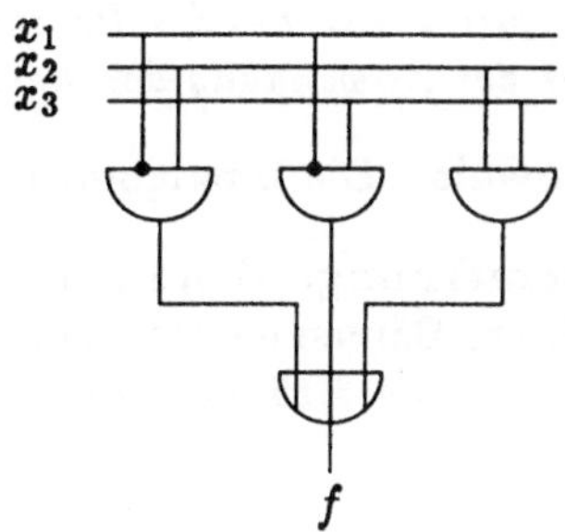

Abbildung 3.14: *Schaltkreise, die die Funktion in Tabelle 3.5 realisieren*

Die verschiedene Größe der beiden Schaltungen für f nehmen wir zum Anlaß eine **Kostenfunktion** $L : \mathcal{A}(Y) \to \mathbf{N}_0$ zu definieren.

Definition 3.4 *L heißt Kostenfunktion auf $\mathcal{A}(Y)$, falls L folgende Eigenschaften hat.*

1.) $L(0) = L(1) = L(y_i) = 0 \quad$ *für* $i = 1, \ldots, n$,

2.) $L(\overline{w}) = L(w)$,

3.) $L(w_1 \cdot \ldots \cdot w_k) = L(w_1) + \cdots + L(w_k) + k$,

4.) $L(w_1 \vee \ldots \vee w_k) = L(w_1) + \ldots + L(w_k) + k$. ■

Wir berechnen L für zwei Beispiele.

Beispiel 3.4

$$
\begin{aligned}
L(y_1 \cdot y_2 \cdot y_3 \cdot y_4) &= 4. \\
L(y_1 \cdot ((y_2 \cdot y_3) \cdot y_4)) &= L(y_1) + L((y_2 \cdot y_3) \cdot y_4) + 2 \\
&= L(y_2 \cdot y_3) + 4 \qquad = 6.
\end{aligned}
$$
■

Wir sehen, daß L mit dem "Assoziativitätsgesetz" *nicht* verträglich ist.

Lemma 3.5 *Ist $a \in \mathcal{A}(Y)$ ein boolescher Ausdruck, der außer der Negation nur binäre Operationen enthält, dann ist $L(a)$ gerade und*

$$C(a) := \frac{1}{2} \cdot L(a)$$

gibt die Anzahl der binären Operationen in a an.

Beweis: Den Beweis führt man induktiv nach der Schachtelungstiefe oder, indem man sich klar macht, daß unsere Funktion L jedem UND- bzw. ODER-Gatter aus Tabelle 3.4 die Kosten 2 zuordnet. ■

Lemma 3.6 *Bei der Beschränkung auf binäre Gatter ist die Kostenfunktion unter der Anwendung der Assoziativität invariant.*

Beweis: Die Umklammerung ändert die Anzahl der Operationen nicht. ∎

Bemerkung: Man kann das Assoziativitätsgesetz als Transformationsregel für binäre Bäume deuten. Das Assoziativitätsgesetz für "·" überträgt sich in die in Abbildung 3.15 dargestellte Relation.

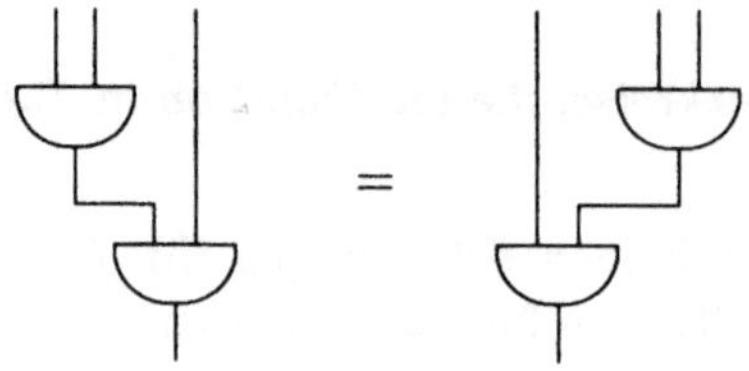

Abbildung 3.15: *Assoziativgesetz (A2) für "·" in Baumdarstellung*

Beispiel 3.5 Als Beispiel betrachte man die Transformation, die sich durch Anwendung der Assoziativität auf den eingekreisten Teil des binären Baumes in Abbildung 3.16 ergibt. ∎

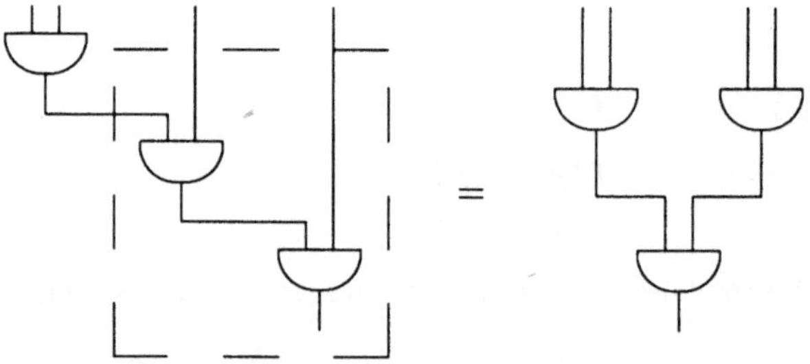

Abbildung 3.16: *Änderung der Struktur des binären Baumes durch Anwendung des Assoziativgesetzes für "·"*

Lemma 3.7 *Man kann jeden binären Baum mit n Eingängen durch Anwendung des Assoziativitätsgesetzes in jeden binären Baum mit n Eingängen transformieren.*

Beweis: Es genügt zu zeigen, daß sich jede binäre Klammerung eines Monomes in eine Rechtsklammerung überführen läßt.

Wir führen den Beweis durch vollständige Induktion, indem wir zugleich zeigen, daß dies auch für Linksklammerungen gilt.

Für $n = 2$ ist die Behauptung trivial. Sei also $u = (v \cdot w)$. Wir nehmen an

$$v = (\ldots((y_1 \cdot y_2) \cdot y_3) \cdot \ldots \cdot y_k) \quad \text{und} \quad w = (y_{k+1} \cdot \ldots \cdot (y_{n-2}(y_{n-1}y_n)\ldots)\ .$$

Nun sieht man, daß man durch einmalige Anwendung der Assoziativität

$$u = (v' \cdot (y_k \cdot w)) \qquad \text{mit } v' = (\ldots(y_1 \cdot y_2) \cdot y_3) \cdot \ldots \cdot y_{k-1})$$

erhält. Indem wir diese Transformation k-mal ausführen, erhalten wir die Behauptung für die Linksklammerung. Symmetrisch hierzu zeigt man das gleiche Resultat für die Rechtsklammerung. Also folgt aufgrund der vollständigen Induktion die Behauptung. ∎

Nun können wir zwei Hauptprobleme der Schaltkreistheorie streng formulieren:

1.) Sei $f \in S(D)$. Gesucht wird ein boolescher Ausdruck $w \in \mathcal{A}(Y)$ mit

$$\varphi(w) = f \text{ und } L(w) \leq L(w') \qquad \text{für alle } w' \in \mathcal{A}(Y) \text{ mit } \varphi(w') = f.$$

Wir suchen also nach einem billigsten Schaltkreis für f. Wir nennen dieses Problem das **Minimisierungsproblem** für boolesche Ausdrücke. Wenn nur ein w mit $\varphi(w) = f$ ohne weitere Bedingungen an w gesucht ist, dann sprechen wir vom **Syntheseproblem**.

2.) Sei $f \in S(D)$ und $D(Y)$ die Menge der Polynome aus $\mathcal{A}(Y)$. Es wird ein $p \in D(Y)$ gesucht mit

$$\varphi(p) = f \text{ und } L(p) \leq L(p') \qquad \text{für alle Polynome } p' \in \mathcal{A}(Y).$$ ∎

Zur Lösung von 1.) gibt es keine effizienten Methoden. Zu 2.) gibt es für gewisse Funktionsklassen geeignete Lösungen. Das Problem 1.) stellt nicht die allgemeinste Form des Syntheseproblemes dar, da boolesche Ausdrücke z.B. die Schaltung Abbildung 3.17 nicht erfassen.

Der Grund dafür ist, daß man denselben Teilausdruck in einem booleschen Ausdruck nicht "mehrfach" verwenden kann.

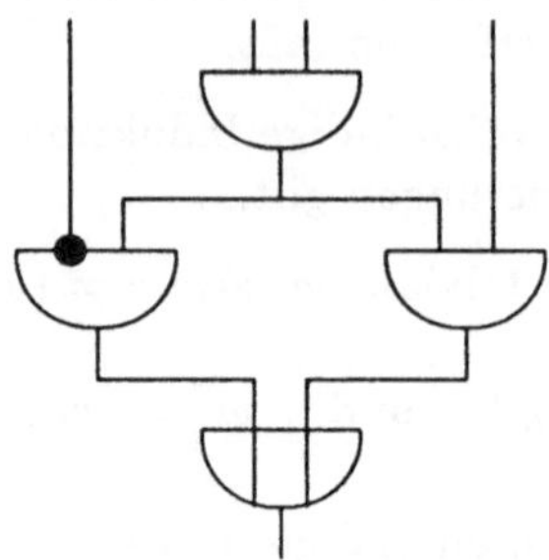

Abbildung 3.17: *Schaltung, die keinem booleschen Ausdruck entspricht*

Abbildung 3.18: *NAND-Gatter und NOR-Gatter*

3.2.3.1 Bemerkungen zum Bausteinsystemen

Neben den bereits betrachteten logischen Bausteinen werden häufig das NAND (Nicht-Und)-Gatter und das NOR (Nicht oder)-Gatter verwendet. Wie der Name schon besagt, erhält man das erstere, indem man an den Ausgang eines Und-Gatters eine Negation anschließt. Analog erhält man das NOR-Gatter. Beide sind in der Abbildung 3.18 dargestellt

Diese beiden Gattertypen haben die Eigenschaft, daß man mit jedem dieser Gatter die anderen simulieren kann, d.h. jede Schaltfunktion kann allein mit NAND-Gattern oder auch NOR-Gattern aufgebaut werden.

Wir zeigen dies für das NAND-Gatter (Abbildung 3.19). Es gilt nämlich:

$$\begin{aligned}
x_1 \cdot x_2 &= \overline{\overline{x_1 \cdot x_2}} = \overline{\overline{x_1 \cdot x_2} \cdot \overline{x_1 \cdot x_2}}, \\
x_1 \vee x_2 &= \overline{\overline{x_1 \vee x_2}} = \overline{\overline{x_1} \cdot \overline{x_2}} = \overline{\overline{x_1 \cdot x_1} \cdot \overline{x_2 \cdot x_2}}, \\
\overline{x} &= \overline{x \cdot x}.
\end{aligned}$$

Hat man also eine Schaltung mittels Konjunktionen, Disjunktionen und Negationen aufgebaut, dann kann man diese in eine Schaltung übersetzen, die nur NAND-Gatter enthält, indem man entsprechend den oben stehenden Relationen die Konjunktionen, Disjunktionen und Negationen ersetzt.

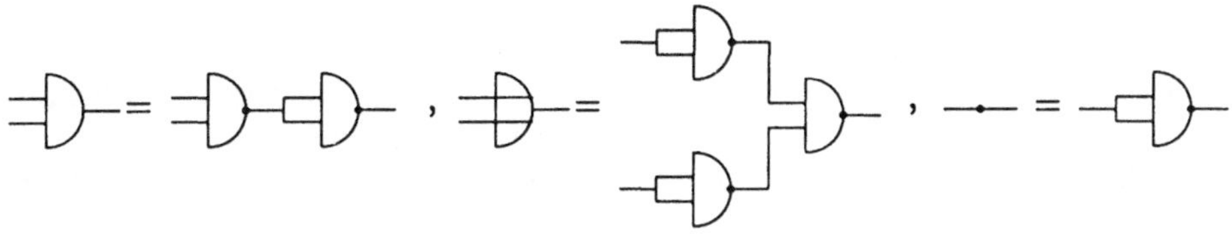

Abbildung 3.19: *Realisierung der Konjunktion, Disjunktion und Negation mit Hilfe des NAND-Gatters*

In Sonderfällen gibt es aber einfachere Transformationen. Zum Beispiel Polynome lassen sich ohne Verteuerung in NAND-Schaltungen nach dem Schema in Abbildung 3.20 übersetzen.

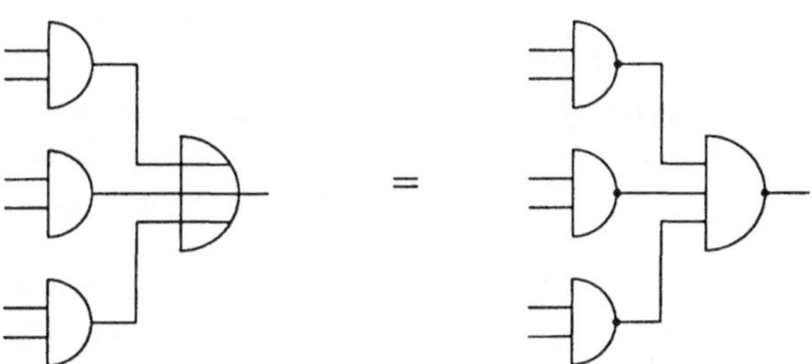

Abbildung 3.20: *Realisierung von Polynomen mit NAND-Gattern*

Dies ergibt sich aus $(f \vee \cdots \vee g) = \overline{\overline{f} \cdot \ldots \cdot \overline{g}}$.

3.2.4 Berechnungsnetze und Laufzeiten

Wir wollen in diesem Abschnitt allgemeine boolesche Schaltkreise einführen und die Berechnungszeit dieser Netze bestimmen. Für Schaltnetze, die sich durch boolesche Ausdrücke a beschreiben lassen, ergibt sich die Berechnungszeit als Tiefe$(a) \cdot \delta$.

Darüberhinaus wollen wir bestimmen, wie lange man die Eingabewerte konstant halten muß, um das Resultat zu erhalten. Es genügt hierzu zwar, die Argumente so lange an den Eingängen des Netzes anzulegen, wie die Berechnungszeit beträgt, es könnte dafür aber auch eine kürzere Zeitspanne ausreichen. Dies ist dann von Interesse, wenn man das Netz nicht nur für eine Aufgabe, sondern für eine Folge von Aufgaben benützen möchte und die ganze Folge möglichst schnell berechnen möchte.

Wir sehen am Beispiel der Netze in Abbildung 3.16, daß die Tiefe eines Schaltkreises durch die Anwendung des Assoziativitätsgesetzes geändert werden kann. Wir haben bereits gesehen, daß es dieses Gesetz erlaubt, alle zu einem Monom aus n Variablen gehörigen Bäume ineinander überzuführen.

Man sieht unmittelbar ein, daß ein Monom a mit n Eingängen mindestens die Tiefe $\lceil \log_2(n) \rceil$ hat. Einen entsprechenden Baum kann man auch leicht angeben. Ein solcher Baum heißt **balanciert**.

Wir definieren nun das allgemeine *Berechnungsnetz* oder den *Berechnungsgraphen*.

Definition 3.5 *$G = (E, K)$ mit zwei Abbildungen $Q: E \to K$ und $Z: E \to K$ heißt* **orientierter Graph**. *Die Elemente der Menge E heißen* **Kanten** *oder* **Strecken**, *die Elemente aus K* **Knoten** *oder* **Punkte**.

Eine Folge $w \in E^*$ heißt **Weg** *in G, falls für $i \in [1 : |w| - 1]$ $Q(w_{i+1}) = Z(w_i)$ gilt. Wir setzen $Q(w) = Q(w_1)$, $Z(w) = Z(w_{|w|})$ und bezeichnen $Q(w)$ als* **Anfangspunkt** *und $Z(w)$ als* **Endpunkt** *des Weges w.*

Ein Weg heißt **geschlossen**, *falls $Q(w) = Z(w)$ ist. Eine geschlossene Kante $s \in E$ heißt* **Schleife**. *Ein Weg w heißt* **einfach**, *wenn $Q(w_1) \neq Q(w_j)$ für $1 \leq i < j \leq |w|$ gilt. G heißt* **zykelfrei**, *falls G keinen geschlossenen Weg enthält.*

Wir nennen manchmal G auch **kantenorientiert**. *G heißt* **knotenorientiert**, *wenn für jeden Knoten $P \in K$ folgendes gilt: Sowohl die einlaufenden Kanten s $\big(Z(s) = P\big)$ als auch die von P auslaufenden Kanten $\big(Q(s) = P\big)$ seien durchnumeriert.*

Wir bezeichnen

$$\begin{aligned} id(P) &:= \#\{s \in E \mid Z(s) = P\} \\ od(P) &:= \#\{s \in E \mid Q(s) = P\} \end{aligned}$$

als **Indegree** *bzw.* **Outdegree** *von P in G.*

Es sei nun $O = \{a_1, a_2, \cdots, a_k\}$ eine Menge von Abbildungen

$$a_i : M^{n_i} \to M^{m_i}$$

und G ein kanten- und knotenorientierter Graph. Eine Abbildung

$$\beta : K \to O$$

heißt eine **erlaubte Belegung** *von G, falls für alle $P \in K$ gilt:*

$$\text{Ist } \beta(P) = a_i, \text{ dann ist } id(P) = n_i \text{ und } od(P) = m_i \ . \qquad \blacksquare$$

Uns leitet dabei die Vorstellung, daß auf n_i Leitungen Werte zur Operation a_i gebracht und die Resultate dieser Operationen auf m_i Leitungen ausgegeben werden. Und zwar wird jeweils die i-te Komponente des Argumentes bzw. des Resultates einer Operation der i-ten einlaufenden bzw. auslaufenden Kante des entsprechenden Knoten zugeordnet.

Orientierte, zykelfreie endliche Graphen besitzen **Anfangsknoten**, das sind die Knoten P mit $id(P) = 0$, und **Ausgangsknoten**, das sind die Knoten mit $od(P) = 0$.

Wir wollen nun Berechnungen auf dem Graphen beschreiben.

Definition 3.6 *Sei $G = (E, K)$ ein kantenorientierter und knotenorientierter Graph und $\beta: K \rightarrow O$ sei eine erlaubte Belegung von K durch Operationen. (G, β) heißt* **Berechnungsgraph**, *falls (i) und (ii) gelten.*
G heißt **kombinatorischer Berechnungsgraph**, *falls zusätzlich noch (iii) gilt.*

(i) *Ist $id(P) = 0$, dann ist $od(P) = 1$ für $P \in K$.*

(ii) *Ist $od(P) = 0$, dann ist $id(P) = 1$ für $P \in K$.*

(iii) *G ist zykelfrei.* ■

Die Forderung (i) bzw. (ii) fordert "Eingangsleitungen" bzw. "Ausgangsleitungen". Diese Forderung erlaubt es uns, Eingaben und Ausgaben von Berechnungen auf (G, β) zu definieren und verschiedene Berechnungsgraphen in einfacher Weise hintereinander zu hängen.

Abbildung 3.21 zeigt einen kanten- und knotenorientierten Berechnungsgraphen.

Wir definieren nun, was eine Berechnung auf dem Berechnungsgraphen ist. Hierzu betrachten wir Belegungen

$$\omega : E \rightarrow M \ .$$

Wir sagen, daß ω' eine **Folgebelegung** von ω ist – in Zeichen $\omega \stackrel{(G,\beta)}{\longrightarrow} \omega'$ – falls für jeden Knoten $P \in K$ folgendes gilt:

Sind $s_1, \ldots, s_n$ bzw. $s'_1, \ldots, s'_m$ die einlaufenden bzw. auslaufenden Kanten von P in der Reihenfolge ihrer Orientierung, dann gilt

$$(\omega'(s'_1), \ldots, \omega'(s'_m)) \;=\; \beta(P)(\omega(s_1), \ldots, \omega(s_n)) \ .$$

Die Eingabeknoten schreiben also bei jedem Rechenschritt den gleichen Wert auf die von ihnen auslaufende Leitung. Bei jedem Rechenschritt wandern die "Resultate" auf den Ausgang hin um eine Kante weiter. Die Folgebelegung ω' von ω ist eindeutig bestimmt, da keine Kante auslaufende Kante für zwei verschiedene Knoten ist.

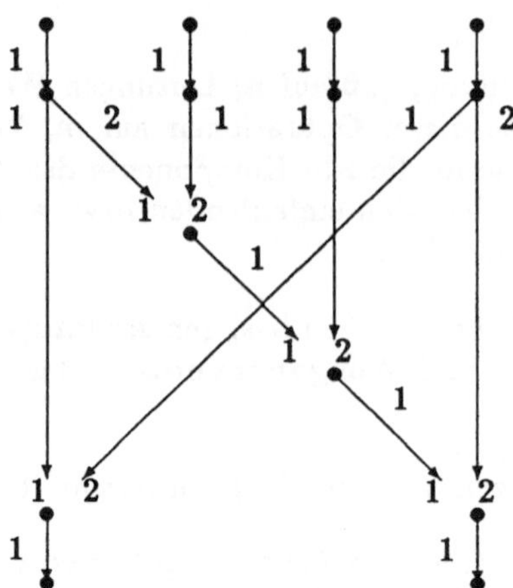

Abbildung 3.21: *Beispiel eines kanten- und knotenorientierten Berechnungsgraphen*

Ist (G, β) ein kombinatorischer Berechnungsgraph, und ist $d - 1$ die Länge eines längsten Weges in G, dann ändert sich ω nach spätestens d Rechenschritten nicht mehr.

Bemerkung: *Wir betrachten im restlichen Teil von Abschnitt 3.2 nur kombinatorische Berechnungsgraphen, ohne dies jedesmal hinzuzufügen.*

Die Belegung $\widetilde{\omega}$ heißt **terminale** Belegung von E, falls $\widetilde{\omega} \overset{(G,\beta)}{\longrightarrow} \widetilde{\omega}$ ist, das heißt, falls sich $\widetilde{\omega}$ bei Berechnungen nicht mehr ändert. Jede Belegung ω von E geht also nach spätestens d Rechenschritten in eine terminale Belegung $\widetilde{\omega}$ über. Diese Belegung $\widetilde{\omega}$ ist durch die Operationen auf den Eingangsknoten eindeutig bestimmt.

Sei nun

$$IN(G) = \{s \in E \mid id(Q(s)) = 0\},$$

und

$$OUT(G) = \{s \in E \mid od(Z(s)) = 0\}.$$

Ist (G, β) kombinatorisch, $\xi = \widetilde{\omega} | IN(G)$ und $\widetilde{\xi} = \widetilde{\omega} | OUT(G)$, dann berechnet also (G, β) die Belegung $\widetilde{\xi}$ der Ausgänge in d Schritten aus der Belegung ξ der Eingänge von (G, β).

3.2.4.1 Berechnungsdauer in einem Berechnungsgraphen

Wir wollen diese Feststellung verfeinern, indem wir jeder Operation a_i eine von den Eingangsdaten unabhängige Operationszeit $\delta_i \in \mathbf{Q}^+$ zuordnen. Es stellt sich nun die Frage, wann die Resultate an den Ausgangsknoten des Netzes vorliegen. Zur Berechnung dieser Zeit ordnen wir a_i eine Operation

$$\overline{a_i} : \mathbf{Q}^{+^{n_i}} \to \mathbf{Q}^{+^{m_i}}$$

wie folgt zu:

$$\overline{a_i}(z_1, \ldots, z_{n_i}) = (z'_1, \ldots, z'_{m_i})$$

mit

$$z'_1 = z'_2 = \cdots = z'_{m_i} = \max\{z_j \mid j = 1, \ldots, n_i\} + \delta_i.$$

Weiter verlangen wir, daß die Operationszeit für die Operationen der Eingangsknoten den Wert $\delta = 0$ haben. Nun betrachten wir den Berechnungsgraph G mit der Knotenbelegung $\overline{\beta}(P) = \overline{a_i}$, wenn $\beta(P) = a_i$ die Belegung des Knotens P ist. Die Resultate an den Ausgangsknoten von G geben an, wie groß die maximale Berechnungszeit für die Resultate an dem jeweiligen Ausgang ist.

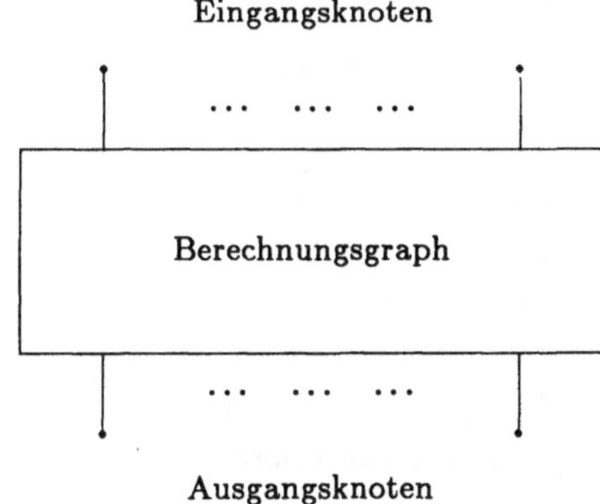

Abbildung 3.22: *Schematische Darstellung der Berechnungsgraphen*

Wenn wir den Berechnungsgraphen der Reihe nach für Berechnungen mit verschiedenen Eingabeparameter verwenden wollen, dann können wir dies tun, indem wir die Belegung für die Eingabeknoten entsprechend ändern. Auf diese Weise ordnen wir (G, β) eine Abbildung $\psi = \psi(G, \beta)$ zu, die den Belegungen ξ_{in} der Eingangskanten je eine Belegung ξ_{out} der Ausgangskanten zuordnet.

Wir haben also

$$\psi(G, \beta) : Abb(IN(G), M) \to Abb(OUT(G), M)$$

bzw.

$$\psi(G, \widetilde{\beta}) : Abb(IN(G), \mathbf{Q}^+) \to Abb(OUT(G), \mathbf{Q}^+).$$

Es stellt sich die Frage, in welchem zeitlichen Rythmus wir die Eingabewerte ändern dürfen, um ein korrektes Resultat zu erzielen. Offensichtlich können wir stets dann eine neue Berechnung starten, wenn eine Berechnung stabil geworden ist.

Dies ist an der Ausgangskante $s \in OUT(G)$ nach der Zeit $\overline{\xi}_{out}(s)$ der Fall, wobei $\overline{\xi}_{out} = \psi(G, \overline{\beta})(\overline{\xi}_{in,0})$ mit $\overline{\xi}_{in,0}(s') = 0$ für alle $s' \in IN(G)$ ist. Wir setzen nun $\Lambda = \max\{\overline{\xi}_{out}(s) \mid s \in OUT(G)\}$. Λ ist also die Zeit, nach der die Rechnung terminiert. Diese Bedingung ist i.a. nur hinreichend und nicht notwendig.

Wir wollen die minimale Zeit berechnen, die wir verstreichen lassen müssen, um eine Berechnung mit neuen Eingabeparametern zu starten. Hierzu definieren wir wieder eine neue Belegungsfunktion $\widetilde{\beta}$. Unsere Leitungen transportieren diesmal drei Zahlen. Wir lassen zunächst die Knoten die Funktion

$$\widetilde{a}_i : \mathbf{Q}^{+^{3 \cdot n_i}} \to \mathbf{Q}^{+^3}$$

berechnen, die wie folgt definiert ist:

$$\widetilde{a}_i(z_{11}, z_{12}, z_{13}, z_{21}, z_{22}, z_{23}, \cdots, z_{n_i 1}, z_{n_i 2}, z_{n_i 3}) = (y_1, y_2, y_3)$$

mit

$$\begin{aligned} \underbrace{(y_1, \ldots, y_1)}_{m_i - \text{mal}} &= \overline{a_i}(z_{11}, z_{21}, \cdots, z_{n_i 1}), \\ y_2 &= \min\{z_{j2} \mid j = 1, \ldots, n_i\} + \delta_i, \\ y_3 &= \max\{|y_1 - y_2|, z_{13}, \ldots, z_{n_i 3}\}. \end{aligned}$$

Nun schicken wir das Tripel (y_1, y_2, y_3) auf allen von P ausgehenden Leitungen weg. Das heißt, daß wir schließlich den Knoten P mit $\widehat{a_i} = \widetilde{\beta}(P)$ belegen, wobei

$$\widehat{a_i}(z_{11}, z_{12}, z_{13}, \ldots, z_{n_i 1}, z_{n_i 2}, z_{n_i 3}) = \underbrace{((y_1, y_2, y_3), \ldots, (y_1, y_2, y_3))}_{m_i - \text{mal}}$$

ist.

Ist unsere Berechnung stabil geworden, dann enthalten die Endkanten s in der dritten Komponente ihrer Belegung die maximalen Laufzeitdifferenzen, die bei den Berechnungen in unserem Berechnungsgraphen auftreten können. Induktiv sieht man leicht ein, daß die dritte Komponente der terminalen Belegung die maximale Laufzeitdifferenz von gleichzeitig eintreffenden Eingangssignalen ist.

Es sei $\Delta = \Delta(G, \widetilde{\beta})$ das Maximum aller dieser Werte an den Ausgangsknoten. Schicken wir nun Folgen von Eingaben im zeitlichen Abstand $\Delta + 1$ in das Netz, dann können wir mit einer Laufzeitverzögerung $\Lambda(G, \overline{\beta})$ die Resultate im Zeitabstand $\Delta + 1$ abnehmen. Eine solche Verarbeitung heißt **Pipelining-Verfahren**.

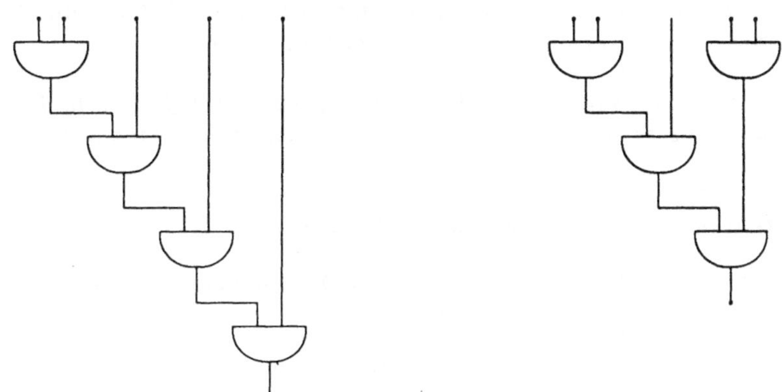

Abbildung 3.23: *Schaltkreise bezüglich Beispiel 3.6*

Beispiel 3.6 Wir betrachten als Beispiel den linken Schaltkreis in Abbildung 3.23. Der Durchlauf jedes Gatters erfordere ein Zeitintervall der Größe δ. Wir haben dann als Durchlaufszeit 4δ und als maximale Laufzeitdifferenz 3δ. Wir können also Eingabefolgen im Rythmus von $\Delta = 3\delta + 1$ in das Netz schicken und erhalten stets die korrekte Ausgabe. Das rechte Netz in Abbildung 3.23. erfordert eine Durchlaufzeit 3δ und erlaubt ein Pipelining im Rythmus $\Delta = 2\delta + 1$. ■

Wir sehen, daß die Anwendung des Assoziativitätsgesetzes Abweichungen in der maximalen Laufzeit und in der "Pipelining"-Konstanten hervorruft. Wir kommen später auf das Pipelining zurück.

3.2.5 Minimalpolynome

Wir beschreiben eines der beiden Verfahren von Quine zur Berechnung von Minimalpolynomen zur Darstellung einer Funktion $f \in S(D)$.

Sei also $f: D \to \mathbf{B}$ und $D \subset \mathbf{B}^n$. Wir suchen ein Polynom $p \in \mathcal{A}(Y)$ mit $\psi(p) = f$ und $L(p)$ minimal mit dieser Eigenschaft. Ein solches Polynom nennen wir *Minimalpolynom* zu f. Der Schlüsselbegriff des Verfahrens ist der *Primimplikant* einer Funktion. Im folgenden vernachlässigen wir die Klammern in booleschen Ausdrücken.

Definition 3.7 *Das Monom m aus $\mathcal{A}(Y)$ heißt* **Implikant** *von f, falls für jede Interpretation $\xi: Y \to \mathbf{B}$ mit $\xi(m) = 1$ und $\xi \in D$ auch $f(\xi) = 1$ gilt. Hierin haben wir $f(\xi)$ für $f(\xi(y_1), \ldots, \xi(y_n))$ geschrieben.* ■

Ein Implikant m definiert also eine Funktion $\psi(m)$ derart, daß f zumindest für die Werte aus D 1 ist, für die $\psi(m)$ den Wert 1 annimmt.

Definition 3.8 *Das Monom m heißt* **Primimplikant** *von f, falls m Implikant von f ist und falls es kein echtes Teilmonom m' von m gibt, das Implikant von f ist.* ■

Wir erläutern beide Begriffe zunächst an Beispielen.

Beispiel 3.7 Sei $s_k^n : \mathbf{B}^n \to \mathbf{B}$ für $n \in \mathbf{N}$, $k \in \mathbf{N}_0$, wie folgt definiert:

$$s_k^n(\xi_1, \ldots. \xi_n) = 1 \ :\Longleftrightarrow \ \sum_{i=1}^{n} \xi_i \geq k.$$

s_k^n heißt **Schwellenfunktion** mit n Eingängen und der Schwelle k.

Wir wollen zunächst $n = 3$ und $k = 2$ betrachten. Es ist also genau dann $s_2^3(\xi) = 1$, wenn an zwei oder drei der Eingänge von f eine 1 anliegt. Wir sehen, daß $y_1 y_2 y_3$ ein Implikant von s_2^3 ist. Es sind auch $\overline{y_1} y_2 y_3$, $y_1 \overline{y_2} y_3$, $y_1 y_2 \overline{y_3}$, $y_1 y_2$, $y_1 y_3$ und $y_2 y_3$ Implikanten von s_2^3.
Dies sind aber auch alle Implikanten von s_2^3. Zum Beispiel ist y_1 kein Primimplikant, da für $\xi(y_1) = 1$ und $\xi(y_2) = \xi(y_3) \doteq 0$ das Monom y_1 den Wert 1 annimmt, während $s_2^3(\xi) = 0$ ist.

Nun schränken wir den Definitionsbereich von s_2^3 ein, indem wir

$$D = \mathbf{B}^3 - \{(\xi_1, 0, \xi_3) \mid \xi_1, \xi_3 \in \mathbf{B}\} \quad \text{und} \quad f = s_2^3|D$$

setzen. Für alle Einsetzungen $\xi : Y \to \mathbf{B}$ mit $\xi \in D$ und $\xi(y_1) = 1$ ist auch $f(\xi) = 1$. Also ist y_1 Implikant von f und also sind z.B. $y_1 y_2$ und $y_1 y_3$ zwar noch Implikanten, aber nicht mehr Primimplikanten von f. ■

Der Definitionsbereich von f spielt also eine ganz wesentliche Rolle bei der Bestimmung der Primimplikanten.

Lemma 3.8 *Sind uy_i und $u\overline{y_i}$ Implikanten von $f \in S(D)$, dann ist auch u ein Implikant von f.*

Beweis: Sei $\xi : Y \to \mathbf{B}$ eine Interpretation, für die $\xi(u) = 1$ gilt. Entweder ist $\xi(y_i) = 0$ oder $\xi(y_i) = 1$.
Nehmen wir an, daß $\xi(y_i) = 0$ ist und daß $\xi \in D$ ist. Dann ist $\xi(u\overline{y_i}) = 1$ und da $u\overline{y_i}$ Implikant von f ist, auch $f(\xi) = 1$. Gilt entsprechendes für $\xi(y_i) = 1$, dann gilt also für jede Interpretation $\xi \in D$ mit $\xi(u) = 1$, daß auch $f(\xi) = 1$ ist. Also ist u Primimplikant von f. ■

Damit ergibt sich das folgende Verfahren zur Berechnungen der Primimplikanten von f:

Setze

$$L_0 = \{y^\epsilon \mid (\epsilon \in D \text{ und } f(\epsilon) = 1) \text{ oder } \epsilon \in \mathbf{B}^n - D\}.$$

L_0 enthält genau die Implikanten von f, die jedes Element y_i als Faktor enthalten.

Nun setzen wir induktiv

$$L_{i+1} = \{u \mid \text{ Es gibt } j \text{ mit } uy_j \in L_i \text{ und } u\overline{y_j} \in L_i\}.$$

Aufgrund des vorigen Lemmas wissen wir, daß die Elemente von L_{i+1} Implikanten von f sind, falls dies für L_i gilt. Weiter enthält

$$P_i = L_i - (Y \cdot L_{i+1} \cup \overline{Y} \cdot L_{i+1})$$

die Implikanten von L_i, die keinen Teiler in L_{i+1} enthalten. Also enthält P_i die Primimplikanten aus L_i. Da die Länge der Monome aus L_{i+1} um 1 kleiner ist als die Länge der Monome in L_i, ist spätestens $L_{n+1} = \emptyset$. Also ist

$$P = \bigcup_{i=0}^{n} P_i$$

die Menge der Primimplikanten von f. ■

Das folgende Lemma erklärt, warum wir uns für die Primimplikanten interessieren.

Lemma 3.9 *Ist p ein Minimalpolynom zu f und ist u ein Monom von p, dann ist u Primimplikant von f.*
Ist $\psi(p) = f$ und u ein Monom von p, dann ist u ein Implikant von f.

Beweis: Sei also p ein Minimalpolynom zu f, und sei u ein Monom von p. Wir nehmen an, daß u kein Primimplikant von p ist. Dann gibt es ein Monom v, das echt in u enthalten ist und das Implikant von f ist. Ersetzen wir u durch v in p, dann gilt für das dadurch aus p erhaltene Polynom q und für alle $\xi: Y \to \mathbf{B}$

$$\psi(p)(\xi) = 1 \Rightarrow \psi(q)(\xi) = 1 .$$

Da aber v Implikant von f und $\psi(p) = f$ ist, gilt auch $\psi(q) = f$. Wegen $L(v) < L(u)$ folgt nun $L(q) < L(p)$, was im Widerspruch zu unserer Annahme steht, daß p Minimalpolynom ist. Also ist u ein Primimplikant von f.

Es bleibt der zweite Teil des Lemmas zu beweisen. Wegen $\psi(p) = f$ gilt: $\psi(p)(\xi) = f(\xi)$ für $\xi \in D$. Also gilt für alle Monome u von p: $\xi(u) = 1 \Rightarrow f(\xi) = 1$. Dies heißt aber, daß u Implikant von f ist. ■

Wir betrachten als Beispiel unsere bereits verwendete Schwellenfunktion s_k^n.

Lemma 3.10 $y_{i_1} \cdot y_{i_2} \cdot \ldots \cdot y_{i_k}$ *mit* $1 \leq i_1 < i_2 < \cdots < i_k \leq n$ *ist Primimplikant von* s_k^n.

Beweis: Ist $\xi(y_{i_1} \cdot \ldots \cdot y_{i_k}) = 1$, dann ist $\sum_j^k \xi(y_{i_j}) \geq k$ und also $s_k^n(\xi) = 1$. Also ist $y_{i_1} \cdot \ldots \cdot y_{i_k}$ Implikant von s_k^n. Dagegen ist $y_{i_1} \cdot \ldots \cdot y_{i_{k-1}}$ nicht Implikant von s_k^n. Setzen wir $\xi(y_j) = 1$ für $j \in \{i_1, \cdots, i_{k-1}\}$ und $\xi(y_i) = 0$ für $i \notin \{i_1, \cdots, i_{k-1}\}$, dann ist $\xi(y_{i_1} \cdot \ldots \cdot y_{i_{k-1}}) = 1$, jedoch $f(\xi) = 0$. Da dies für jede Wahl der Indizes $i_1, \ldots, i_{k-1}$ gilt, ist also $y_{i_1} \cdot \ldots \cdot y_{i_k}$ Primimplikant von s_k^n. ∎

Satz 3.11 *Das Minimalpolynom von* s_k^n *lautet* $p = \bigvee_{1 \leq i_1 < \cdots < i_k \leq n} y_{i_1} \cdot \ldots \cdot y_{i_k}$.

Beweis: Zunächst gilt $\psi(p)(\xi) = 1 \Rightarrow f(\xi) = 1$, da alle Monome von p aufgrund des vorigen Lemmas Implikanten von s_k^n sind. Ist umgekehrt $f(\xi) = 1$, dann gilt $\sum_{i=1}^n \xi(y_i) \geq k$. Also gibt es $1 \leq i_1 < i_2 < \cdots < i_k \leq n$ mit $\xi(i_l) = 1$ für $l = 1, \ldots, k$. Nun kommt $y_{i_1} \cdot \ldots \cdot y_{i_k}$ in p vor. Also gilt auch $\psi(p)(\xi) = 1$. Aus beiden Überlegungen folgt, daß $\psi(p) = s_k^n$ ist.

Wir zeigen nun, daß kein Monom von p überflüssig ist. Wir wählen $\xi(y_{i_1}) = \cdots = \xi(y_{i_k}) = 1$ und $\xi(y_i) = 0$ sonst. Dann macht die Einsetzung ξ jedes Monom u von p, das von $y_{i_1} \cdot \ldots \cdot y_{i_k}$ verschieden ist, zu 0. Da aber $s_k^n(\xi) = 1$ ist, benötigt man dieses Monom in p. Da dies für jedes Monom von p gilt, kann man kein Monom von p weglassen, ohne die Bedingung $\psi(p) = s_k^n$ zu verletzen. Da aber auch jedes Monom eines Polynomes p mit $\psi(p) = f$ Implikant von f ist, ist also p eindeutig bestimmtes Minimalpolynom von f. ∎

Im allgemeinen haben Schaltfunktionen mehrere Minimalpolynome. Wir zeigen dies durch das folgende Beispiel:

Beispiel 3.8 Die betrachtete Schaltfunktion ist dem linken Teil der Tabelle 3.6 zu entnehmen.

Wir veranschaulichen uns die Primimplikantentabelle (rechter Teil der Tabelle 3.6) durch einen Graph, indem wir die Punkte des Definitionsbereiches von f, die eine 1 tragen, durch Kanten verbinden, wenn sie durch einen Primimplikanten überdeckt werden (oberer Teil der Abbildung 3.24).

Wir ersehen aus diesem Graph, daß folgende Polynome die Minimalpolynome von f sind:

$$\begin{aligned} p_1 &= \overline{y_1}\,\overline{y_2} \vee y_2 y_3 \vee y_1 \overline{y_3}, \\ p_2 &= \overline{y_1} y_3 \vee y_1 y_2 \vee \overline{y_2}\,\overline{y_3}. \end{aligned}$$

∎

y_2	y_3	$y_1 = 0$	$y_1 = 1$
0	0	(0) 1	(4) 1
0	1	(1) 1	(5) 0
1	0	(2) 0	(6) 1
1	1	(3) 1	(7) 1

Primimplikanten:	0	1	2	3	4	5	6	7
$\overline{y_2}\,\overline{y_3}$	1				1			
$\overline{y_1}\,\overline{y_2}$	1	1						
$\overline{y_1}\,y_3$		1		1				
$y_2\,y_3$				1				1
$y_1\,y_2$							1	1
$y_1\,\overline{y_3}$					1		1	

Tabelle 3.6: *Schaltfunktion und Primimplikantentabelle zu Beispiel 3.8*

In diesem Beispiel hat es sich zufällig ergeben, daß beide Minimalpolynome kein Monom gemeinsam haben. Aus diesem Beispiel erhält man leicht ein zweites Beispiel, in dem beide Minimalpolynome ein gemeinsames Monom besitzen.

Beispiel 3.9 Man verändere dazu unsere Funktion auf dem Punkt 6 zu 0. Dann ergibt sich der untere Graph in Abbildung 3.24.

Um die Punkte (4) und (7) abzudecken, benötigt man für das Minimalpolynom $\overline{y_2 y_3} \vee y_2 y_3$. Damit haben wir aber bereits auch (0) und (3) mitabgedeckt. Es bleibt uns noch (1) abzudecken. Hier haben wir die Wahl zwischen $\overline{y_1}\,\overline{y_2}$ und $\overline{y_1} y_3$. Wir erhalten also wieder zwei Minimalpolynome. ∎

Wir zeigen noch an einem Beispiel, daß man sich nicht auf Polynome beschränken darf, da die Kostenunterschiede zwischen Minimalpolynomen und minimalen booleschen Ausdrücken der gleichen Funktion sehr groß sein können.

Definition 3.9 *$f: \mathbf{B}^n \to \mathbf{B}$ heißt* **monoton** $:\Longleftrightarrow$ *Ist $\xi(y_i) \leq \xi'(y_i)$ für alle i, dann gilt $f(\xi) \leq f(\xi')$.* ∎

Satz 3.12 *Ist $f: \mathbf{B}^n \to \mathbf{B}$ monoton, dann besitzt f genau ein Minimalpolynom.*

Beweis: Wir zeigen zunächst: Ist $u\overline{y}$ Implikant von f, dann ist auch u Implikant von f. Falls nämlich $\xi(u\overline{y}) = 1$ ist, dann ist $\xi(y) = 0$. Wir wählen nun $\xi'(y_i) = \xi(y_i)$ für $y_i \neq y$ und $\xi'(y) = 1$. Dann ist $\xi \leq \xi'$ und also $f(\xi) \leq f(\xi')$, d.h. $f(\xi') = 1$. Also gilt $f(\xi') = 1$ für jede Einsetzung ξ mit $\xi(u) = 1$. Also ist u Implikant von f. Durch wiederholte Anwendung dieses Schlusses folgt: Ist u Primimplikant, dann enthält u keinen negierten Faktor.

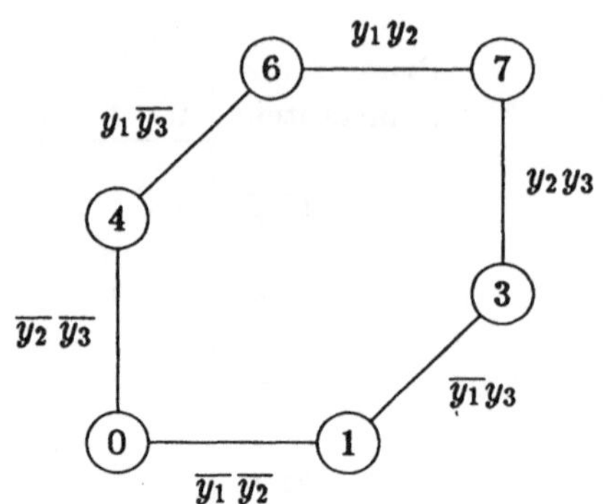

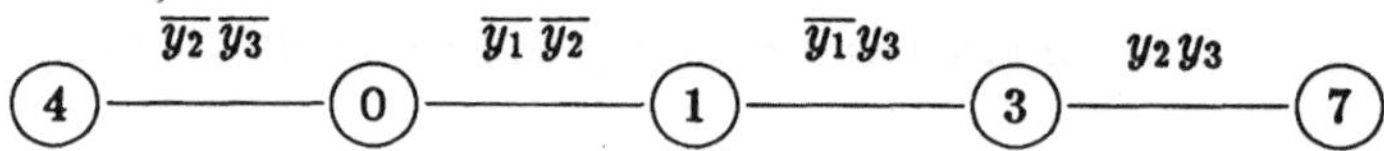

Abbildung 3.24: *Primimplikanten zu Beispiel 3.8 und 3.9 als Graph dargestellt*

Nun zeigen wir: Enthalten die Primimplikanten von f keinen negierten Faktor, dann kommen alle Primimplikanten von f im Minimalpolynom von f vor. Ist $u = y_{i_1} \cdot \ldots \cdot y_{i_r}$, dann wählen wir ξ, so daß $\xi(y_{i_l}) = 1$ für $l = 1; \ldots, r$ und $\xi(y_i) = 0$ für $i \notin \{i_1, \ldots, i_r\}$. Nun folgt aus $\xi(v) = 1$ und v ohne negierte Faktoren, daß v Teiler von u ist. Da u aber Primimplikant von f ist, ist v kein Implikant von f. u ist somit der einzige Implikant von f, der durch ξ auf 1 abgebildet wird. Wegen $f(\xi) = 1$, muß u im Minimalpolynom vorkommen. ■

Beispiel 3.10 Wir betrachten nun den folgenden booleschen Ausdruck

$$a = (y_1 \vee y_2) \cdot (y_3 \vee y_4) \cdot \ldots \cdot (y_{39} \vee y_{40}) .$$

Setzen wir

$$f(\xi) = \xi(a) \quad \text{für alle } \xi,$$

dann ist f eine monotone Funktion. Wir haben $L(a) = 40+20 = 60$. Multiplizieren wir den Ausdruck a aus, so erhalten wir ein Polynom p mit $L(p) = 2^{20} \cdot 21$. Die Monome von p enthalten keinen negierten Faktor und sind deshalb Primimplikanten von f. Aufgrund unseres vorigen Satzes wissen wir, daß p Minimalpolynom ist. ■

Wir sehen an dem Beispiel, daß die Kosten eines Minimalpolynomes mit n Variablen eventuell 2^n-mal so teuer sind, wie der minimale Ausdruck der gleichen Funktion.

Bemerkung: *Man kann sich also bei der Darstellung boolescher Funktionen nicht auf Darstellungen durch Polynome beschränken.*

3.2.6 Schaltfunktionen, n-dimensionaler Würfel, Diagramme

Man kann $\mathbf{B}^n$ als die Ecken eines n-dimensionalen Würfels auffassen und dies zur Veranschaulichung der Primimplikanten heranziehen.

Beispiel 3.11 Wir tun dies zunächst für das Beispiel in Abbildung 3.25.

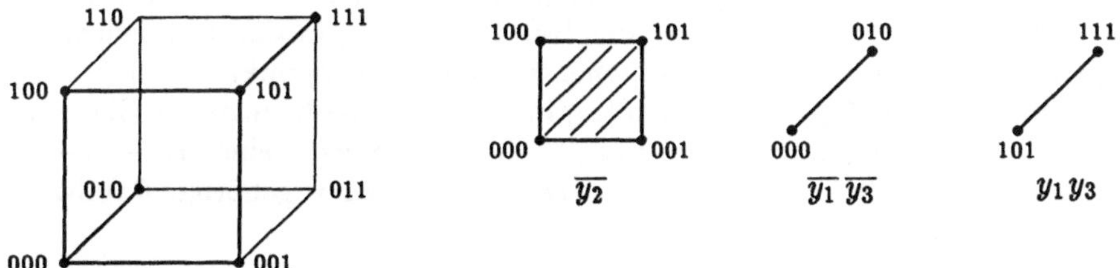

Abbildung 3.25: *Schaltfunktion in Beispiel 3.11 mit $D = \mathbf{B}^3$, Verdeutlichung der Primimplikanten als Kanten bzw. Seiten*

Wir haben dort die Punkte, für die unsere Schaltfunktion f die Werte 1 annehmen soll, verdickt ausgezeichnet. Wir setzen weiter $D = \mathbf{B}^3$.

Nun ergibt sich

$$\begin{aligned}
L_0 &= \{\overline{y_1}\,\overline{y_2}\,\overline{y_3},\ \overline{y_1}\,\overline{y_2}y_3,\ y_1\overline{y_2}\,\overline{y_3},\ y_1\overline{y_2}y_3,\ \overline{y_1}y_2\overline{y_3},\ y_1y_2y_3\}\\
L_1 &= \{\overline{y_1}\,\overline{y_2},\ \overline{y_2}\,\overline{y_3},\ \overline{y_2}y_3, y_1\overline{y_2},\ \overline{y_1}\,\overline{y_3},\ y_1y_3\}\\
L_2 &= \{\overline{y_2}\}\\
P_0 &= \emptyset,\\
P_1 &= \{\overline{y_1}\,\overline{y_3},\ y_1y_3\},\\
P_2 &= \{\overline{y_2}\}
\end{aligned}$$

Die Primimplikanten sind Kanten bzw. Seiten des Würfels, deren Ecken verdickt ausgezogen wurden. Die entsprechenden Randelemente sind in Abbildung 3.25 rechts neben dem Würfel nochmals getrennt aufgeführt. ∎

Diese Beobachtung am dreidimensionalen Würfel ist verallgemeinbar.

Ist $L_0 = \{u_i, \ldots, u_N\}$, $D \subset \mathbf{B}^n$, dann können wir die u_i als Punkte $[u_i]$ auf dem n-dimensionalen Einheitswürfel auffassen. Unsere Funktion f ist für diese Punkte 1, oder der Punkt liegt nicht in D.

Es ist genau dann $v \in L_1$, wenn es i und j gibt mit

$$u_i = vy_l \qquad \text{und} \qquad u_j = v\overline{y_l} .$$

Das heißt, daß sich die entsprechenden Punkte in genau einer Koordinate, nämlich der l-ten unterscheiden. Beide Punkte $[u_i]$ und $[u_j]$ haben also eine Kante des Würfels gemeinsam. Diese Kante können wir durch $[v]$ bezeichnen.

Wir nehmen an, daß wir die Elemente von L_i durch den $(n-i)$-dimensionalen Randwürfel von $\mathbf{B}^n$ repräsentiert haben. Liegt v in L_{i+1}, dann gibt es u_i und u_j in L_i mit $u_i = vy_l$ und $u_j = v\overline{y_l}$. Das heißt, daß wir in L_i zwei $(n-i)$-dimensionale Randwürfel $[u_i], [u_j]$ haben, so daß der Randwürfel $[u_j]$ in den Randwürfel $[u_i]$ übergeht, wenn man die l-ten Komponenten seiner Randpunkt negiert. Umgekehrt geht bei dieser Operation auch $[u_i]$ in $[u_j]$ über. Also enthalten die beiden $(n-i)$-dimensionalen Randwürfel aus L_i alle Randpunkte eines $(n-(i+1))$-dimensionalen Randwürfels von L_{i+1}. Dies ist der zu v gehörige Randwürfel $[v]$.

Wir haben damit jedem Implikanten u von f eindeutig einen Randwürfel $[u]$ der Dimension $n - |u|$ von $\mathbf{B}^n$ zugeordnet. Auf allen Eckpunkten des Würfels, die in D liegen, ist f gleich 1. Die Primimplikanten erweisen sich so als die Randwürfel maximaler Dimension mit der Eigenschaft, daß f auf den Ecken der Würfel 1 ist, soweit diese Ecken in D liegen.

Wir können nun das Problem, die Funktion f durch eine Vereinigung von Primimplikanten darzustellen, als **Überdeckungsproblem** formulieren.

Für das Polynom

$$p = u_1 \vee u_2 \vee \cdots \vee u_N$$

gilt $\psi_D(p) = f$, falls die zu den u_i gehörigen Würfel $[u_i]$ die Ecken ϵ von $\mathbf{B}^n$ überdecken, für die $f(\epsilon) = 1$ gilt. Alle Punkte ϵ von $\mathbf{B}^n$, für die $f(\epsilon) = 0$ ist, liegen auf keiner der Ecken von $[u_i]$, für $i = 1, \ldots, N$.

Unser Problem, ein Minimalpolynom p für f zu finden, läßt sich also wie folgt formulieren:

Ist $[P] = \{[u_1], \ldots, [u_N] \mid u_i \in P\}$, dann finde man eine Überdeckung der Menge

$$E = \{\epsilon \mid f(\epsilon) = 1\} \vee (\mathbf{B}^n - D)$$

mittels Würfeln $[u_{i_1}], \ldots, [u_{i_m}]$, so daß

$$\sum_{l=1}^{m} (|u_{i_l}| + 1)$$

minimal wird.

Die Vermutung, daß optimale Überdeckungen stets auch die Zellen maximaler Dimension enthalten, ist falsch, wie das hübsche Beispiel von Roth zeigt (Abbildung 3.26).

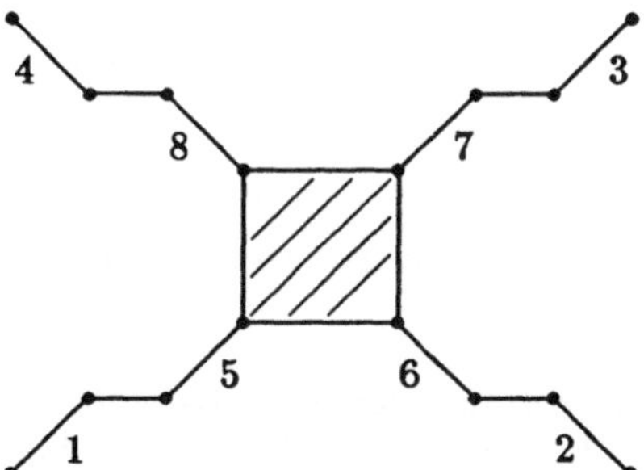

Abbildung 3.26: *Das Roth'sche Männlein*

Beispiel 3.12 In diesem Beispiel sind alle Würfel bis auf das zentrale Quadrat von der Dimension 1. Das Quadrat ist ein Würfel der Dimension 2. Man sieht, daß es genau eine optimale Überdeckung aller Knoten dieses Graphen gibt. Diese Überdeckung besteht aus den Kanten, die mit 1 bis 8 bezeichnet sind. Wir überlassen dem Leser den Nachweis, daß es eine Schaltfunktion $f: \mathbf{B}^n \to \mathbf{B}$ mit geeignetem n gibt, so daß die Abbildung 3.26 die Primimplikanten von f wiedergibt. ■

n-dimensionale Würfel sind schwer zu zeichnen, leisten an sich aber eine willkommene geometrische Deutung unseres Algorithmus zur Berechnung der Primimplikanten. Aus diesem Grund hat man verschiedene Projektionen des $\mathbf{B}^n$ für kleinere n angegeben, um hierdurch die Berechnung von Minimalpolynomen für Funktionen mit nicht zu hoher Dimension zu berechnen.

Es gibt mehrere Methoden n-dimensionale Würfel so zu projizieren, daß man mit Hilfe dieser Projektionen für kleine Variablenzahlen die Primimplikanten einer Funktion leicht übersieht. Wir schildern hier ein solches Verfahren.

Das Veitch-Diagramm Wir nehmen an, daß wir eine Funktion $f: D \to \mathbf{B}$ vorliegen haben mit $D \subset \mathbf{B}^n$. Wir zerlegen $\mathbf{B}^n = \mathbf{B}^{n_1} \times \mathbf{B}^{n_2}$ und legen dieser Zerlegung entsprechend eine zweidimensionale Funktionstafel an. In Abbildung 3.27 ist $n_1 = n_2 = 2$.

		0	0	1	1	y_1
		0	1	0	1	y_2
0	0	0	1	0	1	
0	1	1	0	1	0	
1	0	1	0	*	*	
1	1	1	0	*	*	
z_1	z_2					

Abbildung 3.27: *Veitch-Diagramm einer Schaltfunktion mit 4 Variablen und Seitenverhältnis* 2 : 2

Wir zeichnen ein Rechteck mit den Seitenverhältnissen $2^{n_1} : 2^{n_2}$ und unterteilen das Rechteck in 2^n quadratische Felder, so daß jede Spalte 2^{n_1} und jede Zeile 2^{n_2} solche Felder enthält. Das Feld (i, j) erhält als Koordinaten die binäre Darstellung von i bzw. j.

"Liegt" das Feld (i, j) nicht in D, dann markieren wir es durch $*$. Ist die Funktion f auf dem Feld (i, j) gleich ξ, dann tragen wir ξ in dieses Feld ein. Nun versucht man Gruppierungen von 1 und $*$ zu sehen, die Subwürfel von $\mathbf{B}^n$ bilden.

Beispiel 3.13 Wir geben in der linken Funktionstafel von Abbildung 3.28 solche Gruppierungen für einige zweidimensionale Subwürfel an.

Die zugehörigen Primimplikanten sind

$$\overline{z_1}\,\overline{z_2}, \quad z_1 y_1, \quad z_2 \overline{y_1} \ .$$

Dies sind aber nicht alle Primimplikanten der Funktion. Die restlichen nicht eingezeichneten Primimplikanten sind

$$\overline{z_1}\,\overline{y_1}, \quad \overline{z_2} y_1, \quad z_1 z_2 \ .$$

Wir sehen, daß der Primimplikant $z_2 \overline{y_1}$ in jedem Polynom, das f darstellt, überflüssig ist, da er keinen Punkt überdeckt, an dem f gleich 1 ist.

Wir sehen in der rechten Funktionstafel von Abbildung 3.28 ein Beispiel mit den Primimplikanten

$$\overline{z_1}, \quad z_2 \ .$$

z_1 z_2 \ y_1 y_2	0 0	0 1	1 0	1 1
0 0	1	1	1	1
0 1	*	*	0	0
1 0	0	0	1	1
1 1	*	*	1	1

z_1 z_2 \ y_1 y_2	0 0	0 1	1 0	1 1
0 0	1	1	1	*
0 1	1	*	*	*
1 0	0	0	0	0
1 1	*	*	1	1

Abbildung 3.28: *Beispiele von Gruppierungen von 1 und * in Veitch-Diagrammen, die Subwürfel von* $\mathbf{B}^4$ *bilden*

Hier ist $p = \overline{z_1} \vee z_2$ das Minimalpolynom der Funktion. Hätten wir die Felder aus $\overline{D}$ nicht zur Bildung der Primimplikanten herangezogen, hätten wir die Monome

$$\overline{z_1}\,\overline{y_1}\,\overline{y_2}, \quad \overline{z_1}\,\overline{z_2}\,\overline{y_1}, \quad \overline{z_1}\,\overline{z_2}\,\overline{y_2}, \quad z_1 z_2 y_1$$

erhalten und als Minimalpolynom die Vereinigung aller dieser Primimplikanten.

■

Wir sehen hieraus, daß die Freiheit die Funktion außerhalb von D beliebig fortsetzen zu dürfen, zu wesentlichen Vereinfachungen in der Darstellung führt. Das erstere Polynom "schreibt" für alle * eine 1, das zweite für alle * ein 0. Man bezeichnet die mit * versehenen Punkte auch als "don't care positions" oder "Redundanzen."

Beispiel 3.14 Wir betrachten ein etwas *größeres Beispiel.* Dieses Beispiel ist eine Schaltfunktion, die genau dann eine 1 liefert, wenn die Summe der Dualzahlen $z_1 z_2 z_3 + y_1 y_2 y_3$ größer 7 ist. Diese Funktion bezeichnet man als den "Übertrag von der dritten zur vierten Stelle". Man erhält hier die Primimplikanten

$$z_1 y_1\,, \quad y_1 y_2 z_2\,, \quad z_1 z_2 y_2\,, \quad z_3 y_1 y_2 y_3\,, \quad y_3 z_1 z_2 z_3\,, \quad y_1 y_3 z_2 z_3\,, \quad z_1 z_3 y_2 y_3\,.$$

Aufgrund unseres Lemmas über monotone Funktionen erkennen wir, daß alle Primimplikanten in dem Minimalpolynom vorkommen (Abbildung 3.29). ■

Man findet auch hier leicht billigere Lösungen, wenn man sich nicht auf Minimalpolynome beschränkt. Wir kommen hierauf in unserem Abschnitt über arithmetische Funktionen zurück.

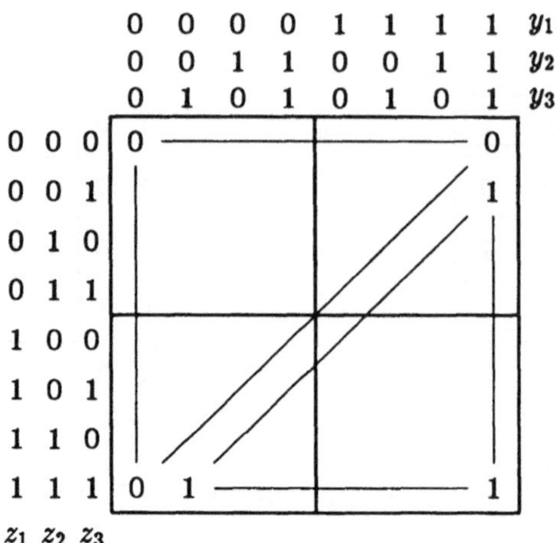

Abbildung 3.29: *Veitch-Diagramm für "Übertrag von der dritten zur vierten Stelle"*

Karnaugh empfielt eine andere Reihenfolge der Koordinaten, so daß nämlich binäre Tupel, die sich in nur einer Komponente unterscheiden, auch benachbart sind. Dies hat den Vorteil, daß man Primimplikanten leichter erkennt. Allerdings läßt sich diese Idee in der Ebene nur schlecht realisieren. Schon bei vier Variablen benötigt man zur Realisierung den Torus.

Beispiel 3.15 Wir geben ein Beispiel, indem wir die Funktionstafeln in Abbildung 3.28, die wir als Veitch-Diagramme geschrieben haben, auch als **Karnaugh-Diagramme** hinschreiben und die Primimplikanten durch *Rahmen* andeuten. Man beachte, daß ein Primimplikant erst als Quadrupel benachbarter "Einsen" erscheint, wenn man gegenüberliegende Kanten des Quadrates untereinander verklebt, d.h. einen Torus herstellt (Abbildung 3.30). ∎

Bei größeren Beispielen erscheint nur das Veitch-Diagramm übersichtlicher.

Eine weiteres graphisches Verfahren gibt Händler an, der die Knoten des n-dimensionalen Würfels auf einem Kreis anordnet, und alle "benachbarten" Punkte durch eine Sehne des Kreises verbindet. Die Anwendung der Methode setzt aber Schablonen voraus. Sie ist wie alle graphischen Methoden nur auf kleine Beispiele anwendbar. Die Methoden sind dennoch nützlich, da kleine Beispiele oft vorkommen und man so rasch brauchbare Lösungen erhält. Wir haben ein Beispiel auch im **Händlergraph** eingetragen (Abbildung 3.31).

$z_1\ z_2$ \ $y_1\ y_2$	0 0	0 1	1 0	1 1
0 0	1	1	1	1
0 1	*	*	0	0
1 1	*	*	1	1
1 0	0	0	1	1

$z_1\ z_2$ \ $y_1\ y_2$	0 0	0 1	1 0	1 1
0 0	1	1	1	*
0 1	1	*	*	*
1 1	*	*	1	1
1 0	0	0	0	0

Abbildung 3.30: *Funktionstafeln in Abbildung 3.28 als Karnaugh-Diagramme*

Die Knoten, auf denen die Funktion 1 ist, sind durch einen Kreis markiert. Der Wert der Funktion sei auf dem restlichen Graphen 0. Primimplikanten findet man nun, indem man aus dem Diagramm die Subwürfel entnimmt, deren Ecken markiert sind. Dies erfordert etwas Übung, die man sich leicht aneignet.

3.2.7 Boolesche Netze

Wir haben in den beiden vorhergehenden Abschnitten die Darstellung von Schaltfunktionen durch boolesche Polynome betrachtet. Wir haben in 3.2.5 gesehen, daß man sich bei der Darstellung von Schaltfunktionen nicht auf Polynome beschränken darf. In 3.2.3 haben wir beobachtet, daß auch die Einschränkung auf boolesche Ausdrücke nicht erlaubt ist, wenn man nicht in Kauf nehmen will, daß man überflüssigerweise ein Teilnetz des Schaltkreises in dem gleichen Netz mehrfach realisiert.

Es stellt sich die Frage, wie man zu gegebenen Abbildungen $f: \mathbf{B}^n \to \mathbf{B}^m$ ein Schaltnetz F konstruiert, das f realisiert.

Wir behandeln zunächst ein Beispiel.

3.2.7.1 Simultane Berechnung zweier Übertragsfunktionen

Wir betrachten zwei Abbildungen

$$r_n: \mathbf{B}^{2n} \to \mathbf{B} \qquad \text{und} \qquad r'_n: B^{2n} \to \mathbf{B} \ ,$$

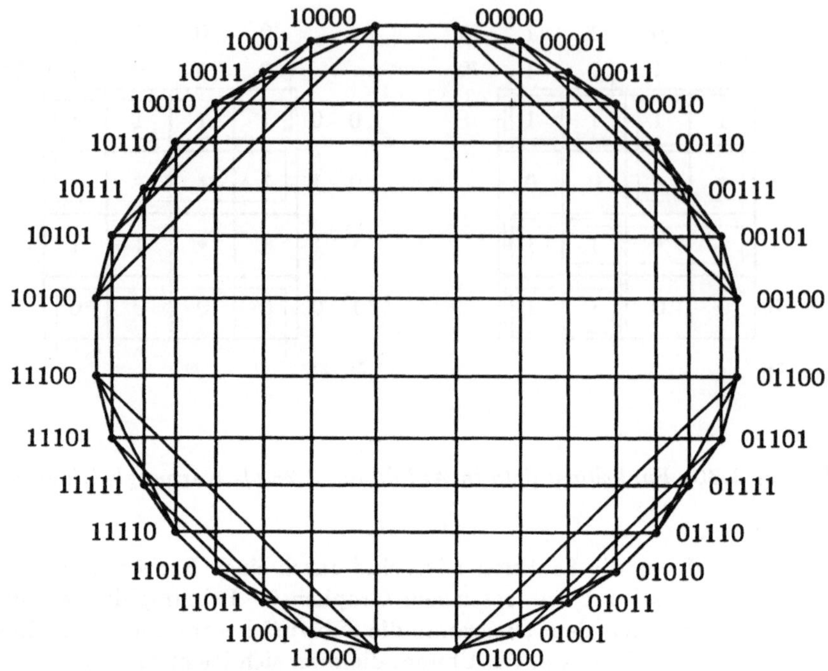

Abbildung 3.31: *Händlergraph*

die wie folgt definiert sind:

$$r_n(\xi_1,\ldots,\xi_n,\eta_1,\ldots,\eta_n) = \begin{cases} 0 & \text{für } \xi+\eta \leq 2^n - 1 \\ 1 & \text{sonst;} \end{cases}$$

$$r'_n(\xi_1,\ldots,\xi_n,\eta_1,\ldots,\eta_n) = \begin{cases} 0 & \text{für } \xi+\eta < 2^n - 1 \\ 1 & \text{sonst.} \end{cases}$$

Hierin ist

$$\xi = \sum_{i=1}^{n} \xi_i \cdot 2^{n-i} \qquad \text{und} \qquad \eta = \sum_{i=1}^{n} \eta_i \cdot 2^{n-i} \ .$$

Nun ist

$$\begin{aligned} r_{n+m}(\xi_1,\ldots,\xi_{n+m},\eta_1,\ldots,\eta_{n+m}) &= r_n(\xi_1,\ldots,\xi_n,\eta_1\ldots,\eta_n) \\ &\vee\ r'_n(\xi_1,\ldots,\xi_n,\eta_1,\ldots,\eta_n)\cdot r_m(\xi_{n+1}\ldots,\xi_{n+m},\eta_{n+1},\ldots,\eta_{n+m}) \end{aligned}$$

und

$$\begin{aligned} r'_{n+m}(\xi_1,\ldots,\xi_{n+m},\eta_1,\ldots,\eta_{n+m}) &= r_n(\xi_1,\ldots,\xi_n,\eta_1\ldots,\eta_n) \\ &\vee\ r'_n(\xi_1,\ldots,\xi_n,\eta_1,\ldots,\eta_n)\cdot r'_m(\xi_{n+1}\ldots,\xi_{n+m},\eta_{n+1},\ldots,\eta_{n+m}) \end{aligned}$$

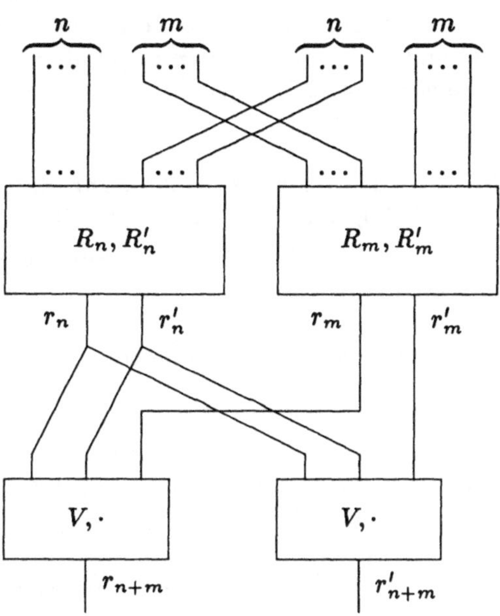

Abbildung 3.32: *Rekursives Schema zur Berechnung der Übertragsfunktionen* r_{n+m}, r'_{n+m}

für alle $(\xi_1, \ldots, \xi_{n+m}, \eta_1, \ldots, \eta_{n+m}) \in \mathbf{B}^{2(n+m)}$.

Hiermit hat man ein rekursives Berechnungsschema, das wir durch das Schema in Abbildung 3.32 veranschaulichen.

Hierin realisiert das Netz (R_n, R'_n) die Funktionen (r_n, r'_n) und die Operation $(V, \cdot)$ ist definiert durch

$$(V, \cdot)\ (x, y, z) \ := \ x \vee y \cdot z \ .$$

Man erhält also ein Schaltnetz zur Realisierung unserer Funktionen, indem man stets

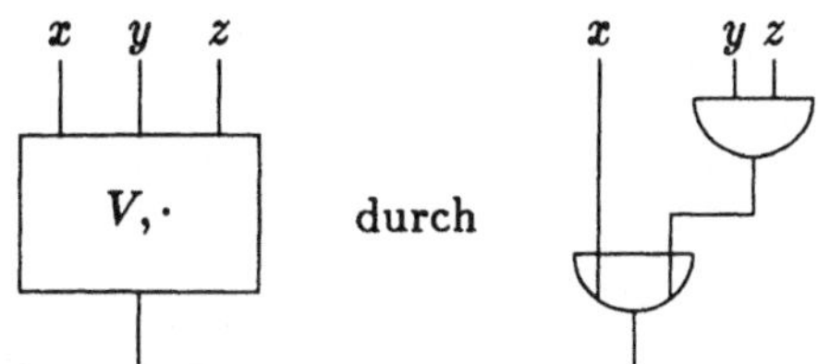

und (R_n, R'_n) durch Netze ersetzt mit geeigneten Zerlegungen von n in zwei Summanden $n_1 + m_1 = n$. Nimmt man diese Zerlegung nach der Regel $n_1 = m_1 = n/2$ für n gerade und $n_1 = m_1 + 1$ für n ungerade vor, dann erhält man so ein Netz der Tiefe kleiner gleich $2 \cdot \lceil \log_2(n) \rceil$ zur simultanen Realisierung von r_n und r'_n.

Man kann dies auch verwenden zu einer Realisierung der Addition in Tiefe $2 \cdot \lceil \log_2(n) \rceil$, indem man die folgende Beziehung ausnutzt:

Ist $a(\xi_1, \ldots, \xi_n, \eta_1, \ldots, \eta_n)$ die Dualdarstellung der Summe $\xi + \eta$, dann erhält man die i-te Stelle der Summe durch

$$a_i = \xi_i \oplus \eta_i \oplus r_{n-i}(\xi_{i+1}, \ldots, \xi_n, \eta_{i+1} \ldots, \eta_n) ,$$

worin $\oplus$ die Addition modulo 2 bezeichnet, d.h. $x \oplus y := \overline{x}y \vee x\overline{y}$.

Diese Variante der Addition ergibt sich durch die Kombination einer Idee von H.T. Kung und R.P. Brent und unserer algebraischen Sicht des Problemes, worauf wir später zurückkommen.

Wir geben in Abbildung 3.33 eine Realisierung für (R_4, R'_4).

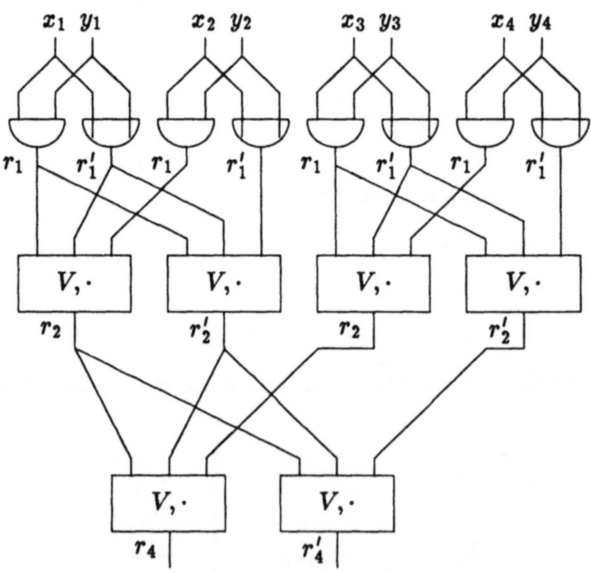

Abbildung 3.33: *Realisierung des Netzes* (R_4, R'_4)

Wir werden später in anderem Zusammenhang auch die Realisierung eines Addierwerkes für 16-stellige Zahlen angeben.

Wir kommen zurück zu unserem eingangs des Abschnittes gestellten Problem: Wie findet man zu gegebenen Abbildungen f ein Netz aus booleschen Bausteinen, das f realisiert?

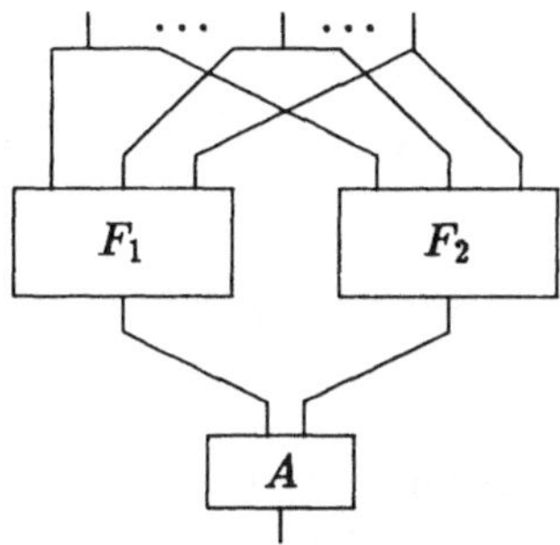

Abbildung 3.34: *Schematische Darstellung zweier Schaltnetze F_1, F_2, deren Ausgänge in einen Baustein A münden*

Wir nehmen an, daß uns zwei Schaltnetze F_1 und F_2 gegeben sind, die die Funktionen f bzw. f_2 realisieren, und beide Schaltnetze haben einen Ausgang, die in den Baustein A münden, wie dies durch Abbildung 3.34 beschrieben wird. Der Baustein A habe die Funktion a. Der gesamte Schaltkreis berechnet dann die Funktion h, die durch

$$h(\xi) \;=\; a\big(f_1(\xi), f_2(\xi)\big) \qquad \text{für alle } \xi$$

definiert wird. Man kann nun a als Operationen auf der Menge der Schaltfunktionen auffassen, wie wir dies früher schon kennengelernt haben.

Wir betrachten nun die allgemeinere Situation, die durch Abbildung 3.35 beschrieben wird.

In einer ersten Stufe F, erzeugt ein Netz F die booleschen Funktionen $f_1, \ldots, f_m$. Die zweite Stufe G erzeugt die Funktionen $g_1, \ldots, g_n$. Die Funktion $h_1, \ldots, h_n$ des Gesamtnetzes, das wir mit H bezeichnen, ergibt sich durch Einsetzen der Funktionen f_i in die g_i. Hieraus ergibt sich, daß die Funktion h_i in der von $f_1, \ldots, f_m$ erzeugten Unteralgebra $\langle f_1, \ldots, f_m \rangle$ von $\langle x_1, \ldots, x_k \rangle$ liegt.

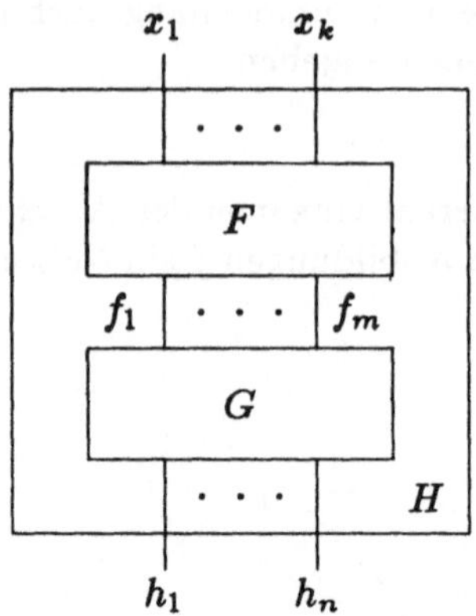

Abbildung 3.35: *Zweistufige Realisierung der Schaltfunktionen $h_1, \ldots, h_n$ mittels Netzen F und G*

Hat man eine l-stufige Realisierung von H durch die Netze $G_1, G_2, \ldots, G_l$ und bezeichnet h_j^i die j-te Komponente der zu den obersten i Stufen gehörigen Funktion h^i, dann gilt für die entsprechenden Unteralgebren (Abbildung 3.36)

$$\langle h_1^i, \ldots, h_{m_i}^i \rangle \subset \langle h_1^{i-1}, \ldots, h_{m_{i-1}}^{i-1} \rangle \ .$$

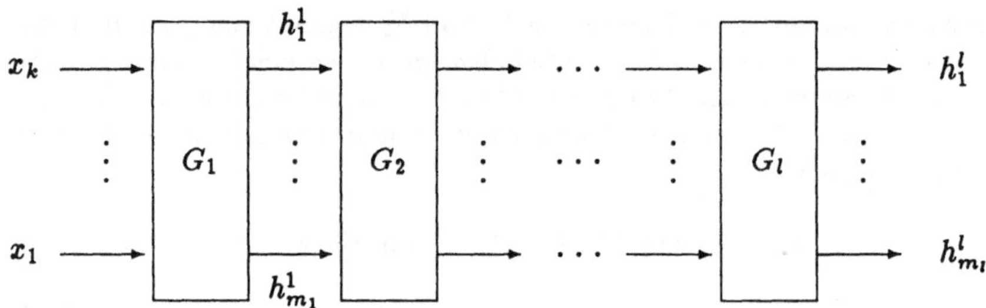

Abbildung 3.36: *l-stufige Realisierung einer Schaltfunktion*

Damit haben wir den

Satz 3.13 *Jede l-stufige Realisierung einer Funktion mittels den Elementaroperationen einer Algebra entspricht einer absteigenden Folge von l Unteralgebren.*

■

In unserem Beispiel der simultanen Realisierung von (r_n, r_n') erzeugt die erste Stufe die boolesche Algebra der unter der Vertauschung $x_i \leftrightarrow y_i$ invarianten booleschen Funktionen. Man sieht leicht ein, daß alle durch

$$\{k_i = x_i \cdot y_i \mid i = 1, \ldots, n\} \cup \{d_i = x_i \vee y_i \mid i = 1, \ldots, n\}$$

erzeugten booleschen Funktionen unter der Vertauschung von x_i mit y_i invariant sind. Die umgekehrte Richtung beweist man wie folgt:

Wir denken uns die zur Diskussion stehende unter den Vertauschungen $x_i \leftrightarrow y_i$ für $i = 1, \ldots, n$ invariante Funktion durch ein Polynom P in disjunktiver Normalform dargestellt.

Wir greifen ein Monom von P heraus. Dieses sei $x_1^{\epsilon_1} \cdot y_1^{\eta_1} \cdot u$. Wegen der vorausgesetzten Invarianz liegt dann auch das Monom $y_1^{\epsilon_1} \cdot x_1^{\eta_1} \cdot u$ in P, so daß wir

$$\psi(P) = \psi\big((x_1^{\epsilon_1} y_1^{\eta_1} \vee x_1^{\eta_1} y_1^{\epsilon_1}) \cdot u \vee P'\big)$$

schreiben dürfen, worin P' weniger Monome enthält als P. Nun haben wir

$$\psi(x_1^{\epsilon_1} y_1^{\eta_1} \vee x_1^{\eta_1} y_1^{\epsilon_1}) = \begin{cases} \psi(k_1) & \text{für } \epsilon_1 = \eta_1 = 1 \\ \psi(\overline{d_1}) & \text{für } \epsilon_1 = \eta_1 = 0 \\ \psi(d_1 \cdot \overline{k_1}) & \text{für } \epsilon_1 \neq \eta_1. \end{cases}$$

Durch Fortsetzung dieser Konstruktion erhalten wir ein Monom in $\{k_i, d_i \mid i = 1, \ldots n\}$, das genau die Monome von P repräsentiert, die durch Vertauschungen $x_i \leftrightarrow y_i$ aus dem Monom

$$x_1^{\epsilon_1} y_1^{\eta_1} \cdot x_2^{\epsilon_2} y^{\eta_2} \cdot \ldots \cdot x_n^{\epsilon_n} y_n^{\eta_n}$$

hervorgehen. Hat man damit bereits ganz P erzeugt, dann ist man fertig. Im anderen Fall setzt man das Verfahren mit einem der noch übrigen Monome des "Restpolynomes" fort.

Schließlich erhält man so eine Darstellung von P durch ein Polynom in den k_i und d_i. Also liegt jede unter $x_i \leftrightarrow y_i$ invariante Funktion in der durch die k_i und d_i erzeugten booleschen Algebra.

Wir fassen dieses Resultat zusammen in dem

Satz 3.14 *$\langle\{k_i, d_i \mid i = 1, \ldots, n\}\rangle$ ist die boolesche Unteralgebra von $\langle x_1, y_1, \ldots, x_n, y_n\rangle$ der unter den Vertauschungen $\{x_i \leftrightarrow y_i \mid i = 1, \ldots, n\}$ invarianten booleschen Funktionen.* ∎

Man zeigt leicht das folgende

Korollar 3.15 *Ist $e_i = \overline{x_i} y_i \vee x_i \overline{y_i}$ für $i = 1, \ldots, n$, und sind f_i, g_i zwei verschiedene Elemente aus $\{e_i, d_i, k_i\}$ für $i = 1, \ldots, n$, dann ist*

$$\{f_i^{\epsilon_i}, g_i^{\eta_i} \mid i = 1, \ldots, n,\ \epsilon \in \mathbf{B}^n,\ \eta \in \mathbf{B}^n\}$$

ein Erzeugendensystem der unter $\{x_i \leftrightarrow y_i \mid i = 1, \ldots, n\}$ invarianten Unteralgebra von $\langle x_1, y_1, \ldots, x_n, y_n\rangle$. ∎

Jedes dieser Erzeugendensysteme hätten wir anstelle von $\{d_i, k_i \mid i = 1, \ldots, n\}$ auch wählen können. Die Kung-Brent Lösung dieses Problemes bediente sich $\{k_i, e_i \mid i = 1, \ldots, n\}$. Der technische Vorteil unserer Lösung wurde von B. Becker und R. Kolla bemerkt.

Man erhält die zweite Stufe unserer Realisierung, wenn man bemerkt, daß die Funktionen r und r' auch invariant sind unter den Vertauschungen

$$x_1^{\epsilon_1} y_1^{\eta_1} x_2^{\epsilon_2} y_2^{\eta_2} \leftrightarrow x_1^{\epsilon_1'} y_1^{\eta_1'} x_2^{\epsilon_2'} y_2^{\eta_2'}$$
$$\text{für } 2(\epsilon_1 + \eta_1) + (\epsilon_2 + \eta_2) = 2(\epsilon_1' + \eta_1') + (\epsilon_2' + \eta_2') \; .$$

und entsprechend für die Variablen x_3, y_3, x_4, y_4. Wir wollen hier die Idee der Verbindung der Konstruktion von Invarianzgruppen und mehrstufigen Darstellungen nicht weiterverfolgen. Der interessierte Leser findet dies ausführlich in [**Ho74**].

Wir haben oben von l-stufigen Realisierungen von Schaltfunktionen gesprochen, ohne jedoch zu sagen, was die Stufenzahl eines Schaltnetzes ist. Zunächst definieren wir das "boolesche Netz".

Definition 3.10 *Ein* **boolesches Netz** *ist ein Berechnungsgraph (G, β), dessen Knoten durch β mit den booleschen Operationen $\vee$, $\cdot$, $\neg$, der Verzweigung $\curlywedge$, der nullstelligen Konstanten $\top$ und der Projektion $\perp$ markiert sind.*

Die Operationen $\vee$, $\cdot$, $\neg$ sind bekannt. Wir definieren:

$$\begin{array}{lll} \top : \mathbf{B}^0 \to \mathbf{B} & \textit{mit} & \top(\square) = 0, \\ \perp : \mathbf{B} \to \mathbf{B}^0, & & \\ \curlywedge : \mathbf{B} \to \mathbf{B} \times \mathbf{B} & \textit{mit} & \curlywedge(a) = (a, a) \ \textit{für } a \in \mathbf{B} \; . \end{array}$$ ∎

Die Operation $\curlywedge$ macht es möglich dasselbe Teilnetz an verschiedenen Stellen im Gesamtnetz zu verwenden. Die Operation $\top$ erzeugt eine 0 und die Operation $\perp$ schneidet eine Leitung ab. So definiert $\boxed{|\,\perp}$ eine Projektion von $\mathbf{B}^2$ auf die erste Komponente.

Es sei nun (G, β) ein boolesches Netz. Wir betrachten Schnitte durch G, die das Netz in zwei Stufen zerlegen. Hierzu definieren wir *Schnitte* für orientierte zykelfreie Graphen.

Definition 3.11 *Sei $G = (E, K)$ ein orientierter zykelfreier Graph. Eine Teilmenge $S \subset E$ heißt ein* **Schnitt** *von G, falls jeder Weg von einem Anfangspunkt zu einem Endpunkt des Graphen genau eine Kante aus S enthält.*

Definition 3.12 *Sind S_1 und S_2 Schnitte von G, dann liegt S_1 über S_2, – in Zeichen: $S_1 \leq S_2$ – falls jeder Weg w von einem Anfangspunkt des Graphen zu einem Endpunkt des Graphen keine Kante aus S_2 vor irgendeiner Kante aus S_1 enthält.* ■

So ist in der linken Figur von Abbildung 3.37 $S_1 \leq S_2$, während in der rechten Figur S_1 und S_2 nicht vergleichbar sind.

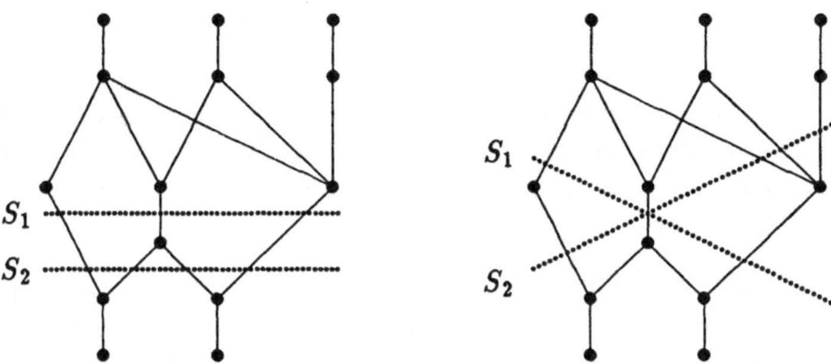

Abbildung 3.37: *Schnitte in einem orientierten zykelfreien Graphen*

Jeder Schnitt S von (G, β) zerlegt diesen Berechnungsgraphen in zwei Berechnungsgraphen (G_1, β_1) und (G_2, β_2), die genau die von S geschnittenen Kanten gemeinsam haben. (G_1, β_1) besitzt diese Kanten als Endkanten und (G_2, β_2) als Eingangskanten und β_i ist die Einschränkung von β auf E_i.

Wir verbinden mit dem Begriff des Schnittes die geometrische Vorstellung einer Schnittlinie, die genau die Kanten eines Schnittes S durchschneidet. Wir werden unten Schnitte verlangen, indem wir Schnittlinien über Knoten P *hinwegheben*. Formal handelt es sich dabei um den Austausch der in S enthaltenen einlaufenden Kanten von P gegen die auslaufenden Kanten von P.

Lemma 3.16 *Ist (G, β) ein Berechnungsgraph mit N Knoten, dann gibt es eine Folge*

$$S_1 \overset{\neq}{<} S_2 \overset{\neq}{<} \cdots \overset{\neq}{<} S_k$$

von Schnitten von (G, β). Hierin ist

$$k = N - (\#IN(G) + \#OUT(G)) + 1.$$

Beweis: Wir wählen $S_1 = IN(G, \beta)$. Nun heben wir S_1 über einen der Endknoten von S_1 und erhalten so S_2.

Wir wollen annehmen, daß wir dadurch, daß wir S_i über genau einen Endpunkt von Kanten aus S_i gehoben haben, S_{i+1} erhalten haben und daß die für $i < k$ stets einen neuen Schnitt lieferte. Wir zeigen, daß es einen Endpunkt P von S_i gibt, über den wir S_i hinwegheben und so einen neuen Schnitt S_{i+1} erzeugen können, falls $S_i \neq OUT(G)$ ist.

Hierzu suchen wir uns einen Knoten P, dessen einlaufende Kanten alle zu S_i gehören. Einen solchen Knoten P gibt es, wie wir durch einen indirekten Schluß zeigen: Es gebe also keinen Knoten in G, dessen einlaufende Kanten alle zu S_i gehören. P_1 sei ein Endpunkt von G. Dann gibt es eine Kante s_1 mit $Z(s_1) = P_1$ und $s_1 \notin S_i$. Wir setzen $P_2 = Q(s_1)$ und wählen eine Kante s_2 mit $Z(s_2) = P_2$ und $s_2 \notin S_i$.

Dieses Verfahren setzen wir fort, bis wir zu einem Anfangspunkt von G kommen. Wir haben auf diese Weise einen Weg von einem Anfangspunkt zu einem Endpunkt des Graphen G konstruiert, der keine Kante aus S_i enthält. Dies steht aber im Widerspruch dazu, daß S_i ein Schnitt von G ist.

Also können wir in der Tat den Schnitt durch die Anfangskanten von G sukzessive um einen Knoten nach unten verlagern, bis wir schließlich einen Schnitt $S_k = OUT(G)$ erhalten. Da wir hierbei aus S_1 genau $N-(\#OUT(G)+\#IN(G))$ paarweise verschiedene Schnitte erzeugt haben, ist unser Lemma hiermit bewiesen. ∎

Lemma 3.17 *Ist (G,β) ein Berechnungsgraph mit N Knoten, und ist*

$$S_1 \leq S_2 \leq \cdots \leq S_k$$

mit $k > N - (\#IN(G) + \#OUT(G)) + 1$, dann gibt es i mit $S_i = S_{i+1}$.

Beweis: Falls $S_i \overset{\neq}{<} S_{i+1}$ ist, dann enthält S_{i+1} eine Kante, die nicht in S_i liegt. Also liegt "zwischen" S_i und S_{i+1} mindestens ein Knoten. Da es aber nur $N - (\#IN(G) + \#OUT(G))$ innere Knoten von G gibt, folgt die Behauptung unseres Lemmas. ∎

Nun gehört zu jedem Schnitt S von (G,β) ein erster Faktor (G_1,β_1). Dieser Berechnungsgraph berechnet gewisse boolesche Funktionen $h_1^s, \ldots h_{n_s}^s$. Die Funktionen $f_1, \ldots, f_m$ mit $m = \#OUT(G)$, die durch (G,β) berechnet werden, liegen in der booleschen Algebra $\langle h_1^s, \ldots, h_{n_s}^s \rangle$. Also erhalten wir zu jeder Folge

$$S_1 \leq S_2 \leq \ldots \leq S_k$$

von Schnitten von (G,β) eine Folge

$$\langle x_1, \ldots, x_l \rangle \supseteq B_1 \supseteq B_2 \supseteq \cdots \supseteq B_k \supseteq \langle f_1, \ldots, f_n \rangle$$

von booleschen Algebren.

So kann also die Konstruktion von solchen Ketten von booleschen Algebren einen Weg bieten zum Auffinden von booleschen Netzen zur Realisierung von Abbildungen $f : \mathbf{B}^l \to \mathbf{B}^n$.

3.2.7.2 Eine Bemerkung zur Berechnung unterer Schranken für die Kosten von Realisierungen

Man könnte vermuten, daß die Länge der aufsteigenden Ketten

$$\langle x_1, \ldots, x_l \rangle \supseteq B_1 \supseteq B_2 \supseteq \cdots \supseteq B_k \supseteq \langle f_1, \ldots, f_n \rangle$$

zu unteren Schranken für die Größe von Berechnungsgraphen führt. Da es solche Ketten exponentieller Länge in Abhängigkeit von l gibt, könnte man auch gute untere Schranken erwarten. Leider ist das nicht so, da die Deformation eines Schnittes über einen Knoten die Größe der booleschen Algebra gewaltig ändern kann.

Man erkennt dies am Beispiel der Funktion $x_1(x_2(x_3 \cdot \ldots \cdot x_k))$. Hier ändert sich die Anzahl der Elemente der zugehörigen booleschen Algebren in l Stufen von 2^{2^k} auf 4. Es gibt trotz großer Anstrengungen leider noch keine Methoden für boolesche Funktionen untere Schranken für die Kosten ihrer Realisierung zu berechnen, die im konkreten Fall irgendeine Bedeutung haben.

3.3 Sequentielle Schaltkreise

3.3.1 Das D-Flipflop

Wir haben bisher nur Schaltkreise betrachtet, deren Verhalten, wenn wir von einer gewissen Laufzeit der Signale absehen, allein durch die Eingabewerte bestimmt wird. Diese Schaltkreise heißen auch *kombinatorische* Schaltkreise. Kombinatorische Schaltkreise sind spezielle kombinatorische Berechnungsgraphen. In diesem Paragraphen wenden wir uns den sequentiellen Schaltkreisen zu. In diesem Abschnitt führen wir als Baustein für weitere Untersuchungen einen speziellen sequentiellen Baustein ein. Dies ist das sogenannte "D-Flipflop".

Zunächst betrachten wir den in der Abbildung 3.38 gezeichneten Schaltkreis, der als "NAND-Latch" bezeichnet wird. Die beiden Eingänge seien mit ξ_l bzw. ξ_r, die beiden Ausgänge mit ζ_l bzw. ζ_r markiert. Wir betrachten nun die folgende Berechnungsfolge auf diesem Graph:

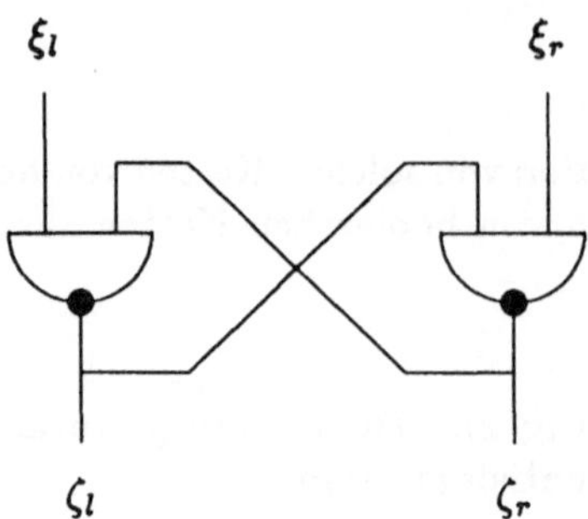

Abbildung 3.38: *NAND-Latch*

$$\begin{array}{c} \xi_l \,,\, \xi_r \\ \zeta_l \,,\, \zeta_r \end{array} \longmapsto \begin{array}{c} \xi_l \,,\, \xi_r \\ \overline{\xi_l \cdot \zeta_r} \,,\, \overline{\xi_r \cdot \zeta_l} \end{array} \longmapsto \begin{array}{c} \xi_l \,,\, \xi_r \\ \overline{\xi_l} \vee \xi_r \cdot \zeta_l \,,\, \overline{\xi_r} \vee \xi_l \cdot \zeta_r \end{array}$$

$$\longmapsto \begin{array}{c} \xi_l \,,\, \xi_r \\ \overline{\xi_l} \vee \xi_r \cdot \overline{\zeta_r} \,,\, \overline{\xi_r} \vee \xi_l \cdot \overline{\zeta_l} \end{array} \longmapsto \begin{array}{c} \xi_l \,,\, \xi_r \\ \overline{\xi_l} \vee \xi_r \cdot \zeta_l \,,\, \overline{\xi_r} \vee \xi_l \cdot \zeta_r \end{array}$$

Wir sehen, daß diese Folge periodisch wird mit der Periode

$$\left(\overline{\xi_l} \vee \xi_r \cdot \zeta_l \,,\, \overline{\xi_r} \vee \xi_l \cdot \zeta_r\right) \longmapsto \left(\overline{\xi_l} \vee \xi_r \cdot \overline{\zeta_r} \,,\, \overline{\xi_r} \vee \xi_l \cdot \overline{\zeta_l}\right) .$$

Wir betrachten die verschiedenen Fälle $(\xi_l, \xi_r) \in \mathbf{B}^2$:

- Für $\xi_l = \xi_r$ erhalten wir als Periode

$$\left(\overline{\xi_l} \vee \zeta_l \,,\, \overline{\xi_r} \vee \zeta_r\right) \longmapsto \left(\overline{\xi_l} \vee \overline{\zeta_r} \,,\, \overline{\xi_r} \vee \overline{\zeta_l}\right) .$$

  - Ist also $\xi_l = \xi_r = 0$, dann geht diese Folge über in $(1,1) \mapsto (1,1)$. Das heißt, daß am Ausgang mit einer Verzögerung um die Zeit δ die konstante Folge $(1,1)$ erscheint – das Komplement der Eingabe.
  - Ist $\xi_l = \xi_r = 1$ dann haben wir die Periode

$$(\zeta_l \,,\, \zeta_r) \mapsto (\overline{\zeta_r} \,,\, \overline{\zeta_l}).$$

    In diesem Fall hängt die Ausgabe also stets vom Anfangszustand des Netzes ab.

- Für $\xi_l = \overline{\xi_r}$ erhalten wir die Periode

$$(\xi_r, \xi_l) \mapsto (\xi_r, \xi_l),$$

d.h. die Ausgabefolge wird konstant. Dies tritt bereits nach dem zweiten Rechenschritt ein.

Dies legt folgende Verwendung des Schaltkreises nahe:

Der Schaltkreis speichert bei der Eingabe $(\xi_l, \xi_r) = (1,1)$ die Werte (ζ_l, ζ_r). Hat man $\zeta_l = \overline{\zeta_r}$, dann bleibt die Ausgabe konstant gleich $(\zeta_l, \overline{\zeta_l})$. Setzt man die Eingabe auf $(\xi, \overline{\xi})$, dann wird nach zwei Rechenschritten $(\overline{\xi}, \xi)$ der neue Zustand des Schaltkreises, wenn nach dem zweiten Rechenschritt $(\xi_l, \xi_r) = (1,1)$ gesetzt wird. Durch eine einfache Ergänzung erhält man aus dem NAND-Latch ein bequem zu verwendendes Speicherelement.

Dieser Schaltkreis wird durch Abbildung 3.39 beschrieben.

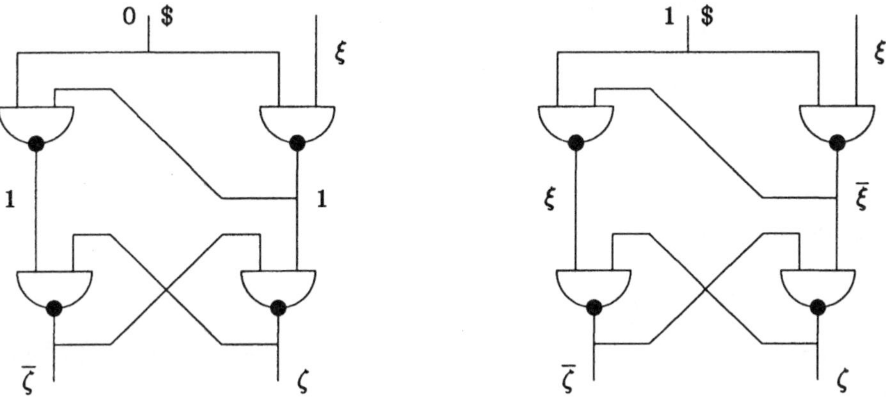

Abbildung 3.39: *Ergänzung des NAND-Latches zu einem Speicherelement*

Wir betrachten Belegungen dieses Graphs durch die Werte \$, ξ und ζ, wie es in Abbildung 3.39 angegeben wird.

Zunächst setzen wir $\$ = 0$.

Daraus ergibt sich unabhängig von dem Wert ξ die Belegung 1 für die Ausgänge der beiden oberen Gatter. Wie sich aus dem vorhergehenden Beispiel unmittelbar ergibt, bleibt dann der Zustand ζ der unteren Gatter erhalten.

Nun betrachten wir den Fall $\$ = 1$.

Dann erhalten wir am Ausgang des rechten oberen Gatters den Wert $\bar{\xi}$ und am Ausgang des linken oberen Gatters nach Zeitverzögerung δ den Wert ξ. Die Ausgänge der unteren Gatter müssen die Gleichungen

$$\overline{\xi \cdot \zeta} = \bar{\zeta} \quad , \quad \overline{\bar{\xi}\bar{\xi}} = \zeta$$

erfüllen, wenn der Schaltkreis einen stabilen Zustand annehmen soll. Die beiden Gleichungen haben als einzige stabile Lösung $\zeta = \xi$.

Es stellt sich aber die Frage, ob sich diese Lösung stets einstellt und wenn ja, wie lange man darauf warten muß. Um dies zu bestimmen, geben wir auf dem Graphen eine beliebige Belegung vor und berechnen die daraus folgenden Belegungen.

Wir beginnen mit der Belegung $\$ = 1$ und ξ für die Eingänge.

ξ_l bzw. ξ_r sei die Belegung des Ausganges des linken bzw. rechten oberen Gatters, ξ_l bzw. ζ_r die entsprechenden Belegungen der beiden unteren Gatter.

Wir erhalten dann die folgende Berechnungsfolge für die Eingabefolgen $\$ = 1;1;0;0$ und $\xi;\xi;\xi_1;\xi_2$.

$$\begin{array}{llcllcllcll}
1, & \xi & & 1, & \xi & & 0, & \xi_1 & & 0, & \xi_2 \\
\xi_l, & \xi_r & \longmapsto & \overline{\xi_r}, & \bar{\xi} & \longmapsto & \xi, & \bar{\xi} & \longmapsto & 1, & 1 \\
\zeta_l, & \zeta_r & & \overline{\zeta_r \cdot \xi_l}, & \overline{\zeta_l \cdot \xi_r} & & \xi_r, & \zeta_r \cdot \xi_l \vee \xi & & \bar{\xi}, & \overline{\xi_r} \vee \xi
\end{array}$$

Hieraus erkennen wir, daß jede Eingabefolge

$$(\$, x) = (0,\xi_0) \; ; \; (1,\xi) \; ; \; (1,\xi) \; ; \; (0,\xi_1) \; ; \; (0,\xi_2)$$

den Zustand des Schaltkreises auf den Ausgängen der unteren Gatter auf $(\bar{\xi},\xi)$ setzt.

In anderen Worten: War der Schaltkreis durch $\$ = 0$ geschlossen, so genügt es für zwei Zeitintervalle der Länge δ $\$ = 1$ zu setzen, und ξ für diese Zeit am Eingang anzulegen, um ξ in den Schaltkreis einzuschreiben. Der Einschreibevorgang ist nach dem dritten Rechenschritt vollendet.

Weiter erkennt man, daß der "alte" Wert an den Ausgängen der unteren Gatter erst nach dem zweiten Rechenschritt verschwindet, wenn wir von $\xi_r = \xi_l = 1$ ausgehen, was durch die Vorgeschichte $(\$, x) = (0, \xi_0)$ gewährleistet ist. Ändert man die Eingabe ξ schon nach dem ersten Zeitintervall δ ab, dann ist es nicht gewährleistet, daß ξ eingeschrieben wird, wie man ebenso nachprüft.

Damit ergibt sich folgende Verwendungsvorschrift für den Schaltkreis:

Soll in diesen Schaltkreis mit dem Zustand $z = \zeta$ ein Wert ξ eingeschrieben werden, der durch einen Schaltkreis berechnet wird, in dem unter anderen Werten auch der Wert von z eingeht, dann muß nach Berechnung von ξ der Takt für genau ein Zeitintervall der Länge 2δ auf 1 gesetzt werden. Der Takt darf nicht länger auf 1 gesetzt werden, da sonst nicht mehr gewährleistet ist, daß z noch den Wert ζ hat und es bei kurzen Berechnungszeiten für ξ zu Verfälschungen des einzuschreibenden Wertes kommen kann. Man erhält solche Fehler z.B. wenn man ζ über eine Negation auf den Eingang führt.

Der hier beschriebene Schaltkreis heißt **D-Flipflop** und wird durch das Symbol in Abbildung 3.40 beschrieben.

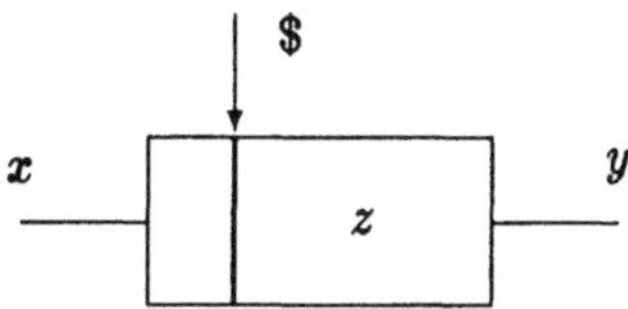

Abbildung 3.40: *Symbol für D-Flipflop*

Ein "Takt" besteht aus einer periodischen Folge über der Zeitachse (Abbildung 3.41), die den zeitlichen Rahmen für die Berechnung von Schaltfunktionen festlegt. In unserem Falle ist $\delta_1 = 2 \cdot \delta$.

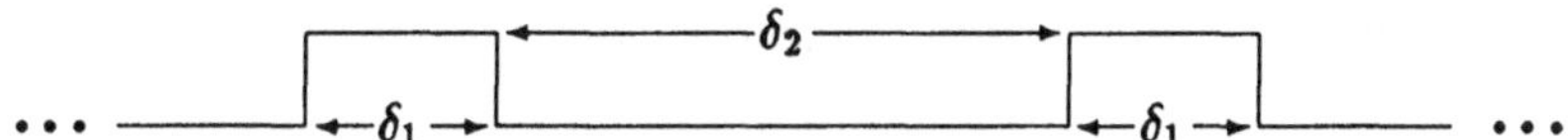

Abbildung 3.41: *Schaubildliche Darstellung des "Taktes"*

Bevor wir diese Diskussion weiterführen, betrachten wir ein Beispiel.

3.3.1.1 Ein Zähler modulo 10

Wir wollen unter Verwendung des D-Flipflops ein Netzwerk konstruieren, das periodisch die Zustandsfolge

$$0011,\ 0100,\ 0101,\ 0110,\ 0111,\ 1000,\ 1001,\ 1010,\ 1011, 1100,\ 0011, \ldots$$

durchläuft. Und zwar soll nach jeder Taktperiode jeweils der Folgezustand angenommen werden.

Wir verwenden also vier Flipflops, deren Zustandsvariablen zur Zeit t mit z_1, z_2, z_3, z_4 und deren Zustände zur Zeit $t + \delta_1 + \delta_2$ mit z_1', z_2', z_3', z_4' bezeichnet seien. Hieraus erhalten wir vier Funktionen

$$z_i' = f_i(z_1, z_2, z_3, z_4) \qquad \text{für} \quad i = 1, 2, 3, 4,$$

die durch die Veitch-Diagramme in Abbildung 3.42 wiedergegeben werden.

z_1'		0	0	1	1	z_3
		0	1	0	1	z_4
0	0	*	*	*	0	
0	1	0	0	0	1	
1	0	1	1	1	1	
1	1	0	*	*	*	
z_1	z_2					

z_2'		0	0	1	1	z_3
		0	1	0	1	z_4
0	0	*	*	*	1	
0	1	1	1	1	0	
1	0	0	0	0	1	
1	1	0	*	*	*	
z_1	z_2					

z_3'		0	0	1	1	z_3
		0	1	0	1	z_4
0	0	*	*	*	0	
0	1	0	1	1	0	
1	0	0	1	1	0	
1	1	1	*	*	*	
z_1	z_2					

z_4'		0	0	1	1	z_3
		0	1	0	1	z_4
0	0	*	*	*	0	
0	1	1	0	1	0	
1	0	1	0	1	0	
1	1	1	*	*	*	
z_1	z_2					

Abbildung 3.42: *Veitch-Diagramme für "Zähler modulo 10"*

Hieraus entnehmen wir eine Darstellung der Funktionen f_i durch die Polynome

$$\begin{aligned}
z_1' &= z_1 z_3 z_4 \vee z_1 \overline{z_2}, \\
z_2' &= \overline{z_2} z_3 z_4 \vee \overline{z_1}\,\overline{z_3} \vee \overline{z}_1 \overline{z_4}, \\
z_3' &= \overline{z_3} z_4 \vee z_3 \overline{z_4} \vee z_1 z_2, \\
z_4' &= \overline{z_4}.
\end{aligned}$$

Wir geben das zugehörige Netz unter Verwendung binärer Gatter und des D-Flipflops in Abbildung 3.43 an.

Unser Schaltkreis hat die Tiefe 3δ. Zum Übernehmen der neuen Werte in die Flipflops brauchen wir die Zeit 2δ. Wir benötigen die Zeit δ, bis die neuen Werte an dem Ausgang der Flipflops erscheinen und die Zeit 3δ, hieraus jeweils die Resultate zu berechnen. Wenn wir also den Takt mit der Periode

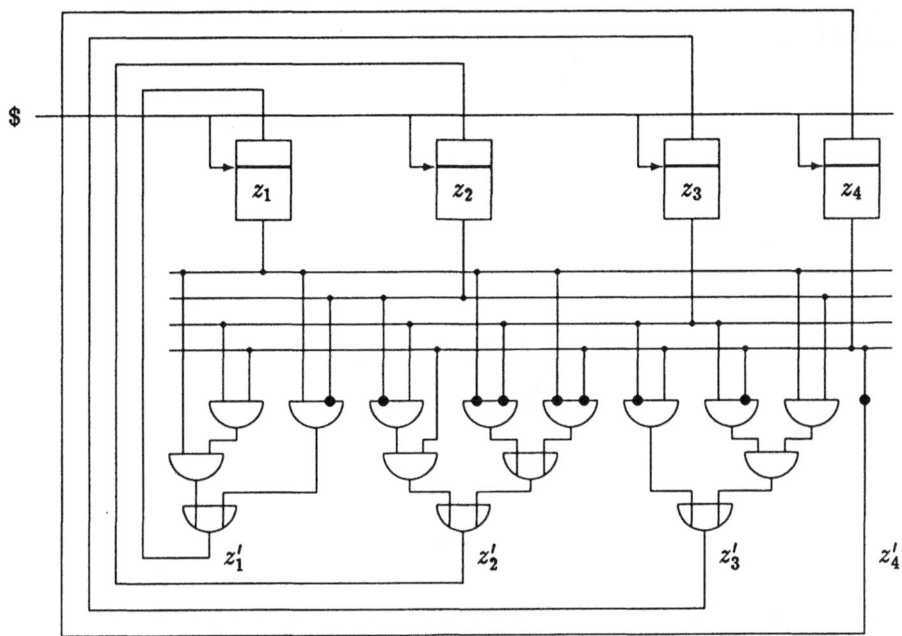

Abbildung 3.43: *"Zähler modulo 10" als Netz*

$$0\,0\,0\,0\,1\,1\,0\,0\,0\,0\,1\,1\cdots$$

und der Zeiteinheit δ betreiben, zählt unser Netzwerk periodisch die vorgeschriebene Folge auf. Wir bemerken hier auch, daß wir wegen z_4' den Takt nur für zwei Zeiteinheiten auf 1 setzen dürfen.

3.3.2 Das (R,S)-Flipflop

Das D-Flipflop hat einen Nachteil: Wie wir im Kapitel 2 unseres Buches gesehen haben, werden bei der Ausführung von Programmen stets nur wenige Zelleninhalte geändert. Dies heißt, daß man bei der Realisierung dieser Speicherzellen durch D-Flipflops den Wert, den man zu erhalten wünscht, stets neu einschreiben muß oder den Takt nicht periodisch anlegen darf. Letztere Methode führt aber zu sehr unübersichtlichen Laufzeitverhältnissen der Signale, so daß sich diese Methode nicht empfiehlt.

Den Aufwand für das stets "Neueinschreiben" der alten Werte kann man sich ersparen, wenn man einen anderen Flipflop-Typ verwendet, nämlich z.B. das (R,S)-Flipflop.

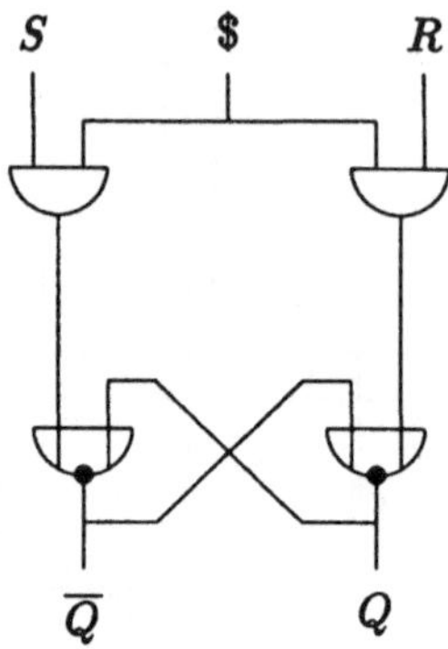

Abbildung 3.44: *(R,S)-Flipflop*

Dieses Flipflop wird durch den Berechnungsgraph Abbildung 3.44 definiert. Das (R,S)-Flipflop hat zwei Eingänge S und R, um Werte einzuschreiben. Weiterhin hat es den Takteingang \$ und die beiden Ausgänge Q und $\overline{Q}$. Anstelle des NAND-Latches, wird das NOR-Latch verwendet. Wir diskutieren die verschiedenen Zustände dieses Graphen bei Berechnungen.

- Wir betrachten zunächst die Anfangsbelegung $\$ = 0, R = \rho, S = \sigma, Q = \zeta_r$, $\overline{Q} = \zeta_l$ und ξ_l bzw. ξ_r als Belegung der Ausgangsleitungen der beiden oberen Gatter. Wir erhalten hieraus die Berechnungsfolge

  $$\begin{array}{ccccccccccc} \sigma & 0 & \rho & & \sigma' & 0 & \rho' & & \sigma'' & 0 & \rho'' \\ \xi_l & & \xi_r & \longmapsto & 0 & & 0 & \longmapsto & 0 & & 0 & \longmapsto \cdots \\ \zeta_l & & \zeta_r & & \overline{\xi_l \vee \zeta_r} & & \overline{\xi_r \vee \zeta_l} & & \xi_r \vee \zeta_l & & \xi_l \vee \zeta_r \end{array}$$

  Solange also der Takt $\$ = 0$ ist, ändert sich die Belegung der Ausgänge nach einem Rechenschritt periodisch.

  - Ist $\xi_l \vee \zeta_r = \xi_r \vee \zeta_l$, dann wechseln die Belegungen von $Q, \overline{Q}$ periodisch zwischen 0 und 1.
  - Ist $\xi_l \vee \zeta_r = \overline{\xi_r \vee \zeta_l}$, dann haben die Ausgänge Q und $\overline{Q}$ komplementäre, konstante Belegungen.

- Wir betrachten nun den Fall $\$ = 1$ für zwei Rechenschritte. Hier ergibt sich bei konstanter Eingabe $S = \sigma$ und $R = \rho$ die Berechnung

$$\begin{array}{ccc} \sigma & 1 & \rho \\ \xi_l & & \xi_r \\ \zeta_l & & \zeta_r \end{array} \longmapsto \begin{array}{ccc} \sigma & 1 & \rho \\ \sigma & & \rho \\ \overline{\xi_l \vee \zeta_r} & & \overline{\xi_r \vee \zeta_l} \end{array} \longmapsto \begin{array}{ccc} \sigma' & 0 & \rho' \\ \sigma & & \rho \\ \overline{\sigma} \cdot (\xi_r \vee \zeta_l) & & \overline{\rho} \cdot (\xi_l \vee \zeta_r) \end{array}$$

$$\longmapsto \begin{array}{ccc} \sigma'' & 0 & \rho'' \\ 0 & & 0 \\ \overline{\sigma} \cdot \left(\rho \vee (\overline{\xi_l \vee \zeta_r})\right) & & \overline{\rho} \cdot \left(\sigma \vee (\overline{\xi_r \vee \zeta_l})\right). \end{array}$$

  - Setzen wir $\sigma = \rho = 1$, dann erhalten wir hieraus nach dem zweiten Rechenschritt die Ausgabe (0,0) und ab dem dritten Rechenschritt die Periode $(0,0); (1,1); (0,0); (1,1); \ldots$
  - Für $\sigma = \rho = 0$ ergibt sich die bereits nach dem ersten Rechenschritt beginnende Periode

$$\left(\overline{\xi_l \vee \zeta_r}\,,\ \overline{\xi_r \vee \zeta_r}\right) \quad \to \quad \left(\xi_r \vee \zeta_l\,,\ \xi_l \vee \zeta_r\right) \quad \to \quad \cdots$$

    In diesem Fall hängt die Ausgabe also von dem vorhergehenden Zustand des Schaltkreises ab. Die Ausgabe kann konstant sein oder auch oszillieren.
  - Es bleibt der Fall $\sigma = \overline{\rho}$. Hier erhalten wir nach dem dritten Rechenschritt $(\overline{Q}, Q) = (\overline{\sigma}, \sigma)$ und dieser Wert ändert sich nicht, solange $\$ = 0$ gehalten wird. Wir bemerken weiter, daß im Falle $(\xi_l, \xi_r) = (0,0)$, der sich einstellt, wenn unserer Folge eine Eingabe $\$ = 0$ vorausgeht, die alte Ausgabe zwei Rechenschritte hindurch noch erhalten bleibt, wenn $\zeta_l = \overline{\zeta_r}$ war.

Hieraus ergibt sich also die folgende Betriebsweise für das (R,S)-Flipflop:

Speichermodus: $R = S = 0$

Ist $\zeta_l = \overline{\zeta_r}$, $\xi_l = \xi_r = 0$, dann wird die Belegung von $(Q, \overline{Q})$ erhalten.

Setmodus: $S = 1$, $R = 0$

Folgt auf den Speichermodus ein Setmodus, so wird nach dem zweiten Rechenschritt $Q = 1$, $\overline{Q} = 0$ gesetzt.

Resetmodus: $S = 0$, $R = 1$

Folgt auf den Speichermodus der Resetmodus, dann wird nach zwei Rechenschritten $Q = 0$, $\overline{Q} = 1$ gesetzt.

Verbotener Modus: $S = 1$, $R = 1$

Dieser Modus ist verboten, da seine Wirkung unübersichtlich ist.

Der Set- und Resetmodus setzt voraus, daß der Takt für das Zeitintervall $2 \cdot \delta$ auf 1 gesetzt wird, während die entsprechende Einstellung an den Eingängen anliegt. Nach diesem Intervall muß $\$ = 0$ gesetzt werden, da sonst die gleichen unerwünschten Rückkopplungen auftreten können, wie wir diese schon beim D-Flipflop kennengelernt haben.

Man verwendet für das (R,S)-Flipflop das Symbol in Abbildung 3.45.

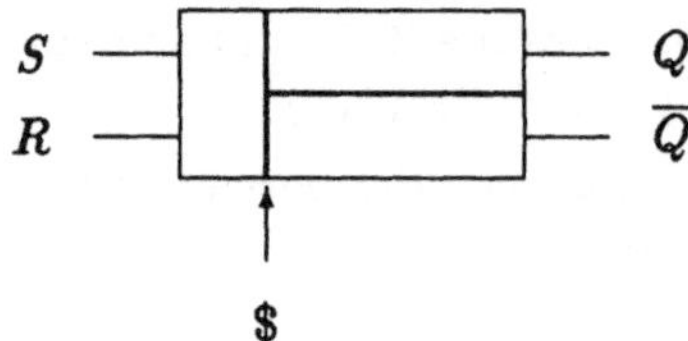

Abbildung 3.45: *Symbol für (R,S)-Flipflop*

Allgemeine Bemerkungen zu den Flipflops Neben den hier beschriebenen Flipflops gibt es weitere Flipflop-Typen. Die bekanntesten darunter sind das T-Flipflop und das (J,K)-Flipflop. Zu jedem dieser Flipflop-Typen gibt es zahlreiche Varianten. Diese haben ihre Ursachen in technischen Gegebenheiten.

Damit die hier beschriebenen Flipflops stets korrekt arbeiten, ist es notwendig, daß die in den Flipflops verwendeten Gatter exakt die gleiche "Laufzeit" δ haben. Bei einer technischen Produktion kann diese Forderung aber nicht eingehalten werden. Aus diesem Grund hat man Varianten entwickelt, die gegenüber solchen Abweichungen tolerant sind.

Die Motivation für das (R,S)-Flipflop bestand in dem Wunsch, daß bei "Untätigkeit" das Flipflop seinen Wert behalten sollte. Wir haben dies erreicht, falls $R = S = 0$ ist, wenn der Takt anliegt, so ändert sich der Zustand des Flipflops nicht. Wir haben uns damit aber auch eine Schwierigkeit eingehandelt. Es genügt eben nicht *eine* Funktion f zur Beschreibung des Flipflops zu realisieren, sondern man braucht für jeden der beiden Eingänge eine besondere Funktion. Würden wir etwa $S = f$ und $R = \overline{f}$ setzen, dann hätten wir uns im Vergleich zum D-Flipflop keinen Vorteil eingehandelt. Diesem Problem ist der folgende Abschnitt gewidmet.

3.3.3 Ausnutzung der funktionalen Eigenschaften des (R,S)-Flipflops

Wir beschreiben die beiden betrachteten Flipflops durch Funktionstabellen. Dabei legen wir ein diskretes Zeitraster zugrunde, indem wir eine Taktperiode als Einheit wählen und die Funktionswerte in der Speicherphase bei stabilem Ausgangssignal betrachten. Wir bezeichnen mit x, y, z die Eingabe-, Ausgabe- bzw. Zustandsvariable des D-Flipflops und mit R, S, z, Q, $\overline{Q}$ die entsprechenden Variablen des (R,S)-Flipflops. In der Tabelle 3.7 bezeichnen die linken Spalten die Werte zur Zeit t, die rechten zu dem Zeitpunkt $t+1$.

x	z	z	y
ξ	ζ	ξ	ξ

D-Flipflop

S	R	z	z	Q	$\overline{Q}$
0	0	ζ	ζ	ζ	$\overline{\zeta}$
1	0	ζ	1	1	0
0	1	ζ	0	0	1
1	1	ζ	verboten		

(R,S)-Flipflop

Tabelle 3.7: *Funktionstabelle für D-Flipflop und (R,S)-Flipflop*

Die allgemeine Form dieser Tabellen wird durch ein Abbildungspaar

$$f: X \times Z \to Z, \qquad g: X \times Z \to Y$$

beschrieben. X ist dabei die Menge der Eingangssignale, Z die Menge der inneren Zustände und Y die Menge der Ausgabesignale. Das Verhalten eines solchen Schaltkreises hängt also von einer Eingabe und einem inneren Zustand ab.

Wenn wir die Elemente der Mengen X, Y, Z durch binäre Folgen fester Längen kodieren, dann werden die Abbildungen f, g zu Schaltfunktionen. Wie man diese durch Schaltkreise realisiert und welche Probleme dabei auftreten, wissen wir. Die Kosten für diese Realisierungen hängen von den gewählten Kodierungen stark ab.

Universelle in akzeptabler Zeit durchführbare Methoden zur wahloptimalen Kodierung sind nicht bekannt. Man muß bei größeren Aufgaben stets auf die spezielle Struktur des Problemes achten und man kann diese, wie die Erfahrung zeigt, auch zu brauchbaren Lösungen ausnutzen.

Große Entwurfsaufgaben haben notwendigerweise eine algorithmische Beschreibung oder allgemein eine wesentlich kürzere Beschreibung als die durch eine

Funktionstabelle. Aus diesem Grund sind die Komplexitätsaussagen, die durch Abzählargumente gewonnen werden, die sich auf die Menge aller Schaltfunktionen beziehen, von geringer Aussagekraft im Zusammenhang mit dem Syntheseproblem von Schaltkreisen.

Nach diesen allgemeinen Vorbemerkungen wollen wir uns mit dem Syntheseproblem von ***Schaltkreisen*** befassen, die durch die Verwendung des (R,S)-Flipflops aufgeworfen werden.

Wir geben zunächst ein Verfahren an, eine Funktionstabelle einer Funktion $f: X \times Z \to Z$ in eine Funktionstabelle zu übersetzen, die das Verhalten des (R,S)-Flipflops ausnutzt.

Sei also $z = (z_1, \ldots, z_m)$ und z_i sei eine boolesche Variable, die einem Flipflop zugeordnet ist. Ist $x = (x_1, \ldots, x_n)$ und ξ_i, ζ_i, $\zeta_i' \in \mathbf{B}$ sowie

x_1	x_2	$\ldots$	x_n	z_1	$\ldots$	z_m	z_1'	$\ldots$	z_m'
ξ_1	ξ_2	$\ldots$	ξ_n	ζ_1	$\ldots$	ζ_m	ζ_1'	$\ldots$	ζ_m'

eine Zeile unserer Funktionstabelle für f, dann ordnen wir dieser Zeile folgenden Eintrag in der Funktionstabelle

x_1	x_2	$\ldots$	x_n	z_1	$\ldots$	z_m	S_1	R_1	S_2	R_2	$\ldots$	S_m	R_m
ξ_1	ξ_2	$\ldots$	ξ_n	ζ_1	$\ldots$	ζ_m	σ_1	ρ_1	σ_2	ρ_2	$\ldots$	σ_m	ρ_m

zu. Hierin ist mit $f(\xi, \zeta) = (f_1(\xi, \zeta), \ldots, f_m(\xi, \zeta))$

$$\sigma_i = \begin{cases} 1 & \text{falls } f_i(\xi, \zeta) = 1 \text{ und } \zeta_i = 0, \\ 0 & \text{falls } f_i(\xi, \zeta) = 0, \\ * & \text{falls } f_i(\xi, \zeta) = 1 \text{ und } \zeta_i = \zeta_i' = 1; \end{cases}$$

$$\rho_i = \begin{cases} 1 & \text{falls } f_i(\xi, \zeta) = 0 \text{ und } \zeta_i = 1, \\ 0 & \text{falls } f_i(\xi, \zeta) = 1, \\ * & \text{falls } f_i(\xi, \zeta) = 0 \text{ und } \zeta = \zeta' = 0. \end{cases}$$

Die Nebenbedingung

$$\sigma_i \cdot \rho_i = 0$$

ist für den Definitionsbereich von f erfüllt. Wir müssen sie aber für die Fortsetzung der Funktion auf nichtdefinierte Punkte fordern.

Diese Nebenbedingung kommt in den Fällen zum Tragen, für die der Wert von σ_i bzw. ρ_i durch $*$ als beliebig gekennzeichnet wird. Diese Nebenbedingung entspricht dem Verbot $(R, S) \neq (1, 1)$.

Ist $g : \mathbf{B}^{n+m} \to \mathbf{B}^{2m}$ eine Funktion, die der zweiten Tabelle genügt, und ist $(r, s) : \mathbf{B}^2 \to \mathbf{B}$ die Zustandsfunktion des (R,S)-Flipflops, dann gilt offensichtlich

$$f = (r, s)^m \circ g \ .$$

Das heißt, daß g als Eingabefunktion für die (R,S)-Flipflops unsere Entwurfsaufgabe löst.

Wir erläutern dies am Beispiel eines Multiplizierers modulo 7.

3.3.3.1 Ein Multiplizierer modulo 7

Unsere Zahlen 0, 1, 2, 3, 4, 5, 6 seien als Dualzahlen (ξ_1, ξ_2, ξ_3) bzw. $(\zeta_1, \zeta_2, \zeta_3)$ geschrieben. Die zugehörigen Zahlen seien durch ξ, ζ bezeichnet.

Wir definieren

$$f(\xi_1, \xi_2, \xi_3, \zeta_1, \zeta_2, \zeta_3) = (\zeta_1', \zeta_2', \zeta_3') \iff \zeta' = \xi \cdot \zeta - 7 \cdot i \quad \text{mit } 0 \leq \zeta' < 7$$

$$\text{für ein geeignetes } i \in \mathbf{Z}.$$

Es ist also

$$\zeta' = \xi \cdot \zeta \bmod 7 \ .$$

Wir nehmen an, daß der Multiplikant ζ in den Flipflops z_1, z_2, z_3 steht und das Resultat auch wieder in diese Flipflops eingeschrieben werden soll. Wir geben die Veitch-Diagramme für die nach unserem Schema aus f konstruierte Funktion g an. Dies sind 6 Schemata, für jede Variable z_i zwei Schemata, eins für R_i und eins für S_i.

Aus den Diagrammen der Abbildungen 3.46 und 3.47 und entnimmt man als mögliche Realisierung

$$\begin{aligned}
S_1 &= x_1 \cdot \overline{z_1} \cdot \overline{z_2} \cdot z_3 \vee x_1 \cdot \overline{x_3} \cdot \overline{z_1} \cdot z_3 \vee \overline{x_1} \cdot x_2 \cdot \overline{x_3} \cdot z_2 \vee x_2 \cdot \overline{z_1} \cdot z_2 \cdot \overline{z_3}, \\
R_1 &= \overline{x_1} \cdot \overline{x_2} \cdot \overline{x_3} \vee x_1 \cdot z_1 \cdot z_2 \vee x_1 \cdot x_2 \cdot z_1 \vee \overline{x_3} \cdot \overline{z_2} \cdot \overline{z_3} \vee x_2 \cdot z_1 \cdot z_3, \\
\\
S_2 &= x_2 \cdot \overline{z_1} \cdot \overline{z_2} \cdot z_3 \vee x_1 \cdot z_1 \cdot \overline{z_2} \cdot \overline{z_3} \vee x_1 \cdot \overline{x_3} \cdot z_1 \cdot \overline{z_2} \vee \overline{x_1} \cdot x_2 \cdot \overline{x_3} \cdot z_3, \\
R_2 &= \overline{x_3} \cdot \overline{z_1} \cdot \overline{z_3} \vee x_1 \cdot \overline{z_1} \cdot z_2 \cdot z_3 \vee x_2 \cdot z_1 \cdot z_2 \vee \overline{x_1} \cdot \overline{x_2} \cdot \overline{x_3}, \\
\\
S_3 &= x_1 \cdot \overline{z_1} \cdot z_2 \cdot \overline{z_3} \vee x_2 \cdot z_1 \cdot \overline{z_2} \cdot \overline{z_3} \vee x_2 \cdot \overline{x_3} \cdot z_1 \cdot z_2 \vee x_1 \cdot \overline{x_3} \cdot z_1 \cdot z_2, \\
R_3 &= \overline{x_1} \cdot \overline{x_2} \cdot \overline{x_3} \vee x_1 \cdot z_1 \cdot z_3 \vee \overline{x_3} \cdot \overline{z_1} \cdot \overline{z_2} \vee x_2 \cdot z_2 \cdot z_3.
\end{aligned}$$

Die Bedingung $S_i \cdot R_i = 0$ haben wir erfüllt, wie man durch Nachprüfen für die Werte auf der letzten Zeile und der letzten Spalte der Diagramme feststellt.

Das Beispiel ist sicher nicht überzeugend für den Vorteil des (R,S)-Flipflops. Dies war aber auch nicht das Ziel hier, sondern es sollte der Entwurf eines Beispiels bei der Verwendung des (R,S)-Flipflops vorgeführt werden.

S_1			0	0	0	0	1	1	1	1	z_1
			0	0	1	1	0	0	1	1	z_2
			0	1	0	1	0	1	0	1	z_3
0	0	0	0	0	0	0	0	0	0	*	
0	0	1	0	0	0	0	*	*	*	*	
0	1	0	0	0	1	1	0	0	*	*	
0	1	1	0	0	1	0	*	0	*	*	
1	0	0	0	1	0	1	0	*	0	*	
1	0	1	0	1	0	0	*	*	0	*	
1	1	0	0	1	1	1	0	0	0	*	
1	1	1	*	*	*	*	*	*	*	*	
x_1	x_2	x_3									

R_1			0	0	0	0	1	1	1	1	z_1
			0	0	1	1	0	0	1	1	z_2
			0	1	0	1	0	1	0	1	z_3
0	0	0	*	*	*	*	1	1	1	*	
0	0	1	*	*	*	*	0	0	0	*	
0	1	0	*	*	0	0	1	1	0	*	
0	1	1	*	*	0	*	0	1	0	*	
1	0	0	*	0	*	0	1	0	1	*	
1	0	1	*	0	*	*	0	0	1	*	
1	1	0	*	0	0	0	1	1	1	*	
1	1	1	*	*	*	*	*	*	*	*	
x_1	x_2	x_3									

S_2			0	0	0	0	1	1	1	1	z_1
			0	0	1	1	0	0	1	1	z_2
			0	1	0	1	0	1	0	1	z_3
0	0	0	0	0	0	0	0	0	0	*	
0	0	1	0	0	*	*	0	0	*	*	
0	1	0	0	1	0	*	0	1	0	*	
0	1	1	0	1	*	*	0	0	0	*	
1	0	0	0	0	0	0	1	1	*	*	
1	0	1	0	0	*	0	1	0	*	*	
1	1	0	0	1	0	0	1	1	0	*	
1	1	1	*	*	*	*	*	*	*	*	
x_1	x_2	x_3									

R_2			0	0	0	0	1	1	1	1	z_1
			0	0	1	1	0	0	1	1	z_2
			0	1	0	1	0	1	0	1	z_3
0	0	0	*	*	1	1	*	*	1	*	
0	0	1	*	*	0	0	*	*	0	*	
0	1	0	*	0	1	0	*	0	1	*	
0	1	1	*	0	0	0	*	*	1	*	
1	0	0	*	*	1	1	0	0	0	*	
1	0	1	*	*	0	1	0	*	0	*	
1	1	0	*	0	1	1	0	0	1	*	
1	1	1	*	*	*	*	*	*	*	*	
x_1	x_2	x_3									

Abbildung 3.46: *Veitch-Diagramme für S_1, R_1, S_2, R_2 der Realisierung des Multiplizierers modulo 7 mittels (R,S)-Flipflops*

		S_3	0	0	0	0	1	1	1	1	z_1
			0	0	1	1	0	0	1	1	z_2
			0	1	0	1	0	1	0	1	z_3
0	0	0	0	0	0	0	0	0	0	*	
0	0	1	0	*	0	*	0	*	0	*	
0	1	0	0	0	0	0	1	*	1	*	
0	1	1	0	*	0	0	1	*	0	*	
1	0	0	0	0	1	*	0	0	1	*	
1	0	1	0	*	1	*	0	0	0	*	
1	1	0	0	0	1	0	1	0	1	*	
1	1	1	*	*	*	*	*	*	*	*	
x_1	x_2	x_3									

		R_3	0	0	0	0	1	1	1	1	z_1
			0	0	1	1	0	0	1	1	z_2
			0	1	0	1	0	1	0	1	z_3
0	0	0	*	1	*	1	*	1	*	*	
0	0	1	*	0	*	0	*	0	*	*	
0	1	0	*	1	*	1	0	0	0	*	
0	1	1	*	0	*	1	0	0	*	*	
1	0	0	*	1	0	0	*	1	0	*	
1	0	1	*	0	0	0	*	1	*	*	
1	1	0	*	1	0	1	0	1	0	*	
1	1	1	*	*	*	*	*	*	*	*	
x_1	x_2	x_3									

Abbildung 3.47: *Veitch-Diagramme für S_3, R_3 der Realisierung des Multiplizierers modulo 7 mittels (R,S)-Flipflops*

Die grundsätzlich Behandlung der Ausnutzung der funktionalen Eigenschaften von Flipflops führt auf das Problem der Auflösung boolescher Gleichungen. Wir werden deshalb das (R,S)-Flipflop auch in diesem Kontext behandeln.

3.3.4 Auflösung boolescher Gleichungssysteme

Es handelt sich hier um das Problem vorhandene Realisierungen von Funktionen auszunutzen. Wir stellen uns also die folgende Aufgabe: Es sei ein Schaltkreis G mit der Funktion $g: D_1 \to D_2$ gegeben. Gesucht wird die Realisierung F einer Abbildung $f: D \to D'$. Kann man die Realisierung von g mit Vorteil bei der Konstruktion von F verwenden? Abbildung 3.48 erläutert diese Frage.

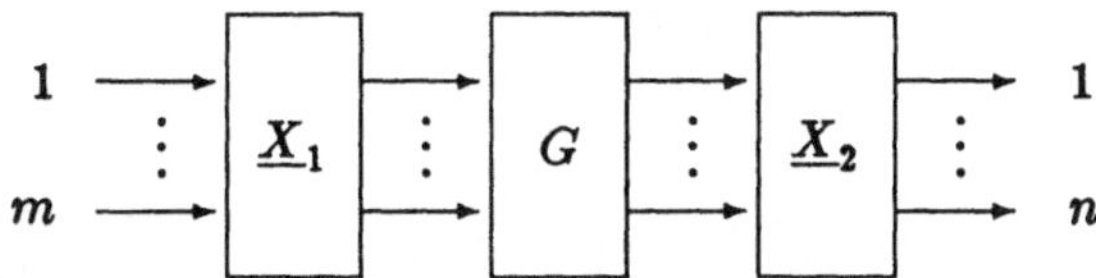

Abbildung 3.48: *Verwendung eines Schaltkreises G zur Realisierung eines Schaltkreises F*

Wir suchen Schaltkreise $\underline{X}_1$, $\underline{X}_2$ mit Funktionen $\underline{x}_1$, $\underline{x}_2$, so daß

$$f = \underline{x}_2 \circ g \circ \underline{x}_1$$

gilt. Es muß g bei der Realisierung von f nicht hilfreich sein. Um dies einzusehen, wähle man f als identische Abbildung und g als eine bijektive Abbildung hoher Komplexität.

Wir betrachten hier nur die beiden Sonderfälle

$$g \circ \underline{x}_1 = f \qquad \text{und} \qquad \underline{x}_2 \circ g = f .$$

DAS GLEICHUNGSSYSTEM $\underline{x} \circ g = f$

Sei $f: D \to D'$, $D \subset \mathbf{B}^n$, $D' \subset \mathbf{B}^m$. Wir bezeichnen die boolesche Algebra, die durch die Komponenten $f_1, \ldots, f_m$ von f erzeugt wird, durch $\langle f \rangle$. Falls unser Gleichungsystem eine Lösung hat, dann gibt es einen booleschen Ausdruck A in $g_1, \ldots, g_k$, der f definiert. Also haben wir in diesem Fall $\langle f \rangle \subset \langle g \rangle$.

Umgekehrt, wenn $\langle f \rangle$ Unteralgebra von $\langle g \rangle$ ist, dann läßt sich f durch einen booleschen Ausdruck $A(g_1, \ldots, g_k)$ ausdrücken. Das heißt, daß die durch den Ausdruck $A(y_1, \ldots, y_k)$ definierte Schaltfunktion a eine Lösung unseres Gleichungsystems ist, d.h. $a \circ g = f$. Jeder entsprechende Ausdruck A liefert eine Lösung. Falls sich je zwei solche Ausdrücke mittels den Axiomen der booleschen Algebra ineinander überführen lassen, gehört zu jedem dieser Ausdrücke die gleiche Funktion, d.h. daß die Lösung eindeutig bestimmt ist.

Aus Kapitel 1 wissen wir bereits, daß $\underline{x} \circ g = f$ genau dann eindeutig lösbar ist, wenn g surjektiv auf dem Definitionsbereich von $\underline{x}$ ist. Da wir $\underline{X}$ über einen Ausdruck definieren, können wir annehmen, daß $Q(\underline{x}) = \mathbf{B}^k$ ist.

Hieraus folgt, daß

$$g_1^{\epsilon_1} \cdot \ldots \cdot g_k^{\epsilon_k} \neq 0 \qquad \text{für } \epsilon \in \mathbf{B}^k .$$

gilt. Ist umgekehrt diese Bedingung erfüllt, dann können wir jede vorgegebene Abbildung $h: \mathbf{B}^n \to \mathbf{B}$ durch $g_1, \ldots, g_k$ ausdrücken. Dies folgt aus der Identität:

$$h = \bigcup_{\xi \in \mathbf{B}^n} h(\xi) \cdot g^{\epsilon}(\xi),$$

worin

$$\epsilon(\xi) = (\epsilon_1(\xi), \ldots, \epsilon_k(\xi)) \qquad \text{und} \qquad \epsilon_i(\xi) = \begin{cases} 0 & \text{für } g_i(\xi) = 0, \\ 1 & \text{für } g_i(\xi) = 1 \end{cases}$$

ist.

Wir haben also:

Die Gleichung $\underline{x} \circ g = f$ ist genau dann eindeutig lösbar, falls $g^\epsilon \neq 0$ für $\epsilon \in \mathbf{B}^k$.

Man kann zeigen, daß dies äquivalent dazu ist, daß $\langle g \rangle$ eine freie boolesche Algebra ist. Siehe [**Ho74**].

Sei nun

$$R = \{\epsilon \in \mathbf{B}^k \mid g^\epsilon = 0\} .$$

Ist $R \neq \emptyset$, dann ist also g nicht surjektiv und wir wollen uns überlegen, wie man alle Lösungen unseres Gleichungssystems in diesem Fall erhält.

Da $R = \mathbf{B}^k - g(D_1)$ ist, kann man $\underline{x}$ auf R beliebig vorgeben. Also erhält man alle Lösungen der Gleichung, falls sie lösbar ist, in der Form

$$\underline{x}_i = \bigcup_{\xi \in \mathbf{B}^n} f_i(\xi) y^{g(\xi)} \cup \bigcup_{\epsilon \in R} \lambda(\epsilon) \cdot y^\epsilon \qquad i = 1, \ldots, m$$

mit $\lambda: R \to \mathbf{B}$ beliebig.

Wir fassen zusammen:

Die Gleichung $f = \underline{x} \circ g$ hat genau dann eine Lösung, wenn $\langle f \rangle \subset \langle g \rangle$ gilt. Die Anzahl der Lösungen ist gleich $2^{r \cdot m}$ mit $r = \#R$.

Sucht man eine Darstellung der Komponenten der Lösung durch Minimalpolynome, dann behandelt man die Punkte $\epsilon \in R$ als Redundanzen. In einem Veitchdiagramm würden wir also diese Stellen durch $*$ markieren.

DAS GLEICHUNGSSYSTEM $g \circ \underline{x} = f$

Sei wie zuvor $f: D \to D'$ und $D \subset \mathbf{B}^n$, $D' \subset \mathbf{B}^m$. Weiter sei $g: D_1 \to D_1'$.

Offensichtlich gilt:

Das Gleichungssystem hat genau dann eine Lösung, wenn $f(D) \subset g(D_1)$. Zur Konstruktion einer Lösung $\underline{x}$ wähle für alle $\epsilon \in D$: $\underline{x}(\epsilon) \in g^{-1}(f(\epsilon))$. Hieraus erkennt man, daß die Anzahl der Lösungen durch

$$\prod_{\epsilon \in D} \#g^{-1}(f(\epsilon))$$

gegeben wird.

Wir betrachten das folgende Beispiel.

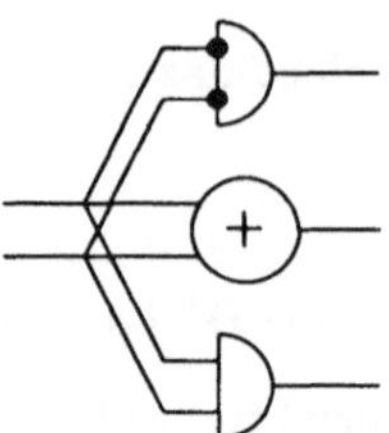

Abbildung 3.49: *Schaltkreis G in Beispiel 3.16*

Beispiel 3.16 Es sei der Schaltkreis G in Abbildung 3.49 gegeben.

Die Funktion des Schaltkreises sei g. Die Funktion $f: \mathbf{B}^n \to \mathbf{B}^3$ sei gegeben. Es wird eine Abbildung $\underline{x}: \mathbf{B}^n \to \mathbf{B}^2$ gesucht, so daß $f = \underline{x} \circ g$ ist. Wir haben

$$g(\mathbf{B}^2) = \{(0,0,1),(0,1,0),(1,0,0)\}$$

und nehmen an $f(\mathbf{B}^n) \subset g(\mathbf{B}^2)$.

Offensichtlich gilt

$$\begin{aligned} \{(0,0)\} &= g^{-1}(1,0,0)\,, \\ \{(0,1),(1,0)\} &= g^{-1}(0,1,0)\,, \\ \{(1,1)\} &= g^{-1}(0,0,1)\,. \end{aligned}$$

Also $\underline{x}$ ist auf $f^{-1}(1,0,0) \cup f^{-1}(0,0,1)$ eindeutig vorgeschrieben, während auf $f^{-1}(0,1,0)$ eine gewisse Freiheit in der Definition von $\underline{x}$ besteht.

Sei $\underline{x}_1$ die erste und $\underline{x}_2$ die zweite Komponente der Lösung $\underline{x}$. Dann gilt

$$\underline{x}_1(\epsilon) = \overline{\underline{x}_2(\epsilon)} \qquad \text{für } \epsilon \in f^{-1}(0,1,0)\ .$$

Ist umgekehrt $\underline{x}: \mathbf{B}^n \to \mathbf{B}^2$ eine beliebige Abbildung mit

$$\underline{x}(\epsilon) = \begin{cases} (0,0) & \text{für } \epsilon \in f^{-1}(1,0,0) \\ (1,1) & \text{für } \epsilon \in f^{-1}(0,0,1) \end{cases}$$

und

$$\underline{x}_1(\epsilon) = \overline{\underline{x}_2(\epsilon)} \qquad \text{für } \epsilon \in f^{-1}(0,1,0)\ ,$$

dann ist $\underline{x}$ eine Lösung unseres Gleichungssystems. Also $\underline{x}_1$ bestimmt $\underline{x}_2$ eindeutig.

Es liegt deshalb nahe, zunächst $\underline{x}_1$ als auf $f^{-1}(1,0,0) \cup f^{-1}(0,0,1)$ definierte Funktion anzusehen und sie so auf $\mathbf{B}^n$ fortzusetzen, daß man eine möglichst billige Realisierung für $\underline{x}_1$ erhält. Im allgemeinen wird man so natürlich nicht eine minimale Lösung erhalten. ■

Wir kehren zurück zu unserem Problem, die Eingabefunktion zum (R,S)-Flipflop zu konstruieren.

Wir zeigen, daß die Bestimmung der Eingabefunktionen für ein (R,S)-Flipflop auf die Auflösung eines Gleichungsystems zurückgeführt werden kann. Dies tun wir durch eine Reduktion des Flipflops auf einen kombinatorischen Schaltkreis, indem wir den gespeicherten Zustand z nach außen verlagern. Abbildung 3.50 veranschaulicht diese Konstruktion.

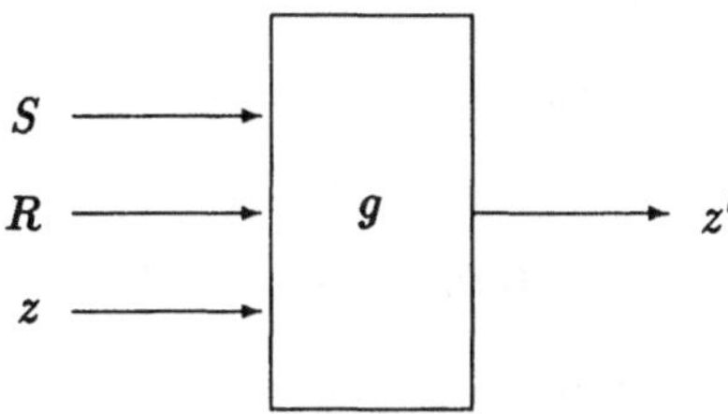

Abbildung 3.50: *Reduktion eines (R,S)-Flipflops auf einen kombinatorischen Schaltkreis*

g ist die Abbildung, die aus den Eingaben über S, R, z den Folgezustand z' berechnet. Unsere Aufgabe, eine Funktion $f: \mathbf{B}^n \to \mathbf{B}$ zu realisieren und deren Resultat bei momentanem Zustand z in z' abzuspeichern, wird durch Abbildung 3.51 beschrieben.

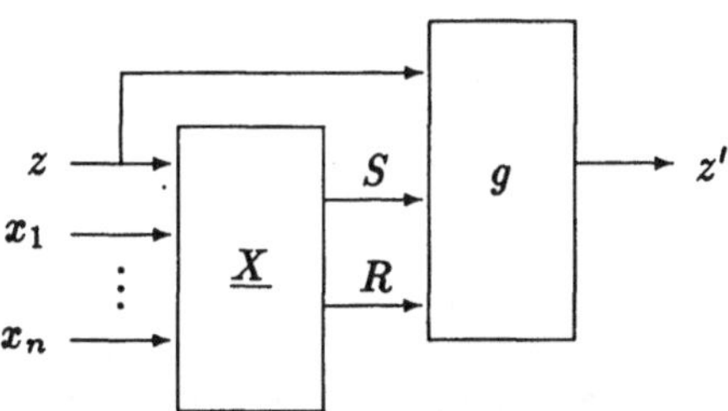

Abbildung 3.51: *(R,S)-Flipflop auf die Gleichung $f = g \circ (\underline{x} \times id_1) \circ (id_n \times \delta)$ reduziert*

Unter Verwendung der Verzweigung $\delta(z) = (z, z)$ und der Einheit $id_k: \mathbf{B}^k \to \mathbf{B}^k$ mit $id_k(\xi) = \xi$ für $\xi \in \mathbf{B}^k$, können wir also schreiben

$$f = g \circ (\underline{x} \times id_1) \circ (id_n \times \delta) .$$

Dies ist unser voriges Problem, eine Lösung für die Gleichung $f = g \circ \underline{x}$ zu finden, allerdings mit einer Zusatzbedingung, die die Form von $\underline{x}$ betrifft.

Zunächst sieht man, daß das Gleichungssystem stets eine Lösung hat. Man kann ja das Flipflop durch Verwendung der beiden Eingangskombinationen auf jeden gewünschten Wert setzen und zwar unabhängig von z. Es stellt sich aber die Frage, ob man nicht die verbliebenen Möglichkeiten zur Vereinfachung einer Realisierung nutzen kann. Daß dies der Fall ist, sieht man an dem trivialen Beispiel $f(\sigma, \rho, \zeta) = \rho$ für alle $\sigma, \rho \in \mathbf{B}^2$.

Wir wenden nun das vorhin entwickelte Verfahren an und berechnen

$$\begin{aligned} g^{-1}(0) &= \{\, (0,0,0),\ (0,1,0),\ (0,1,1,)\,\}, \\ g^{-1}(1) &= \{\, (0,0,1),\ (1,0,0),\ (1,0,1)\,\}. \end{aligned}$$

Wir bezeichnen die erste Komponente von $\underline{x}$ mit $\underline{x}_S$, die zweite mit $\underline{x}_R$. Man entnimmt aus den beiden Relationen sofort

$$\underline{x}_S(\xi) = \begin{cases} 0 & \text{für } \xi \in f^{-1}(0), \\ 1 & \text{für } \zeta = 0 \text{ und } \xi \in f^{-1}(1), \\ * & \text{für } \zeta = 1 \text{ und } \xi \in f^{-1}(1); \end{cases}$$

$$\underline{x}_R(\xi) = \begin{cases} 0 & \text{für } \xi \in f^{-1}(1), \\ 1 & \text{für } \zeta = 1 \text{ und } \xi \in f^{-1}(0), \\ * & \text{für } \zeta = 0 \text{ und } \xi \in f^{-1}(0). \end{cases}$$

Also sind $\underline{x}_S$ und $\underline{x}_R$ auf

$$D_S = \{\, (\xi, \zeta) \mid \xi \in f^{-1}(0),\ \zeta \in \mathbf{B} \text{ oder } \xi \in f^{-1}(1),\ \zeta = 0 \,\}$$

bzw.

$$D_R = \{\, (\xi, \zeta) \mid \xi \in f^{-1}(1),\ \zeta \in \mathbf{B} \text{ oder } \xi \in f^{-1}(0),\ \zeta = 1 \,\}$$

eindeutig bestimmt.

Wir vermuten, daß $\underline{x}_S$ und $\underline{x}_R$ auf $\mathbf{B}^{n+1} - D_S$ bzw. $\mathbf{B}^{n+1} - D_R$ frei wählbar sind. Wir machen für $\underline{x}_S$ und $\underline{x}_R$ einen entsprechenden Ansatz, indem wir zwei Abbildungen

$$a : \mathbf{B}^n \to \mathbf{B} \qquad \text{bzw.} \qquad b : \mathbf{B}^n \to \mathbf{B}$$

mit

$$a\big(f^{-1}(0)\big) = 0 \qquad \text{und} \qquad b\big(f^{-1}(1)\big) = 0$$

wählen. Nun setzen wir

$$\underline{x}_S = \overline{z} \cdot f \vee z \cdot a \qquad \text{und} \qquad \underline{x}_R = z \cdot \overline{f} \vee \overline{z} \cdot b.$$

Wir haben

$$\underline{x}_S \cdot \underline{x}_R = \overline{z} \cdot f \cdot b \vee z \cdot \overline{f} \cdot a = 0$$

nach Vorraussetzung über a und b.

Es ist

$$\underline{x}_S(\xi, \zeta) = \begin{cases} 0 & \text{für } \xi \in f^{-1}(0), \zeta \in \mathbf{B}, \\ 1 & \text{für } \xi \in f^{-1}(1), \zeta = 0; \end{cases}$$

$$\underline{x}_R(\xi, \zeta) = \begin{cases} 0 & \text{für } \xi \in f^{-1}(1), \zeta \in \mathbf{B}, \\ 1 & \text{für } \xi \in f^{-1}(0), \zeta = 1. \end{cases}$$

Also beide Funktionen nehmen auf D_S bzw. D_R die vorgeschriebenen Werte an und sind sonst beliebig definiert. Nun prüft man durch Einsetzen nach, daß $\underline{x}_S$ und $\underline{x}_R$ unser Gleichungssystem für alle a, b lösen.

Wir führen dies für den Fall $f(\xi) = 1$ durch, woraus aus Symmetriegründen auch der Beweis für $f(\xi) = 0$ folgt.

Sei also $f(\xi) = 1$. Für $\zeta = 1$ hat man dann

$$g\big(\underline{x}_S(\xi,\zeta), \underline{x}_R(\xi,\zeta), \zeta\big) = g\big(a(\xi), \overline{f}(\xi), 1\big) = g\big(a(\xi), 0, 1\big) = 1.$$

Für $\zeta = 0$ erhalten wir

$$g\big(\underline{x}_S(\xi,\zeta), \underline{x}_R(\xi,\zeta), \zeta\big) = g\big(f(\xi), b(\xi), 0\big) = g(1,0,0) = 1.$$

Also wir haben in dem Fall $f(\xi) = 1$ und $\zeta \in \mathbf{B}$

$$f(\xi) = g\big(\underline{x}_S(\xi,\zeta), x_R(\xi,\zeta), \zeta\big).$$

Wir fassen dieses Resultat zusammen:

Man erhält genau alle Lösungen für die Eingangsgleichungen des (R,S)-Flipflops in der Parameterdarstellung

$$\underline{x}_S = \overline{z} \cdot f \vee z \cdot a, \qquad \underline{x}_R = \overline{z} \cdot b \vee z \cdot \overline{f},$$

wenn a und b alle Abbildungen von $\mathbf{B}^n \to \mathbf{B}$ durchlaufen mit der Nebenbedingung

$$a(f^{-1}(0)) = 0, \qquad b(f^{-1}(1)) = 0.$$

Ohne Beweis geben wir die entsprechenden Parameterdarstellungen für das (J,K)-Flipflop an.

Das (J,K)-Flipflop wird durch die Tabelle 3.8 definiert.

Die Parameterdarstellung von f für die Eingabefunktionen $\underline{x}_j, \underline{x}_k$ lauten hier

$$\underline{x}_j = \overline{z} \cdot f \vee z \cdot a, \qquad \underline{x}_k = \overline{z} \cdot b \vee z \cdot \overline{f}$$

mit beliebigen $a, b \in \mathrm{Abb}(\mathbf{B}^n, \mathbf{B})$.

J	K	Z	Z'
0	0	0	0
0	0	1	1
0	1	0	0
0	1	1	0
1	0	0	1
1	0	1	1
1	1	0	1
1	1	1	0

Tabelle 3.8: *Funktionstabelle des (J,K)-Flipflops*

3.3.5 Endliche Automaten und sequentielle Schaltkreise

Wir betrachten Netze aus Gattern und Flipflops. Dabei nehmen wir an, daß alle Zykel des Netzes über Flipflops laufen und alle Flipflops durch den gleichen Takt gesteuert werden. Die Taktperiode nehmen wir als hinreichend groß an, so daß stets die Zeit gegeben ist, die das Netz braucht, um stabil zu werden. Unter diesen Annahmen können wir uns das Netz durch Abbildung 3.52 veranschaulichen.

Unser Graph besitze Eingangskanten, Ausgangskanten und Flipflops. Die Menge der Eingangssignale $\mathcal{X}$ besteht aus der Menge der Belegungen der Eingangskanten mit Werten aus **B**. Wir schreiben also für die Menge der Eingangssignale

$$\mathcal{X} = \{\xi \mid \xi : IN(G) \rightarrow \mathbf{B}\}$$

und entsprechend

$$\mathcal{Y} = \{\eta \mid \eta : OUT(G) \rightarrow \mathbf{B}\}$$

für die Menge der Ausgabesignale und

$$\mathcal{Z} = \{\zeta \mid \zeta : Z \rightarrow \mathbf{B}\},$$

wobei Z die Menge der Flipflops des Netzes ist. Die Funktion der kombinatorischen Komponente des Schaltkreises definiert also eine Abbildung

$$\gamma : \mathcal{X} \times \mathcal{Z} \rightarrow \mathcal{Z} \times \mathcal{Y},$$

die wir uns in zwei Abbildungen

$$\Delta : \mathcal{X} \times \mathcal{Z} \rightarrow \mathcal{Z} \quad \text{und} \quad \Lambda : \mathcal{X} \times \mathcal{Z} \rightarrow \mathcal{Y}$$

zerlegt denken.

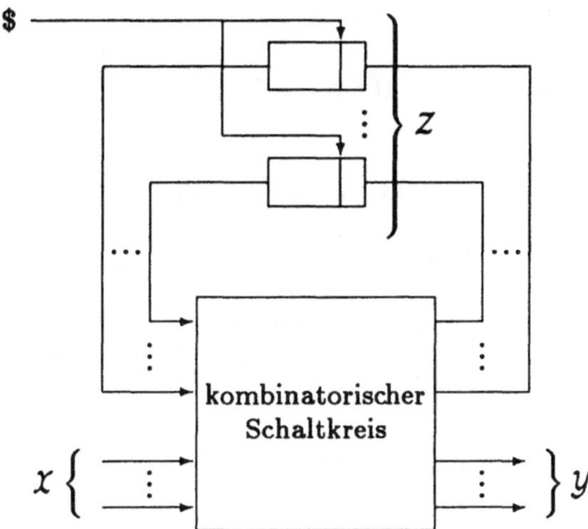

Abbildung 3.52: *Netz bestehend aus kombinatorischem Schaltkreis, Flipflops und zentralem Takt*

Wir wollen uns nun auf den Standpunkt stellen, daß wir über kombinatorische Schaltkreise Bescheid wissen und uns nur für das sequentielle Verhalten des Schaltkreises interessieren. Wir vergessen dementsprechend das Schaltnetz, von dem wir ausgegangen sind und ebenso die spezielle Belegung des Graphen mit Werten aus $\mathbf{B}$. Hierdurch gelangen wir zum Begriff des endlichen Automaten.

Definition 3.13 *Seien $\mathcal{X}$, $\mathcal{Y}$, Z endliche Mengen und $\Delta: \mathcal{X} \times Z \to Z$, $\Lambda: \mathcal{X} \times Z \to \mathcal{Y}$ Abbildungen.*

$a = (\mathcal{X}, \mathcal{Y}, Z, \Delta, \Lambda)$ *heißt* **deterministischer endlicher Automat** *mit der* **Zustandsmenge** Z, *dem* **Eingabealphabet** $\mathcal{X}$, *dem* **Ausgabealphabet** $\mathcal{Y}$, *der* **Nachfolgefunktion** Δ *und der* **Ausgabefunktion** Λ.

Eine **Berechnung** *von a ist eine Folge*

$$(\xi_0, \zeta_0) \longmapsto (\xi_1, \zeta_1, \eta_1) \longmapsto (\xi_2, \zeta_2, \eta_2) \longmapsto \cdots \longmapsto (\xi_l, \zeta_l, \eta_l)$$

mit

$$\xi_i \in \mathcal{X},\ \zeta_i \in Z,\ \eta_j \in \mathcal{Y} \quad \textit{für } i = 0, \ldots, l \textit{ und } j = 1, \ldots, l$$

und

$$\begin{aligned} \zeta_{i+1} &= \Delta(\xi_i, \zeta_i), \\ \eta_{i+1} &= \Lambda(\xi_i, \zeta_i) \qquad \textit{für } \ i = 0, \ldots, l-1. \end{aligned}$$

Wir setzen Δ und Λ zu Abbildungen auf $\mathcal{X}^* \times Z$ fort. Wir definieren

$$\Delta^*(\varepsilon,\zeta) = \zeta, \qquad \Delta^*(\xi\cdot\xi_1,\zeta) = \Delta\big(\xi_1,\Delta^*(\xi,\zeta)\big)$$

und

$$\Lambda^*(\varepsilon,\zeta) = \varepsilon, \qquad \Lambda^*(\xi\cdot\xi_1,\zeta) = \Lambda\big(\xi_1,\Delta^*(\xi,\zeta)\big)\cdot\Lambda^*(\xi,\zeta)$$

für $\xi_1 \in \mathcal{X}$, $\xi \in \mathcal{X}^*$, $\zeta \in Z$ und $\varepsilon = \varepsilon_{\mathcal{X}^*}$. ∎

Man sieht, daß Λ^* eine Verallgemeinerung des Antihomomorphismus $\mathcal{X}^* \to \mathcal{Y}$ ist. Anstelle eines Homomorphismus definiert Λ^* für jedes ζ eine Abbildung $h_\zeta\colon \mathcal{X}^* \to \mathcal{Y}^*$, so daß

$$h_\zeta(u\cdot v) = h_{\zeta_1}(v)\cdot h_\zeta(u) \quad \text{mit} \quad \zeta_1 = \Delta^*(u,\zeta)$$

gilt.

In vielen Anwendungsfällen kommt es nicht auf die Ausgabefolge $\eta = h_\zeta(\xi)$ an, sondern darauf, daß die Eingabefolge ξ einen bestimmten Ausgabewert hervorbringt.

Wir erläutern dies näher: Der endliche Automat soll auf Eingabefolgen ξ mit einer bestimmten Eigenschaft mit der Ausgabe 1 reagieren und auch nur dann in dieser Weise. Ist $L \subset \mathcal{X}^*$ die Menge dieser Eingabefolgen, dann bezeichnen wir L als die von a mit Anfangszustand ζ_0 und Ausgabe 1 akzeptierte Menge.

Wenn wir uns nur für das Problem interessieren, die Mengen L zu charakterisieren, die ein endlicher Automat akzeptieren kann, dann können wir auf die Ausgabefunktion Λ ganz verzichten.

Dies sieht man wie folgt ein: Wir definieren einen neuen Automaten $\tilde{a}$ zu a, der das Gleiche leistet wie a. Wir setzen

$$\tilde{\mathcal{X}} = \mathcal{X}, \quad \tilde{\mathcal{Y}} = \mathcal{Y}, \quad \tilde{Z} = Z \times \mathcal{Y}$$

und

$$\tilde{\Delta}(\xi,\zeta,\eta) = \big(\Delta(\xi,\zeta),\, \Lambda(\xi,\zeta)\big), \qquad \tilde{\Lambda}(\xi,\zeta,\eta) = \eta.$$

mit $\xi \in \mathcal{X}$, $\zeta \in Z$ und $\eta \in \mathcal{Y}$.

Unser Automat $\tilde{a} = (\tilde{\mathcal{X}}, \tilde{\mathcal{Y}}, \tilde{Z}, \tilde{\Delta}, \tilde{\Lambda})$ hat also eine spezielle Form: Die Ausgabefunktion hängt nur von $\tilde{\zeta} = (\zeta,\eta)$ ab. Wir setzen

$$\tilde{\Lambda}^*(\xi\cdot\xi_1,\tilde{\zeta}) = \tilde{\Lambda}^*(\xi,\tilde{\zeta})\cdot\tilde{\Lambda}\big(\xi_1,\tilde{\Delta}^*(\xi,\tilde{\zeta})\big)$$

und haben

$$\widetilde{\Lambda}^* = \Lambda^*.$$

Wir können uns also ohne Einschränkung der Allgemeinheit auf die zweite Form des endlichen Automaten zurückziehen. Die erste Form des endlichen Automaten wird nach *Mealy*, die zweite nach *Moore* benannt. Sei nun a ein Moore-Automat und

$$\mathcal{F}_\eta = \{\zeta \in \mathcal{Z} \mid \Lambda(\xi, \zeta) = \eta\} \qquad \text{für } \eta \in \mathcal{Y}.$$

Hiermit definieren wir

$$\mathcal{M}(a, \zeta_0, \mathcal{F}_\eta) = \{\xi \in \mathcal{X}^* \mid \Delta^*(\xi, \zeta_0) \in \mathcal{F}_\eta\}.$$

Nun sieht man

$$\mathcal{M}(a, \zeta_0, \mathcal{F}_\eta) = \{\xi \in \mathcal{X}^* \mid \Lambda^*(\xi, \zeta_0) = \eta\}.$$

Wir erhalten also die Menge der von endlichen Automaten akzeptierbaren "Sprachen" $L \subset \mathcal{X}^*$, indem wir $\mathcal{M}(a, \zeta, \mathcal{F})$ für alle Moore-Automaten a, alle Zustände $\zeta_0 \in \mathcal{Z}$ und alle Teilmengen $\mathcal{F} \subset \mathcal{Z}$ aufsammeln.

Es stellen sich nun verschiedene Fragen.

- Man finde eine Charakterisierung der Mengen $\mathcal{M}(a, \zeta, \mathcal{F})$ ohne dazu Automaten heranzuziehen. Man könnte dann vielleicht auf eine Sprache zur Beschreibung von Aufgaben stoßen, die endliche Automaten lösen können.
- Man entscheide, ob für vorgegebene endliche Automaten a und $\widetilde{a}$ die Beziehung $\Lambda^* = \widetilde{\Lambda}^*$ gilt. Diese Aufgabe heißt das Äquivalenzproblem von endlichen Automaten.
- Man konstruiere zu einem einem abstrakt gegebenen endlichen Automaten einen Schaltkreis, der diesen Automaten realisiert.

Bevor wir uns der Behandlung dieser Aufgaben zuwenden, führen wir den Zustandsgraphen des endlichen Automaten ein.

3.3.5.1 Der Zustandsgraph eines endlichen Automaten

Sei also $a = (\mathcal{X}, \mathcal{Y}, \mathcal{Z}, \Delta, \Lambda)$ ein endlicher Moore-Automat. Wir ordnen a einen orientierten Graph $G = (E, K)$ zu, indem wir $K = \mathcal{Z}$ und

$$E = \{(\zeta_1, \zeta_2, \xi) \mid \zeta_1, \zeta_2 \in \mathcal{Z},\ \Delta(\xi, \zeta_1) = \zeta_2,\ \xi \in \mathcal{X}\}$$

setzen. Wir definieren für alle Kanten aus E

$$Q(\zeta_1, \zeta_2, \xi) = \zeta_1, \qquad Z(\zeta_1, \zeta_2, \xi) = \zeta_2, \qquad \alpha(\zeta_1, \zeta_2, \xi) = \xi.$$

Die Abbildung $\alpha: E \to \mathcal{X}$ bezeichnen wir als Kantenmarkierung von G. Weiter sei $\lambda: E \to \mathcal{Y}$ definiert durch

$$\lambda(\zeta_1, \zeta_2, \xi) = \Lambda(\zeta_1, \xi).$$

Damit können wir den endlichen Automaten a auch durch (G, α, λ) charakterisieren. G heißt der **Zustandsgraph** von a, α die **Eingabe-** und λ die **Ausgabemarkierung**.

Ist $u \in \mathcal{X}^*$ und $\zeta \in Z$, dann gibt es genau einen von ζ ausgehenden Weg w mit der Beschriftung $\alpha(w) = u$. Hierbei haben wir die eindeutig bestimmte Fortsetzung von α zu einem Monoidhomomorphismus auf E^* wieder mit α bezeichnet. Die durch die Eingabe u erzeugte Ausgabe von a erhält man als $\lambda(w)$. Hieraus ersieht man, daß Λ^* eine Relation

$$\mathcal{X}^* \xleftarrow{\alpha} \mathcal{W}(G) \xrightarrow{\lambda} \mathcal{Y}^*$$

definiert, worin α und λ Monoidhomomorphismen sind und $\mathcal{W}(G) \subset E^*$ die Menge der Wege in G ist.

Diese Definition legt unmittelbar eine Verallgemeinerung des endlichen Automaten nahe, indem man von beliebigen orientierten Graphen $G = (E, K)$ und beliebigen Markierungen $\alpha: E \to \mathcal{X}^*$ und $\lambda: E \to \mathcal{Y}^*$ ausgeht.

Definition 3.14 *Ist G ein beliebiger endlicher Graph mit Markierungen α, λ wie oben definiert, dann heißt $a = (G, \alpha, \lambda)$* **nichtdeterministischer endlicher Automat**. *Die durch die Markierungen vermittelte Relation*

$$\mathcal{X}^* \xleftarrow{\alpha} \mathcal{W}(G) \xrightarrow{\lambda} \mathcal{Y}^*$$

heißt **rationale Transduktion** [Ber]. *Sei $\mathcal{F} \subseteq K$. Ist $\mathcal{W}(G)(\zeta_0, \mathcal{F})$ die Menge der Wege von ζ_0 zu einem Knoten aus $\mathcal{F}$, dann ist*

$$L_a := \alpha(\mathcal{W}(G)(\zeta_0, \mathcal{F}))$$

die durch den Automaten $a = (G, \alpha, \lambda)$ **akzeptierte Menge**. ■

Die durch nichtdeterministische endliche Automaten akzeptierbare Mengen heißen **regulär** (Kleene) oder **rational** (Eilenberg).

Indem die Konstruktionsvorschrift vom Anfang des Abschnitts 3.3.5.1 umgekehrt wird, erhält man bei einem nichtdeterministischen endlichen Automaten mit $\alpha: E \to \mathcal{X} \cup \{\varepsilon\}$ eine Relation Δ. Ist Δ eine Abbildung, so wird a deterministisch genannt. Man sieht, daß die obige Definition 3.14 im deterministischen Fall mit unserer früheren Definition 3.13 übereinstimmt.

Die Bedeutung dieser Verallgemeinerungen liegt in den folgenden Sachverhalten:

- Die nichtdeterministischen endlichen Automaten akzeptieren ebenfalls genau die rationalen Mengen.
- Eine Charakterisierung der rationalen Mengen ist unter der Verwendung der nichtdeterministischen Automaten sehr viel einfacher als ohne diese.
- Nichtdeterministische endliche Automaten sind i.a. sehr viel einfacher als deterministische Automaten.

Es stellen sich folgende Fragen

- Kann jede durch einen nichtdeterministischen endlichen Automaten akzeptierte Menge auch durch einen deterministischen endlichen Automaten akzeptiert werden?
- Ist $L \subset \mathcal{Z}^*$ irgendeine reguläre Menge und sind $\alpha : \mathcal{Z}^* \to \mathcal{X}^*, \lambda : \mathcal{Z}^* \to \mathcal{Y}^*$ Monoidhomomorphismen, ist dann auch die durch

$$\mathcal{X}^* \xleftarrow{\alpha} L \xrightarrow{\lambda} \mathcal{Y}^*$$

vermittelte Relation eine rationale Transduktion?

- Kann man jede rationale Transduktion durch einen geeigneten deterministischen endlichen Automaten vermitteln?

Beispiel 3.17 Wir betrachten einen endlichen Automaten mit dem Eingabealphabet $\mathcal{X} = \{0, 1\}$. Der Automat soll immer dann eine 1 ausgeben, wenn die Anzahl der empfangenen Einsen durch 3 teilbar ist, ansonsten reagiert er mit einer 0 als Ausgabe.

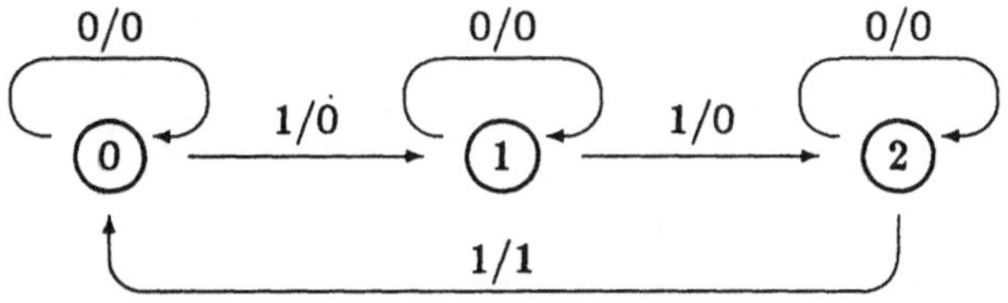

Abbildung 3.53: *Der endliche Automat aus Beispiel 3.17*

Einen Automaten, der in dieser Weise arbeitet, kann man leicht durch seinen Zustandsgraphen beschreiben. Wir wählen dazu $\mathcal{Z} = \{0, 1, 2\}$ und 0 als Anfangszustand. Der Graph in Abbildung 3.53 gibt in diesem Sinne eine Lösung an. Die Zustände haben wir in die Knoten geschrieben, während die Markierungen an

x	z	z'	y
0	0	0	0
1	0	1	0
0	1	1	0
1	1	2	0
0	2	2	0
1	2	0	1

Tabelle 3.9: *Nachfolge- und Ausgabefunktion des endlichen Automaten in Abbildung 3.53*

den Kanten die jeweilige Eingabe und Ausgabe bezeichnen. Die Ziffer links von "/" bezeichnet das Eingabezeichen, die rechts stehende das Ausgabezeichen.

Die Arbeitsweise des Automaten ist in der graphischen Darstellung rascher zu verstehen als in der Repräsentation mittels Nachfolge- und Ausgabefunktion. Die Nachfolgefunktion $\Delta : \mathcal{X} \times \mathcal{Z} \to \mathcal{Z}$ mit $\Delta(x, z) = z'$ und die Ausgabefunktion $\Lambda : \mathcal{X} \times \mathcal{Z} \to \mathcal{Y}$ mit $\Lambda(x, z) = y$ sind in der Tabelle 3.9 notiert.
Die Menge

$$L = \left\{ (\alpha_1, \ldots, \alpha_n) \in \{0,1\}^* \;\middle|\; \sum_{i=1}^{n} \alpha_i = 3 \cdot k \text{ mit } k \in \mathbf{N} \right\}$$

wird von diesem Automaten als Sprache akzeptiert. ■

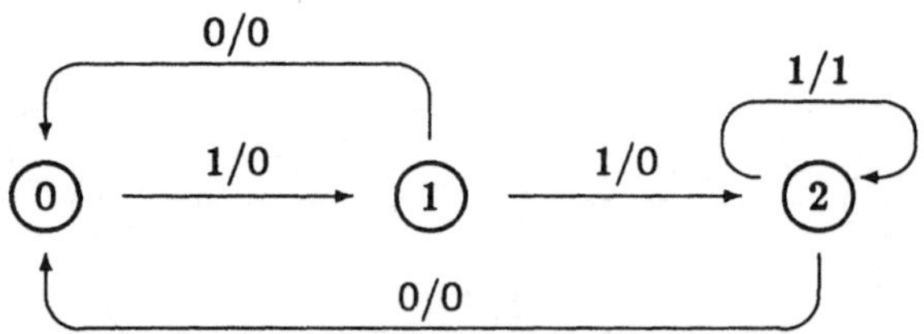

Abbildung 3.54: *Der endliche Automat aus Beispiel 3.18*

Beispiel 3.18 Der Automat in Abbildung 3.54 gibt stets eine 1 aus, wenn *hintereinander* drei Einsen eingetroffen sind. ■

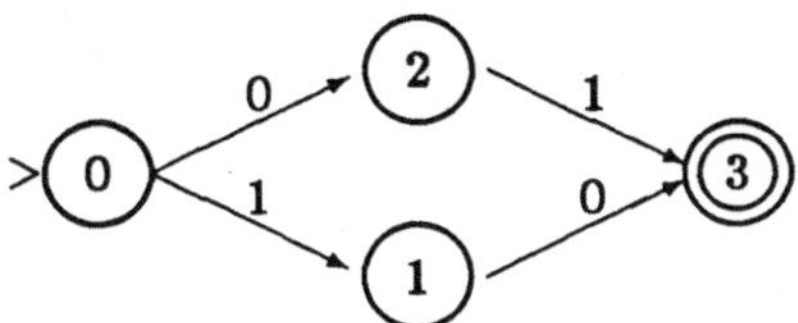

Abbildung 3.55: *Akzeptor für die Menge L_1 aus Beispiel 3.19*

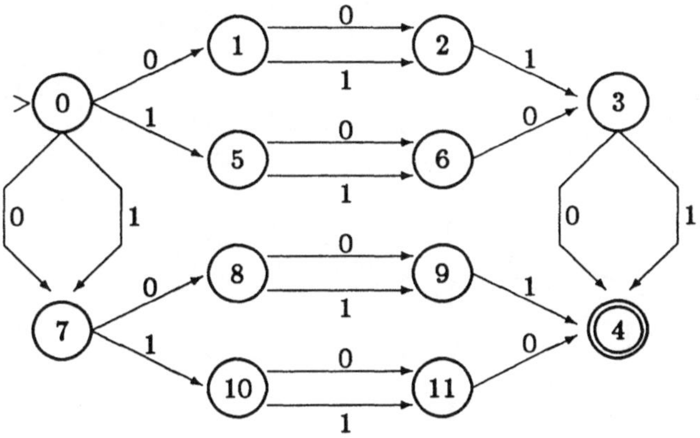

Abbildung 3.56: *Akzeptor für die Menge L_2 aus Beispiel 3.19*

Beispiel 3.19 Das dritte Beispiel eines endlichen Automaten soll für ein fest vorgegebenes $n \in \mathbf{N}$ die Sprache

$$L_n = \left\{ u \cdot v \in \{0,1\}^* \;\middle|\; |u| = |v| = n \text{ und } u \neq v \right\}$$

akzeptieren.

In den Abbildungen 3.55, 3.56 und 3.57 sind endliche Automaten für die Fälle $n = 1, 2, 3$ dargestellt. Hierin bezeichnet $>\bigcirc$ den Anfangszustand und $\circledcirc$ den Endzustand des Automaten.

Man sieht leicht, daß die Anzahl $A(n)$ der Knoten in den graphischen Darstellungen der Automaten durch

$$A(n) = 2n \cdot (n+1)$$

ausgedrückt wird. Später werden wir auch die Anzahl $4n$ der "einfachen" Kanten – welche jeweils als einzige Kante zwei Knoten verbinden – verwenden.

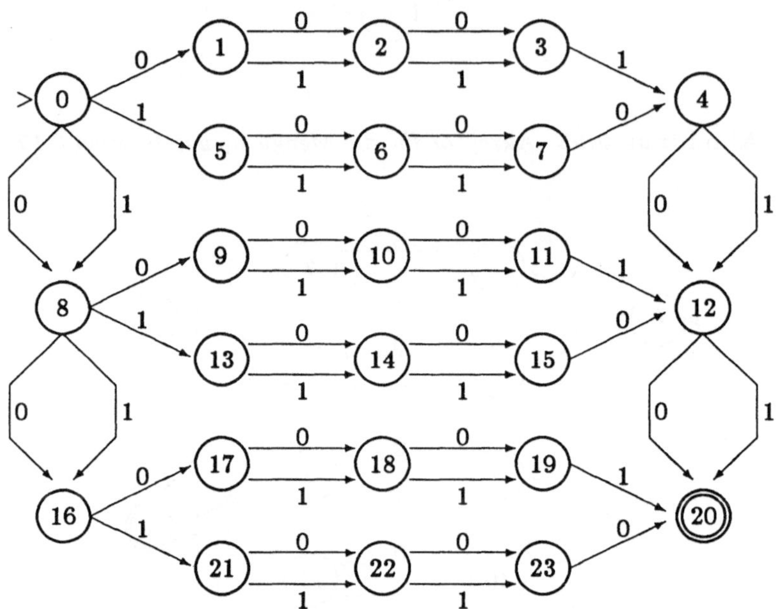

Abbildung 3.57: *Akzeptor für die Menge L_3 aus Beispiel 3.19*

Der Graph eines deterministischen Automaten, der dasselbe leistet, ist wesentlich größer. ■

3.3.6 Reguläre Mengen

3.3.6.1 Abschlußeigenschaften der regulären Mengen

Sei $G = (E, K)$ ein Graph, $K_a, K_e \subset K$ und $\alpha : E \to \mathcal{X}^*$ eine Markierung der Kanten von G. Wir interessieren uns für

$$\mathcal{W}(G)(K_a, K_e) = \{w \in \mathcal{W}(G) \mid Q(w_1) \in K_a,\ Z(w_{|w|}) \in K_e\}.$$

Wir nennen $a = (G, \alpha, K_a, K_e)$ einen **Akzeptor** und $L(a) = \alpha(\mathcal{W}(G)(K_a, K_e))$ die von a **akzeptierte Menge**. Auch hier bezeichnet $\mathcal{X}$ das Eingabealphabet von a.

Ergänzen wir den Akzeptor durch eine "Ausgabe" $\lambda : E \to \mathcal{Y}$, dann wird a zu einem nichtdeterministischen endlichen Automaten mit Anfangszuständen K_a und Endzuständen K_e im Sinne von Definition 3.14.

Um uns bei den Beweisen der Abschlußeigenschaften von lästigen technischen Details zu befreien, führen wir eine Normalform eines Akzeptors ein.

Definition 3.15 *Ein Akzeptor heißt* **normiert**, *falls* $\#K_a = \#K_e = 1$ *ist.* ■

Abbildung 3.58: *Konstruktion des normierten Akzeptors*

Lemma 3.18 *Zu jedem Akzeptor a gibt es einen normierten Akzeptor $a' = (G', \alpha', K'_a, K'_e)$ mit $L(a) = L(a')$.*

Beweis: Wähle $P_a, P_e \notin K$ und bilde $K' := K \cup \{P_a, P_e\}$, $K'_a := \{P_a\}$, $K'_e := \{P_e\}$. Verbinde P_a mit jedem Knoten in K_a bzw. P_e mit jedem Knoten in K_e durch je eine zusätzliche Kante. E' ergebe sich aus E durch Hinzunahme dieser neuen Kanten. Setze $\alpha'(s) := \alpha(s)$, wenn $s \in E$, und $\alpha'(s) := \varepsilon$, wenn s eine neue Kante ist. ■

Abbildung 3.58 skizziert die Beweisidee. Hierin sind die eingezeichneten Kanten mit ε markiert.

Definition 3.16 *Seien $a^i = (G^i, \alpha^i, K^i_a, K^i_e)$ mit $\alpha^i : E^i \to \mathcal{X}^i$ $(i = 1, 2)$ zwei Akzeptoren.*

Dann definieren wir den Akzeptor $a^1 \circ a^2 = (G, \alpha, K_a, K_e)$ wie folgt:

> *G^1 und G^2 machen wir knoten- und kantenfremd. Für alle $k \in K^1_e$ und $k' \in K^2_a$ werden neue Kanten (k, ε, k') mit $Q(k, \varepsilon,, k') = k$, $Z(k, \varepsilon, k') = k'$ und $\alpha(k, \varepsilon, k') = \varepsilon$ eingefügt. Wir setzen weiter $K_a := K^1_a$, $K_e := K^2_e$, $K := K^1 \cup K^2$, $E := E^1 \cup E^2 \cup \{(k, \varepsilon, k') \mid k \in K^1_e, k' \in K^2_a\}$. Die Markierung $\alpha : E \to (\mathcal{X}^1 \cup \mathcal{X}^2)^*$ wird durch $\alpha | E^i = \alpha^i$ vervollständigt.* ■

Definition 3.17 *Sei M ein Monoid und $A, B \subseteq M$. Die Menge*

$$A \cdot B := \{a \cdot b \mid a \in A,\ b \in B\}$$

heißt das **Komplexprodukt** *von A und B.* ∎

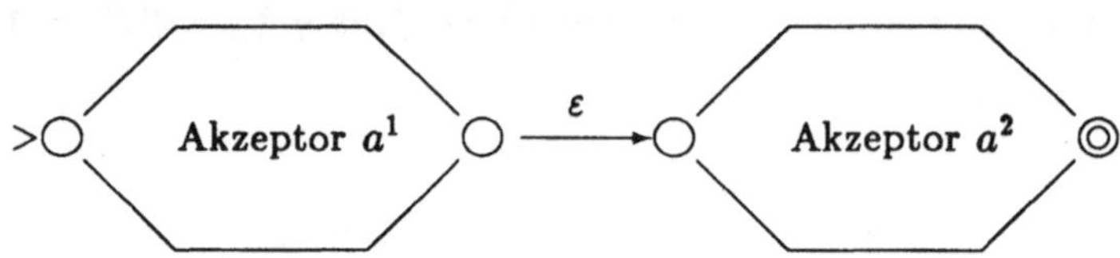

Abbildung 3.59: *Konstruktion des Akzeptors $a^1 \circ a^2$ für zwei normierte Akzeptoren a^1, a^2*

Lemma 3.19 *Sind a^1 und a^2 normierte Akzeptoren, so ist auch $a^1 \circ a^2$ ein normierter Akzeptor und es gilt $L(a^1 \circ a^2) = L(a^1) \cdot L(a^2)$.*

Beweis: Es gilt $\mathcal{W}(G)(K_a, K_e) = \mathcal{W}(G^1)(K_a^1, K_e^1) \cdot s \cdot \mathcal{W}(G^2)(K_a^2, K_e^2)$, wobei $s \in E - (E^1 \cup E^2)$ die neue ε-Kante ist. Hieraus folgt $L(a^1 \circ a^2) = \alpha\big(\mathcal{W}(G)(K_a, K_e)\big) = \alpha\big(\mathcal{W}(G^1)(K_a^1, K_e^1)\big) \cdot \varepsilon \cdot \alpha\big(\mathcal{W}(G^2)(K_a^2, K_e^2)\big) = L(a^1) \cdot L(a^2)$, da α Monoidhomomorphismus ist (siehe Skizze in Abbildung 3.59). ∎

Definition 3.18 *Ist $a = (G, \alpha, K_a, K_e)$ ein Akzeptor, dann definieren wir den Akzeptor $a^* = (G', \alpha', K_a', K_e')$ durch folgende Konstruktion:*

> *a wird entsprechend der Konstruktion von Lemma 3.18 normiert. Sei K_a' der neue Anfangs- und K_e' der neue Endzustand. Füge zusätzliche Kanten s und s' ein mit $Q(s) = Z(s') = K_a'$ und $Q(s') = Z(s) = K_e'$. Setze $\alpha'|E = \alpha$ und $\alpha'(e) = \varepsilon$ für alle $e \in E' - E$.* ∎

Lemma 3.20 *Ist a ein Akzeptor, dann ist a^* ein normierter Akzeptor und es gilt $L(a^*) = L(a)^*$.*

Beweis: Wie man sieht, gilt $\mathcal{W}(G')(K_a', K_e') = \mathcal{W}_1 \cdot \left(\mathcal{W}_1 \cdot \{s'\}\right)^*$. Hierbei bedeute $\mathcal{W}_1 = E_a \cdot \mathcal{W}(G)(K_a, K_e) \cdot E_b \cup \{s\}$, wobei E_a bzw. E_b wiederum die Menge der neuen ε-Kanten von K_a' zu K_a bzw. von K_e zu K_e' sind. Somit folgt $L(a^*) = \left(\alpha\big(\mathcal{W}(G)(K_a, K_e)\big)\right)^* = L(a)^*$ (siehe Skizze in Abbildung 3.60). ∎

Definition 3.19 *Seien $a^i = (G^i, \alpha^i, K_a^i, K_e^i)$ mit $\alpha^i : E^i \to \mathcal{X}^i$ $(i = 1, 2)$ zwei Akzeptoren.*

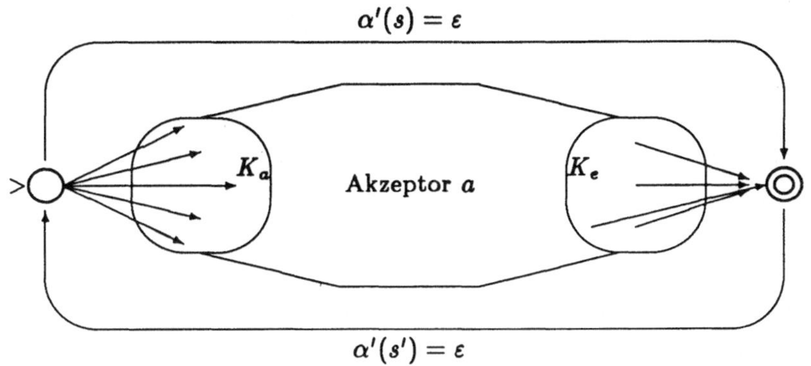

Abbildung 3.60: *Konstruktion des Akzeptors a^**

Dann definieren wir den Akzeptor $a^1 \cup a^2 = (G, \alpha, K_a, K_e)$ wie folgt:

> *G^1 und G^2 machen wir knoten- und kantenfremd. Die beiden Graphen fassen wir als isolierte Teilgraphen eines Graphen auf, der gemäß Lemma 3.18 normiert wird. Wir setzen $\alpha|E^i = \alpha^i$ und $\mathcal{X} := \mathcal{X}^1 \cup \mathcal{X}^2$.* ∎

Lemma 3.21 *Sind a^1 und a^2 Akzeptoren, so ist $a^1 \cup a^2$ ein normierter Akzeptor und es gilt $L(a^1 \cup a^2) = L(a^1) \cup L(a^2)$.*

Beweis: Die formale Ausführung der in Abbildung 3.61 skizzierten Konstruktion sei dem Leser als Übung überlassen. ∎

Definition 3.20 *Sei $M \subseteq Pot(\mathcal{X}^*) := \{A \mid A \subseteq \mathcal{X}^*\}$. Ist M abgeschlossen unter dem Komplexprodukt $\cdot$, der Vereinigung $\cup$ und dem Kleene-Stern $*$, dann heißt $(M, \cdot, \cup, *)$ eine* **Kleene-Algebra**. ∎

Aus den Lemmata 3.18, 3.19, 3.20 und 3.21 folgt:

Satz 3.22 *Die Menge $REG(\mathcal{X}^*)$ der regulären Mengen in $\mathcal{X}^*$ bildet eine Kleene-Algebra.* ∎

Lemma 3.23 *Ist $L \in REG(\mathcal{X}^*)$ und ist $h : \mathcal{X}^* \to \widetilde{\mathcal{X}}^*$ ein Monoidhomomorphismus, dann ist $h(L) \in REG\left(\widetilde{\mathcal{X}}^*\right)$.*

Beweis: Der einfache Beweis sei dem Leser überlassen. ∎

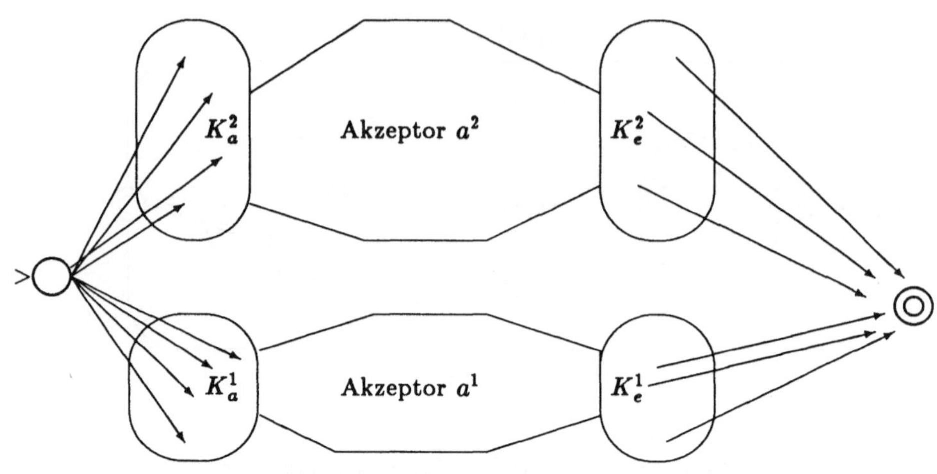

Abbildung 3.61: *Konstruktion des Akzeptors* $a^1 \cup a^2$

Lemma 3.24 *Ist M ein endliches Monoid und $h : \mathcal{X}^* \to M$ ein Monoidhomomorphismus, dann gilt $h^{-1}(M_1) \in REG(\mathcal{X}^*)$ für jede Teilmenge $M_1 \subseteq M$.*

Beweis: Konstruiere einen Akzeptor a mit $L(a) = h^{-1}(M_1)$ wie folgt: Wähle $K = M$, $K_a = \{\varepsilon_M\}$, $K_e = M_1$ und $E = \{(z, x, z \cdot h(x)) \mid x \in \mathcal{X},\ z \in M\}$. Jede Kante $e = (z, x, z \cdot h(x)) \in E$ ist gemäß $Q(e) = z$, $Z(e) = z \cdot h(x)$ orientiert und mit $\alpha(e) = x$ beschriftet. Wir setzen weiter $G = (E, K)$, $a = (G, \alpha, K_a, K_e)$.

Nach Konstruktion gilt für alle Wege $w \in \mathcal{W}(G)$: $Z(w) = Q(w) \cdot h(\alpha(w))$.

Ist $w \in \mathcal{W}(G)(K_a, K_e)$, so ist $Q(w) = \varepsilon$ und $Z(w) = h(\alpha(w)) \in M_1$. Daraus folgt $L(a) \subseteq h^{-1}(M_1)$. Ist umgekehrt $u = x_1 \cdot \ldots \cdot x_n \in h^{-1}(M_1) \subseteq \mathcal{X}^*$ mit $x_i \in \mathcal{X}$, so folgt $w = \left(\varepsilon, h(x_1), h(x_1x_2), \ldots, h(x_1 \cdots x_n)\right) \in \mathcal{W}(G)(K_a, K_e)$ und $\alpha(w) = u$. Dies zeigt $h^{-1}(M_1) \subseteq L(a)$, womit $L(a) = h^{-1}(M_1)$ bewiesen ist. ■

Lemma 3.25 *Ist $L \in REG(\widetilde{\mathcal{X}}^*)$ und ist $h : \mathcal{X}^* \to \widetilde{\mathcal{X}}^*$ ein Monoidhomomorphismus, dann ist $h^{-1}(L) \in REG(\mathcal{X}^*)$.*

Beweis: Den Beweis überlassen wir dem Leser zur Übung. ■

Satz 3.26 *Ist $L \in REG(\mathcal{X}^*)$, dann ist $\overline{L} \in REG(\mathcal{X}^*)$.*

Beweis: Sei a ein normierter endlicher Automat, der $L = L(a)$ akzeptiert. Offensichtlich gilt

$$\overline{L} = \{u \in \mathcal{X}^* \mid \text{es gibt keinen Weg } w \in \mathcal{W}(G)(K_a, K_e) \text{ mit } \alpha(w) = u\}.$$

Um $u \notin L$ zu entscheiden, genügt es also nicht, irgendeinen Weg w mit $\alpha(w) = u$ und $Z(w) \notin K_e$ zu raten, sondern dies muß für *alle* Wege mit $\alpha(w) = u$ überprüft werden. Wir zeigen zunächst, daß man alle diese Wege simultan berechnen kann. Um dies in übersichtlicher Weise darstellen zu können, verändern wir den Graphen $G = (E, K)$ des endlichen Automaten $a = (G, \alpha, K_a, K_e)$ in drei Schritten:

Lemma 3.27 *Zu jedem endlichen Automaten $a = (G, \alpha, K_a, K_e)$ gibt es einen endlichen Automaten $a' = (G', \alpha', K_a', K_e')$, $G' = (E', K')$ mit $L(a') = L(a)$, für den $\alpha'(E') \subset \mathcal{X}$ gilt.*

Beweis: Die Konstruktion des ε-freien endlichen Automaten a' vollzieht sich in zwei Phasen:

PHASE 1: Jede Kante $s \in E$ mit $n := |\alpha(s)| > 1$ zerlegen wir durch Einfügen von $n - 1$ "Hilfszuständen" $P_1, \ldots, P_{n-1} \notin K$ in n Teilkanten $s_1, \ldots, s_n$ mit $Q(s_1) = Q(s)$, $Z(s_1) = P_1$, $Q(s_2) = P_1$, $Z(s_2) = P_2, \ldots, Z(s_n) = Z(s)$, die jeweils nur mit einem Zeichen aus $\mathcal{X}$ markiert sind. $\alpha'(s_i) = x_i$ mit $\alpha(s) = x_1 \cdot x_2 \cdots x_n$ und $x_i \in \mathcal{X}$ für $i = 1, \ldots, n$.

$$Q(s) \xrightarrow[s]{x_1 \cdot x_2 \cdots x_n} Z(s) \quad \Longrightarrow \quad Q(s) \xrightarrow[s_1]{x_1} P_1 \xrightarrow[s_2]{x_2} \cdots \xrightarrow[s_n]{x_n} Z(s)$$

PHASE 2: Elimination der ε-Kanten gemäß folgendem Algorithmus:

1) Markiere zunächst alle Knoten als "nicht-ε-frei".

2) Wähle einen "nicht-ε-freien" Knoten P aus. Für alle ε-Kanten s, die – vor dem Start des Algorithmus oder im Laufe der Bearbeitung – von P ausgehen, d.h. $\alpha(s) = \varepsilon$ mit $Q(s) = P$, werden folgende Schritte ausgeführt:

   s wird aus der Kantenmenge gestrichen. Ist s eine Schleife, so wird sie ersatzlos gestrichen, andernfalls wird zu jeder Kante s_1 und $Q(s_1) = Z(s)$ eine neue Kante $\widetilde{s_1}$ mit $Q(\widetilde{s_1}) = Q(s)$, $Z(\widetilde{s_1}) = Z(s_1)$ und $\alpha(\widetilde{s_1}) = \alpha(s_1)$ hinzugenommen. Ist $Z(s)$ ein Endzustand, so wird $Q(s)$ in die Menge der Endzustände aufgenommen. Markiere $Z(s)$ als "nicht-ε-frei".

   Markiere P als "ε-frei", da von P keine ε-Kanten mehr ausgehen.

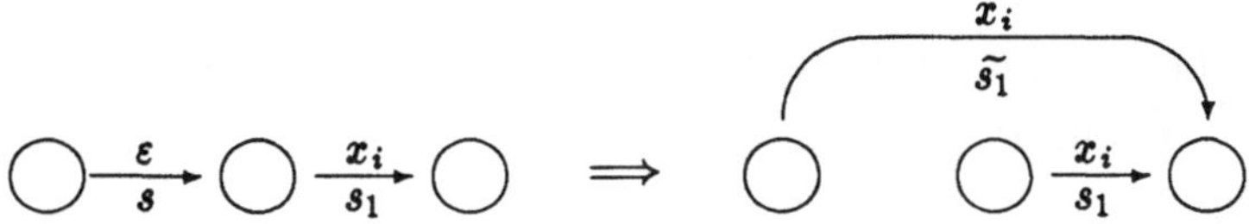

3) Wiederhole den Schritt 2), solange es noch "nicht-ε-freie" Knoten gibt.

Bei jeder Wahl eines Knotens P im Schritt 2) wird mindestens eine ε-Kante eliminiert. Es gibt nur endlich viele Knoten und ε-Kanten, weshalb die Konstruktion terminiert. Wie man induktiv über die Anzahl der Teilschritte leicht zeigt, ist die akzeptierte Sprache invariant unter den ausgeführten Transformationen beider Phasen. ■

Fortsetzung des Beweises von Satz 3.26: Nach dieser Vorarbeit können wir einen Algorithmus zur Entscheidung von $u \in L(a')$ beschreiben, in dem alle im Anfangsknoten K'_a beginnenden Wege mit gleicher Beschriftung simultan bestimmt werden. Wir beschreiben den Algorithmus durch einen endlichen Automaten $\widetilde{a} = (\widetilde{G}, \widetilde{\alpha}, \widetilde{K_a}, \widetilde{K_e})$ mit

$$\widetilde{K} = \Big\{ M \subseteq K' \mid \text{es gibt ein } u \in \mathcal{X}^*, \text{ so daß } M \text{ die Menge der Endpunkte der Wege mit Beschriftung } u \text{ ist} \Big\} \cup \{\emptyset\},$$

der aus a' folgendermaßen konstruiert werden kann:

1) Initialisiere $\widetilde{K} := \widetilde{K_a} := \{K'_a\}$, $\widetilde{E} := \emptyset$ und markiere den Anfangszustand $K'_a \in \widetilde{K}$ als "aktuell" und "nicht-besucht".

2) Wähle einen Zustand $\widetilde{P} \in \widetilde{K}$, welcher als "aktuell" und "nicht-besucht" markiert ist. Bilde für alle Eingabesymbole $x \in \mathcal{X}$ die Menge

$$N(x, \widetilde{P}) := \Big\{ R \in K' \mid \exists P \in \widetilde{P},\ s \in E' \text{ mit } Q(s) = P, Z(s) = R, \alpha(s) = x \Big\}.$$

Markiere $N(x, \widetilde{P})$ als "aktuell". Setze $\widetilde{K} := \widetilde{K} \cup \{N(x, \widetilde{P})\}$ und $\widetilde{E} := \widetilde{E} \cup \{s'\}$ mit der neuen Kante s', $\widetilde{\alpha}(s') = x$, $Q(s') = \widetilde{P}$, $Z(s') = N(x, \widetilde{P})$. Entferne von $\widetilde{P}$ die Markierung "aktuell" und markiere ihn als "besucht".

3) Wiederhole Schritt 2), solange es noch nicht-besuchte, aktuelle Knoten in $\widetilde{K}$ gibt.

4) Bilde $\widetilde{K_e} := \Big\{ \widetilde{P} \in \widetilde{K} \mid \widetilde{P} \cap K'_e \neq \emptyset \Big\}$.

Wir zeigen: $L(a') = L(\widetilde{a})$

"$L(a') \subset L(\widetilde{a})$": Zu jeder Kante $P \xrightarrow{x} R \in E'$ gibt es in $\widetilde{G}$ eine Kante $\widetilde{P} \xrightarrow{x} \widetilde{R} \in \widetilde{E}$ mit $P \in \widetilde{P}$ und $R \in \widetilde{R}$. Durch Aneinanderhängen der Kanten erhalten wir zu jedem $x_1 \cdot \ldots \cdot x_k \in L(a')$ mit dem Weg

$$K'_a \ni P_0 \xrightarrow{x_1} P_1 \xrightarrow{x_2} \ldots \xrightarrow{x_k} P_k \in K'_e$$

den Weg

$$\widetilde{P_0} \xrightarrow{x_1} \widetilde{P_1} \xrightarrow{x_2} \ldots \xrightarrow{x_k} \widetilde{P_k}$$

mit $P_i \in \widetilde{P_i}$, $\widetilde{P_0} = \{P_0\} \in \widetilde{K_a}$ und $\widetilde{P_k} \in \widetilde{K_e}$, da $P_k \in \widetilde{P_k} \cap K'_e$.

"$L(\widetilde{a}) \subset L(a')$": Zu jeder Kante $\widetilde{P} \xrightarrow{x} \widetilde{R} \in \widetilde{E}$ und $R \in \widetilde{R}$ gibt es ein $P \in \widetilde{P}$ und eine Kante $P \xrightarrow{x} R \in E'$. Durch Aneinanderhängen dieser Kanten erhalten wir wieder zu jedem $x_1 \cdot \ldots \cdot x_k \in L(\widetilde{a})$ mit dem Weg

$$\widetilde{K_e} \ni \widetilde{P_k} \xleftarrow{x_k} \ldots \xleftarrow{x_2} \widetilde{P_1} \xleftarrow{x_1} \widetilde{P_0} \in \widetilde{K_a}$$

einen Weg

$$K'_e \cap \widetilde{P_k} \ni P_k \xleftarrow{x_k} \ldots \xleftarrow{x_2} P_1 \xleftarrow{x_1} P_0 \in K'_a .$$

Im endlichen Automaten $\widetilde{a}$ gibt es zu jedem $u \in X^*$ genau einen Weg $w \in \mathcal{W}(\widetilde{G})(\widetilde{K_a}, P)$ mit $P \in \widetilde{K}$ und $\alpha(w) = u$. Aus diesem Grund akzeptiert der Akzeptor $\overline{a} = (\widetilde{G}, \widetilde{\alpha}, \widetilde{K_a}, K''_e)$ mit $K''_e := \widetilde{K} - \widetilde{K_e}$ die Sprache $L(\overline{a}) = \overline{L(a)}$. ■

Die Zustandsmenge des Akzeptors $\widetilde{a}$, der im zweiten Schritt aufgebaut wurde, kann unter Umständen exponentiell größer sein, als die Zustandsmenge des Akzeptors a'. Ein Beispiel von M. Fischer, in dem dies der Fall ist, findet sich in den Übungen.

Aus der Abgeschlossenheit der regulären Sprachen über $\mathcal{X}^*$ unter der Komplementbildung und der Vereinigung folgt auch, daß der Durchschnitt regulärer Sprachen regulär ist, denn $L_1 \cap L_2 = \overline{\overline{L_1} \cup \overline{L_2}}$.

Dieses Ergebnis erhält man auch auf direktem Wege, indem man einen Akzeptor $a^1 \cap a^2$ entwirft, ohne auf Komplement und Vereinigung zurückzugreifen (siehe Übungen). Somit haben wir folgenden Satz bewiesen:

Satz 3.28 $(REG(\mathcal{X}^*), \cup, \cap, ^{-})$ *ist eine boolesche Algebra.*

3.3.6.2 Ein Erzeugendensystem der Kleene-Algebra

Wir haben im Abschnitt 3.3.6.1 gezeigt, daß die Menge der Sprachen, die von endlichen Automaten akzeptiert werden, eine Kleene-Algebra bildet, d.h. daß sie unter dem Komplexprodukt $\cdot$, der Vereinigung $\cup$ und dem Kleene-Stern $*$ abgeschlossen ist.

Eine spezielle Kleene-Algebra ist die Menge RAT(X^*).

Definition 3.21 *Die* **rationale Menge** $RAT(X^*)$ *ist die kleinste Kleene-Algebra in* $Pot(X^*)$, *welche die einelementigen Mengen* $\{x\}$ *mit* $x \in \mathcal{X}$ *und die leere Menge* $\emptyset$ *enthält.* ■

Es ist sehr einfach, endliche Automaten zu konstruieren, die $\emptyset \in \text{REG}(X^*)$ und $\{x\} \in \text{REG}(X^*)$ für alle $x \in \mathcal{X}$ akzeptieren. Aus den Abschlußeigenschaften von $\text{REG}(\mathcal{X}^*)$ (Satz 3.22) folgt $\text{RAT}(X^*) \subset \text{REG}(X^*)$.

Wir zeigen, daß sich jede reguläre Menge $L \in \text{REG}(X^*)$ aus den einelementigen Mengen und der leeren Menge erzeugen läßt. Diese Aussage ist äquivalent mit $\text{REG}(X^*) \subset \text{RAT}(X^*)$.

Satz 3.29 *Die Menge* $\tilde{\mathcal{X}} := \{\{x\} \mid x \in \mathcal{X}\} \cup \{\emptyset\}$ *ist ein Erzeugendensystem der Kleene-Algebra* $REG(X^*)$.

Beweis: Wir müssen zeigen, daß sich jede Sprache L, die von einem endlichen Automaten akzeptiert wird, aus $\tilde{\mathcal{X}}$ erzeugen läßt, d.h. in $\text{RAT}(X^*)$ ist. Wir führen den Beweis durch Induktion über die Anzahl der Kanten von $G = (E, K)$ bei fester Anzahl von Knoten. Wir betrachten in diesem Beweis beliebige endliche Automaten $a = (G, \alpha, K_a, K_e)$ mit m Knoten, von denen wir nach Lemma 3.18 und 3.27 annehmen können, daß sie normiert sind und daß $\alpha : E \to \mathcal{X}$ gilt.

Besitzt der Graph G keine Kanten, d.h. $|E| = 0$. Dann ist $L(a) = \emptyset \in \text{RAT}(X^*)$, falls $K_a \cap K_e \neq \emptyset$ ist, andernfalls gilt $L(a) = \{\varepsilon\} = \emptyset^* \in \text{RAT}(X^*)$.

Sei a ein beliebiger endlicher Automat mit Graph G_n, der n Kanten ($n \geq 0$) besitze. Es gelte $L(a) \in \text{RAT}(X^*)$. Seien weiter P, R Knoten von G_n. Wir nehmen eine neue Kante s mit $Q(s) = P$, $Z(s) = R$ hinzu. Der neue Graph sei G_{n+1}.
Wie in Abbildung 3.62 illustriert, haben wir dann

$$\begin{aligned}&\mathcal{W}(G_{n+1})(K_a, K_e) = \\ &\mathcal{W}(G_n)(K_a, K_e) \cup \mathcal{W}(G_n)(K_a, P) \cdot s \cdot \Big(\mathcal{W}(G_n)(R, P) \cdot s\Big)^* \cdot \mathcal{W}(G_n)(R, K_e)\end{aligned}$$

Nach Induktionsannahme gilt:

$$\begin{aligned}&\alpha\Big(\mathcal{W}(G_n)(K_a, K_e)\Big) \in \text{RAT}(X^*) \qquad &&\alpha\Big(\mathcal{W}(G_n)(K_a, P)\Big) \in \text{RAT}(X^*) \\ &\alpha\Big(\mathcal{W}(G_n)(R, P)\Big) \in \text{RAT}(X^*) &&\alpha\Big(\mathcal{W}(G_n)(R, K_e)\Big) \in \text{RAT}(X^*)\end{aligned}$$

Weiter ist $\alpha(s) \in \text{RAT}(X^*)$. Also gilt $\alpha\Big(\mathcal{W}(G_{n+1})(K_a, K_e)\Big) \in \text{RAT}(X^*)$. ■

Damit haben wir die Identität

$$\text{REG}(X^*) = \text{RAT}(X^*)$$

bewiesen.

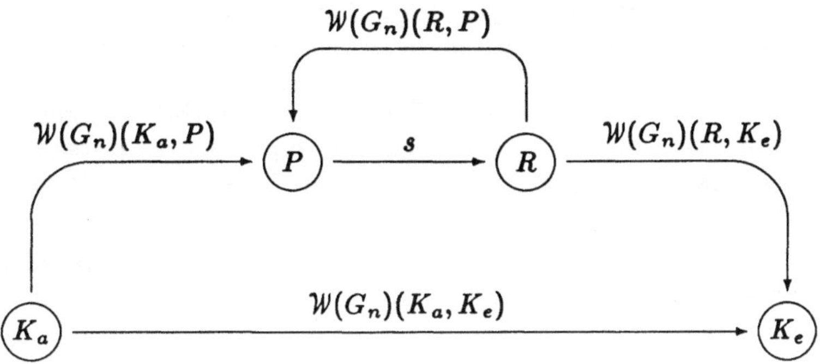

Abbildung 3.62: *Bildliche Darstellung der Beweisidee von Satz 3.30*

Wir nehmen nun an, daß uns ein abzählbar unendliches Alphabet $\mathcal{X}_\infty$ vorliegt, aus dem alle endlichen Alphabete $\mathcal{X}$ entnommen werden. Wir definieren

$$\mathrm{REG}\,(\mathcal{X}_\infty^*) = \bigcup_{\substack{\mathcal{X} \subset \mathcal{X}_\infty \\ \#\mathcal{X} < \infty}} \mathrm{REG}\,(\mathcal{X}^*)$$

In analoger Weise verstehen wir die Bezeichnung RAT $(\mathcal{X}_\infty^*)$. Mit diesen Notationen können wir zusammenfassend schreiben

Satz 3.30

a) $RAT(\mathcal{X}_\infty^*) = REG(\mathcal{X}_\infty^*)$.

b) $\left(REG(\mathcal{X}_\infty^*)\,,\cup,\cap,\,^-\right)$ *ist eine boolesche Algebra.*

c) $REG(\mathcal{X}_\infty^*)$ *ist unter Homomorphismen* $h: \mathcal{X}_\infty^* \to \mathcal{X}_\infty'^{\,*}$ *abgeschlossen. Weiter gilt:*

$$h^{-1}(L) \cap \mathcal{X}^* \in REG(\mathcal{X}_\infty^*)$$

für $L \in REG\left(\mathcal{X}_\infty'^*\right)$, $\mathcal{X} \subset \mathcal{X}_\infty$, $\mathcal{X}$ *endlich.* ∎

Dieser Satz ist eine Umformulierung bereits bewiesener Sätze.

Die Bedeutung der Resultate von Abschnitt 3.3.6.2 liegt in folgendem Sachverhalt:

Falls wir eine Aufgabe für eine Maschine mit Hilfe der in obigem Satz aufgeführten Operationen beschreiben können, dann sind wir auch in der Lage, einen

Akzeptor anzugeben, der die Aufgabe löst. Und jede Aufgabe, die ein endlicher Akzeptor lösen kann, läßt sich auch in dieser Sprache beschreiben.

Wir können somit sagen, daß wir eine "Programmiersprache" angegeben haben, deren "Programme" aus den Operationen des obigen Satzes bestehen. Damit sind wir zumindest grundsätzlich imstande, jedes Entscheidbarkeitsproblem zu formulieren, das endliche Automaten lösen können.

Darüberhinaus zeigen die Beweise unserer Sätze, daß sich diese Akzeptoren für die in der Sprache definierten Entscheidbarkeitsprobleme auch wirklich konstruieren lassen.

3.3.6.3 Eine Realisierung endlicher Akzeptoren durch Schaltwerke

Wir gehen davon aus, daß ein Akzeptor $a = (G, \alpha, K_a, K_e)$ gegeben ist, der gemäß Lemma 3.27 als ε-freier Akzeptor vorliegt. Die Realisierung mittels logischer Gatter und Flipflops folgt dem Algorithmus, der im Beweis zu Satz 3.26 geschildert ist.

Wir ordnen jedem Knoten des Graphen G ein Flipflop zu. Das Flipflop ist "aktuell", falls es auf Eins gesetzt ist, andernfalls ist es "nicht-aktuell".

Liest der Akzeptor das Eingabesymbol x, dann übernehmen alle Kanten mit der Beschriftung x, die ihren Ursprung in einem "aktuellen" Flipflop haben, die Eins von ihrem Ursprungsknoten, die anderen Kanten werden mit einer Null versehen. Diejenigen Flipflops, die Endpunkt von Kanten sind, welche auf Eins gesetzt sind, werden zu "aktuellen" Flipsflops, d.h. auf Eins gesetzt. Alle übrigen Flipflops sind "nicht-aktuell" und als solche auf Null geschaltet. Wird ein zu K_e gehöriges Flipflop auf Eins gesetzt, dann gibt das Schaltwerk eine Eins aus.

Jedem Knoten des Graphen wird ein Schaltkreis zugeordnet und jeder Kante inklusive ihrer Beschriftung eine Leitung. Die Logik des Knotenschaltkreises wählt die dem Eingabesymbol entsprechende Leitung, die im jeweiligen Flipflop startet, aus. Die in den gleichen Knoten mündenden Leitungen werden disjunktiv zusammengefaßt.

Die Abbildung 3.63 erläutert diese Konstruktionsvorschrift. Der Akzeptor ist links, das Schaltwerk ist rechts skizziert. Hierin repräsentiert die Box "$\boxed{x = a_i?}$" eine Auswahllogik, die genau dann eine Eins an ihrem Ausgang liefert, wenn das Eingabesymbol x gleich a_i ist.

Der Anfangsknoten erfährt eine Sonderbehandlung. Die Schaltung, die ihn ersetzt, ist in Abbildung 3.64 dargestellt. Das entsprechende Flipflop ist mit Eins initialisiert. Das Oder-Gatter faßt alle Leitungen zusammen, die in den Anfangsknoten münden. Ließen wir das vorgeschaltete Und-Gatter weg, so wäre das Anfangsflipflop im weiteren Verlauf noch mit Eins besetzt, auch wenn der

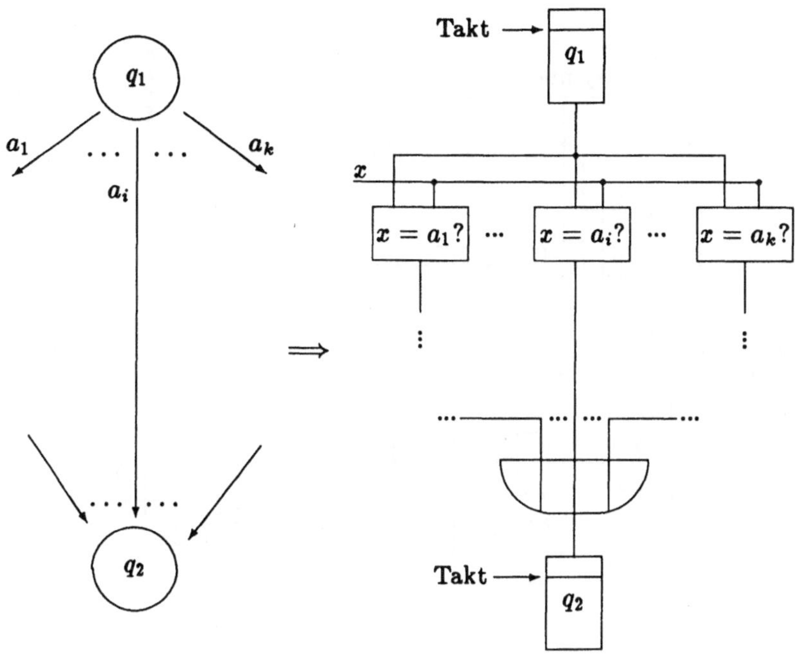

Abbildung 3.63: *Umwandlung eines Akzeptors in ein Schaltwerk*

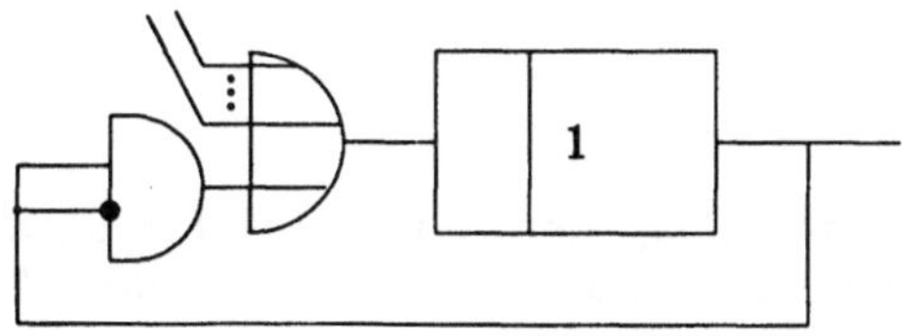

Abbildung 3.64: *Ersetzung eines Anfangsknotens bei der Umwandlung eines Akzeptors in ein Schaltwerk*

Eingangsknoten nicht mehr aktuell wäre. Es dient dazu, die Initialisierung des Anfangsflipflops aufzuheben.

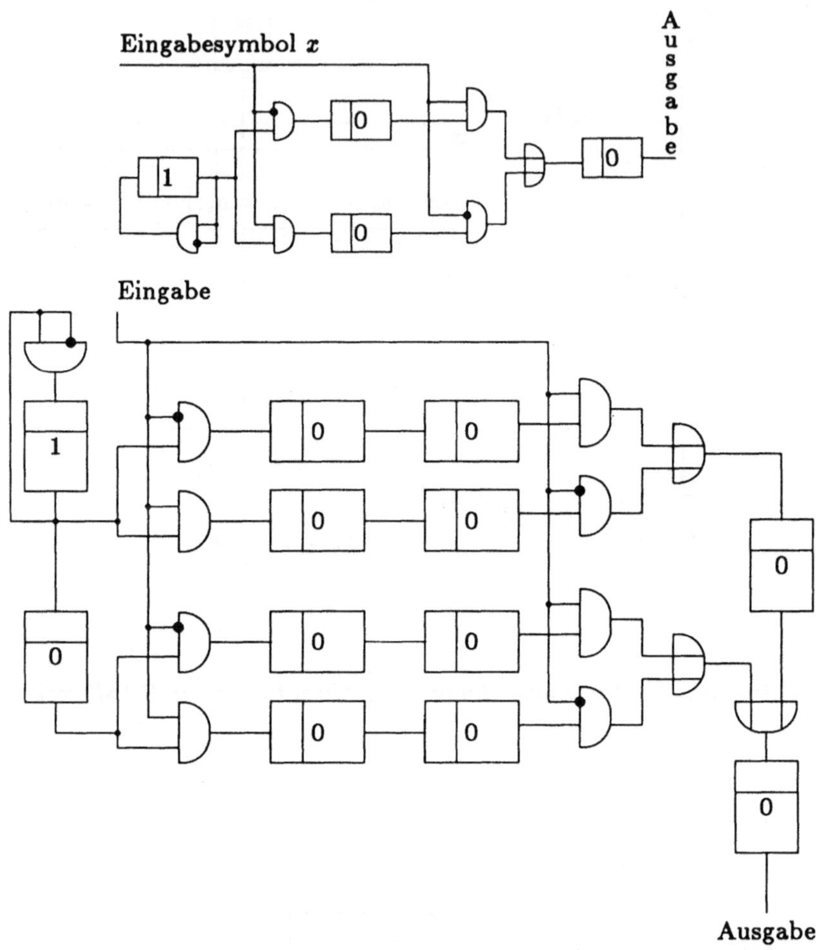

Abbildung 3.65: *Umwandlung der Akzeptoren für L_1 aus Abbildung 3.55 (oben) und für L_2 aus Abbildung 3.56 (unten) in Schaltwerke*

Wir greifen wieder das Beispiel 3.19 auf. Wir hatten für L_1 einen Akzeptor in Abbildung 3.55 angegeben. Hieraus erhalten wir gemäß unserer Konstruktionsvorschrift das obere Schaltwerk von Abbildung 3.65. Hierin haben wir die Flipflops mit ihrer Initialisierung gekennzeichnet, jedoch die Logik, die diese Initialisierung bewirkt, der Übersichtlichkeit halber weggelassen.

Das untere Schaltwerk von Abbildung 3.65 gibt die Realisierung des Akzeptors für L_2 wieder, wie er in Abbildung 3.56 demonstriert wurde.

Entsprechend der Knotenzahl $A(n)$ (siehe Seite 285) der Akzeptoren für L_n aus Beispiel 3.19 erfordert unsere Realisierung $2n \cdot (n+1)$ Flipflops. Wir benötigen je zwei Gatter für die beiden einfachen Kanten, die einen Knoten verlassen, und je drei Gatter für zwei in einem Knoten zusammenlaufende einfache Kanten. Es sind $2n$ divergierende und $2n$ konvergierende Kanten vorhanden, so daß insgesamt $6n - 1$ binäre Gatter in unserer Konstruktion gebraucht werden.

Man errät aber im vorliegenden Fall auch anhand der Sprachbeschreibung ein Schaltwerk, das L_n akzeptiert. Wir geben eine solche Realisierung für $n = 3$ in Abbildung 3.66 an.

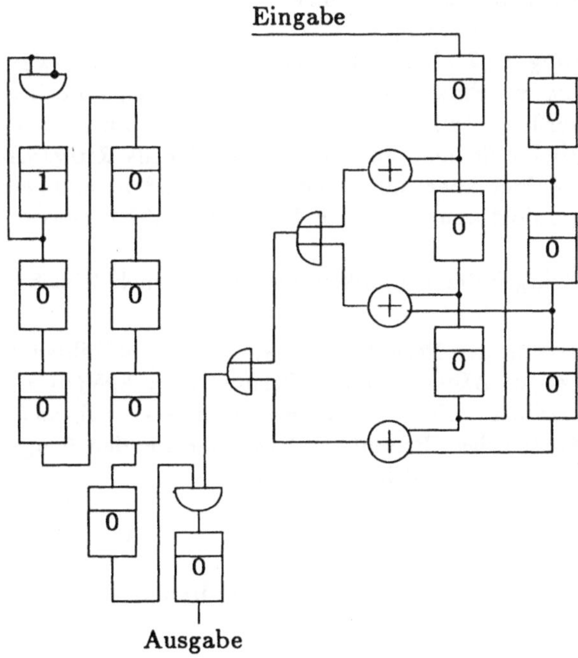

Abbildung 3.66: *Ein L_3 akzeptierendes Schaltwerk*

Diese Realisierung speichert die Eingabefolge in einem Schieberegister der Länge 6 und vergleicht mittels "⊕" – der Addition modulo 2 – die korrespondierenden Stellen der Eingabefolge auf Ungleichheit. Die disjunktive Zusammenfassung liefert genau dann eine Eins, wenn ein korrespondierendes Paar verschieden ist. Das zweite Schieberegister zählt bis 6 und verbleibt dann im 0-Zustand. Das Schaltwerk gibt genau dann eine Eins aus, wenn 6 Takte nach dem Start $w_1 \neq w_4$ oder $w_2 \neq w_5$ oder $w_3 \neq w_6$ festgestellt wurde, wobei w_i das Eingabezeichen zum i-ten Takt bedeute. Also gibt das Schaltwerk genau dann eine Eins aus, wenn die Eingabe in L_3 ist.

Die Kosten dieser Realisierung betragen

$$4n + 2 \quad \text{Flipflops} \qquad \text{und} \qquad 4n \quad \text{Gatter.}$$

Wir sehen, daß in diesem Fall die Standardkonstruktion zu keinem guten Ergebnis führt.

3.3.7 Produkte endlicher Automaten

Wir beginnen mit einem Beispiel: Es soll ein Zähler modulo 12 gebaut werden, der jeden 12-ten Takt eine Eins ausgibt. Dazu können wir ein Schaltwerk verwenden, wie es in Abbildung 3.67 oben abbgebildet ist. Das Schaltwerk zählt, indem es mit jedem Takt die Eins in seinen Flipflops um eine Position weiterreicht. Wenn N Takte verflossen sind, dann steht diese Eins im i-ten Flipflop mit $i = N$ modulo 12. Wir bezeichnen einen solchen Zähler als **Ringzähler**. Man kann einen derartigen Zähler aber auch konstruieren, indem man einen Ringzähler modulo 3 und modulo 4 benutzt (siehe Abbildung 3.67 unten).

Die Alternative, Ringzähler konjunktiv zu verbinden, läßt sich problemlos verallgemeinern.

Haben wir k Zähler mit den Perioden $n_1, n_2, \ldots, n_k$, dann bilden diese als Einheit zusammengefaßt einen Zähler mit der Periode $n = \text{kgV}(n_1, n_2, \ldots, n_k)$. Die Kosten eines Ringzählers mit der Periode n summieren sich aus den Kosten der n Flipflps. Die Kosten des "Produktzählers", der aus den Ringzählern mit den Perioden n_i aufgebaut ist, berechnen sich zu

$$n_1 + n_2 + \cdots + n_k \quad \text{Flipflops} \qquad \text{und} \qquad k - 1 \quad \text{Und-Gatter.}$$

Sind die Perioden $n_1, n_2, \ldots n_k$ paarweise teilerfremd, dann steigen die Kosten des Ringzählers mit der Periode n gemäß

$$n_1 \cdot n_2 \cdot \ldots \cdot n_k$$

d.h. weit schneller als die Kosten für das "Produkt". Es ist also interessant, Produktzerlegungen endlicher Automaten zu betrachten.

Wir behandeln ein weiteres Beispiel eines Zählers. Es soll ein Zähler modulo 3^k gebaut werden.

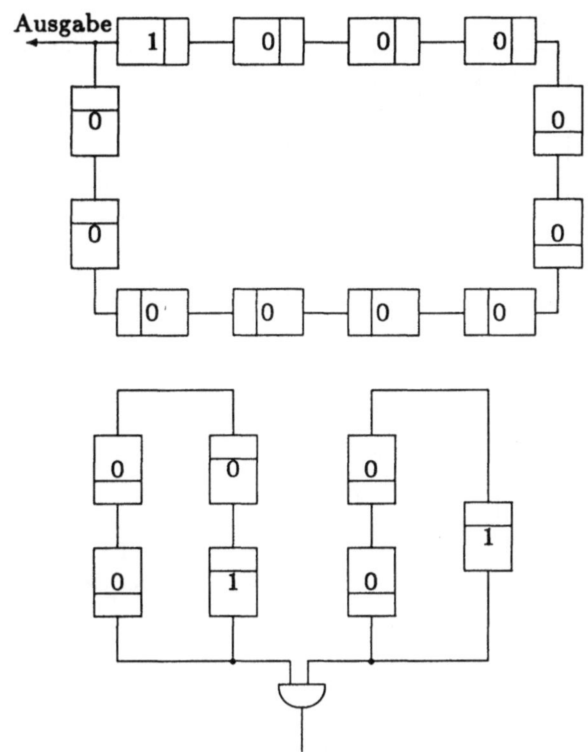

Abbildung 3.67: *Ringzähler modulo 12 (oben) und Zähler modulo 12 bestehend aus zwei Ringzählern modulo 3 bzw. modulo 4 (unten)*

Hierbei ist das oben betrachtete Produkt nicht hilfreich. Wohl hilft uns die Variante von Abbildung 3.68 weiter, die einen Zähler mit der Periode 9 zeigt. Im Unterschied zu den vorigen Zählern werden hier nicht die Anzahl der Takte gezählt, sondern die Anzahl der Einsen, die das binäre Eingabewort enthält.

Der "linke" Teilautomat, welcher aus den drei linken Flipflops und den entsprechenden Gattern besteht, zählt die Anzahl der Einsen auf der Eingabeleitung modulo 3. Der "Ausgang" dieses Teilautomaten wird, nachdem er zusammen mit der Eingabeleitung des Gesamtautomaten durch ein Und-Gatter geführt wird, als "Eingabeleitung" des "rechten" Teilautomaten verwendet, welcher seinerseits die Anzahl der Einsen auf seiner "Eingabeleitung" modulo 3 zählt.

Jedesmal, wenn der "Ausgang" des linken Teilautomaten mit Eins belegt ist und auf der Eingabeleitung des Gesamtautomaten eine Eins erscheint, bewirkt

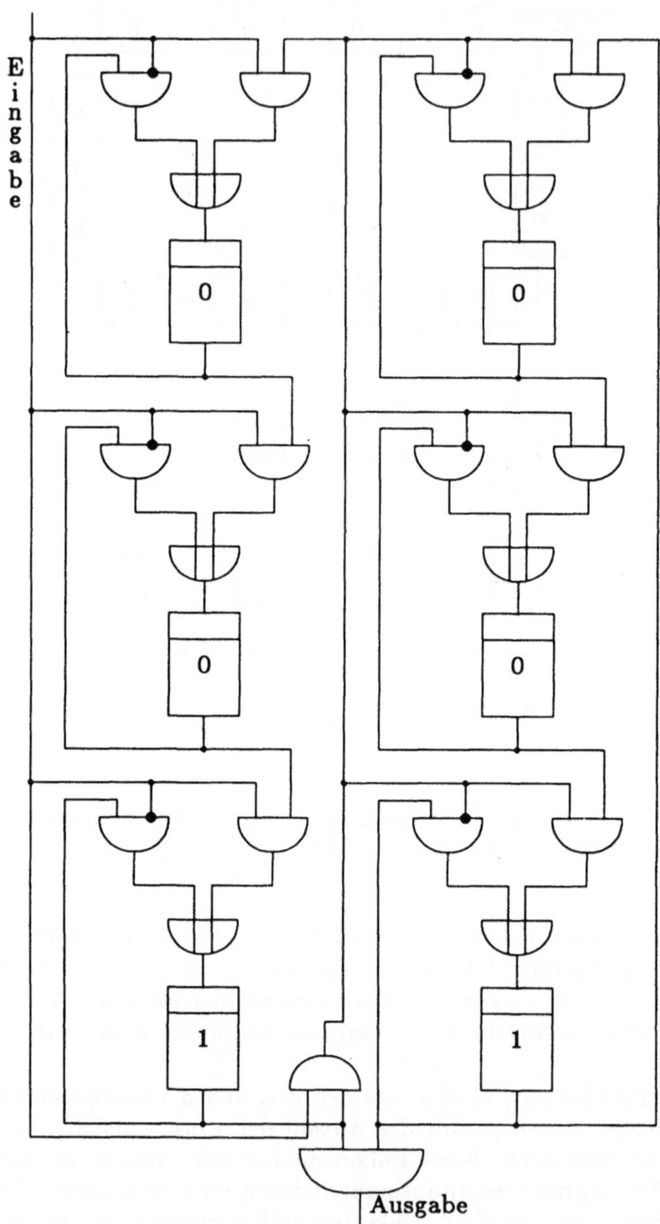

Abbildung 3.68: *Zähler, welcher die Anzahl der Einsen im binären Eingabewort modulo 9 zählt*

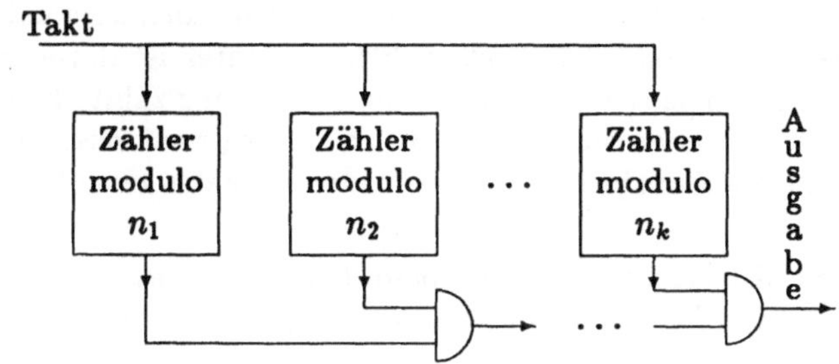

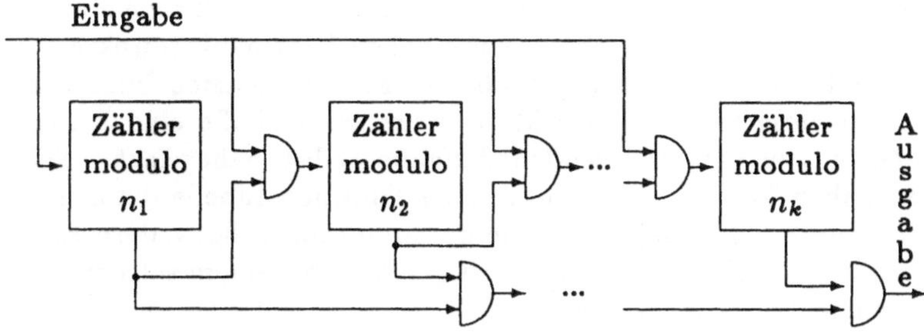

Abbildung 3.69: *Zähler der Periode* $n_1 \cdot n_2 \cdot \ldots \cdot n_k$

die durch das Und-Gatter resultierende Eins ein Weiterschieben der Eins in den rechten drei Flipflops. Wenn der "Ausgang" des "linken" Teilautomaten oder die Eingabeleitung eine Null führt, verharrt der "rechte" Teilautomat in seinem Zustand.

Man könnte natürlich auch versuchen, den Ausgang des linken unteren Flipflops in Abbildung 3.68 als Taktgeber aller drei Flipflops, die auf der rechten Seite abgebildet sind, zu verwenden. Dies wäre eine sogenannte **asynchrone** Schaltung im Gegensatz zu den **synchronen** Schaltungen, die wir bisher immer betrachtet haben. Sie sind durch einen gemeinsamen Taktgeber für alle Flipflops gekennzeichnet.

Die asynchronen Schaltungen sind aber i.a. mit Laufzeitschwierigkeiten behaftet. Der Leser erinnere sich, daß Taktimpulse anders dimensioniert sind als die Ein/Ausgabeimpulse der Flipflops.

Es ist offensichtlich, daß man nach den Ideen, die in Abbildung 3.67 unten und Abbildung 3.68 Verwendung fanden, Zähler mit den Perioden $n_1, n_2, \ldots, n_k$ bauen kann, die kaskadenförmig hintereinandergeschaltet Zähler der Periode $n = n_1 \cdot n_2 \cdot$

$\ldots \cdot n_k$ bilden. In Abbildung 3.69 oben haben wir den kaskadenartig aufgebauten Zähler skizziert, der die Anzahl der Takte zählt. Darunter ist derjenige Zähler angedeutet, der die Anzahl der Einsen auf der Eingabeleitung zählt. Falls man die Anzahl der Takte zählt, müssen die Perioden $n_1, n_2, \ldots, n_k$ paarweise teilerfremde Zahlen sein. Werden die Anzahl der Einsen in der Eingabe gezählt, kann man davon absehen.

Auch hier steigen die Kosten des Zählers mit $n_1 + n_2 + \cdots + n_k + k - 1$ bzw. mit $n_1 + n_2 + \cdots + n_k + 2k - 2$ und nicht mit $n = n_1 \cdot n_2 \cdot \ldots \cdot n_k$ wie im Falle eines Ringzählers mit der Periode n.

Es gibt neben den hier beschriebenen Produkten von endlichen Automaten weitere Produkte. Eine systematische Theorie haben Hartmanis (direkte Produkte) und Rhodes (Kaskadenprodukte) begonnen. Eine allgemeine fruchtbare Theorie scheint schwierig zu sein. Glücklicherweise wird häufig eine Zerlegung der Gesamtaufgabe von der zu lösenden Aufgabe selbst nahegelegt. Sehr große Entwurfsaufgaben können nicht durch eine Funktionstabelle definiert werden, sondern nur durch Bildungsgesetze, die daraufhin auch die weitere Behandlung von Sonderfällen nahelegen. Wir beschäftigen uns mit einem solchen Sonderfall, nämlich mit linearen Schaltwerken.

3.3.8 Lineare Schaltwerke

In den sechziger Jahren und auch etwas später wurde die Frage, ob man einen abstrakten endlichen Automaten als lineares Schaltwerk realisieren kann, intensiv bearbeitet. Dieses Entscheidungsproblem wurde schließlich von J. Hartmanis und H.G. Walter endgültig gelöst.

Wir werden in diesem Abschnitt jedoch nur den Aufbau und eine Anwendung von linearen Schaltwerken betrachten. Dem Leser wird hierdurch die Einordnung dieser Fragestellungen in andere mathematische Theorien erleichert.

Im folgenden bezeichnen $\mathcal{X}$, $\mathcal{Y}$, $\mathcal{Z}$ Vektorräume endlicher Dimension über einem Körper K. Desweiteren sind

$$\begin{array}{ll} A : \mathcal{Z} \to \mathcal{Z}\ , & B : \mathcal{X} \to \mathcal{Z}, \\ C : \mathcal{Z} \to \mathcal{Y}\ , & D : \mathcal{X} \to \mathcal{Y}. \end{array}$$

lineare Abbildungen.

Definition 3.22 *Ein endlicher Automat* $a = (\mathcal{X}, \mathcal{Y}, \mathcal{Z}, \Delta, \Lambda)$ *heißt* **lineares** *Schaltwerk, falls für alle* $x \in \mathcal{X}$ *und* $z \in \mathcal{Z}$

$$\Delta(x, z) = A(z) + B(x) \qquad \textit{und} \qquad \Lambda(x, z) = C(z) + D(x)$$

gilt. ■

Wir betrachten Eingabefolgen

$$x_1, x_2, \ldots, x_N \in \mathcal{X}$$

für unser Schaltwerk, die den Nullzustand $z = 0 \in \mathcal{Z}$ wieder in den Zustand $z = 0$ überführen. Werden solche Folgen bei einer Nachrichtenübertragung zu Folgen

$$x'_1, x'_2, \ldots, x'_N \in \mathcal{X}$$

verändert, dann wird diese Folge i.a. nicht den Nullzustand des Schaltwerkes in den Nullzustand überführen. Somit hat man eine Möglichkeit, in gewissem Umfang Übertragungsfehler festzustellen und zu korrigieren. Dieser Anwendung von linearen Schaltwerken in der Nachrichtenübertragung werden wir uns im folgenden widmen.

Beispiel 3.20 Wir legen den Körper $K = GF(2)$ mit zwei Elementen zugrunde und betrachten das Schaltwerk, das in Abbildung 3.70 dargestellt ist. Wie gewohnt ist $\mathcal{Z} = K^4$ und $\mathcal{X} = K$. Dieses Schaltwerk ist linear mit

$$A = \begin{pmatrix} 0 & 0 & 1 & 1 \\ 1 & 0 & 0 & 0 \\ 0 & 1 & 0 & 0 \\ 0 & 0 & 1 & 0 \end{pmatrix} \quad \text{und} \quad B = \begin{pmatrix} 1 \\ 0 \\ 0 \\ 0 \end{pmatrix}$$

d.h. der Folgezustand $z' = (z'_1, z'_2, z'_3, z'_4)$ von $z = (z_1, z_2, z_3, z_4)$ bei Eingabe des Zeichens x wird bestimmt durch die Matrixoperation

$$\begin{pmatrix} z'_1 \\ z'_2 \\ z'_3 \\ z'_4 \end{pmatrix} = \begin{pmatrix} 0 & 0 & 1 & 1 \\ 1 & 0 & 0 & 0 \\ 0 & 1 & 0 & 0 \\ 0 & 0 & 1 & 0 \end{pmatrix} \cdot \begin{pmatrix} z_1 \\ z_2 \\ z_3 \\ z_4 \end{pmatrix} + \begin{pmatrix} 1 \\ 0 \\ 0 \\ 0 \end{pmatrix} \cdot x$$

Zu Beginn der Signalübertragung sei das Schaltwerk mit dem Zustand $z_0 = (0,0,0,0)$ initialisiert. Wir senden die Folge über einen Kanal, zunächst das Element x_1, dann x_2 usw. Nach $N-4$ Schritten befinde sich das Schaltwerk im Zustand (z_1, z_2, z_3, z_4). Wir senden nun hinter $x_1, \ldots, x_{N-4}$ die Folge $x_{N-3} = z_3 \oplus z_4$, $x_{N-2} = z_2 \oplus z_3$, $x_{N-1} = z_1 \oplus z_2$, $x_N = z_1$ her. Offensichtlich führt die Folge $x_1, \ldots, x_N$ den Nullzustand des Schaltwerkes in den Nullzustand über. ∎

Wir haben also ein sehr einfaches *Kodierungsverfahren* gefunden. Es stellt sich die Frage, welche Übertragungsfehler das Verfahren entdecken und korrigieren kann. Hierbei spielt sicher die Größe von N eine entscheidende Rolle.

Wir fragen also nach Zahlen N, so daß bestimmte Folgen $x_1, \ldots, x_N$ den Nullzustand in den Nullzustand überführen.

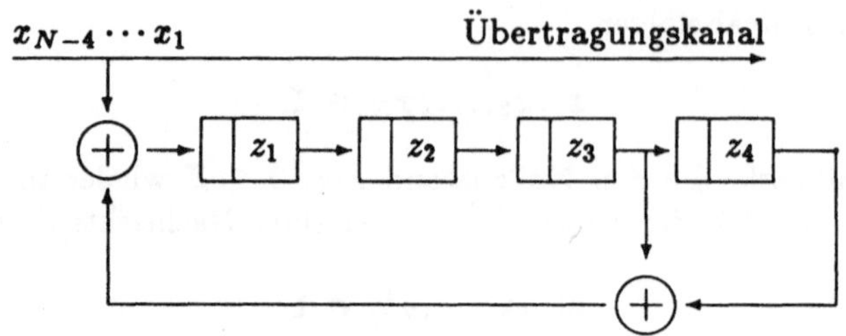

Abbildung 3.70: *Beispiel eines linearen Schaltwerkes*

Wenn z^i für $i = 1, \ldots, N$ den Zustand nach Empfang des Eingabezeichens x_i bezeichne und $z^0 = 0$ ist, so leitet man die folgende Rekursion her:

$$
\begin{array}{lclcl}
z^1 & = & A \cdot z^0 + B \cdot x_1 & = & B \cdot x_1 \\
z^2 & = & A \cdot z^1 + B \cdot x_2 & = & A \cdot B \cdot x_1 + B \cdot x_2 \\
z^3 & = & A \cdot z^2 + B \cdot x_3 & = & A^2 \cdot B \cdot x_1 + A \cdot B \cdot x_2 + B \cdot x_3 \\
\vdots & \vdots & \vdots & \vdots & \vdots \\
z^N & = & A \cdot z^{N-1} + B \cdot x_N & = & \sum_{j=1}^{N} A^{N-j} \cdot B \cdot x_j
\end{array}
$$

Beschränken wir uns im weiteren auf die Situation, daß $\mathcal{X} = K$, $\mathcal{Z} \subset K^n$ und $A \in K^{n,n}$ eine Matrix ist.

Dann können wir auch

$$z^N = \left(x_1 \cdot A^{N-1} + x_2 \cdot A^{N-2} + \cdots + x_N \cdot A^0\right) \cdot B$$

schreiben. Fassen wir

$$p(X) = x_1 \cdot X^{N-1} + x_2 \cdot X^{N-2} + \cdots + x_N \cdot X^0 \ ,$$

als Polynom in der Unbekannten X auf, in das die Matrix A eingesetzt wird, so erhalten wir

$$z^N = p(A) \cdot B \ .$$

Wir interessieren uns also für die Menge der Polynome $p \in K[X]$ aus dem Ring der Polynome $K[X]$ mit Koeffizienten aus K, für die gilt:

$$p(A) \cdot B = 0 \ .$$

Dies ist ein Fragenkreis, der in der Algebra unter dem Thema "Darstellungstheorie" abgehandelt wird. Wir verweisen den Leser auf dieses schöne und nützliche Gebiet und erwähnen nur einige wichtige Resultate.

Die Teilmenge

$$I = \{p(X) \in K[X] \mid p(A) \cdot B = 0\}$$

ist ein Hauptideal im Ring $K[X]$. Ist $q(X) \in I$ ein irreduzibles Polynom, so ist q ein erzeugendes Polynom des Hauptideals I, d.h. $I = q \cdot K[X]$. Das charakteristische Polynom $\mu_A(X)$ ist Element von I, denn nach dem Satz von Cayley-Hamilton erfüllt jede Matrix ihr charakteristisches Polynom, d.h. $\mu_A(A) = 0$. Ist $\mu_A(X)$ irreduzibel, so teilt $\mu_A(X)$ jedes Polynom $p(X)$ mit $p(A) \cdot B = 0$, da es ein erzeugendes Element von I ist.

Um die Fehlerkorrektur zu realisieren, interessieren wir uns für Zahlen N, die die Bedingung

$$A^N = E$$

erfüllen, wobei E die Einheitsmatrix in $K^{n,n}$ bezeichne und A als regulär vorausgesetzt wird. Aus den soeben zitierten Resultaten folgt nun:

> Ist $\mu_A(X)$ irreduzibel, so teilt $\mu_A(X)$ das Polynom $X^N - 1$ genau dann, wenn $A^N = E$ ist.

Fortsetzung von Beispiel 3.20: Das charakteristische Polynom der Matrix A lautet

$$\mu_A(X) = X^4 + X + 1 .$$

Der zentrale Schritt zum Entwurf eines fehlerkorrigierenden Schaltwerkes für Beispiel 3.20 bildet das folgende Lemma.

Lemma 3.31 *Die Zahl 15 ist das Minimum aller $N \in \mathbf{N}$, für die $A^N = E$ gilt.*

Beweis: Das Polynom $\mu_A(X)$ hat keine Nullstellen in K. Darum kommt nur $X^2 + X + 1$ als Teiler von $\mu_A(X)$ in Frage. Da aber $(X^2 + X + 1)^2 \neq \mu_A(X)$ ist, ist das Polynom $\mu_A(X)$ irreduzibel. Also ist $\mu_A(X)$ ein erzeugendes Polynom von I.

Wie man leicht nachrechnet, teilt $\mu_A(X)$ das Polynom $X^{15} - 1$, woraus $A^{15} = E$ folgt.

Ist $N \in \mathbf{N}$ minimal mit $A^N = E$ und gilt $A^m = E$, so wird $m \in \mathbf{N}$ von N geteilt. Denn ist $m = N \cdot s + t$ mit $s \in \mathbf{N}$, $0 \leq t < N$, so folgt aus $E = A^m = A^{N \cdot s} \cdot A^t$, daß $A^t = E$ ist, d.h. $t = 0$.

Wäre $N < 15$, so müßte entweder $N = 3$ oder $N = 5$ sein. Aber $A^3 \neq E$ und $A^5 \neq E$, was zu zeigen war. ∎

Darüberhinaus haben wir in Lemma 3.31 auch bewiesen, daß $N = 15$ minimal ist mit der Eigenschaft

$$(A^N - E) \cdot B = 0 \quad \text{d.h.} \quad A^N \cdot B = B .$$

Wir betrachten nun das *Dekodierproblem*. Es werden nur Folgen der Sprache

$$L_N := \left\{ (x_1, \ldots, x_N) \in K^N \,\middle|\, \sum_{j=1}^{N} x_j \cdot X^{N-j} \in I \right\}$$

übertragen. Als Übertragungsschema kann man sich folgende Skizze vor Augen halten.

Sender → Kodierwerk → Kanal → Dekodierwerk → Empfänger

Dabei nehmen wir an, daß die empfangene Folge $x_1', x_2', \ldots, x_N'$ sich von der gesendeten Folge $x_1, x_2, \ldots, x_N$ mit

$$x_1 \cdot X^{N-1} \oplus x_2 \cdot X^{N-2} \oplus \cdots \oplus x_N \cdot X^0 \in I$$

in höchstens einer Position etwa der i-ten unterscheidet. Also ist

$$x_j' = \begin{cases} x_j & \text{für } i \neq j \\ x_j \oplus 1 & \text{für } i = j \;. \end{cases}$$

Schicken wir während der Übertragung $x_1', x_2', \ldots, x_N'$ in unser Schaltwerk, so erhalten wir nach Empfang der Folge den Zustand

$$\begin{aligned} z^N &= \left(x_1 \cdot A^{N-1} \oplus x_2 \cdot A^{N-2} \oplus \cdots \oplus (x_i \oplus 1) \cdot A^{N-i} \oplus \cdots \oplus x_N \cdot A^0 \right) \cdot B \\ &= A^{N-i} \cdot B \;, \end{aligned}$$

wegen

$$\left(x_1 \cdot A^{N-1} \oplus x_2 \cdot A^{N-2} \oplus \cdots \oplus x_N \cdot A^0 \right) \cdot B = 0 \;.$$

Die einzelfehlerbehaftete Folge $(x_1', \ldots, x_N')$ ist nicht in L_N, da aus der Regularität der Matrix A folgt, daß A^{N-i} regulär ist, d.h. $A^{N-i} \cdot B \neq (0,0,0,0)$.

Geben wir dem Schaltwerk anschließend noch die Folge $(0, \ldots, 0)$ der Länge i ein, so ergibt sich der Zustand

$$A^N \cdot B = E \cdot B = B \;.$$

Die Länge der Folge $(0, \ldots, 0)$, die nachgeschoben wird, um den Zustand B zu erhalten, lokalisiert das fehlerhafte Bit der 15-stelligen Eingabefolge.

Die Abbildung 3.71 liefert ein Dekodierwerk, das die *Einzelfehler* bei Folgen der Länge 15, die den Nullzustand des Schaltwerkes wieder in den Nullzustand überführen, zu korrigieren vermag.

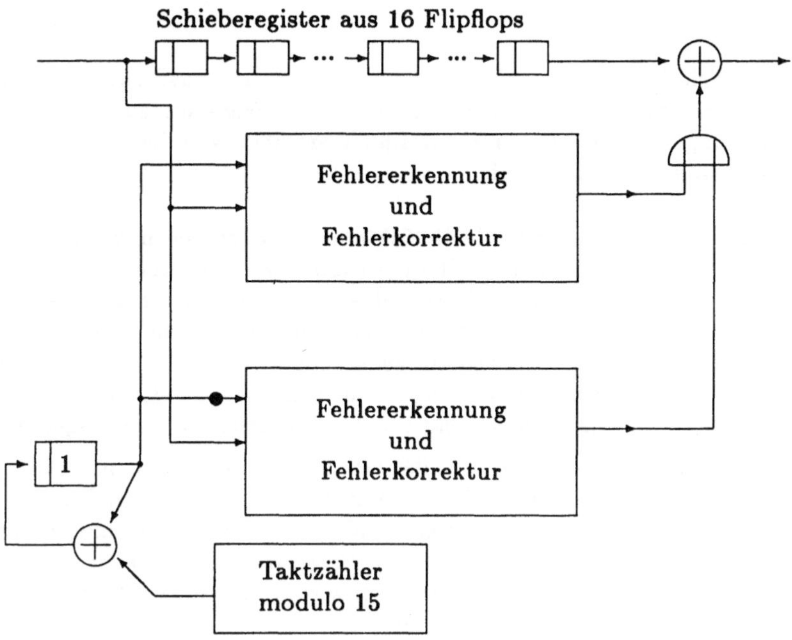

Einheit zur "Fehlererkennung und Fehlerkorrektur":

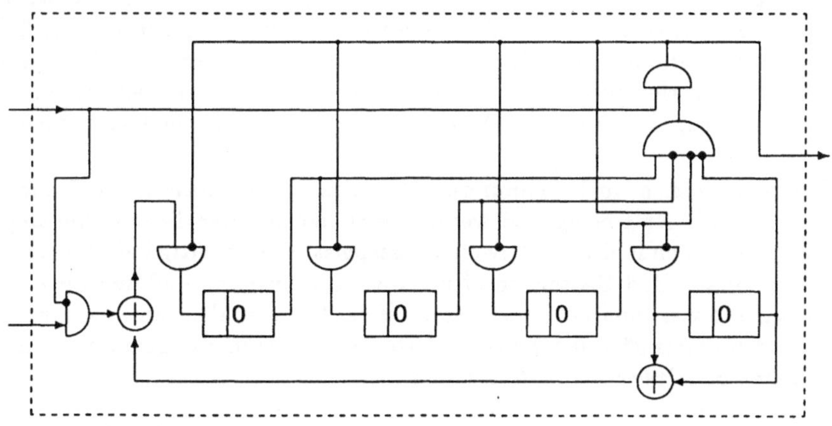

Abbildung 3.71: *Dekodierwerk für das Beispiel 3.20*

Wir werden die logische Funktion des Dekodierwerkes im folgenden ausführlich beschreiben.

Das lineare Schaltwerk von Abbildung 3.70 wird um zusätzliche Gatter erweitert, um Übertragungsfehler erkennen und korrigieren zu können. Die Fehlererkennungs- und Fehlerkorrektureinheit arbeitet, wie der Name schon besagt, in zwei verschiedenen Modi.

Sie befindet sich abwechselnd für je 15 Takte im Erkennungs- und Korrekturmodus. Je eine der duplizierten Einheit im Dekodierwerk befindet sich im Erkennungsmodus, die andere im Korrekturmodus. Um nach dem Fehlererkennungsvorgang auch die Korrektur an der eingegebenen Folge vornehmen zu können, wird die Folge in einem Schieberegister zwischengespeichert. Auf diese Art und Weise können die zu übertragenden Folgen nacheinander ohne Verzögerung – bis auf einen anfänglichen Zeitverlust – im Pipelining-Verfahren übertragen werden.

Wird die erste Folge übertragen, befindet sich die obere Einheit im Erkennungsmodus. Ist sich die erste Folge im Schieberegister gespeichert, schaltet die obere Einheit auf Korrekturmodus; die untere Einheit auf Erkennungsmodus, um die zweite Folge abzutesten, während die erste Folge von der oberen Einheit korrigiert wird. Bevor die dritte Folge übertragen wird, schaltet die obere Einheit auf Erkennung, die untere auf Korrektur usw.

Der Taktzähler modulo 15 liefert jeden 15-ten Takt eine Eins, ansonsten eine Null. Hierdurch wird mittels eines über eine Addition modulo 2 rückgekoppelten Flipflops der Inhalt dieses Flipflops in jedem 15-ten Takt invertiert. Vom zweiten bis 16-ten Takt ist der Inhalt Null, vom 17-ten bis 31-ten Takt Eins usw. Dieser Inhalt wird – invertiert bzw. nicht invertiert – jeweils an den oberen linken Eingang der Erkennungs- und Korrektureinheit gelegt. Diese Steuerleitung gibt den jeweiligen Betriebsmodus an. Beschäftigen wir uns nun noch detaillierter mit dieser Einheit, die als unteres Modul in Abbildung 3.71 aufgezeichnet ist.

- Befindet sie sich im Erkennungsmodus, d.h. der entsprechende Steuereingang ist mit Null belegt, so werden über den unteren linken Eingang die Eingabezeichen in das Schaltwerk eingespeist. Gleichzeitig liefert das rechte obere binäre Und-Gatter eine Null, die zum Ausgang und zur Eins invertiert in die vier binären Und-Gatter auf der horizontalen Linie geführt wird. Dadurch entspricht das logische Verhalten im Erkennungsmodus dem des linearen Schaltwerks von Abbildung 3.70.

- Befindet sie sich im Korrekturmodus, d.h. der entsprechende Steuereingang ist mit Eins belegt, so wird über das untere binäre Und-Gatter nur die Eingabe Null ins Schaltwerk eingespeist. Sobald das Schaltwerk den Zustand $B = (1,0,0,0)$ annimmt, liefert das rechte obere binäre Flipflop eine

Eins. Der Ausgang liegt somit auch auf Eins. Die vier Und-Gatter auf gleicher horizontaler Linie setzen das Schaltwerk auf den Zustand $(0,0,0,0)$, den Anfangszustand des Erkennungsmodus.

Dauert der Korrekturmodus nun i Takte lang, bis sich Zustand B einstellt, so ist das Eingabezeichen x_i' fehlerhaft, d.h. $x_i' = x_i \oplus 1$. Dann befindet sich aber x_i' im letzten – dem am weitesten rechts befindlichen – Flipflop des Schieberegisters. Dies macht man sich induktiv für $i = 1, \ldots, 15$ klar. Ist $i = 1$, so ist x_1' fehlerhaft und nach dem ersten Takt des Korrekturmodus wird der Zustand B registriert. Dann liegt x_1' im "16-ten" Flipflop etc.

Die Eins des rechten oberen binären Flipflops korrigiert das fehlerhafte Zeichen.

Man kann die Anzahl der Gatter noch um vier und die Anzahl der Flipflops um eins verringern:

Testet man im Korrekturmodus auf *den* Vorgängerzustand von B, nämlich auf $(0,0,0,1)$, ab, so kann man

1.) auf das 16. Flipflop des Schieberegisters und

2.) auf die auf einer horizontalen Linie liegenden Und-Gatter der Erkennungs- und Korrektureinheit verzichten. Indem die Leitung, die vom Test auf $(0,0,0,1)$ ausgeht, als zusätzliche "Eingabe" in die linke untere Addition modulo 2 fließt, wird im Korrekturmodus auf den Zustand $(0,0,0,1)$ der Zustand $(0,0,0,0)$ folgen. ∎

Diese schöne Idee zum Bau von Kodierern bzw. Dekodierern geht auf Meggitt zurück. Die Bedeutung der linearen Automaten für die Kodierungstheorie wurde von Huffman entdeckt. Die Untersuchung der linearen Automaten mit Methoden der linearen Algebra liefert eine schöne Theorie, die in praktisch bedeutsamen Resultaten gipfelt. Die Zerlegung solcher Schaltwerke in Produkte erweist sich als ein klassisches Problem der linearen Algebra.

3.3.9 Alternative Beschreibung von Schaltwerken

Wir haben Schaltwerke durch die Angabe von Speicherelementen und kombinatorischen Schaltkreisen beschrieben. Diese kann man als endliche Automaten auffassen (Abschnitt 3.3.5). Die Sprachen, die endliche Automaten erkennen können, haben wir in Abschnitt 3.3.6 charakterisiert. Auf dieser Basis ist es möglich, Operationen anzugeben, die es erlauben, jeden Akzeptor aus elementaren Akzeptoren aufzubauen. In Abschnitt 3.3.6.3 haben wir eine Konstruktionsvorschrift geschildert, die nichtdeterministische Akzeptoren in Schaltwerke übersetzt. Die stärker an Schaltwerken orientierte Darstellungstheorie haben wir in den Abschnitten 3.3.7 und 3.3.8 angedeutet.

Eine weitere Methode, Schaltwerke zu definieren, ist in stärkerem Maße algorithmisch orientiert. Es handelt sich um die **Mikroprogramme** oder **Programming Logical Arrays (PLA)**. Die Verwendung einer **Netzalgebra** und von rekursiven Gleichungen in dieser Algebra bietet eine weiteren fruchtbaren Ansatz. Beide Konzepte entwickeln wir in den beiden folgenden Paragraphen und erläutern sie dort am Beispiel von arithmetischen Funktionen.

3.4 Mikroprogrammierung

3.4.1 Vorläufiges über Programmiersprachen

Wir haben im Kapitel 2 ein einfaches Modell einer elektronischen Rechenmaschine begründet und entwickelt. Dieses Modell besteht aus einer Datenstruktur und Operationen auf dieser Struktur. Die Datenstruktur gliedert sich in vier Speicher und einige Register. Die Operationen beziehen sich auf die durch Adressen definierten Zellen dieser Speicher und die Register der Steuereinheit.

Das Programmieren in der Maschinensprache erfordert viel Aufmerksamkeit, da man nicht wie meist gewohnt Variablen verwenden kann, sondern die Positionen aller Werte im Speicher festlegen muß, obwohl in vielen Fällen diese Positionen unerheblich sind. Wir haben uns zwar von der Bindung an absolute Adressen durch die Einführung von Index- und Basisadressenregistern befreit, aber wir müssen noch auf die Speicherorganisation achten, damit Daten an der vorgesehenen Position abgelegt werden und nicht verloren gehen.

Solche immer wiederkehrenden Organisationsaufgaben möchte man dem Rechner überlassen. Dies gibt den Anstoß, "höhere Programmiersprachen" zu benutzen, die geeignete Datenstrukturen und Operationen oder die Möglichkeit, sie zu definieren, bereitstellen. Es wurden verschiedene Organisationsformen zur Gliederung von Programmen in Prozeduren und Module entwickelt und eine ganze Reihe verschiedener Verfahren zur Festlegung des Informationsaustausches zwischen den verschiedenen Komponenten eines Programmes untersucht und zur Verfügung gestellt.

Zur Beschreibung der Syntax von Programmiersprachen existieren allgemein akzeptierte Standards, nicht aber zur Spezifikation der Semantik der Programme. Die einfach zu beschreibenden, aber komplex wirkenden Befehle der höheren Programmiersprachen werden intern durch eine Folge von Maschinenbefehlen in Aktionen umgesetzt. Die Maschinenbefehle selbst sind aber keineswegs "atomare" Befehle, sondern werden in Folgen von elementareren Befehlen, den *Mikroprogrammen*, aufgelöst. Diese Umsetzung demonstrieren wir aus zwei Gründen:

1.) Die Methode, die Bedeutung eines Programmes einer höheren Programmiersprache auf die Bedeutung eines Programmes in einer elementareren

Sprache zurückzuführen, ist von generellem Interesse und hier einfach zu verstehen.

2.) Die Definition der Maschinenbefehle durch Mikroprogramme ist ein entscheidender Schritt hin zu einer Konstruktionsvorschrift für die physikalische Maschine. Die physikalische Realisierung erhalten wir durch eine Interpretation der Mikrobefehle durch mathematische Schaltnetze, die sich schließlich in physikalische Schaltwerke übersetzen lassen.

Es zeichnet sich hier also ein stark hierarchisch geprägtes Vorgehen bei der Interpretation von Programmen und elektronischen Rechenmaschinen ab. Ohne diese durch die hierarchische Strukturierung geschaffene Arbeitsteilung wäre eine fortschrittliche Entwicklung von Algorithmen und Systemen nicht möglich.

3.4.2 Die Datenstrukturen der Mikroprogramme

Befehle und Zahlen werden – wie alle Daten – in Rechenmaschinen binär dargestellt. Speicher müssen, wie wir gesehen haben, lesbar und beschreibbar sein. Aus der physikalischen Sicht handelt es sich bei den Speicherzellen um Systeme mit sehr vielen stabilen Zuständen. Bisher war es am einfachsten, solche Systeme aus bistabilen Elementen aufzubauen. Dies ist ein wesentlicher Grund dafür, daß alle elementaren Speicherzellen zweiwertig und alle Elementaroperationen auf dieser Basis erklärt sind.

Wir verwenden zur Bezeichnung der beiden Zustände die Ziffern 0 und 1 aus $\mathbf{B}$. Die Daten, die Mikroprogramme behandeln, sind dementsprechend Folgen aus $\mathbf{B}^*$. Zur Kodierung der für unsere Maschine zugelassenen Zahlen $[-Q : Q]$ benötigen wir mindestens $\lfloor \log_2(Q) \rfloor + 2$ Binärstellen, entsprechend zur Kodierung der Adressen $[0 : M]$ bzw. $[0 : N]$ $\lfloor \log_2(M) \rfloor + 1$ bzw. $\lfloor \log_2(N) \rfloor + 1$ Binärstellen.
Wir führen ein einheitliches Datenformat aus n Binärstellen für Adressen, Zahlen und Befehle unserer Maschine ein. In den meisten Maschinen ist heute $n = 32$. n heißt die **Wortlänge** der Maschine. Unterschiede gibt es in der Zerlegung der Breite der Busse (Signalwege), die häufig nur aus 8 oder 16 parallelen binären Leitungen bestehen.
Wir werden aber nicht nur mit *einer* Wortlänge n arbeiten, da Zwischenrechnungen beispielsweise bei der Multiplikation eine höhere Genauigkeit verlangen. Wir benötigen verschiedene Zähler, für die wir mit weniger Stellen auskommen.

Ein binäres Speicherelement z kann also die beiden Werte aus $\mathbf{B}$ annehmen. Wir bezeichnen den *momentanen* Zustand, des Elementes z mit $\xi(z)$. ξ ist also eine Abbildung $\xi\colon \{z\} \to \mathbf{B}$. Haben wir irgendeine Menge von Speicherelementen $S = \{x_0, \ldots, x_{n-1}\}$, dann bezeichnet $\xi\colon S \to \mathbf{B}$ den momentanen Speicherzustand von S. Ist $x = (x_{n-1}, \ldots, x_0)$ eine Folge von binären Speicherelementen, dann ist $\xi(x) = \big(\xi(x_{n-1}), \ldots, \xi(x_0)\big)$ der momentane Speicherzustand von x.

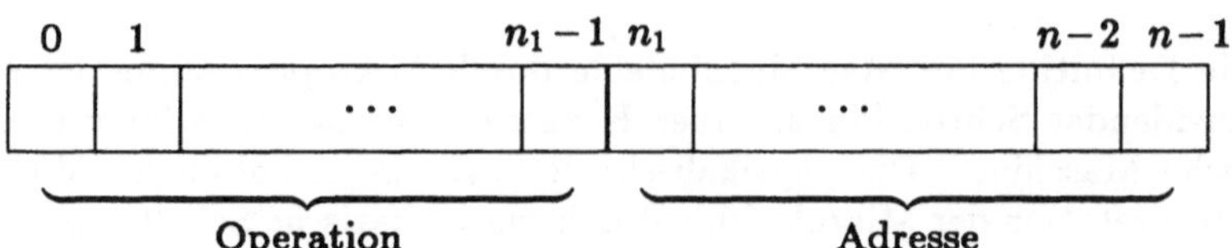

Abbildung 3.72: *Zerlegung des Maschinenwortes der Länge n in zwei Teilworte der Länge n_1 bzw. n_2*

Wir erinnern an die Darstellung der ganzen Zahlen größer gleich Null zu einer Basis $p > 1$. Jede solche Zahl $m \in \mathbf{N}_0$ läßt sich auf genau eine Weise in der Form

$$m = \sum_{i=0}^{n-1} \xi_i \cdot p^i \qquad \text{mit} \quad \xi_i \in [0 : p-1]$$

für alle $p \in \mathbf{N}$ und $p > 1$ darstellen. So können wir sagen, daß der momentane Zustand $\xi(x) = (\xi(x_{n-1}), \ldots, \xi(x_0))$ die Zahl

$$\sum_{i=0}^{n-1} \xi(x_i) \cdot 2^i$$

repräsentiert. Hierbei werden wir im folgenden, entgegen unserer bisher üblichen Tupelschreibweise, die Binärkomponenten gemäß ihrer zunehmenden Stellenwertigkeit von rechts nach links notieren und indizieren.

Wir stellen die negativen Zahlen dar, indem wir eine weitere Binärstelle für das Vorzeichen verwenden. Hierauf und auf die Darstellung rationaler Zahlen kommen wir später zurück.

Der zweite besonders ausgezeichnete Datentyp unserer Maschine besteht aus den Befehlen. Die sich unmittelbar anbietende Kodierung der Befehle ist eine Zerlegung des Maschinenwortes der Länge n in zwei Teilworte der Länge n_1 bzw. n_2 mit $n_1 + n_2 = n$ (siehe Abbildung 3.72).

Das erste Wort bezeichnet die Operation, das zweite die Adresse eines Operanden. Diese starre Aufteilung des Befehlswortes hat Nachteile.

- Bei einigen Befehlen ist der Adreßteil irrelevant, z.B. bei denjenigen, die Daten vom Akkumulator in ein Register bzw. umgekehrt transportieren; die Register inkrementieren bzw. dekrementieren sowie den Pop- bzw. Push-Befehlen.

- Bei Speicherbefehlen hingegen möchten wir einen möglichst großen Adreßraum zur Verfügung haben.

Diese und andere Beispiele führen dazu, daß man i.a. diese starre Aufteilung des Befehlswortes nicht verwendet. An diese Stelle tritt eine hierarchische Gliederung, indem ein erstes "kurzes" Wort den Typ des Befehls angibt. Die Aufteilung des Restwortes erfolgt dann gemäß diesem Typ. Die Aufteilung kann aber auch noch weitere Hierarchiestufen verwenden. Dies verdeutlicht, daß die binäre Zahlendarstellung ein Kodierungsproblem aufwirft, das bei großem Befehlsvorrat etwas Mühe bereitet.

Man sieht leicht, daß sich unser gewohntes Alphabet binär kodieren läßt. Falls die Anzahl der darzustellenden Zeichen kleiner gleich $256 = 2^8$ ist, verwendet man üblicherweise zur Darstellung eines Buchstabens, einer Ziffer oder der zahlreichen Sonderzeichen ein **Byte**, d.h. ein Wort aus $\mathbf{B}^8$. Wir können also beruhigt von der Darstellung der Daten durch binäre Folgen ausgehen.

3.4.3 Die Elementaroperationen der Mikroprogrammierung

Als Basisoperationen verwenden wir die in Abschnitt 3.2.2 (siehe Seite 215) definierten Schaltfunktionen Konjunktion, Disjunktion und Negation. Darüberhinaus greifen wir auch auf die Addition modulo 2 zurück, welche als

$$a \oplus b := (\overline{a} \wedge b) \vee (a \wedge \overline{b})$$

definiert ist (siehe Seite 250). Man entnimmt unmittelbar der Definition, daß folgendes gilt:

$$\begin{aligned} a \oplus 1 &= \overline{a}, & a \wedge (b \oplus c) &= (a \wedge b) \oplus (a \wedge c), \\ a \oplus a &= 0, & a \oplus \overline{a} &= 1. \end{aligned}$$

Wir setzen die Operationen $\tau : \mathbf{B}^2 \to \mathbf{B}$ mit $\tau \in \{\wedge, \vee, \oplus\}$ auf n-Tupel $a = (a_{n-1}, \ldots, a_0)$ und $b = (b_{n-1}, \ldots, b_0)$ fort, indem wir $\tau : \mathbf{B}^{2n} \to \mathbf{B}^n$ komponentenweise erklären

$$\begin{aligned} a \,\tau\, b &:= \left(a_{n-1} \,\tau\, b_{n-1}, \ldots, a_0 \,\tau\, b_0\right), \\ \overline{a} &:= \left(\overline{a_{n-1}}, \ldots, \overline{a_0}\right) . \end{aligned}$$

Wir verwenden weiter die Schreibweisen von Seite 216

$$a^1 = a, \quad a^0 = \overline{a} \quad \text{und} \quad a^\varepsilon := a_{n-1}^{\varepsilon_{n-1}} \wedge \cdots \wedge a_0^{\varepsilon_0}$$

für $a, \varepsilon \in \mathbf{B}^n$.

Auch in diesem Zusammenhang ist der Darstellungssatz 3.2 von zentraler Bedeutung, welcher gewährleistet, daß sich jede Schaltfunktion aus $\mathcal{S}(D) = \{f : D \to \mathbf{B}\}$, $D \subseteq \mathbf{B}^k$ mit Hilfe unserer Elementaroperationen und den Projektionen auf die i-te Komponente, welche in $\mathcal{S}(D)$ sind, darstellen läßt.

Als abkürzende Schreibweise verwenden wir zudem die eigentliche boolesche Variable für die Ver-n-fachung der booleschen Variablen. Wenn z zweiwertig ist, schreiben wir

$$z \quad \text{für} \quad \underbrace{(z, \ldots, z)}_{n\,-\,\text{mal}}$$

Die Anzahl n der Vervielfachung ergibt sich in diesen Fällen eindeutig aus dem Zusammenhang. Ebenso verfahren wir mit Konstanten. In dieser Schreibweise haben wir also die Identitäten:

$$\begin{aligned} (x_{n-1}, x_{n-2}, \ldots, x_0) \oplus z &= (x_{n-1} \oplus z, x_{n-2} \oplus z, \ldots, x_0 \oplus z) \ , \\ (x_{n-1}, x_{n-2}, \ldots, x_0) \oplus 1 &= (\overline{x_{n-1}}, \overline{x_{n-2}}, \ldots, \overline{x_0}) \ , \\ (x_{n-1}, \ldots, x_0) \wedge (\overline{x_{n-1}}, \ldots, \overline{x_0}) &= 0 \ . \end{aligned}$$

Neben diesem komponentenweisen Übertragen der Operationen von einfachen booleschen Variablen auf mehrstellige Variablen verwenden wir auch Operationen auf den n-Tupeln, die sich nicht auf diese Weise ergeben. Hierunter zählen die **Schiebe-** oder **Shiftoperationen**. Wir setzen:

$$\begin{aligned} \text{L0shift}(x_{n-1}, x_{n-2}, \ldots, x_0) &= (x_{n-2}, \ldots, x_0, 0) \\ \text{L1shift}(x_{n-1}, x_{n-2}, \ldots, x_0) &= (x_{n-2}, \ldots, x_0, 1) \\ \text{Lcshift}(x_{n-1}, x_{n-2}, \ldots, x_0) &= (x_{n-2}, \ldots, x_0, x_{n-1}) \ . \end{aligned}$$

Dies sind die sogenannten **Links-Shifts**. In der Zahlendarstellung entspricht ein L0shift der Multiplikation mit 2. Symmetrisch hierzu definiert man die **Rechts-Shifts**:

$$\begin{aligned} \text{R0shift}(x_{n-1}, x_{n-2}, \ldots, x_0) &= (0, x_{n-1}, \ldots, x_1) \\ \text{R1shift}(x_{n-1}, x_{n-2}, \ldots, x_0) &= (1, x_{n-1}, \ldots, x_1) \\ \text{Rcshift}(x_{n-1}, x_{n-2}, \ldots, x_0) &= (x_0, x_{n-1}, \ldots, x_1) \ . \end{aligned}$$

Wir verwenden weiter die Konkatenation von Mehrfachtupeln

$$(x_{n-1}, \ldots, x_0) \cdot (q_{m-1}, \ldots, q_0) = (x_{n-1}, \ldots, x_0, q_{m-1}, \ldots, q_0) \ ,$$

wie wir sie von den freien Monoiden her kennen. Um sie von der Konjunktion und Multiplikation deutlich zu unterscheiden, verwenden wir zur Bezeichnung der Operation das Zeichen "$\star$". Offensichtlich gelten für diese Operationen die folgenden Rechenregeln:

$$\begin{aligned}
\mathrm{Lcshift}(x \vee y) &= \mathrm{Lcshift}(x) \vee \mathrm{Lcshift}(y) \ , \\
\mathrm{Lcshift}(x \wedge y) &= \mathrm{Lcshift}(x) \wedge \mathrm{Lcshift}(y) \ , \\
\mathrm{L0shift}(x \vee y) &= \mathrm{L0shift}(x) \vee \mathrm{L0shift}(y) \ , \\
\mathrm{L0shift}(x \wedge y) &= \mathrm{L0shift}(x) \wedge \mathrm{L0shift}(y) \ , \\
\mathrm{L1shift}(x \vee y) &= \mathrm{L1shift}(x) \vee \mathrm{L1shift}(y) \ , \\
\mathrm{L1shift}(x \wedge y) &= \mathrm{L1shift}(x) \wedge \mathrm{L1shift}(y) \ , \\
\mathrm{L0shift}(\overline{x}) &= \overline{\mathrm{L1shift}(x)} \ , \\
\mathrm{L1shift}(\overline{x}) &= \overline{\mathrm{L0shift}(x)} \ , \\
\mathrm{L0shift}(x_{n-1}, \ldots, x_0) &= (x_{n-2}, \ldots, x_0) \star (0) \ .
\end{aligned}$$

Die analogen Regeln gelten für Rechts-Shifts. Desweiteren gilt:

$$\begin{aligned}
\mathrm{Lcshift}\,(\mathrm{Rcshift}(x)) &= x \ , \\
\mathrm{Rcshift}\,(\mathrm{Lcshift}(x)) &= x \ .
\end{aligned}$$

Lcshift und Rcshift sind somit inverse Operationen.

Auch Zuweisungen verwenden wir in gewohnter Form, sowohl für einstellige als auch für n-stellige boolesche Variablen. Ist z eine boolesche Variable und sind x und y n-stellige boolesche Variablen, dann stellt

$$z \star y := (x_{n-1} \wedge y_{n-1}) \star \mathrm{L0shift}(x \wedge y)$$

eine sinnvolle Zuweisung dar.

Trennen wir zwei Zuweisungen durch ein Komma, dann bedeutet dies, daß diese Zuweisungen parallel – d.h. gleichzeitig – ausgeführt werden. Zum Beispiel definiert

$$x := x \oplus y \ , \quad z \star y := (x_{n-1} \wedge y_{n-1}) \star \mathrm{L0shift}(x \wedge y)$$

das Schaltwerk in Abbildung 3.73.

Wie bisher wollen wir auch weiterhin annehmen, daß Variablen, denen in einem bestimmten Programmzustand kein Wert zugewiesen wird, ihren Wert behalten. Um dies schaltungstechnisch umzusetzen, führen wir ein spezielles Flipflop, das **LD-Flipflop**, ein, das diese Funktion realisiert (siehe Tabelle 3.10).

Der Eingang b hat – rein logisch gesehen – die gleiche Funktion wie der Takteingang. Elektrisch besteht aber ein wesentlicher Unterschied. Würden wir die

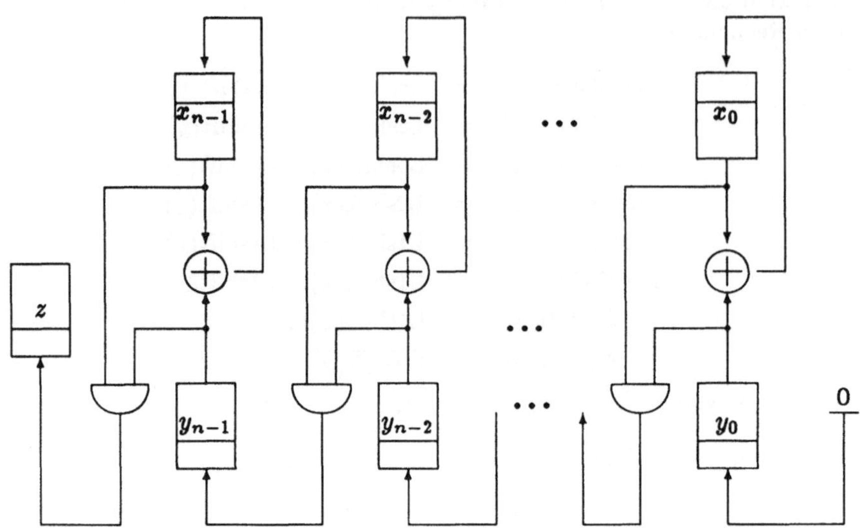

Abbildung 3.73: *Schaltwerk, das die parallele Zuweisung* $x := x \oplus y$, $z \star y := (x_{n-1} \wedge y_{n-1}) \star LOshift(x \wedge y)$ *ausführt*

Takteingänge durch Schaltungen steuern, dann läge eine asynchrone Schaltung vor, deren Korrektheit nur schwer zu übersehen ist, wie wir bereits auf Seite 303 gesehen haben.

Dieses Flipflop läßt sich mittels der bekannten D-Flipflops realisieren (siehe Abbildung 3.74). Der Eingang b wird in einem bestimmten Zustand des Mikroprogrammes nur dann auf Eins gesetzt, wenn in diesem Zustand eine Operation der entsprechenden Variablen einen Wert zuweist.

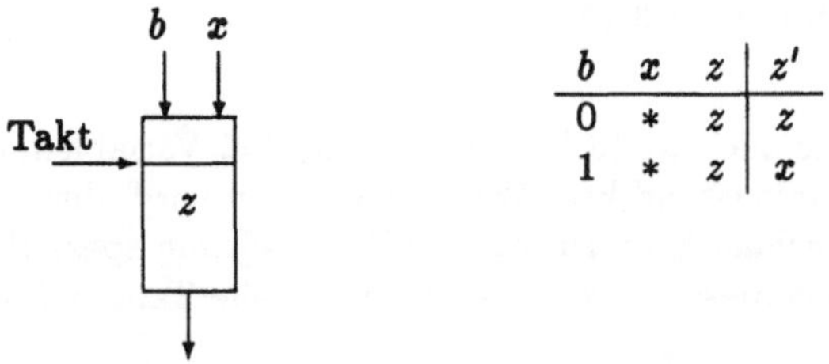

b	x	z	z'
0	*	z	z
1	*	z	x

Tabelle 3.10: *Schaltsymbol und Funktionstabelle des LD-Flipflops*

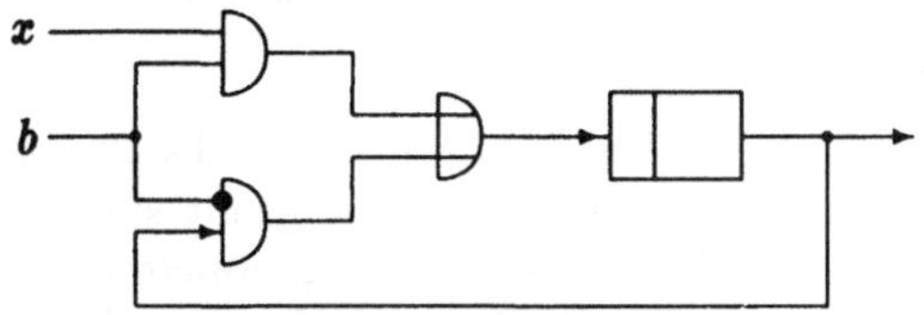

Abbildung 3.74: *Realisierung des LD-Flipflops mittels D-Flipflop*

Zur Verzweigung des Programmablaufes nehmen wir die bedingte Anweisung

if — **then** — **else** — **fi**;

zu Hilfe. In der ersten Leerstelle muß ein Prädikat stehen, wie z.B. $y = 0$. Hierin darf y auch ein Tupel sein. Das Prädikat ist dann komponentenweise zu verstehen. In den Leerstellen zwei und drei stehen Sprunganweisungen der Form **goto** i. Eine Anweisung zur Programmverzweigung kann dann beispielsweise folgendermaßen lauten:

if $y = 0$ **then goto** 5 **else goto** 2 **fi**;

Die Semantik der Operation ist naheliegend. Wir werden sie später auch formal festlegen.

3.4.4 Die Struktur der Mikroprogramme

Mikroprogramme bestehen aus einem *Deklarationsteil* und einem *Anweisungsteil*. Der Deklarationsteil enthält die Definition der im Mikroprogramm verwendeten Bezeichnungen. Wir schreiben keine spezielle Syntax zur Deklaration der Programme vor, sondern fassen die Deklaration informal, indem wir die natürliche Sprache und allgemein bekannte mathematische Symbole benutzen. Dies ist ausreichend, solange wir die Mikropramme nicht automatisch in einen Schaltkreis übersetzen wollen.

- Eine Deklaration könnte z.B. wie folgt lauten:

  "x, y sind 32-komponentige boolesche Variablen. i ist eine 5-komponentige boolesche Variable. z ist eine einfache boolesche Variable. $i := i + 1$ ist eine Prozedur, welche die Dualzahl, die durch den Inhalt $\xi(i)$ der booleschen Variablen i definiert ist, inkrementiert und als Binärfolge in i abspeichert, falls $\xi(i) \neq (1, \ldots, 1)$. Ist $\xi(i) = (1, \ldots, 1)$, dann wird $\xi(i)$ zu $(0, \ldots, 0)$."

Dieses Beispiel zeigt zudem, daß wir uns in den Mikroprogrammen auch auf "Prozeduren" stützen wollen.

- Der Anweisungsteil der Mikroprogramme besteht aus einer Folge von Zeilen, die durch Semikolons voneinander getrennt sind. Zeilen können mit einer "Adresse" markiert sein, die durch Doppelpunkte von dem Anweisungsteil der Zeile getrennt ist. Der Anweisungsteil der Zeile besteht aus einer oder mehreren durch Kommata getrennten Anweisungen, welche Mikrobefehle oder Prozeduren sein können.

Bevor wir syntaktisch korrekte Mikroprogramme weiter spezifizieren, wollen wir das Gesagte an einem Beispiel erläutern.

3.4.4.1 Mikroprogramm für die Addition nach der Schulmethode

Deklaration der vorkommenden Variablen und Prozeduren: Die beiden Summanden stehen in den binären n-stelligen Registern $x = (x_{n-1}, \ldots, x_0)$ und $y = (y_{n-1}, \ldots, y_0)$. Das Resultat stehe nach Abschluß der Berechnung in x. $i = (i_{n-1}, \ldots, i_0)$ ist ein binäres Register. $i := i + 1$ bezeichnet eine Prozedur, die im Dualsystem modulo n zählt. z ist eine boolesche Hilfsvariable.

Anweisungsteil:

Schulmethode Addition Arg(x,y), Res(x,z)

0: $i := 0, \quad z := 0;$

1: $x_i := x_i \oplus y_i \oplus z, \quad z := (x_i \wedge y_i) \vee ((x_i \oplus y_i) \wedge z), \quad i := i + 1;$

2: **if** $i = 0$ **then goto** 3 **else goto** 1;

3: **end**

Erläuterung: In Zeile 0 des Programmes werden der Zähler i und die Variable z zugleich auf Null gesetzt. i zählt die Bitposition, deren Summe und Übertrag berechnet wird. z enthält den jeweiligen Übertrag.

In Zeile 1 addieren wir die beiden i-ten Stellen und den Übertrag der vorhergehenden Stelle modulo 2. Das Ergebnis wird als i-tes Bit der Summe nach x_i geschrieben. Zugleich wird der Übertrag, der an der i-ten Stelle erzeugt wird, berechnet. Weiter inkrementieren wir den "Indexzähler". In Zeile 2 fragen wir, ob alle Stellen abgearbeitet sind. Dies ist genau dann der Fall, wenn $i = 0$ ist. Dann wird in Zeile 3 das Mikroprogramm beendet. Andernfalls wird das Programm in Zeile 1 fortgesetzt.

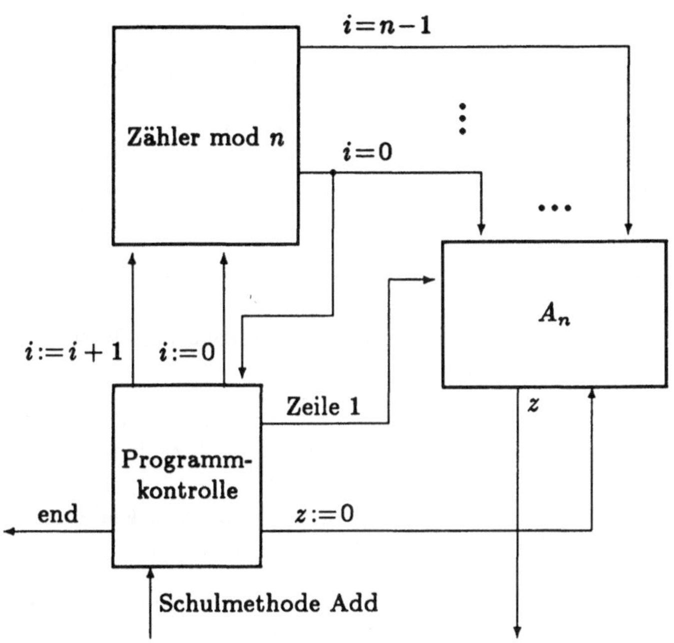

Abbildung 3.75: *Schema der Realisierung des Mikroprogrammes "Schulmethode Addition".*

Falls bei Beendigung des Programmes $z = 1$ ist, d.h. an der $(n - 1)$-ten Stelle ein Übertrag entsteht, so tritt eine Bereichsüberschreitung auf. Die Variable z wird nach außen geführt, um das Ergebnis auf Fehlerzustand abfragen und gegebenenfalls eine Fehlermeldung anzeigen zu können.

Realisierung des Mikroprogrammes Wir nehmen an, daß uns ein Zähler modulo n zur Verfügung steht. Dieser Zähler hat neben einem Takteingang, den wir unterschlagen, den "Zähleingang". Desweiteren hat er n Ausgangsleitungen, nämlich für jedes Prädikat $i = 0, i = 1, \ldots, i = n - 1$ eine Leitung, die genau dann den Wert Eins trägt, wenn das entsprechende Prädikat erfüllt ist.

Außerdem haben wir zwei n-stellige Register x und y, d.h. $2n$ Flipflops für x_i und y_i $(i = 0, \ldots, n - 1)$, sowie das Flipflop z zusammen mit den kombinatorischen Schaltkreisen, die die zugehörigen Operationen umsetzen. Dies fassen wir zu einem Schaltwerk A_n zusammen.

A_n hat je einen Eingang, in den eine Ausgangsleitung des Zählers mündet, und Eingänge für die Steuerleitungen, die von der Kontrolle des Mikroprogrammes

Schul-methode	l	$i=0$	l'	$i:=0$	$z:=0$	Zeile 1	$i:=i+1$	end
*	0	*	1	1	1	0	0	0
*	1	*	2	0	0	1	1	0
*	2	1	3	0	0	0	0	0
*	2	0	1	0	0	0	0	0
0	3	*	3	0	0	0	0	1
1	3	*	0	0	0	0	0	0

Tabelle 3.11: *Tabelle, welche die Programmkontrolle des Mikroprogrammes "Schulmethode Addition" beschreibt*

ausgehen. Das Schaltwerk A_n darf nur in Zeile 1 oder in Zeile 0 (falls z auf Null gesetzt wird) des Mikroprogrammes aktiv werden.

A_n besitzt nur eine Ausgangsleitung, die den Übertrag zum Ende der Addition, d.h. das Signal der Bereichsüberschreitung, nach außen trägt.

Das Schema in Abbildung 3.75 gibt eine Übersicht. Hierin haben wir zur besseren Lesbarkeit die Leitungen mit ihrer Bedeutung beschriftet.

Die Realisierung des Schaltwerks A_n verwendet zur Berechnung eines Summenbits und eines Übertrages einen Baustein, den man **Volladdierer** – abgekürzt: VA – nennt. Er führt die Operationen der ersten beiden parallelen Anweisungen in Zeile 1 des Mikroprogrammes gleichzeitig aus. Der Volladdierer und das Schaltnetz A_n sind in Abbildung 3.76 zu sehen.

Die Programmkontrolle hat vier Zustände, denn es kann eine der vier Zeilen aktiv sein. Der vierte Zustand wird entsprechend der Anweisung "end" als inaktiv interpretiert. Wir beschreiben die Kontrolle durch die Tabelle 3.11.

Erläuterung: Durch eine Eins auf der Signalleitung "Schulmethode Addition" wird das Mikroprogramm eingeschaltet und der Zustand auf 0 gesetzt. Ist in einer Position der Tabelle * gesetzt, dann ist der Wert der entsprechenden Variablen nicht relevant. Wie schon oben erwähnt, benennen wir aus mnemotechnischen Gründen die Leitungen mit ihrer jeweiligen funktionellen Bedeutung.

Die Variable l trägt die Nummer der aktuellen Zeile, d.h. den aktuellen Zustand, die Variable l' die Nummer der nachfolgend aktuellen Zeile, d.h. des Folgezustandes. Kodiert man die Zustände der Variablen l durch ihre Binärdarstellung $l = l_1 \cdot 2 + l_0$ mit $l_1, l_0 \in \mathbf{B}$, dann erhält man aus der Tabelle 3.11 die folgenden booleschen Gleichungen:

$$l'_0 = \overline{l_0}$$

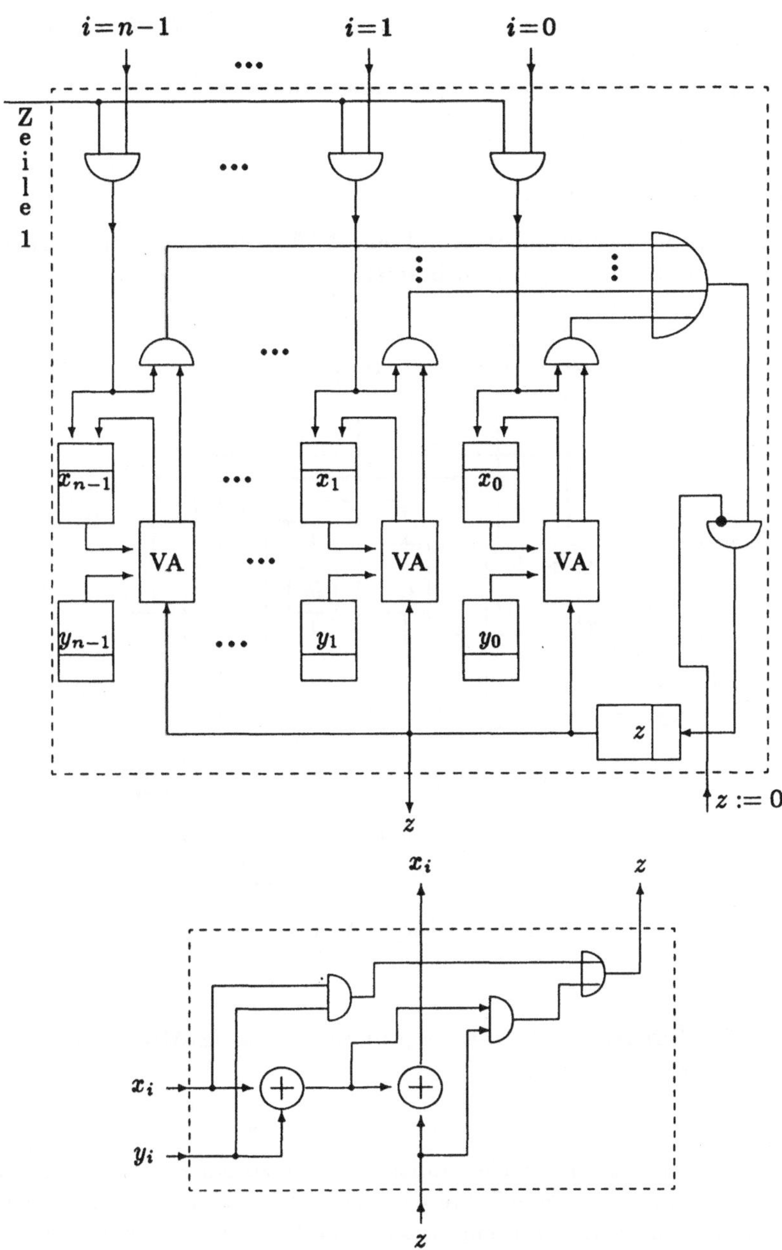

Abbildung 3.76: *Realisierung des Schaltwerkes A_n im Schema in Abbildung 3.75 (oben) und des Volladdierers (unten)*

$$\begin{aligned} l_1' &= l_0 \cdot \left(\overline{l_1 \cdot \text{Schulmethode}}\right) \vee (i = 0) \cdot l_1 \cdot \overline{l_0} \\ (\text{end}) &= l_0 \cdot l_1 \cdot \overline{\text{Schulmethode}} \\ (\text{Zeile 1}) = (i := i + 1) &= \overline{l_1} \cdot l_0 \\ (i := 0) = (z := 0) &= \overline{l_1} \cdot \overline{l_0} \end{aligned}$$

Daraus ergibt sich das Schaltbild in Abbildung 3.77. Das Schaltwerk wird mit dem Zustand $l = 3$, d.h. $l_0 = l_1 = 1$ vorbesetzt.

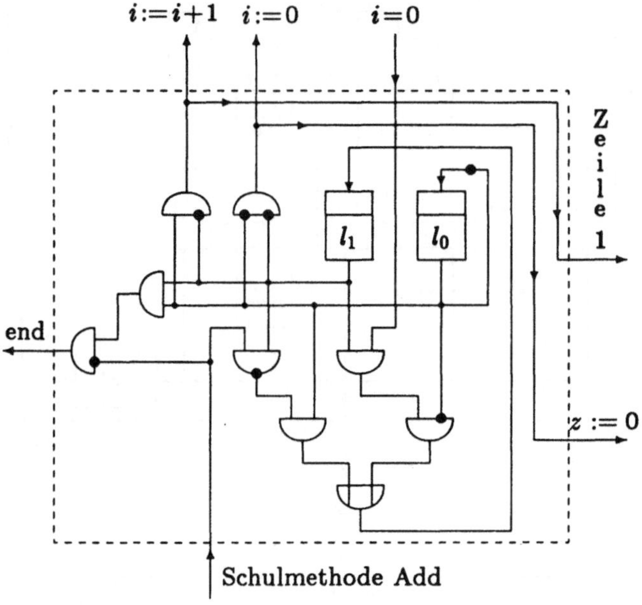

Abbildung 3.77: *Schaltwerk, das die Programmkontrolle des Mikroprogrammes "Schulmethode Addition" realisiert.*

Das Mikroprogramm "Schulmethode Addition" führt zu einer aufwendigen Realisierung, obwohl immer nur eine Stelle wirklich bearbeitet wird. Diese aktiven Stellen werden zudem noch durch eine zusätzliche Steuerleitung und Logik selektiert. Man kommt mit nur einem Volladdierer aus, indem man nicht den "Übertrag an die aktiven Stellen" transportiert, sondern mittels Schieberegister "die aktiven Stellen zum Übertrag hinbewegt". Dadurch spart man bis auf einen Volladdierer und ein UND-Gatter alle Gatter ein.

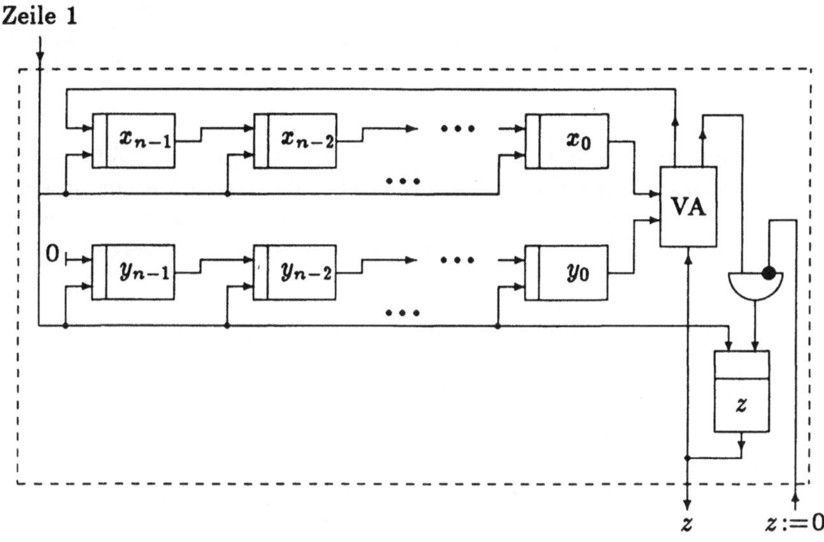

Abbildung 3.78: *Realisierung der Additionseinheit des Mikroprogrammes "Sequentielle Addition"*

Dies setzt das Mikroprogramm "Sequentielle Addition" um, dessen Additionseinheit A_n in Abbildung 3.78 realisiert ist. Es besitzt wortwörtlich die gleiche Deklaration wie "Schulmethode Addition".

In beiden Fällen wird in jedem Takt der Übertrag nur einer Stelle ermittelt und verarbeitet. Derartige Addierwerke, die nach diesem Prinzip arbeiten, heißen **serielle** Addierer. Wird in jedem Takt der Übertrag an jeder Stelle gleichzeitig ermittelt, nennt man die Addierer **parallel**.

Anweisungsteil:

Sequentielle Addition Arg(x, y), Res(x, z)

0: $i := 0$, $z := 0$;

1: $x :=$ Rcshift$(x_{n-1}, \dots, x_1, x_0 \oplus y_0 \oplus z)$, $y :=$ R0shift(y),

$z := (x_0 \wedge y_0) \vee ((x_0 \oplus y_0) \wedge z)$, $i := i + 1$;

2: **if** $i = 0$ **then goto 3 else goto 1**;

3: **end**

3.4.5 Die Syntax der Mikroprogramme

Man unterscheidet zwischen der **Syntax** und der **Semantik** von Programmiersprachen. Die Syntax betrifft die Notation, die Semantik die Bedeutung der Programme.

Mikroprogramme sind Wörter über einem Alphabet Σ, das die Ziffern 0,...,9, das lateinische und das griechische Alphabet enthält. Hinzu kommen noch Sonderzeichen wie $+ \ - \ \cdot \ / \ , \ ; \ < \ =$ etc. Einige Sonderzeichen bestehen aus mehreren Buchstaben, die durch Fettdruck zu einem Zeichen gebunden werden. Beispiele sind

begin **end** **if** **then** **else** **fi** **goto**

Die Mikroprogramme bestehen aus zwei Hauptteilen, nämlich dem

Deklarationsteil und dem **Anweisungsteil.**

Im Deklarationsteil werden die Bezeichnungen erklärt, die im Anweisungsteil verwendet werden. Wir definieren den Deklarationsteil nicht formal, sondern verwenden zur Definition der Bezeichnungen im wesentlichen die natürliche Sprache, die mit mathematischen Konstrukten angereichert ist. Die Form des Anweisungsteils legen wir weitgehend formal fest.

Dies entspricht unserer Vorgehensweise in Kapitel 2. Wir haben dort die Form unserer Maschine natürlichsprachlich definiert, unsere Programme aber in einem festen Schema notiert. Der Deklarationsteil wird hier wichtig, da wir es mit Maschinenumgebungen zu tun haben, die von Mikroprogramm zu Mikroprogramm wechseln. Wenn wir in Zukunft aber von *dem* Mikroprogramm reden, meinen wir meist den Anweisungsteil des Mikroprogrammes. Was jeweils gemeint ist, wird sich schließlich eindeutig aus dem Zusammenhang ergeben.

Der Anweisungsteil von Mikroprogrammen ist eine Folge von Zeilen, die durch Semikolons getrennt sind. Im Inneren der Zeilen kommt kein Semikolon vor, so daß die Mikroprogramme durch die Semikolon eindeutig in Zeilen zerlegt werden. Ein Mikroprogramm besitzt also eine eindeutige Zerlegung der Form

$$\begin{array}{c} \text{Zeile } 0; \\ \text{Zeile } 1; \\ \vdots \\ \text{Zeile } n; \end{array}$$

Die Zeile 0 beginnt mit dem Namen des Mikroprogrammes und enthält hinter dem Namen – durch Kommata getrennt – die Ausdrücke

$$\text{Arg}(x, y, \ldots, z), \ \ \text{Res}(x', y', \ldots, z') \ .$$

Hierin sind $x, y, \ldots, z$ die Namen der Parameter, die die zu verarbeitenden Werte tragen, und $x', y', \ldots, z'$ die Resultate des Mikroprogrammes. In der Terminologie der Schaltwerke bezeichnen $x, y, \ldots, z$ die Eingangs- und $x', y', \ldots, z'$ die Ausgangsleitungen. Die Namen $x, y, \ldots, z, x', y', \ldots, z'$ können zweiwertige oder n-Tupel von zweiwertigen Variablen sein. Z.B. kann in der Deklaration stehen:

$$x = (x_{n-1}, \ldots, x_0) \qquad \text{mit} \quad x_i \in \mathbf{B} \ .$$

In unserem Beispielprogramm haben wir die Kopfzeile

Schulmethode Addition, Arg(x, y), Res(x, z)

Unser Beispiel enthält ein Mikroprogramm als Modul, nämlich den Zähler modulo n. Die Kopfzeile für diesen Zähler, dessen Mikroprogramm wir nicht angegeben haben, könnte wie folgt lauten:

$$i := i + 1, \ \ \text{Arg(input)}, \ \ \text{Res}(i = 0, \ldots, i = n - 1);$$

Hierin haben wir $(i = 0), \ldots, (i = n - 1)$ als binäre Variablen aufgefaßt. Die Variable $(i = l)$ trägt für $0 \leq l < n$ genau dann den Wert 1, wenn der Wert von i den Ausdruck $i = l$ erfüllt und sonst den Wert 0.

Man hätte auch Res(i) schreiben können. Dann hätte die Konstruktion des Schaltwerkes aber nicht dem Mikroprogramm entsprochen. Wir hätten dann anstelle der n Leitungen $(i = 0), \ldots, (i = n - 1)$ beispielsweise $k = \lceil \log(n) \rceil$ Leitungen für $i = i_1, \ldots, i_k$ gehabt, die den Zählerstand nach außen mitteilen. Die Abfragen "$i = l$" hätte dann z.B. in der Kontrolle oder in der Additionseinheit A_n vorgenommen werden müssen.

Der Parameter "input" bewirke genau dann ein Inkrementieren des Zählerstandes, wenn er mit Eins belegt ist.

Man beachte, daß das Zeichen "+" in $i := i + 1$ kein Operationszeichen im Rahmen der Mikroprogrammierung ist, sondern Bestandteil des Namens des Mikroprogrammes. Wir erlauben also, daß die Zeilen unserer Mikroprogramme als Operationsaufrufe auch die Namen anderer Mikroprogramme enthalten. Selbstaufrufe von Mikroprogrammen sind bis auf wenige Ausnahmen, auf die wir später in einem gesonderten Abschnitt zu sprechen kommen, nicht erlaubt.

Der Aufruf eines Mikroprogrammes erfolgt durch seinen Namen. Jede Zeile eines Mikroprogrammes hat die Form

$$m: \quad a_1, \quad a_2, \quad \ldots a_l;$$

oder

$$a_1, \quad a_2, \quad \ldots a_l;$$

Hierin ist m eine Dualzahl, die eine Zeile in dem jeweiligen Mikroprogramm eindeutig adressiert und die a_i sind elementare Anweisungen. Die elementaren Anweisungen können Namen von Mikroprogrammen sein, die im Deklarationsteil des Mikroprogrammes erklärt sind, oder es sind Anweisungen der Form

$$x := \mathrm{op}(y, \ldots, z),$$

worin op eine der eingeführten Operationen auf $y, \ldots, z$ ist. Die in der gleichen Zeile stehenden Anweisungen sind bis auf die goto-Anweisungen parallel auszuführen, wie wir unter dem folgenden Abschnitt "Semantik" näher erläutern werden. Aus diesem Grund verlangen wir:

> Je zwei *verschiedene* Anweisungen der gleichen Zeile dürfen niemals der gleichen Variablen oder Variablenkomponente einen Wert zuweisen.

Dies bedeutet folgendes.

Sind $x^1, x^2, \ldots, x^k$ die Variablen, denen durch Anweisungen der Zeile i Werte zugewiesen werden, sei es durch den Aufruf anderer Mikroprogramme oder sei es dadurch, daß die Variablen links von dem Zuweisungszeichen ":=" stehen, dann besitzen diese Variablen keine gemeinsame Komponente.

Die syntaktische Korrektheit dieser Programme ist nicht ohne weiteres festzustellen. Hierzu muß man nämlich auch sämtliche in dem Mikroprogramm aufgerufenen anderen Mikroprogramme ansehen. Man bemerke, daß wir nicht ausgeschlossen haben, daß ein Mikroprogramm b, das im Mikroprogramm a aufgerufen wird, seinerseits ein Mikroprogramm c aufruft. Aber wir fordern, entsprechend dem Verbot rekursiver Mikroprogrammaufrufe:

Die Aufruffolge von Mikroprogrammen muß zykelfrei sein.

Die bedingte Anweisung

if — then — else — fi

enthält in der ersten Leerstelle stets einen Ausdruck der Form

$$b(x, \ldots, z) = b'(x', \ldots, z')$$

worin b und b' boolesche Ausdrücke sind. Die zweite und dritte Leerstelle können eine Folge paralleler Anweisungen enthalten, d.h. auch selbst wieder bedingte Anweisungen.

Enthält ein Mikroprogramm eine Zeile mit der Sprunganweisung **goto** m, dann muß das Mikroprogramm auch eine Zeile enthalten, die mit m markiert ist, und es darf auch nur eine Zeile mit dieser Markierung enthalten.

Kommen in der gleichen Zeilen mehrere **goto**'s vor, dann müssen sie so bedingt sein, daß sie sich paarweise ausschließen, d.h. nur ein **goto** ausgeführt wird.

3.4.6 Die Semantik der Mikroprogramme

Die Deklaration des Mikroprogrammes enthält die Variablen und die von diesem Mikroprogramm aufgerufenen anderen Mikroprogramme. Aufgrund der Zykelfreiheit der Aufrufsequenzen der Mikroprogramme erhalten wir eine endliche[1] Menge von Variablen, wenn wir alle Variablen aufsammeln, die in den Mikroprogrammen der Aufrufsequenz vorkommen. Diese Variablen sind entweder zweiwertig oder Tupel zweiwertiger Variablen.

Wenn wir den momentanen Zustand des Mikroprogrammes beschreiben wollen, dann müssen wir neben den aktuellen Belegungen der Variablen durch Werte auch die aktuellen Zeilen der Mikroprogramme angeben. Durch die möglichen Aufrufketten ergäbe dies eine sehr komplexe Zustandsbeschreibung, ähnlich derjenigen, die wir bereits in unserer Unterprogrammtechnik kennengelernt haben.

Wir verwenden hier eine funktionale Interpretation der aufgerufenen Mikroprogramme. Dies hat folgende Bedeutung:

Der Aufruf eines Mikroprogrammes wird wie der Aufruf einer Elementaroperation interpretiert. Im Unterschied zu den Elementaroperationen ist uns i.a. die Dauer der Ausführung des Mikroprogrammes nicht bekannt. Darum sehen wir vor, daß die Interpretation eines Mikroprogrammes die aktuelle Zeile erst dann verläßt, wenn von den Mikroprogrammen, die in dieser Zeile aufgerufen werden, als Fertigmeldung das end-Signal eintrifft.

Somit enthält jedes Mikroprogramm außer seinen in der Deklaration explizit aufgezählten Variablen implizit als Variablen die Nummern seiner Zeilen und die end-Signale seiner verschiedenen "Unter"-Mikroprogramme. Nun haben wir alle Variablen des Mikroprogrammes erwähnt bis auf eine, nämlich den Namen des Mikroprogrammes. Diesen führen wir auch als Variable über **B** ein.

Sie trägt genau dann den Wert Eins, wenn das Mikroprogramm eingeschaltet ist, und Null, wenn es ausgeschaltet ist.

Es ist klar, wie die Zuweisungen

$$x := \mathrm{op}(y, \dots, z),$$

zu interpretieren sind, wenn op eine der in Abschnitt 3.4.3 auf Seite 315 eingeführten Operationen ist.

Ist F der Aufruf eines anderen Mikroprogrammes mit dem Namen F und $\mathrm{Arg}(y, \dots, z)$ und $\mathrm{Res}(x)$, dann soll x der durch F berechnete Wert zugewiesen werden, wobei $y, \dots, z$ die aktuellen Werte beim Aufruf tragen. Wegen der

[1]Bei rekursiven Prozeduraufrufen konnte der Speicherbedarf der Prozedur unbeschränkt wachsen, soweit es die Größe der Maschine gestattete.

Zykelfreiheit dürfen wir induktiv annehmen, daß die Funktion von F bereits definiert ist.
Aufgrund der Voraussetzung, daß die verschiedenen Anweisungen, die in der gleichen Zeile stehen, niemals der gleichen Variablen einen Wert zuweisen, ist die Funktion einer Zeile wohldefiniert, indem wir festsetzen, daß alle Zuweisungen einer Zeile – außer der goto-Anweisung – parallel ausgeführt werden sollen. Die Sprunganweisung wird ausgeführt, wenn alle Anweisungen der Zeile erledigt sind.

Eine Zeile mit goto's kann entweder *eine* unbedingte oder auch mehrere bedingte Sprunganweisungen enthalten. Aufgrund der Voraussetzung, daß sich die Bedingungen für die Ausführung der verschiedenen goto's einer Zeile paarweise ausschließen, ist die Folgezeile stets eindeutig bestimmt. Die Ausführung der Anweisung selbst besteht darin, daß die "Zeilennummern-Variable" entsprechend verändert wird. Diese Operation führte in unserem Beispiel die *Kontrolle* des Mikroprogrammes durch.

3.4.7 Realisierung der Mikroprogramme durch Schaltwerke

Im Unterschied zur Definition der Semantik müssen wir bei der Konstruktion der Schaltwerke, die die Mikroprogramme ausführen, die Ausführungszeiten für die Operationen und die Mikroprogrammaufrufe in der gleichen Zeile berücksichtigen. Wir können offenbar erst dann von einer aktuellen Zeile zur darauffolgend aktuellen Zeile übergehen, wenn alle Operationen und Mikroprogrammaufrufe der aktuellen Zeile abgeschlossen sind. Wir dürfen aber auch nicht ohne weiteres warten, bis die Operation, die am längsten unter allen Operationen einer Zeile dauert, abgeschlossen ist. In diesem Fall wird i.a. eine Operation mit kürzerer Laufzeit mehrfach ausgeführt.

Wir müssen also i.a. alle Register, die das Mikroprogramm schreibend anspricht, genau für die Zeit offenhalten, die die Ausführung derjenigen Operation, die einen Wert in das Register einschreibt, erfordert. Wenn wir beispielsweise die in Abschnitt 3.4.3 auf Seite 317 erwähnten und in Abbildung 3.73 realisierten Operationen

$$x := x \oplus y \;, \quad z \star y := (x_{n-1} \wedge y_{n-1}) \star \text{L0shift}(x \wedge y)$$

nochmals betrachten, dann sehen wir, daß diese Operationen in einem Taktzyklus ausführbar sind.

Läuft nun parallel dazu eine weitere Operation ab, die zwei oder mehr Taktzyklen erfordert, dann würden die beiden ersten Operationen mehrfach ausgeführt werden, wenn wir dagegen keine Vorsichtsmaßnahmen treffen.

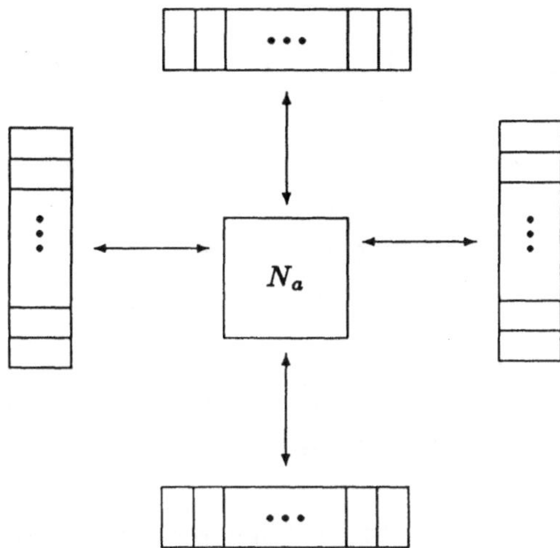

Abbildung 3.79: *Operation a mit Netz N_a und den zugehörigen Registern*

Die Mehrfachausführung der beiden Operationen würde das Resultat i.a. verändern. Wir dürfen also nicht so vorgehen wie bei der Realisierung der Additionseinheit A_n des Mikroprogrammes "Schulmethode Addition" in der Abbildung 3.76 oben. Dort steuern wir alle Operationen in Zeile 1 des Mikroprogrammes durch die gleiche Signalleitung, nämlich mit der Leitung "Zeile 1", und verschiedene Operationen dieser Zeile benutzen dieselben Bausteine. Vielmehr müssen wir i.a. jede der Operationen a_i einer Zeile individuell realisieren, d.h. als autarken Mikrobefehl umsetzen.

Dies führt dazu, daß wir nicht *ein* Schaltwerk für jedes Mikroprogramm haben, denn i.a. werden verschiedene Mikroprogramme gleiche Operationen verwenden. Es ist deshalb sinnvoll, die Operationen als autarke Mikrobefehle auszugliedern und für sich selbst zu realisieren. In der Realisierung des Mikroprogrammes "Schulmethode Addition" in Abbildung 3.75 ist das durch die Trennung von Kontrollteil, Additionseinheit und Zähler "$i := i + 1$" bereits angedeutet.

Wir unterscheiden bei jeder Operation a zwischen dem logischen Netz N_a, das die Operation realisiert, und den Registern R_a, die durch das Netz N_a verknüpft werden. Diese Unterscheidung haben wir in der Abbildung 3.79 skizziert.

Verlagern wir unseren Hauptaugenmerk von den Mikrobefehlen und den Operationen zu den Registern, dann gelangen wir zu einer Sichtweise, wie sie in Abbildung 3.80 dargestellt ist. Wir gehen bei der Darstellung davon aus, daß die Operationen $a_1, \ldots, a_k$ auf das dargestellte Register zugreifen.

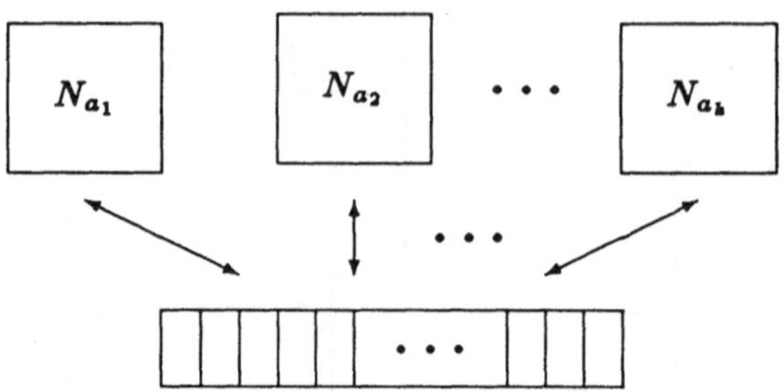

Abbildung 3.80: *Register, die von Netzen N_{a_i} angesprochen werden $(i = 1, \ldots, k)$, welche zu Operationen a_i gehören*

Wir greifen nun in Abbildung 3.81 ein Flipflop eines Registers heraus, welches von Netzen $N_{a_1}, \ldots, N_{a_k}$ angesprochen wird, und betrachten seine Ansteuerung. Der Einfachheit halber nehmen wir an, daß zu jeder Operation a_i genau eine Steuerleitung vorhanden ist, die angibt, ob die jeweilige Operation ausgeführt wird.

In Abbildung 3.81 berechnet F die Funktion $f : \mathbf{B}^k \rightarrow \mathbf{B}^{k+1}$ mit $f(a_1, \ldots, a_k) = (a_1, \ldots, a_k, a_1 \vee \cdots \vee a_k)$. Dadurch, daß ein Flipflop in einer Zeile immer nur von einer Operation schreibend angesprochen werden darf, ist höchstens eine der Leitungen $a_1, \ldots, a_k$ mit Eins belegt. Die Und-Gatter selektieren somit das Ergebnis des Netzes N_{a_i}, falls a_i eine Eins führt. Dieser Wert wird durch die zum z-Eingang des LD-Flipflops geführt. Er wird vermittels $a_1 \vee \cdots \vee a_k$ in das LD-Flipflop eingeschrieben, wenn eine der Operationen das Register schreibend anspricht.

Zur Ansteuerung einer Operation bieten sich grundsätzlich zwei Alternativen an. Entweder man investiert für jede Operation eine eigene Steuerleitung – wovon wir in Abbildung 3.81 ausgegangen sind – oder man kodiert die Operationen und steuert mehrere bzw. alle Operationen über gleiche Steuerleitungen. Im ersten Fall gestaltet sich die Dekodierfunktion F als sehr einfach, man muß aber viele Leitungen investieren. Im zweiten Fall spart man Steuerleitungen, muß aber Aufwand zur Dekodierung betreiben.

Kennt man die Zeit, die zur Berechnung des Ergebnisses von N_a notwendig ist, dann kennt man die Operationszeit für die Mikrobefehle. Ist t_i die Anzahl der Takte, die der i-te Mikrobefehl zur Ausführung benötigt, dann muß die Kontrolle eines Mikroprogrammes den Mikrobefehl für a_i genau t_i Takte aufrechterhalten.

Das Mikroprogramm geht von der aktuellen Zeile zur Folgezeile über, wenn alle

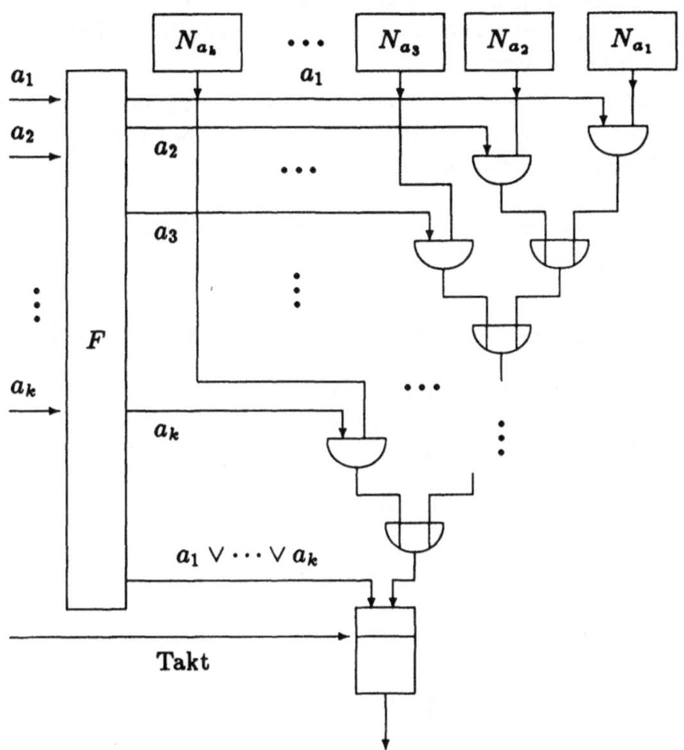

Abbildung 3.81: *Flipflop eines Registers und seine Ansteuerung*

Mikrobefehle der Zeile beendet sind und alle in dieser Zeile aufgerufenen Mikroprogramme sich durch das end-Signal zurückmelden.

Man sieht, daß die Kosten mit der Anzahl der Mikroprogramme stark ansteigen und die Ausführungszeiten der Mikroprogramme ebenfalls mit ihrer Anzahl wachsen. In anderen Worten

> ***Ein Rechner kann durch die Hinzunahme von Spezialbefehlen, die zur schnelleren Ausführung bestimmter komplexer Operationen gedacht sind, im Mittel eventuell langsamer werden.***

Hierbei steht der Ausdruck "im Mittel" für den Zahlenwert

$$\sum_a p_a \cdot t_a \ ,$$

wobei p_a die Wahrscheinlichkeit dafür ist, daß die Operation a ausgeführt wird, und t_a die Ausführungszeit von a bezeichnet und über alle möglichen Operationen des Rechners summiert wird.

Eine neu eingeführte komplexe Operation kann zwar in gewissen Fällen zu Beschleunigungen führen, dafür aber Zeiteinbußen bei sonstigen, häufig auszuführenden Operationen hervorrufen.

Die Zusammenfassung der Mikroprogramme zum Mikroprogrammwerk behandeln wir nach einigen speziellen Befehlen.

3.4.8 Ein Mikroprogramm für die Multiplikation

Wir wollen ein Mikroprogramm für die Multiplikation von ganzen Zahlen entwikkeln. Dabei legen wir die Zahlendarstellung im 2^n-Komplement zugrunde. Diese Darstellung ist eine Abbildung

$$\varphi : \mathbf{B}^{n+1} \to \mathbf{Z},$$

die wie folgt definiert ist:

$$\varphi(\alpha_n, \ldots, \alpha_0) := \begin{cases} \sum_{i=0}^{n-1} \alpha_i \cdot 2^i & \text{für } \alpha_n = 0 \\ \sum_{i=0}^{n-1} \alpha_i \cdot 2^i - 2^n & \text{für } \alpha_n = 1. \end{cases}$$

Darstellbar sind auf diese Weise die ganzen Zahlen α mit

$$-2^n \leq \alpha < 2^n$$

Beispiel 3.21 Der Fall $n = 2$ wird durch die folgende Tabelle angegeben:

$\varphi(\alpha)$	-4	-3	-2	-1	0	1	2	3
α	100	101	110	111	000	001	010	011

■

Man hat

$$\varphi(\alpha_n, \ldots, \alpha_0) + \varphi(\overline{\alpha_n}, \ldots, \overline{\alpha_0}) \;=\; \sum_{i=0}^{n-1} 2^i \;-\; 2^n \;=\; -1$$

und damit

$$-\varphi(\alpha_n, \ldots, \alpha_0) \;=\; \varphi(\overline{\alpha_n}, \ldots, \overline{\alpha_0}) + 1$$

Man erhält also die Darstellung von $-a$ aus der Darstellung der Zahl a, indem man alle Binärstellen von a komplementiert und anschließend eine Eins aufaddiert.

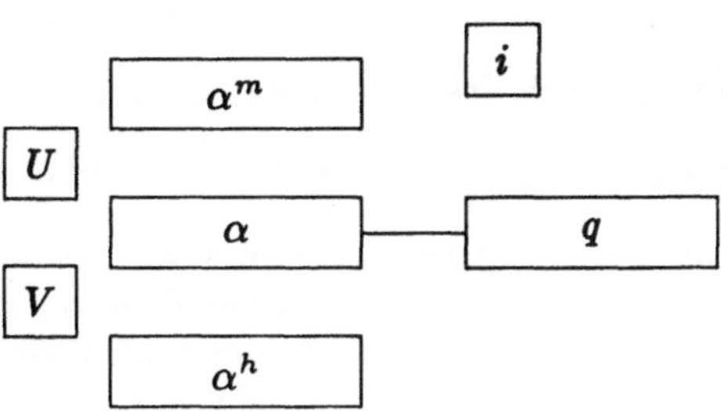

Abbildung 3.82: *Die Register des Mikroprammes zur Multiplikation zweier Zahlen*

Wir führen die Multiplikation beliebiger Zahlen auf die Multiplikation von nichtnegativen Zahlen zurück. Hierzu verwenden wir die Identität

$$\varphi(\alpha_n \oplus \alpha) = (-1)^{\alpha_n} \cdot \varphi(\alpha) - \alpha_n \ .$$

Hierin ist $\alpha = (\alpha_n, \ldots, \alpha_0)$ und $\alpha_n \oplus \alpha = (\alpha_n \oplus \alpha_n, \ldots, \alpha_n \oplus \alpha_0)$. Hieraus erhalten wir weiter

$$\begin{aligned}\varphi(\alpha) \cdot \varphi(\beta) \quad = \quad & (-1)^{\alpha_n \oplus \beta_n} \cdot \Big(\alpha_n \cdot \varphi(\beta_n \oplus \beta) + \beta_n \cdot \varphi(\alpha_n \oplus \alpha) \\ & + \varphi(\alpha_n \oplus \alpha) \cdot \varphi(\beta_n \oplus \beta) + \alpha_n \cdot \beta_n\Big) \ .\end{aligned}$$

Da $\alpha_n \oplus \alpha_n = \beta_n \oplus \beta_n = 0$ ist, wird hierdurch die Berechnung des Produktes $\varphi(\alpha) \cdot \varphi(\beta)$ auf die Berechnung des Produktes positiver Zahlen zurückgeführt. Die Multiplikation dieser Zahlen wird auf die Addition reduziert.

Wir verwenden neben dem Akkumulator α ein Hilfsregister α^h, das Multiplikandenregister α^m sowie das Register q. Weiter die Flipflops U und V (siehe Schema in Abbildung 3.82).

In einem Zähler i wird modulo $n+1$ gezählt. Wir verwenden außer den in Abschnitt 3.4.3 eingeführten Mikrobefehlen die Operation

$$r(x, y, z) \ := \ (x_n \cdot y_n \vee x_n \cdot z_n \vee y_n \cdot z_n, \ \ldots, x_0 \cdot y_0 \vee x_0 \cdot z_0 \vee y_0 \cdot z_0).$$

Zu Anfang stehe der Multiplikator in α und der Multiplikand in α^h. Der Anfang unseres Mikroprogrammes lautet nun wie folgt:

Multiplikation Arg(α, α^h), Res(α)

1: $V := \alpha_n \oplus \alpha_n^h, \quad U := \alpha_n \cdot \alpha_n^h, \quad q := \alpha_n \oplus \alpha, \quad \alpha^m := \alpha_n^h \oplus \alpha^h,$
$\alpha := \alpha_n^h \cdot (\alpha_n \oplus \alpha), \quad \alpha^h := \alpha_n \cdot (\alpha_n^h \oplus \alpha^h), \quad i := 0;$

2: $i := i + 1, \quad \alpha := \alpha \oplus \alpha^h \oplus q_0 \cdot \alpha^m, \quad \alpha^h := r(\alpha, \alpha^h, q_0 \cdot \alpha^m);$

3: **if** $\alpha_n^h = 1$ **then** *Bereichsüberschreitung*, **goto** 13;

4: $(\alpha, q) :=$ R0shift(α, q), **if** $i = n$ **then goto** 5 **else goto** 2;

Erläuterung: In Zeile 1 des Mikroprogrammes wird das Vorzeichen des Resultates in V eingeschrieben. In U wird der im Falle $\alpha_n = \beta_n = 1$ benötigte Summand $\alpha_n \cdot \beta_n$ gespeichert. In q und α^m die positiv gemachten Zahlen zur Berechnung von $\varphi(\alpha_n \oplus \alpha) \cdot \varphi(\beta_n \oplus \beta)$. In α steht $\beta_n \cdot \varphi(\alpha_n \oplus \alpha)$ und in α^h steht $\alpha_n \cdot \varphi(\beta_n \oplus \beta)$. Schließlich wird der Zähler i auf 0 gesetzt.

In Zeile 2 wird der Zählerstand inkrementiert. In α wird die Summe modulo 2 von α, α^h, $q_0 \cdot \alpha^m$ und in α^h der von diesen Summanden erzeugte Übertrag eingeschrieben.

In Zeile 3 wird das Mikroprogramm beendet, wenn $\alpha_n^h = 1$, d.h. wenn das Produkt $\geq 2^n$ geworden ist. In diesem Fall wird die Fehlermeldung "Bereichsüberschreitung" ausgegeben.

In Zeile 4 wird der Inhalt der "verbundenen" Register (α, q) um eine Position nach rechts geshiftet. Die Zeilen 2 bis 4 werden solange wiederholt, bis $i = n$ ist. Der Rechtsshift von (α, q) bringt die Überträge in die richtige Position zur Summe modulo 2. Die letzte Stelle, die in das q-Register geschoben wird, ist eine endgültige Stelle, da sie im Laufe der Addition nicht mehr verändert wird.

Die Korrektheit des Verfahrens ergibt sich daraus, daß die Summe der drei verknüpften Register

$$\alpha + \alpha^h + q_0 \cdot \alpha^m \;=\; \alpha' + \text{L0shift}(\alpha^{h'})$$

ist, wobei α' bzw. $\alpha^{h'}$ die Inhalte der Register α bzw. α^h nach Ausführung von Zeile 2 sind.

Hieraus folgt, daß in den Stellen $q_n, \ldots, q_1$ die letzten n Stellen der Zahl

$$\alpha_n \cdot \varphi(\beta_n \oplus \beta) + \beta_n \cdot \varphi(\alpha_n \oplus \alpha) + \varphi(\alpha_n \oplus \alpha) \cdot \varphi(\beta_n \oplus \beta)$$

stehen, wenn das Mikroprogramm nach Zeile 5 springt.

Ist nun $\alpha \neq 0$ oder $\alpha^h \neq 0$, dann liegt eine Bereichsüberschreitung vor. Wir setzen nun das Mikroprogramm fort, indem wir abfragen, ob das Resultat im erlaubten Bereich liegt, und berechnen anschließend $\varphi(\alpha) \cdot \varphi(\beta)$.

5: **if** $\alpha = 0$ **und** $\alpha^h = 0$ **then goto** 6 **else** *Bereichsüberschreitung*, **goto** 13;

6: $\alpha :=$ R0shift(q);

7: **if** $U = 1$ **then goto** 9 **else goto** 8;

8: **if** $V = 1$ **then** $\alpha := \overline{\alpha}$ **else goto** 13;

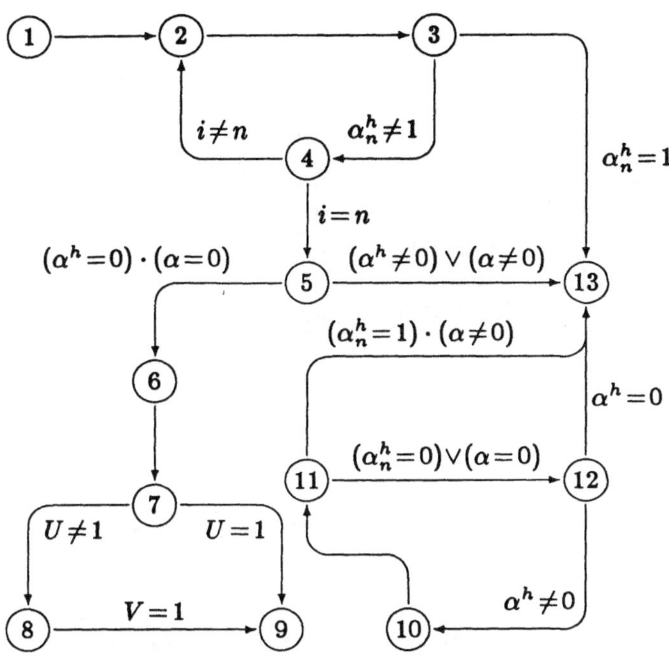

Abbildung 3.83: *Zustandsgraph der Programmkontrolle des Mikroprgrammes zur Multiplikation zweier Zahlen*

9: $\alpha^h := 1;$

10: $\alpha := \alpha \oplus \alpha^h, \quad \alpha^h := \text{L0shift}(r(\alpha, \alpha^h, 0));$

11: **if** $\alpha_n^h = 1$ **und** $\alpha \neq 0$ **then** *Bereichsüberschreitung*, **goto** 13;

12: **if** $\alpha^h = 0$ **then goto** 13 **else goto** 10;

13: **end**

Den Zustandsgraphen der Programmkontrolle des Mikroprogrammes gibt die Abbildung 3.83 wider. Das Steuerwerk enthält 13 Zustände. An den Kanten des Graphen stehen die Prädikate, die das Steuerwerk bei der entsprechenden Verzweigung abfragen muß. Die Ausgabe des Steuerwerkes haben wir aus Gründen der Übersichtlichkeit nicht in den Graphen eingetragen.

Die Abbildung 3.84 gibt eine Übersicht über die Ein- und Ausgänge des Steuerwerkes. Da die Mikrobefehle in den Zeilen 1, 2 und 10 jeweils nur einmal im

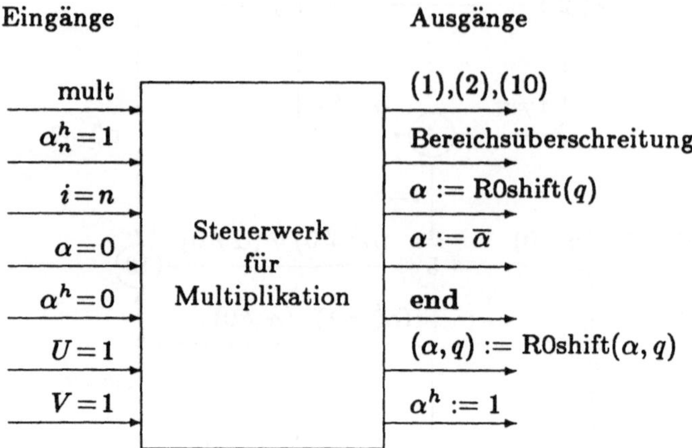

Abbildung 3.84: *Ein- und Ausgänge des Steuerwerkes des Mikroprogrammes "Multiplikation"*

Mikroprogramm vorkommen, sehen wir nicht für jeden dieser Befehle eine eigene Steuerleitung vor, sondern steuern sie durch *eine* Steuerleitung an. In der Abbildung 3.84 sind entsprechend an einigen Ausgabeleitungen nur die Nummern der Zeilen eingetragen, deren Befehle diese Leitung steuern soll.

Wir geben zum Abschluß die Realisierung der Befehle und des Mikroprogrammes, die den Akkumulator beschreiben, und der Abfragen des Akkumulators oder seiner Komponenten an.

Auf den Akkumulator beziehen sich die folgenden Mikrobefehle und Abfragen, denen wir die Nummer der jeweiligen Programmzeile voranstellen:

(1) $\alpha := \alpha_n^h \cdot (\alpha_n \oplus \alpha)$

(2) $\alpha := \alpha \oplus \alpha^h \oplus q_0 \cdot \alpha^m$

(4) $(\alpha, q) := \text{R0shift}(\alpha, q)$

(5) **if** $\alpha = 0 \cdots$

(6) $\alpha := \text{R0shift}(q)$

(8) $\alpha := \overline{\alpha}$

(10) $\alpha := \alpha \oplus \alpha^h$

(11) **if** $\alpha \neq 0 \cdots$

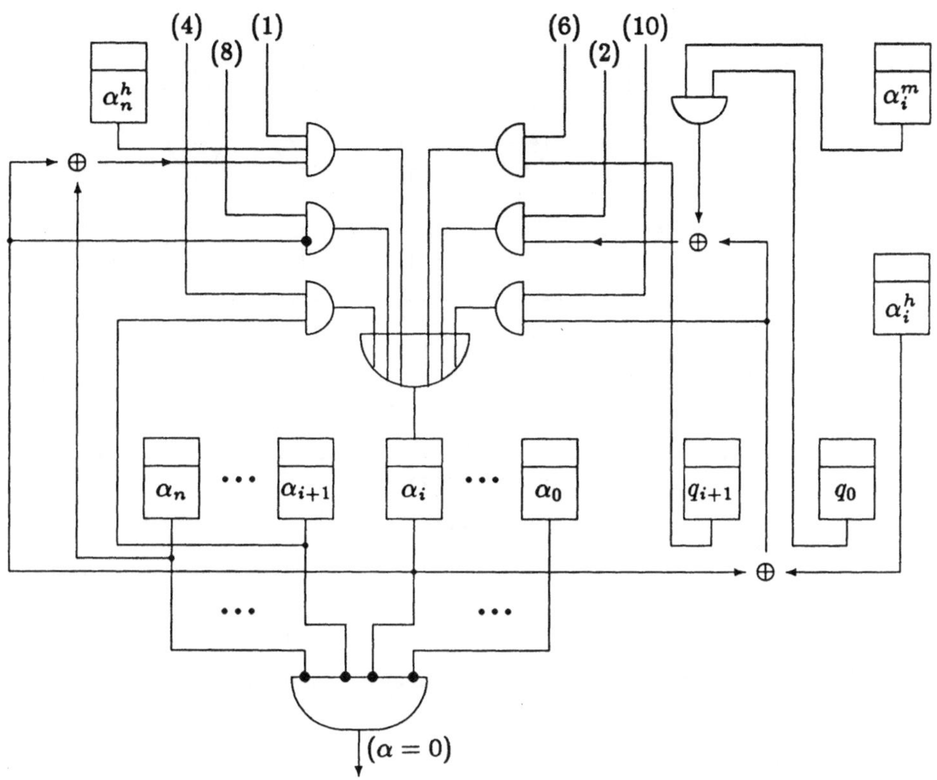

Abbildung 3.85: *Schaltkreis, der die Komponente α_i des Akkumulators im Mikroprogramm "Multiplikation" realisiert*

Der Inhalt von α_i mit $i = 0, \ldots, n-1$ wird also durch folgenden booleschen Ausdruck beschrieben, wobei wir die Steuerleitungen der Befehle bzw. Abfragen durch die Zeilennummer bezeichnen:

$$
\begin{aligned}
\alpha_i &:= (1) \cdot \alpha_n^h \cdot (\alpha_n \oplus \alpha_i) \vee (2) \cdot \alpha_i \oplus \alpha_i^h \oplus q_0 \cdot \alpha_i^m \vee \\
& \quad\; (4) \cdot \alpha_{i+1} \vee (6) \cdot q_{i+1} \vee (8) \cdot \overline{\alpha_i} \vee (10) \cdot \alpha_i \oplus \alpha_i^h \\
\alpha_n &:= (1) \cdot \alpha_n^h \cdot (\alpha_n \oplus \alpha_n) \vee (2) \cdot \alpha_n \oplus \alpha_n^h \oplus q_0 \cdot \alpha_n^m \vee \\
& \quad\; (8) \cdot \overline{\alpha_n} \vee (10) \cdot \alpha_n \oplus \alpha_n^h \\
(\alpha = 0) &:= \overline{\alpha_n} \cdot \ldots \cdot \overline{\alpha_0}
\end{aligned}
$$

Der zugehörige Schaltkreis für α_i mit $i = 0, \ldots, n-1$ ist in Abbildung 3.85 zu sehen.

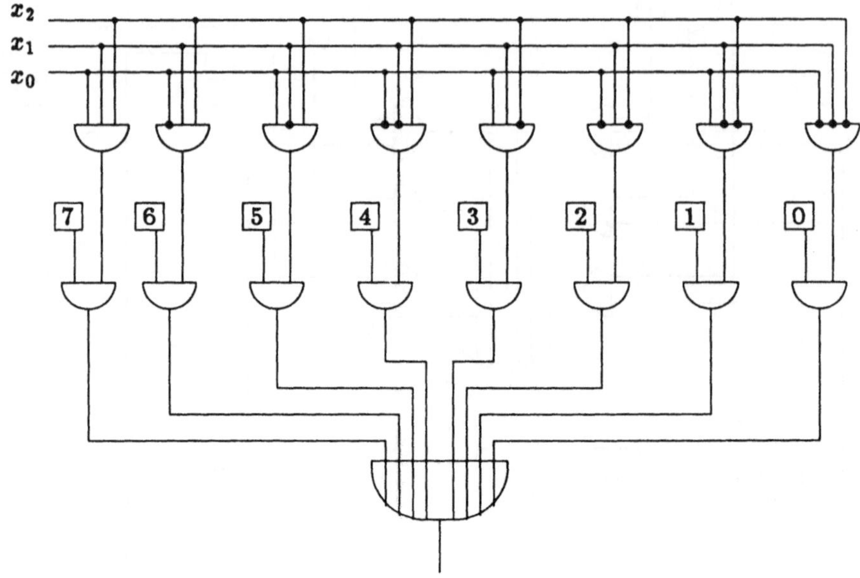

Abbildung 3.86: *Schaltung zur Adressierung eines RAM-Speichers*

3.4.9 Das Speicherwerk

Rechenmaschinen besitzen i.a. verschiedene Typen von Speichern. Man unterscheidet im wesentlichen zwei verschiedene Speichertypen:

- Speicher, die für zufällige Folgen von Zugriffen auf Einzeldaten geeignet sind (RAM's oder ROM's)
- Speicher, die nur für den Zugriff auf sequentiell gespeicherte große Datenmengen geeignet sind.

RAM's und **ROM**'s (Read Only Memory) sind Speicher, bei denen die Zugriffszeit auf einzelne Daten unabhängig von deren Adresse ist. ROM's kann man im Normalfall nur lesend verwenden.

Sequentielle Speicher sind heute meist Platten- oder Bandspeicher. Es dauert bei diesen Speichern "relativ" lange, bis man die gesuchten Daten gefunden hat. Diese Suchzeit wird aber dadurch amortisiert, daß man große sequentiell abgespeicherte Datenblöcke ausliest. Die Ausleserate von sequentiell abgespeicherten Daten ist dann pro Einzelzeichen sehr hoch.

Wir behandeln hier nur RAM's und ROM's und diese nur auf rein logischer Basis. Wie bereits gesagt wurde, ist die Zugriffszeit auf einzelne Daten bei diesem

Speichertyp unabhängig von dem Ort, an dem die Daten stehen. Allerdings ist die Zugriffszeit von der Größe des Speichers abhängig.

Wir erläutern das Grundprinzip zunächst an kleinen Beispielen. Wir nehmen an, daß wir acht Speicherzellen haben, z.B. Flipflops, aus denen wir Daten auslesen wollen. Diese Speicherzellen seien mit den Zahlen 0, 1, 2, 3, 4, 5, 6, 7 numeriert und es soll möglich sein, den in der Speicherzelle enthaltenen Wert durch Angabe der Nummer oder der Adresse, wie wir sagen wollen, abzurufen.

Wir kodieren die Adressen x binär. Hierzu verwenden wir drei binäre Variablen x_2, x_1, x_0, d.h. $x = (x_2, x_1, x_0)$. Die Abbildung 3.86 zeigt eine Schaltung, die es erlaubt, aus der jeweils adressierten Speicherzelle die Information auszulesen.

Man sieht, daß die Speicheradressierung nach diesem Schema sehr aufwendig ist. Die Kosten wachsen mit $N \cdot \log(N)$, wenn N die Größe des Speichers ist.

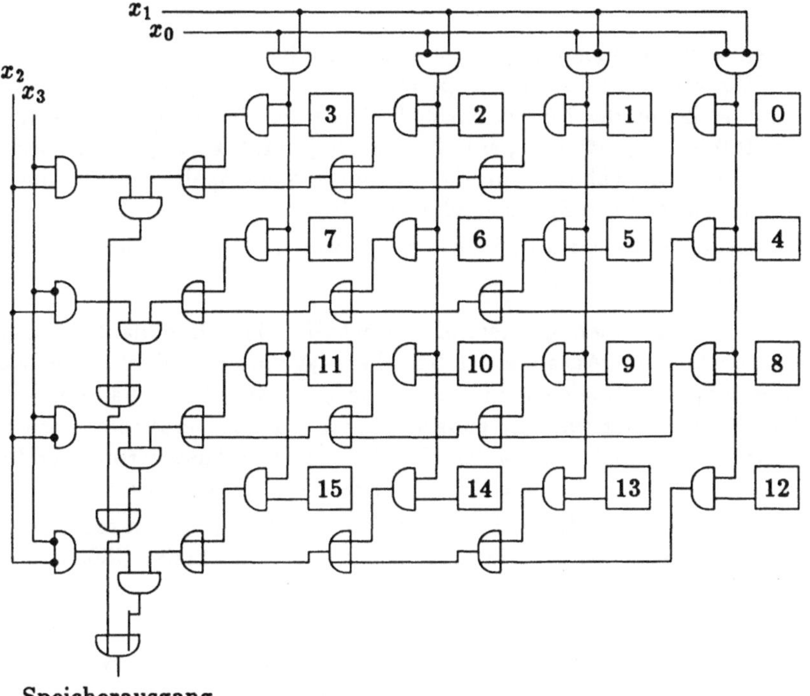

Abbildung 3.87: *Adressierung eines Matrixspeichers mit 16 Speicherzellen*

Die Abbildung 3.87 zeigt eine günstigere Anordnung. Das Beispiel besitzt 16 Speicherzellen, die mit 0 bis 15 numeriert sind. Zur Binärkodierung der

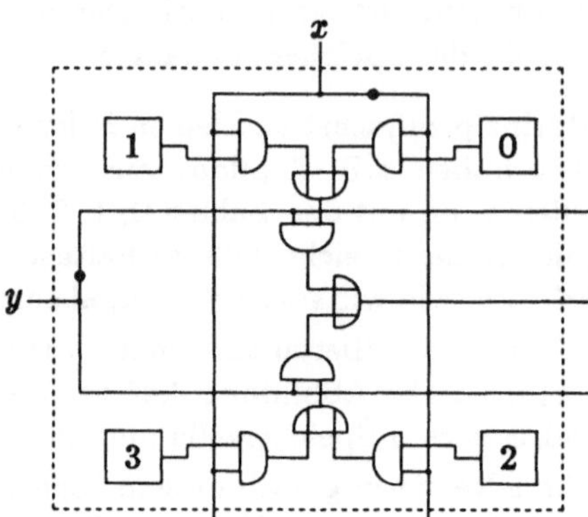

Abbildung 3.88: *Ansteuerung eines Matrixspeichers mit balancierter Signallaufzeit mit 4 Speicherzellen*

16 Adressen wird die vierstellige boolesche Variable $x = (x_3, x_2, x_1, x_0)$ herangezogen. Wir verwenden zwei Komponenten der Adresse, nämlich x_0 und x_1, um in den vier Zeilen der Matrix parallel jeweils die vier Speicherzellen mit den Adressen $(0, 0, x_1, x_0)$, $(0, 1, x_1, x_0)$, $(1, 0, x_1, x_0)$, $(1, 1, x_1, x_0)$ auszulesen. Die Komponenten x_2, x_3 wählen dann die Information der Spalte aus, die die durch (x_3, x_2, x_1, x_0) adressierte Speicherzelle enthält.

Die Ansteuerungskosten des Speichers nach diesem Schema wachsen etwa wie $4 \cdot N + k \cdot \sqrt{N}$, wenn $N = 2^{2 \cdot k}$ ist.

Dieser Entwurf hat einen gravierenden Nachteil. Die Signallaufzeit von den Speicherzellen bis zum Ausgang des Speichers ist unterschiedlich. Die Laufzeit wächst linear mit der Speichergröße etwa wie $\sqrt{N}$. Man kann die Signallaufzeit besser balancieren. Wir tun dies zunächst für $k = 2$ und verallgemeinern rekursiv. Die Abbildung 3.88 enthält den Fall $N = 4$. Die Ansteuerung der Matrix erfolgt vertikal über die Variable x und horizontal über die Variable y.

Dieser Speicher enthält dreimal die gleiche Schaltung, die durch die Abbildung 3.89 beschrieben wird. Die Funktion dieses Schaltkreises läßt sich durch das Polynom

$$f = x_1 \cdot y_1 \vee x_2 \cdot y_2$$

beschreiben. Wir bezeichnen diesen Schaltkreis durch C und verwenden ihn in der folgenden rekursiven Definition des Speichers.

Sei S_k für $k = 1$ der durch Abbildung 3.88 definierte Speicher. Wir verstehen unter S_k^{-1} den um 180° gedrehten Speicher S_k. Unter C^i verstehen wir den um 90° gedrehten und unter C^{-i} den um 270° gedrehten Schaltkreis C.

S_k ist ein Speicher mit 4^k Speicherzellen. Jede Speicherzelle läßt sich durch e_k Leitungen ansteuern, die den Speicher horizontal, und durch e_k Leitungen,

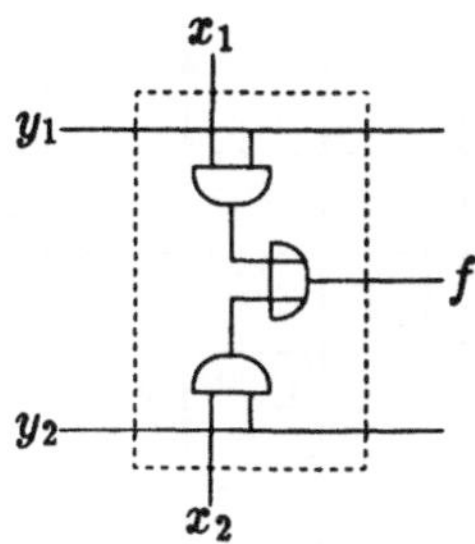

Abbildung 3.89: *Grundkomponente C der laufzeitbalancierten Speicheransteuerung aus Abbildung 3.88*

die den Speicher vertikal durchqueren. Das heißt, wir nehmen an, daß diese Signalleitungen ohne irgendwelche Veränderungen durch den Speicherbaustein hindurchgehen. Nun setzen wir S_{k+1} aus vier Speicher vom Typ S_k und drei Schaltkreisen vom Typ C so zusammen, wie dies Abbildung 3.90 beschreibt.

Man entnimmt aus Abbildung 3.90 auch die Rekursion

$$e_{k+1} = 2 \cdot e_k + 2, \quad e_0 = 0 .$$

Man erkennt weiter, daß die Tiefe des Speichers beim Übergang von S_k zu S_{k+1} um $2 \cdot \text{Tiefe}(C) = 4$ zunimmt. Also haben wir

$$\text{Tiefe}(S_k) = 4 \cdot k .$$

Also wächst die Zeit, mit welcher der Inhalt einer beliebigen Speicherzelle eines solchen Speichers mit 4^k Speicherelementen ausgelesen wird, nur logarithmisch mit der Größe des Speichers.

Wir definieren nun auch die Speicheransteuerung rekursiv. Hierzu setzen wir die Schaltungen K_1 und K_{j+1} für $j > 0$, wie in Abbildung 3.91 dargestellt. Zur Ansteuerung des Speichers der Größe S_j verwenden wir zwei Bausteine vom Typ K_j, wie es Abbildung 3.92 darstellt.

Man sieht, daß die Tiefe der Schaltkreise K_j gleich Null ist, da wir Negationen bei der Definition der Tiefe nicht berücksichtigen. Also hat unser Speicher eine Zugriffszeit, die nur logarithmisch mit seiner Größe wächst.

Die Speicherzellen des hier dargestellten Speichers sind binär. Um nun Speicher mit Zellen von z.B. 32 Bit zu realisieren, verwendet man 32 Speicher von der eben beschriebenen Art. Der Inhalt des Registers, das die Adresse der auszulesenden Speicherzelle enthält, wird jedem der 32 Speicher zugeführt. Das Resultat steht

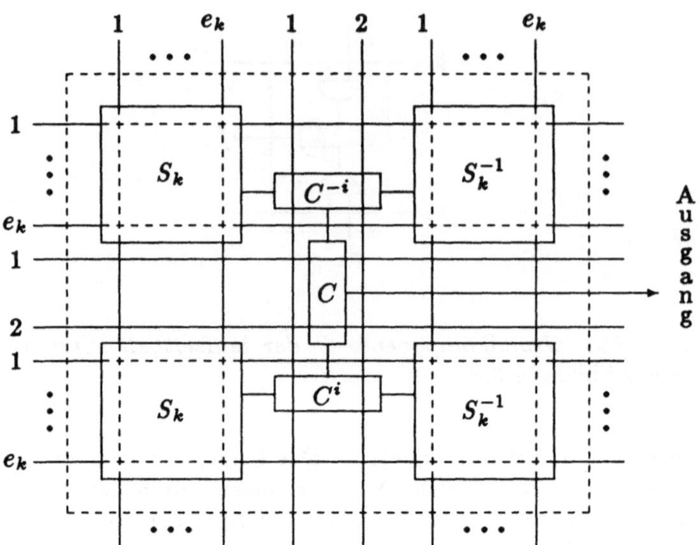

Abbildung 3.90: *Rekursive Definition des Matrixspeichers mit laufzeitbalancierter Adressierung*

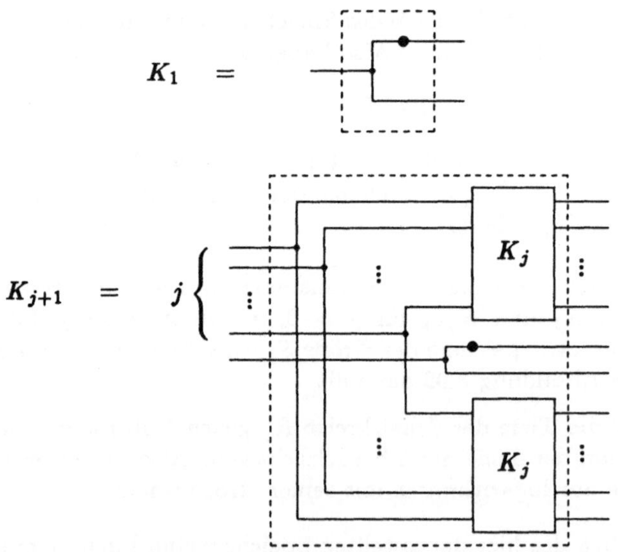

Abbildung 3.91: *Speicheransteuerung* K_1 *und* K_{j+1} $(j > 0)$

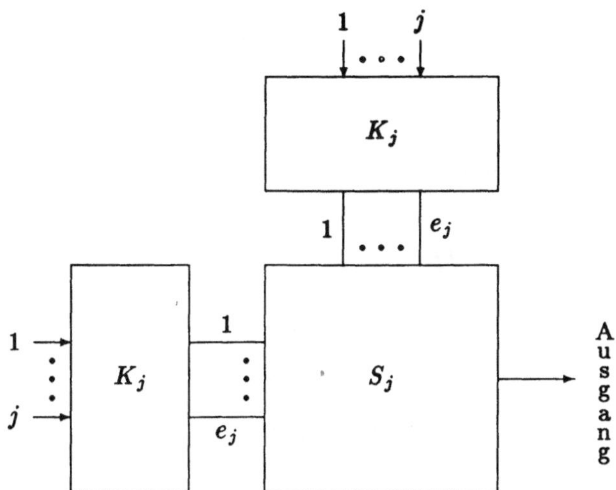

Abbildung 3.92: *Vollständiger laufzeitbalancierter Speicher inklusive Ansteuerung*

dann in einem Register, in dessen i-tes Flipflop der i-te Speicher den durch die Adresse ausgewählten Wert einschreibt.

Wir haben hier nur den Auslesevorgang beschrieben. Das Einschreiben in den Speicher erfolgt nach dem gleichen rekursiven Schema.

Die verschiedenen binären Speicher mit ihren Ansteuerungen fassen wir zu dem Speicherwerk zusammen. Dieses beschreiben wir ebenfalls wieder durch ein mathematisches Modell, das von den Einzelheiten der Konstruktion weitgehend abstrahiert. Wir wollen in das Modell nicht mehr aufnehmen, als man zum Schreiben von Mikroprogrammen über "Speicherlesen" bzw. "Speicherschreiben" wissen muß.

Aufgrund der vorigen Ausführungen ist klar, daß wir einem größeren Speicher für seine Tätigkeit eine Zeit zubilligen müssen, die von der Taktzeit der Maschine mehr oder weniger abweicht.

Wir entwickeln hier ein Modell eines RAM's, das sicher nicht alle unterschiedliche Eigenschaften solcher Speicher wiedergibt, das aber als Muster dafür dienen kann, wie man ein Speicherwerk in seinem rein funktionellen Verhalten beschreiben kann.

Wir sehen das Speicherwerk als ein Schaltwerk an, das ein **Adressenregister** A, ein **Ein-Ausgaberegister** E, ein **Statusregister** D und den eigentlichen

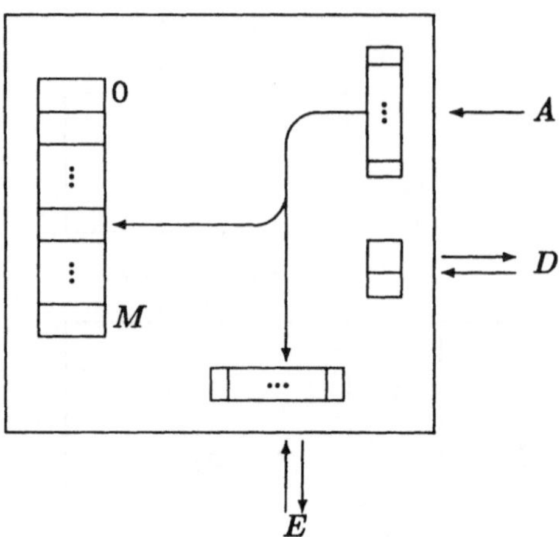

Abbildung 3.93: *Schematische Darstellung des Speichermodells*

Speicher S enthält. In der Abbildung 3.93 haben wir das Modell schematisch dargestellt.

Wir nehmen an, daß der Speicher für die Ausführung der Befehle eine gewisse Zeit benötigt, während der er nach außen nicht reagiert, allerdings zeigt ein Statusregister an, daß er besetzt ist. Wir nehmen aus beschreibungstechnischen Gründen an, daß das Speicherwerk eine innere Uhr Z besitzt, die die außen verstreichende Zeit in Anzahl von Takten registriert, die modulo einer Zahl $F \in \mathbf{N}$ gezählt wird. F ist die "Speicherzykluszeit", die wir hier als unabhängig von der Adresse ansehen.

Wir können dem Speicher eine Adresse $x \in X_A$, eine Information $e \in X_E$ und einen Befehl $d \in X_D$ anbieten. Hierin ist also $X_E \times X_A \times X_D$ die Menge der Eingangssignale für unser Speicherwerk, das wir mit S bezeichnen wollen. Wir schreiben $I(S) = X_E \times X_A \times X_D$. Der Speicher gibt Inhalte e von E und d von D aus. Die Menge dieser Signale bezeichnen wir mit Y_E bzw. Y_D. Wir schreiben $O(S) = Y_E \times Y_D$. Die Zustandsmenge $Z(S)$ unseres Speicherwerkes ist die Menge seiner möglichen Zustände, nämlich

$$Z(S) = \Delta(S[0\colon M]) \times \Delta(A) \times \Delta(E) \times \Delta(D) \times [0:F-1] \times [0:1] \ .$$

Hat das Speicherwort die Länge n, die Adresse die Länge m und der Speicher die Größe M, dann haben wir also

$$\begin{aligned}\Delta(S[0\colon M]) &= \{\xi : S[0\colon M] \to \mathbf{B}^n\} \ ,\\ \Delta(A) &= \{\xi : A[1\colon m] \to \mathbf{B}\} \ ,\end{aligned}$$

$$\begin{aligned} \Delta(E) &= \{\xi : E[1{:}n] \to \mathbf{B}\} , \\ \Delta(D) &= \{\xi : D[0{:}1] \to \mathbf{B}\} . \end{aligned}$$

Die Komponente D dient zur Unterscheidung folgender Maschinenzustände:

a) Der Speicher hat den Befehl übernommen, befindet sich aber noch nicht im Taktzustand 0, in dem er mit der Befehlsausführung beginnen kann.

b) Der Speicher führt den Befehl aus.

Diese Unterscheidung bietet den Vorteil, daß der Rechner dem Speicher den jeweiligen Befehl nicht wiederholt anbieten muß, wenn der Speicher frei ist. Der Speicherzyklus besteht aus F Takten. Vereinfachend nehmen wir an, daß jede Befehlsausführung des Speichers in zwei Phasen $[0 : F/2 - 1]$ und $[F/2 : F - 1]$ zerfällt. Der Speicher ist zur Entgegennahme von Befehlen bereit, falls d im Zustand $(0,0)$ ist. Wir definieren das Verhalten des Speicherwerkes nun formal.

Definition 3.23 *Das* **Speicherwerk** *ist ein endlicher Automat*

$$S = \Big(I(S), O(S), Z(S), \delta, \lambda\Big)$$

mit folgenden Eigenschaften:

Die Abbildung

$$\lambda : I(S) \times Z(S) \to O(S) \qquad \textit{mit} \qquad (x, s, e, d, z, \epsilon) \mapsto (e, d)$$

beschreibt die **Ausgabefunktion**.

Die Abbildung

$$\delta : I(S) \times Z(S) \to Z(S)$$

das innere Verhalten von S.
Wir definieren δ durch eine Fallunterscheidung, die d betrifft.

a) Sei $d \in \Delta(D)$, $d \neq (0,0)$. Hierfür setzen wir

$$\delta(x, s, a, e, d, z, \epsilon) = \delta(x', s, a, e, d, z, \epsilon) \quad \textit{für } x, x' \in I(S) .$$

Der Speicher arbeitet in diesem Fall unabhängig von der Eingabe. Er führt einen früher erhaltenen Befehl zu Ende. Zur Abkürzung schreiben wir dann: $\delta_{\text{aut}}(s, a, e, d, z, \epsilon)$.

b) Sei $d = (0,0)$. In diesem Fall definieren wir

$$\delta(x_e, x_a, x_d, s, a, e, d, z, 0) = \begin{cases} (s, x_a, x_e, x_d, 1, 1) & \textit{für } z = 0, \\ & \quad x_d \neq (0,0) \\ (s, x_a, x_e, x_d, z \oplus 1, 0) & \textit{sonst} \end{cases}$$

Hierin bezeichnet $\oplus$ die Addition modulo F.

c) *Sei* $d = (1,0)$. *(erste Phase des Auslesebefehls)*

$$\delta_{\text{aut}}(s,a,e,d,z,0) = \begin{cases} (s,a,e,d,z \oplus 1,0) & \textit{für } z \neq F-1 \\ (s,a,e,d,0,1) & \textit{für } z = F-1 \end{cases}$$

Erklärung: *Der Zähler erreicht schließlich den Zustand* $z = 0$. *Gleichzeitig setzen wir* $\epsilon = 1$. *Der Speicher übernimmt die Befehlsausführung.*

$$\delta_{\text{aut}}(s,a,e,d,z,1) = \begin{cases} (s,a,e,d,z \oplus 1,1) & \textit{für } z < F/2 \\ (s,a,e(a),(1,1),z \oplus 1,1) & \textit{für } z = F/2 \end{cases}$$

Hierin ist $e(a) = \sigma(a)$ *der Inhalt der Speicherzelle* (S,a).
Erklärung: *Der Speicher benötigt* $F/2$ *Takte, um den Inhalt von* (S,a) *nach* E *zu bringen.*

d) *Sei* $d = (1,1)$. *(zweite Phase des Lesebefehls).*

$$\delta_{\text{aut}}(s,a,e,d,z,1) = \begin{cases} (s,a,e,d,z \oplus 1,1) & \textit{für } z < F-1 \\ (s,a,e,(0,0),0,0) & \textit{für } z = F-1 \end{cases}$$

Erklärung: *Der Speicher erholt sich in der zweiten Phase des Lesebefehls. Diese Erholung ist abgeschlossen, wenn* $z = (0,0)$ *erreicht ist.*

e) *Sei* $d = (0,1)$. *(Einschreibebefehl)*
Wir definieren

$$\delta_{\text{aut}}(s,a,e,d,z,0) = \begin{cases} (s,a,e,d,z \oplus 1,0) & \textit{für } z \neq F-1 \\ (s,a,e,d,0,1) & \textit{für } z = F-1 \end{cases}$$

$$\delta_{\text{aut}}(s,a,e,d,z,1) = \begin{cases} (s,a,e,d,z \oplus 1,1) & \textit{für } z < F-1 \\ (s(a),a,e,(0,0),0,0) & \textit{für } z = F-1 \end{cases}$$

Hierin ist $s(a) \in \Delta(S)$ *mit* $s(a)(i) = \begin{cases} s(i) & \textit{für } i \neq a \\ e & \textit{für } i = a \end{cases}$

Erklärung: *Zunächst vergeht nach Annahme des Befehls wieder eine gewisse Zeit bis der Speicher in den Zustand* $z = 0$ *gelangt. In diesem Zustand beginnt das Einschreiben der Information von* E *in die Speicherzelle mit der Adresse* a. ■

Damit haben wir ein mathematisches Modell eines Speicherwerkes definiert, das die realen physikalischen Vorgänge nur sehr grob erfaßt.
In unserem folgenden Beispiel und in der Erläuterung des Mikroprogrammwerkes machen wir von der internen Struktur des hier definierten mathematischen Modells keinen Gebrauch, so daß dort verschiedene Modelle von Speichern und nicht nur von RAM's ausgetauscht werden können, wenn nur die "Schnittstellenvereinbarung" eingehalten wird.

Das Mikroprogramm für Speicherlesen ist nun sehr einfach. Es lautet:

$\alpha := \rho(i)$, Arg(i), Res(α)

1: **if** $D = (0,0)$ **then** $A := \pi_2(\beta)$ **else** **goto** 1;

2: **if** $D = (1,1)$ **then** $\alpha := E$;

3: **end**

3.4.10 Mikroprogrammwerk

Das Mikroprogrammwerk umfaßt alle Mikroprogramme und das **Masterprogramm**, das die Mikroprogramme aufruft und deren Fertigmeldung entgegennimmt. Zum Mikroprogrammwerk gehört das Befehlsregister β^1 und das Adressenregister β^2.

Zur Beschreibung der Funkton des Masterprogrammes nehmen wir an, daß der zur Zeit im Befehlsregister stehende Befehl aufgerufen worden ist. Ist dieser kein Sprungbefehl, dann inkrementiert das Masterprogramm den Inhalt des Befehlszählers, d.h. es führt den Mikrobefehl

$$\beta^2 := \beta^2 + 1$$

aus. Ist der aktuelle Befehl ein Sprungbefehl, dann wartet das Masterprogramm die end-Meldung dieses Befehls ab.

Liegt die end-Meldung des aktuellen Befehles vor, dann lädt das Masterprogramm den Befehl, der durch β^2 adressiert wird, d.h. es führt die folgenden Mikrobefehle aus:

1: **if** $D = (0,0)$ **then** $D := (1,0)$, $A := \beta^2$ **else** **goto** 1;

2: $\beta^1 := E$;

3: **call** β^1, $\beta^2 := \beta^2 + 1$;

4: **if** **end**$(\beta^1) = 1$ **then** **goto** 1;

Das Masterprogramm inkrementiert also parallel zum Aufruf des zu dem Befehl in β^1 gehörigen Mikroprogrammes den Befehlszähler. Ist der Befehl ein Sprungbefehl, dann wird der Inhalt von β^2 von dem Mikroprogramm entsprechend modifiziert.

Abbildung 3.94 gibt eine schematische Übersicht über das Mikroprogrammwerk. Die vom Masterprogramm ausgehenden Aufrufleitungen für die Mikroprogramme sind stärker ausgezogen. Die parallel zu diesen Leitungen aber in umgekehrter Richtung verlaufenden Leitungen sind die zugehörigen end-Leitungen.

Das Mikroprogrammwerk interpretiert also die Maschinenprogramme, indem es jeden Befehl des Maschinenprogrammes in eine Folge von Mikrobefehlen umsetzt.

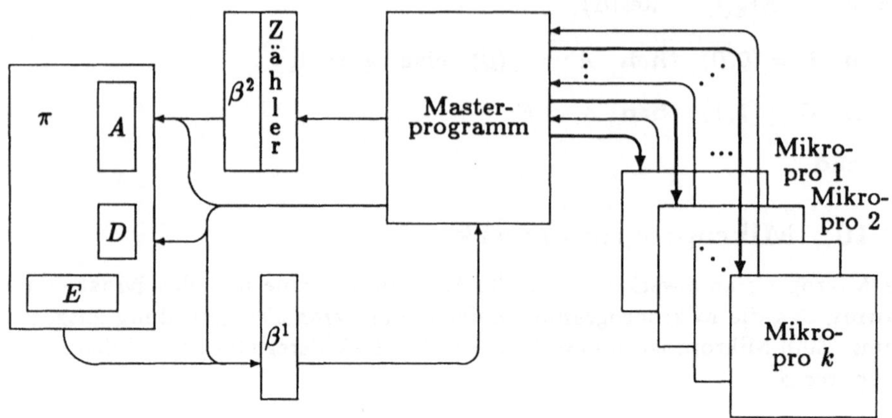

Abbildung 3.94: *Übersicht über das Mikroprogrammwerk*

Wir haben zugelassen, daß Mikroprogramme selbst auch Mikroprogramme aufrufen dürfen. Dies ist in der schematischen Übersicht in Abbildung 3.94 nicht enthalten, so wie auch alle von den einzelnen Mikroprogramme ausgehenden Aufruf- und Abfrageleitungen in dem Schema nicht angedeutet wurden. Zu jeder Aufrufleitung gibt es eine zugehörige Leitung, über die das aufgerufene Mikroprogramm seine Fertigmeldung abgibt. Natürlich muß man dafür Sorge tragen, daß die end-Meldungen nicht über alle von dem Mikroprogramm ausgehenden end-Leitungen verschickt werden.

3.4.11 Schlußbemerkungen

Wir haben die Theorie der Maschinen nun so weit entwickelt, daß der grundsätzliche Aufbau dieser Maschinen motiviert und die Einsicht darin, wie man eine solche Maschine aus einfachen Bausteinen aufbauen kann, vorhanden ist.

Eine Weiterführung der Theorie ist für alle hier angesprochenen Aspekte erforderlich. Die Leistung der Maschinen muß bewertet werden. Die Schaltungen müssen im Rahmen vertretbarer Kosten möglichst schnell gemacht werden.

Die Maschinen dürfen nicht zu viele verschiedene Befehle enthalten. Die Ausnutzung eines solchen Vorrates an Befehlen, macht es schwer, Programme auf andere Maschinen zu portieren. Zudem kann bei einem aufgeblähten Befehlsvorrat die Erkennung und Ausführung eines Befehlswortes länger dauern, als die Ausführung einer entsprechenden Sequenz weniger mächtiger Befehle. Es lohnt sich also i.a. gar nicht, für seltene Sonderfälle Befehle vorzusehen.

Andererseits wird die Realisierung sehr häufig vorkommender Prozeduren, wie z.B. Prozeduren für Skalarprodukt, Hornerschema, Sortierverfahren oder Transformationen geometrischer Objekte in Gestalt von Mikroprogrammen zu großen Beschleunigungen bei Berechnungen führen.

Wir haben nichts dazu gesagt, wie man die Ein- und Ausgabe von Rechnern organisiert. Hierbei können sehr verschiedene Randbedingungen auftreten. Rechner können mit Rechnern in Verbindung stehen. Diese können synchron im gleichen Takt oder auch asynchron mit unterschiedlichen Taktfrequenzen arbeiten.

Bildschirme und Druckstationen sind i.a. langsamer als der Rechner, so daß der Datenaustausch zum Teil gepuffert verlaufen muß. Die Daten müssen für die Darstellung so aufbereitet werden, daß der Benutzer damit arbeiten kann. Mitunter befindet sich der Benutzer nicht am gleichen Ort wie der Rechner, sondern unter Umständen sogar viele Tausende von Kilometern entfernt.

Maschinenprogramme sind sehr schwer verständlich. Man benötigt Programmiersprachen, die es erlauben, problemnah zu programmieren. Dies soll folgendes heißen: Die elementaren Anweisungen und die erlaubten Kontrollstrukturen für die Programme sollen nicht an dem technisch bequem Machbaren orientiert sein, sondern sie sollen es erlauben, daß der Benutzer in seiner eigenen Fachsprache mit dem Rechner umgehen kann.

Die Theorie muß also sowohl die Theorie der Schaltkreise und Schaltwerke weiterführen, wozu die Großintegration von Schaltkreisen gehört, deren Entwurf und das Testen produzierter Entwürfe. Die Theorie muß der Frage nachgehen, wie man *viele* Rechner für *ein* Problem nutzbringend einsetzen kann, und wie man viele Benutzer auf einem Rechner oder einem Rechnerverbund effektiv bedient. Betriebssysteme zur Verwaltung des Rechnerverbundes und all der Betriebsmittel, Software oder Hardware, die dem Verbund zur Verfügung stehen, müssen von der Theorie erfaßt werden.

Und natürlich ist es nicht damit getan, daß Rechenmaschinen bequem nutzbar sind. Man muß auch wissen, wie man Probleme effizient, d.h. Zeit des Programmierers oder/und des Computers sowie Patz sparend behandelt.

Auf die Theorie der Programmiersprachen gehen wir in Kapitel 4 dieser Einführung in die Informatik ein. Hinsichtlich der anderen genannten Fragen verweisen wir den Leser auf das Literaturverzeichnis im Anhang des Buches.

3.5 Aufgaben

Aufgabe 3.1

a) Geben Sie die Elementanzahl von $\mathcal{S}(\mathbf{B}^n)$ an und beweisen Sie ihre Aussage.

b) Wieviele verschiedene Schaltfunktionen aus $\mathcal{S}(\mathbf{B}^n)$ kann man mit Hilfe von booleschen Ausdrücken aus $\mathcal{A}(Y)$ mit $\#Y = n$ darstellen, in denen höchstens einmal die Disjunktion und keine Negation auftritt?

Aufgabe 3.2

a) Geben Sie für die folgenden beiden booleschen Ausdrücke $w_1, w_2 \in \mathcal{A}(Y)$ den zugehörigen Schaltkreis mit drei Eingängen und die Kosten an. Berechnen Sie jeweils einen billigeren Ausdruck, der die gleiche Schaltfunktion realisiert.

i) $w_1 = ((y_2 \vee y_3) \cdot \overline{y_1} \vee (y_1 \vee y_3) \cdot \overline{y_2}) \vee (y_2 \vee y_3) \cdot \overline{y_1}$

ii) $w_2 = (y_2 \vee y_3) \cdot \overline{y_1} \vee (y_2 \cdot \overline{y_3} \vee \overline{y_2} \cdot y_3)$

b) Es sei $w \in \mathcal{A}(Y)$ ein boolescher Ausdruck über $Y = \{y_1, y_2, y_3\}$. Für $i > 1$ sei $a_i(w)$ die "Anzahl der in dem zugehörigen Schaltkreis vorkommenden Konjunktionen und Disjunktionen mit i Eingängen".

Zeigen Sie: $L(w) = \sum_{i=2}^{\infty} i \cdot a_i(w)$

Aufgabe 3.3 Sei $p \in \mathbf{N}$, $p > 1$. Zeigen Sie: Für alle $x \in \mathbf{N}$ gibt es genau eine p-näre Darstellung der Form

$$\sum_{i=0}^{\infty} \alpha_i \cdot p^i \qquad \text{mit} \quad \alpha_i \in [0 : p-1]$$

Aufgabe 3.4 Es sei M eine boolesche Algebra und h ein Homomorphismus von M in M'. Zeigen Sie:

a) M' ist eine boolesche Algebra.

b) h ist genau dann Monomorphismus, wenn $h^{-1}(0_{M'}) = \{0_M\}$ ist.

Aufgabe 3.5 Sei $(M, \vee, \cdot, ^-)$ eine boolesche Algebra. Zeigen Sie:

a) Die Eins- und Nullelemente sind eindeutig bestimmt.

b) $a \cdot b = 0$ und $a \vee b = 1 \iff \overline{a} = b$.

e) Die de Morgan'schen Regeln: $\overline{a \cdot b} = \overline{a} \vee \overline{b}$; $\overline{a \vee b} = \overline{a} \cdot \overline{b}$ mit Hilfe von b).

Aufgabe 3.6 Sei $k \in \mathbf{N}$ und $n = 2^k$. Der *Graycode* für die Menge $[0 : n-1]$ ist eine injektive Abbildung $gray_k : [0 : n-1] \to \{0,1\}^k$, so daß gilt: $gray_k(i)$ und $gray_k(i+1)$ für $i \in [0 : n-2]$, sowie $gray_k(0)$ und $gray_k(n-1)$ unterscheiden sich nur in einer Stelle.

Folgende Tabelle gibt einen Graycode für $n = 8$ an:

0	000	1	001	2	011	3	010
4	110	5	111	6	101	7	100

a) Geben Sie einen Graycode für $n = 16$ an.

b) Beschreiben Sie ein allgemeines Verfahren, wie man $gray_{k+1}$ aus $gray_k$ berechnet.

c) Geben Sie unter Verwendung von

   i) D-Flipflops
   ii) (R,S)-Flipflops
   iii) (J,K)-Flipflops

   ein Schaltnetz an, das im Graycode modulo 10 vorwärts und rückwärts zählt. Die Zählrichtung wird durch die Belegung einer Steuerleitung R mit 0 bzw. 1 dargestellt.

Aufgabe 3.7 Sei $A = [-3 : 3]$. Einem Wort $a_{n-1}a_{n-2}\dots a_1a_0 \in A^n$ ordnen wir durch

$$\xi(a_{n-1}a_{n-2}\dots a_1a_0) = \sum_{i=0}^{n-1} a_i \cdot 4^i$$

eine ganze Zahl zu.

a) Seien $a, b \in A$. Zeigen Sie: Es gibt a_0, a_1, so daß $a + b = \xi(a_1a_0)$ und $-1 \geq a_1 \geq 1$, $-2 \geq a_0 \geq 2$.

b) Kodieren Sie jedes Element aus A durch einen Bitstring der Länge 3. Geben Sie ein Schaltnetz HA an, das zwei Ziffern wie in **a)** beschrieben addiert.

c) Geben Sie ein Schaltnetz für die Addition zweier Zahlen $a_{n-1}a_{n-2}\dots a_1a_0 \in A^n$ und $b_{n-1}b_{n-2}\dots b_1b_0 \in A^n$. Verwenden Sie hierzu das Schaltnetz von Teil **b)**, um für je zwei Ziffern a_i, b_i die Werte u_i, s_i zu berechnen, so daß $4u_i + s_i = a_i + b_i$ und $s_i + u_{i-1} \in A$ ist.

d) Welche Tiefe besitzt das unter **c)** entwickelte Schaltnetz?

e) Sei $a_{n-1}a_{n-2}\dots a_1a_0 \in \mathbf{B}^n$ eine gewöhnliche Dualzahl. Geben Sie ein Schaltnetz an, das $b_{n-1}b_{n-2}\dots b_1b_0 \in A^n$ berechnet mit

$$\xi(b_{n-1}b_{n-2}\dots b_1b_0) = \sum_{i=0}^{n-1} a_i \cdot 2^i.$$

f) Sei $a_{n-1}a_{n-2}\dots a_1a_0 \in A^n$ gegeben. Geben Sie ein Schaltnetz an, das $b_{n+1}b_{n-2}\dots b_1b_0 \in \mathbf{B}^n$ berechnet mit $\xi(b_{n+1}b_{n-2}\dots b_1b_0) = \sum_{i=0}^{2n-1} a_i \cdot 2^i$.

g) Sei $a_{n-1}a_{n-2}\dots a_1a_0 \in A^n$ gegeben. Geben Sie ein Schaltnetz an, das $\xi(a_{n+1}a_{n-2}\dots a_1a_0) = 0$ testet.

Aufgabe 3.8 Betrachten Sie den Schalter P_2 in Abbildung 3.95 mit folgender Funktion:

Für $x = 0$ sei $g' = f$, $f' = g$ und für $x = 1$ sei $g' = g$, $f' = f$.

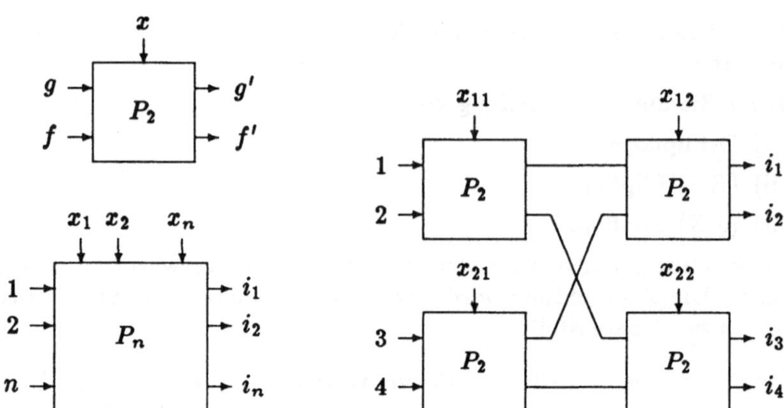

Abbildung 3.95: *Permutationsnetze P_2 und P_n sowie P_4 von Aufgabe 3.7*

a) Man gebe alle Permutationen an, die durch das Netz P_4 mit geeigneten $x_{11}, x_{12}, x_{21}, x_{22}$ realisiert werden können.

b) Erklären Sie durch ein Abzählargument, warum nicht alle Permutationen realisiert werden können.

c) Sei P_n ein Permutationsnetz, das bei geeigneter Wahl der Variablen $x_1, \ldots, x_m$ jede Permutation von n Elementen einzustellen erlaubt. Verwenden Sie Exemplare von P_2 und P_n, um ein Permutationsnetz für $2n$ Elemente zu realisieren.

d) Verwenden Sie die Konstruktion aus **c**), um ein Permutationsnetz für $n = 8$ zu realisieren.

e) Gibt es für die gleiche Permutation mehrere Schalterstellungen, die diese realisieren?

Aufgabe 3.9 Ein Flüssigkeitsbehälter habe 3 Anzeigeleitungen a_1, a_2 und a_3 für den Pegelstand 1/3-voll, 2/3-voll, voll. Dabei gelte:

$$a_1 = 1 \iff \text{Pegel oberhalb } 1/3\text{-voll}$$
$$a_2 = 1 \iff \text{Pegel oberhalb } 2/3\text{-voll.}$$

Dem Behälter werde Flüssigkeit entnommen und über Pumpen p_1, p_2 neue hinzugeführt. Entwickeln Sie einen Schaltkreis, der Steuersignale für die Pumpen erzeugt, wobei gelten soll:

- Ist der Behälter voll, so sind alle Pumpen aus.
- Die schwächere Pumpe p_1 ist in Betrieb, wenn der Behälter mindestens 2/3-voll ist

- Ist der Behälter weniger als 2/3-voll, so arbeitet die stärkere Pumpe p_2.
- Sinkt der Pegel unter 1/3, so arbeiten beide Pumpen.

$f_{p_1}, f_{p_2} : D \to \mathbf{B}$ seien die Steuerfunktionen zu p_1, p_2. Wie sieht D aus? Bestimmen Sie Primimplikanten und Minimalpolynome zu f_{p_1}, f_{p_2}.

Aufgabe 3.10

a) Geben Sie einen möglichst kleinen Schaltkreis an, der $f : \mathbf{B}^2 \to \mathbf{B}$ mit $f(a,b) := a \oplus b$ berechnet und ausschließlich Nand-Gatter mit zwei Eingängen als Bausteine benutzt (4 Gatter genügen).

   Gibt es dazu einen booleschen Ausdruck?

b) Sei $P_n : \mathbf{B}^n \to \mathbf{B}$ mit $P_n(\epsilon) = 1 \iff$ die Anzahl der Nullen bzw. Einsen in $\epsilon = (\epsilon_1, \ldots, \epsilon_n)$ ist gerade.

   Bestimmen Sie die Primimplikanten von P_4.

c) Geben Sie für P_{16} einen möglichst kleinen Schaltkreis an, der nur aus Nand-Gattern mit 2 Eingängen besteht.

Aufgabe 3.11 Geben Sie eine Schaltfunktion für die Roth'sche Figur in Abbildung 3.26 an.

Aufgabe 3.12 Sei $f : \mathbf{B}^4 \to \mathbf{B}$ eine Schaltfunktion mit

$$f(\epsilon) = 0 \iff \epsilon \in \{0101, 0111, 1000, 1010\}$$

Zeichnen Sie die Funktionstafel von f als vierdimensionalen Würfel und markieren Sie zu Primimplikanten korrespondierende "Randwürfel". Geben Sie die Minimalpolynome zu f an.

Aufgabe 3.13 Entwerfen Sie einen Schaltkreis für die Addition und für die Multiplikation modulo 7 mit D-Flipflops. Die Zahlen seien dabei binär kodiert

$$a = 4\alpha_2 + 2\alpha_1 + \alpha_0 \quad \text{und} \quad b = 4\beta_2 + 2\beta_1 + \beta_0.$$

Geben Sie für die Funktionen

$$Add_i : \mathbf{B}^3 \to \mathbf{B}, \quad Mul_i : \mathbf{B}^3 \to \mathbf{B} \qquad i = 0, 1, 2,$$

die jeweils die i-te Stelle des Resultats liefern, Diagramme an und bestimmen Sie jeweils ein Minimalpolynom.

Aufgabe 3.14 Sei s_k^n die in Beispiel 3.7 auf Seite 236 definierte Schwellenfunktion mit n Eingängen und der Schwelle k.

a) Zeigen Sie, daß s_k^n monoton ist und ein eindeutig bestimmtes Minimalpolynom p_k^n besitzt.

b) Wie lautet p_3^5?

c) Berechnen Sie die Kosten $L(p_k^n)$ des Minimalpolynoms p_k^n in Abhängigkeit von n und k.

d) Realisieren Sie s_k^n durch ein Schaltwerk bestehend aus einem Schieberegister mit n Flipflops und einer Funktionseinheit, welche testet, ob mindestens k Flipflops mit 1 initialisiert wurden. Berechnen Sie die Kosten des Schaltwerkes.

e) Diskutieren Sie die Schaltfunktionen

$$s_k^{n,\epsilon}(\xi_1,\ldots,\xi_n) = 1 \iff \sum_{i=1}^{n} \xi_i^{\epsilon_i} \geq k \qquad \text{für } \epsilon \in \mathbf{B}^n$$

Aufgabe 3.15 *Neuronale Netze* sind Schaltelemente, deren Wertebereich gemeinhin als $\{-1,+1\}$ angenommen wird. Man definiert die Schaltfunktion eines Neurons $N_{n,w_1,\ldots,w_n}^k : \{-1,+1\}^n \to \{-1,+1\}$ durch

$$N_{n,w_1,\ldots,w_n}^k(\xi_1,\ldots,\xi_n) = 1 \iff \sum_{i=1}^{n} w_i \cdot \xi_i \geq k \ ,$$

wobei $n, k \in \mathbf{N}$ und $w_1,\ldots,w_n \in \mathbf{Z}$ sind.

a) Zeigen Sie, daß es eine bijektive Abbildung $g : \mathbf{B}^n \to \{-1,+1\}^n$ gibt, so daß gilt:

$$N_{n,w_1,\ldots,w_n}^k(\xi_1,\ldots,\xi_n) = 1 \iff \sum_{i=1}^{n} w_i \cdot \eta \geq \left\lceil 0.5 \cdot \left(k + \sum_{i=1}^{n} w_i\right)\right\rceil$$

für $g((\xi_1,\ldots,\xi_n)) = (\eta_1,\ldots,\eta_n)$.

b) Zeigen Sie, daß man durch geeignete Wahl von $n, k, w_1,\ldots,w_n$ das Oder-Gatter, Und-Gatter und die Negation definieren kann.

c) Zeigen Sie, daß es Schaltfunktionen $f : \mathbf{B}^n \to \mathbf{B}$ gibt, so daß für alle $k, w_1,\ldots,w_n$ gilt

$$f \neq N_{n,w_1,\ldots,w_n}^k$$

d) Die Menge der durch Neuronen (nicht Netze von Neuronen) darstellbaren Schaltfunktionen ist abgeschlossen unter der Negation.

e) Sei $m \leq n$ und $p : \mathbf{B}^n \to \mathbf{B}^m$ eine Projektion auf die ersten m Komponenten. $f : \mathbf{B}^n \to \mathbf{B}$ sei durch ein Neuron berechenbar.

Ist die charakteristische Funktion $\kappa_p : p(f^{-1}(1)) \to \{0,1\}$ von $p(f^{-1}(1))$, welche definiert ist als

$$\kappa_p(x) := \begin{cases} 1 & \text{falls } x \in p(f^{-1}(1)) \\ 0 & \text{falls } x \notin p(f^{-1}(1)), \end{cases}$$

durch ein Neuron berechenbar?

Hinweis: Verwende $f^{-1}(1)$ ist ein Halbraum.

Aufgabe 3.16 Sei $R = \mathbf{Z}[X_1, \ldots, X_n]$ der Ring der Polynome in n Unbestimmten mit ganzzahligen Koeffizienten. Auf R seien die Operationen $\circledvee$ und ^{o} wie folgt definiert

$$\begin{aligned} f \circledvee g &:= f + g - f \cdot g, \\ f^o &:= 1 - f \end{aligned}$$

Man zeige, daß sich die boolesche Algebra $\mathbf{B}[X_1, \ldots, X_n]$ monomorph so in $(R, \circledvee, \cdot, ^o)$ abbilden läßt, so daß Urbild und Bild auf dem Würfel $\mathbf{B}^n$ die gleichen Werte annehmen.

Aufgabe 3.17 Das Testproblem[2] für Schaltkreise kann man wie folgt formulieren.

Es seien zwei boolesche Netze (G, β) und (G, β') gegeben. Man finde Eingabe ξ für die beiden booleschen Netze, so daß die verschiedenen Netze ein verschiedenes Resultat liefern. Man stelle sich vor, daß der Schaltplan (G, β) vorliegt, aber (G, β') produziert wurde und daß man das Produkt nur durch sein Ein-Ausgabe-Verhalten testen kann. Da man in diesem Zusammenhang keine effizienten Verfahren für den allgemeinen Fall kennt, wird die 1-Fehlerhypothese[3] zugrunde gelegt. Auf *Roth* geht ein Kalkül zurück, der als **D-Algorithmus** bezeichnet wird. "D" steht für Differenz von *Soll-* und *Ist*-Wert.

a) Man führe D als Unbestimmte ein und erweitere die boolesche Algebra $\mathbf{B}$ durch D und interpretiere die boolesche Algebra in dem oben angedeuteten Sinne als Differenzkalkül auf (G, β). Das heißt: Erweitere die Interpretation der booleschen Gatter auf den Wertebereich $\{0, 1, D, \overline{D}\}$.

   Zeigen Sie: Eine Eingabe ist ein Test für einen Fehler in (G, β), wenn der Differenzenkalkül als Ausgabe D oder $\overline{D}$ liefert.

b) Zeigen Sie, daß sich das Testproblem für boolesche Netze leicht lösen läßt, wenn das Netz in "dünne Schichten" zerschneiden läßt, von denen jede eine bijektive Abbildung definiert.

Aufgabe 3.18 Sei $a = (G, \alpha, K_a, K_e)$ ein vollständiger deterministischer Akzeptor.

a) Zeigen Sie: Jeder endliche Akzeptor a läßt sich durch einen deterministischen endlichen Automaten darstellen, der genau dann eine Eins ausgibt, wenn er ein Element gelesen hat, das a akzeptiert.

   Hinweis: Verwende den Beweis zu Satz 3.26.

---

[2] Die Theorie des Testens wird von B. Becker in einem Buch dieser Reihe abgehandelt.

[3] Für die man allerdings auch keine exakten effizienten Verfahren besitzt.

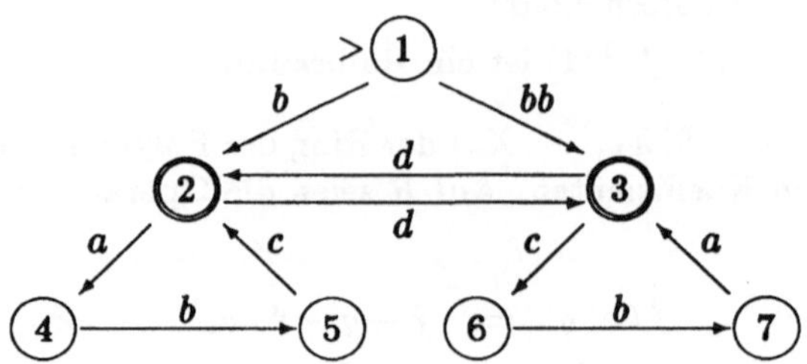

Abbildung 3.96: *Akzeptor a von Aufgabe 3.21*

b) Ist $\Delta : \mathcal{X} \times Z \to Z$ die Nachfolgefunktion eines endlichen Automaten a, dann definiert h_u für $u \in \mathcal{X}^*$ mit

$$h_u(z) = \Delta^*(u, z)$$

eine Abbildung $h : Z \to Z$. Zeigen Sie:

$$h_{u_1 \cdot u_2} = h_{u_1} \circ h_{u_2} \quad \text{und} \quad u \in L(a) \iff h_u(K_a) \cap K_e \neq \emptyset.$$

c) Man zeige unter Verwendung von **a)** und **b)**, daß es zu jeder regulären Menge $L \subset \mathcal{X}^*$ ein endliches Monoid M und einen Homomorphismus $h : \mathcal{X}^* \to M$ und $K \subset M$ gibt, so daß $L = h^{-1}(K)$ ist.

Aufgabe 3.19 Beweisen Sie die Lemmata 3.23 und 3.25.

Aufgabe 3.20 a) Seien $a_i = (G^i, \alpha^i, K_a^i, K_e^i)$ mit $\alpha^i : E^i \to \mathcal{X}^i$ für $i = 1, 2$ zwei ε-freie Akzeptoren. Definieren Sie einen normierten Akzeptor $a_1 \cap a^2$, für den gilt: $L(a_1 \cap a^2) = L(a_1) \cap L(a^2)$.

Hinweis: $K \subseteq K^1 \times K^2$, $E \subseteq E^1 \times E^2$.

b) Seien a_1, a_2 deterministische endliche Automaten. Zeigen Sie, daß die Projektionen

$$p_i : a^1 \cap a^2 \to a^i \qquad \text{für } i = 1, 2$$

Maschinenhomomorphismen im Sinne unserer Simulationen sind.

Aufgabe 3.21

a) i) Geben Sie die Sprache $L(a)$ an, die der Akzeptor a in Abbildung 3.96 akzeptiert.

ii) Konstruieren Sie ein Schaltwerk, das diese Sprache akzeptiert.

b) Es sein $\mathcal{X} = \{a, b\}$. Konstruieren Sie einen Akzeptor für die folgenden Sprachen:

i) $L_i = \{w \in \mathcal{X}^* \mid$ in w kommt weder aa noch bb als Teilwort vor$\}$

ii) $L_{ii} = \{w \in \mathcal{X}^* \mid$ auf jedes a folgt eine gerade Anzahl von b's$\}$

iii) $L_{iii} = \{w \in \mathcal{X}^* \mid$ entweder beginnt w mit $abba$ oder es enthält als Teilwort $bbab\}$

Aufgabe 3.22 Sei im folgenden

$$\begin{aligned} \textit{Präfix}(L) &:= \{u \in \mathcal{X}^* \mid \text{es gibt } v \in \mathcal{X}^* \text{ mit } uv \in L\}, \\ L^{rev} &:= \{w^{rev} \mid w \in L\} \\ \textit{Suffix}(L) &:= \{v \in \mathcal{X}^* \mid \text{es gibt } u \in \mathcal{X}^* \text{ mit } uv \in L\}. \end{aligned}$$

Beweisen Sie folgende Aussagen:

a) Ist $L \subseteq \mathcal{X}^*$ endlich, so folgt $L \in \mathrm{REG}(\mathcal{X}^*)$.

b) Ist $L \in \mathrm{REG}(\mathcal{X}^*)$, so folgt $L_\$:= \{u\$v \in \mathcal{X}'^* \mid u, v \in L\} \in \mathrm{REG}(\mathcal{X}'^*)$, wobei $X' := X \cup \{\$\}$ gilt.

c) Ist $L \in \mathrm{REG}(\mathcal{X}^*)$, so folgt $\textit{Präfix}(L)$, L^{rev}, $\textit{Suffix}(L) \in \mathrm{REG}(\mathcal{X}^*)$.

Aufgabe 3.23 Zeigen Sie, daß jeder deterministische, endliche Automat a_n für die Sprache

$$L_n := \{u \cdot v \mid u, v \in \{a, b\}^n,\ u = v^{rev}\}$$

mindestens 2^n Zustände besitzt.

Aufgabe 3.24 Es seien $\mathcal{X} := \{a_{ij}, b_{ij} \mid 1 \leq i, j \leq n\}$ und die Sprache $L := \{w \cdot b_{ij} \mid w \text{ enthält } a_{ij}\}$ gegeben.

a) Konstruieren Sie einen Akzeptor a, der L akzeptiert.

b) Zeigen Sie, daß jeder deterministische, endliche Automat, der L akzeptiert, mindestens 2^{n^2} Zustände benötigt.[4]

Aufgabe 3.25 Sei $C_N \subset \{0, 1\}^*$ die Menge der Eingaben der Länge n des Schaltwerkes in Abbildung 3.97, die den Zustand $(0, 0, 0, 0)$ wieder in den Zustand $(0, 0, 0, 0)$ überführen.

a) Zeigen Sie, daß das Schaltwerk linear ist (siehe Beispiel 3.20 auf Seite 305).

[4] Das Beispiel für das exponentielle Anwachsen der Zustände des deterministischen Automaten wurde von Michael Fischer angegeben.

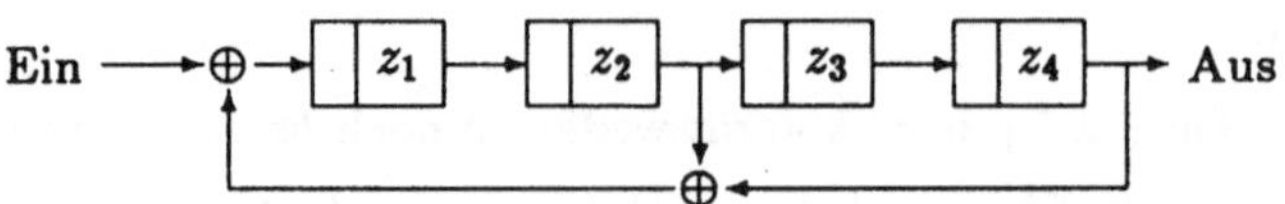

Abbildung 3.97: *Schaltwerk von Aufgabe 3.25*

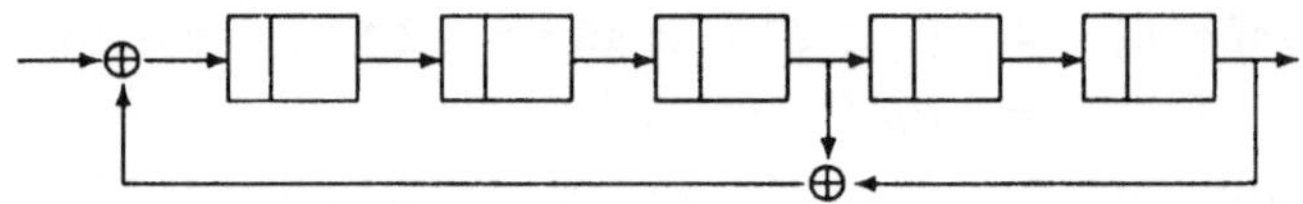

Abbildung 3.98: *Schaltwerk von Aufgabe 3.26*

b) Zeigen Sie: $(C_N, \oplus)$ ist eine Gruppe.

Hierbei bezeichnet "$\oplus$" die komponentenweise Addition modulo 2 von Abschnitt 3.4.3.

c) Zeichnen Sie den Zustandsgraphen des Schaltwerkes und versuchen Sie anhand des Graphen die Gruppeneigenschaften von C_N zu erkennen.

d) Bestimmen Sie das kleinste N mit $\#C_N > 1$. Untersuchen Sie das Schaltwerk hinsichtlich seiner Tauglichkeit zur Fehlerkorrektur für C_N.

Der Teil c) der Aufgabe zeigt, daß man sich nicht auf eine Darstellungsform des Akzeptors festlegen sollte. Vielmehr sollte man stets versuchen, eine Darstellung zu wählen, die der Aufgabenstellung angemessen ist.

Aufgabe 3.26 Man konstruiere einen Akzeptor für $C_{15}^1 \cdot C_{31}^2 \cdot \{0,1\}^*$, wobei C_{15}^1 die Menge der Eingabefolgen der Länge 15 ist, die das Schaltwerk in Abbildung 3.70 vom Nullzustand in den Nullzustand überführt, und C_{31}^2 die entsprechende Menge für das Schaltwerk in Abbildung 3.98 ist.

Aufgabe 3.27 Die aufgeführten Beispiele linearer Schaltwerke verwendeten als Körper $GF(2)$, den Körper mit zwei Elementen. Verallgemeinere die Beispiele auf $GF(3)$, den Körper mit drei Elementen. Beachte, daß im Falle von $GF(2)$ die Addition und Subtraktion übereinstimmen.

Aufgabe 3.28 (Überlauferkennung bei der Addition im 2^n-Komplement durch Vorzeichenverdopplung)
Sei $\alpha = \alpha_{n+1}\alpha_n \ldots \alpha_0$, $\beta = \beta_{n+1}\beta_n \ldots \beta_0$, $\alpha_{n+1} = \alpha_n$, $\beta_{n+1} = \beta_n$ und $\gamma = \gamma_{n+2} \ldots \gamma_0$ die formal gebildete Summe. Zeigen Sie:

$$\begin{aligned} \varphi(\alpha_n \ldots \alpha_0) + \varphi(\beta_n \ldots \beta_0) = \varphi(\gamma_n \ldots \gamma_0) &\iff \\ \varphi(\alpha_n \ldots \alpha_0) + \varphi(\beta_n \ldots \beta_0) \in [-2^n : 2^n - 1] &\iff \gamma_{n+1} = \gamma_n \end{aligned}$$

Aufgabe 3.29 Sei s_n^k die Schwellenfunktion mit n Eingängen und der Schwelle k.

a) Schreiben Sie ein Mikroprogramm, das $s_n^k(\xi_1, \ldots, \xi_n)$ berechnet. Hierbei sei k in α, $(\xi_1, \ldots, \xi_n)$ in $(q_0, \ldots, q_{n-1})$ abgespeichert. Das Resultat stehe nach Ausführung des Mikroprogrammes in α^h.
b) Zeichnen Sie den Zustandsgraphen Ihres Mikroprogrammes.
c) Realisieren Sie Ihr Mikroprogramm vollständig als Schaltkreis.

Aufgabe 3.30

a) Schreiben Sie ein Mikroprogramm für die Subtraktion.
   i) Veranschaulichen Sie den Zustandsgraphen des Mikroprogrammes.
   ii) Geben Sie einen Schaltkreis zur Realisierung des Mikroprogrammes an.
b) Schreiben Sie ein Mikroprogramm für die Additon einer Liste von Zahlen. Die Anfangsadresse a_0 der Liste befinde sich im α-Register, die Länge n der Liste stehe in (P, 0). Zu addieren sind die Zahlen aus $P[a_0+1, a_0+n]$.
c) Schreiben Sie ein Mikroprogramm für das Skalarprodukt zweier Vektoren $(a_1, \ldots, a_n)$ und $(b_1, \ldots, b_n)$. Die Vektoren stehen in entsprechenden Registern. Führen Sie die Multiplikationen $a_i \cdot b_i$ für $i = 1, \ldots, n$ parallel aus. Parallelisieren Sie ebenfalls die Additionen.

   Bemerkung: Man bezeichnet Befehle, die Mikroprogramme wie in c) aufrufen als **Vektorbefehle**.
d) Schätzen Sie den Laufzeitgewinn ab, den man durch ein Mikroprogramm anstelle eines Maschinenprogrammes (siehe Aufgabe 2.9) für das Skalarprodukt erzielt.

Aufgabe 3.31 Gegeben sei folgender Additionsalgorithmus:

In α, α^h stellen zwei n-stellige poitive Binärzahlen. Gegeben seien ferner ein Flipflop c und ein Register σ. Folgendes werde n Takte lang parallel ausgeführt:

- c erhält den Wert $\alpha_0 \cdot \alpha_0^h \vee (\alpha_0 \vee \alpha_0^h) \cdot c$

- α, α^h, σ werden um eine Position nach rechts geshiftet, wobei in α und α^h eine Null und in σ der Wert $\alpha_0 \oplus \alpha_0^h \oplus c$ nachgeschoben wird.

a) Schreiben Sie ein Mikroprogramm zu diesem Algorithmus.

b) Beweisen Sie die Korrektheit des Addierwerkes.

Kapitel 4

Programmiersprachen

4.1 Grundlegende Konzepte

4.1.1 Einleitung

Im ersten Teil des Buches haben wir von einfachen Programmieraufgaben ausgehend eine einfache Programmiersprache entwickelt, die es erlaubt, Algorithmen zur Lösung dieser Aufgaben zu programmieren. Ohne uns dann eine ernsthafte Rechenschaft darüber abzuverlangen, ob diese Programmiersprache zur Formulierung *aller* Algorithmen taugt, sind wir in Kapitel 3 des Buches dazu übergegangen, zu dieser Sprache eine Maschine zu konstruieren, die die Programme dieser Sprache ausführen kann.

Bei der Konstruktion der Maschine sind wir von sehr einfachen Bausteinen ausgegangen. Wir haben uns nicht für die physikalische Natur der Bausteine interessiert, sondern uns mit der Beschreibung ihres Ein- und Ausgabeverhaltens zufrieden gegeben. Eine wichtige Nebenbedingung bei dieser Konstruktion bestand in der Beachtung der Möglichkeit einer technischen Realisierbarkeit. Diese ließ sich durch die Einführung verschiedener Kostenfunktionen quantifizieren.

Wir wollen dies nochmals ausführen, da wir hier den entscheidenden Unterschied in der Zielsetzung bei der Maschinenkonstruktion und dem Entwurf von Programmiersprachen erblicken.

Eine Maschine muß jeden Algorithmus ausführen können, aber sie muß im Rahmen des physikalisch-technisch Realisierbaren bleiben. Der Maschinenentwurf ist wesentlich an den physikalischen Grundbausteinen orientiert, so wie die Architektur des Hausbaus durch die zur Verfügung stehenden Baumaterialien wesentlich geprägt wird. Programmiersprachen sind stärker durch ihren Anwendungsbereich geprägt, sie sind i.a. *problemorientiert*, wie man sagt.

Dies macht eine Brücke erforderlich, die von Programmen in der problemorientierten Sprache hinüberführt zu Maschinenprogrammen, die Programme in jener Sprache in Maschinenprogramme übersetzt. Dies macht es erforderlich, daß die Programme der höheren Sprachen ***unmißverständlich*** beschrieben werden, um sie ***automatisch*** in Maschinenprogramme übersetzen zu können. Diese Übersetzung wird durch Programme geleistet, die als **Interpreter** bzw. **Compiler** bezeichnet werden.

An dieser Stelle holt die physikalische Realität den Sprachentwerfer wieder ein:

> *Der Compiler muß in der Maschine Platz haben, er muß in zumutbarer Zeit ein Programm übersetzen können, und er muß schließlich auch korrekt sein,*

was bei Programmen von der Größe üblicher Compiler bei weitem nicht selbstverständlich ist.

Hier tut sich eine immer größer werdende Lücke auf zwischen Benutzeransprüchen und dem, was effizient machbar ist. Es beginnt sich zwar, mit der raschen Entwicklung der Chiptechnologie die Grenze zwischen Hardware und Software in Richtung der Software zu verschieben, aber insbesondere in dem mit "Künstliche Intelligenz" bezeichneten Teilbereich wachsen die Ansprüche weitaus schneller als die Möglichkeiten der Hardware zunehmen.

Wir wollen diese Divergenz zwischen Sprache und Algorithmus am Beispiel der Entwicklung der Naturbeschreibung anschaulich machen.

Man war vor 400 Jahren im Besitz von Rechenverfahren, die es aufgrund eines beobachteten Planetenstandes erlaubten, den Stand der Planeten für eine nicht zu ferne Zukunft vorherzusagen. Diese Algorithmen waren kompliziert, und sie gewährten kein einfaches Verständnis der wirklichen Vorgänge. Dies wurde anders mit der Erfindung und Anwendung der Differential- und Integralrechnung. Man konnte einfache Beschreibungen der Zusammenhänge zwischen Standorten der Planeten und ihrer Masse, den zwischen diesen wirkenden Kräften und den dadurch hervorgebrachten Bewegungen angeben.

Aber einen Algorithmus zur Auswertung dieser Gesetze, um gewünschte Vorhersagen zu erhalten, hatte man damit noch nicht. Man kann die Entwicklung der Infinitesimalrechnung als die Entwicklung einer Sprache zur Beschreibung kontinuierlicher Naturvorgänge ansehen.

Diese Entwicklung wurde allein gelenkt durch die Kriterien der *Widerspruchsfreiheit*, der *Vollständigkeit*, der *Verifizierbarkeit* und der *Einfachheit* der Theorien. Nur in der Forderung der Verifizierbarkeit tritt ein algorithmisches Element auf. Dieses war zwar notwendig, aber nicht richtungsweisend. Aus dem Bedürfnis heraus, von einer sprachlichen Beschreibung der Phänomene zu einer Vorhersage zu gelangen, entstand schließlich die Theorie der Lösung von Differentialgleichungen und insbesondere die Theorie der numerischen Approximation.

Wir sehen, daß der Wunsch nach der Entwicklung einer dem Verständnis entgegenkommenden Sprache und der Umsetzung von Sprachinhalten in algorithmische Beschreibungen zu Entwicklungen von Theorien geführt hat, die allein das Ziel haben, diese Divergenz zwischen Verstehen von Zusammenhängen und dem Umsetzen von Einsichten in Handlungen zu überbrücken. Wir befinden uns in der Informatik in der Situation, daß neue Sprachkonzepte entwickelt werden, die es erlauben sollen, weitere Bereiche unserer Welt verständnisnah zu erfassen und vor der Schwierigkeit, Feststellungen in diesen Sprachen in Algorithmen zur Lösung der erfaßten Probleme zu verwandeln.

Vor diesem Hintergrund erscheint unser Problem der Entwicklung ALGOL-ähnlicher Sprachen und der Compilation solcher Programme als sehr bescheidene Aufgabe. Wir werden aber sehen, daß eine präzise Definition solcher Programmiersprachen nicht leicht ist und daß ihre Übersetzung in effiziente Maschinenprogramme eine anspruchsvolle und reizvolle Aufgabe ist, die zur Entwicklung schöner Theorien führt.

4.1.2 Programmbeispiele und Anweisungen

Wir betrachten wieder das uns schon geläufige Beispiel des Hornerschemas zur Auswertung von Polynomen einer Unbestimmten für rationale Zahlen mit rationalen Koeffizienten. Hierzu definieren wir uns zunächst eine geeignete Maschine. Danach geben wir ein Programm an, das diese Maschine ausführen kann.

Spezifikation der Maschine

I ist eine Speicherzelle für ganze Zahlen;

X, F sind Speicherzellen für rationale Zahlen;

$A[0:n]$ ist ein "Feld" von Speicherzellen für rationale Zahlen;

I dient als Indexregister für $A[0:n]$;

$m[0:7]$ ist der Programmspeicher;

$+$ ist die Addition, $\times$ die Multiplikation rationaler Zahlen; Operationen können jede Zelle als Quelle oder Ziel haben.

Ende der Maschinenspezifikation

Das Programm:

	begin
$(m,0)$:	**read** I;
$(m,1)$:	**read** X;
$(m,2)$:	**read** $A[0:I]$;
$(m,3)$:	$F := A(I)$;
$(m,4)$:	**if** $I = 0$ **then goto** $(m,8)$ **else goto** $(m,5)$ **fi**;
$(m,5)$:	$I := I - 1$;
$(m,6)$:	$F := F \times X + A(I)$;
$(m,7)$:	**goto** $(m,4)$;
$(m,8)$:	**end**

Erläuterung des Programmes: read ist eine Operation, die von einem hier nicht definierten Medium eine oder mehrere Zahlen einliest. Die Anzahl dieser Zahlen hängt von dem Argument von **read** ab. So weist "**read** I;" der Zelle I eine natürliche Zahl oder 0 zu, "**read** X;" weist X eine rationale Zahl zu, und "**read** $A[0:I]$;" weist den Zellen $(A,0),\ldots,(A,I)$ je eine rationale Zahl zu. Hierin steht (A,I) abkürzend für $(A,\xi(I))$, wobei $\xi(I)$ der I zugewiesene Wert ist. Es wird also vorausgesetzt, daß auf dem Eingabemedium die benötigten Werte in der der read-Anweisungen entsprechenden Reihenfolge stehen. ∎

Man wird in diesem Programm die Marken (m,i) vor jeder Zeile lästig finden und nur drei Marken zur Bezeichnung der Sprungziele stehen lassen. Hier also $(m,4)$, $(m,5)$ und $(m,8)$. Dabei wird man auch auf die Bezeichnung der Zeilen durch ihre Position in dem Programm keinen Wert legen, sondern nur verlangen, daß diese Zeilen eindeutig gekennzeichnet sind. Dies kann man durch die Anbringung von irgendwelchen verschiedenen Marken erreichen; also z.B. könnte man $(m,5)$ durch r und $(m,8)$ durch l ersetzen.

Eine Simulation der hier angegebenen Maschine auf unseren Rechenmaschinen aus Kapitel 2 ist leicht möglich. Der Unterschied in den Anweisungen besteht nur darin, daß wir nicht nur im α-Register, sondern in jeder Speicherzelle Werte akkumulieren dürfen. Wir haben also nur die Anweisung

$$F := F \times X + A[I];$$

durch eine Anweisungsfolge

$$\begin{aligned} \alpha &:= \alpha \cdot \rho(n+1); \\ \alpha &:= \alpha + \rho(\gamma); \end{aligned}$$

zu ersetzen; dabei nehmen wir an, daß der Wert von X in (P,$n+1$), der Wert von I im γ-Register und der von F im α-Register steht.

Wir geben ein zweites Programm für das Hornerschema an, indem wir eine neue Anweisung einführen. Darin wiederholen wir die Maschinendefinition nicht, da sie im wesentlichen die gleiche wie im ersten Programm ist.

```
begin
  F := 0;
  read n;   read X;   read A[0 : n];
  for I := n step(-1) until 0 do   F := F × X + A[I] od ;
end
```

Die Bedeutung des Programmes ist leicht zu erraten. Unsere zugehörige Maschine hat bis auf die Speicherzellen die gleichen Register wie im ersten Fall. Der Unterschied liegt in der verwendeten Anweisung

for – **step** – **until** – **do** – **od** ;

Diese Operation wird als **Laufanweisung** bezeichnet. Sie hat vier Leerstellen. Die Argumente für die erste und die vierte Leerstelle sind Anweisungen, die Argumente der zweiten und dritten Leerstelle sind ganze Zahlen oder Ausdrücke, die ganzzahlige Resultate ergeben. Es wird durch diesen Ausdruck auch eine Variable, die **Laufvariable**, nämlich I, eingeführt, der zunächst der Wert von n zugewiesen wird.

Sei d der Wert hinter **step** und u der Wert hinter **until**. Ist $d = 0$, dann wird die Berechnung mit Fehlermeldung abgebrochen; ist $d \neq 0$, dann wird getestet, ob Vorzeichen(d) = Vorzeichen$(u - I)$ ist. Ergibt der Test "nein", dann wird die Anweisung verlassen und zur folgenden Anweisung übergegangen. Ergibt der Test "ja", dann wird die Anweisung hinter **do** ausgeführt und d zu I hinzuaddiert. Anschließend wird mit den neuen Werten zu dem Test zurückgekehrt und das Verfahren wiederholt. Wird die Variable I durch die Anweisung hinter **do** nicht verändert, dann wird der Test irgendwann "nein" ergeben und die Anweisung verlassen werden.

Stehen in den Leerstellen kompliziertere Ausdrücke, ist die Wirkung der Laufanweisung nicht so leicht zu übersehen.

Die Laufanweisung ist keine Elementaroperation, wie etwa "+" oder "×", sondern es ist eine Anweisung, wie z.B. "**if** – **then** – **else** – **fi**", zur Steuerung des Programmablaufes. Derartige Anweisungen werden darum auch als **Kontrollstruktur** bezeichnet.

Sehr übersichtlich ist die while-Anweisung, die wir nun benutzen, um das Hornerschema auf eine dritte Art zu programmieren.

begin
  read n; **read** X; **read** $A[0:n]$;
  $F := 0$; $I := n$;
  while $I \geq 0$ **do** $F := F \times X + A[I]$; $I := I - 1$ **od** ;
end

Die while-Anweisung hat also die Form

while – **do** – **od**

Die erste Leerstelle kann durch ein Prädikat, die zweite durch eine Folge von Anweisungen ersetzt werden. Diese Anweisungsfolge wird nur ausgeführt, wenn das Prädikat erfüllt ist. Ist das Prädikat erfüllt, wird sie ausgeführt. Nach Ausführung der Anweisungen wird nachgeprüft, ob das Prädikat noch erfüllt ist. Ist das nicht der Fall, wird die while-Anweisung verlassen, sonst wird die Anweisungsfolge wieder ausgeführt.

Die repeat-Anweisung stimmt mit der while-Anweisung fast überein. Sie hat die Form

repeat – **until** – **end**

In der ersten Leerstelle steht eine Anweisungsfolge; diese wird *stets* ausgeführt. Erst danach wird nachgeprüft, ob das in der zweiten Leerstelle enthaltene Prädikat erfüllt ist. Die Anweisung wird solange wiederholt, bis das Prädikat erfüllt ist.

Eine direkte Verallgemeinerung der if-Anweisung ist die case-Anweisung, die eine Auflistung von Anweisungen und sich paarweise ausschließenden Bedingungen enthält, unter denen die jeweils zur erfüllten Bedingung gehörige Anweisungsfolge auszuführen ist. Wir erläutern die case-Anweisung an einem Beispiel der Wortverarbeitung.
Es sei BU eine Variable, die als Wert einen Buchstaben annehmen kann. Dies kann ein kleiner oder ein großer Buchstaben sein. Das Programm soll im Falle, daß es sich um Vokale handelt, diese Tatsache ausschreiben und angeben, ob es sich um einen Klein- oder einen Großbuchstaben handelt. Eine Anweisung, die dies bewirkt, lautet:

case BU
  with ‘A’: ‘E’: ‘I’:‘O’: ‘U’:

```
            write 'Großbuchstabe und Vokal';
        with 'a': 'e': 'i': 'o': 'u' :
            write 'Kleinbuchstabe und Vokal';
        else
            write 'kein Vokal';
    esac
```

Die Einfassung der Buchstaben und von Text durch die Zeichen ' ' bedeutet, daß es sich bei den eingeschlossenen Zeichenfolgen nicht um Variablen, sondern um Werte handelt. Es soll also z.B. nicht festgestellt werden, ob die Variable BU den gleichen Wert trägt wie die Variable A, sondern es soll festgestellt werden, ob der Wert von BU gleich dem Buchstaben A ist.

Das Programm prüft also zunächst nach, ob der Wert von BU mit einem der Werte A, E, I, O, U übereinstimmt. Wenn dies der Fall ist, schreibt das Programm aus: "Großbuchstabe und Vokal". Ist das nicht der Fall, prüft es nach, ob der Wert von BU mit einem der Werte a, e, i, o, u übereinstimmt. Wenn dies der Fall ist, schreibt das Programm "Kleinbuchstabe und Vokal" aus. Hat BU einen Wert, der keine der aufgeführten Bedingungen erfüllt, dann schreibt das Programm "kein Vokal" aus.

In der case-Anweisung kann anstelle der Variablen BU auch ein Ausdruck stehen; die Listen hinter jedem **with** aber müssen Konstanten sein. Wenn statt BU ein größerer Ausdruck verwendet wird, wird die Ökonomie der case-Anweisung im Vergleich zur if-Anweisung besonders deutlich.

Zum Abschluß dieses Abschnittes betrachten wir noch zwei weitere Varianten der for-Anweisung.

Wir wollen ein Programm schreiben, das die Anzahl der Vokale zählt, die in einem Wort $w \in (ALPH)^*$ vorkommen, wobei $ALPH = \{a, b, \ldots, z, A, B, \ldots, Z\}$ ist.

Maschinenspezifikation:

AnzVokale ist eine Speicherzelle für Zahlen aus $\mathbf{Z}$;

w ist eine Variable mit Werten aus $(ALPH)^+$.

Vokale ist die Menge der kleinen und der großen Vokale.

I ist eine Variable für Zahlen aus $\mathbf{Z}$.

Ende der Maschinenspezifikation

Das Programm:

```
begin
  AnzVokale := 0;
  for I from 1 to |w|
      loop
            if w(I) ∈ Vokale then AnzVokale := AnzVokale + 1 fi ;
      pool
end
```

Erläuterung: Das Programm testet also für die Werte $I = 1, 2, \ldots, |w|$, ob $w(I)$ ein Vokal ist. In der loop-Anweisung wird dieser Test für jeden dieser Werte durchgeführt und im positiven Fall der Zähler *AnzVokale* um 1 hochgesetzt. Wenn w das leere Wort ist, wird die loop-Anweisung übergangen. ∎

Es handelt sich bei dieser Anweisung nur um eine andere Schreibweise der uns schon bekannten Anweisung.

Zum Abschluß betrachten wir die foreach-Anweisung.

Maschinenspezifikation

M ist eine Speicherzelle, die eine Menge von Wörtern enthält;

E, S sind Zellen, die jeweils ein Wort annehmen können.

cat ist die Konkatenation von Wörtern aus $(ALPH)^*$

Ende der Maschinenspezifikation

Das Programm:

```
begin
  S:='(';
  foreach E ∈ M
          loop
                S := S cat E cat '+'
          pool
  S := S cat 'a)';
end
```

Erläuterung: Das Programm verknüpft alle Wörter aus M zu einem Wort, indem es die Elemente aus M und a durch ein "+" trennt, und das ganze Wort auch durch ein Klammerpaar einfaßt. Dieses Wort ist nicht eindeutig bestimmt, da die Reihenfolge, in der E die Menge M durchläuft, nicht festgelegt ist. Betrachten wir das Wort in S aber als Polynom mit den Wörtern aus M als Monome und "+" als kommutative Operation, dann ist das Resultat des Programmes eindeutig bestimmt. ∎

Wir haben einleitend einige Kontrollstrukturen zur Steuerung von Programmabläufen betrachtet. Dabei haben wir die Idee der Konstruktionen erläutert, aber den Gültigkeitsbereich der Anweisungen nicht vollständig beschrieben. Wenn eine Variable z.B. vom Typ "Menge von Wörtern aus $(ALPH)^*$" ist, dann hat das Prädikat $E \in M$ keinen Sinn, wenn E von Typ "rationale Zahl" ist. Wir werden diese Präzisierung nachholen, wenn wir vom Wesen der Programmiersprachen intuitiv mehr erfaßt haben.

> *Es ist deutlich geworden, daß Programme aus zwei Hauptteilen bestehen: Einem ersten Teil, der die Bezeichnungen definiert und es erlaubt, eine Maschine zu spezifizieren, auf der das eigentliche Programm, das den zweiten Teil ausmacht, ausgeführt werden kann. Ein Programm ist i.a. nicht selbsterklärend, sondern es bedarf eines Kommentares, den wir dem Programm teils voraus-, teils nachgeschickt haben.*

4.1.3 Der Datentyp Real

Wir haben in Kapitel 2 des Buches zwei verschiedene Datentypen betrachtet, nämlich ganze Zahlen bzw. Teilmengen $[-Q : Q]$ der ganzen Zahlen und Programme. Für beide Datentypen hatten wir getrennte Speicher vorgesehen. Die Datentypen bestehen nicht nur aus Mengen, sondern sie enthalten auch zugehörige Operationen. Für den Datentyp "ganze Zahlen" oder **Integer**, wie wir nun sagen wollen, verwenden wir Operationen des Ringes der ganzen Zahlen. Diese Operationen wurden für unsere Maschinen für den Bereich $[-Q : Q]$ mit $Q \in \mathbf{Z}$ modifiziert, indem nämlich

$$a \star b = \mathit{error} \qquad \text{für } \star \in \{+, -, \times\}$$

gesetzt wurde, wenn das Resultat in $\mathbf{Z}$ außerhalb von $[-Q : Q]$ lag.

Diese Einschränkung hat sehr unangenehme Konsequenzen: Es geht nämlich die Assoziativität der Operationen verloren. Man hat nämlich auf den Maschinen

$$Q + (Q - Q) \in [-Q : Q]$$

aber

$$(Q + Q) - Q \notin [-Q : Q] .$$

Bei der Addition mit Zahlen, wie sie im praktischen Leben vorkommen, wird der Zahlenbereich $[-2^{31} : 2^{31}]$ nicht so schnell verlassen, obwohl hierfür wenige Multiplikationen genügen. Es gehört zur Kunst der Programmierung, unnötig große Zwischenresultate zu vermeiden, die aus dem Zahlenbereich der Maschine fallen würden. Dies macht es aber wünschenswert, wie unser kleines Beispiel zeigt, auch die Auswertung von Ausdrücken eindeutig vorzuschreiben und zwar auch in den Fällen, wo der Programmierer dies nicht durch Setzen von Klammern erzwingt.

Die Bezeichnung dieses Datentyps soll an die *reellen Zahlen* erinnern. Es handelt sich hierbei aber nicht um die reellen Zahlen, und es handelt sich auch nicht um die *rationalen Zahlen*. Es handelt sich um rationale Zahlen, die eine *Gleitkomma-Darstellung* bezüglich einer festen Basis d zulassen.

Definition 4.1 *Ist d eine positive ganze Zahl ≥ 2 und ist a eine rationale Zahl, dann heißt (a, e) eine* **Gleitkomma-Darstellung** *von $z = a \cdot d^e$ zur* **Basis** *d.*
a heißt die **Mantisse** *und e der* **Exponent** *dieser Darstellung.*
Eine Gleitkomma-Darstellung heißt **normal,** *falls*

$$\frac{1}{d} \leq |a| < 1$$

gilt. Für $z = 0$ bezeichnen wir jede Darstellung $(0, e)$ als normal. ■

Offensichtlich gibt es zu jeder rationalen Zahl $z \neq 0$ und zu jeder Basis d genau einen Exponenten $e \in \mathbf{Z}$, so daß

$$\frac{1}{d} \leq \frac{z}{d^e} < 1$$

ist. Mit e ist aber auch $a = z/d^e$ eindeutig bestimmt.

Sind $(a_i, e_i)_{i=1,2}$ normale Gleitkommadarstellungen zur Basis d von z_1 bzw. z_2, dann erhält man

$$z_1 \cdot z_2 = a_1 \cdot a_2 \cdot d^{e_1+e_2}, \qquad z_1/z_2 = (a_1/a_2) \cdot d^{e_1-e_2} \ .$$

Also sind $(a_1 \cdot a_2 \ , \ e_1 + e_2)$ und $(a_1/a_2 \ , \ e_1 - e_2)$ Gleitkommadarstellungen von $z_1 \cdot z_2$ bzw. z_1/z_2, aber i.a. nicht normal.

Für die Addition und Substraktion erhält man

$$z_1 \pm z_2 \ = \ a_1 \cdot d^{e_1} \pm a_2 \cdot d^{e_2} \ = \ \left(a_1 \pm a_2 \cdot d^{e_2-e_1}\right) \cdot d^{e_1} \ .$$

Also ist $(a_1 \pm a_2 \cdot d^{e_2-e_1} \ , \ e_1)$ eine Gleitkommadarstellung zur Basis d für $z_1 \pm z_2$.

Wir betrachten nun Zahlendarstellungen zur Basis d und definieren

$$Real(m,d) := \Big\{ z \in \mathbf{Q} \;\Big|\; \text{es gibt eine } m\text{-stellige } d\text{-näre Zahl } a \text{ und ein } e \in \mathbf{Z}, \text{ so daß } z = a \cdot d^e \text{ ist} \Big\}.$$

$Real(m,d)$ enthält also alle rationalen Zahlen, die sich mittels einer m-stelligen d-nären Mantisse darstellen lassen. Aus der Relation

$$(a,e) = (a \cdot d\,,\, e-1)$$

erkennt man, daß sich jede solche Zahl $z \neq 0$ mittels einer m-stelligen Mantisse auch in Normalform darstellen läßt. Dies geschieht durch eine Verschiebung des Kommas in der d-nären Darstellung genau vor die erste Ziffer, die in der Darstellung ungleich 0 ist. Also benötigt man in der *Normalform* niemals mehr d-näre Stellen als in einer beliebigen d-nären Darstellung der gleichen Zahl, sondern höchstens weniger Stellen, da man führende Ziffern 0 unterdrückt.

Die normale Gleitkommadarstellung ist also, was die Verwendung von Ziffern angeht, die sparsamste Darstellung. Wie groß der Gewinn sein kann, sieht man z.B., wenn man (0.5, 1000) in Dezimalschreibweise notiert. Wir verabreden, in der Mantisse die im Englischen übliche Schreibweise (z.B. 0.5 anstelle von 0,5) zu verwenden, um die Stelle der "Einer" zu markieren.

Offensichtlich gilt

$$\mathbf{Q} = \bigcup_{m,d \in \mathbf{N}} Real(m,d) \;.$$

Hält man aber d fest und läßt nur m laufen, dann hat man

$$Real(d) := \bigcup_{m \in \mathbf{N}} Real(\mathrm{m,d}) \neq \mathbf{Q} \;.$$

Dies ergibt sich wie folgt: Ist $q \in \mathbf{N}$ und ist (a,e) eine normalisierte m-stellige Gleitkommadarstellung von $1/q$, so ist

$$1/q = a \cdot d^e \;.$$

Da a m-stellig ist, folgt $a \cdot d^m \in \mathbf{N}$ und somit $1/q \cdot d^{m-e} \in \mathbf{N}$. Hieraus folgt, daß d und q nicht teilerfremd sind. Also besitzt $1/q$ z.B. für $q = d+1$ keine Darstellung in $Real(d)$.

Dies hat die unangenehme Konsequenz, daß $Real(d)$ nicht unter der Division abgeschlossen ist, was uns von den Dezimalzahlen her geläufig ist. Wir veranschaulichen uns $Real(m,2)$, indem wir die Lage dieser Zahlen in Abbildung 4.1 auf der Zahlengeraden anschauen.

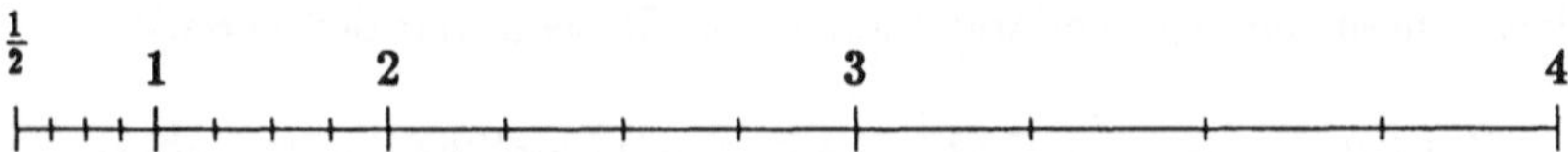

Abbildung 4.1: *Lage der Zahlen Real$(m, 2)$ auf der Zahlengeraden*

In den Intervallen $[d^e\,,\,d^{e+1}]$ liegen die Elemente der Menge *Real*(m, d) äquidistant mit dem Nachbarabstand $(d^{e+1} - d^e)/d^m$. Die *relative* Größe des Abstandes der Nachbarpunkte von *Real*(m, d) in den Intervallen $[d^e\,,\,d^{e+1}]$ ist $(d^{e+1} - d^e)/d^m \cdot d^e$ und ist also von e unabhängig.
Hierin liegt die besondere Bedeutung dieser Zahlendarstellung: Wenn wir uns z.B. für die Entfernung von Erde und Mond interessieren, dann kommt es uns i.a. nicht auf einen Kilometer mehr oder weniger an. Bei der Entfernung Erde-Sonne nehmen wir in vielen Fällen eine Ungenauigkeit von der Größenordnung des Abstandes Erde-Mond in Kauf.

Wir übertragen nun die arithmetischen Operationen approximativ auf *Real*(m, d), indem wir für die Operation $\star \in \{+, -, \times, /\}$ definieren:

Für $z_1, z_2, z \in$ *Real*(m, d) gelte (im Falle $\star = /$ muß $z_2 \neq 0$ sein)

$$z_1 \star z_2 = z \quad :\Longleftrightarrow \quad \text{Es gelten 1.) und 2.)}$$

1.) $|z - (z_1 \circledast z_2)| \leq |z' - (z_1 \star z_2)|$ für alle $z' \in$ *Real*(m, d).
2.) Erfüllt auch $\tilde{z}$ Bedingung 1.), dann gilt $|z| \leq |\tilde{z}|$.

Hierdurch sind die Operationen $\oplus$, $\ominus$, $\otimes$, $\oslash$ als Operationen auf *Real*(m, d) definiert.

Definition 4.2 $($*Real*$(m, d), \oplus, \ominus, \otimes, \oslash)$ *heißt Datentyp Real(m, d) zur Basis d mit m-stelliger Mantisse.* ■

Wenn die speziellen Größen m und d nicht wichtig sind oder sich aus dem Kontext ergeben, schreiben wir anstelle von *Real*(m, d) kurz *Real*. Zur Vereinfachung unserer Notation lassen wir i.a. den Kreis um die Operationszeichen wieder weg. In Verbindung mit Daten aus *Real* sind die Kreise immer mitzudenken.
In Rechenmaschinen ist i.a. $d = 2$ und $m < 32$, da für Mantisse, Exponent und Vorzeichen in den meisten Rechnern 32 binäre Ziffern zur Verfügung gestellt werden.

Es stellt sich nun die Frage, welche Rechenregeln in $($*Real*$, +, -, \times, /)$ gelten. Hierzu prüfen wir nach, welche Körperaxiome in *Real*(m, d) erfüllt sind.

Aus der Symmetrie der Definition ergibt sich unmittelbar:

- Die Addition und die Multiplikation in *Real*(m, d) sind **kommutativ**.
- Die 0 ist **neutrales** Element bezüglich der Addition, und $1 = \big(0.1, 1\big)$ bezüglich der Multiplikation.
- Weder Addition noch Multiplikation sind **assoziativ**. Das Distributiv-Gesetz gilt nicht.

  Wir zeigen dies durch die Angabe von Gegenbeispielen. Hierzu verwenden wir $d = 10$ und $m = 1$.

$$\begin{aligned} \big((-0.1\,,\,0) + (0.1\,,\,0)\big) + (0.1\,,\,-1) &= (0.1\,,\,-1)\ , \\ (-0.1\,,\,0) + \big((0.1\,,\,0) + (0.1\,,\,-1)\big) &= (0\,,\,0)\ . \end{aligned}$$

  Also ist die *Addition nicht assoziativ.*

$$\begin{aligned} (0.2\,,\,1) \times \big((0.6\,,\,1) \times (0.8\,,\,1)\big) &= (0.8\,,\,2)\ , \\ \big((0.2,\,1) \times (0.6\,,\,1)\big) \times (0.8\,,\,1) &= (0.1\,,\,3) \end{aligned}$$

  Also ist die *Multiplikation nicht assoziativ.* Die *Real*-Arithmetik ist *nicht distributiv*, denn

$$\begin{aligned} (0.3\,,\,1) \times \big((0.6,\,1) + (0.6\,,\,1)\big) &= (0.3\,,\,2), \\ (0.3\,,\,1) \times (0.6\,,\,1) + (0.3\,,\,1) \times (0.6\,,\,1) &= (0.4\,,\,2)\ . \end{aligned}$$

Weiterhin gilt:

Zu gegebenen $y, z \in$ Real(m, d) besitzt die Gleichung

$$z \star x \;=\; y, \qquad \text{für } \star \in \{+, \times\}$$

i.a. keine Lösung mit $x \in$ Real(m, d).

Wir zeigen zunächst durch ein Beispiel, daß $x = y \ominus z$ die Gleichung i.a. nicht löst. Hierzu wählen wir $|y|$ klein und $|z|$ im Vergleich dazu groß. Dann wird $|y \ominus z|$ etwa so groß sein wie $|z|$. Also wird die Rundung von $y - z$ auf $y \ominus z$ grob sein, so daß $(y \ominus z) + z$ das feine Raster um y verfehlt. Wir wählen in *Real*(2,10) die Zahlen $y = (0.19, -1)$ und $z = (0.52, 0)$ und erhalten damit

$$\begin{aligned} (0.19\,,\,-1) - (0.52\,,\,0) &= (-0.5\,,\,0)\ , \\ (-0.5\,,\,0) + (0.52\,,\,0) &= (0.2\,,\,-1) \neq (0.19\,,\,-1)\ . \end{aligned}$$

Es könnte allerdings Lösungen der Gleichung geben, die von $y \ominus z$ verschieden sind. Man sieht aber, daß das Zahlengitter in der Umgebung von 0.5 zu grob ist, um eine exakte Lösung der Gleichung zu finden.

Es gilt dagegen stets

$$z \oplus (0 \ominus z) = 0 \ ,$$

was aus der Symmetrie von *Real*(m,d) zum Nullpunkt folgt. Aus der Symmetrie folgt auch, daß $\ominus z$ die einzige Lösung der Gleichung ist.

Dagegen gilt die Kürzungsregel

$$z \oplus x = z \oplus y \quad \Longrightarrow \quad x = y$$

i.a. nicht. Beispiele hierfür konstruiert man sich, indem man Zahlen aus dicht liegenden Bereichen auf eine Zahl addiert, in deren Umgebung das Gitter grob ist.

Die entsprechende Situation bezüglich der Multiplikation ist wenig günstig. Es gibt zwar nicht immer ein Inverses zu $z \in$ *Real*(m,d), aber $z \otimes (1/z)$ ist höchstens in der letzten Stelle der Mantisse abweichend, wie sich aus der folgenden allgemeineren Abschätzung von $|z \otimes (x \oslash z) - x|$ ergibt. Da es aber sein könnte, daß wir für $x = 1$ ein schärferes Resultat erhalten könnten, widerlegen wir dies durch ein Gegenbeispiel mit $d = 10$ und $m = 1$.

Runden wir $9^{-1} = 0.111\ldots$ auf eine Stelle, dann erhalten wir $1 \oslash 9 = 0.1$ Nun ist aber $9 \cdot 0.1 = 0.9 \neq 1$; aus $9 \otimes 0.2 = 2$ und der Monotonie der Multiplikation

$$x \leq y \quad \text{und} \quad z > 0 \quad \Longrightarrow \quad z \otimes x \ \leq \ z \otimes y$$

folgt, daß es kein $x \in$ *Real*$(1,10)$ gibt mit $9 \otimes x = 1$

Die *Kürzungsregel bezüglich der Multiplikation gilt nicht.* Es gilt nämlich

$$(0.4,0) \times (0.4,0) \ = \ (0.5,0) \times (0.4,0) \ .$$

In *Real*(m,d) *gilt im allgemeinen*

$$z \times (x/z) \ = \ x$$

nicht.

Diese Relation gilt aber approximativ, wie das folgende Lemma zeigt.

Lemma 4.1 *In* *Real*(m,d) *gilt für* $z \neq 0$

$$\frac{|z \otimes (x \oslash z) - x|}{|x|} \ \leq \ \frac{1}{2 \cdot d^{m-1}}$$

Beweis: Seien (a,e), (b,f) die normalen Gleitkommadarstellungen von z und x. Den trivialen Fall $x=0$ schließen wir aus. Dann gilt

$$1/d \leq |a| < 1, \qquad 1/d \leq |b| < 1$$

und

$$1/d < |ba^{-1}| < d .$$

Wir betrachten zwei Fälle für $(c,g) = (b,f)/(a,e)$:

FALL 1: Wir haben

$$1/d < |ba^{-1}| < 1$$

und

$$|c - b \cdot a^{-1}| \leq \frac{1}{2 \cdot d^m} \qquad \text{und} \qquad g = f - e \ .$$

Nun ist

$$\begin{aligned} |a \cdot d^e \cdot c \cdot d^{f-e} - a \cdot d^e \cdot b \cdot a^{-1} \cdot d^{f-e}| &= |a| \cdot |c - b \cdot a^{-1}| \cdot d^f \\ &\leq |a| \cdot \tfrac{1}{2 \cdot d^m} \cdot d^f < \tfrac{1}{2 \cdot d^m} \cdot d^f \end{aligned}$$

Also gilt

$$|a \cdot c \cdot d^f - x| < \frac{1}{2 \cdot d^m} \cdot d^f$$

Nun ist die Gitterweite von $Real(m,d)$ im Intervall $[d^{f-1}, d^f] \leq d^{f-m}$. Also ist

$$(a,e) \times (c,g) = (b,f) \ ,$$

was zu zeigen war. Wir sehen also, daß in Fall 1 sogar für jedes d die Relation $z \times (x/z) = x$ gilt, das heißt, daß in diesem Fall unsere Behauptung gilt.

FALL 2: $1 \leq |ba^{-1}| < d$

Aus der Voraussetzung folgt

$$1/d \leq \frac{|b \cdot a^{-1}|}{d} < 1 \qquad \text{und} \qquad g = f - e + 1$$

Wir haben also

$$\left| \frac{b \cdot a^{-1}}{d} - c \right| < \frac{1}{2 \cdot d^m}$$

und

$$|a \cdot d^e \cdot c \cdot d^{f-e+1} - a \cdot d^e \cdot b \cdot a^{-1} \cdot d^{f-e}| = |a| \cdot \left| c - \frac{b \cdot a^{-1}}{d} \right| \cdot d^{f+1}$$

Also haben wir

$$|a \cdot c \cdot d^{f+1} - x| < \frac{|a|}{2 \cdot d^m} \cdot d^{f+1}$$

Dividieren wir dies durch $|x| = |b| \cdot d^f$, dann erhalten wir also

$$\frac{|z \otimes (x \oslash z) - x|}{|x|} < \frac{|a|}{|b|} \cdot \frac{1}{2 \cdot d^{m-1}} ,$$

woraus wegen der Voraussetzung zu Fall 2 die Behauptung folgt. ■

Damit haben wir gezeigt, daß in der *Real*-Arithmetik im wesentlichen nur die Axiome der Kommutativität gelten und neutrale Elemente existieren. Aus diesem Grund können einfache Umformungen von numerischen Algorithmen, die bei Berechnungen über den rationalen Zahlen das Resultat nicht beeinflussen, bei der *Real*-Arithmetik zu sehr verschiedenen Resultaten führen.

Bei längeren Berechnungen können sich Rundungsfehler akkumulieren, sie können sich aber auch wieder ausgleichen. Eine Analyse des zu *erwartenden* Rundungsfehlers in Abhängigkeit von der Länge der Berechnungen gibt es noch nicht. Eine solche Analyse des Erwartungswertes des Rundungsfehlers bei der numerischen Approximation von gewöhnlichen Differentialgleichungen auf Basis der Festkommaarithmetik findet man in dem bekannten Buch von Henrici [**Hen**].

Die Schwierigkeiten in der numerischen *Analysis* waren der Grund für die Entwicklungen der Intervallarithmetik. Diese Theorie hat zwei verschiedene Richtungen genommen.

Die eine besteht in der Entwicklung einer Theorie zur Kontrolle des Wachstums von Rundungsintervallen. Diese Theorie findet man in der von K. Nickel herausgegebenen Reihe der *Freiburger Intervall-Berichte*. Hier studiert man Algorithmen, die die Explosion von Rundungsfehlern verhindern. Natürlich tut man dies auch an anderen Stellen der Numerik.

Die zweite Richtung, die besonders mit den Namen U.W. Kulisch und W.L. Miranker verknüpft ist, schlägt Erweiterungen der Arithmetik in Rechenmaschinen und Programmiersprachen vor, die es gestatten, die Rundungsfehler bei häufig auftretenden numerischen Prozeduren wie Skalarprodukten und Hornerschema zu begrenzen und zu kontrollieren.

Man kann auch eine rein komplexitätstheoretische Begründung der Gleitkommaarithmetik geben. Diese beruht auf der polynomialen Reduktionsäquivalenz einer Maschine mit Gleitkommaarithmetik von fester Mantissenlänge und der Turingmaschine.

4.1.4 Der Datentyp String

Der *atomare* Datentyp für die Textverarbeitung ist der Datentyp *Character*. *Character* (*Char*) ist eine Menge von Zeichen, die durch ein Byte, d.h. durch 8 Bits, darstellbar sind. Die Menge dieser Zeichen mag variieren. Sie enthält aber stets das kleine und das große englische Alphabet, dazu die Ziffern 0,1,..., 9 und die elementaren mathematischen Symbole +, −, ×, /, :, =, < usw. Weiter mögen landesspezifische Zeichen wie ä, ö, ü hinzukommen.

Wir verabreden also, daß *Char* eine Menge ist mit

$$\mathrm{a} \mid \mathrm{b} \mid \cdots \mid \mathrm{z} \mid \mathrm{A} \mid \mathrm{B} \mid \cdots \mid \mathrm{Z} \mid 0 \mid 1 \mid \cdots \mid 9 \mid + \mid - \mid \times \mid , \mid . \mid ? \mid \cdots \in \mathit{Char}$$

Wir haben hier den senkrechten Strich als Trennzeichen verwendet, was sich bei der Definition von Programmiersprachen eingebürgert hat. Dabei nimmt man an, daß $\mid \notin \mathit{Char}$ gilt.

Char ist also die Menge der unzerlegbaren Zeichen, die unsere Maschine versteht. *Char* ist endlich und enthält heute höchstens 256 Zeichen.

Unsere Kommunikation mit dem Rechner über eine Tastatur muß sich also der Wörter über *Char* bedienen. Wir bezeichnen die Elemente $w \in \mathit{Char}^*$ als Strings. Wir definieren

$$\mathit{String} := \mathit{Char}^* \ .$$

Es gibt allerdings auch andere Kommunikationsmedien. Man kann z.B. auch über eine graphische Eingabe kommunizieren. Diese Möglichkeit ist von sehr rasch wachsender Bedeutung, da sich viele Sachverhalte durch Figuren leichter mitteilen lassen als durch Text.

Bei der Kommunikation mit dem Rechner treten Verständnisschwierigkeiten auf, wie wir diese belächeln, wenn sie zwischen Menschen stattfinden: Im Englischunterricht sagt der Lehrer zu einem Schüler: "Hast Du schon gefrühstückt?" und erwartet die englische Übersetzung dieses Satzes. Der Schüler aber antwortet: "yes Sir".

Ein Zeichen kann eine unmittelbare Reaktion des Rechners auslösen oder auch Teil eines Textes sein, den der Rechner verarbeitet. Ein Beispiel: Es wird die Betriebsanleitung für einen Rechner geschrieben. Diese soll auf einem Textsystem geschrieben werden, das auf diesem Rechner zur Verfügung steht. Die Betriebsanleitung enthalte etwa folgenden Satz: Durch Eingabe des Zeichens "a" kann der Rechner stets abgeschaltet werden. Diese Betriebsanleitung kann auf diesem Rechner nicht geschrieben werden, da der Rechner, sobald er "a" sieht, abschaltet.

Man sagt, wenn ein System gewisse Zeichen nicht passieren läßt, da es diese als Steuerzeichen, d.h. als an das System selbst gerichtet interpretiert, daß das System nicht **transparent** ist.

Falls die gesamte Kommunikation mit dem Rechner über Strings stattfindet, dann wird es eine gewisse Teilmenge von *String* geben, die der Rechner als an sich persönlich gerichtet ansieht, befolgt und vergißt und solche, die er für eine weitere Verarbeitung an seinen Speicher weitergibt. Dieses Verhalten wird nicht nur der Rechner, also die Hardware, aufweisen, sondern jedes System, das kommunikationsfähig ist. Dies macht es notwendig, Verabredungen über Teilmengen von *String* zu treffen, die als Sprachen zwischen den verschiedenen Systemen dienen.

Dieses Problem tritt schon auf, wenn wir schreiben: "Sei $w = abc$". w ist ein Character und also definitionsgemäß verschieden von der Folge abc von Charactern.

Wir haben hier als Mensch ein Wissen aus dem Zusammenhang, in dem eine solche Formulierung steht. Es kann sein, daß w eine Variable ist, die momentan den Wert abc hat, es kann auch sein, daß wir diesem Term im Rahmen der Gruppentheorie begegnen, wo er eine Beziehung zwischen den Gruppenelementen a, b, c, w ausdrückt. Wir wollen uns in diesem Abschnitt noch nicht mit Festlegungen befassen, die z.B. zwischen der Notation von Variablen und ihren Werten in *String* unterscheiden. Das Gesagte soll nur deutlich machen, daß es wichtig ist, eine Theorie der Formalen Sprachen zu entwickeln. Formale Sprachen sind die Voraussetzung jeglicher maschinellen Datenverarbeitung.

Wir erläutern nun die Operationen für *String*, die wir verwenden werden.

Wir bezeichnen hier, wie im Kapitel 1, die Konkatenation von Strings mit "$\cdot$" oder "CAT" . In einigen Programmiersprachen wird sie mit "+" bezeichnet. Wir wollen uns "+" als Zeichen für kommutative Operationen vorbehalten.

Sind also u und v aus *String*, dann ist $w = u \cdot v$ der String, der aus u und v durch Konkatenation hervorgeht.

$\#u$ bezeichnet die Länge von u als String über *Char*. Es ist also

$$\#: String \to \mathbf{N}_0 \qquad \text{mit} \quad \#(u \cdot v) \; = \; \#u + \#v$$

und

$$\#(\varepsilon) = 0 \ ,$$

wobei ε das leere Wort in *String* ist.

Wir können auf verschiedene Weisen auf Teilwörter von $w \in String$ zugreifen. $w(i)$ bezeichnet das i-te Zeichen von w für $i \in [1 : \#w]$. Wir setzen $w(0) = \varepsilon$. Für $i \notin [0{:}n]$ ist $w(i)$ ***nicht definiert***[1].

Wir setzen weiter für $w \neq \varepsilon$

$$First(w) = w(1), \qquad Last(w) = w(\#w) \ .$$

Für $w = \varepsilon$ sind beide Operationen ***nicht definiert.***

Weiter verwenden wir für $i, j \in \mathbf{N}_0$

$$w(i{:}j) = \begin{cases} w(i) \cdot \ldots \cdot w(j) & \text{für } 1 \leq i \leq j \leq \#w \\ \varepsilon & \text{für } 1 \leq i = j + 1 \leq \#w + 1 \\ \text{undefiniert} & \text{sonst} \end{cases}$$

[1] Im konkreten Fall wird ein System in diesem Fall nicht den ganzen Kram hinwerfen, sondern ein Resultat produzieren, das es erlaubt, die Berechnung fortzusetzen.

Eine weitere Möglichkeit des Teilwortzugriffes erhalten wir durch die Definition von $w(u{:}\,v)$ für $u, v, w \in \mathit{String}$.

$$w(u{:}\,v) = \begin{cases} x \in \mathit{String} & \text{falls es eine Zerlegung } w = suxvt \text{ gibt,} \\ & \text{so daß } |s| \text{ minimal ist; bei mehreren Möglich-} \\ & \text{keiten für } x \text{ wird } |x| \text{ minimal gewählt.} \\ \text{undefiniert} & \text{sonst.} \end{cases}$$

Die Operation $w(u{:}\,v)$ durchsucht also w von links nach rechts auf Vorkommen des Teilstrings u. Sobald ein solcher Teilstring gefunden wurde, wird für den rechten Rest des Strings die gleiche Suche für v gestartet. Wird ein solcher Teilstring gefunden, dann bezeichnet $w(u{:}\,v)$ den Teilstring von w, dem links u vorausgeht und auf den rechts v folgt. Ohne die Forderung der Minimalität des Präfixes s von w, der u vorausgeht, und der Minimalität von x mag es mehrere Lösung geben. Die Forderung der Minimalität von s und x macht die Operation eindeutig, falls es überhaupt einen Teilstring uxv von w gibt. Enthält w keinen solchen Teilstring, dann ist $w(u{:}\,v)$ nicht definiert.

Man beachte hierbei, daß $w(i{:}\,j)$ mit $1 \leq i \leq j \leq \#w$ einen Teilstring liefert, der $w(i)$ als ersten und $w(j)$ als letzten Faktor enthält, während $w(u{:}\,v)$ einen Teilstring bezeichnet, der die "Grenzen" nicht überlappt.

Wir führen weiter die *Division* von w *von rechts* durch u ein, falls u Suffix von w ist.

$$w/u = \begin{cases} v & \text{falls } v \cdot u = w \\ \text{undefiniert} & \text{sonst.} \end{cases}$$

Wie wir aus Kapitel 1 wissen, ist diese Operation eindeutig. Analog definiert man $u\backslash w$, nämlich die *Division von links*. Ist w/u definiert, dann gilt offensichtlich

$$\#w - \#u \;=\; \#(w/u) \;.$$

Unter $\overleftarrow{w}$ verstehen wir das Spiegelbild von w. Das heißt

$$\overleftarrow{w} = \; w_n w_{n-1} \ldots w_1, \qquad \text{wobei } n = \#w \text{ ist.}$$

Als Prädikate verwenden wir

- *Gleichheitsprädikat*,
- u ist *Faktor* von w, d.h. es gibt x, y mit $xuy = w$,
- u ist *Präfix* von w,
- u ist *Suffix* von w,
- u ist *lexikographisch kleiner als* w $\quad (u \prec w)$.

Für "u Faktor von w" schreiben wir $u <> w$, für "u ist Präfix" $u \ll w$ und für "u ist Suffix" $u \gg w$. Man beachte, daß $<>$ nicht symmetrisch ist und, daß $u \ll w$ eine andere Bedeutung besitzt als $w \gg u$.

Zur einfachen Beschreibung vieler Algorithmen sind drei weitere Operationen ***substitute, replace*** und ***hom*** sehr bequem. Diese Operationen erlauben die Ersetzung von Teilwörtern eines Wortes durch andere Wörter. ***substitute*** tut dies rein positionell ohne Ansehung des Teilwortes, das ersetzt werden soll. ***replace*** ersetzt vorkommende Teilwörter und ***hom*** ist ein Homomorphismus von ***String*** in ***String***. Wir definieren die Operationen im einzelnen.

Ist $u \in \textbf{\textit{String}}$ und ist $1 \leq i \leq k \leq \#w$, dann gilt

$$w \;=\; \textbf{\textit{substitute}}(u, i\colon k) \;\; \textbf{\textit{by}} \;\; v,$$

genau dann, wenn

$$w = u(1 : i - 1) \cdot v \cdot u(k + 1 : \#w)$$

gilt. In allen anderen Fällen ist $w = u$. Wir schreiben hierfür auch kürzer, aber etwas unpräzise:

$$u(i\colon k) \;:=\; v \;.$$

Wir erlauben ebenso eine kontextuelle Bezeichnung der Position des Teilstringes, der zu ersetzen ist.

Seien w, $u \in \textbf{\textit{String}}$, und sei $w = w_1 u w_2$. Wir nennen $w_1 u w_2$ eine **u-links-Zerlegung**, falls aus $w = w_1' u w_2'$ folgt, daß w_1 Präfix von w_1' ist. Die Zerlegung

$$w = w_1 u w_2 u \ldots w_k u w_{k+1}$$

heißt eine **vollständige** u-links-Zerlegung, falls $w_i u w_{i+1}$ eine u-links-Zerlegung für $i = 1, \ldots, k$ und u nicht Teilstring von w_{k+1} ist.

Sei nun

$$w = w_1 u w_2 u \cdot \ldots \cdot w_k u w_{k+1}$$

eine vollständige u-links-Zerlegung. Wir definieren dann: Es gilt

$$w' \;=\; \textbf{\textit{in}} \;\; w \;\; \textbf{\textit{replace all}} \;\; u \;\; \textbf{\textit{by}} \;\; v,$$

genau dann, wenn

$$w' = w_1 v w_2 v \cdot \ldots \cdot w_k v w_{k+1}$$

ist.

Diese Operation erlaubt es in einfacher Weise, Reduktionen zu beschreiben. Als Beispiel betrachte man einen Algorithmus, der in einem Wort w alle Teilwörter der Gestalt $a^m, m \geq 2$ durch ein einzelnes a ersetzen soll. Dies kann man erreichen, indem man etwa schreibt

in w **replace all** 'aa' **by** 'a';
wiederhole diese Operation so lange, wie sie erfolgreich ist.

Zur bequemen Notation führt hier die Programmiersprache *Comskee* noch eine "Success"-Variable ein. Das heißt folgendes. Die Operation wird verallgemeinert zu

$$(w', k) = \textit{in } w \textit{ replace all } u \textit{ by } v \textit{ success}$$

worin k die in der obigen Zerlegung von w auftretende Zahl ist. k gibt also an, an wievielen Stellen die Ersetzung erfolgreich vorgenommen wurde. Damit kann man den oben angegeben Algorithmus wie folgt schreiben:

repeat
  in w **replace all** u **by** v **success** x
until $x = 0$.

x ist hierin eine "Variable", deren Wert die oben definierte Zahl k ist.

Comskee erlaubt auch die Varianten

in w **replace first** u **by** v
in w **replace last** u **by** v

deren Bedeutung der Leser leicht errät.

Die Voraussetzung "vollständige u-links-Zerlegung" ist notwendig, um die Operation im allgemeinen Fall eindeutig zu definieren. Ist $u \in Char$, dann ist das "links" unerheblich.

Die Operation

$$hom(a_1 \rightarrow u_1, \ldots, a_k \rightarrow u_k, w)$$

ist für $a_i \in Char$ für $i = 1, \ldots, k$ und $u_1, \ldots, u_k, w \in String$ definiert. Die Wirkung besteht in der Ersetzung der Zeichen a_i durch u_i in w. Alle Zeichen von w, die nicht unter $a_1, \ldots, a_k$ vorkommen, werden nicht verändert.

Diese Operation läßt sich nicht ohne weiteres durch eine Folge von *replace* ersetzen. Natürlich kann man diese Operation z.B. auf *substitute* zurückführen. Bei einer Implementierung des Datentypes, die effizient ist bezüglich der häufigsten Operation, nämlich des Zugriffes auf eine spezielle Position $u(i)$ des Wortes u, kann eine Kette fortlaufender Substitutionen zu hohem Rechenaufwand führen. Dies kann vermieden werden, wenn man komplexere Operationen verwendet, die die angegebenen Sonderfälle effizient abfangen. Dies war der Grund für die Einführung von *replace* in *Comskee*.

Der *Datentyp String*[2] besteht aus der Menge *String* und den hier eingeführten Operationen. Im Gegensatz zum Datentyp *Real* haben wir hier auch Operationen, die aus der Menge *String* herausführen, wie z.B. #, und Operationen, die als Definition nicht Teilmenge eines cartesischen Produktes von *String* haben. Zum Beispiel ist $w(i{:}\,j)$ eine partielle Abbildung von $String \times \mathbf{N} \times \mathbf{N} \rightsquigarrow String$.

Ein Datentyp ist also keine Algebra im üblichen Sinne. Man spricht in diesem Zusammenhang von mehrsortigen Algebren (multisorted algebras).

4.1.5 Der Datentyp List

Der Datentyp *List* ist der grundlegende Datentyp für die Programmiersprache *LISP*, die von McCarthy 1965 als Sprache zur Listenmanipulation konzipiert wurde, und sehr lange war *List* der einzige Datentyp von *LISP*. *LISP* ist die verbreitetste Programmiersprache der *Künstlichen Intelligenz*, im Deutschen durch KI, im Englischen als Artificial Intelligenz bezeichnet.

Wir führen diesen Datentyp hier ebenso wie *String* und *Real* zunächst nur als abstrakte Struktur ein. Allerdings weicht diese Struktur von *List* in *LISP* dadurch ab, daß wir mehrstellige – mit mehr als zwei Stellen – Operationen zulassen und die einzige "Verkettungsoperation" von *LISP* durch zwei Operationen ersetzen.

Ein String ist eine Liste. Eine Liste mag aber auch viele Strings enthalten, und eine Liste kann auch aus einer Liste von Listen bestehen. Diese Konstruktion darf beliebig wiederholt werden, so daß eine Liste aus sehr vielen ineinander geschachtelten Listen bestehen mag.

Wir haben also

$$String \subset List \ .$$

Nach unseren Bemerkungen ist ein Wort über der Menge *String* wieder eine Liste. Also haben wir auch

$$String^* \subset List \ .$$

Da wir diese Konstruktion beliebig oft wiederholen dürfen, damit aber auch alle Listen erzeugen, definieren wir

$$List \;=\; String \cup String^* \cup \left(String^*\right)^* \cup \left(\left(String^*\right)^*\right)^* \cup \cdots$$

und schreiben $Char^{\mathcal{L}} = List$

Wir haben bei der Definition des Wortmonoides A^* über A das Alphabet A in A^* eingebettet, indem wir

$$\lambda_a\colon [1{:}\,1] \to A \qquad \text{mit} \quad \lambda_a(1) = a$$

[2] Der hier beschriebene Datentyp ist der Programmiersprache *Comskee* entnommen, die im Sonderforschungsbereich 100 in Saarbrücken entwickelt wurde.

mit dem Element a identifiziert haben. Wir haben also nicht zwischen a und (a) unterschieden. In diesem Sinne ist $A \subset A^*$.

Wir haben in Kapitel 1 auch erläutert, daß $A^* \neq (A^*)^*$ ist. Man erkennt dies leicht an dem Beispiel

$$(a\,,\,(a,b)\,,\,(a,b,c)) \in \mathit{String}^*, \qquad \text{aber:} \quad (a\,,\,(a,b)\,,\,(a,b,c)) \notin \mathit{String}\;.$$

Dabei dürfen wir die hier zur Verdeutlichung verwendeten Klammern und Kommata nicht als Elemente von *Char* ansehen.

Wir schreiben nun

$$\mathit{String}^{*1} \;:=\; \mathit{String}^*$$

und

$$\mathit{String}^{*(i+1)} \;:=\; \left(\mathit{String}^{*i}\right)^* \qquad \text{für } i = 1,2,3\ldots$$

Nun liegt es nahe, die Einbettung

$$\mathit{String} \subset \mathit{String}^* \subset \mathit{String}^{*2} \subset \cdots$$

zu verwenden und die Konkatenation als Operation auf *List* einzuführen. Dabei stoßen wir auf eine Schwierigkeit, die das folgende Beispiel erläutert.

Beispiel 4.1 Seien $(a_1,\ldots,a_n)$, $(b_1,\ldots,b_m) \in \mathit{String}$. Das Bild dieser Wörter unter der Einbettung $\mathit{String} \subset \mathit{String}^*$ sei $\big((a_1,\ldots,a_n)\big)$ bzw. $\big((b_1,\ldots b_m)\big)$. Bilden wir das Monoidprodukt dieser Elemente in String^*, dann erhalten wir

$$\big((a_1,\ldots,a_n)\big)\cdot\big((b_1,\ldots,b_m)\big) \;=\; \big((a_1,\ldots,a_n)\,,\,(b_1,\ldots,b_m)\big)\;.$$

Nun sind auch $a_1,\ldots,a_n,b_1,\ldots,b_m \in \mathit{String}^*$ vermöge der gleichen Einbettung und wir haben

$$\begin{aligned} a_1\cdot\ldots\cdot a_n &= (a_1,\ldots,a_n) \in \mathit{String}^* \\ b_1\cdot\ldots\cdot b_m &= (b_1,\ldots,b_m) \in \mathit{String}^* \end{aligned}$$

und weiter

$$(a_1,\ldots,a_n)\cdot(b_1,\ldots,b_m) = (a_1,\ldots a_n,b_1,\ldots,b_m).$$

Wenn wir also $\big((a_1,\ldots,a_n)\big) = (a_1,\ldots,a_n)$, $\big((b_1,\ldots,b_m)\big) = (b_1,\ldots,b_m)$ setzen, d.h. wie gewohnt identifizieren, erhalten wir also

$$\big((a_1,\ldots,a_n)\,,\,(b_1,\ldots,b_m)\big) = (a_1,\ldots,a_n,b_1,\ldots,b_m),$$

d.h. unsere ganze Konstruktion bricht zusammen. Man muß also hier beim Identifizieren vorsichtig sein. Hätten wir $\big((a_1),\ldots,(a_n)\big)$ anstelle $(a_1,\ldots,a_n)$ geschrieben also nicht $a = (a)$ gesetzt, dann wäre dieser Widerspruch nicht aufgetreten. ■

Bezeichnen wir die Einbettung *String* $\subset$ *String** mit i, dann haben wir also

$$i(a) \cdot i(b) = ((a),(b)) \qquad \text{und} \qquad i(a \cdot b) = ((a,b)) \; .$$

Also es ist i.a.

$$i(a) \cdot i(b) \neq i(a \cdot b),$$

das heißt, daß die Einbettung *kein* Monoidhomomorphismus ist. Aus diesem Grund läßt sich die Monoidverknüpfung nicht ohne weiteres auf *List* übertragen.

Als einfachste Lösung bietet es sich an, die Einbettung $String^{*i} \subset String^{*(i+1)}$ nicht vorzunehmen, also zwischen $a,(a)$, $((a))$, $\big(((a))\big), \ldots$ usw. zu unterscheiden. Man hätte dann zwei Operationen, nämlich das Monoidprodukt als *partielle* Operation auf *List*, da es nur für Elementpaare aus dem gleichen Monoid $String^{*i}$ definiert wäre, und die Inklusion i mit $i({}^l a)^l = ({}^{l+1}a)^{l+1}$ für $l \in \mathbf{N}_0$.

Eine zweite Möglichkeit besteht in Anlehnung an die übliche Vorgehensweise darin in *LISP* die Operation $cons : List \times List \rightarrow List$ einzuführen. Die Idee ist, daß man hier durch die Konstruktion

$$cons(a,b) = (a, b_1, \ldots, b_n) \qquad \text{mit} \qquad n = \#b$$

das Anheben von Elementen a und b aus $String^{*i}$ in ein Wort aus $String^{*(i+1)}$ besorgt. Setzt man hier etwa $b = \varepsilon$, dann erhält man $cons(a, \varepsilon) = (a)$ und also wieder triviale Klammerungen. Eine einfache Variation dieses Ansatzes erlaubt es, sich von diesem Nachteil zu befreien, wie die folgende Konstruktion zeigt.

Wir betten also, wie aus der Theorie der Monoide gewohnt, das Erzeugendensystem in das Monoid ein und haben

$$Char \subset String \subset String^* \subset \left(String^*\right)^* \subset \cdots$$

Auf *List* führen wir zwei Operationen "$\bullet$ " und "*comb*" ein. Dies tun wir nicht unmittelbar, sondern indirekt über eine Einbettung μ: $List \longrightarrow D$, wobei D eine noch zu definierende Dycksprache ist.

Wir erinnern an die *erweiterte Dycksprache*, wie sie in 2.3.3 eingeführt wurde. Wir hatten dort ein Klammeralphabet $X \cup \overline{X}$ mit $X \cap \overline{X} = \emptyset$, wobei X die öffnenden und $\overline{X}$ die schließenden Klammern enthält. $\tau \subset X \times \overline{X}$ gibt die erlaubten Klammerpaare an. Weiter hatten wir ein zusätzliches Alphabet T, das Wörter erzeugt, die man zwischen die korrekt gesetzten Klammerpaare einfüllen kann. Für die so erzeugte Menge schreiben wir $D = D(X, \overline{X}, \tau, T)$.

In unserem Fall haben wir nur ein Klammerpaar $[,]$ und $T = Char$. Wir wollen für den Rest dieses Abschnittes annehmen, daß $[,] \notin Char$ und mit D unsere zugehörige erweiterte Dycksprache bezeichnen. Wir interessieren uns nicht für ganz D, sondern für die wie folgt definierte Teilmenge $\widetilde{\mathcal{L}} \subset D$.

Wir hatten $\mathcal{L} = X \cdot D \cdot \overline{X} \cap D$ geschrieben und $\mathcal{L}$ von *Liste* abgeleitet. Hier kommen wir also darauf zurück. Wir definieren

$$\begin{aligned}
\mathcal{L}_0 &= \{\varepsilon\}, \\
\mathcal{L}_1 &= \Big\{[w] \mid w \in \mathit{String},\ w \neq \varepsilon\Big\}, \\
\mathcal{L}_{i+1} &= \Big\{[w_1 \cdot \ldots \cdot w_k] \mid w_\ell \in \mathcal{L}_1 \cup \ldots \cup \mathcal{L}_i,\ \exists \ell \text{ mit } w_\ell \in \mathcal{L}_i,\ k \geq 2\Big\}.
\end{aligned}$$

Nun setzen wir

$$\widetilde{\mathcal{L}} = \bigcup_{i \in \mathbf{N}_0}^{\infty} \mathcal{L}_i \ .$$

Wir erinnern weiter an unsere Funktion Tiefe(w, i), die für $w \in (X \cup \overline{X} \cup T)^*$ und $i \in \mathbf{Z}$ definiert ist. Nun setzen wir

$$\text{Tiefe}(w) = \max_{i \in \mathbf{Z}} \text{Tiefe}(w, i)$$

Tiefe(w) gibt also die maximale Schachtelungstiefe von Klammern in w an. Für $w \in \mathcal{L}_i$ haben wir also Tiefe$(w) = i$.

Nun definieren wir die angekündigte Abbildung

$$\mu : \mathit{List} \rightarrow \widetilde{\mathcal{L}}.$$

mit

$$\mu(w) = \begin{cases} \varepsilon & \text{für } w = \varepsilon \\ [w] & \text{für } w \in \mathit{String} - \{\varepsilon\} \\ \Big[\mu\big(w(1)\big) \cdot \mu\big(w(2)\big) \cdot \ldots \cdot \mu\big(w(k)\big)\Big] & \text{für } w \in \mathit{String}^{*(i+1)} - \mathit{String}^{*i} \end{cases}$$

Man erinnere sich an die formale Definition von $w \in \mathit{String}^{*(i+1)}$ als Abbildung $w\colon [1\colon k] \rightarrow \mathit{String}^{*i}$. Wir haben damit μ auf *List* eindeutig definiert und es gilt

Lemma 4.2 *Die Abbildung* $\mu : \mathit{List} \rightarrow \widetilde{\mathcal{L}}$ *ist bijektiv.*

Beweis: Die Surjektivität von μ ergibt sich unmittelbar aus den Konstruktionen von $\widetilde{\mathcal{L}}$ und μ. Zum Beweis der Injektivität müssen wir zunächst $\mu(w) = \mu(v) \Longrightarrow w = v$ zeigen.

Zunächst bemerken wir, daß

$$\mu\Big(\mathit{String}^{*(i+1)} - \mathit{String}^{*i}\Big) = \mathcal{L}_{i+1}$$

und $\mathcal{L}_i \cap \mathcal{L}_j = \emptyset$ für $i \neq j$ gilt. Also folgt aus $\mu(w) = \mu(v)$, daß $w, v \in \mathit{String}^{*i}$ für geeignetes i. Ist $i = 0$, dann ist $w, v \in \{\varepsilon\}$, d.h. $w = v$. Ebenso folgt für

$w, v \in String$ und $\mu(w) = [w]$, $\mu(v) = [v]$ und $[w] = [v]$ die Behauptung $w = v$, da in freien Monoiden die Kürzungsregel gilt.

Wir nehmen nun an, daß unsere Behauptung für $w, v \in String^{*l}$ mit $l \leq i$ bereits bewiesen ist und betrachten $w, v \in String^{*(i+1)}$. Wir haben für $w, v \in String^{*(i+1)} - String^{*(i)}$

$$\begin{aligned} \mu(w) &= \left[\mu(w(1)) \cdot \ldots \cdot \mu(w(k))\right], \\ \mu(v) &= \left[\mu(v(1)) \cdot \ldots \cdot \mu(v(j))\right] \end{aligned}$$

Aus $\mu(w) = \mu(v)$ folgt durch Anwendung der Kürzungsregel

$$\mu(w(1)) \cdot \ldots \cdot \mu(w(k)) = \mu(v(1)) \cdot \ldots \cdot \mu(v(j)) .$$

Aus der in 2.3.3 bewiesenen eindeutigen Zerlegbarkeit von Dyckworten in Produkte aus Dyckworten folgt $k = j$ und

$$\mu(w(\ell)) = \mu(v(\ell)) \qquad \text{für } \ell = 1, \ldots, k.$$

Durch Anwendung der Induktionsannahme erhalten wir

$$w(\ell) = v(\ell) \qquad \text{für } \ell = 1, \ldots, k$$

und daraus die Behauptung $w = v$. ■

Nun definieren wir auf $\widetilde{\mathcal{L}}$ die zwei Operationen $\bullet$ und *comb*. *comb* leitet sich von "combine" her.

Definition 4.3 *Für $[u], [v], \in \widetilde{\mathcal{L}}$ gilt*

$$[u] \bullet [v] = [u \cdot v] \qquad \textit{und} \qquad [u] \bullet \varepsilon = \varepsilon \bullet [u] = [u] .$$

Für $u_1, u_2, \ldots, u_k \in \widetilde{\mathcal{L}}$ ist comb definiert, falls es $1 \leq i < j \leq k$ gibt mit $u_i \neq \varepsilon$, $u_j \neq \varepsilon$. Ist comb definiert, dann gilt

$$comb(u_1, u_2, \ldots, u_k) = [u_1 \cdot \ldots \cdot u_k].$$ ■

Während die Operation $\bullet$ auf $\widetilde{\mathcal{L}}$ total ist, gilt dies für *comb* nicht. *comb* ist nur dann erklärt, wenn mindestens zwei Komponenten ungleich ε sind. Wir geben einige einfache Eigenschaften der Algebra $(\widetilde{\mathcal{L}}, \bullet, comb)$ an.

Lemma 4.3 *Es gelten die folgenden Aussagen für $u, v, x, y, z \in \widetilde{\mathcal{L}}$, falls comb jeweils definiert ist.*

1.) $\bullet$ ist assoziativ,

2.) $comb(u, v, \varepsilon) = comb(u, \varepsilon, v) = comb(\varepsilon, u, v)$,

3.) $comb(u, v, \varepsilon) \bullet comb(x, y, z) = comb(u, v, x) \bullet comb(\varepsilon, y, z)$,

4.) $comb(u \cdot v, x, y) = comb(u, v \cdot x, y) = comb(u, v, x \cdot y)$.

Beweis: Den einfachen Beweis überlassen wir dem Leser. Die Beziehung 2.) ist ein Sonderfall von 4.). ∎

Nun übertragen wir die eben für $\widetilde{\mathcal{L}}$ definierten Operationen vermittels μ auf *List*, indem wir für $u, w, u_1, \ldots, u_k \in List$ definieren

$$\begin{aligned} u \bullet w &:= \mu^{-1}\Big(\mu(u) \bullet \mu(w)\Big), \\ comb(u_1, \ldots, u_k) &:= \mu^{-1}\Big(comb\big(\mu(u_1), \ldots, \mu(u_k)\big)\Big) \end{aligned}$$

Hierbei setzen wir voraus, daß mindestens zwei der Argumente von $comb \neq \varepsilon$ sind. Analog definiert man *first* und *last*.

Definition 4.4 *Das Tupel* $\big(List, \bullet, comb, first, last\big)$ *heißt der Datentyp List.* ∎

Aus dem vorigen Lemma folgt unmittelbar

Satz 4.4 *Der Datentyp* $\big(List, \bullet, comb, first, last\big)$ *erfüllt die folgenden Bedingungen*

1.) $\bullet$ *ist assoziativ und* ε *ist neutral bezüglich* $\bullet$.

2.) $comb(u, v, \varepsilon) = comb(u, \varepsilon, v) = comb(\varepsilon, u, v)$

3.) $comb(u, v, \varepsilon) \bullet comb(x, y, z) = comb(u, v, x) \bullet comb(\varepsilon, y, z)$

4.) $first\Big(comb(u_1, \ldots, u_k)\Big) = u_1, \qquad last\Big(comb(u_1, \ldots, u_k)\Big) = u_k$

für alle Argumente, für die diese Ausdrücke definiert sind. ∎

Die Beziehung 4.) aus dem vorigen Lemma besitzt keine einfache Übertragung, da "·" als Operation auf *List* nicht definiert ist.

Satz 4.5 $Char \cup \{\varepsilon\}$ *ist ein Erzeugendensystem und darüberhinaus das einzige minimale Erzeugendensystem von List.*

Beweis: Offensichtlich erzeugt *Char* mittels $\bullet$ schon $String - \{\varepsilon\}$. Also erzeugt $Char \cup \{\varepsilon\}$ die Menge *String*. Nun erzeugt *comb* aus *String* alle Wörter aus $String^* - String$. Induktiv folgt also, daß $Char \cup \{\varepsilon\}$ ganz *List* erzeugt.

Es bleibt zu zeigen, daß $Char \cup \{\varepsilon\}$ in jedem anderen Erzeugendensystem von *List* enthalten ist. Hierzu kehrt man am einfachsten zu $\widetilde{\mathcal{L}}$ zurück. Man bemerkt, daß für die Operationen $\bullet$ und *comb* gilt

$$\#u \bullet v > \max\{\#u, \#v\} \qquad \text{für } u, v \neq \varepsilon \ .$$

und

$$\#comb(u,v,w) = \#[u \cdot v \cdot w] = \#u + \#v + \#w + 2.$$

Also können wir aus keinem Wort w mit $\#w > 3$ ein Wort aus $\mu(Char \cup \{\varepsilon\})$ erzeugen. Also ist $\mu(Char \cup \{\varepsilon\})$ in jedem Erzeugendensystem von $\widetilde{\mathcal{L}}$ und damit $Char \cup \{\varepsilon\}$ in jedem Erzeugendensystem von *List* enthalten. Man beachte, daß $\mu(Char \cup \{\varepsilon\})$ genau die Elemente der Länge ≤ 3 von $\widetilde{\mathcal{L}}$ enthält. ■

Satz 4.6 *Ist $h' : Char \rightarrow List$ eine beliebige Abbildung, dann gibt es genau eine Fortsetzung $h : List \rightarrow List$ von h, die ein List-Homomorphismus ist.*

Beweis: Den Beweis kann man analog zu dem Beweis des entsprechenden Satzes über Wortmonoide führen (siehe Abschnitt 1.3). ■

Dies wirft hier die Frage nach einer axiomatischen Definition von *List* auf: Hat man eine beliebige abstrakt gegebene Struktur $\mathcal{A}$, die den vorletzten Satz erfüllt und die "frei" ist, sind dann *List* und $\mathcal{A}$ isomorph? Wir lassen jetzt die Frage zunächst offen.

Sehen wir unsere Konstruktion von *List* nochmals an, dann bemerken wir, daß eine spezielle Struktur von *Char* nirgends eingeht. Wir können also die gleiche Konstruktion über jeder Menge durchführen.

Ist A eine beliebige Menge, dann definieren wir $List(A)$ als die Listenstruktur über A. Nun beweist man wie oben

Satz 4.7 *Seien A und B beliebige Mengen. Ist $h' : A \rightarrow List(B)$ eine beliebige Abbildung, dann gibt es genau eine homomorphe Fortsetzung $h : List(A) \rightarrow List(B)$ von h'.* ■

Dies zeigt insbesondere, daß man die ganze Konstruktion auf jeder Teilmenge von *List* aufbauen kann. Jede Listenstruktur über einem abzählbar unendlichen Alphabet kann als Unteralgebra von *List* aufgefaßt werden. Dies rechtfertigt die Auszeichnung *einer* Menge *Char* zum Aufbau jeglicher Kommunikation mit dem Rechner, indem die Universalität durch eine spezielle Wahl von *Char* nicht eingeschränkt wird.

Zum Abschluß dieses Paragraphen veranschaulichen wir unsere Konstruktion, indem wir jeder Liste $w \in List$ einen Baum $B(w)$ zuordnen.

Wir setzen $B(\varepsilon) = \cdot$, d.h. $B(w)$ beteht nur aus einem Knoten, und für $w \in String$ mit $\#w = k$ ist $B(w)$ in Abbildung 4.2 definiert. Für $w \in String^{*(i+1)} - String^{*i}$ und $\#w = k$ über $String^{*i}$ definieren wir $B(w)$ in Abbildung 4.3. Damit haben wir induktiv jedem w einen knoten- und kantenorientierten Baum zugeordnet.

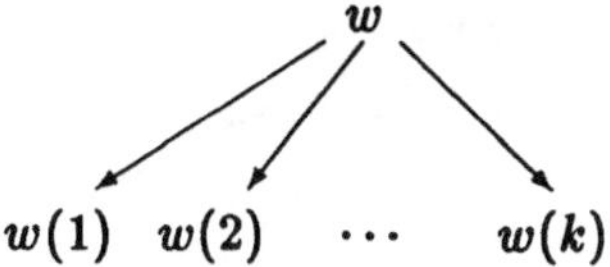

Abbildung 4.2: *Der Baum $B(w)$ für $w \in$ String mit $\#w = k$*

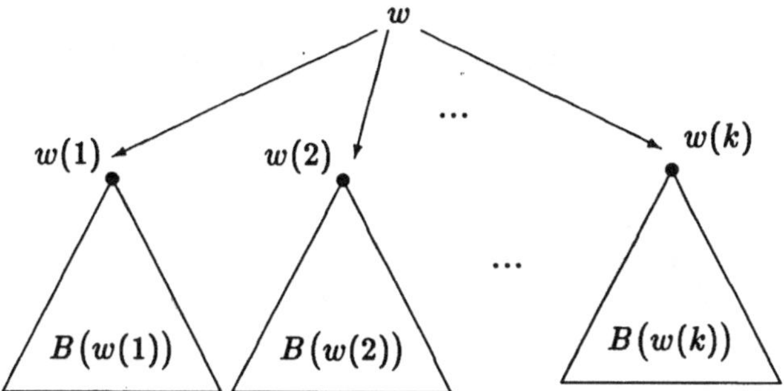

Abbildung 4.3: *Der Baum $B(w)$ für $w \in String^{*(i+1)} - String^{*i}$ und $\#w = k$ über $String^{*i}$*

Durch die Definition

$$w[i_1, \ldots, i_j] = w(i_1)[i_2, \ldots, i_j]$$

definieren wir den Zugriff auf Teillisten durch Selektoren $s = [i_1, \ldots, i_j]$, wie wir dies schon für Dycksprachen in 2.3.3 getan haben.

Man erkennt, daß $B(u \bullet v)$ und $B\big(comb(u, v, w)\big)$ wie in den Abbildungen 4.4 und 4.5 gezeigt aufgebaut sind. Also gilt

$$\begin{aligned}
\text{Tiefe}\big(B(w)\big) &= \text{Tiefe}\big(\mu(w)\big) \\
\text{Tiefe}\big(B(u \bullet v)\big) &= \max\Big\{\text{Tiefe}\big(B(u)\big), \text{Tiefe}\big(B(v)\big)\Big\}, \\
\text{Tiefe}\Big(B\big(comb(u, v, w)\big)\Big) &= 1 + \max\Big\{\text{Tiefe}\big(B(u)\big), \text{Tiefe}\big(B(v)\big), \text{Tiefe}\big(B(w)\big)\Big\}
\end{aligned}$$

Ergänzend zu den Operationen des Datentyps *List* führen wir analog zu der im Falle *String* vorgenommenen Erweiterung auch hier Operationen ein, die es gestatten sollen, in einfacher Weise die Ersetzung von Teillisten zu beschreiben.

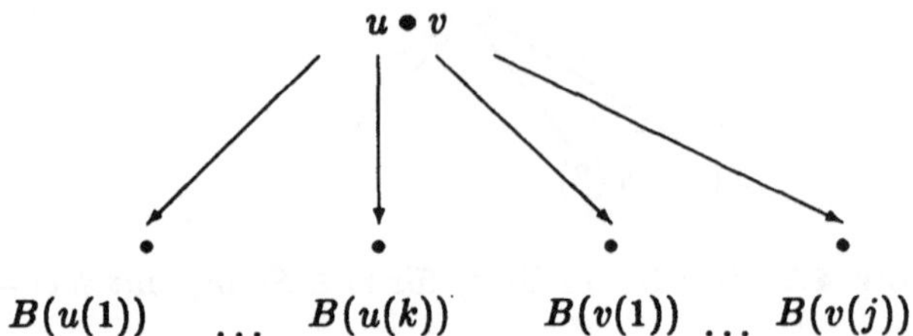

Abbildung 4.4: *Der Baum $B(u \bullet v)$ für $u, v \in List$ mit $\#u = k$, $\#v = j$*

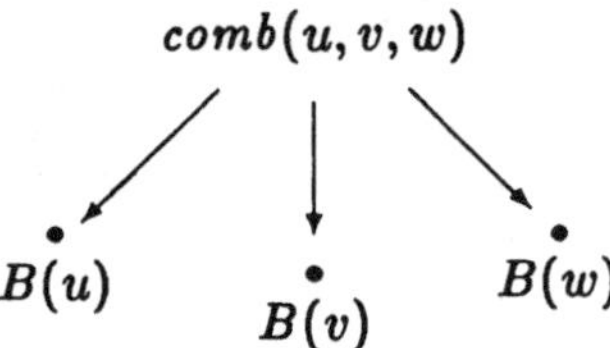

Abbildung 4.5: *Der Baum $B\big(comb(u, v, w)\big)$ für $u, v, w \in List$*

Hierzu definieren wir zunächst für Listen w und Selektoren $s = [i_1, \dots, i_j]$ von w

$$w[s, i{:}j] := comb\big(w[s, i], w[s, i+1], \dots, w[s, j]\big) .$$

Es faßt also $w[s, i{:}j]$ die von dem Endpunkt des Selektors s ausgehenden "Teilbäume" mit den Kantennummern $[i{:}j]$ zu einem Baum zusammen. Ist $i > j$, dann setzen wir $w[s, i{:}j] := \varepsilon$. Wir haben damit die Identität

$$w[s] = w[s, 1 : i-1] \bullet w[s, i : j] \bullet w[s, j+1 : n] ,$$

wenn $n = \#w[s]$ und $1 \le i \le j+1 \le n+1$ ist. Im Falle $i = j+1$ erkennt man, warum wir $w[s, i+1 : i] = \varepsilon$ gesetzt haben.

Nun erklären wir in Analogie zu *String* die Substitution einer Teilliste (eines Teilbaumes). Wir definieren:

Es gilt

$$w' = substitute\big(w, [s, i{:}j]\big) \text{ by } v$$

genau dann, wenn $1 \le i \le j+1 \le n+1$, $v \in List$ und

$$w' = w[s, 1 : i-1] \bullet v \bullet w[s, j+1 : n]$$

ist. Wie bei *String* schreiben wir hierfür auch kürzer

$$w[s, i : j] := v .$$

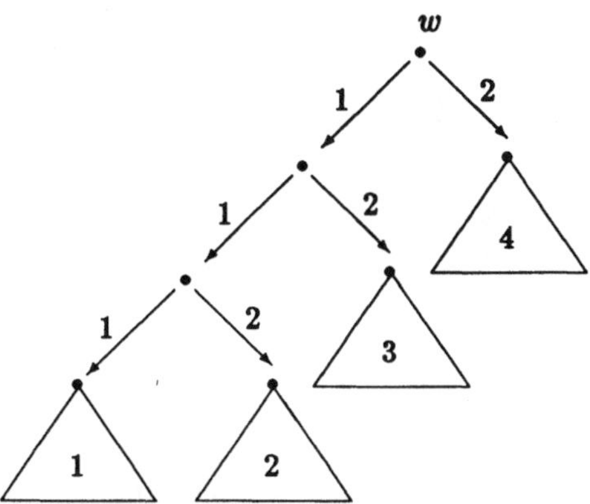

Abbildung 4.6: *Zerlegung des Baumes $B(w)$ der Liste w aus Beispiel 4.2 in Teilbäume*

Wir erläutern diese Operation an einem Beispiel. Der Übersichtlichkeit wegen stellen wir dieses durch Bäume dar.

Beispiel 4.2 Es sei also eine Liste w gegeben, die wie in Abbildung 4.6 dargestellt in Teilbäume zerlegbar ist. Wir wollen die Liste w so umstrukturieren, daß der Baum wie in Abbildung 4.7 aussieht. Wir erreichen dies, indem wir der Reihe nach die folgenden Operationen ausführen

$$\begin{aligned} w[2,1\!:\!0] &:= w[1,2]; \\ w[1,2] &:= w[1,1,2]; \\ w[1,1] &:= w[1,1,1]. \end{aligned}$$ ■

Für den praktischen Gebrauch ist es hinderlich, daß man im Anwendungsfall die Bedeutung der einzelnen Selektoren vergißt. Dem kann man aber abhelfen, indem man die Numerierung der Kanten des Baumes durch gut gewählte Bezeichnungen aus *String* ersetzt. Wir kommen hierauf in 4.2.1.1 zurück.

Zunächst kann man im Datentyp *List* nur Bäume darstellen, die Beschriftungen in ihren Blättern tragen. Man kann aber den allgemeinen Fall, nämlich daß jeder Knoten des Baumes eine Inschrift trägt, leicht nachbilden, indem man an jeden Knoten des Baumes einen "kleinen", die Inschrift tragenden Baum anhängt. Dies wird durch Abbildung 4.8 erläutert.

Schlußbemerkung: Das *NIL* aus *LISP* kommt hier als ε vor und wird als solches von allen wesentlichen Komponenten absorbiert. Man hätte natürlich auch $\widetilde{\mathcal{L}}$ als *List* einführen können. Dies hätte aber den Nachteil der Auszeichnung

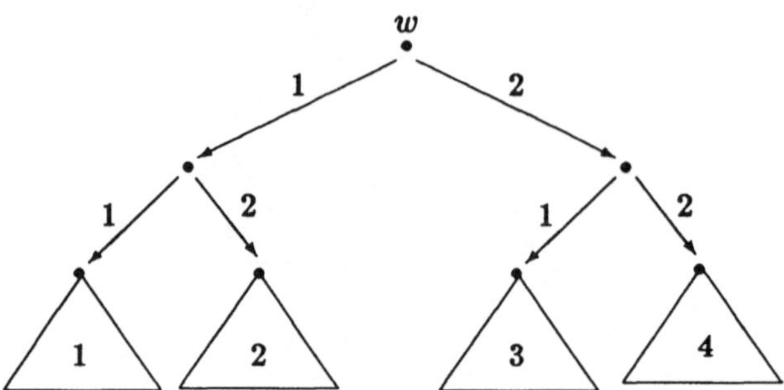

Abbildung 4.7: *Umstrukturieren des Baumes $B(w)$ aus Abbildung 4.6*

der Klammern [,] gehabt. Unsere Definition von *List* beseitigt durch Abstraktion unwesentliche Details.

4.1.6 Der Datentyp Sentence

Der Datentyp *Sentence* hat eine gewisse Ähnlichkeit mit *String**. Die Idee, die der Konstruktion dieses Datentypes zugrunde liegt, ist die folgende: Bei der Verarbeitung von normalem geschriebenem Text, z.B. in deutscher Sprache, möchte man auf die Wörter der Sätze zugreifen können wie auf die Zeichen eines Wortes. Auf den ersten Blick sieht die Menge der Sätze also wie *String** über einer speziellen *Char*-Menge aus.

Nun sehen wir etwas genauer hin und entdecken die Unterschiede. Im normalen Text spielt es keine Rolle, ob wir einen oder zwei Zwischenräume zwischen Wörtern lassen. Höchstens beim Ausdrucken ist dies wichtig, wenn wir einen geradlinigen Rand anstreben. Für linguistische oder philologische Untersuchungen allgemein ist die Anzahl der Zwischenräume nicht erheblich.

Man kann zunächst aber einwenden, daß viele Zwischenräume auch Absätze erzeugen und so doch relevant werden. Wir wollen aber davon ausgehen, daß wir so wie für Zwischenraum auch ein besonderes Zeichen für Zeilenwechsel haben. So bleiben wir dabei, daß "Zwischenraum" zwar wesentlich ist, nicht aber die Anzahl der Zwischenräume.

Bei Zeilenwechsel verfahren wir ähnlich. Da aber ein Zeilenwechsel vielleicht doch eine andere Aussagekraft hat als zwei Zeilenwechsel hintereinander, stellt sich die Frage, ob man hier vielleicht doch zwischen einem, zwei oder drei Zeilenwechsel unterscheiden sollte. Zu dem Zeilenwechsel mögen auch Seitenwechsel hinzukommen und vielleicht noch manches andere, woran wir jetzt nicht denken. In Gedichten spielen z.B. mehrere Leerzeichen hintereinander vielleicht doch eine Rolle.

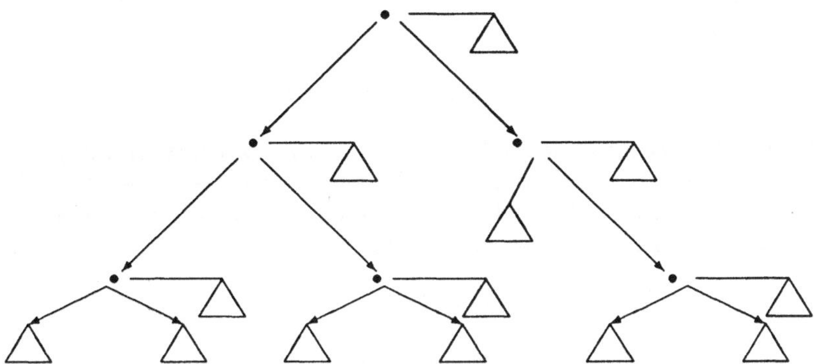

Abbildung 4.8: *Die Knoten des List-Baumes besitzen eine "kleinen", die Inschrift tragenden Baum*

Normaler Text besteht nicht allein aus Buchstaben und Ziffern, sondern er enthält auch Satzzeichen. Wenn wir Leerzeichen als Trennzeichen zwischen Wörtern einführen, dann schlagen wir die Satzzeichen automatisch zu den Wörtern hinzu, da ja die Konvention besteht, Satzzeichen ohne Zwischenraum an das letzte vorhergehende Wort anzuhängen. Mehrere Satzzeichen hintereinander möchte man i.a. auch nicht haben.

Ich kenne zwar keinen normalen Text, in dem zwei Kommata unmittelbar hintereinander erscheinen, in Informatik-Texten wird man dies aber zumindest als Beispiel für Verbote im normalen Text finden können. Sollte der Leser daran zweifeln, dann sei ihm hier das Beispiel präsentiert: , , , . Andere Satzzeichen kommen durchaus in Wiederholungen vor!!! Wenn der Leser z.B. einmal etwas von Arno Schmidt gelesen hat, dann wird er auch sehr ungewöhnliche Folgen von Satzzeichen erlebt haben . ! ? -!

Worauf wir hinaus wollen, ist folgendes: Der Datentyp Satz hat ein *normales* Aussehen, besitzt aber auch zahlreiche spezielle Spielarten, so daß man sich fragt, ob es einen Sinn hat, eine spezielle Spielart auszuzeichnen, oder ob es nicht besser ist, solchen Text als *String* oder als *List* mit speziell definierten Funktionen zu behandeln.

Letzteres kann man sicher tun, und es wird auch getan, aber man erhält dann mehr Funktionen, als man sich vielleicht merken will, und wenn man *Uniformität* in den Bezeichnungen anstrebt, dann läuft es wieder auf einen Datentyp *Sentence* oder *Text* hinaus, der im Schreibmodus von Textsystemen in irgendeiner Form vorliegt. Wir wollen hier eine Art parametrisierten Datentyp *Sentence* beschreiben, der vielleicht nicht alle, aber doch einige Ausprägungen eines solchen Datentypes erfaßt.

Wir bezeichnen Zwischenraum durch "␣" und Zeilenwechsel durch "↩" und verlangen die Relationen

$$␣␣ = ␣ \qquad \text{und} \qquad ↩↩↩ = ↩↩$$

Jede Folge von Zwischenräumen soll also auf einen Zwischenraum und jede Folge von Zeilenwechsel der Länge ≥ 3 auf eine Folge von zwei Zeilenwechsel reduziert werden können. Weiter wollen wir alternierende Folgen von Zeilenwechsel und Zwischenraum beschränken. Dies tun wir durch die Relation.

$$␣ ↩ = ↩$$

Ähnlich verfahren wir mit anderen Sonderzeichen. Wir verwenden also nicht das freie Monoid $String = Char^*$, sondern einen *Quotienten* dieses Monoides, den wir erhalten, indem wir die Wörter identifizieren, die wir durch Anwendungen von Relationen, wie sie eben angegeben wurden, ineinander überführen können (siehe Abschnitt 1.4).

Läßt man beliebige Relationen zu, dann führt dies zu einer Datenstruktur, die man nicht mehr effizient, ja nicht einmal konstruktiv handhaben kann. Wir müssen also Verabredungen über die zulässigen Relationen treffen, so daß es ohne großen Aufwand möglich ist, Normalformen für den Text zu berechnen. Darüber hinaus sollte gewährleistet sein, daß diese Normalformen eindeutig sind.

Bevor wir unsere *Sentence*-Relationen definieren, unterteilen wir die Menge *Char* wie folgt in paarweise fremde Teilmengen

$$Char = AChar \cup DChar \cup SChar \cup CChar \cup OChar.$$

Wir definieren

$$AChar = \text{A} \mid \text{B} \mid \text{C} \mid \cdots \mid \text{Z} \mid \text{a} \mid \text{b} \mid \text{c} \mid \cdots \mid \text{z} \mid \text{Ä} \mid \text{Ö} \mid \text{Ü} \mid \text{ä} \mid \text{ö} \mid \text{ü} \mid \text{ß}$$

AChar ist also als deutsches Alphabet definiert, um ein konkretes Beispiel zu nehmen.

$$DChar = 0 \mid 1 \mid 2 \mid \cdots \mid 9 \ .$$

DChar leitet sich von "Dezimalcharakter" her. Wir zerlegen *SChar* in zwei fremde Teilmengen $S_1 Char$, $S_2 Char$ und setzen

$$S_1 Char = \text{?} \mid \text{-} \mid \text{!} \mid \text{,} \mid \text{.} \mid \text{;} \mid \text{:} \qquad S_2 Char = ␣ \mid ↩$$

SChar enthält also bekannte Satzzeichen. Wir setzen beispielhaft

$$CChar = \backslash \mid \{ \mid \} \mid \$ \mid \& \mid \text{'}$$

CChar enthält Kontrollzeichen, die dazu dienen, speziellen Teilsätzen eine besondere Interpretation zu geben; insbesondere dienen sie hier dazu *Sentence*-Relationen in gewissen Bereichen außer Kraft zu setzen.

OChar enthält weitere Sonderzeichen, über die wir hier nicht verfügen wollen.

Über die Bedeutung der Satzzeichen haben wir schon etwas gesagt. Es ist aber eine Erläuterung der Kontrollzeichen nachzuholen. Die Kontrollzeichen sollen es ermöglichen, verschiedene Lesarten eines Textes zu ermöglichen und z.B. auch die Reduktionen auf Normalformen abzuschalten, um den vorgegebenen Text "buchstäblich" wiederzugeben. Die Idee ist klar. Sie aber widerspruchsfrei zu realisieren, erfordert etwas Vorsicht, wie das folgende Beispiel erläutern soll.

Beispiel 4.3 Es soll *normaler* Text nur die Zeichen aus

$$Alph = AChar \cup DChar \cup SChar$$

verwenden. Die Kontrollzeichen *CChar* sollen nur verwendet werden, um eine verschiedene Interpretation von $w \in Alph^*$ zu bewirken. Normalerweise soll w als *Sentence* mittels unseren Relationen

$$\sqcup\sqcup = \sqcup \qquad \text{und} \qquad \hookleftarrow\hookleftarrow\hookleftarrow = \hookleftarrow\hookleftarrow \qquad \text{und} \qquad \sqcup\hookleftarrow = \hookleftarrow$$

reduziert werden. Ist aber w durch Hochkommata eingeschlossen, dann soll w als *String* interpretiert werden. Also 'w' meint $w \in Alph^*$ und w meint die Normalform von w als Repräsentant eines Elementes von *Sentence*. ■

Wenn wir in einem Text alle Zeichen von *Char* aufzählen wollen, dann scheint dies nicht ohne weiteres zu gehen. Betrachten wir etwa das Wort

$$'\,'\,'\text{aber}\sqcup\sqcup\text{aber}'\,'\,'.$$

Hier ergeben sich verschiedene Interpretationen, von denen wir zwei durch das Setzen von Klammern andeuten:

$$\overbrace{'\,'}\,'\,\text{aber}\sqcup\sqcup\text{aber}\,'\,\overbrace{'\,'} \qquad\qquad \overbrace{'\,'\,'\,\text{aber}\sqcup\sqcup\text{aber}\,'\,'\,'}$$

Hieraus erhalten wir die zwei verschiedenen Lesarten

$$'\text{aber}\sqcup\text{aber}' \qquad \text{und} \qquad '\,'\text{aber}\sqcup\sqcup\text{aber}'\,'.$$

Man kann dieses Problem mit fest gegebener Menge *Char* lösen, indem man eine Teilmenge $\widetilde{A} \subset String$ auswählt, die ein freies Untermonoid von *String* erzeugt und jedes Element von *Char* und eventuell notwendige zusätzliche Zeichen durch Elemente aus $\widetilde{A}$ kodiert. Jede Menge *Char* mit $\#Char \geq 2$ besitzt unendlich große freie Erzeugendensysteme von Untermonoiden von *String*, so daß wir einen sicher hinreichend großen Zeichenvorrat besitzen.

Um das Gesagte deutlicher zu machen, geben wir zwei Beispiele. Das erste Beispiel ist ein unendliches freies Erzeugendensystem eines Untermonoides von $\{0,1\}^*$, das zweite ist dem auf D. Knuth zurückgehenden Textsystem TEX entnommen, mit dessen Hilfe dieses Manuskript geschrieben wurde.

Beispiel 4.4 $\widetilde{A} = \{01, 001, 0001, \ldots\} \subset \{0,1\}^*$ erzeugt das Untermonoid $\langle\widetilde{A}\rangle \subset \{0,1\}^*$. Es ist $\left\langle\widetilde{A}\right\rangle$ isomorph zu $\widetilde{A}^*$, da sich jedes Wort $w \in \left\langle\widetilde{A}\right\rangle$ auf nur eine Weise in ein Produkt von Elementen aus $\widetilde{A}$ zerlegen läßt. ∎

Beispiel 4.5 In dem genannten Textsystem ist "\" ein "Steuerzeichen", so daß das Hinschreiben dieses Zeichens i.a. nicht seine Darstellung in einem Ausdruck durch einen Drucker bewirkt. Will man dieses Zeichen ausgeben, dann hat man "\backslash" zu schreiben, und will man "\backslash " schreiben, dann gibt man "\backslash backslash" ein. (Hier interpretiert also der Rechner unseren Text. Die Interpretation ist der durch den Drucker ausgegebene Text.) ∎

Das heißt, daß wir jedes Wort aus *String* darstellen können, wenn auch nicht unmittelbar, sondern nur über eine Interpretation einer Teilmenge aus *String*.

Wir betrachten ein weiteres Beispiel aus dem gleichen Textsystem.

Beispiel 4.6 Wenn wir unseren Text w in kursiver Schrift ausgedruckt haben wollen, dann können wir dies erreichen, indem wir {\it w} anstelle von w schreiben. { } sind Kontrollzeichen, die die Wirkung der Operation "\it" begrenzen. ∎

In der Notation eines Programmes würden auf diese Weise beschriebene Alphabeterweiterungen zu sehr schwer überschaubaren Ausdrücken führen. Deshalb verwendet man dafür "fette" Buchstaben.

Wir wollen nun die Idee, die der Verwendung der Kontrollzeichen zugrunde liegt, abstrakter darstellen. Es soll normalerweise jeglicher Text in *Alph* geschrieben werden können. Als Reserve für zusätzliche Alphabetzeichen konstruiert man ein unendliches freies Erzeugendensystem E in *String*, das *Alph* enthält. Ein solches Erzeugendensystem bildet z.B. die Menge

$$E = Alph \cup Alph\$DChar^*.$$

Wir haben uns hier von jedem Zeichen aus *Alph* durch Indizierung mit $DChar^+$ (d.h. mit natürlichen Zahlen) unendlich viele Versionen geschaffen. Wir können also davon ausgehen, daß wir bei geeigneter Verabredung auf Basis von *Char* ein für alle unsere Zwecke hinreichend großes Alphabet zur Verfügung stellen können.

Wir kehren zurück zur Entwicklung eines Datentypes *Sentence*, der es uns erlaubt, Texte einfach zu verarbeiten. Dabei lassen wir beliebige Wörter über

$AChar \cup DChar$ zu, schränken aber die möglichen Satzzeichenfolgen stark ein. Wir tun dies, da außer Folgen von "⊔" und "↩" selten jemals längere Satzzeichenfolgen auftreten und im Bewußtsein, daß solche Folgen als weniger stark normiert aufgefaßt werden.

Ein Lehrer wird in der Schule kaum einen Fehler berechnen, wenn in einem handgeschriebenen Text ein Satzzeichen nicht unmittelbar hinter einem Wort steht, oder wenn der Wortabstand die mittlere Zeichenbreite der Schrift übertrifft.

Wir definieren nun *Sentence* formal. Zunächst betrachten wir drei verschiedene elementare Transformationen, die wir für Wörter vom Typ *Sentence* zulassen wollen.

1.) *Rechtsabsorption* durch dominierende Satzzeichen.

Wir gehen davon aus, daß auf $S_2 Char$ eine vollständige Ordnung gegeben ist. Diese Ordnung bezeichnen wir durch "$<$". $S_2 Char$ enthalte ⊔ und ↩ wie in der obigen Definition und z.B. auch Zeichen für "Ende Paragraph", "Ende Kapitel", "zentriere" oder ähnliches. Sind $s, s' \in S_2 Char$ und ist $s < s'$, dann setzen wir

$$s \cdot s' = s$$

und bezeichnen diese Relation als Rechtsabsorption durch das dominierende Satzzeichen.

2.) *Längenbeschränkung* der Iteration von Satzzeichen.

Für $s \in S_2 Char$ sei stets eine Relation

$$s^k = s^{k-1}$$

gegeben, worin $k \geq 2$ eine natürliche Zahl ist. Dies erlaubt es, die Anzahl der Wiederholungen des Satzzeichens s zu beschränken. Wir haben hierfür zwei Beispiele gegeben.

3.) *Kommutatorrelationen.*

Beispiele für solche Relationen sind

$$\sqcup, = ,\sqcup \qquad \text{oder} \qquad \sqcup? = ?\sqcup$$

Allgemein verlangen wir für $s \in S_1 Char$ und $s' \in S_2 Char$

$$s \cdot s' = s' \cdot s$$

Diese Relationen sollen es ermöglichen, z.B. Kommata an das links vorhergehende Wort heranzurücken.

Wir fassen die drei Relationenmengen zu einer Relationenmenge $R_{Sentence}$ zusammen. Wir schreiben hierfür auch kürzer R_S und bezeichnen diese Relationen als *Sentence*-Relationen. Nun bilden wir aus dem Monoid $Alph^*$ den Quotienten nach R_S (Abschnitt 1.4) und setzen

$$Sentence := Alph^*/R_S$$

Wir fassen also Texte, die sich nur unwesentlich unterscheiden, was hier heißt, daß sie sich durch Anwendung der *Sentence*-Relationen ineinander transformieren lassen, zu Klassen zusammen. In jeder dieser Klassen zeichnen wir eine Normalform aus, die unseren üblichen Konventionen für Rechtschreibung entspricht. Weiter definieren *Sentence* einige Operationen, die zunächst auf $Alph^*$ eingeführt werden, die aber unter Anwendung der Transformationen aus R_S invariant sind, so daß sie sich dadurch auf *Sentence* in natürlicher Weise übertragen.

Definition 4.5 *$w \in Alph^*$ heißt Sentence-***Normalform** *(SNF), wenn für jedes Teilwort $u \neq \varepsilon$ von w, das in $SChar^+$ liegt, die folgenden Bedingungen erfüllt sind:*

1.) Ist $u(i) \in S_1 Char$, $u(j) \in S_2 Char$, $1 \leq i,j \leq \#u$, dann ist $i < j$, d.h. $u \in S_1 Char \cdot S_2 Char$.

2.) Ist $u \in S_2 Char$, dann gilt für alle $1 \leq i < \#u$

$$u(i) \geq u(i+1),$$

d.h. $u(i+1)$ dominiert nicht $u(i)$.

3.) Ist $u \in S_2 Char^*$, und ist $u = s^m$, dann ist $m < k$, wenn s die Sentence-Relation $s^k = s^{k-1}$ erfüllt. ■

Lemma 4.8 *Zu jedem $w \in Alph^*$ gibt es eine Sentence-Normalform v mit $w = v(R_S)$.*

Beweis: Ist w eine SNF, dann setze man $v = w$. Ist w keine SNF, dann enthält w ein Teilwort u, das eine der Bedingungen 1.), 2.) oder 3.) in der Definition der SNF nicht erfüllt.

Wir betrachten zunächst den Fall, daß 1.) verletzt ist. Es gibt also $1 \leq i < j \leq \#u$ mit $u(i) \in S_2 Char$ und $u(j) \in S_1 Char$. Es gibt dann ein k mit $i \leq k < j$, so daß $u(k) \in S_2 Char$ und $u(k+1) \in S_1 Char$ ist. Unsere *Sentence*-Relationen erlauben uns also, $u(k)$ und $u(k+1)$ zu vertauschen. Durch Anwendung solcher Vertauschungen können wir schließlich alle Verletzungen von 1.) beseitigen. Wir haben dann zu w ein Wort $w' = w(R_S)$ konstruiert, das 1.) erfüllt.

Wir wollen nun also annehmen, daß $w(1)$ erfüllt, aber daß 2.) verletzt ist. Dann enthält also w ein Teilwort $u \in S_2 Char^*$, und es gibt ein i mit $1 \leq i < \#u$, so daß $u(i+1)$ das Zeichen $u(i)$ dominiert. Dann absorbiert aber $u(i+1)$ das

Zeichen $u(i)$ mittels einer *Sentence*-Relation. Indem wir diesen Schritt so oft wie möglich wiederholen, erhalten wir aus w ein Wort w', das 1.) und 2.) aus der Definition der SNF erfüllt.

Nun nehmen wir an, daß w 1.) und 2.) aus der Definition der SNF erfüllt, nicht aber 3.). Dann erhält w ein Teilwort $u = s^m$ mit $s \in S_2 Char$, und es ist $m \geq k$, wobei $s^k = s^{k-1}$ die zu s gehörige Sentence-Relation ist. Durch mehrfache Anwendung dieser Relation können wir u auf s^{k-1} reduzieren. Durch Iteration dieser Reduktion erhalten wir schließlich ein Wort $v = w(R_S)$, das in SNF ist. Damit ist unser Lemma bewiesen. ∎

Lemma 4.9 *Sind v und w in SNF und ist $v = w(R_S)$, dann ist $v = w$.*

Beweis: Da $v = w(R_S)$ ist, gibt es eine Kette

$$v = v_1, v_2, \ldots, v_N = w$$

von Wörtern aus $Alph^*$, so daß v_{i+1} aus v_i durch Anwendung einer Relation aus R_S hervorgeht für $i = 1, \ldots, N-1$. Ist $N = 1$, dann ist die Behauptung erfüllt.

Wir dürfen zum Beweis annehmen, daß v und w jeweils nur ein maximales Teilwort u bzw. u' besitzen, das in $SChar^*$ liegt, denn wir können die Reihenfolge von *Sentence*-Relationen, die sich auf verschiedene solche maximale Teilwörter beziehen, vertauschen. Die Anzahl solcher Teilwörter wird durch die Anwendung von *Sentence*-Relationen nicht verändert. Wir können also davon ausgehen, daß $v, w \in SChar^*$ ist. Wir zeigen zunächst, daß die Anwendung der Vertauschungsrelationen eliminiert werden kann.

Die Elemente aus $S_1 Char$ sind nur an den Vertauschungsrelationen beteiligt. Die Absorption und Längenreduktion bezieht sich nur auf Satzzeichen aus $S_2 Char$. Da v und w in Normalform sind, gibt es Zerlegungen

$$v = v_1 \cdot v_2 \qquad \text{und} \qquad w = w_1 \cdot w_2$$

mit $v_1, w_1 \in S_1 Char^*$ und $v_2, w_2 \in S_2 Char^*$. Eine Ableitung, die v mittels den *Sentence*-Relationen in w überführt, ändert weder die Anzahl noch die Reihenfolge der Faktoren aus $S_1 Char$ untereinander. Also ist $v_1 = w_1$. Da, wie bereits bemerkt wurde, die Elemente von $S_1 Char$ an der Absorption und Längenreduktion nicht beteiligt sind, kann man auf die Anwendung der Kommutatorrelationen bei der Überführung von v in w völlig verzichten.

Wir dürfen nun also annehmen, daß $v, w \in S_2 Char^*$ ist und

$$v = v_1, v_2, \ldots, v_N = w$$

allein durch Anwendung von Relationen des Types

$$s^k \longleftrightarrow s^{k-1} \qquad \text{und} \qquad ss' \longleftrightarrow s'$$

erzeugt wird. Wegen der Transitivität der Ordnung "<" auf $S_2\,Char$, ist die Reihenfolge der Anwendungen von Reduktionen des Types $ss' \to s'$ unerheblich. Weiter ist die Anwendung der Reduktion $s^k \to s^{k-1}$ in der Situation $s^m s'$ mit $s < s'$ überflüssig, da s' *alle* s löscht. Weiter kann wegen $k - 1 > 0$ auch eine Reduktion vom Typ $(s')^k \to (s')^{k-1}$ eine Absorbtion $ss' \to s'$ nicht unterbinden. Hieraus folgt schließlich $v = w$ und damit die Behauptung unseres Lemmas. ■

Der Beweis ist nicht vollständig formal und appelliert an die Vorstellungskraft des Lesers. Eine vollständige Formalisierung würde den Beweis jedoch wesentlich verlängern.

Korollar 4.10 *Ist $w = v(R_S)$ und ist w in SNF, dann ist* $\#w \leq \#v$.

Beweis: Wie wir gesehen haben, kann man die Kommutatorrelationen mit den Absorptions- und Reduktionsrelationen vertauschen. Haben wir also irgendeine *Sentence*-Transformation von v in eine Normalform, dann können wir zunächst alle Faktoren aus $S_1\,Char$ nach links bringen. Nun reduziert man die Wortlänge durch Anwendung der beiden anderen *Sentence*-Relationen auf eine SNF. Wegen der Eindeutigkeit der SNF folgt die Behauptung. ■

Wir führen nun einige Operationen auf *Sentence* ein, die Elemente aus *Sentence* in *String* bzw. *String** einbetten und die Elemente aus *String** in Elemente aus *Sentence* verwandeln. Weiter messen wir die Länge in *Sentence* anders als die Länge von Wörtern in *String*.

Definition 4.6 *Sei $w \in Alph^*$ und $0 = i_0 < i_1 < \ldots < i_k = \#w$ eine Folge natürlicher Zahlen. Wir betrachten die Folge*

$$w(i_0+1 : i_1),\ w(i_1+1 : i_2), \ldots,\ w(i_{k-1}+1 : i_k)$$

*und bezeichnen diese Folge als eine Sentence-***Zerlegung** *von w, falls 1.) und 2.) für $\ell = 0, 1, \ldots, k-1$ erfüllt sind.*

1.) $w(i_\ell+1 : i_{\ell+1}) \in (AChar \cup DChar)^* \Longrightarrow w(i_\ell), w(i_{\ell+1}+1) \notin AChar \cup DChar,$

2.) $w(i_\ell + 1 : i_{\ell+1}) \notin (AChar \cup DChar)^+ \Longrightarrow w(i_\ell + 1 : i_{\ell+1}) \in SChar.$ ■

Die erste der beiden Forderungen verlangt, daß die Teilwörter Wörter maximaler Länge über $AChar \cup DChar$ sind. Die zweite Forderung verlangt, daß die Teilwörter, die nicht in $(AChar \cup DChar)^+$ liegen, aus einzelnen Satzzeichen bestehen.

Nun setzen wir

$$\langle w \rangle := \left\{ \ell \mid w(i_\ell+1 : i_{\ell+1}) \notin S_2\,Char \right\}$$

und

$$\ddagger w := \#\langle w \rangle.$$

Also gibt $\ddagger w$ die Anzahl der Teilwörter einer *Sentence*-Zerlegung an, die ungleich $\sqcup$ und $\hookleftarrow$ sind, falls $S_2 Char = \{\sqcup, \hookleftarrow\}$ ist. Haben wir

$$\{\ell_1 < \ell_2 < \ldots < \ell_m\} = < w > \quad \text{mit} \quad m = \ddagger w,$$

dann definieren wir

$$w[j] := w(i_{\ell_j} + 1 : i_{\ell_{j+1}})$$

für $j = 1, 2, \ldots, m-1$.

Nun überträgt man die Schreibweise $w[i\colon j]$ in Analogie zu $w(i\colon j)$ bei *String*. Aus obigem Lemma folgt, daß auch diese Operation das gleiche Resultat für *Sentence*-äquivalente Strings liefert. Somit können wir die Operationen $u[\ell]$ und $u[i\colon j]$ auch auf die Äquivalenzklassen, d.h. auf *Sentence* übertragen und für die zu u gehörige Äquivalenzklasse $[u]$

$$[u](\ell) := u[\ell]$$

definieren. Die oben definierte *Sentence*-Zerlegung schreiben wir nun als Element von *String**, indem wir für $u \in Alph^*$

$$sent(u) := comb(u[1], \ldots, u[m]), \quad m = \ddagger u$$

setzen. Ist also $v = sent(u)$, dann ist

$$\#v = \ddagger u \qquad \text{und} \qquad v(\ell) = u[\ell] \quad \text{für } \ell = 1, \ldots, \ddagger u.$$

Die Operation *sent* liefert uns also die Folge der Wörter und der Satzzeichen eines Satzes als *String* über *String*. Wir benötigen aber auch die inverse Operation, nämlich die Umwandlung dieser Folge in einen *String*, etwa um den Satz auszudrucken. Als Operation führen wir nun die Umwandlung von $sent(u)$ in eine *Sentence*-Normalform ein.

Sei $w \in sent(Alph^*)$. Wir definieren dann

$$normal(w) := v,$$

wobei v die *Sentence*-Normalform von

$$u = w(1) \sqcup w(2) \sqcup \ldots \sqcup w(m), \quad m = \#w$$

ist. Es gilt stets $sent(normal(w)) = w$, i.a. aber $normal(sent(u)) \neq u$.

Sind $w_1, w_2, \ldots, w_n \in Sentence$, dann verstehen wir unter

$$w = [w_1 \sqcup w_2 \sqcup \cdots \sqcup w_n]$$

die zu dem String $w_1 \sqcup w_2 \sqcup \cdots \sqcup w_n$ gehörige Sentenceklasse. Offensichtlich ist

$$[[w_1 \sqcup w_2] \sqcup w_3] = [w_1 \sqcup [w_2 \sqcup w_3]] .$$

Wir verwenden "$\sqcup$" als Operationszeichen für Elemente aus Sentence. Ist A irgendeine Menge und ist $\mu: A \to \mathit{Sentence}$ eine beliebige Abbildung, dann läßt sich μ vermöge $\mu(w_1 \cdot w_2) = \mu(w_1) \sqcup \mu(w_2)$ eindeutig von A auf A^* fortsetzen.

Wir haben hier das Konzept eines Datentypes *Sentence* geschildert, der die Relation R als Parameter besitzt. Bis jetzt gibt es noch keine universelle Implementierung dieses Datentypes auf einem Rechner. Universell heißt, daß der Programmierer sich durch Vorgabe seines Alphabetes $\mathit{Alph} \subset E \subset \mathit{String}$ und der Relation R seinen eigenen Datentyp *Sentence* definieren kann. Eine spezielle Realisierung dieses Datentypes enthält die Programmiersprache *Comskee*.

Der Datentyp *Sentence* stellt nicht alle Funktionen zur Verfügung, um Textverarbeitungsprogramme in einfacher Weise zu programmieren. Hierzu wäre zumindest eine Erweiterung des Datentypes Sentence zu einem Datentyp *Text* erwünscht, der in etwa der Erweiterung *String* $\longrightarrow$ *List* entspricht und der die Interpretation gewisser Homomorphismen zuläßt.

4.1.7 Die Datentypen Boolean und Set

Der Datentyp *Boolean* ist die boolesche Algebra aus zwei Elementen, die mit *true* bzw *false* bezeichnet werden. Wir verwenden die in Kapitel 2 eingeführten Operationen und Relationen.

Der Datentyp *Set* enthält endliche Teilmengen aus *String*. Die Operationen sind die bekannten mengentheoretischen Operationen $\cup, \cap, -$; hierin ist $-$ die Mengendifferenz. Als Prädikate werden $=, \subset, \in$ verwendet.

4.2 Unstrukturierte Programme

Wir betrachten in diesem Abschnitt Programme ohne Prozeduren. Diese Programme bezeichnen wir als unstrukturiert. Wir führen zunächst Variablen, Konstanten und Typen ein. Dies gibt uns die Basis zur Einführung der Wertzuweisung an Variablen. Diese Wertzuweisungen sind zunächst elementar, indem sie nur Ergebnisse von einzelnen Operationen als Werte zuweisen. Anschließend führen wir Ausdrücke ein, die wir allerdings nur für das Beispiel der arithmetischen Ausdrücke vollständig definieren. Hieran schließt sich die Einführung allgemeiner Prädikate an. Damit haben wir alle Voraussetzungen zusammengetragen, um die unstrukturierten Programme einzuführen. Im letzten Abschnitt zeigen wir, daß man Ausdrücke in Abschnitte einfacher Programme auflösen kann. Wir gehen darüber hinaus auch ein Programm an, das dies leistet.

Wir haben damit gezeigt, daß es ein einfaches Programm gibt, das jedes unstrukturierte Programm, das Ausdrücke verwendet, in ein solches Programm ohne Ausdrücke übersetzen kann. Damit wird natürlich auch gezeigt, daß die Verwendung von Ausdrücken den Umfang der in der Sprache programmierbaren Funktionen nicht steigert.

4.2.1 Wertzuweisungen, Variablen, Konstanten und Typen

In Programmiersprachen werden die Werte an Variablen gebunden. Solange man von der technischen Realisierung von Speicherzellen absieht, sind Variablen und Speicherzellen verschiedene Bezeichnungen für den gleichen Gegenstand: Es handelt sich um Namen, die Werte tragen können. Üblicherweise unterscheidet man nicht deutlich zwischen Variablen und ihren Werten. So kann x mal die Variable, mal den momentanen Wert von x bezeichnen. In vielen Fällen ist der Unterschied unerheblich oder ergibt sich aus dem Zusammenhang.

Im Zusammenhang mit der Definition und Implementierung von Programmiersprachen wird diese Unterscheidung aber wesentlich. Eine Variable bezeichnet einen Wert. Bei der Implementierung einer Programmiersprache auf einem Rechner wird eine einfache Variable zur Adresse einer Speicherzelle. Der Inhalt der Speicherzelle ist dann der Wert der Variable. In diesem Sinne sagen wir auch, daß ein Variablenname einen Wert adressiert. Die Variablen werden häufig in einer Tabelle gehalten, in der hinter der Variablen die Adresse der Speicherzelle steht, die den zugehörigen Wert enthält.

Variablen können Werte verschiedenen Types tragen. Es kann sich dabei um ganze Zahlen, reelle Zahlen, um Elemente aus *Real, String, List, Boolean* oder Werte aus anderen Bereichen handeln. Je nach Datentyp ist der Speicherbedarf zur Aufbewahrung eines solchen Elementes unterschiedlich. Für Elemente aus *Integer* und *Real* sieht man i.a. eine feste Anzahl von Speicherzellen[3] vor, für Strings oder Listen benötigt man in der Regel größere Speicherbereiche.

Zur Definition abstrakter Maschine und zur Implementierung der Sprache auf konkreten Rechnern ist es deshalb wichtig, von vornherein festzulegen, welche Datentypen eine Variable tragen soll. Diese Festlegung des Types einer Variable dient der Klarheit des Programmes und hilft so, Fehler zu vermeiden. Sie trägt auch zur Ökonomie der Notation und der Übersichlichkeit von Ausdrücken bei.

Neben den Variablen benötigen wir natürlich Werte, für die ebenfalls eine Notation vereinbart werden muß. Werte mögen eine sehr aufwendige Beschreibung erfordern. Deshalb führt man auch abkürzende Bezeichnungen für Werte ein.

Dies führt dazu, daß zwei **Sorten** von Namen verwendet werden: Namen, deren Werte **variabel** sind, und solche, deren Werte **konstant** sind. An sich

[3] Eine Speicherzelle besteht heute meist aus einem "Byte".

würde man mit Variablen allein auskommen, denn um einen Wert abkürzend zu bezeichnen, weise man ihn einer Variablen mit kurzem Namen zu. Die Deklaration eines Namens als Konstante bietet einen Schutz vor Verwechslungen, die zur Überschreibung der Konstanten mit anderen Werten führt; das System wird einer einmal definierten Konstante keinen neuen Wert zuweisen.

Als Namen verwenden wir Wörter aus Buchstaben und Ziffern, deren erstes Zeichen eine Buchstabe ist. Also wir setzen

$$Namen \;=\; AChar \cdot \left(AChar \cup DChar\right)^*$$

Dabei sind die verwendeten Klammern nicht Teil der Namen. Die Klammern sind hier "*Meta*-Zeichen", das heißt, sie gehören zu dem Alphabet, in dem wir unsere Definition niederschreiben.

Wir setzen

$$\begin{aligned} Variablen &:= \mathbf{var} \sqcup Namen \\ Konstanten &:= \mathbf{const} \sqcup Namen \;. \end{aligned}$$

Hierin sind **var** und **const** neue Alphabetelemente.

Wir nennen $xa1$ den Namen und **var** die Sorte des Wortes $\mathbf{var} \sqcup xa1$. Entsprechend heißt Pi der Name und **const** die Sorte des Wortes $\mathbf{const} \sqcup Pi$.

Wir schleppen die Sortenbezeichnung nicht immer mit. Ist eine Variable oder eine Konstante in einem Programm einmal eingeführt, dann verwendet man nur noch den Namen. Dies hat zur Folge, daß wir für Variablen und Konstanten verlangen, daß im Gültigkeitsbereich ihrer Vereinbarung kein Name doppelt verwendet wird, z.B. als Name einer Konstanten und als Name einer Variablen. Dies erlaubt es uns, in jedem Gültigkeitsbereich[4] einer Vereinbarung z.B.

$$sorte(Pi) = \mathbf{const} \qquad \text{und} \qquad sorte(xa1) = \mathbf{var}$$

zu schreiben. Wir setzen entsprechend

$$Sorte \;=\; \mathbf{var} \,|\, \mathbf{const}$$

Will man mehrere Namen der gleichen Sorte einführen, dann schreibt man anstelle von

$$\mathbf{var} \sqcup \text{Variable } 1;\; \mathbf{var} \sqcup \text{Variable } 2;\; \ldots;\; \mathbf{var} \sqcup \text{Variable } k$$

kürzer

$$\mathbf{var} \sqcup \text{Variable } 1, \sqcup\text{Variable } 2, \sqcup \ldots, \sqcup\text{Variable } k$$

[4] "Gültigkeitsbereich" wird später definiert werden.

Entsprechend verwendet man **const**:

$$\textbf{const} \sqcup \text{Konstante } 1, \sqcup\text{Konstante } 2, \sqcup \ldots, \sqcup\text{Konstante } n$$

Der Deutlichkeit halber haben wir für Zwischenraum das Zeichen $\sqcup \in Char$ geschrieben. Die Anzahl der Zwischenräume soll hier wie im Datentyp *Sentence* keine Rolle spielen. Die niedergeschriebenen Ausdrücke sind also als Elemente von *Sentence* anzusehen.

Wir kommen nun zum Typ einer Variablen. Wir haben bisher die Datentypen *Integer, Real, Char, String, List, Sentence, Text, Boolean* und *Set* eingeführt. Zu diesen Mengen gehören jeweils gewisse Operationen. Wir sagen nun, daß eine Variable oder eine Konstante den Typ **t** hat, falls sie Elemente aus **t** annehmen soll. Wir verwenden zur Bezeichnung des Types von Variablen und Konstanten die Elemente der Menge

$$Typ \;=\; \textbf{integer} \,|\, \textbf{real} \,|\, \textbf{char} \,|\, \textbf{string} \,|\, \textbf{list} \,|\, \textbf{sentence} \,|\, \textbf{boolean} \,|\, \textbf{set} \;.$$

Wenn wir der Variablen xal den Typ **real** zuweisen wollen, dann schreiben wir xal:$\sqcup$**real**. Ist also **t** irgendeiner der oben aufgeführten Typen, dann schreiben wir

$$\textbf{var} \sqcup x : \sqcup \textbf{t},$$

falls wir der Variablen **var** $\sqcup\, x$ den Typ **t** zuweisen wollen.

Wir machen Gebrauch von der gleichen Verabredung wie im Falle der Sorten: Wir erlauben, den Typ mehrerer Variablen zugleich zu vereinbaren. Wir schreiben also unsere Vereinbarungen wie folgt

$$\textbf{var} \sqcup \text{Name}_1, \sqcup\text{Name}_2, \sqcup \ldots, \sqcup\text{Name}_n : \sqcup\textbf{t}$$

Hierin darf für **t** irgendein Element der Menge *Typ* ausgewählt werden. Name_i ist ein Element aus *Namen* für $i = 1, \ldots, n$, wobei $n \in \mathbf{N}$ ist.

Wieder verlangen wir, daß im Gültigkeitsbereich einer Vereinbarung von Typen keine Variable mit verschiedenen Typen vereinbart werden darf. Hat die Variable v den Typ **typ**, dann schreiben wir

$$typ(v) \;=\; \textbf{typ}$$

Das Paar $\big(sorte(\text{Namen}),\ typ(\text{Namen})\big)$ bezeichnen wir als $art(\text{Namen})$.

Allgemein notieren wir Vereinbarungen für einen Gültigkeitsbereich, indem wir die verschiedenen Vereinbarungen durch ";" getrennt hinter- oder untereinander schreiben. Eine allgemeine Variablenvereinbarung sieht also z.B. wie folgt aus:

$$\textbf{var} \sqcup \ \text{Name}_1, \sqcup\ \text{Name}_2, \sqcup \ldots, \sqcup\ \text{Namen}_n : \sqcup\textbf{typ1};$$

$$\textbf{var} \sqcup \text{Nam}_1, \sqcup \ldots, \sqcup\text{Nam}_j : \sqcup\textbf{typ2};$$

$$\textbf{var} \sqcup \text{Na}_1, \sqcup\text{Na}_2, \sqcup\text{Na}_i : \textbf{typ3};$$

Hierin sind $n, i, j \in \mathbf{N}$ und **typ1, typ2, typ3** $\in$ *Typ*.

Eine solche Folge von Variablenvereinbarungen bezeichnen wir als **Variablendeklaration**.

Der Typ der Konstanten wird indirekt durch die Zuweisung von Werten vereinbart. So wird die Konstante *Pi* durch die Setzung

$$\textbf{const}\ Pi = \mathbf{3.1415};$$

indirekt als **real** vereinbart. Man muß also dafür sorgen, daß aus der *Notation* der Elemente der Datentyp ersichtlich ist.

Wir setzen hier folgende *Standardbezeichnungen* fest:

$$\begin{array}{lll}
Integer & \longmapsto & (DChar - \{0\}) \cdot DChar^* \cup \{0\}, \\
Real & \longmapsto & \{+,-,\varepsilon\} \cdot Integer.Dchar^* \cdot \{E\{+,-,\varepsilon\} \cdot Integer \cup \{\varepsilon\}\} \\
String & \longmapsto & 'Alph^*' \\
List & \longmapsto & "\tilde{\mathcal{L}}" \\
Boolean & \longmapsto & \textbf{true} \mid \textbf{false} \\
Sentence & \longmapsto & [Alph^*]
\end{array}$$

Hierin sind die Klammern $\{,\}$ und Kommata als Metazeichnen anzusehen und für *Integer* ist in der *Real*-Zeile die für *Integer* vereinbarte Schreibweise zu verwenden.

Die Festlegung des Wertes von Konstanten erfolgt nun durch die Setzung

$$\text{Konstante} = \text{Wert}$$

worin Konstante $\in$ *Konstanten* und "Wert" Element eines der Datentypen in der vereinbarten Notation ist.

Damit geben wir **Konstantendeklarationen** die Form

$$\textbf{const} \sqcup \text{Name}_1 = \text{Wert}_1; \sqcup \text{Name}_2 = \text{Wert}_2; \sqcup \ldots; \text{Name}_n = \text{Wert}_n$$

Definition 4.7 *Eine* **Deklaration** *von* **Variablen** *und* **Konstanten** *ist eine Folge von Variablen- und Konstantendeklarationen, die durch ";" getrennt sind. In dieser Folge wird jeder verwendete Name genau einmal hinsichtlich* Sorte *und* Typ *deklariert. Die Deklarationen ist vom Typ Sentence über Alph* $\cup$ *MChar, worin MChar die mathematischen Symbole bezeichnet, die zu SChar geschlagen werden.* ■

Bemerkung: Der letzte Satz der Definition besagt also, daß anstelle von $\sqcup$ auch $\sqcup\sqcup$ geschrieben werden darf.

4.2.1.1 Einfache Zuweisungen und einfache Prädikate

Ist x eine Variable vom Typ **real**, dann trägt x einen Wert aus *Real*. Diesen Wert bezeichnen wir mit $\xi(x)$. Wir definieren

$$\begin{aligned}\Sigma(\textbf{integer}) &= \textit{Integer},\\ \Sigma(\textbf{real}) &= \textit{Real},\\ \vdots\quad &\ \vdots\quad \vdots\\ \Sigma(\textbf{boolean}) &= \textit{Boolean}.\end{aligned}$$

Σ weist also dem **typ** $\in Typ$ den bezeichneten Datenbereich zu. Um die Anzahl der Bezeichnungen nicht zu sehr zu vergrößern, verwenden wir Σ auch, um die "Variablenbelegungen" zu bezeichnen.

Ist u eine Variable vom Typ **typ**, dann definieren wir

$$\Sigma(u) = \{\xi : \{u\} \to \Sigma(\textbf{typ})\}.$$

Ist V eine Menge von Variablennamen, deren Typ deklariert ist, dann setzen wir

$$\Sigma(V) = \left\{ \xi : V \to \bigcup_{\textbf{typ} \in Typ} \Sigma(\textbf{typ}) \;\middle|\; \xi(x) \in \Sigma(\textbf{typ}(x)) \text{ für } x \in V \right\}$$

Ist c eine Konstante, dann ist $\xi(c)$ der Wert, der in der Konstantendeklaration c zugewiesen wurde.

Ist V die Menge der deklarierten Variablen und Konstanten, dann ist $\Sigma(V)$ die Menge der durch die Deklaration erlaubten Belegungen ξ der Variablen und Konstanten. Wir bezeichnen $\Sigma(V)$ auch als die für die Variablen und Konstanten deklarierte **Zustandsmenge**.

Eine **einfache Wertzuweisung** ist ein Ausdruck der Art

$$x := \tau(y_1, \ldots, y_k),$$

worin x eine Variable ist und $y_1, \ldots, y_k$ Variablen, Konstanten oder Standardnotation von Werten. τ ist eine der Operationen unserer Datentypen.

Die Wertzuweisung heißt **syntaktisch korrekt**, falls die Operation τ für die Typen der eingesetzten Variablen, Konstanten und Werte definiert ist, und falls der Resultattyp der Operation in $typ(x)$ liegt.

Die Anweisung kann syntaktisch korrekt, aber dennoch nicht ausführbar sein, da τ partiell sein kann und die momentane Belegung ξ von $y_1, \ldots, y_k$ nicht im Definitionsbereich von τ liegt. Ein Beispiel hierfür ist

$$x := y/z.$$

Diese Wertzuweisung ist syntaktisch korrekt für $typ(x) = typ(y) = typ(z) = \textbf{real}$, aber nicht definiert für $\xi(z) = 0$.

Ist die obige Wertzuweisung aus dem Gültigkeitsbereich einer Vereinbarung über der Menge V von Namen, dann ordnen wir dieser Zuweisung wie folgt eine partielle Abbildung $\Delta : \Sigma(V) \rightsquigarrow \Sigma(V)$ zu:

Sei der Kürze halber die Zuweisung $x := \tau(y_1, \ldots, y_k)$ durch f bezeichnet. Wir definieren dann

$$\Delta(f) : \Sigma(V) \to \Sigma(V),$$

indem wir setzen:

$$\Delta(f)(\xi) \;:=\; \xi'$$

gilt genau dann, wenn

$$\xi'(v) = \begin{cases} \xi(v) & \text{für } v \neq x, \\ \tau(\xi(y_1), \ldots, \xi(y_k)) & \text{für } v = x \end{cases}$$

gilt. Ist τ für ξ nicht definiert, dann ist $\Delta(f)$ für ξ nicht definiert. Die Zuweisung f ändert also die Belegung der Variablen x, läßt aber die Belegung der anderen Variablen unverändert.

Die Operation τ muß nicht in der obigen Form notiert sein, sondern sie wird in der Form notiert werden, in der wir sie für unsere Datentypen eingeführt haben.

Wir betrachten noch spezielle Zuweisungen der Form

$$\text{Variable1} \;:=\; \text{Variable2};$$

bzw.

$$\text{Variable1} \;:=\; \text{Konstante};$$

Die Anweisungen sind syntaktisch korrekt, falls

$$typ(\text{Variable1}) \;=\; typ(\text{Variable2})$$

bzw.

$$typ(\text{Konstante}) \;=\; typ(\text{Variable1})$$

gilt. Die Wirkung dieser Zuweisungen besteht darin, daß ξ für das Argument Variable1 geändert, sonst aber unverändert übernommen wird. Bezeichnet f diese Anweisung, dann definieren wir also

$$\Delta(f)(\xi) \;=\; \begin{cases} \xi(v) & \text{für } v \neq \text{Variable1} \\ \xi(\text{Variable2}) \text{ bzw.} & \\ \xi(\text{Konstante}) & \text{für } v = \text{Variable1}. \end{cases}$$

Aufgrund unserer Einbettung

$$\textit{String} \subset \textit{List}$$

lassen wir auch

$$typ(\text{Variable1}) = \textbf{list}, \qquad typ(\text{Variable2}) = \textbf{string}$$

bzw.

$$typ(\text{Variable1}) = \textbf{list}, \qquad typ(\text{Konstante}) = \textbf{string}$$

zu. Analog verfahren wir mit *Integer* und *Real*.

Ein **einfaches Prädikat** ist ein Ausdruck der Form

$$\text{Name1}\,\rho\,\text{Name2} \qquad \text{mit } \rho \in \{ =, <, \leq, \in, \cdots \}.$$

ρ kann also jede der in unseren Datentypen eingeführten Relationen annehmen. Der Ausdruck ist syntaktisch korrekt, wenn die zu den Relationen und Namen gehörigen Typen verträglich sind.

Ist ρ ein solches Prädikat, dann definieren wir

$$\delta(\rho)(\xi) = \begin{cases} \textbf{true} & \text{falls } \xi(\text{Name1})\,\rho\,\xi(\text{Name2}) \text{ gilt,} \\ \textbf{false} & \text{sonst.} \end{cases}$$

Da

$$\mathit{Alph} \cap \{ = \mid : \mid < \mid \leq \mid \in \mid \ldots \} = \emptyset$$

gilt, gibt es bei der Interpretation der Anweisungen und der Prädikate keine Mißverständnisse; die Zerlegung dieser Worte in "linke Seite", ":=" bzw. "ρ" und "rechte Seite" ist eindeutig.

Wie angekündigt kommen wir hier auf den Datentyp *List* zurück. Wir hatten kritisch angemerkt, daß man bei einer Listenstrukturierung eventuell schwer behält, was die einzelnen Selektoren auswählen. Wir erläutern dies am Beispiel einer Postadresse:

Herrn
Frodo Beutlin
Beutelsend 1
Hobbingen - Auenland

Die Darstellung der Adresse in einer Liste könnte z.B. lauten

((Herrn)((Frodo)(Beutlin))((Beutelsend)(1)) ((Hobbingen)(Auenland))).

Ist "Adresse" der Name dieser Angaben, dann wäre z.B.

Adresse[1]	=	Herrn
Adresse[2,1]	=	Frodo
Adresse[3,2]	=	1

Führen wir nun aber folgende **const**-Vereinbarungen ein

const Anrede=1, Name=2, Straße=3, Wohnort=4, Land=5, Vorname=1, Nachname=2, Strassenname=1, Hausnummer=2

dann können wir die obigen Angaben auch durch die folgenden Ausdrücke erhalten:

Adresse[Anrede]	=	Herrn
Adresse[Name, Vorname]	=	Frodo
Adresse[Straße, Hausnummer]	=	1.

In diesem Beispiel wird deutlich, wie vorteilhaft die Namensgebung für Zahlen ist. Vielleicht sollte man hier aber anstelle von Konstanten Variablen nehmen, um nach einem Umzug von Herrn Beutlin, z.B. nach Krickloch, die Adresse ändern zu können.

4.2.2 Ausdrücke

Wir haben in 2.3.8 im Rahmen eines Beispieles vollständig geklammerte, arithmetische Ausdrücke mit einem Klammertyp (,) betrachtet. Wir greifen dieses Thema in verallgemeinerter Form wieder auf. Zunächst betrachten wir arithmetische Ausdrücke.

4.2.2.1 Arithmetische Ausdrücke

Es sei $V_n = \{x_1, \ldots, x_n\}$ ein Alphabet, $V_n \cap \Big\{(,),[,],+,-,\times,/\Big\} = \emptyset$, $OP = \{+,-,\times,/\}$ and $A = V_n \cup \Big\{(,),[,],+,-,\times,/\Big\}$. Wir bezeichnen die Menge der vollständig geklammerten, arithmetischen Ausdrücke mit $Arith_0$ und definieren

Definition 4.8 *$Arith_0$ ist die kleinste Menge, die 1.) bis 4.) erfüllt.*

1.) $V_n \subset Arith_0 \subset A^*$,

2.) $u, v \in Arith_0 \implies (u+v),\ [u+v],\ (u-v),\ [u-v] \in Arith_0$,

3.) $u, v \in Arith_0 \implies (u \times v),\ [u \times v],\ (u/v),\ [u/v] \in Arith_0$,

4.) $u \in Arith_0 \implies (-u),\ [-u],\ (/v),\ [/v] \in Arith_0$ ■

Offensichtlich gilt mit den Bezeichnungen

$$X = \Big\{(,[\Big\},\quad \overline{X} = \Big\{),]\Big\} \quad \text{und} \quad \tau = \Big\{(),[]\Big\}$$

das folgende Lemma:

Lemma 4.11 $Arith_0 \subset D(X, \overline{X}, \tau, A)$ ■

Wir betrachten die Menge V_n als rationale Variablen und bezeichnen durch

$$\xi : V_n \to \mathbf{Q}$$

ihre momentanen Werte. An die Stelle von $\mathbf{Q}$ kann auch jede andere Algebra treten, für die die Operationen OP in der von uns gebrauchten Form definierbar sind. Wir setzen $\Sigma(V_n) = \{\xi : V_n \to \mathbf{Q}\}$ und interpretieren $Arith_0$, indem wir durch die Forderungen 1.), 2.), 3.) auf Seite 413 jedem $u \in Arith_0$ eine eventuell partielle Abbildung $\psi(u) : \Sigma(V_n) \to \mathbf{Q}$ wie folgt zuordnen:

1.) $\psi(u) = \xi(u)$ für $u \in V_n$,

2.) $\psi(u * v) = \psi(u) * \psi(v)$ für $* \in OP$

3.) $\psi(-u) = -\psi(u)$ und $\psi(/u) = 1/\psi(u)$.

Die Abbildungen sind für alle ξ definiert, für die die Operationen ausführbar sind.

Lemma 4.12 *ψ ist wohldefiniert.*

Beweis: Wir verwenden die uns schon bekannte Funktion Tiefe(u, i) für $u \in Arith_0$ und $i \in \mathbf{Z}$ und setzen Tiefe$(u) = \max_{i \in \mathbf{Z}}$ Tiefe(u, i).

Es gilt

$$\text{Tiefe}(u) = 0 \iff u \in V_n.$$

Also für Tiefe$(u) = 0$ ist unser Lemma richtig. Sei nun Tiefe$(u) = N > 0$. Dann ist $u_1 \in \{(,[\}$ und $u_m \in \{),]\}$, wenn $m = |u|$ ist. Damit gibt es eine eindeutig bestimmte Zerlegung

$$u = (\widetilde{u}) \qquad \text{bzw.} \qquad u = [\widetilde{u}] \ .$$

Wir haben

$$\text{Tiefe}\left(\widetilde{u}\right) = n - 1$$

und

$$\widetilde{u} = v_i * v_2 \qquad \text{oder} \qquad \widetilde{u} = *v_1,$$

wobei $v_i, v_2 \in Arith_0$, $* \in OP$ ist. Diese Zerlegungen von $\widetilde{u}$ sind eindeutig bestimmt, da die ersten und letzten Zeichen V_i ein korrespondierendes Klammerpaar bilden. Insbesondere folgt hieraus, daß die "Stelligkeit" von $*$ eindeutig bestimmt ist, nämlich ob $*$ als binäres oder unäres Operationszeichen gebraucht wird. Aus der Eindeutigkeit dieser Zerlegung folgt nun induktiv die Wohldefiniertheit von ψ. ■

Wir wollen nun zu den unvollständig geklammerten, arithmetischen Ausdrücken *Arith* übergehen. Zur Definition von *Arith* gehen wir von der Vorstellung aus, daß man *Arith* aus $Arith_0$ durch Weglassen der Klammern [,] erhält. Wir betrachten also zunächst nur arithmetische Ausdrücke mit einem Klammertyp.

Es sei also

$$h : A^* \to A^*$$

der Monoidhomomorphismus mit

$$h(y) = y \qquad \text{für } y \in A \qquad \text{und} \qquad y \notin \{[,]\}$$

und

$$h([) = h(]) = \varepsilon \ .$$

Definition 4.9 *Die Menge der* **arithmetischen Ausdrücke** *mit dem Klammertyp* $(,)$ *und* n *Variablen ist*

$$Arith := h(Arith_0) \ . \qquad \blacksquare$$

Es ist naheliegend zu versuchen, die Interpretation von *Arith* auf die von $Arith_0$ zurückzuführen. Dabei stößt man zunächst auf die Schwierigkeit, daß $w \in Arith$ i.a. mehrere Urbilder unter h hat. Wir betrachten hierzu ein Beispiel.

Beispiel 4.7 Wir wählen als Wort w:

$$w = -a + b \times c \qquad \text{mit } a, b, c \in V_n \ .$$

Man findet

$$\begin{aligned} h^{-1}(w) \;=\; \Big\{ & [[-a] + [b \times c]],\ [[[a] + b] \times c], \\ & [[-[a+b]] \times c],\ [-[[a+b] \times c]], \\ & [-[a + [b \times c]]] \Big\} \end{aligned} \qquad \blacksquare$$

I.a. haben die verschiedenen Urbilder von w auch verschiedene Interpretationen unter ψ, so daß wir uns für eines der Urbilder als Standardinterpretation entscheiden müssen. Hierbei bedienen wir uns der folgenden Idee:

> Formeln sollten sich flüssig von links nach rechts lesen lassen.

Hieraus leiten wir die Forderung ab:

> Klammern sollten nicht zu weit reichen und sich nicht zu tief schachteln.

In unserem Beispiel erfüllt das zuerst in $h^{-1}(w)$ aufgeführte Urbild diese Forderung am besten. Wir verlangen aufgrund unserer Forderung:

1.) *Unäre Operationen* beziehen sich stets auf die unmittelbar folgende "unteilbare" Einheit; d.h. auf Variablen oder geklammerte Ausdrücke.

2.) *binäre Operationen*

   (a) Falls zwei Operationen der gleichen Art konkurrieren, d.h. "+" und "-", bzw. "×" und "/", oder "+" und "+", dann wird die linksstehende zuerst ausgeführt.

   (b) Konkurrieren Operationen verschiedenen Typs miteinander, dann werden die Operationen aus $\{\times, /\}$ vorgezogen. Dies folgt dem Motto: "Punktrechnung geht vor Strichrechnung". Gesetzte Klammern haben absolute Priorität.

Wir zeigen, daß hierduch ein Urbild von w eindeutig ausgezeichnet und damit eine Interpretation von w eindeutig festgelegt wird.

Lemma 4.13 *Die Stelligkeit der in $w \in Arith$ vorkommenden Operationszeichen ist eindeutig bestimmt.*

Beweis: Binäre Operationen stehen in $u \in Arith_0$ stets unmittelbar hinter einer Variablen oder einer schließenden Klammer, wie man durch Induktion leicht beweist. Ebenso zeigt man, daß unäre Operationen stets unmittelbar hinter einer öffnenden Klammer stehen. Vor einer schließenden Klammer steht stets eine Klammer oder eine Variable. Vor einer öffnenden Klammer, die nicht am Anfang steht, steht stets ein Operationszeichen oder eine öffnende Klammer.

Nun löscht h genau die Klammern [,] und läßt alle anderen Zeichen unverändert. Also stehen unäre Operationszeichen in $h(w)$ entweder am Anfang oder unmittelbar hinter einem Operationszeichen oder unmittelbar hinter der Klammer "(". Binäre Operationszeichen stehen in $h(w)$ stets unmittelbar hinter einer Variablen oder hinter einer schließenden Klammer. Daraus folgt, daß die Stelligkeit der Operationszeichen in $h(w)$ eindeutig erkennbar ist. ∎

Wir fassen die Charakterisierung der Stelligkeiten der Operationszeichen nochmals zusammen.

- *unäre* Operationszeichen stehen in *Arith* niemals hinter einer Variablen oder einer schließenden Klammer.

- *binäre* Operationszeichen stehen in *Arith* niemals hinter einem Operationszeichen oder einer sich öffnenden Klammer.

Oder positiv formuliert:

- *unäre* Operationszeichen sind die zu Beginn oder hinter einem Operationszeichen in Wörtern $w \in Arith$.

- *binäre* Operationszeichen in $w \in$ ***Arith*** sind die unmittelbar hinter einer Variablen oder einer schließenden Klammer stehenden Zeichen.

Lemma 4.14 *Die zu den einstelligen Operationszeichen gehörigen Klammernsetzungen in $h^{-1}(w)$ werden durch die Forderung 1.) von Seite 2 für $w \in$ Arith eindeutig bestimmt.*

Beweis: Wie wir gesehen haben, sind die einstelligen Operationszeichen eindeutig erkennbar. Ist $w \in$ ***Arith*** und besitzt w unäre Operationszeichen, die noch nicht "geklammert" sind, dann steht eines am Anfang von w oder hinter einem anderen Operationszeichen.

Wir wählen unter diesen Zeichen eines aus, auf das eine Variable oder eine sich öffnende Klammer folgt. Nun schließen wir dieses Operationszeichen zusammen mit der folgenden Variablen bzw. dem Ausdruck der in dem folgenden korrespondierenden Klammerpaar steht in eckige Klammern ein.

$$*a \rightarrow [*a] \qquad \text{bzw.} \qquad *(\,) \rightarrow [*(\,)]\;.$$

Wir erhalten so wieder einen korrekten Ausdruck aus $D(X,\overline{X},\tau,A)$ und können also weiter von korrespondierenden Klammerpaaren sprechen. Setzen wir dieses Verfahren fort, dann haben jetzt allerdings auch den Fall

$$*[\,] \rightarrow [*[\,]]$$

mitzubetrachten.

Der Verfahren bricht stets ab und zwar dann, wenn allen unären Operationszeichen eine Klammer unmittelbar vorausgeht. Damit ist das Lemma bewiesen.

■

Bemerkung: Wir haben darüber hinaus auch ein Verfahren beschrieben, die zu unären Operationen fehlenden Klammern zu setzen. Der so erhaltene Ausdruck sei mit $\tilde{w}$ bezeichnet. Ersetzt der Homomorphismus $\tilde{h}$ die eckigen Klammern durch die entsprechenden runden Klammern und läßt er alle anderen Zeichen unverändert, dann ist $\tilde{h}(\tilde{w}) \in$ ***Arith***.

Lemma 4.15 *Ist $w \in$ Arith und enthält w keine ungeklammerten unären Operationen, dann wird durch die Forderungen 2a) und 2b) von Seite 415 eine eindeutige Klammerung der Operationen festgelegt.*

Beweis: Wir suchen in w von links beginnend das erste Operationszeichen $*_1$. Dies steht unmittelbar hinter einer Variablen oder einer schließenden Klammer, und es steht unmittelbar vor einer Variablen oder einer öffnenden Klammer. Wir erhalten also eine Zerlegung

$$w = u_1 u_2 *_1 u_3 *_2 u_4,$$

worin u_2 entweder die $*_1$ vorausgehende Variable oder der $*_1$ vorausgehende vollständig geklammerte Teilausdruck ist. Ebenso ist u_3 entweder die unmittelbar auf $*_1$ folgende Variable oder der $*_1$ folgende kürzeste durch Klammern eingeschlossene Teilausdruck von w. Ist $*_2$ in der gleichen Klasse wie $*_1$ oder ist $*_1$ von höherer Priorität, dann bilden wir $u_1 [u_2 *_1 u_3] *_2 u_4$. Ist $*_2$ von echt höherer Priorität als $*_1$, dann verfahren wir nun mit $*_2$ wie vorher mit $*_1$. Da $*_2$ aber von höchster Priorität ist, können wir nun klammern. Indem wir dieses Verfahren fortsetzen, erhalten wir schließlich einen Ausdruck $\overline{w} \in Arith_0$ mit $h(\overline{w}) = w$. Die Eindeutigkeit des Verfahren beruht auf der Eindeutigkeit der korrespondierenden Klammerpaare und der Kürzungsregel in freien Monoiden. ∎

Indem wir nun die Konstruktionen aus den beiden vorigen Lemmata hintereinander durchführen, erhalten wir zu $w \in Arith$ stets ein $u \in Arith_0$ mit $h(u) = w$. Man muß dabei bemerken, daß wir die Konstruktion im letzten Lemma nicht auf der Basis des durch die Konstruktion im unären Fall erzeugten Zwischenresultates ausgeführt haben, sondern mit $w \in Arith$ gestartet sind. Natürlich läuft das Verfahren mit dem aus dem unären Teil gewonnenen Zwischenergebnis $\widetilde{w}$ ebenso. Man erhält damit den folgenden Satz.

Satz 4.16 *Zu jedem $w \in Arith$ gibt es ein aufgrund der Forderungen 1.) und 2.) von Seite 414 eindeutig bestimmtes $u \in Arith_0$ mit $h(u) = w$.* ∎

Wir bezeichnen das in dem Satz als zu w gehörig bezeichnete u durch

$$u = standard(w)$$

und definieren die Interpretation ψ für w, indem wir

$$\psi(w) = \psi(standard(w))$$

setzen.

Man kann die beiden für unäre und binäre Operationen getrennt beschriebenen Verfahren mischen, indem man den unären Operationen die höchste Priorität gibt. Hierauf werden wir in 4.2.5 zurückkommen.

4.2.2.2 Arithmetische Prädikate

Ist $u \in Arith$, dann sind

$$u = 0, \quad u > 0, \quad u < 0, \quad u \geq 0, \quad u \leq 0$$

Beispiele von arithmetischen Prädikaten. Dies sind auch die beim Programmieren am häufigsten vorkommenden Prädikate. Etwas allgemeiner sind die Prädikate der Form

$$u = v, \quad u > v, \quad u \geq v,$$

worin $u, v \in \mathit{Arith}$ ist. Offentsichtlich kann man diese Prädikate auf die erstere Form zurückführen, indem man etwa

$$u - v = 0, \quad u - v > 0, \quad u - v \geq 0$$

schreibt. Wir fassen diese Prädikate unter der Bezeichnung **arithmetische Gleichungen** bzw. **Ungleichungen** und beide unter der Bezeichnung **atomare arithmetische Prädikate** zusammen.

Ist $\xi: V_n \to \mathbf{Q}$ eine Belegung der Variablen mit Zahlen aus $\mathbf{Q}$, dann können wir fragen, ob diese atomare Prädikate durch ξ erfüllt werden. Wird ein solches Prädikat erfüllt, dann erhält es den Wert **true**, wird es nicht erfüllt, den Wert **false**. Ist der Ausdruck für ξ nicht definiert, z.B. wenn durch 0 dividiert werden müßte, dann ist der Wert **undefined**.

Wir ordnen also jeder dieser Ungleichungen und Gleichungen $w = u \rho v$ mit $u, v \in \mathit{Arith}$ und $\rho \in \{>, <, \geq, \leq, =\}$ eine partielle Abbildung

$$\psi(w) : \Sigma(V_n) \leadsto \{\textbf{true}, \textbf{false}\}$$

zu, die nur für solche ξ definiert ist, für die die Ausdrücke u, v ausgewertet werden können. Wir haben also

$$\psi(u \rho v)(\xi) = \begin{cases} \textbf{true} & \text{falls } u \rho v \text{ für } \xi \text{ erfüllt ist} \\ \textbf{false} & \text{sonst.} \end{cases}$$

Nun bauen wir aus den atomaren Prädikaten durch die Verwendung der booleschen Operationen $\vee, \wedge, \neg$ weitere Prädikate auf.

Definition 4.10 *Die Menge ElArithPräd ist die kleinste Menge, die folgende Bedingungen 1.) und 2.) erfüllt.*

1.) ElArithPräd enthält die atomaren arithmetischen Prädikate.

2.) Sind $u, v \in$ ElArithPräd, dann gilt

$$(u \vee v),\ (u \wedge v),\ (\neg u) \in \mathit{ElArithPräd} \qquad \blacksquare$$

Aufgrund der vollständigen Klammerung ist die Zerlegung der elementaren arithmetischen Prädikate in atomare Prädikate eindeutig. Daraus folgt auch, daß ψ durch die Vorschrift

$$\begin{aligned} \psi(u \vee v) &= \psi(u) \vee \psi(v), \\ \psi(u \wedge v) &= \psi(u) \wedge \psi(v) \\ \psi(\neg u) &= \overline{\psi(u)} \end{aligned}$$

und die Verknüpfungstafeln

$\vee$	**true**	**false**
true	**true**	**true**
false	**true**	**false**

$\wedge$	**true**	**false**
true	**true**	**false**
false	**false**	**false**

$\neg$	
true	**false**
false	**false**

eindeutig definiert wird.

Die Einschränkung "elementar" weist darauf hin, daß wir keine Quantoren zugelassen haben. Wir lassen zwar im Rahmen der hier betrachteten Sprachen aus Gründen der Effizienz keine allgemeinen arithmetischen Prädike zu, wollen sie aber zur Abrundung hier auch definieren.

Definition 4.11 *Die Menge der arithmetischen Prädikate ArithPräd ist die kleinste Menge aus Char*, die die folgenden Bedingungen erfüllt:*

1.) ElArithPräd $\subset$ ArithPräd,

2.) $u, v, \in$ ArithPräd $\Rightarrow$ $(u \vee v)$, $(u \wedge v)$, $(\neg u), \forall x(u)$, $\exists x(u) \in$ ArithPräd. Hierin ist $x \in V_n$. ■

Aus der vollständigen Klammerung folgt die eindeutige Zerlegbarkeit der arithmetischen Prädikate in atomare arithmetische Prädikate.

Wir erweitern die Definition von ψ auf *ArithPräd*. Hierzu definieren wir zunächst, was eine **freie** Variable von $u \in$ *ArithPräd* ist. Wir setzen für $u \in$ *ElArithPräd*

$$FV_u = \{x \in V_n \mid x \text{ kommt in } u \text{ vor}\} .$$

Wir setzen diese Definition auf *ArithPräd* fort, indem wir weiter definieren:

$$\begin{aligned} FV_{u \vee v} &= FV_{u \wedge v} = FV_u \cup FV_v, \\ FV_{\neg u} &= FV_u \\ FV_{\forall x(u)} &= FV_{\exists x(u)} = FV_u - \{x\} . \end{aligned}$$

Damit ist FV für ganz *ArithPräd* definiert. Nun setzen wir ψ fort, indem wir zusätzlich zu den für $\vee$, $\wedge$ und $\neg$ bereits bestehenden die beiden folgenden Forderungen hinzufügen:

$\psi(\forall x(u))$ und $\psi(\exists x(u))$ sind auf $\Sigma(FV_u - \{x\})$ partiell wie folgt definiert:

$$\psi(\forall x(u))(\xi) = \begin{cases} \textbf{true} & \text{für jede Fortsetzung } \xi' \text{ von } \xi \text{ auf } FV_u \\ & \text{definiert, und es gilt } \psi(u)(\xi') = \textbf{true} \\ \textbf{false} & \text{es gibt eine Fortsetzung } \xi' \text{ von } \xi \text{ auf } FV_u, \\ & \text{für die } \psi(u)(\xi') = \textbf{false} \text{ gilt.} \end{cases}$$

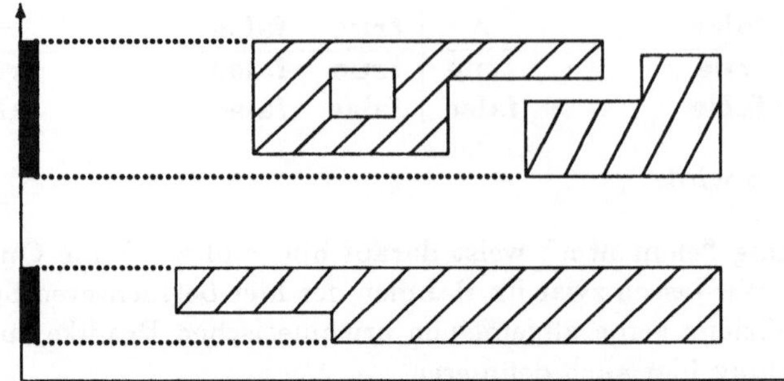

Abbildung 4.9: *Geometrische Veranschaulichung des Existenz-Quantors*

und

$$\psi(\exists x(u))(\xi) = \begin{cases} \textbf{true} & \text{es gibt eine Fortsetzung } \xi' \text{ von } \xi \text{ auf } FV_u \\ & \text{mit } \psi(u)(\xi') = \textbf{true} \\ \textbf{false} & \text{für jede Fortsetzung } \xi' \text{ von } \xi \text{ auf } FV_u \\ & \text{gilt } \psi(u)(\xi') = \textbf{false}. \end{cases}$$

Wir veranschaulichen beide Definitionen geometrisch durch die Abbildung 4.9.

Es sei $u \in \mathit{Arith}$. Der schraffierte Bereich in der (x, y)-Ebene stelle die Lösungsmenge der Ungleichung $u \geq 0$ dar. Die Projektion dieses Bereiches auf die y-Achse stellt dann die Lösungsmenge von $\psi(\exists x(u \geq 0)) = \textbf{true}$ dar. Hingegen stellt das Komplement von $\exists x(u(\geq 0))$ gerade die Menge

$$\Big\{\xi \in \Sigma(\{u\}) \mid \psi(\forall(u < 0))(\xi) = \textbf{true}\Big\}$$

dar.

Der $\exists$-Quantor ist also geometrisch leicht zu verstehen. Für den $\forall$-Quantor kann man dies für $\forall x(v)$ durch den Übergang zu $\big(\exists x(\neg v)\big)$ erreichen.

4.2.2.3 Allgemeinere Interpretationen

Wir haben die arithmetischen Ausdrücke und Prädikate über einem festen endlichen Alphabet $V = V_n$ eingeführt. Weiter haben wir eine spezielle Interpretation, nämlich $\xi : V \to \mathbf{Q}$ verwendet. Von beiden Voraussetzungen löst man sich leicht.

Anstelle eines Alphabetes V aus unzerlegbaren Alphabetelementen können wir $V \subset \mathit{Namen}$ beliebig wählen. Da in den Namen nur Buchstaben oder Ziffern vorkommen, bleibt die eindeutige Zerlegbarkeit der Elemente aus *Arith* und *ArithPräd* in Klammern, Operationszeichen und Namen gewährt. Dies gilt auch dann, wenn wir zusätzlich anstelle von Namen Standardzahlendarstellungen zulassen. Allerdings muß man bei der Verwendung von Quantoren die "Bindung der Quantoren" nur für Namen vorsehen.

Anstelle einer Interpretation in $\mathbf{Q}$, kann jede Interpretation in eine Algebra treten, für die die verwendeten Operationszeichen und Prädikatszeichen definiert sind. Insbesondere werden wir also die Interpretation in *Real* und *Integer* zulassen. Im letzteren Fall wird allerdings das Divisionszeichen häufig zu undefinierten Resultaten führen.

4.2.2.4 Allgemeine Ausdrücke

Die arithmetischen Ausdrücke und Prädikate beruhren auf den bekannten arithmetischen Operationen. Die Datenstrukturen, die beim Programmieren vorkommen, bestehen, wie wir bereits gesehen haben, nicht nur aus *Real* und *Integer*, sondern sie sind wesentlich vielfältiger. Die Verallgemeinerungen gegenüber diesen Strukturen bestehen nicht nur darin, daß sich die Trägermengen der Operationen ändern, daß also z.B. Operationen Abbildungen vom Typ

$$\mathit{String} \times \mathit{String} \rightarrow \mathit{String}$$

sind, sondern die Operationen sind auch heterogen, wie z.B. im Falle $w \in \mathit{String}$, wo $w(i)$ im Grunde eine Abbildung vom Typ

$$\mathit{String} \times \mathbf{N} \rightarrow \mathit{Char}$$

ist. Wenn wir ein allgemeines Konzept für Ausdrücke entwickeln wollen, müssen wir darauf Rücksicht nehmen.

Wir müssen weiter zulassen, daß das gleiche Operationszeichen für verschiedene Operationen verwendet wird, denn für das Rechnen ist nicht die Trägermenge entscheidend, sondern die Rechenregeln, die für die Operationszeichen zugelassen sind. So verwendet man für kommutative Operationen i.a. "+" und für nichtkommutative Operationen das Multiplikationszeichen.

Damit stellt sich aber auch die Notwendigkeit heraus, zu spezifizieren, wie die Operationszeichen in dem einen und dem anderen Falle zu verstehen sind. Wir haben hierüber schon in Abschnitt 4.2.1 einiges gesagt. Das dort vorgestellte Prinzip besagte, daß sich die Operationen aus der Deklaration der durch die Operationszeichen verbundenen Variablen ableiten. Wenn man Ausdrücke unabhängig von Variablendeklarationen vollständig definieren will, dann muß man diese Information auf andere Weise in die Ausdrücke hineintragen.

Dies kann z.B. durch die Verwendung geeigneter Klammern geschehen. Hat man also etwa eine r-näre ($r \in \mathbf{N}$) Operation ω, dann kann man sie mittels vollständiger Klammerung z.B. wie

$$\omega\left(_{\omega} x_1 \,|^{1}_{\omega} x_2 \,|^{2}_{\omega} x_3 \cdots |^{r}_{\omega} x_r\right)_{\omega}$$

schreiben. Hierin sind $x_1, \ldots, x_r$ Namen oder selbst auch Ausdrücke, deren Resultattyp an der jeweils entsprechenden Stelle des obigen Ausdruckes erlaubt ist. Auf diese Weise definiert man leicht für eine Menge $\Omega = \{\omega_1, \ldots, \omega_n\}$ die Menge der Ω-Ausdrücke. Bevor wir das tun, vereinbaren wir die folgenden Bezeichnungen.

Für $\omega \in \Omega$ gibt eine Funktion *rtyp* an, von welchem Typ die Resultate von ω sind, und *atyp* von welchem Typ die Argumente für ω sein müssen. Wir haben also zwei Abbildungen

$$\begin{aligned} rtyp &: \Omega \cup V \to Typ^* \\ atyp &: \Omega \cup V \to Typ^* \end{aligned}$$

Es gelte $rtyp|V = atyp|V = typ$.

Unter Verwendung dieser Bezeichnungen definieren wir nun die **Ω-Ausdrücke** $A\Omega(V)$ über einer mit Typen versehenen Namensmenge.

Definition 4.12 *$A\Omega(V)$ ist die kleinste Teilmenge von $Char^*$, die folgende Bedingungen erfüllt*

1.) $V \subset A\Omega(V)$,

2.) Ist $\omega \in \Omega$, $atyp(\omega) = t_1 t_2 \ldots t_r$ *und sind* $u_1, \ldots, u_r \in A\Omega(V)$, *dann ist*

$$\omega({}_\omega u_1 \,|^1_\omega \cdots |^r_\omega u_r)_\omega \in A\Omega(V)$$

falls $rtyp(u_i) = t_i$ *für* $i = 1, \ldots, r$ *ist.*

3.) $rtyp\Big(\omega(u_1|^1_\omega \cdots |^r_\omega u_r)\Big) = rtyp(\omega)$ ■

Die Bedingung 3.) setzt *rtyp* von Ω auf $A\Omega(V)$ fort. Die Indizes an den Klammern und Trennzeichen erlauben auch Fälle wie **if – then – else – fi** mitzuerfassen. Die Eindeutigkeit der Interpretation der Ausdrücke wäre auch gewährleistet, wenn nur ein einziger Klammertyp und Kommata als Trennzeichen verwendet würden. Diese aufwendige Schreibweise macht es möglich, alle bekannten Sonderfälle in der Notation von Operationen durch Homomorphismen aus $A\Omega(V)$ zu gewinnen.

In Analogie zu dem Übergang von $Arith_0$ zu *Arith* betrachten wir nun einen Homomorphismus h, der Klammern auf Klammern und Trennzeichen auf Trennzeichen und Operationen auf Operationen abbildet oder löscht und die Variablen unverändert läßt.

Beispiel 4.8 Als Beispiel betrachten wir $\omega = \mathbf{real+}$ und haben dann als Ausdruck

$$\mathbf{real+}\Big({}_{\mathbf{real+}}\, u_1 \,|^1_{\mathbf{real+}}\, u_2\Big)_{\mathbf{real+}}$$

und mit

$$h\left(|^1_{\mathbf{real+}}\right) = +, \quad h(\mathbf{real+}) = \varepsilon, \quad h\left((_{\mathbf{real+}}\right) = (, \quad h\left()_{\mathbf{real+}}\right) =)$$

als Bild unter h den Ausdruck

$$\Big(h(u_1) + h(u_2)\Big) \qquad \blacksquare$$

Wir definieren

$$A\Omega(V,h) \ := \ h(A\Omega(V)).$$

Es stellt sich nun die Frage, inwieweit h die eindeutige Zerlegbarkeit der Ausdrücke von $A\Omega(V)$ erhält. Von unserem Beispiel $Arith_0$ und $Arith$ wissen wir bereits, daß die eindeutige Zerlegbarkeit durch h zerstört werden kann.

Man kann zeigen, daß es keinen Algorithmus gibt, der als Eingabeparameter Ω und die Definitionen von *rtyp*, *atyp* und h aufnimmt und in jedem Falle entscheidet, ob $A\Omega(V,h)$ eindeutig ist. Dies folgt aus folgenden Sachverhalten:

1.) Es lassen sich zu jeder kontextfreien Sprache L die Parameter Ω, V, *atyp*, *rtyp* und h so wählen, daß $L = A\Omega(V,h)$ ist.

    Dies ist im wesentlichen die Aussage des Satzes von Chomsky-Schützenberger.

2.) Die Eindeutigkeit kontextfreier Sprachen ist nicht entscheidbar.

Nun war ja *Arith* auch nur nach der Einführung von Prioritätsregeln eindeutig interpretierbar. Wir wollen diesen Ansatz auch für den allgemeinen Fall besprechen.

Sei also $\prec$ eine Prioritätsordnung auf Ω. Das soll folgendes heißen: Zwischen je zwei Elementen $\omega_1, \omega_2 \in \Omega$ bestehe die Beziehung

$$\omega_1 \prec \omega_2 \qquad \text{oder} \qquad \omega_2 \prec \omega_1 \ .$$

Weiter sei diese Ordnung transitiv, d.h. es gelte

$$\omega_1 \prec \omega_2 \text{ und } \omega_2 \prec \omega_3 \quad \Longrightarrow \quad \omega_1 \prec \omega_3 \ .$$

Wir sagen, daß ω_1 und ω_2 von gleicher Priorität sind, wenn

$$\omega_1 \prec \omega_2 \qquad \text{und} \qquad \omega_2 \prec \omega_1$$

gilt.

Wir wollen nun versuchen, die Ausdrücke $\omega \in A\Omega(V,h)$ bei Vorgabe einer Prioritätsordnung sequentiell von links nach rechts zu interpretieren, indem wir stets eine möglichst früh abgeschlossene Klammerung bevorzugen.

Wir lesen also u von links beginnend und prüfen stets, ob ein Teilwort von u, das nur Namen oder bereits vollständig geklammerte Ausdrücke enthält, als Bild eines Ausdrucks von $A\Omega(V)$ aufgefaßt werden kann. Falls dies der Fall ist, ersetzen wir u durch ein solches Urbild, falls kein Konflikt mit einer nachfolgenden Operation höherer Priorität auftritt. Dieses Verfahren versuchen wir nun so lange wie möglich fortzusetzen. Dabei kann aber die Situation auftreten, daß wir in eine Sackgasse geraten, indem z.B. Typenkonflikte auftreten. In diesem Fall machen wir den letzten Schritt rückgängig und versuchen es mit einem anderen Urbild des entsprechenden Teilwortes usw.

Wir sehen aus dieser Skizze, daß die Interpretation von Ausdrücken aus $A\Omega(V,h)$ auch bei vorhandenen Prioritätsregeln sehr schwierig sein kann, so daß h mit großer Sorgfalt gewählt werden muß, wenn Ausdrücke von links nach rechts fortlaufend lesbar sein sollen. Sonderfälle, die dies schon bei geringer Vorausschau erlauben, bilden die durch deterministische sequentielle Kellerautomaten analysierbaren Ausdrücke. Die Untersuchung der hier angedeuteten Fragen ist Gegenstand der Theorie der Formalen Sprachen.

Wir definieren hier nicht für jeden Datentyp die zulässigen Ausdrücke, sondern überlassen dies dem Leser als Übung.

4.2.2.5 Wertzuweisung

Wir haben in Abschnitt 4.2.1 die Wertzuweisungen eingeführt. Diese hatten die Form

$$x \; := \; \tau(x_1,\ldots,x_r) \;,$$

worin τ eine für die mit den Variablen bzw. Konstanten bzw. Standardbezeichnungen von Datentypelementen x_i für $i = 1,\ldots,r$ verbundenen Typen zulässige Operation war. Wir erweitern diese Zuweisungen dahingehend, daß $\tau(x_i\ldots,x_r)$ auch ein beliebiger Ausdruck sein darf, der die Bedingung

$$typ(x) \; = \; rtyp(\tau)$$

erfüllt.

Wir lassen weiter zu, daß in den Kontrollanweisungen anstelle der einfachen Prädikate wie $x = 0$, $x > 0$ usw. zusammengesetzte Prädikate stehen, wie sie für **integer** und **real** in *ArithPräd* definiert wurden.

Für string-, sentence- und list-Ausdrücke ist es notwendig, zwischen den Namen von Variablen und Namen als Standardbezeichnungen zu unterscheiden. Wir treffen diese Unterscheidung, indem wir generell alle Strings, die nicht als Namen für Variablen oder Konstanten oder Operationen verwendet werden, in Hochkommata einschließen. Beispiele für solche Ausdrücke finden sich in Abschnitt 4.2.5.

4.2.3 Einfache Programme

Ein Programm besteht aus zwei Hauptteilen: dem **Deklarationsteil** und dem **Anweisungsteil**. Der Deklarationsteil definiert eine abstakte Maschine, auf der der Anweisungsteil als Programm definiert wird.

Die Struktur der Maschine, die wir deklarieren können, ist zum Teil vorgeprägt durch die zur Verfügung stehenden Datentypen. Hierdurch ist die Vielfalt der Speicherzellen festgelegt und ebenso die Menge der Operationen. Die Deklaration wählt eine bestimmte Menge von Speicherzellen eines jeden Types aus. Die Speicherzellen werden durch Namen angesprochen. Die *Sorte* und den *Typ* der Namen legt die Deklaration fest.

Operationen zwischen den Variablen sind nicht durch Kostenaspekte eingeschränkt. Es ist jede Operation zwischen Zellen erlaubt, soweit die Forderungen der syntaktischen Korrektheit erfüllt sind. Im Gegensatz dazu steht die Auszeichnung des Akkumulators in unserer Maschine aus Kapitel 2. Dort wird also nur eine einzige Speicherzelle für die Aufnahme der Resulate nahezu aller Operationen zugelassen.

Ein **Programm** hat die Form

program␣*Name*;
[*Deklarationsteil*]
begin
[*Anweisungsteil*]
end

- Der *Deklarationsteil* besteht aus einer durch ";" getrennten Folge von Variablen- und Konstantenvereinbarungen. Die im Deklarationsteil vereinbarten *Arten* von Variablen, d.h. *Sorten* und *Typen*, gelten im ganzen Anweisungsteil.
- Der *Anweisungsteil* ist ein Folge von *Zeilen*, die durch ";" voneinander getrennt sind.
- Eine *Zeile* ist eine *einfache Zuweisung*, eine *Sprunganweisung*, eine *Kontrollanweisung* oder eine durch einen *Namen* markierte *einfache Zuweisung* oder eine durch einen *Namen* markierte *Sprung-* oder *Kontrollanweisung*. Wir bezeichnen diesen Namen als **Marke** (Englisch: Label).
- *Marke* und *Zuweisung* bzw. *Marke* und *Kontrollanweisung* sind durch ":" getrennt.

Eine Zeile im Sinne der Definition muß nicht identisch sein mit einer Zeile auf einer Druckseite. Wir listen die in Abschnitt 4.2.1 eingeführten Kontrollanweisungen nochmals auf:

if – **then** – **else** – **fi**
if – **then** – **fi**
for – **step** – **until** – **do** – **od**
for – **from** – **to** – **loop** – **pool**
foreach – **loop** – **pool**
while – **do** – **od**
repeat – **until** – **end**

Die durch "–" markierten Leerstellen dieser Anweisungen werden durch *Variablen, Konstanten, einfache Prädikate* oder Folgen *einfacher Zuweisungen* ausgefüllt. Die Zuweisungen in einer Folge sind durch ";" zu trennen. Welche Leerstellen der Operationen auf die eine oder andere Weise gefüllt werden dürfen, ergibt sich aus Abschnitt 4.1.2.

Es bleibt uns noch die **Sprunganweisung**, nämlich die Anweisung

$$\textbf{goto } \ell \qquad \text{mit } \ell \in \textit{Namen}$$

einzuführen. Die Semantik von **goto** ℓ kann nicht lokal definiert werden, da **goto** ℓ die Fortsetzung der Berechnung mit einer durch den Namen ℓ markierten Zeile bewirken soll. Dazu muß erst geklärt werden, ob die Zerlegung des Programmes in Zeilen eindeutig ist.

Auf den ersten Blick erscheint die Eindeutigkeit der Zerlegung klar, doch dann zögern wir etwas, weil der Separator ";" auch in den Kontrollanweisungen vorkommt. Wir haben ja zugelassen, daß in den Kontrollanweisungen Folgen von Zuweisungen auftreten.

Nun bemerken wir, daß die Menge der Programme eine *erweiterte Dycksprache D* mit den Klammerpaaren

$$\begin{aligned} \tau \;=\; \Big\{ & (\textbf{if}, \textbf{fi}) \;,\; (\textbf{for}, \textbf{od}) \;,\; (\textbf{for}, \textbf{pool}) \;,\; (\textbf{foreach}, \textbf{pool}) \;, \\ & (\textbf{while}, \textbf{od}) \;,\; (\textbf{repeat}, \textbf{end}) \;,\; (\textbf{begin}, \textbf{end}) \Big\}. \end{aligned}$$

bildet. Offensichtlich ist $X \cap \overline{X} = \emptyset$, so daß wir also jedes in einem Wort $w \in D$ vorkommende Zeichen mit seiner Tiefe in w markieren können. Hierdurch erhalten wir ";" der Tiefe[5] 0, 1 und 2. Die Semikolons der Tiefe 0 stehen in der Deklaration, der Tiefe 1 im Anweisungsteil von der Klammer **begin, end** eingeschlossen, und die Semikolon, der Tiefe 2 stehen im Inneren von Kontrollanweisungen.

[5]Man beachte, daß wir hier noch nicht erlaubt haben, tiefer geschachtelte Ausdrücke zu bilden.

Also ist die Zerlegung des Programmes in *Deklarationsteil* und *Anweisungsteil* eindeutig und ebenfalls die Zerlegung des *Deklarationsteils* in die Variablen und Konstantendeklarationen, sowie die Zerlegung des *Anweisungsteiles* in *Zeilen*, d.h. in durch Semikolon separierte Teilwörter.

Wir setzen für das Programm p

$$\|p\| = \text{Anzahl der Zeilen des } \textit{Anweisungsteiles} \text{ von } p$$

und

$$p(i) = i\text{-te Zeile von } p \qquad \text{für } 1 \leq i \leq \|p\| \ .$$

Da in den Zuweisungen die Symbole aus $X \cup \overline{X}$ nicht vorkommen, ist die Zerlegung der Zeilen in die zu den Kontrollanweisungen gehörigen Zeichen und in die in den Leerstellen dieser Anweisungen stehenden Argumente eindeutig. Diese Argumente mögen selbst wieder Zuweisungsfolgen sein. Damit definiert das Programm eine Listenstruktur (siehe Abbildung 4.10).

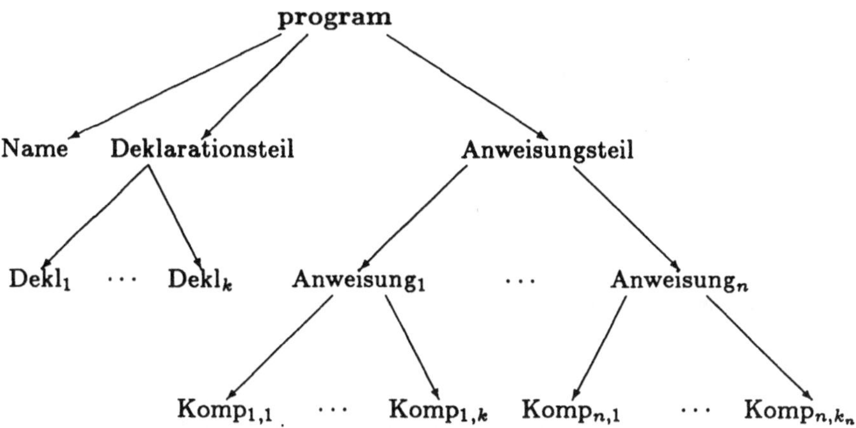

Abbildung 4.10: *Die Listenstruktur eines Programmes*

Wir wollen uns zur Definition aber nicht explizit der Datenstruktur *List* bedienen, sondern jedem Programm einen markierten, knoten- und kantenorientierten Baum zuordnen, der es uns gestattet, die Definition der Semantik der Programme sehr einfach anzugeben. Hierzu ordnen wir jeder Kontrollanweisung einen knoten- und kantenorientierten Baum zu, um anschließend aus diesen Bäumen den Baum des Programmes zu konstruieren. Weiter markieren wir die Kanten dieser Bäume durch Elemente des Alphabetes unserer Kontrollanweisungen.

1.) **if – then – else – fi**

Wir betrachten den Ausdruck "**if** u **then** v **else** w **fi**", worin u eine einfache Bedingung ist und v und w Zuweisungsfolgen der Länge m bzw. n sind. Dann sieht der zugehörige Baum aus wie in Abbildung 4.11 dargestellt. Die Kanten dieses Baumes sind also durch **if**, **then**, **else**, $\mathbf{fi}_1$ und **fi** bzw. das leere Wort markiert. Die Kanten des Baumes sind von oben nach unten orientiert, die Knoten sind im Gegenuhrzeigersinn orientiert. Die erste Kante ist die auf die einlaufende Kante folgende Kante.

Die Einführung von $\mathbf{fi}_1$ erlaubt es uns festzustellen, ob wir die Folge $v_1; \ldots; v_m$ abgearbeitet haben. Würden wir hierzu **else** verwenden, dann müßten wir uns beim Lesen von **else** an den Wert des Prädikates u erinnern, was die Einführung eines besonderen Speichers erfordern würde, was allerdings erst später verständlich wird.

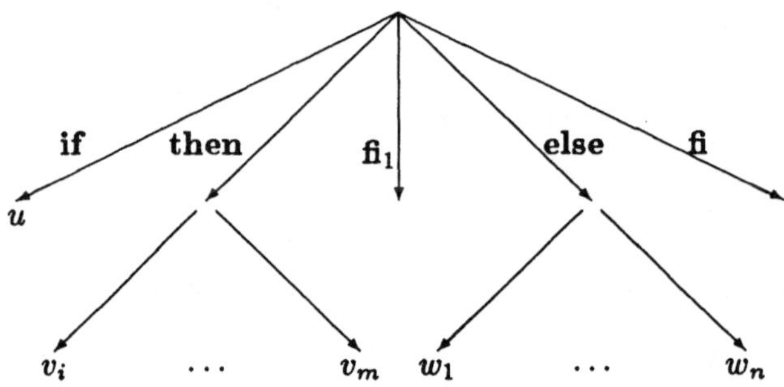

Abbildung 4.11: *Baum zur Kontrollanweisung* "**if** u **then** v **else** w **fi**"

2.) **while – do – od**

Es sei nun wieder u ein einfaches Prädikat und $v = v_1; \ldots; v_m$ eine Folge von Zuweisungen. Wir ordnen dann "**while** u **do** v **od**" den folgenden knoten- und kantenorientierten Baum zu (siehe Abbildung 4.12).

3.) **for – step – until – do – od**

Wir betrachten den Ausdruck "**for** u **step** v **until** w **do** x **od**", worin u eine Zuweisung an die Variable I, v und w Variablen und $x = v_1; \ldots; v_m$ eine Folge von Zuweisungen sind. Wir ordnen diesem Ausdruck den folgenden kanten- und knotenorientierten Baum zu (siehe Abbildung 4.13).

Indem wir das Prädikat

$$I \times sig(v) \leq w \times sig(v)$$

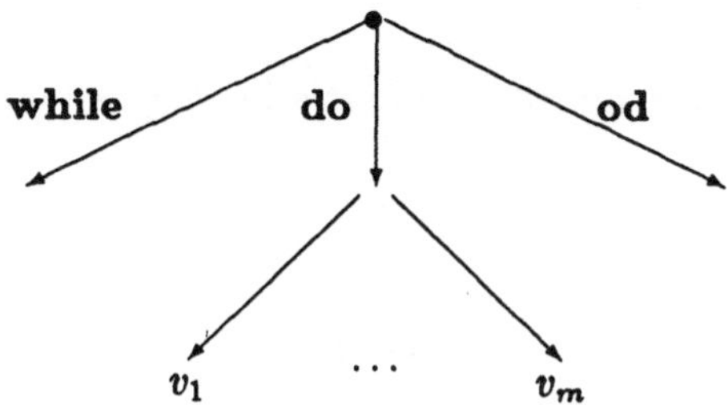

Abbildung 4.12: *Baum zur Kontrollanweisung* "**while** u **do** v **od**"

bilden, ersparen wir uns die Fallunterscheidung $v < 0$ oder $v > 0$. ∎

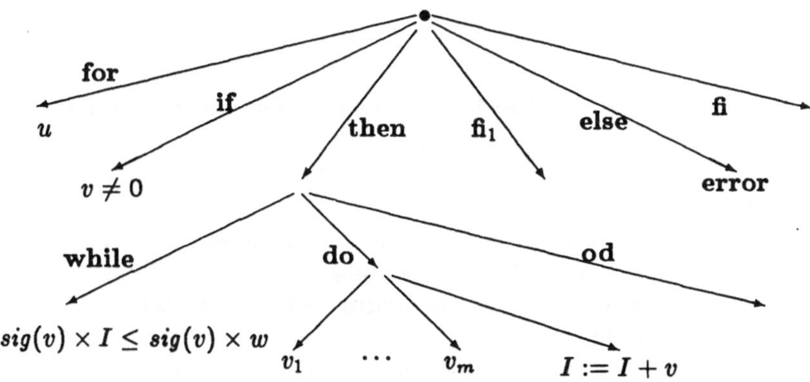

Abbildung 4.13: *Baum zur Kontrollanweisung* "**for** u **step** v **until** w **do** x **od**"

Für die anderen Kontrollanweisungen konstruiert man entsprechende Bäume. Dies kann man z.B. tun, indem man diese Anweisungen auf while-Anweisungen zurückführt. Wir tun dies für

foreach $x \in M$ **loop** w **pool**,

das wir wie folgt ausdrücken:

$M' := M$;

while $M' \neq \emptyset$ **do**

$$x := \exists M'; \quad M' := M' - x; \quad w$$

od.

Hierin ist "$x := \exists M'$" eine nichtdeterministische Zuweisung, die x irgendein Element von M' zuweist.

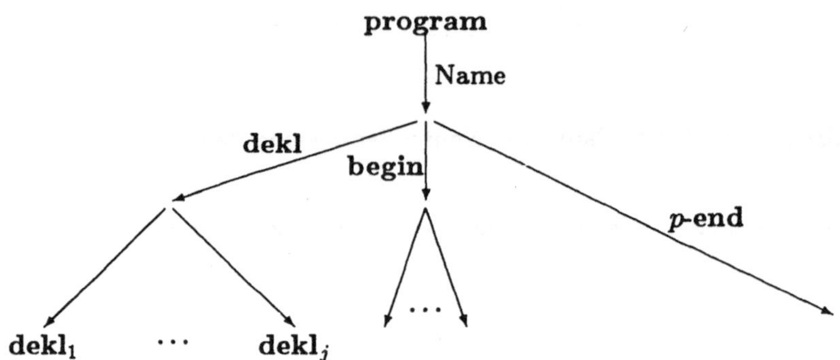

Abbildung 4.14: *Der zu dem Programm p zugehörige Strukturbaum*

Nun ordnen wir dem Programm p einen kanten- und knotenorientierten Baum in folgender Weise zu (siehe Abbildung 4.14).

Der Anfangsknoten des Baumes ist **program**. Von diesem Knoten geht eine Kante aus, die mit dem Namen des Programmes markiert ist. Vom Endpunkt dieser Kante geht eine mit **dekl**, eine mit **begin** und eine mit **p-end** markierte Kante aus. Die Kante **dekl** geht dabei **begin** und **p-end** voraus. An dem Endpunkt der dekl-Kante wird der Baum des Deklarationsteiles angeheftet, an den Endpunkt der begin-Kante der Baum des Anweisungsteiles. An die p-end-Kante schließt sich keine weitere Kante an.

Den Aufbau des Deklarationsteiles haben wir geschildert. Er besteht aus einer Folge von Konstanten- und Variablendeklarationen. Dieser Baum spielt bei unseren einfachen Programmen noch keine wesentliche Rolle, so daß wir ihn nicht weiter betrachten.

Ist $||p|| = m$, dann gehen vom Endpunkt der **begin**-Kante m Kanten ab. Ist $p(i)$ eine einfache Zuweisung oder eine Sprunganweisung, dann ist diese Zuweisung bzw. Anweisung der Endpunkt der i-ten Kante. Ist $p(i)$ eine Kontrollanweisung, dann heften wir den zu dieser Kontrollanweisung gehörigen Baum an die i-te Kante an.

Den so erhaltenen Baum bezeichnen wir als den **Strukturbaum** des Programmes p. Die Beschriftung der von der Wurzel des Baumes ausgehenden Wege bezeichnen wir wieder als **Selektoren**. Wir verwenden aber nicht nur numerische Selektoren, sondern der Einfachheit halber auch die an den Kanten angebrachten Markierungen, um die Selektoren zu bezeichnen. Ein Beispiel soll dies erläutern. Ist p unser Programm mit dem Namen "alg" und ist

$$p[\text{alg}, \mathbf{begin}, i] =$$
$$\ell: \ \mathbf{if}\ x > 0\ \mathbf{then}\ x := x - 1;\ z := x \times z\ \mathbf{else}\ x := x + 1;\ z := x + z\ \mathbf{fi}$$

dann ist

$$\begin{array}{lcl}
p[\text{alg}, \mathbf{begin}, i, \mathbf{if}] & = & x > 0, \\
p[\text{alg}, \mathbf{begin}, i, \mathbf{then}, 1] & = & x := x - 1, \\
p[\text{alg}, \mathbf{begin}, i, \mathbf{then}, 2] & = & z := x \times z, \\
p[\text{alg}, \mathbf{begin}, i, \mathbf{then}, 3] & = & \text{nicht definiert}, \\
p[\text{alg}, \mathbf{begin}, i, \mathbf{fi}_1] & = & \varepsilon \\
p[\text{alg}, \mathbf{begin}, i, \mathbf{else}] & = & x := x + 1;\ z := x + z, \\
p[\text{alg}, \mathbf{begin}, i, \mathbf{else}, 3] & = & \text{nicht definiert}, \\
p[\text{alg}, \mathbf{begin}, i, \mathbf{fi}] & = & \varepsilon.
\end{array}$$

Weiter schreiben wir

$$marke(p[\text{alg}, \mathbf{begin}, i]) = \begin{cases} \ell & \text{falls diese Zeile mit } \ell \text{ markiert ist,} \\ \varepsilon & \text{sonst.} \end{cases}$$

Wir setzen

$$\begin{array}{lcl}
Nam(p) & = & \text{Menge der in } p[\mathbf{dekl}] \text{ deklarierten} \\
 & & \text{Variablen und Konstanten} \\
Contr(p) & = & \text{Menge der für } p \text{ definierten} \\
 & & \text{Selektoren } \cup\{\mathbf{begin},\ p\text{–}\mathbf{end}\} \\
Konfig(p) & = & Contr(p) \times \Sigma(Nam(p)).
\end{array}$$

Wir definieren die Anfangs- und Endkonfigurationen

$$\begin{array}{lcl}
Anfkonfig(p) & = & \{\mathbf{begin}\} \times \Sigma(Nam(p)), \\
Endkonfig(p) & = & \{\mathbf{end}\} \times \Sigma(Nam(p)).
\end{array}$$

Einen Rechenschritt beschreiben wir durch eine Abbildung

$$\Delta(p) : Konfig(p) \to Konfig(p)$$

und ordnen p

$$M(p) = \big(Konfig(p), Anfkonfig(p), Endkonfig(p), \Delta(p)\big)$$

als abstrakte Maschine zu.

Zur Vereinfachung dieser Definition führen wir zunächst zwei "Nachfolgerfunktionen" auf Selektormengen ein.

Definition 4.13 *Eine* **Selektormenge** *ist eine endliche Teilmenge $L \subset \mathbf{N}^*$ mit folgenden Eigenschaften: Ist $L \neq \emptyset$, dann gelten 1.) und 2.)*

1.) $(i_1, \ldots, i_k) \in L \Longrightarrow (i_1, \ldots, i_k - 1) \in L$ *für* $i_k > 1$,

2.) $(i_1, \ldots, i_k) \in L \Longrightarrow (i_1, \ldots, i_{k-1}) \in L$ *für* $k > 1$.

Nun definieren wir für $s \in L$ und $s = (i_1, \ldots, i_k)$

$$s + 1 := \begin{cases} (i_1, \ldots, i_k, 1) & \textit{falls } (i_1, \ldots, i_k, 1) \in L, \\ (i_1, \ldots, i_k + 1) & \textit{falls } (i_1, \ldots, i_k, 1) \notin L, (i_1, \ldots, i_k + 1) \in L, \\ (i_1, \ldots, i_{k-1}) * 1 & \textit{sonst.} \end{cases}$$

und

$$s * 1 := \begin{cases} \infty & \textit{falls } s = (i) \textit{ und } (i+1) \notin L, \\ (i_1, \ldots, i_k + 1) & \textit{falls } (i_1, \ldots, i_k + 1) \in L, \\ (i_1, \ldots, i_{k-1}) * 1 & \textit{sonst.} \end{cases}$$

■

Wir haben in der Definition der beiden Nachfolgerfunktionen die Endlichkeit von L nicht verwendet. Diese brauchen wir erst in dem unten folgenden Lemma. Zunächst erläutern wir die Definition.

Man kann zu jeder Selektormenge L einen ebenen knoten- und kantenorientierten Baum konstruieren, der als Wurzel $\emptyset$ hat und L als restliche Knotenmenge. Die Kanten sind mit natürlichen Zahlen markiert, so daß diese Markierung und die Nachfolgerfunktionen in einfacher Beziehung stehen. Wir führen diese Konstruktion nicht durch, sondern geben dafür ein Beispiel, das dies hinreichend erläutert.

Beispiel 4.9 Wir haben hier

$$\begin{aligned} L \;=\; \{&(1), (2), (3), (1,1), (1,2), (2,1), (2,2), (2,3), \\ &(2,2,1), (2,2,2), (2,3,1)\}. \end{aligned}$$

Der entsprechende Strukturbaum ist in Abbildung 4.15 zu sehen.

Wir veranschaulichen die Operation "+":

$$\begin{array}{lll} (1)+1 = (1,1), & (1)+2 = (1,2), & (1)+3 = (2), \\ (1)+4 = (2,1), & (1)+5 = (2,2), & (1)+6 = (2,2,1), \\ (1)+7 = (2,2,2), & (1)+8 = (2,3), & (1)+9 = (2,3,1), \\ (1)+10 = (3), & (1)+11 = \infty. & \end{array}$$

Einige Beispiele für $*$:

$$\begin{array}{llll} (1)*1 & = (2), & (2)*1 & = (3), \\ (1,1)*1 & = (1,2), & (1,2)*1 & = (2), \\ (1,1)*1 & = (1,2), & (2,2,2)*1 & = (2,3), \\ (2,2,1)*(-1) & = (2,1), & ((2,2,1)*(-1))*1 & = (2,2). \end{array}$$

■

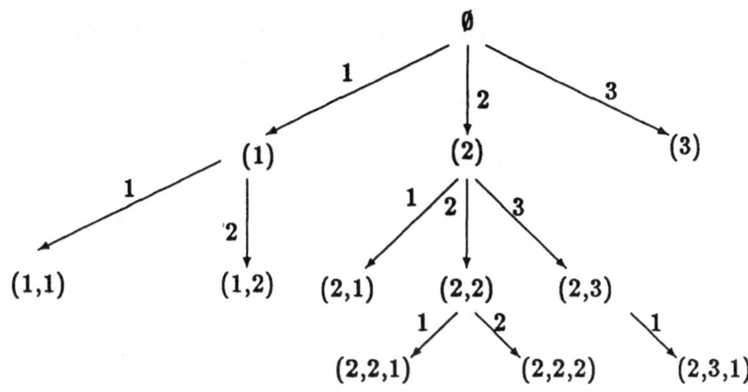

Abbildung 4.15: *Strukturbaum zu Beispiel 4.9*

Wir verabreden die folgende Bezeichnung

$$s+n := \underbrace{\Big(\cdots((s+1)+1)+\cdots+1\Big)}_{n\text{-mal}} \qquad \infty+1 := \infty$$

für $n \in \mathbf{N}$. Wir setzen weiter $s+0 := s$. Für die Operation $*$ treffen wir die gleiche Verabredung.

Lemma 4.17 *Ist L eine Selektormenge, dann gibt es zu jedem $s \in L$ genau ein $n \in \mathbf{N}_0$ mit $(1)+n = s$* .

Beweis: Wir zeigen zunächst die Eindeutigkeit. Hierzu wählen wir q gleich der größten Zahl, die in einer der Komponenten von Selektoren aus L vorkommt. Nun ordnen wir jedem Selektor s eine rationale Zahl aus dem Intervall $[0,1]$ zu, indem wir setzen

$$g(s) = \sum_{l=1}^{k} i_l \cdot q^{-l} \qquad \text{für } s = (i_1,\ldots,i_k).$$

Wir fassen also jedes s als eine q-näre rationale Zahl auf. Nun beobachtet man:

$$g(s+1) > g(s) \quad \text{bzw.} \quad g(s*1) > g(s) \qquad \text{für } s, s+1, s*1 \in L.$$

Also ist $s+n \neq s$ für alle $s \in L$ und $n \in \mathbf{N}$. Also folgt aus $(1)+n = (1)+n'$ und $n' \geq n$

$$(1)+n' = \big((1)+n\big) + (n'-n)$$

woraus wegen vorigem $n'-n = 0$ folgt.

Nun zeigen wir, daß es zu jedem $s \in L$ auch ein $n \in \mathbf{N}_0$ mit $(1) + n = s$ gibt. Aus der Eindeutigkeit dieser Darstellung und der Endlichkeit von L folgern wir zunächst, daß es zu jedem L ein n gibt mit $(1) + n = \infty$.

Wir führen den Beweis durch Induktion nach

$$\text{Tiefe}(L) := \max\{\#s \mid s \in L\}.$$

Aus der Definition von L folgt, daß $(1) \in L$ ist, falls $L \neq \emptyset$ gilt. Für $s = (1)$ haben wir $(1) + 0 = s$.

Wir wollen nun annehmen, daß unser Lemma für alle Selektormengen L' mit $\text{Tiefe}(L') < \text{Tiefe}(L)$ gilt. Man sieht, daß für $s \in L$

$$L(s) = \{s' \in \mathbf{N}^* \mid s \cdot s' \in L\}$$

wieder eine Selektormenge ist. Sind also $(1), (2), \ldots, (k) \in L$, $(k+1) \notin L$ die Selektoren der Länge 1, dann gilt unser Lemma für $L(1)$, $L(2), \ldots,$ $L(k)$. Ist also $s' \in L(1)$, dann gibt es $n' \in \mathbf{N}$ mit $s' = (1) + n'$, d.h. aber für $s = (1) \cdot (s') \in L$ gilt $s = (1) + n$ mit $n = 1 + n'$.

Sei

$$m(i) = \max\big\{n \in \mathbf{N} \mid (1) + n \in L(i)\big\}.$$

Dieses Maximum existiert für $L(i) \neq \emptyset$ stets, da die Darstellung $(1)+n$ eindeutig und L endlich ist. Für $L(i) = \emptyset$ setzen wir $m(i) = -1$. Wir haben dann

$$(1) + 1 + m(1) + 1 = \big((1,1) + m(1)\big) + 1 = (1) * 1 = (2).$$

Nun zeigt man, daß es zu jedem $s \in (2) \cdot L(2)$ ein n gibt mit $(1) + n = s$.

Für $L(2)$ gilt unsere Induktionsannahme, so daß wir für $s = (2) \cdot s'$ ein n' finden mit $(2) + n' = s'$. Also gilt

$$s = (1) + 1 + m(1) + 1 + n'.$$

Weiter hat man

$$(3) = (2) * 1 = (1) + \big(1 + m(1)\big) + (1 + m(2)) + 1.$$

Indem man diese Argumentation für 1 bis k durchführt, findet man also zu jedem $s \in L$ ein $n \in \mathbf{N}_0$ mit $(1) + n = s$, womit unser Lemma bewiesen ist. ■

Wir definieren weiter $s * (-n)$ für Selektoren s und natürliche Zahlen n symmetrisch zu $s*n$. Die Symmetrie besteht darin, daß wir links und rechts vertauschen, d.h. wir drehen die Knotenorientierung um.

Nun sind wir in der Lage, die bereits angekündigte Definition von $\Delta(p)$ zu geben.

Definition 4.14 *$\Delta(p)$ ist eine partielle Abbildung*

$$\Delta(p) : \mathit{Konfig}(p) \rightsquigarrow \mathit{Konfig}(p),$$

und es ist

$$\Delta(p)(s,\xi) \;=\; (s',\xi')$$

genau dann, wenn folgendes gilt:

$$\xi' \;=\; \begin{cases} \Delta(p[s])(\xi) & \textit{falls } p[s] \in \textit{Zuweisung},\\ \xi & \textit{sonst} \end{cases}$$

und

$$s' = \begin{cases} s+1 & \textit{falls } p[s] \in \textit{Zuweisung},\\ & \quad \textit{oder } p[s] \in \textit{Kontrollanweisung},\\ & \quad \textit{oder } \textit{last}(s) \in \{\mathbf{begin},\mathbf{end},\mathbf{then},\mathbf{else},\mathbf{do},\mathbf{fi}\},\\ & \quad \textit{oder } \textit{last}(s) \in \{\mathbf{if},\mathbf{while},\mathbf{until}\} \textit{ und } \delta(p[s])(\xi) = \mathbf{true},\\ s*2 & \textit{falls } \textit{last}(s) = \mathbf{if} \textit{ und } \delta(p[s])(\xi) = \mathbf{false}\\ & \quad \textit{oder } \textit{last}(s) = \mathbf{fi}_1\\ s*(-2) & \textit{falls } \textit{last}(s) = \mathbf{od}\\ s*3 & \textit{falls } \textit{last}(s) = \mathbf{while} \textit{ und } \delta(p[s])(\xi) = \mathbf{false}\\ \overline{s}\cdot j & \textit{falls } p\left[\overline{s}\cdot(i_1,i_2)\right] = \mathbf{goto}\ \ell,\ \textit{marke}(p[\overline{s}\cdot j]) = \ell,\\ & \quad i_1,i_2,j \in N \cup \{\mathbf{then},\mathbf{else}\}\\ \mathbf{p-end} & s = p-\mathbf{end}\\ \bullet\bullet\bullet & \end{cases}$$

■

In allen nicht in der Fallunterscheidung enthaltenen Fällen ist $\Delta(p)$ nicht definiert. Insbesondere ist dies der Fall, wenn eine Sprunganweisung "**goto** ℓ" keine Zeile mit der Markierung ℓ findet.

Man beachte, daß die Definition unter anderem nur Sprünge erlaubt, die einen Übergang zu einer Zeile bewirken, die auf der gleichen Tiefe steht, wie die das **goto** umfassende if-Anweisung. Insbesondere sind also keine Sprünge zu Anweisungen erlaubt, die im Inneren von Kontrollanweisungen stehen. Die Punkte "• • •" in unserer Definition besagen, daß diese Definition nicht für alle von uns eingeführten Anweisungen ausgeführt wurde. Die Unterscheidung zwischen **end** und *p*-**end** wird unten verständlich.

4.2.3.1 Endgültige Definition der "einfachen Programme"

Wir verallgemeinern, indem wir zulassen, daß in Kontrollanweisungen nicht nur einfache Zuweisungen stehen dürfen, sondern beliebige Zeilen. Dies ist eine rekursive Definition, da Zeilen ja bereits Kontrollanweisungen enthalten. Wir erlauben

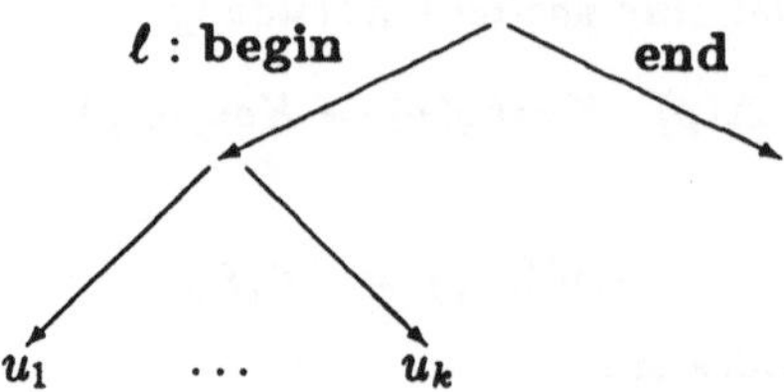

Abbildung 4.16: *Der Baum zur Sequenz "ℓ :* **begin** $u_1; \ldots u_k$; **end** *"*

also, anstelle der Folgen einfacher Zuweisungen beliebige Folgen von Zeilen zu substituieren. Wir erlauben weiter, daß Folgen von Zeilen in das Klammerpaar **begin**, **end** eingeschlossen und mit einer Marke versehen werden. Der zugehörige Baum für "ℓ : **begin** $u_1; \ldots u_k$; **end**" wird wie in Abbildung 4.16 definiert. Die Menge dieser Programme bildet offensichtlich wieder eine Teilmenge unserer erweiterten Dycksprache, so daß die Eindeutigkeit der Zerlegung des Programmes in Komponenten gewahrt bleibt.

Geht man nun unsere Definition von $\Delta(p)$ nochmals durch, dann sieht man, daß sie bereits für diesen verallgemeinerten Fall entworfen wurde.

Es bleibt zu kontrollieren, ob die gegebene Definition mit unserer Intuition übereinstimmt. Diese Intuition besagt, daß das Programm die gleiche Funktion berechnen sollte, wenn man das in einer Kontrollanweisung substituierte Programm p_1 durch eine Elementaroperation ersetzen würde, die die gleiche Funktion wie p_1 berechnen würde. Wir prüfen die Konsistenz von Definition und Intuition durch den folgenden Satz, dessen Beweis wir nur skizzieren.

Satz 4.18 *Sei p ein einfaches Programm, $s = (alg, \mathbf{begin}, s')$ ein Selektor von p und $p_1 = p[s]$ sei eine Zeile oder geschachtelte Zeile. Weiter ergebe sich dekl 1 aus $p[alg, \mathbf{dekl}]$ durch Löschen aller Vereinbarungen, die nicht in p_1 vorkommende Konstanten und Variablen betreffen. Wir setzen*

$$
\begin{aligned}
p' = \ & \mathbf{program} \ \ alg\,1; \\
& dekl\,1 \\
& \mathbf{begin} \\
& p_1 \\
& \mathbf{end}
\end{aligned}
$$

Ist M die zu p und M' die zu p' gehörige Maschine, dann definiert die Abbildung

$$
\begin{array}{lcll}
[alg1, \mathbf{begin}, \bar{s}] & \mapsto & [alg, \mathbf{begin},\ s \cdot \bar{s}] & \\
\xi' & \mapsto & \xi & \text{mit } \xi'(v) = \xi(v) \text{ für } v \in Nam(p')
\end{array}
$$

eine Simulation von M' auf M.

Beweis: Der Beweis ergibt sich aus zwei Tatsachen:

1.) $p\left[\mathbf{alg}, \mathbf{begin}, s \cdot \overline{s}\right] = p'\left[\mathbf{alg}\ 1, \mathbf{begin}, \overline{s}\right]$, und der Übereinstimmung in den Deklarationen der Variablen und Konstanten, die in p_1 vorkommen.

2.) Die Interpretation der Programme hängt nur von $last(s \cdot \overline{s}) = last(\overline{s})$ für $\overline{s} \neq \varepsilon, p$-**end** ab. Diese Interpretation liefert bei beiden Programmen das gleiche Resultat, solange p' nicht auf **end** läuft. Läuft aber p' auf **end**, dann verläßt p diesen durch **begin-end** geklammerten Programmteil mit dem Resultat von p'. ■

4.2.4 Elimination von Kontrollanweisungen

Wir wollen zeigen, daß sich jedes *einfache Programm* p in ein Programm p' übersetzen läßt, das außer "**if** – **then** – **fi**" keine Kontrollanweisungen und überhaupt keine Schachtelung von Kontrollanweisungen enthält. Dies bedeutet, daß wir für den Fall, daß das Programm p nur Variablen vom Datentyp **integer** enthält, eine Übersetzung in ein Maschinenprogramm angeben können, wie wir diese in Kapitel 2 eingeführt haben.

Bei der Konstruktion von p' aus p verwenden wir die auf den Selektorenmengen $L = Contr(p)$ definierten Nachfolgerfunktionen "+" und "*". Ist L eine Selektormenge, dann wird die Abbildung

$$n : L \to \mathbf{N}_0$$

durch die Forderung

$$(1) + n(s) = s \qquad \text{für } s \in L\ .$$

auf ganz L eindeutig definiert.

Sei nun p ein *einfaches Programm*. Wir ordnen p ein Programm p' zu mit $\|p'\| = \#L$, indem wir jedem Selektor $s \in L$, der zum Anweisungsteil gehört, genau eine Zeile $p'\big(n(s)\big)$ zuordnen. Der zu p gehörige Strukturbaum artet für p' zu einem "linearen Zweig" für den Anweisungsteil aus. Um größere Adressenrechnungen zu vermeiden, führen wir noch "leere" Anweisungen ein. Eine Marke, auf die das leere Wort folgt, wird als folgende Anweisung interpretiert:

Verändere keine Variablenbelegung und gehe zur Folgezeile über.

Wir markieren der Einfachheit halber jede Zeile mit einer Marke. Wir wählen für die Zeile $n(s)$ die Marke

$$m(s) = \ell \cdot \overline{n}(s),$$

worin $\ell \in AChar$ und $\overline{n}(s)$ die Dualdarstellung von $n(s)$ ist. Vor Zeilen in p vorhandene Marken entfernen wir. Dies werden wir unten in unserer Konstruktion nicht mehr erwähnen.

Die Konstruktion von p' Wir übernehmen für p' die Deklaration von p unverändert. Nun setzen wir

$$p'(n(s)) = \begin{cases} m(s) : p[s] & \text{falls } p[s] \in \textit{Zuweisung}, \\ m(s) : \varepsilon & \text{falls } p[s] \in \textit{Kontrollanweisung}, \\ m(s) : \varepsilon & \text{falls } \textit{last}(s) \in \{\textbf{then}, \textbf{do}, \textbf{else}, \textbf{fi}\}, \\ m(s) : \textbf{if } \neg u \textbf{ then goto } m(s*2) \textbf{ fi} & \\ & \text{falls } \textit{last}(s) = \textbf{if} \text{ und } p[s] = u \\ m(s) : \textbf{goto } m(s*2) & \text{falls } \textit{last}(s) = \textbf{fi}_1, \\ m(s) : \textbf{if } \neg u \textbf{ then goto } m(s*2) \textbf{ fi} & \\ & \text{falls } \textit{last}(s) = \textbf{while} \text{ und } p[s] = u \\ m(s) : \textbf{goto } m(s*(-2)) & \text{falls } \textit{last}(s) = \textbf{od}, \\ m(s) : \textbf{goto } m(s') & \text{falls } p[s] = \textbf{goto } \widetilde{\ell} \text{ und} \\ & \quad p[s'] \text{ mit } \widetilde{\ell} \text{ markiert ist .} \end{cases}$$

Wir überlassen es dem Leser als Übungsaufgabe, die Definition von p' für weitere Kontrollanweisungen zu vervollständigen. ■

Seien $M(p)$ und $M(p')$ die zu p bzw. p' gehörigen abstrakten Maschinen. Wir wollen $M(p)$ auf $M(p')$ simulieren. Wir definieren dazu die Abbildung

$$\sigma : M(p) \to M(p') \ ,$$

indem wir für $(s, \xi) \in \textit{Konfig}(p)$

$$\sigma(s, \xi) = \begin{cases} (n(s), \xi) & \text{für } s \text{ "aus Anweisungsteil" von } p \\ (s, \xi) & \text{sonst} \end{cases}$$

setzen.

Satz 4.19 *Die Abbildung $\sigma : M(p) \to M(p')$ ist eine Simulation.*

Beweis: Wir prüfen diesen Satz nur für einige Fälle der erforderlichen Fallunterscheidung nach. Wir müssen zeigen, daß

$$\sigma\big(\Delta(p)(s, \xi)\big) = \Delta(p')\big(\sigma(s, \xi)\big)$$

ist.

1.) $p[s]$ ist eine *Zuweisung*.

In diesem Fall ist $p'[n(s)] = p[s]$. Also ist $\sigma(\Delta(p)(s,\xi)) = \Delta(p')(n(s),\xi)$, denn aus den drei Beziehungen

$$\begin{aligned} \Delta(p)(s,\xi) &= (s+1,\xi'), \\ \Delta(p')(n(s),\xi) &= (n(s)+1,\xi'), \\ n(s+1) &= n(s)+1 \end{aligned}$$

folgt

$$\sigma(s+1,\xi') = (n(s)+1,\xi').$$

2.) $p[s]$ ist eine *Kontrollanweisung.*

In diesem Fall haben wir laut Definition von Δ

$$\Delta(p)(s,\xi) = (s+1,\xi) \qquad \text{und} \qquad \Delta(p')(n(s),\xi) = (n(s)+1,\xi).$$

Also gilt wieder

$$\sigma(\Delta(p)(s,\xi)) = \Delta(p')(\sigma(s,\xi)).$$

3.) $last(s) \in \{\mathbf{begin}, \mathbf{end}, \mathbf{then}, \mathbf{do}, \mathbf{else}, \mathbf{fi}\}$.

In allen diesen Fällen wird der momentane Zustand ξ nicht geändert und s durch $s+1$ ersetzt. Man sieht, daß sich p' in den entsprechenden Zeilen $p'(n(s))$ gleich verhält. Also haben wir auch in diesem Fall eine Simulation.

4.) $last(s) = \mathbf{if}$ und $p[s] = u$.

Wir haben also für den Vorgänger s' von s

$$p[s'] = \mathbf{if}\ u\ \mathbf{then}\ -\ \mathbf{else}\ -\ \mathbf{fi}$$

Man erhält

$$\Delta(p)(s,\xi) = \begin{cases} (s+1,\xi) & \text{falls } \delta(u)(\xi) = \mathbf{true}, \\ (s*2,\xi) & \text{falls } \delta(u)(\xi) = \mathbf{false} \end{cases}$$

und

$$\Delta(p')(n(s),\xi) = \begin{cases} (n(s)+1,\xi) & \text{falls } \delta(\neg u)(\xi) = \mathbf{false} \\ (n(s*2),\xi) & \text{falls } \delta(\neg u)(\xi) = \mathbf{true} \end{cases}$$

Also auch in diesem Fall ist σ eine Simulation.

5.) $last(s) = \mathbf{od}$ oder $p[s] = \mathbf{goto}\ \widetilde{\ell}$.

In beiden Fällen ist die Konstruktion wieder exakt so gemacht, daß σ eine Simulation ist, wie der Leser sehen kann.

Damit ist unser Satz bewiesen. ■

Wir schließen noch zwei Bemerkungen an.

Bemerkung 1: Wir haben ein schärferes Resultat bewiesen, als es der Satz ausspricht. Wir haben nämlich gezeigt, daß die Simulation ein Isomorphismus ist. Das heißt, daß die Berechnungszeiten für gleiche Argumente bei beiden Programmen gleich sind und die gleichen Resultate ergeben.

In dem Fall, daß in p **integer** der einzige vorkommende Datentyp ist, können wir p auf unserer Rechenmaschine aus Kapitel 2 laufen lassen. In anderen Worten: Wir haben für diesen Fall eine Übersetzung von unserer einfachen Programmiersprache in eine Maschinensprache angegeben. ■

Bemerkung 2: Das Programm p' enthält eventuell sehr viele wirkungslose Zeilen, d.h. man könnte das Programm durch Streichen dieser Zeilen und gegebenenfalls durch Umverlegen einiger Sprünge wesentlich kürzer machen. Dies würde eventuell auch Rechenzeiten erheblich verkürzen.

Wenn man die Übersetzung von p in p' automatisch durchführen will, dann muß man im wesentlichen die Menge $L = Contr(p)$ und die Funktionen $n(s)$, $n(s*2)$, $n(s*(-2))$ und $n(s*3)$ berechnen.

Die Funktion $s \to s+1$ zählt die Selektoren lexikographisch auf. Heftet man an die Selektoren s eine Nummer $n(s)$ an, d.h. bildet man $s \to (s, n(s))$ und sortiert man nun die Selektoren nach ihrer Länge und anschließend lexikographisch, dann kann man zunächst $s*i$ und $s-*i$ leicht berechnen. Da man $n(s)$ an die Selektoren angeheftet hat, trifft dies schließlich auch für $n(s*i)$ und $n(s-*i)$ zu. Hat man also die Selektoren, dann kann man die restlichen Funktionen leicht berechnen.

Die Menge der Selektoren $L = Contr(p)$ ist gleichmächtig zu der Menge der Wege in dem Strukturbaum von p, die **program** als Anfangspunkt haben. Die Berechnung von L ist also gleichbedeutend mit der Berechnung des Strukturbaumes. Den Strukturbaum berechnet man induktiv nach der Tiefe der Schachtelungen in p. Man findet leicht die Zerlegung von p in Deklarationsteil und Anweisungsteil und die Zerlegung des Deklarationsteiles in Variablen- und Konstantendeklarationen. Weiter finden wir mittels unserer Funktion Tiefe die Zeilenzerlegung von p.

Wir nehmen nun an, daß wir alle Selektoren s der Länge k bestimmt haben und daß wir für alle Selektoren $p[s]$ berechnen können. Weiter nehmen wir an, daß der Strukturbaum zur Tiefe k bereits konstruiert ist. Nun berechnen wir die Selektoren der Tiefe $k+1$ und setzen den Strukturbaum entsprechend fort. Nun geht man die für $p[s]$ möglichen Fälle durch.

Wir betrachten nur den Fall "$p[s] =$ **while** u **do** w **od**".

Wir fügen zu s die Selektoren $s *$ **while**, $s *$ **do**, $s *$ **od** hinzu. Weiter haben wir $p[s * \textbf{while}] = u$, $p[s * \textbf{do}] = w$, $p[s * \textbf{od}] = \varepsilon$.

Wir sind also in der Lage, die Selektoren $\tilde{s}$ der Tiefe $k+1$ und $p[\tilde{s}]$ zu berechnen. Zur Durchführung der Berechnung bedient man sich der Datenstruktur *List* oder führt eine spezielle Struktur zur Repräsentation von Bäumen ein, die es leicht erlaubt, den Baum entsprechend unseres induktiven Vorgehens fortzusetzen. ■

4.2.5 Elimination von Ausdrücken

Wir wollen zeigen, daß sich Ausdrücke in Folgen von elementaren Anweisungen auflösen lassen und auch einen Algorithmus angehen, der dies leistet. Für vollständig geklammerte, arithmetische Ausdrücke haben wir das bereits im Abschnitt 2.3.8 getan. Wir führen dies hier für *Arith* durch und beziehen uns dabei auf die im Abschnitt 4.2.2 gegebene Vorschrift zur Interpretation der Ausdrücke.

Sei also $u \in$ *Arith*. Wir gehen u von links nach rechts durch bis wir zum erstenmal auf eine aufgrund unserer Vorschrift ausführbare Operation stoßen. Eine Operation ist ausführbar, wenn wir zum ersten Mal auf einen der beiden folgenden Fälle stoßen:

- Auf ein unäres Operationszeichen folgt ein Name oder eine Zahl.
- Ein binäres Operationszeichen verbindet zwei Operanden (Namen oder Zahlen) und auf den zweiten Operanden folgt eine schließende Klammer oder eine Operationszeichen nicht höherer Priorität.

Die entsprechenden Zerlegungen von u seien

$$u = u_1 *_1 \lambda_1 *_2 a\lambda_2 u_2 \qquad \text{mit} \quad a \in V,\ *_1, *_2 \in OP$$

bzw.

$$u = u_1\lambda_1 a * b\lambda_2 u_2 \qquad \text{mit} \quad a, b \in V,\ * \in OP$$

und

$$\lambda_1 = \lambda_2 = \varepsilon \qquad \text{oder} \qquad \lambda_1 = (,\ \lambda_2 =)$$

In diesen Fällen ersetzen wir die Zuweisung

$$x := u;$$

durch die Zuweisungen

$$y := *_2 a;\ \ x := u_1 *_1 y u_2;$$

bzw. durch

$$y := a * b; \quad x := u_1 y u_2;$$

Hierin ist y eine Variable, die in dem Programm noch nicht vorkommt und die in die Deklaration als real- bzw. integer-Variable aufgenommen wird, je nachdem ob a, b real- oder integer-Größen sind.

Setzen wir dieses Verfahren fort, dann erhalten wir schließlich anstelle der ursprünglichen Zuweisung

$$x := u;$$

eine Folge von elementaren Zuweisungen

$$y_1 := v_1; \ \ldots; \ y_k := v_k; \ x := v_{k+1};$$

die das gleiche Ergebnis liefert. Letzteres folgt daraus, daß die von uns im Abschnitt 4.2.2 gegebene Interpretation von u nach Konstruktion die gleiche ist wie die von

$$u_1 *_1 [*_2 a] u_2 \qquad \text{bzw.} \qquad u_1 [a * b] u_2$$

im Falle $\lambda_1 = \lambda_2 = \varepsilon$. Im Falle $\lambda_1 = ($, $\lambda_2 =)$ ist die Korrektheit der Behauptung ohnehin offensichtlich.

Wir haben damit zwar das Problem der Elimination der Ausdrücke grundsätzlich, aber nicht sehr effizient gelöst. Dies hat zwei verschiedene Ursachen:

- Wir beginnen beim Lesen des verbliebenen Ausdruckes stets wieder von vorne.
- Wir verwenden i.a. sehr viel mehr Variablen als für unseren Zweck notwendig sind.

Das erste Problem löst man durch die Aufbewahrung des "aktuellen" Anfangsabschnittes $u_1 *_1 y$ bzw. $u_1 y$. Dies ist der berühmte **Kellerspeicher** oder **Stack**, den wir bereits kennengelernt haben.

Wir erläutern zu dem zweiten Punkt zunächst, daß man i.a. mit sehr viel weniger Variablen auskommt. Dazu wählen wir uns einen Ausdruck, dessen Auflösung in eine elementare Zuweisungsfolge wir baumartig notieren. Wir verwenden der Einfachheit halber nur binäre Operationen und schreiben für alle Operationen $+$, da ihre Unterscheidung hierbei unwesentlich ist. Den Ausdruck selbst geben wir auch nicht explizit an. Er rekonstruiert sich leicht aus der Zuweisungsfolge.

Es sei

$$V = y \cdot \left(\{0,1\}^k \cup \{0,1\}^{k-1} \cup \ldots \cup \{0,1\}^0\right)$$

die Variablenmenge. Aus Gründen der Übersichtlichkeit schreiben wir y_α anstelle von $y\alpha$. Nun betrachten wir die Folge von Zuweisungen

$$\begin{array}{lll} y_\alpha & := & y_{\alpha 0} * y_{\alpha 1}; \quad \text{für } \alpha \in \{0,1\}^{k-1} \\ y_\alpha & := & y_{\alpha 0} * y_{\alpha 1}; \quad \text{für } \alpha \in \{0,1\}^{k-2} \\ \vdots & \vdots & \vdots \qquad\qquad\qquad \vdots \\ y_\alpha & := & y_{\alpha 0} * y_{\alpha 1}; \quad \text{für } \alpha \in \{0,1\} \\ y & := & y_0 * y_1; \end{array}$$

Die Eingangsvariablen y_α mit $\alpha \in \{0,1\}^k$ können wir nicht einsparen, da sie im Programm eventuell noch an anderen Stellen verwendet werden. Diese Variablen brauchen auch nicht notwendig paarweise verschieden zu sein, wie wir sie hier gewählt haben. Das von uns angegebene Verfahren würde dem Ausdruck, den wir durch Substitution der Variablen durch die jeweils rechts von den Variablen stehenden Ausdrücken erhalten würden, gerade so viele "Hilfsvariablen" zuordnen, wie wir hier verwendet haben, nämlich

$$\sum_{i=0}^{k-1} 2^i = 2^k - 2$$

Stück. y selbst ist ja unser altes x und im Programm schon vorgesehen.

Wir veranschaulichen das Ganze durch einen Baum für $k = 3$ (Abbildung 4.17). Wir können diese Auswertung ersetzen, indem wir die Variable y_α mit $\alpha \in \{0,1\}^2 \cup \{0,1\}$ durch die Variablen z_1, z_2, z_3 ersetzen und die Zuweisung in der Reihenfolge vornehmen, wie es die Numerierung der Knoten des Baumes in Abbildung 4.17 angibt (siehe Abbildung 4.18). Wir kommen hierbei also mit drei Hilfsvariablen aus. Dies legt die Vermutung nahe, daß sehr oft $\log(N)$ Variablen anstelle von den N Variablen, die unser Verfahren produziert, ausreichen. Wir zeigen induktiv, daß dies für unsere Beispiele stets der Fall ist.

Für $k = 1$ benötigen wir keine Hilfsvariaben.
Kommen wir für den Fall k mit $a(k)$ Hilfsvariablen aus, dann reichen für den Fall $k+1$:

$$a(k+1) = 1 + a(k)$$

Hilfsvariablen. Also haben wir

$$a(k) = k - 1 \quad \text{anstelle von} \quad 2^k - 2$$

Hilfsvariablen. ■

Nimmt man an, daß alle Bäume mit der gleichen Anzahl von Blättern gleich häufig sind, dann wird man im Mittel sehr viele Variablen einsparen können, wenn man sie unter ökonomischen Gesichtspunkten verteilt.

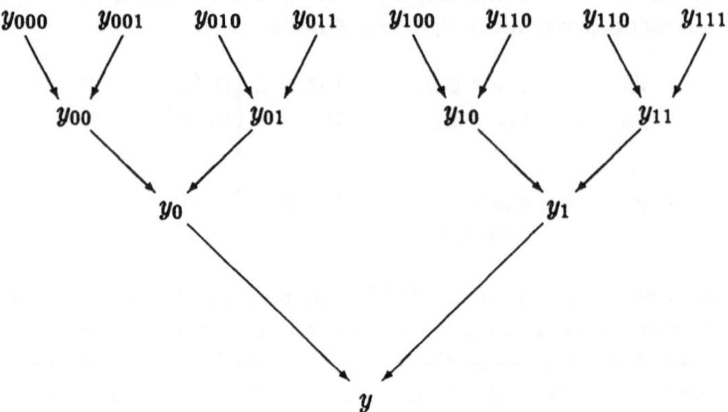

Abbildung 4.17: *Baumartige Auflösung von Ausdrücken in eine elementare Zuweisungsfolge mit N Hilfsvariablen*

Aus unserem Beispiel läßt sich auch bereits ablesen, wie man die Variablenzuteilung ökonomisch gestaltet. Alle Zuweisungen haben die Form

$$z_i := z_i * z_{i+1};$$

Nach der Notation dieser Zuweisung gibt man die Variable z_{i+1} zur neuen Verwendung frei. Daß man in allen Fällen binärer Bäume so verfahren kann, sieht man induktiv für jeden Baum leicht ein:

Sei B ein binärer Baum mit der Wurzel $w(B)$ und den Unterbäumen B_ℓ und B_r. Unsere Behauptung sei für B_ℓ und B_r richtig. Dann ordnen wir $w(B)$ die Zuweisung

$$z_1 := z_1 * z_2;$$

zu und starten das Verfahren für B_ℓ mit z_1 und für B_r mit der Ausgabevariable z_2. Wir wenden das Verfahren zunächst auf B_ℓ an, danach auf B_r und erhalten so ein konfliktfreies Programm zur Auswertung von B:

Anweisung zu B_ℓ mit letzter Zuweisung
$z_1 := z_1 * z_2;$
Anweisung zu B_r mit letzter Zuweisung
$z_2 := z_2 * z_3;$
$z_1 := z_1 * z_2.$

Im Falle unärer Operationen ist die Einführung neuer Hilfsvariable nicht erforderlich, da man dann

$$z_i := *z_i;$$

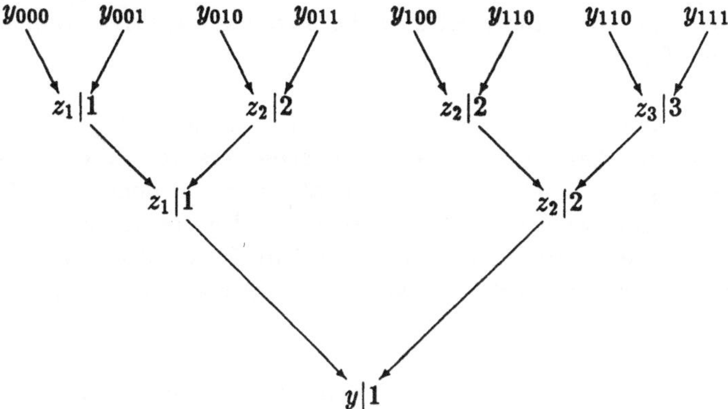

Abbildung 4.18: *Modifizierte Auflösung von Ausdrücken in eine elementare Zuweisungsfolge mit* $\log N$ *Hilfsvariablen*

schreiben kann. Unser Programm im Abschnitt 2.3.8 hat dieses Verfahren für vollständig geklammerte Ausdrücke verwendet.

Das Programm Wir konstruieren ein Programm, das in eine Variable u vom Typ **sentence** eine Zuweisung "$y_0 := v;$" einlöst, wobei y_0 ein Name und $v \in$ *Arith* ist. Das Programm erzeugt in der Variablen w vom Typ **sentence** eine Folge einfacher Anweisungen, die die gleiche Funktion berechnet wie $y_0 := v$.

Die Vorgehensweise ist wie folgt: Das Programm verwendet eine Hilfsvariable s vom Typ **sentence**, in der es den bereits gelesenen, aber noch nicht abgearbeiteten Teil von u aufbewahrt. Hierbei enthält[6] $w \sqcup \overleftarrow{s} \sqcup u$ im wesentlichen nach jeder abgeschlossenen "Reaktion" auf einen vorliegenden Fall ein Programm, das die gleiche Funktion berechnet, wie die ursprüngliche Anweisung. Nach Beendigung des Programmes sind u und s leer, so daß dann also die Folge einfacher Zuweisungen in w unsere Aufgabe löst.

Neben dieser eben skizzierten Invariante verwenden wir zwei weitere Invarianten, um den korrekten Ablauf des Programmes zu begründen. Wir erzeugen uns, wie vorher beschrieben, eine Folge von Hilfsvariablen $y_1, y_2, \ldots$ Wir kontrollieren, daß die Hilfsvariablen auf dem "Stack" s stets in von links nach rechts absteigender Numerierung ihrer Indizes aufgeführt sind und daß alle Indizes ohne Lücke vertreten sind. In einer string-Variablen z bewahren wir den Namen y auf und in einer integer-Variablen i den jeweils um 1 erhöhten höchsten in s vorkommenden

[6] $\overleftarrow{s}$ bezeichnet die Spiegelung von s

Index. Ist also $y_{j+1} = \xi(z \cdot i)$, dann kommen auf s die Variablen $y_j, \ldots, y_0$ genau in dieser Reihenfolge vor. Hierin ist $z \cdot i$ das Produkt, das den Namen $\xi(i)$ als Dualzahl verknüpft.

Der Algorithmus arbeitet in zwei Zuständen q = **true** und q = **false**. Der Algorithmus wird am Anfang in den Zustand **true** versetzt. In diesem Zustand ist eine Auswertung des Stacks ohne Zuhilfenahme von u nicht möglich. Sobald dies möglich erscheint, wird q auf **false** gesetzt und getestet, ob der Stack für sich allein ausgewertet werden kann. Dies wird im Zustand q = **false** so lange wie möglich getan. Ist eine solche Auswertung nicht mehr möglich, dann wird q wieder auf **true** gesetzt.

Um uns die Aufgabe zu erleichtern, nehmen wir an, daß y von keiner der in v vorkommenden Variablen ein Präfix ist. Mit V bezeichnen wir die in v vorkommenden Namen. OP bezeichnet die Menge der Operationszeichen von *Arith* und $\prec$ die Priorität zwischen diesen Zeichen. Bevor wir das Programm wirklich angeben, analysieren wir die möglichen Fälle und stellen sie in einem Entscheidungsbaum dar.

Wir geben nun die Invarianten genau an:

- $y_0 \sqcup \overleftarrow{s} \sqcup u$ enthält nach der Initialisierung eine korrekte Wertzuweisung und es ist dann $\xi(y_0 \sqcup s \sqcup u)$ gleich $\xi(u)$ nach dem Befehl *read*(u).

  w enthält nach der Initialisierung einen leeren Sentence. Danach stets eine Folge elementarer Wertzuweisungen. Nach jeder abgeschlossenen Reaktion auf einen Fall enthält $y_0 \sqcup \overleftarrow{s} \sqcup u \sqcup w$ eine Folge von Wertzuweisungen, die die gleiche Funktion wie die eingelesene Wertzuweisung berechnet.

- $z \cdot i$ enthält nach der Initialisierung die Variable y_0. s enthält zu diesem Zeitpunkt keine Variable. Nach jeder abgeschlossenen Reaktion auf einen Fall enthält s genau die Variablen $y_{j-1}, \ldots, y_0$, wenn $\xi(i) = j$ ist. Diese Variablen treten genau in dieser Reihenfolge und jede genau einmal auf. $z \cdot i$ enthält also stets eine "Freivariable" zur Verfügung.

- Im Zustand q = **true** ist eine Auswertung von s ohne Zuhilfenahme von u nicht möglich.

- Im Zustand q = **false** ist stets $u[1] \neq$ '(', $s[1] \notin OP$, $s[1{:}3] \neq a *_1 *_2$ mit $a \in V$ und $*_1, *_2 \in OP$.

- Im Zustand q = **true** tritt $s[1{:}2] = a*$ nie zusammen mit $u[1]$ = ')' für $a \in$ *Namen* und $* \in OP$ auf. Weiter tritt in diesem Zustand $s[1{:}2] = y_i \sqcup$ ' := ' nicht zusammen mit $u = \varepsilon$ auf.

INITIALISIERUNG DES PROGRAMMES

q := **true**; $z := z[1]$; $s := u[2]$; $u[1 : 2] :=$ "; $w :=$ "; $i := 0$; $z := z/i$; $OP := \{+, -, \times, /\}$; *Vor* wird später eingeführt zur Beschreibung der Relation $\prec$.

Erläuterung: Wir haben den Programmzustand auf **true** gesetzt und y_0 unter z abgespeichert. Nach s bringen wir ':='. Dieser Eintrag wird benutzt, um festzustellen, daß s leer ist. Wir löschen dann $y_0 \sqcup$ ' :=' in u. w wird durch Einschreiben des leeren Sentence initialisiert. Es wird i auf 0 gesetzt und der Index 0 von y_0 durch die Operation $z := z/i$ beseitigt.

Bemerkung: Wir haben y_0 geschrieben, und wir werden auch y_i schreiben, wenn wir formal korrekt $\xi(z \cdot i)$ schreiben müßten. y ist also der in z gespeicherte Namen und der Inhalt von i sein Index.

FALLDISKUSSION

Unser Programm arbeitet auf der Schnittstelle zwischen $\overleftarrow{s}$ und u. Wir stellen zur Falldiskussion den Inhalt von $\overleftarrow{s}$ an der Nahtstelle mittels zweier durch "|" getrennter Wörter dar. Links von dem vertikalen Strich steht ein Suffix von $\overleftarrow{s}$ und rechts davon ein Präfix von u. Mit dem Pfeil "$\longrightarrow$" beschreiben wir die Reaktion des Algorithmus.

Fall 1: $q = \mathbf{true},\ |(\longrightarrow (|,\ q = \mathbf{true}$

Erläuterung: Der Stack kann im Zustand $q = \mathbf{true}$ nicht für sich allein ausgewertet werden. Um zu einer auf der Nahtstelle auswertbaren Konfiguration zu gelangen wird die Klammer '(' von u herüber auf den Stack gebracht. Dadurch bleibt der Stack für sich allein nicht auswertbar; d.h. es bleibt $q = \mathbf{true}$.

Fall 2: $q = \mathbf{true},\ |* \longrightarrow *|,\ q = \mathbf{true}$

Erläuterung: Siehe *Fall 1*.

Fall 3: $q = \mathbf{true},\ (|a \longrightarrow (a|,\ q = \mathbf{true}$ für $a \in V$
$q = \mathbf{true},\ (|* \longrightarrow (*|,\ q = \mathbf{true}$

Fall 4: $q = \mathbf{true},\ *_1 *_2 |a \longrightarrow *_1 y_i,\ q = \mathbf{false}$ für $a \in V$.

Erläuterung: $*_2$ ist eine unäre Operation, auf die ein Operand a folgt. Die Operation wird ausgewertet und in der freien Variablen y_{i+1} gespeichert, wenn i der bis dahin höchste vorkommende Index war. Durch diese Operation könnte der Stack für sich allein auswertbar geworden sein, deshalb wird q auf **false** gesetzt. Die Zuweisung "$y_{i+1} := *_2 a;$" wird in w angefügt, der Index in i um 1 erhöht. Man beachte, daß die Invarianten erhalten bleiben.

Fall 5: $q =$ **true**, $b * |a) \longrightarrow y_{i+1}|)$, $q =$ **false** für $a, b \in V$.

Fall 6: $q =$ **true**, $b * |a *_1 \longrightarrow y_{i+1}| *_1$, $q =$ **false** für $a, b \in V$ und $* \prec *_1$

Erläuterung: Da $*$ eine höhere Priorität als $*_1$ besitzt und s für sich allein nicht auswertbar ist, muß $*$ ausgewertet werden. Das Resultat wird unter der Variablen y_{i+1} abgelegt. In w nehmen wir die Wertzuweisung "$y_{i+1} := b * a;$" hinzu. Da nun s für sich allein auswertbar sein könnte, wird q auf **false** gesetzt. Offensichtlich bleiben die Invarianten erhalten.

Fall 7: $q =$ **true**, $y_i * |a) \longrightarrow y_i|)$, $q =$ **false**, $a \in V$.

Fall 8: $q =$ **true**, $y_i * |a *_1 \longrightarrow y_i| *_1$, $q =$ **false**, für $a \in V$ und $* \prec *_1$.

Erläuterung: Der einzige Unterschied zu den Fällen 5, 6 besteht darin, daß wir hier die Variable y_i wiederverwenden können und also ohne Indexerhöhung auskommen.

Fall 9: $q =$ **true**, $*|a *_1 \longrightarrow *a| *_1$, $q =$ **true**, $a, \in V$, $* \not\prec *_1$.

Erläuterung: Die echt höhere Priorität von $*_1$ im Vergleich zu $*$ blockiert die Auswertung von $*$. Da s allein nicht auswertbar ist, müssen wir zur Auswertung $*_1$ in Betracht ziehen, d.h. a auf den Stack nehmen. Die Nichtauswertbarkeit des Stacks bleibt dabei erhalten. w wird nicht verändert. Also alle Invarianten gelten weiter.

Fall 10: $q =$ **true**, $(y_i|) \longrightarrow y_i|$, $q =$ **false**

Fall 11: $q =$ **true**, $*a|)$ oder $* y_i|)$

Erläuterung: Dieser Fall tritt nicht auf, da mit dem Auftreten von) in $u[1]$ der Übergang zu $q =$ **false** verbunden ist. Die dadurch angestoßene Auswertung des Stacks würde $*a)$ bzw. $*y$ reduzieren.

Fall 12: $q =$ **false**, $|($

Erläuterung: Der Fall tritt nicht auf, da im Zustand $q =$ **false** u nicht verändert wird und beim Übergang von **true** zu **false** diese Konfiguration nicht vorhanden ist.

Fall 13: $q =$ **false**, $*|$

Erläuterung: Der Fall tritt nicht auf. Begründung wie im Fall 10.

Fall 14: $q =$ **false**, $(|$

Erläuterung: Dieser Fall tritt nicht auf. Begründung wie im Fall 10.

Fall 15: $q =$ **false**, $*_1 *_2 a|$ $a \in V$.

Erläuterung: Der Fall tritt nicht auf. Begründung wie im Fall 10.

Fall 16: $q = \textbf{false}, *_1 *_2 y_i| \longrightarrow *_1 y_i|, q = \textbf{false}.$

Erläuterung: Offensichtlich. Die Zuweisung $y_i := *_2 y_i$ wird zu w hinzugenommen.

Fall 17: $q = \textbf{false}, a * y_i| \longrightarrow y_i|), q = \textbf{false}$

Erläuterung: siehe Fall 18.

Fall 18: $q = \textbf{false}, a * y_i|*_1 \longrightarrow y_i|*_1, q = \textbf{false}$ für $* \prec *_1$.

Erläuterung: In beiden Fällen müssen wir $*$ ausführen. Die Zuweisung $y_i := a * y_i$; wird zu w hinzugekommen. Die Invarianten bleiben erhalten.

Fall 19: $q = \textbf{false}, y_{i-1} * y_i|) \longrightarrow y_{i-1}|), q = \textbf{false}$

Erläuterung: siehe Fall 20.

Fall 20: $q = \textbf{false}, y_{i-1} * y_i|)*_1 \longrightarrow y_{i-1}|*_1, q = \textbf{false}$ falls $* \prec *_1$.

Erläuterung: In beiden Fällen müssen wir $*$ ausführen. Wir legen den Wert unter der Variablen y_{i-1} ab und geben die Variable y_i frei, d.h. erniedrigen den gespeicherten maximalen Index. Die Zuweisung $y_{i-1} := y_{i-1} * y_i$; wird zu w hinzugenommen.

Fall 21: $q = \textbf{false}, *y_i|*_1 \longrightarrow *y_i|*_1, q = \textbf{true}$ für $* \not\prec *_1$.

Erläuterung: Die weitere Auswertung des Stacks ist durch die echt höhere Priorität von $*_1$ blockiert. Deshalb schalten wir auf $q = \textbf{true}$ um.

Fall 22: $q = \textbf{false}, (y_i| \longrightarrow (y_i|, q = \textbf{true}.$

Erläuterung: wie im Fall 21.

Fall 23: $q = \textbf{false}, := y_i|\varepsilon \longrightarrow \varepsilon|\varepsilon\ q = \textbf{false}$

Erläuterung: u ist leer. Auf dem Stack steht nur noch ':= y_0'. Damit stoppt unser Algorithmus und w enthält also eine Folge elementarer Zuweisungen, die die gleiche Funktion berechnet wie die ursprünglich in u stehende Zuweisung.

Fall 24: $q = \textbf{true}, := a|\varepsilon \longrightarrow \varepsilon|\varepsilon, q = \textbf{false}$

Erläuterung: wie im Fall 23.

Fall 25: $q = \textbf{true}, := y_i|\varepsilon$

Erläuterung: Dieser Fall tritt nicht auf.

Wir geben nun einen Entscheidungsbaum (Abbildung 4.19) an, der es erlaubt, die betrachteten Fälle ökonomisch anzusteuern. Der Baum trägt auf jedem seiner Knoten die Nummern der Fälle, die auf den Knoten aufgeführt sind, die unterhalb dieses Knotens liegen. Die Kanten tragen die Prädikate, deren Erfülltsein zu den unterhalb der jeweiligen Kante aufgeführten Fälle führt. Die Wurzel des Baumes trägt also alle Fälle; die unmöglichen Fälle werden nicht als Blätter aufgeführt. Die Kanten, die kein Prädikat tragen, sind die zu den Nachbarkanten komplementären Kanten; d.h. sie sind zu begehen, wenn die Nachbarkante, dadurch daß das Prädikat nicht erfüllt ist, gesperrt ist.

Aus diesem Baum entnehmen wir die Entscheidungsstruktur des Programmes. Aus den in der Falldiskussion unter den einzelnen Nummern aufgeführten Reaktionen entnehmen wir die einzusetzenden Wertzuweisungen. Wir wiederholen, daß wir angenommen haben, daß die eingegebene Wertzuweisung korrekt ist.

Das Programm besteht im wesentlichen in einer while-Anweisung, die so lange wiederholt wird, bis der Stack leer ist. Eine Iteration der Schleife besteht stets aus einer Auswertung des Entscheidungsbaumes. Neben der Mengen *OP* verwenden wir noch die Menge *Vor* zur Beschreibung von $\prec$. Wir setzen $Vor = \{(\times,+), (\times,-), (/,+), (/,-)\}$. *Vor* enthält also gerade die Paare $(*_1, *_2)$ von Operationszeichen mit $*_1 \not\prec *_2$.

Die Fälle 10, ..., 15 und 25 treten nicht auf. Die Fälle 1,2,3 erzeugen je die gleiche Reaktion.

```
program Arithinterpret;

var u, w, s : sentence; z : string; i : integer;
    q boolean; OP, Vor : set of string;

begin read u;
q := true; z := u[1]; s := u[2]; w :='';
OP := {'+', '-', '× ', '/'}; Vor := {× +', '× -', '/+', '/-'};
i := 0; u[1 : 2] := ''; z := z/i;

while s ≠'' do
        if q = true
       then if(u[1] ='(') ∨ (s[1] ='(') ∨ (u[1] ∈ OP)
              then s[1] := u[1]; u[1]:=''
              else if s[1] ∈ OP
                     then if s[2] ∈ OP
                            then
                                   w := w ⊔ z · i⊔':='⊔s[1] ⊔ u[1];
                                   i := i + 1; u[1] :=''; q := false
                            else if u[1] = ')'
```

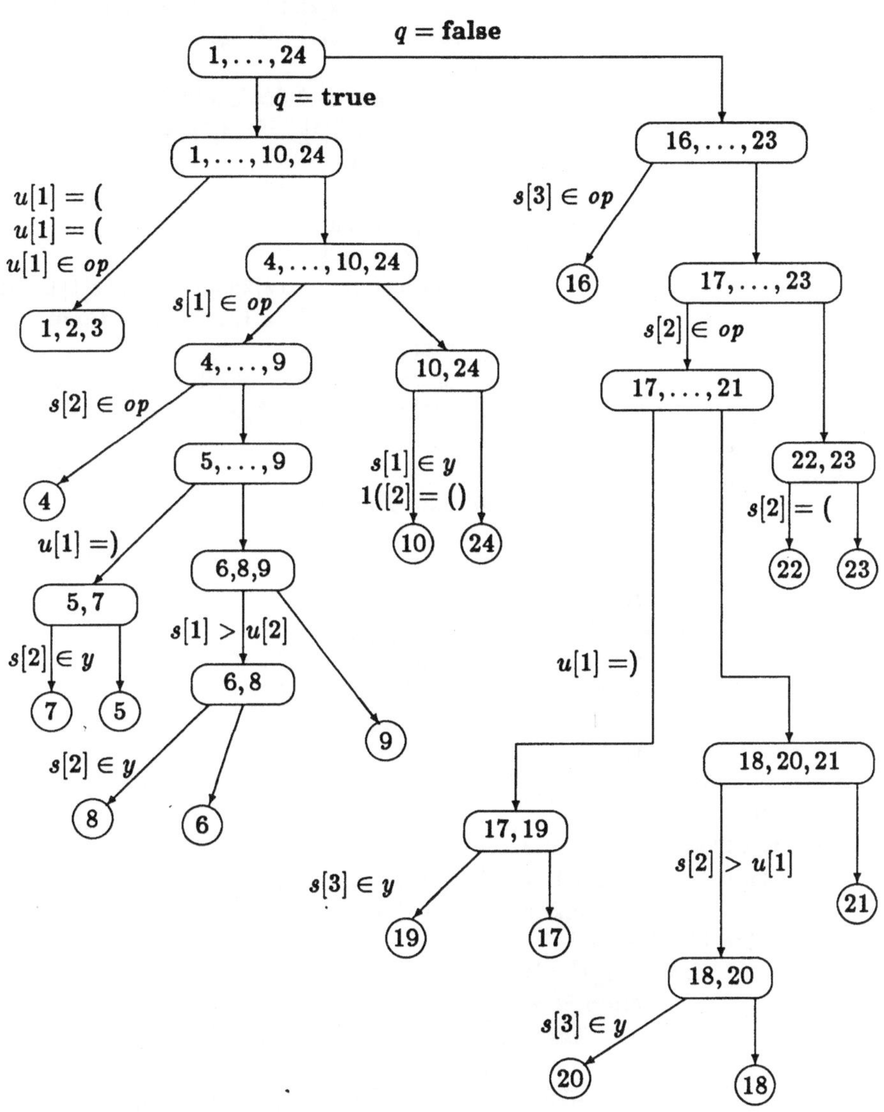

Abbildung 4.19: *Entscheidungsbaum zur Falldiskussion auf den Seiten 447 bis 449*

```
                        then if z ≪ s[2]
                             then
                                  w := w ⊔ s[2]⊔ ':='s[2] ⊔ s[1] ⊔ u[1];
                                  u[1] :=''; s[1] :=''; q:= false;
                             else
                                  w := w ∪ z · i⊔':='⊔s[2] ⊔ s[1] ⊔ u[1];
                                  u[1] :=''; s[1] :=''; s[1]:= z · i;
                                  i := i + 1
                             fi
                        else if s[1] · u[2] ∉ Vor
                             then if z ≪ s[2]
                                  then w := w ⊔ s[2]⊔':='s[2] ⊔ s[1] ⊔ u[1];
                                        u[1] :=''; s[1] :=''; q := false
                                  else
                                  w := w ⊔ z · i⊔':='⊔s[2] ⊔ s[1] ⊔ u[1];
                                  u[1] :=''; s[1] :='';s[1]:= z · i;
                                  i := i + 1
                                  fi
                             else s := u[1] ⊔ s
                             fi
                        fi
                   fi
              else if(z ≪ s[1]) ∧ (s[2] ='(')
                   then s[2] := s[1]; s[1]:=''; u[1] :=''
                   else w := w ⊔ z · i⊔':=' s[1]⊔';';
                        s :=''; q := false
                   fi
              fi
         fi
    else if s[3] ∈ OP
         then w := w ⊔ s[1]⊔':='⊔s[2] ⊔ s[1];
                        s[2] := s[1]; s[1] :=''
         else if s[2] ∈ OP
              then if u[1] =')'
                   then if z ≪ s[3]
                        then w := w ⊔ s[3]⊔':='s[3] ⊔ s[2] ⊔ s[1];
                             s[1 : 2] :=''; i := i − 1
                        else w := w ⊔ s[1]⊔':='⊔s[3] ⊔ s[2] ⊔ s[1];
                             s[1 : 2] :=''
                        fi
                   else if s[2] · u[1] ∉ Vor
                        then if z ≪ s[3]
                             then w := w ⊔ s[3]⊔':='⊔s[3] ⊔ s[2] ⊔ s[1];
```

```
                                    i := i - 1; s[1 : 2] :=''
                          else w := w ⊔ s[1]⊔':='⊔s[3] ⊔ s[2] ⊔ s[1];
                                    s[1 : 2] :=''
                          fi
                      else q := true
                      fi
                  fi
              else if s[2] ='('
                  then q := true
                  else s :=''; i := i - 1
                  fi
              fi
          fi
      fi
      od
      print w
end
```

Schlußbemerkung: So wie man Wertzuweisungen mit arithmetische Ausdrükken in eine Folge von einfachen Wertzuweisungen übersetzen kann, so kann man auch arithmetische Prädikate auflösen, indem man die arithmetischen Ausdrücke in dem Prädikat durch Variablen ersetzt und vor der Abfrage des Prädikates diesen Variablen die entsprechenden Werte der arithmetischen Ausdrücke zuweist. Somit haben wir das folgende Resultat.

Satz 4.20 *Jedes einfache Programm p mit Ausdrücken kann in ein einfaches Programm p' mit lediglich elementaren Ausdrücken übersetzt werden, so daß p und p' die gleiche Funktion berechnen. Diese Übersetzung kann durch ein universell für einfache Programme verwendbares Programm ausgeführt werden.* ■

4.3 Prozeduren

4.3.1 Einleitung

Über die Bedeutung der Prozeduren haben wir schon in Kapitel 2 gesprochen, in dem wir eine Prozedurtechnik in unserer Maschine entwickelt haben. Hier wollen wir Prozeduren im Rahmen höherer Programmiersprachen einführen.

Wir fassen die Motivationen für die Verwendung von Prozeduren nochmals zusammen.

- Prozeduren dienen der Speicherökonomie. An verschiedenen Stellen innerhalb eines Programmes verwendete Befehlsfolgen müssen nur einmal aufgelistet werden und sind dann bequem aufzurufen.

- Prozeduren dienen zur Gliederung des gesamten Programmes. Das menschliche Verständnis ist stark hierarchisch orientiert, so daß durch eine klare Gliederung eines Programmes in Teilprogramme, die über einfache Schnittstellen untereinander verkehren, ein Programm überschaubar wird.

- Programme sollten korrekt sein. Eine Gliederung des Gesamtprogrammes, wie diese unter dem vorhergehenden Punkt beschrieben wurde, begrenzt die Auswirkung von Fehlern. Ist die Gliederung des Gesamtprogrammes in eine Hierarchie von Teilprogrammen korrekt, dann erfordert eine Korrektur nur den Austausch von kleinen Programmteilen. Die Korrektheit von Programmen ist wichtiger als deren Effizienz, so daß selbst Effizienzverluste im Interesse einer klaren Programmgliederung in Kauf genommen werden können.

- Prozeduren erlauben eine Arbeitsteilung bei der Erstellung großer Programme. Natürlich muß einer solchen Arbeitsteilung eine Zerlegung der Aufgabe in Teilaufgaben vorausgehen. Diese Zerlegung muß festlegen, welche Daten zwischen den einzelnen Prozeduren ausgetauscht werden sollen, und welche Funktionen diese Prozeduren berechnen sollen. Ein solcher Zerlegungsprozeß wird i.a. iterativ verlaufen, so daß sich eine hierarchische Programmstruktur ergibt.

- Prozedurtechniken sollten es auch erlauben, Programme, die nicht im Zusammenhang mit der vorliegenden Aufgabe entwickelt wurden, als Bausteine einer Gesamtlösung dieser Aufgabe zu verwenden. Dies macht es notwendig, daß alle Schnittstellen der Prozedur nach außen und seine Funktion vollständig beschrieben werden. Grundsätzlich sollten Schnittstellen klein gehalten werden, damit die Funktionen überschaubar sind. Schnitte sollten auch so gelegt werden, daß die Teilprogramme einfache funktionale Eigenschaften haben.

Ein Vorbild für die Gliederung von großen Programmen in Prozeduren kann man in der Gliederung von Beweisen in Lemmata sehen. Beweise sind so gut wie nie formale Herleitungen, sondern im Grunde "Programme" zur Erstellung formaler Herleitungen durch den mathematisch hinreichend Gebildeten.

4.3.2 Die Syntax von Prozeduren und Programmen

4.3.2.1 Prozeduren

Prozeduren sind Programme, die in dem Deklarationsteil der übergeordneten Programme spezifiziert und im Unterschied zu den uns bereits bekannten Programmen als **procedure** eingeführt werden und hinter ihrem Namen die für die Kommunikation mit dem aufrufenden Programm notwendigen Informationen enthalten. Diese Informationen geben an, wieviele "Parameter" die Prozedur erwartet, von welchem Typ diese Parameter sind und wie die Resultate der Prozedur zur Verfügung gestellt werden. Eine Prozedur arbeitet nach ihrem Aufruf *autonom*, das heißt, daß sie nach ihrem Aufruf mit dem übergeordneten Programm keine Informationen austauscht, sondern erst bei ihrer Beendigung ihre Resultate übergibt bzw. in Prozedur und Programm gemeinsamen Variablen zur Verfügung stellt. Die Prozedur ist von ihrem Konzept also nicht an parallel ablaufenden, kommunizierenden Berechnungen orientiert, sondern für sequentielle Berechnungsabläufe konzipiert worden.

Eine **Prozedur** ist ein Sentence von der Form

> **procedure** *Name* (*Schnittstellenangaben*);
> [*Deklarationsteil*]
> **begin**
> [*Anweisungsteil*]
> **end**.

Der Deklarationsteil enthält Konstanten- und Variablendeklarationen, wie wir diese bei den *einfachen Programmen* eingeführt haben und zusätzlich eventuell Prozeduren. Der Anweisungsteil enthält Anweisungen der Art, wie wir sie bereits kennengelernt haben und zusätzlich Prozeduraufrufe. Diese kann man als im Deklarationsteil definierte neue Operationen ansehen. Das gilt sowohl für Programme als auch für Prozeduren. Hierzu kommt auch die Möglichkeit, daß im Anweisungsteil die Prozedur selbst aufgerufen wird, was zu beliebig tiefen Aufrufschachtelungen führen kann. Man spricht in diesem Falle von **rekursiven Prozeduren**.

Damit diese Ideen realisierbar sind, muß die Syntax der Prozedur gewisse Voraussetzungen erfüllen. Die Namensgebung für die Prozeduren muß einen eindeutigen Aufruf zulassen, und der rekursive Prozeduraufruf muß eine geeignete Variablenverwaltung vorsehen, so daß die intuitive Vorstellung von der Wirkung des Aufrufes mit der Realisierung übereinstimmt. Namen, die Prozeduren bezeichnen sollen, werden in der Deklaration durch Vorsetzen von **procedure** gekennzeichnet. Ist *alg34* z.B. der Name einer Prozedur, dann wird diese Prozedur durch einen Ausdruck der Form

> **procedure** *alg34* (Schnittstellenangaben)

eingeführt. Die Schnittstellenangaben enthalten zwei Mengen von Variablen, nämlich eine Menge von Variablen, die Eingabewerte für die Prozedur übernehmen und eine Menge von Variablen, die mit Variablen aus dem übergeordneten

Programm bzw. der übergeordneten Prozedur identifiziert werden. Letztere Variablen dienen auch zur Ausgabe der Resultate der Prozedur. Es kommt hier also im Gegensatz zu der allgemein üblichen Konvention nicht auf die Reihenfolge an, in der die Ein- bzw. Ausgabeparameter der Prozedur hinter ihrem Namen aufgeführt werden. Wir werden bekannte Konventionen später kurz schildern.

Definition 4.15 *Der* **Prozedurkopf** *ist ein* Sentence *der Form*

$$\textbf{procedure } Name \ (\textbf{invar } x_1, \ldots, x_n; \ \textbf{outvar } y_1, \ldots, y_\ell; \ \textbf{inconst } y_{\ell+1}, \ldots, y_m)$$

worin $x_1, \ldots, x_n$, $y_1, \ldots, y_m$ *paarweise verschiedene Namen sind, die in der Deklaration der Prozedur eingeführt werden.* ■

Die Namen $x_1, \ldots, x_n$ bezeichnen **interne** oder **lokale** Variable der Prozedur und $y_1, \ldots, y_\ell$ sind Variablen, die von Programm und Prozedur gemeinsam genutzt und in denen die Resultate der Prozedur für eine Ausgabe zur Verfügung gestellt werden. Daher die Bezeichnung **invar** bzw. **outvar**. Die Namen $y_{\ell+1}, \ldots, y_m$ werden in der Prozedur als Konstanten behandelt, so daß die Werte, die mit diesen Namen beim Prozeduraufruf verbunden sind, bei Prozedurende unverändert vorhanden sind. Dies macht es dem Programmierer möglich, dem Unterprogramm Variablen zum Lesen zur Verfügung zu stellen, deren Werte er durch die Prozedur nicht verändert haben möchte. Dies macht die Bezeichnung **inconst** (im Inneren der Prozedur konstant) deutlich. Die Bedingung "paarweise verschieden" benötigen wir, um widersprüchliche Zuweisungen oder Identifikationen zu vermeiden. Dies wird aus folgendem verständlich.

Die Abbildung 4.20 erläutert das Gesagte. Sie zeigt, daß Werte von den u_i an die x_i übergeben werden, daß für das äußere Programm die x_i aber nicht erreichbar sind. Die "Zellen" $y_i, \ldots, y_\ell$ können durch ihre Identifikation mit den $z_1, \ldots, z_l$ von der inneren und äußeren Prozedur schreibend und lesend verwendet werden. Die Zellen $y_{\ell+1}$ bis y_m können von der inneren Prozedur nur lesend verwendet werden. Ihre Verwendung in der äußeren Prozedur wird durch die Deklaration der Variablen in dieser Prozedur beschrieben.

Die Bedingung, daß Ein- und Ausgabevariablen paarweise verschieden sind, ist an sich nicht notwendig, wenn man bei Prozeduraufrufen mit diesen Variablen vorsichtig umgeht. Diese Bedingung macht den Aufruf aber wesentlich durchsichtiger und zur Verkürzung der Programme würde es nur unwesentlich beitragen, wenn man dies Verbot aufhöbe.

Definition 4.16 *Ist im Deklarationsteil des Programmes bzw. der Prozedur* "Schema" *die Deklaration*

$$\textbf{procedure } alg88 \ (\textbf{invar } x_1, \ldots, x_n; \ \textbf{outvar } y_1, \ldots, y_\ell; \ \textbf{inconst } y_{\ell+1}, \ldots, y_m)$$

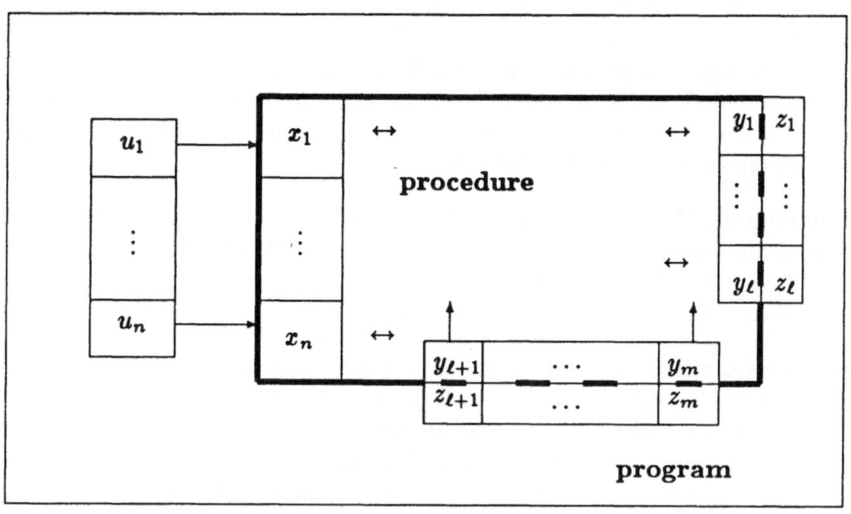

Abbildung 4.20: *Graphische Veranschaulichung der Variablenvereinbarung im Prozedurkopf*

enthalten, dann lautet der **Prozeduraufruf** *von alg88 im Anweisungsteil von* "Schema" *wie folgt:*

$$\textbf{call } alg88(x_1 := u_1, \ldots, x_n := u_n;\ y_1 \equiv z_1, \ldots, y_m \equiv z_m)$$

Hierin sind $u_1, \ldots, u_n, z_1, \ldots, z_m$ im Deklarationsteil von "Schema" *deklarierte Namen, und es gilt:*

$$\begin{aligned} art_{schema}(z_i) &= art_{alg88}(y_i) & \text{für } i = 1, \ldots, \ell \\ typ_{schema}(z_i) &= typ_{alg88}(y_i) & \text{für } i = \ell + 1, \ldots, m \end{aligned}$$

und $z_i \neq z_j$ für $i \neq j$, $i, j = 1, \ldots, m$.
Weiter sollen die Zuweisungen im Sinne der Deklarationen

$$art_{schema}(u_i) \quad \text{und} \quad art_{alg88}(x_i) \qquad \text{für } i = 1, \ldots, n$$

korrekt sein. Der Index von art bzw. typ gibt an, auf welche Deklaration sich art bzw. typ bezieht. ■

Unsere Vorstellung von dem Prozeduraufruf ist also wie folgt: Bei Aufruf der Prozedur *alg88* wird den "Eingabevariablen" der Prozedur je ein Wert zugewiesen. Aufgrund der Deklarationen der Namen im *Schema* und in *alg88* kann die

Korrektheit der Zuweisungen überprüft werden. Es wird geprüft, ob die Identifikationen $y_i \equiv z_i$ für $i = 1, \ldots, m$ zu keinen Widersprüchen mit den Deklarationen der Namen in den entsprechenden Prozeduren führen. Diese Identifikation der Namen wird bei der Übersetzung der Programmme in ein Maschinprogramm durch Übergabe der Adressen der zu den z_i gehörigen Speicherzellen an das zu *alg88* gehörige Unterprogramm bewirkt.

Die Übergabe von Werten an die invar-Variablen entspricht dem **call by value** in *Pascal* und die Variablenidentifikation ist mit dem **call by reference** verwandt. Bei einfachen Variablen, wie wir sie bis jetzt betrachtet haben, ist unsere outvar-Variablenidentifikation identisch mit call by reference.

Der hier vorgestellte Parameterübergabemechanismus ist schwerfällig, wenn es sich um die Berechnung einstelliger Funktionen handelt. Bei diesen führt nämlich unser Konzept, die Stelligkeit von Parametern in einer Liste zu ihrer Identifikation durch die besser merkbare Identifikation über Namen zu ersetzen, zu einem Mehraufwand. Da einstellige Funktionen aber häufig sind, ist die Behandlung des Sonderfalles lohnend.

Wir führen deshalb für Prozeduren der Art

$$\textbf{procedure } alg \; (\textbf{invar } x; \; \textbf{outvar } y)$$

bzw.

$$\textbf{procedure } alg \; (\textbf{outvar } y; \; \textbf{inconst } x)$$

und den Aufruf

$$\textbf{call } alg \; (x := u, \; y \equiv z) \qquad \text{bzw.} \qquad \textbf{call } alg \; (y \equiv z, x \equiv u)$$

als äquivalente Notationen

$$\textbf{procedure } y := alg(x)$$

und als Aufruf

$$z := alg(u)$$

ein. Man könnte sich hier auch das x und das y sparen, müßte dann aber eine zusätzliche Notation für den Typ der für *alg* zugelassenen Argumente und den Typ der Werte von *alg* einführen. Diese Festlegung geschieht in unserer Definition indirekt über die Deklaration von y und x.

Es gibt weiter Prozeduren mit reservierten Namen, für die sich die Deklarationen überhaupt oder zumindest des Resultatbereiches erübrigt. Beispiele hierfür sind die trigonometrischen Funktionen $\sin(x), \cos(x)\ldots$, die i.a. als reellwertig und auf reellen Zahlen als definiert angesehen werden. Ein Beispiel für eine Prozedur, für die man i.a. keinen Zielbereich angibt, sind Ausgabeprozeduren wie **print** oder

write, für die i.a. Standardausgabeeinheiten verabredet werden. Stehen mehrere solche Einheiten zur Verfügung und ist etwa Terminal 1 eine solche Einheit, dann wäre die Schreibweise

$$\text{Terminal 1} := \textbf{print}('u')$$

als Befehl zur Ausgabe des Textes u auf Terminal1 eine naheliegende Form für die Printanweisung.

4.3.2.2 Die Syntax der Programme von PSp

Wir wollen nun die Syntax unserer Programme mit Prozeduren definieren. Wir bezeichnen unsere Programmiersprache mit **PS**. Die Menge der *einfachen Programme* durch **PSe**, die sich hieraus durch die Aufnahme von Prozeduren ergebende Sprache durch **PSp**.

Ein Programm P von **PSp** ist ein *Sentence* der Form

> **program** ⊔ *Name*;
> [*Deklarationsteil*]
> **begin**
> [*Anweisungsteil*]
> **end**

Der **Deklarationsteil** von p ist eine Folge aus

> *Variablendeklarationen*
> *Konstantendeklarationen*
> *Prozedurdeklarationen.*

Der **Anweisungsteil** ist eine Folge von durch ";" getrennten

Zeilen

Eine **Prozedurdeklaration** hat die Form

> **procedure** *Name*(**invar** $x_1, \ldots, x_m$; **outvar** $y_1, \ldots, y_m$;
> **inconst** $y_{l+1}, \ldots, y_m$);
> [*Deklarationsteil*]
> **begin**
> [*Anweisungsteil*]
> **end**

Hierin ist $x_1, \ldots, x_n, y_1, \ldots, y_m \in$ *Namen.*

Eine **Zeile** ist eine *Anweisung* oder eine *markierte Anweisung.*

Eine **Anweisung** ist eine *Zuweisung*, eine *Sprunganweisung*, ein *Prozeduraufruf* oder eine *Kontrollanweisung*. In den *Kontrollanweisungen* dürfen in den bei einfachen Programmen schon bezeichneten Leerstellen Folgen von durch ";" getrennten *Zeilen* stehen.

Betrachten wir **procedure**, **end** als Klammerpaar, dann sind unsere Programme aus **PSp** wieder Elemente einer erweiterten Dycksprache, so daß wir jeder Prozedur und Variablen eindeutig eine "Tiefe" im Programm zuordnen können. Wir können weiter eindeutig feststellen, in welcher Weise Prozeduren geschachtelt sind.

Wir bezeichnen als **Umgebung** einer Variablen die Prozedur, in der diese Variable deklariert wird. Der **Gültigkeitsbereich** dieser Variablen ist der Anweisungsteil und der Kopf dieser Prozedur. Die in einem Prozeduraufruf der Prozedur "rechts" stehenden Variablen haben diesen Anweisungsteil als Gültigkeitsbereich. Die im Prozeduraufruf "links" stehenden Variablen haben den Gültigkeitsbereich der Variablen der aufgerufenen Prozedur. In jedem Deklarationsteil darf jeder Name nur einmal deklariert werden, und diese Namen müssen von dem Namen ihrer Prozedur verschieden sein. Hierdurch wird der Prozeduraufruf eindeutig.

Man beachte, daß wir aber nicht verboten haben, daß in verschiedenen Prozeduren die gleichen Namen mehrfach verwendet werden dürfen. So ist z.B. auch ein Prozeduraufruf

$$\textbf{call } f(x := x,\ z := x + y;\ y \equiv z)$$

sinnvoll. Die Wirkung dieses Aufrufes ist zunächst die Identifikation von y aus der aufgerufenen Prozedur mit dem z aus dem aktuellen Anweisungsteil. Anschließend werden die Werte von x, y, aus dem Gültigkeitsbereich des Anweisungsteiles den im Aufruf enthaltenen Zuweisungen entsprechend an die Variablen des aufgerufenen Programmes übergeben. So stehen also in der Zuweisung $x := x$ auf beiden Seiten von ":=" verschiedene Variablen. Durch $y \equiv z$ wird nicht das z aus der Prozedur f, sondern das z aus dem aktuellen Anweisungsteil mit y aus der Prozedur f identifiziert. Diese Erläuterung ist ein Vorgriff auf den folgenden Abschnitt, in dem wir die Semantik unserer Programme vollständig definieren werden.

4.3.3 Die Semantik der Programme aus PSp

Zur Definition der Semantik von **PSp** ziehen wir wieder den "Strukturbaum" $L = Contr(p)$ des Programmes p heran und ergänzen diesen Baum durch Kanten, die den Prozeduraufrufen entsprechen, zu einem Graphen $G(p)$. Neben den Selektoren des Baumes spielen nun auch die vom Anfangspunkt **program** ausgehenden Wege des Graphen G eine Rolle. Aus diesem Grund interessieren wir uns zunächst für Graphen und "aufspannende" Bäume von Graphen.

4.3.3.1 Aufspannende Bäume und Wege in Graphen

Ein Graph G heißt **zusammenhängend**, wenn es zwischen je zwei Knoten mindestens einen Weg gibt. Sei G ein endlicher, zusammenhängender, kantenorientierter Graph. Die Orientierung der Knoten spielt zunächst keine Rolle, so daß wir diese nicht voraussetzen. Wir nehmen weiter an, daß G einen Knoten P enthält, von dem aus alle Knoten von G Wege erreichbar sind. Man erinnere sich, daß Wege in orientierten Graphen alle Kanten nur in Richtung ihrer Orientierung durchlaufen. P heißt eine **Wurzel** von G.

Definition 4.17 *Ein Teilgraph B von G heißt ein* **aufspannender Baum** *von G mit Wurzel P, falls B ein Baum ist, der alle Knoten von G enthält und jeder Knoten von B von P aus in B erreichbar ist.* ∎

Die aufspannenden Bäume von G sind also **maximale** Untergraphen von G, die Bäume sind. Ist B nämlich aufspannender Baum von G mit Wurzel P, und ist t eine Kante von G, die nicht in B liegt, dann gibt es in G je genau einen Weg w_Q von P nach $Quelle(t)$ und w_Z von P nach $Ziel(t)$. Ist t keine Schleife, d.h. $Quelle(t) \neq Ziel(t)$, dann sind diese beiden Wege w_Q, w_Z verschieden und $w_Q \cdot t$ oder $w_Z \cdot t$ ist ein Weg in G. Nimmt man also t zu B hinzu, dann ist wegen $Ziel(w_Q) = Ziel(w_Z \cdot t)$ oder $Ziel(w_Q \cdot t) = Ziel(w_Z)$ der neue Graph kein Baum mehr.

Lemma 4.21 *Ist G ein endlicher, kantenorientierter Graph mit einer Wurzel P, dann besitzt G einen aufspannenden Baum mit Wurzel P.*

Beweis: Ist G bereits ein Baum, dann setzen wir $B = G$ und sind fertig. Ist G kein Baum, dann gibt es einen Knoten in G, der von P aus über verschiedene Wege w_1 und w_2 erreichbar ist. Haben w_1 und w_2 einen gemeinsamen Suffix u, dann können wir $w_1 = w_1' \cdot u$ und $w_2 = w_2' \cdot u$ schreiben. Ist $|u|$ maximal mit dieser Eigenschaft, dann treffen w_1' und w_2' in $Ziel(w_1') = Ziel(w_2')$ zusammen, und es gilt $last(w_1') \neq last(w_2')$. Entfernen wir aus G etwa $last(w_1')$, dann erhalten wir einen Teilgraphen G' von G mit Wurzel P, der genau die gleichen Knoten wie G enthält. Setzen wir dieses Verfahren fort, dann erhalten wir nach endlich vielen Schritten einen aufspannenden Baum B von G, der P als Wurzel besitzt. ∎

Ein effizientes Verfahren zur Berechnung des Baumes Wir geben nun ein effizientes Verfahren an, den aufspannenden Baum eines kanten- und knotenorientierten, endlichen, zusammenhängenden Graphen G mit Wurzel P zu berechnen. Dieses Verfahren wurde von Tarjan unter der Bezeichnung **depth first search** in die Informatik eingeführt.

Wir übertragen hierzu unser Verfahren zur Aufzählung der Knoten eines Baumes auf beliebige knoten- und kantenorientierte Graphen. Anstelle der Wege L eines Baumes haben wir hier die Menge der von P ausgehenden Wege $W(P)$ des

Graphen G. Diese Menge kann auch bei endlichen Graphen unendlich sein, so daß unser Verfahren zur Berechnung von $s \to s+1$, $s \to s*1$ nicht alle Knoten aufzählt, da es beliebig lange Wege geben mag.

Wir erreichen unser Ziel, indem wir jeden Knoten des Graphen G, den wir bei der Aufzählung $s \to s+1$ besuchen, grün einfärben. Treffen wir bei der Aufzählung auf einen grünen Knoten, dann gehen wir über die letzte Kante des Weges zurück und entfernen diese Kante aus dem Graph. Nun setzen wir unser Verfahren von dem erreichten Punkt aus in dem neuen Graph fort. Da G endlich ist, bricht das Verfahren ab, wenn wir keinen Knoten mehr erreichen können, der nicht grün ist. Offensichtlich ist die Menge der dann grün gefärbten Knoten zusammen mit den zwischen den grünen Knoten verlaufenden Kanten ein Baum B, der durch die Funktion $s \to s+1$ aufgezählt wird.

Der Graph G enthält weiter keine Kante, die von einem grünen Knoten zu einem ungefärbten Knoten führt; denn wäre dies der Fall, dann erhielten wir durch Hinzufügen dieser Kante zu B einen Baum B', der durch unsere Funktion $s \to s+1$ aufgezählt würde. Da von P aus aber jeder Knoten von G durch einen Weg w in G erreichbar ist, würde in dem Falle, daß B einen Knoten P' von G nicht enthält, der Weg w von P nach P' den Baum B über eine Kante verlassen, deren Quelle *grün*, deren Zielpunkt aber ungefärbt ist.

Also enthält B alle Knoten von G und ist dann ein aufspannender Baum von G. Da bei dieser Konstruktion jede Kante von G höchstens zweimal beschritten wird, erfordert unser Verfahren höchstens $2 \cdot N$ Schritte, wenn N die Anzahl der Kanten von G ist.

Definition 4.18 *Ist B ein aufspannender Baum von G und ergibt sich B aus G durch die Entfernung der Kanten $\overline{B} = \{t_1, \ldots, t_n\}$, dann heißt $\overline{B}$ die zu B gehörige* **Wegebasis** *von G.* ∎

Die Bezeichnung *Wegebasis* erklärt sich aus dem folgenden Lemma.

Lemma 4.22 *Ist G ein kantenorientierter Graph, und ist B ein zugehöriger G aufspannender Baum mit Wurzel P, dann wird jeder Weg w in G, der von P ausgeht, eindeutig bestimmt durch die Reihenfolge, mit der w die Kanten aus $\overline{B}$ durchläuft, und durch seinen Endpunkt $Ziel(w)$.*

Beweis: In einem Baum ist jeder Weg durch seinen Anfangs- und Endpunkt eindeutig bestimmt. Ist w ein Weg in G, dann zerfällt w durch die Wegnahme der Kanten aus $\overline{B}$ in Teilwege in B, die jeweils durch ihre Anfangs- und Endpunkte eindeutig bestimmt sind. Diese Punkte sind aber durch die weggenommenen Kanten aus $\overline{B}$, P und $Ziel(w)$ gegeben. Also ist w in der Tat durch die Reihenfolge der Kanten aus $\overline{B}$, wie diese von w durchlaufen werden, eindeutig bestimmt, was zu zeigen war. ∎

Ist h ein Homomorphismus von $E^* \to \overline{B}^*$, mit E=Menge der Kanten von G, der jede Kante von E auf ε abbildet, die nicht in $\overline{B}$ liegt, und mit $h(t) = t$ für $t \in \overline{B}$, dann wird also jeder Weg w von G eindeutig bestimmt durch

$$Quelle(w) \cdot h(w) \cdot Ziel(w)$$

Dies enthält eine sehr bemerkenswerte Tatsache, die wir zur Definition der Semantik unserer Programme zwar nicht benötigen, aber dennoch ausführen wollen.

Ist K die Knotenmenge von G, dann gilt

$$\#(E - \overline{B}) = \#B = \#K - 1 \ ,$$

da B ein Baum ist. Also haben wir, da $\overline{B} \subset E$ gilt,

$$\#\overline{B} = \#E - \#K + 1 \ .$$

Dies heißt, daß die Anzahl der Elemente von $\overline{B}$ von der Auswahl des G aufspannenden Baumes B unabhängig ist.

Bemerkung: Sei G ein endlicher, zusammenhängender, kantenorientierter Graph, dessen Knoten je mit genau k Kanten indizieren. Wir orientieren diese Kanten t durch Bildung der Paare $(t, +1)$, $(t, -1)$ und erhalten den Graphen G'. Haben wir dann eine freie Gruppe mit k Erzeugenden $e_1, \ldots, e_k$, dann können wir jedem Wort $w \in \{e_1, \ldots, e_k, e_1^{-1}, \ldots, e_k^{-1}\}^*$ relativ zu einem ausgezeichneten Punkt P von G genau einen Weg w' in dem Graphen G' zuordnen.
Dies tun wir in folgender Weise: Ist $w = e_{i_1}^{\varepsilon_1} \ldots e_{i_m}^{\varepsilon_m}$ mit $\varepsilon_i \in \{1, -1\}$, dann gehen wir von P über die Kante (t_1, ϵ_1) zum Endpunkt P' von (t_1, ϵ_1) über, worin t_1 die i_1-te von P ausgehende Kante bezüglich der vorgegebenen Knotenorientierung ist. Nun verfahren wir mit dem Wort $e_{i_2}^{\varepsilon_2} \cdot \ldots \cdot e_{i_m}^{\varepsilon_m}$ relativ zu P' so wie vorher mit w bezüglich P. Indem wir diesen Schritt iterieren, konstruieren wir zu w genau einen von P ausgehenden Weg w'. Man sieht, daß umgekehrt auch jeder solche Weg ein Wort in $\{e_1, \ldots, e_k, e_1^{-1}, \ldots, e_k^{-1}\}^*$ definiert.
Nun setzen wir für Wege: $(t, +1) \cdot (t, -1) = (t, -1) \cdot (t, +1) = \varepsilon$, d.h. wir ziehen Kanten, die hintereinander hin und zurück durchlaufen werden, auf einen Punkt zusammen. Diese Relation setzt sich in natürlicher Weise zur Relation $\widetilde{w} \cdot \widetilde{w}^{-1} = 1$ für Wege $\widetilde{w}$ in G' fort.

Nun betrachten wir die Wege in G', die von P ausgehen und in P enden. Diese Wege definieren eine Untergruppe $U(P)$ der freien Gruppe, die $\{e_1, \ldots, e_k\}$ erzeugt. Indem wir einen aufspannenden Baum B zu G' konstruieren, erhalten wir ein freies Erzeugendensystem für $U(P)$. Also ist die Untergruppe $U(P)$ der freien Gruppe $F(e_1, \ldots, e_k)$ frei. Man zeigt nun, daß man zu jeder endlich erzeugten Untergruppe U einer endlich erzeugten freien Gruppe F einen Graphen G' konstruieren kann, so daß U isomorph zu $U(P)$ ist. So folgt schließlich der schöne Satz.

Satz 4.23 *Endlich erzeugte Untergruppen freier Gruppen sind frei.* ■

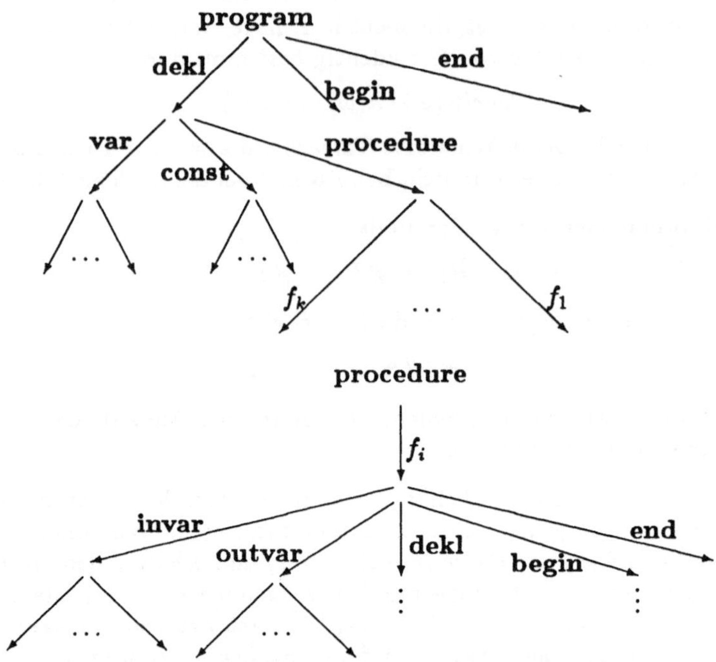

Abbildung 4.21: *Strukturbaum von* $p \in$ **PSp**

4.3.3.2 Definition der Semantik der Programme

Sei also $p \in$ **PSp**. Wir erklären zunächst den Strukturbaum von p. Dies geschieht mit Hilfe der Abbildung 4.21, die den Strukturbaum veranschaulicht.

Hierin sind $f_1, \ldots, f_k$ die Namen von Prozeduren, die im Deklarationsteil des Programmes mit dem Namen F definiert werden. An die Endpunkte der mit $f_1, \ldots, f_k$ markierten Kanten schließen sich die Strukturbäume dieser Prozeduren an, die ihrerseits selbst wieder Prozedurdeklarationen enthalten können. Indem man diese Konstruktion so lange fortsetzt, bis an den Enden der Zweige des Baumes nur noch Variablen- oder Konstantendeklarationen oder Zuweisungen, Sprunganweisungen oder Prozeduraufrufe oder das leere Wort steht, erhält man den Strukturbaum B von p. In dem unteren Graph von Abbildung 4.21 sind die Kanten von B durch gerade Pfeile dargestellt.

Die Menge der zu p gehörigen Selektoren $L(p)$ ist die Menge der Beschriftungen der Wege in diesem Baum, die die Wurzel des Baumes, nämlich **program** als Anfangspunkt besitzen. Den Baum selbst berechnet man mit Hilfe der Funktion

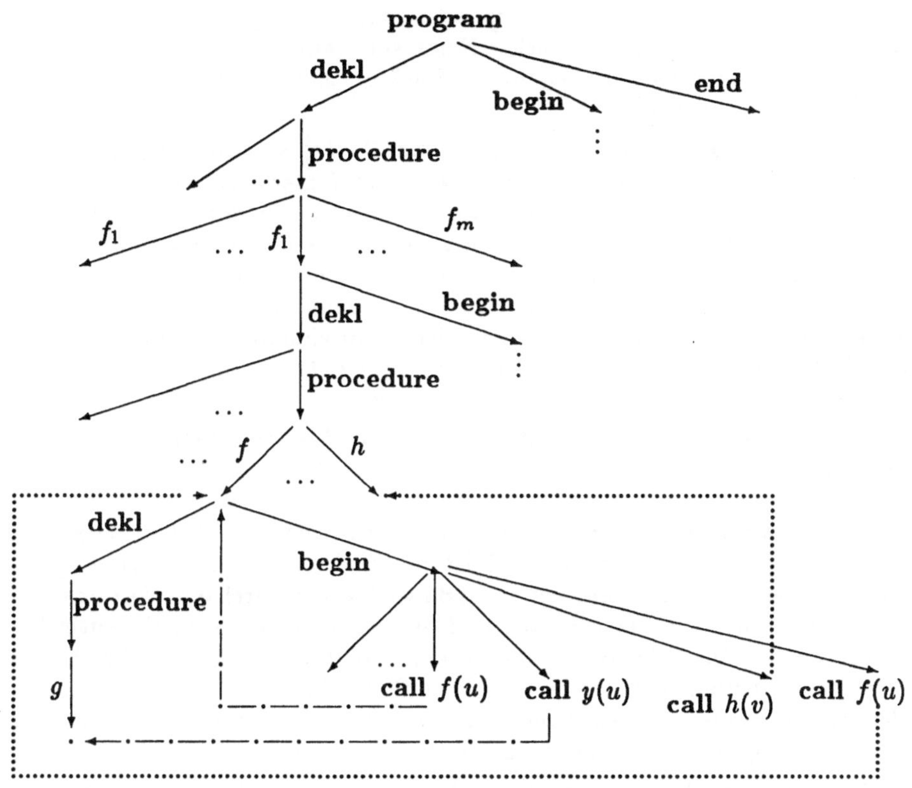

Abbildung 4.22: *Strukturgraph von* $p \in$ **PSp**

Tiefe, die uns die Schachtelung der Prozeduren zu übersehen gestattet. Wir verwenden, wie schon gesagt, in den Selektoren die Markierung einer Kante anstelle ihrer Nummer in der Orientierung des entsprechenden Knotens, falls diese Kante eine Markierung trägt.

Nun ergänzen wir den Strukturbaum durch einige Kanten zu dem **Strukturgraphen** des Programmes. Diese Kanten sind in Abbildung 4.22 gebrochen gezeichnet. Ist s ein Selektor von p und ist $p[s] =$ **call** $f(u)$, dann ziehen wir eine Kante von dem zu s gehörigen Knoten zu dem zu s' gehörigen Knoten des Baumes, falls auch $s'f$ ein Selektor des Baumes ist und den zugehörigen Prozeduraufruf bezeichnet. Wir präzisieren diese Beschreibung wie folgt.

Es sei $s = s_1 \cdot x \cdot s_2$ und s_2 enthalte keinen Namen (d.h. höchstens Schlüsselwörter wie **begin**, **procedure** oder Nummern) und x sei ein Name. Alle Marken an Kanten, die Namen sind, sind Prozedur- oder Programmnamen. In jedem Selektor von p kommt zumindest ein solcher Name vor, nämlich der Programmname. Also gibt es stets eine solche Zerlegung des Selektors s, und x ist per definitionem der Name der aktuellen Prozedur.

Ist $f = x$; dann ziehen wir eine Kante von *Ziel*(s) als Anfangspunkt nach *Ziel*$(s_1 f)$ als Endpunkt. Die neue Kante wird mit f markiert. Ist $f \neq x$, dann bilden wir $\overline{s} = s_1 x$ **dekl procedure** und prüfen nach, ob es einen Selektor $\overline{s}f$ von p gibt. Ist $\overline{s}f$ Selektor von p, dann ziehen wir eine Kante von *Ziel*(s) zu *Ziel*$(\overline{s}f)$. Die neue Kante wird mit f markiert. Dieser Fall entspricht **call** $g(u)$ in Abbildung 4.22. Ist $\overline{s}f$ kein Selektor von p, dann sehen wir nach, ob $s_1 f$ Selektor von p ist. Ist dies der Fall, dann ziehen wir eine mit f markierte Kante von *Ziel*(s) nach *Ziel*$(s_1 f)$. Dieser Fall entspricht **call** $h(v)$ in Abbildung 4.22. In allen anderen Fällen ist **call** $f(n)$ nicht definiert.

Indem wir diese Konstruktion für alle Prozeduraufrufe durchführen, erhalten wir den **Strukturgraphen** $G(p)$ für das Programm $p \in$ **PSp**.

Nun betrachten wir die Menge der Wege in dem Strukturgraph $G = G(p)$ mit Anfangspunkt **program**. Offensichtlich ist der Strukturbaum $B = B(p)$ ein aufspannender Baum von G, so daß wir jeden dieser Wege w durch ein Wort über die in $G(p)$ vorkommenden Aufrufkanten und den Endknoten von w eindeutig bezeichnen können. Die Folge der Prozedurnamen an den Aufrufkanten beschreibt den Programmzustand nicht eindeutig, da die gleiche Prozedur von verschiedenen Stellen her aufgerufen werden kann. Das Wort über den Aufrufkanten gibt die zu dem Weg w gehörige Schachtelung der Prozeduren an.

Sei h der im vorigen Abschnitt definierte Monoidhomomorphismus, der den Wegen w das Wort über den Aufrufkanten zuordnet. Ist dann w ein Weg im Graphen $G(p)$, der den Programmanfang mit einer Deklarationskante verbindet, dann verwenden wir $v = h(w)$ zur Unterscheidung der in dieser Deklaration definierten Variablen und Konstanten. Sind $x_1, \ldots, x_n$ die in $p[w$ **dekl**$]$ eingeführten Namen der Variablen und $c_1, \ldots, c_m$ die Namen der dort eingeführten Konstanten, dann bezeichnen wir

$$\{(x_1, v), \ldots, (x_n, v)\} \qquad \text{bzw.} \qquad \{(c_1, v), \ldots, (c_m, v)\}$$

als die zu w gehörigen **aktuellen Variablen** bzw. **Konstanten**.

Bevor wir dies alles formal definieren, veranschaulichen wir uns das Konzept für den Fall, daß keine Variablenidentifikationen vorkommen (Abbildung 4.23). Wir legen einen Stapel von Variablen und Konstanten an. Oben auf dem Stapel liegen die "aktuellen" Variablen und Konstanten. Diese seien die oben aufgeführten Variablen. Weiter sei $v = f_1 f_2 \cdots f_k$ die Folge der Aufrufkanten, die zu dem aktuellen Programmzustand führt.

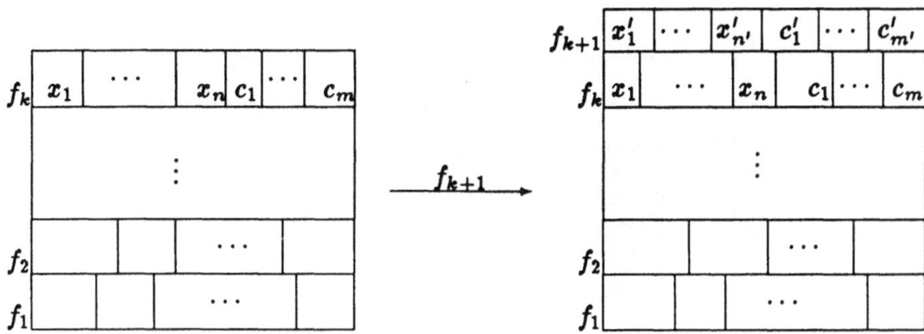

Abbildung 4.23: *Stapel von Variablen und Konstanten der Aufruffolge* $f_1 f_2 \cdots f_k f_{k+1}$

Die Schichten des Stapels tragen die Namen der bei Anlage der Schicht jeweils aktuellen Prozeduraufrufkante. Der Name des Programmes ist in Abbildung 4.23 f_1. In f_1 wurde die Prozedur F_2 über die Aufrufkante f_2 aufgerufen, danach F_3 über f_3 usw. bis f_k. Wird in F_k nun F_{k+1} aufgerufen, und ist f_{k+1} die zu diesem Aufruf von F_{k+1} gehörige Aufrufkante, dann wird auf den Stapel dem Aufruf entsprechend eine Schicht von neuen Variablen aufgelegt und die Zuweisung $(x, vf_{k+1}) := (u, v)$ ausgeführt, wenn $x := u$ im Aufruf f_{k+1} enthalten ist. Wird eine Prozedur beendet, dann wird die jeweils oberste Lage von Variablen wieder entfernt. Die Berechnung wird mit der auf den Prozeduraufruf folgenden Anweisung fortgesetzt.

Diese Veranschaulichung gibt noch kein vollständiges Bild der zur Definition der Semantik unserer Programme notwendigen Konstruktionen. In der Skizze ist die Variablenidentifikation nicht berücksichtigt. Variablenidentifikation führt zu Identifikationen der Art

$$(y, vf) \equiv (z, v).$$

Eine solche Identifikation kann sich über mehrere Prozeduraufrufe fortsetzen. Diese Situation veranschaulichen wir durch Abbildung 4.24.

In dieser Abbildung haben wir die Variablen, die durch Identifikationen in mehreren Schichten gültig sind, durch Schraffieren gekennzeichnet. Der Informationstransport aus einer Prozedur in die vorhergehende Prozedur erfolgt über die schraffierten Speicherzellen. Die Menge der so definierten Variablen und Konstanten bezeichnen wir durch $V(p)$.

Wir definieren für $p \in \mathbf{PSp}$ die zu p gehörige abstrakte Maschine $M(p)$ induktiv. Zunächst erläutern wir die Idee der Konstruktion.

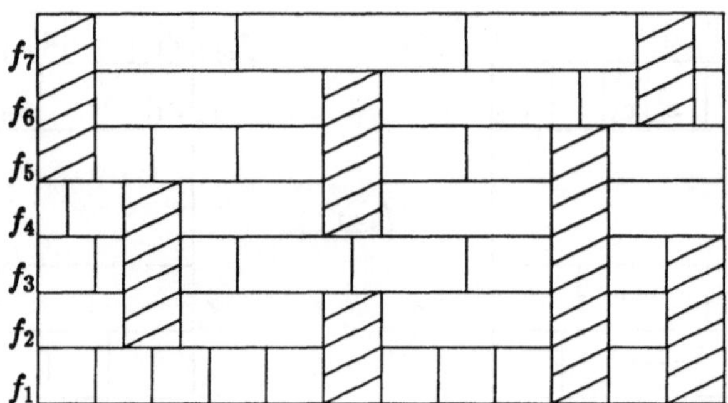

Abbildung 4.24: *Aufrufsituation, bei welcher sich Variablenidentifikation über mehrere Aufrufe erstreckt*

Anstelle von $Name(p)$, nämlich der Namen von p, tritt hier die Bezeichnung $V(p)$ für die Menge der Variablen und Konstanten von p. Wir könnten an sich wieder

$$Konfig(p) = Contr(p) \times \Sigma\big(V(p)\big)$$

setzen, würden hierdurch aber $V(p)$ sehr groß machen, indem wir in V alle Variablen (x, v) aufnehmen, was i.a. zu einer unendlich großen Variablenmenge führte, von der aber stets nur endlich viele der Variablen definierte Werte trügen. Wir ziehen es vor, in $Konfig(p)$ nur die Variablen zu repäsentieren, die definierte Werte tragen. Diese Variablenmenge ist aber von dem jeweils aktuellen Selektor abhängig, so daß $Konfig(p)$ sich in diesem Fall nicht wie im Falle der *einfachen Programme* als cartesisches Produkt schreiben läßt. Wir erhalten vielmehr einen Ausdruck der Form

$$Konfig(p) = \bigcup_w \Big[\{w\} \times \Sigma\Big(V\big(h(w)\big)\Big)\Big]$$

worin w die Menge der Wege in $G(p)$ durchläuft, h der Homomorphismus ist, der aus w die Prozeduraufrufe aussondert, und $V\big(h(w)\big)$ die zu $h(w)$ gehörige Variablenmenge. $\Sigma\Big(V\big(h(w)\big)\Big)$ ist die Menge der erlaubten Belegungen der Variablen mit Werten.

Damit besteht zwar $Konfig(p)$ i.a. aus unendlich vielen Komponenten, enthält aber aktuell nur endlich viele davon.

Wir konstruieren $Konfig(p)$ formal, indem wir $V\big(h(w)\big)$ induktiv nach der Länge $\#h(w)$ definieren.

Für $\#h(w) = 0$ übernehmen wir die Definition von $Konfig(p)$ für *einfache Programme*. Seien nun

$$Konfig(p) \qquad \text{und} \qquad \Delta(p) : Konfig(p) \rightarrow Konfig(p)$$

für alle Wege w aus $G(p)$ mit dem Anfangspunkt **program** und dem Präfix (name, **begin**) und $\#h(w) \leq k$ definiert. Wir setzen diese Definition für w' mit $\#h(w) = k+1$ fort. Wir betrachten dazu alle Fortsetzungen eines festen Weges w_0 mit $\#h(w_0) = k$ zu einem Weg w mit $\#h(w) = k+1$. w hat dann die Form $w = w_0 fs$, worin fs ein Selektor der Prozedur $p[w_0 f]$ ist.

Wir definieren

$$\Delta(p)\big(h(w_0)fs, \xi\big)$$

so, als ob $p\big[h(w_0)f\big]$ ein Programm mit dem Selektor fs wäre für die aktuellen Variablen und Konstanten, solange $p\big[h(w_0 f)s\big]$ kein Prozeduraufruf und ungleich **end** ist. Für diese beiden Fälle geben wir nun die folgenden Definitionen.

1.) Sei $p\big[h(w_0 f)s\big]$ der Prozeduraufruf

$$\textbf{call } g(x_1 := u_1; \ldots, ; x_n := u_n;\ y_1 \equiv z_1; \ldots ; y_m \equiv z_m)$$

Wir setzen dann

$$w = w_0 fsg \qquad \text{und} \qquad \tilde{V}\big(h(w)\big) \;=\; V\big(h(w_0 f)\big) \cup \tilde{V}_a$$

mit

$$\tilde{V}_a \;=\; \Big\{ \big(x, h(w)\big) \Big|\, x \text{ in } p[w] \text{ deklarierter Name} \Big\}.$$

Hierin ist $V\big(h(w_0 f)\big)$ die bereits definierte Menge von Variablen und Konstanten; $\tilde{V}_a$ ist die Menge der in der neuen Prozedur g deklarierten Namen. Anschließend identifizieren wir die Variablen entsprechend dem Prozeduraufruf. Hierzu setzen wir

$$R_{w_0 fs} = \Big\{ \big(y_1, h(w)\big) \equiv \big(z_1, h(w_0 f)\big), \ldots, \big(y_m, h(w)\big) \equiv \big(z_m, h(w_0 f)\big) \Big\}$$

Nun bilden wir

$$V\big(h(w)\big) = \tilde{V}\big(h(w)\big) / R_{w_0 fs}$$

und definieren

$$V_a\big(h(w)\big) = \big\{ [x] \mid x \in \tilde{V}_a \big\}.$$

Hierin ist V_a die Menge der aktuellen Variablen, die man durch die Identifikationen $R_{w_0 fs}$ aus $\tilde{V}_a$ erhalten hat. Nun setzen wir

$$\xi'(x) \;=\; \begin{cases} \xi(x) & \text{für } x \in V\big(h(w_0 fs)\big) \\ \xi(u_i) & \text{wenn } x = \big(x_i, h(w)\big) \\ & \text{ und } x_i := u_i \text{ im Prozeduraufruf } w_0 fs \\ \text{undefiniert} & \text{sonst} \end{cases}$$

und schließlich

$$\Delta(p)(w_0 fs, \xi) = (w, \xi')$$

2.) $p[w_0 f s] = \mathbf{end}$

Hier definieren wir

$$\Delta(p)(h(w_0 f)s, \xi) = (h(w_0)(s'+1), \xi') .$$

Dabei ist s' Selektor der Aufrufkante von f und $\xi' = \xi \,\Big|\, V(h(w_0))$. Nach Beendigung der Prozedur wird die Berechnung also mit der auf den Prozeduraufruf folgenden Anweisung fortgesetzt.

4.3.3.3 Prozeduren als Prozedurparameter

Wir haben unser Prozedurkonzept so angelegt, daß eine Prozedur von außen nur Werte, Konstanten und Variablen in sehr eingeschränkter Weise übernehmen kann. Es werden stets alle Konstanten und Variablen in der Prozedur deklariert, so daß es stets möglich ist zu prüfen, ob sich das Konzept der Prozedur in Übereinstimmung mit der Vorstellung des Benutzers befindet. Hierdurch nehmen wir natürlich einen Mehraufwand beim Programmieren in Kauf. Unser Konzept ist für viele Anwendungen aber auch so eingeschränkt, daß eine Erweiterung wünschenswert ist. Wir erläutern dies an einem Beispiel.

Es soll eine Prozedur *Integral* geschrieben werden, die für eine Funktion *Funkt* das bestimmte Integral von *Funkt* über einem Intervall $[a, b]$ berechnet. Diese Prozedur soll in verschiedenen Umgebungen verwendbar sein und dort gegebenenfalls zur Berechnung des Integrals für verschiedene Funktionen herangezogen werden. Beim Schreiben der Prozedur *Integral* ist also die Funktion *Funkt* noch nicht bekannt. Ebenso ist bei der Erstellung der Prozedur zur Berechnung von *Funkt* noch nicht bekannt, in welchem Zusammenhang diese Prozedur später verwendet werden soll.

Wir haben also die Situation, daß in einem Programm die Prozeduren *Funkt* und *Integral* gegeben sind und *Integral* für die Prozedur *Funkt* aufgerufen werden soll. Wir müssen also einen Aufruf etwa der Form

$$\mathbf{call}\ Integral\ (Funkt, a, b, Resultat)$$

erwarten. *Integral* übernimmt also von außen nicht nur Konstanten oder Variablen eines bestimmten Types, sondern auch eine Prozedur, nämlich hier *Funkt* und gibt das Resultat über die Variable *Resultat* nach draußen. Wenn wir unserem Konzept auch bei Prozeduren folgen, daß jeder Name, der in einer Prozedur verwendet wird, dort auch deklariert werden muß, dann muß *Integral* auch *Funkt* deklarieren. Da beim Schreiben von *Integral* der Name *Funkt* nicht bekannt ist, wird die Deklaration einem anderen Namen gelten und weiter kann diese Deklaration nicht die Anzahl der Variablen und auch nicht den Anweisungsteil von *Funkt* vorhersehen. Man wird also bei dem vorgegebenen Konzept in *Integral* einen Prozedurnamen *GFunkt* einführen und die invar-Variablen und die outvar-Namen von *GFunkt* deklarieren.

Der Aufruf von *Integral* muß dann die verschiedenen Namen einander zuordnen, so daß der Aufruf von *GFunkt* in *Integral* als Aufruf von *Funkt* interpretiert werden kann. Der Aufruf von *Integral* hat dann z.B. die Form

$$\textbf{call } \mathit{Integral}\big(\mathit{GFunkt} = \mathit{FFunkt}(x = x', y \equiv y'),\ a := a',\ b := b'\big)$$

Es wird im Aufruf also mitgeteilt, daß der in *Integral* vorkommende Aufruf $\mathit{GFunkt}(x := z_1,\ y \equiv z_2)$ als $\mathit{FFunkt}(x' := z_1,\ y' = z_2)$ zu lesen ist. Die in *Integral* vorhandene Deklaration

$$\begin{array}{c}\textbf{procedure } \mathit{GFunkt}\ (\textbf{invar } x;\ \textbf{outvar } y)\\ \textbf{var } x, y\textbf{: real}\end{array}$$

erlaubt es festzustellen, ob die *Quelle*- und *Ziel*-Bedingungen für *G-Funkt* und *F-Funkt* übereinstimmen.

Wir geben nun die allgemeine Form der Vereinbarung **variabler Prozeduren**.

Definition 4.19 *Eine Prozedurvereinbarung heißt eine* **import-Vereinbarung**, *wenn sie die folgende Form hat:*

$$\begin{array}{l}\textbf{procedure } G\ (\textbf{invar } x_1, \ldots, x_n;\ \textbf{outvar } y_1, \ldots, y_m);\\ \quad \big[\mathit{Typenvereinbarung\ f\ddot{u}r}\ x_1, \ldots, x_n, y_1, \ldots, y_m\big]\\ \textbf{begin import end}\end{array}$$

worin $x_1, \ldots, x_n$ *Variablen und* $y_1, \ldots, y_m$ *Konstanten oder Variablen, aber keine Prozedurvariablen sind.*

Der **Aufruf** *einer* **import-Prozedur** *unterscheidet sich nicht vom Aufruf einer beliebigen Prozedur. Enthält der Deklarationsteil der Prozedur H die Vereinbarung der import-Prozedur G, dann muß der Aufruf von H die entsprechende Prozeduridentifikation enthalten.*

Der Prozeduraufruf von H hat dann die Form

$$\textbf{call } H\big(G = F(x_1 = x_1', \ldots, x_n = x_n', y_1 \equiv y_1', \ldots, y_m \equiv y_m'), \ldots\big)$$

Dieser Aufruf ist syntaktisch korrekt, wenn der Aufruf nicht in H liegt, d.h. kein rekursiver Prozeduraufruf ist, und wenn 1.) und 2.) gelten.

1.) G und F enthalten genau die Vereinbarungen

$$\textbf{invar } x_1, \ldots, x_n \qquad \mathit{bzw.} \qquad \textbf{invar } x_1', \ldots, x_n'$$

und

$$\textbf{outvar } y_1, \ldots, y_m \qquad \mathit{bzw.} \qquad \textbf{outvar } y_1', \ldots, y_m',$$

wobei es auf die Reihenfolge der Namen nicht ankommt.

2.) Es ist $typ(x_i) = typ(x_i')$ *für* $i = 1, \ldots, n$;
$art(y_i) = art(y_i')$ *für* $i = 1, \ldots, m$.

Handelt es sich um einen rekursiven Prozeduraufruf von H*, dann wird die Prozeduridentifikation ignoriert und auf die des Erstaufrufes von* H *zurückgegriffen.*

■

Wir lassen also *nicht* zu, daß auch G und F Prozeduren importieren. Wir lassen aber zu, daß F selbst auch eine import-Prozedur ist. Damit haben wir also für Prozedurvariablen die gleichen Möglichkeiten wie für Variablen und Konstanten vorgesehen, nämlich daß diese auf dem Wege der Identifikation durch mehrere Prozeduren hindurch gereicht werden können.

Unsere Forderung der Spezifikation dieser Namen in jeder Prozedur bedeutet einen gewissen Aufwand, gibt uns aber eine größere Unabhängigkeit bei der Erstellung der Prozeduren, da die syntaktischen Annahmen, die dem Abfassen einer Prozedur zugrunde liegen, auch ausformuliert werden müssen. Der Aufruf dieser Prozeduren läuft also so ab, als ob der Aufruf direkt den Namen der importierten Prozedur enthalten hätte, wenn wir von dem Identifikationsprozeß absehen. Man kann den Prozeduraufruf von Prozeduren außerhalb der aktuellen Prozedur ganz auf "Importe" beschränken, ohne dabei an Möglichkeiten etwas einzubüßen.

Wir verabreden folgende Bezeichnungen:

> Variablen der alten Art heißen **Objektvariablen**, die Namen der import-Prozeduren **Prozedurvariablen**.

Wir schreiben für *Prozedurvariablen* F

$$art(F) = Prozedurvariable,$$

während wir für *Objektvariablen* x

$$art(x) = Objektvariable \quad \text{oder auch} \quad art(x) = variable$$

schreiben.

Die Semantik unserer Programme wird nun wie folgt definiert:

Beim Aufruf von H wird zunächst die Korrektheit des Aufrufes getestet. Ist diese nicht gegeben, dann ist die Semantik *undefiniert*. Ist der Aufruf korrekt, dann ergänzen wir den Programmgraph durch eine Kante, die vom Aufruf "call G" zu dem **begin** des Programmes F führt, mit dem G identifiziert wird. Wir markieren diese Kante mit G. Der Programmgraph enthält hingegen keine Kante vom Aufruf G zur Spezifikation von G. Wird die Prozedur H verlassen, dann werden auch die beim Aufruf von H in $G(p)$ eingefügten Kanten wieder gelöscht.

Unsere Programmkonfiguration hat also einen Zusatz erfahren, indem der Programmgraph $G(p)$ nicht mehr konstant ist, sondern sich bei den Berechnungen ändert, so daß wir $G(p)$ in der Konfigurationsmenge mit aufführen müssen.

Die Voraussetzungen, daß die Prozeduren $G = F$ selbst keine Prozedur importieren und, daß der rekursive Aufruf von H keine neue Identifikation von G vornehmen darf, sind notwendig dafür, daß die definierte Semantik unserer Vorstellung entspricht. Wir wollen dies erläutern.

Lassen wir zu, daß auch F eine Prozedur importiert, dann müssen wir auch zulassen, daß F die Prozedur H importiert. Wir könnten das zwar durch ein explizites Verbot verhindern, aber wir könnten dies nicht kontrollieren, da dieser Import ja indirekt über eine längere Kette von Aufrufen von Programmen erfolgen, deren Erstellung wir nicht selbst vornehmen. Dieser Import von H in F in Verbindung mit einem Aufruf von H würde nun unseren Programmgraph verändern, so daß wir nach Beendigung des Aufrufes von $G = F$ bei Rückkehr nach H ein verändertes Programm vorfinden würden, das wir auch nicht wieder rekonstruieren könnten. Aus dem gleichen Grund schränken wir auch den rekursiven Aufruf von H ein.

Man könnte die Semantik auch so definieren, daß wir die obigen Verbote nicht benötigen. Hierzu müßte man sich, wie wir es bei den Objektvariablen bei rekursivem Aufruf tun, bei jedem Aufruf von H eine neue Kopie von F für die aktuelle Variable G besorgen. Wir gelangen hierbei im Grunde zur Einführung des uns aus Kapitel 2 bekannten Programmspeichers und zu Operationen auf dem Programmspeicher. Wir führen diese Beschreibung der Semantik nicht formal aus, da sie recht aufwendig ist.

4.4 Datenstrukturen

Wir haben eine Reihe von Datentypen betrachtet. Wie wir bereits wissen, müssen alle diese Datentypen auf der Basis binärer Werte realisiert werden. Somit stellt sich die Frage nach Konstruktionselementen, die es erlauben, komplexere Datentypen aus einfacheren zu konstruieren. Weiter muß man davon ausgehen, daß stets Wünsche nach speziellen Datentypen, die nicht gegeben sind, auftreten, so daß man dem Programmierer Möglichkeiten geben muß, sich die benötigten Datentypen selbst zu konstruieren. Hierzu benötigt man zunächst formale Konstrukte und danach auch Wissen darüber, wie man die bestehenden Freiheiten in der Konstruktion nutzen kann, um optimale Resultate hinsichtlich eines oder mehrerer Komplexitätsmaße zu erzielen. Dieser Abschnitt ist eine Einführung in diesen Problemkreis.

4.4.1 Felder oder Arrays

Die bekannteste Methode, aus gegebenen Mengen eine zusammengesetzte Struktur zu bilden, ist die Bildung eines cartesischen Produktes. Als Beispiel nehme man die Bildungen $\mathbf{R}^5$, $\mathbf{Q}^{100}$, $\mathbf{B}^{32}$ aus den Mengen $\mathbf{R}$, $\mathbf{Q}$ bzw. $\mathbf{B}$. Wir bilden also zu $n \in \mathbf{N}$ das n-fache cartesische Produkt einer Menge. Nun kann man die auf den Ausgangsmengen gegebenen Operationen z.B. komponentenweise auf die Produkte übertragen oder auch völlig neue Operationen auf diesen Mengen definieren. So erhält man z.B. aus $\mathbf{Q}^n$ durch die Übernahme der Addition aus $\mathbf{Q}$ und der Einführung der Multiplikation $a \cdot (q_1, \ldots, q_n) := (a \cdot q_1, \ldots, a \cdot q_n)$ für $a \in \mathbf{Q}$ einen Vektorraum über $\mathbf{Q}$.

Wie dem Leser bekannt ist, faßt man Zahlen nicht nur wie gerade beschrieben zu linearen Mustern zusammen, sondern auch zu Matrizen:

$$\begin{pmatrix} a_{11} & a_{12} & \cdots & a_{1n} \\ a_{21} & a_{22} & \cdots & a_{2n} \\ \vdots & \vdots & \ddots & \vdots \\ a_{m1} & a_{m2} & \cdots & a_{mn} \end{pmatrix}$$

Sind die a_{ik} aus $\mathbf{Q}$, dann kann eine solche Matrix natürlich auch als Element von $\mathbf{Q}^{m \cdot n}$ angesehen werden. Das Entscheidende bei der Anordnung der Elemente zu einer Matrix ist ein algorithmischer Gesichtspunkt, nämlich die **Matrixmultiplikation**

$$(a_{ik})(b_{k\ell}) = \left(\sum_k a_{ik} b_{k\ell} \right)$$

leicht hinschreiben zu können. Wir haben hier abkürzend und wegen der fehlenden Grenzen für die Indizes etwas ungenau (a_{ik}) für die oben stehende Matrix geschrieben. Verallgemeinerungen von Matrizen zu höherdimensionalen Anordnungen sind **Tensoren**.

In der Informatik liegt das Schwergewicht nicht auf den algebraischen Strukturen, die diese Produkte besitzen, sondern in der elementaren Frage, wie man solche Gebilde im Speicher ablegt, wie man einzelne Elemente oder Teilstrukturen auswählt oder alle Elemente in ökonomischer Weise durchmustert oder mit diesen Gebilden rechnet.

Definition 4.20 *Ist a ein Name und sind $n_1, \ldots, n_k, m_1, \ldots, m_k \in \mathbf{Z}$, dann heißt*

$$a[n_1 : m_1, \ldots, n_k : m_k] \;=\; \left\{ a[i_1, \ldots, i_k] \mid i_\ell \in [n_\ell : m_\ell] \text{ für } \ell = 1, \ldots, k \right\}$$

k-dimensionales Feld *oder* **k-dimensionales Array**. *a ist der* **Name** *des Feldes.* ■

Dieses Feld kann man sich z.B. als die Menge der Gitterpunkte $[n_1: m_1] \times \cdots \times [n_k: m_k]$ im $\mathbf{R}^k$ veranschaulichen. Wir tun dies für $[2:6] \times [-1:4]$ in Abbildung 4.25. Ist $n_\ell > m_\ell$ für einen Index ℓ, dann ist das Gitter leer.

	2	3	4	5	6
−1	•	•	•	•	•
0	•	•	•	•	•
1	•	•	•	•	•
2	•	•	•	•	•
3	•	•	•	•	•
4	•	•	•	•	•

Abbildung 4.25: *Veranschaulichung des Feldes $a[2:6, -1:4]$ als Menge der Gitterpunkte von $[2:6] \times [-1:4]$*

Diese Gitterpunkte können Werte tragen, z.B. rationale Zahlen. In diesem Fall beschreiben wir das durch eine Abbildung

$$\xi : a[n_1: m_1, \ldots, n_k: m_k] \to \mathbf{Q}.$$

Wir fassen hier also $a[n_1: m_1, \ldots, n_k: m_k]$ als eine Menge von Variablen des Types **rational** auf. $\xi(a[i_1, \ldots, i_k])$ ist der **aktuelle** Wert der Variablen $a[i_1, \ldots, i_k]$ für $n_\ell \leq i_\ell \leq m_\ell$; $\ell = 1, \ldots, k$. Im zweidimensionalen Fall heißt $(\xi,\ a[n_1: m_1, n_2: m_2])$ eine rationale Matrix.

Sind die Feldindizes $j_1, \ldots, j_k$ integer-Variablen oder integer-Konstanten, dann ist $\xi\Big(a\big[\xi(j_1), \ldots, \xi(j_k)\big]\Big)$ der aktuelle Wert der Variablen $a\big[\xi(j_1), \ldots, \xi(j_k)\big]$, falls $n_\ell \leq \xi(j_\ell) \leq m_\ell$ für $\ell = 1, \ldots, k$; sonst ist ξ nicht definiert.

Dementsprechend muß eine Felddefinition auch eine Typendeklaration enthalten, die jeder Variablen des Feldes den gleichen Typ zuordnet.

Definition 4.21 Feld-Deklarationen *haben die Form*

$$\textbf{var } a\textbf{: array}[n_1: m_1, \ldots, n_k: m_k] \textbf{ of typ}$$

worin a ein Name ist, n_ℓ, m_ℓ Integer-Konstanten oder Standardbezeichnungen für ganze Zahlen sind. **typ** *ist ein einfacher Datentyp oder der Typ eines bereits deklarierten Feldes. Die erlaubten Belegungen des Feldes sind die Abbildungen*

$$\Sigma(a) := \{\xi : a[n_1: m_1, \ldots, n_k: m_k] \to \Sigma(\textbf{typ})\}$$

Wir setzen

$$typ(a) = \textbf{array}[n_1: m_1, \ldots, n_k: m_k] \textbf{ of typ} \qquad \blacksquare$$

Das folgende Beispiel erläutert den Fall, daß **typ** selbst ein Feld ist.

Beispiel 4.10 Man betrachte

$$\begin{array}{ll} \textbf{var} & a\text{: } \textbf{array}[1\text{:}2, 1\text{:}2] \textbf{ of integer};\\ \textbf{var} & b\text{: } \textbf{array}[1\text{:}2, 1\text{:}2] \textbf{ of typ}(a). \end{array}$$

Eine aktuelle Belegung von b könnte dann wie folgt

$$\begin{pmatrix} \begin{pmatrix} 1 & 0 \\ 0 & 1 \end{pmatrix} & \begin{pmatrix} 1 & 2 \\ 0 & 1 \end{pmatrix} \\ \\ \begin{pmatrix} 1 & 2 \\ 0 & 1 \end{pmatrix} & \begin{pmatrix} 0 & 1 \\ 1 & 0 \end{pmatrix} \end{pmatrix}$$

aussehen. Wir hätten dann

$$b[1,1] = \begin{pmatrix} 1 & 0 \\ 0 & 1 \end{pmatrix} \qquad b[1,2] = \begin{pmatrix} 1 & 2 \\ 0 & 1 \end{pmatrix}$$

$$b[2,1] = \begin{pmatrix} 1 & 2 \\ 0 & 1 \end{pmatrix} \qquad b[2,2] = \begin{pmatrix} 0 & 1 \\ 1 & 0 \end{pmatrix}$$

Auf die Elemente der Matrizen $b[i,k]$ können wir wie folgt zugreifen:

$$\begin{array}{ll} b[1,1][1,2] = 0, & b[2,1][1,2] = 2 \\ b[2,2][1,1] = 0, & b[2,1][2,1] = 1. \end{array}$$

■

Definition 4.22 *Dürfen in der vorhergehenden Definition die n_ℓ und m_ℓ integer-Variablen sein, dann heißt das Feld* **dynamisch**. ■

Wir kommen nun zu den in Verbindung mit Feldern zulässigen Operationen. Die Elemente $a[i_1, \ldots, i_k]$ des Feldes $a[n_1\!:\!m_1, \ldots, n_k\!:\!m_k]$ sind Variablen und dürfen wie beliebige Variablen des Types *typ*(a) verwendet werden. Das Entsprechende gilt für $a[j_1, \ldots, j_k]$, wenn einige der j_ℓ integer-Variablen sind. Bei Operationen wird ein solcher Ausdruck stets als $a[\xi(j_1), \ldots, \xi(j_k)]$ interpretiert, wenn ξ die aktuelle Variablenbelegung ist.

Dynamische Felder müssen mit Vorsicht behandelt werden. Beliebige Wertzuweisungen an die Begrenzungsvariablen des Feldes würden das Feld verschieben und dadurch Variablen ausblenden oder neue Variablen mit noch undefinierten Werten einführen. Um die Einfachheit des Feldkonzeptes an sich und seine effiziente Realisierbarkeit nicht zu beeinträchtigen, läßt man i.a. die Festlegung von Feldgrenzen nur bei Prozeduraufrufen zu.

Wir ergänzen die Wertzuweisung einzelner Variablen durch Zuweisungen von Feldern und Teilfeldern.

Wenn $ai[n_{l1}\!:m_{l1},\ldots,n_{lk}\!:m_{lk}]$ für $l = 1,2$ zwei k-dimensionale Felder mit Variablen des gleichen Types sind, dann lassen wir auch die Zuweisung

$$a1[i_1\!:j_1,\ldots,i_k\!:j_k] \;:=\; a2[i_1\!:j_1,\ldots,i_k\!:j_k]$$

für $n_{l\ell} \leq i_\ell, j_\ell \leq m_{l\ell}$, $l = 1,2$ und $\ell = 1,\ldots,k$ zu.

Die Wirkung dieser Operation ist die gleiche, wie die der parallel auszuführenden Zuweisungen

$$a1[\ell_1,\ldots,\ell_k] \;:=\; a2[\ell_1,\ldots,\ell_k]$$

für $i_s \leq \ell_s \leq j_s$ für $s = 1,\ldots,k$.

Die Form dieser Zuweisung ist für viele Anwendungen noch zu starr. Dies sieht man, wenn man etwa eine Teilmatrix von $a1$ an eine andere Stelle in $a1$ kopieren will. Aus diesem Grund lassen wir auch zu, daß in den Anweisungen die Indizes auf der linken und der rechten Seite nicht identisch sind, sondern z.B durch eine Translation aufeinander bezogen werden.

Zwei Beispiele sollen dies erläutern.

Beispiel 4.11 Translation einer Teilmatrix in $a[n_i\!:m_1,\ldots,n_k\!:m_k]$.

Es sei $n_1 = n_2 = \cdots = n_k = 0$ und $m_1 = m_2 = \cdots = m_k = 2\cdot m - 1$ und $m \in \mathbf{N}$. Wir wollen die Teilmatrix $a[0 : m-1,\ldots,0 : m-1]$ an alle 2^k Positionen $[\sigma_1\cdot m : (\sigma_1+1)\cdot m - 1,\ \ldots,\ \sigma_k\cdot m : (\sigma_k+1)\cdot m - 1]$ kopieren, die sich durch alle Auswahlen $\sigma = (\sigma_1,\ldots,\sigma_k) \in \{0,1\}^k$ ergeben.

foreach $\sigma \in \{0,1\}^k$ **and** $\sigma \neq 0$ **do**
$a[\sigma_1\cdot m : (\sigma_1+1)\cdot m-1,\ldots,\sigma_k\cdot m : (\sigma_k+1)\cdot m-1] :=$
$a[0 : m-1,\ldots,0 : m-1]$
od

Diese Zeile ist also so zu verstehen, daß das Feld $a[0 : m-1,\ldots,0 : m-1]$ um den Vektor $m\cdot\sigma$ versetzt als starres System übertragen wird. Wir ersparen uns dadurch eine Prozedur, die für jedes σ diese Kopie vornimmt. Der Kürze halber haben wir hier von den Sprachelementen $\sigma \in \{0,1\}^k$ und $\sigma \neq 0$ Gebrauch gemacht, die wir an sich in **PSp** nicht eingeführt haben. ■

Beispiel 4.12 Wir betrachten ein Programm *alg*, in dessen Deklaration zwei Felder

var $a1, a2$: **array**$[1\!:m]$ **of integer**

und eine Prozedur

procedure *Per* (**inconst** x, n; **outvar** y)

mit x, n, y vom Typ **integer** eingeführt werden. *Per* berechne eine Permutation $per : [1\!:m] \to [1\!:m]$. In *alg* wird die Funktion

$$a1[i] := a2[Per(i)] \qquad \text{für } i \in [1\!:m]$$

benötigt. Diese kann man natürlich leicht programmieren. Die folgenden Zeilen leisten dies.

```
i := 1
while i ≤ n do
    call Per(n ≡ m, x ≡ i, y ≡ a1[i])
    i := i + 1
od
```

Es wäre natürlich übersichtlicher, wenn wir dafür einfach

$$a1[1\!:\!m] \;:=\; a2\big[Per[i\!:\!m]\big]$$

schreiben dürften. ■

In beiden Beispielen haben wir der Bequemlichkeit halber Sprachelemente verwendet, die wir in **PSp** nicht eingeführt haben. Die größere Übersichtlichkeit wird erreicht, indem man von programmtechnischen Details abstrahiert und nur funktionale Beziehungen zum Ausdruck bringt. Diese Vorgehensweise entlastet den Programmierer und macht das Programm verständlicher. Dies hat zur Folge, daß Programme zuverlässiger werden.

Natürlich wird hierdurch dem Compiler mehr Arbeit zugeschoben. Eventuell wird auch die Effizienz des Programmes beeinträchtigt, da es schwer ist, funktionale Definitionen automatisch in effiziente Programme zu übersetzen. Hier liegt ein weites Feld ungelöster Probleme vor, das unter dem Thema "Funktionale Programmierung" bearbeitet wird.

Eine ähnliche Bewegung gab es in der Mathematik, als man koordinatenbehaftete Darstellungen von Abbildungen koordinatenfrei behandelte. In diesem Zuge wurde die "Analytische Geometrie" durch die "Lineare Algebra" in den Anfängerkursen ersetzt. Die lineare Algebra erfährt aber auch eine Behandlung im Rahmen der numerischen Mathematik, was ein deutliches Zeichen dafür ist, daß die Verständlichkeit einer Beschreibung von Verfahren und die Effizienz der Verfahren möglicherweise divergieren.

Der Versuch, die Programmierung funktionaler zu gestalten, ist von nicht zu überschätzende Wichtigkeit. Die Verbilligung der Rechner und die gleichzeitig erreichte Erhöhung der Rechenleistung der Maschinen, läßt das Gebiet der funktionalen Programmierung als sehr aussichtsreich erscheinen.

Unsere Definition der Felder erlaubt es, wie wir gesehen haben, Felder selbst als Elemente von Feldern aufzufassen. Ein Beispiel soll erläutern, wie man variable Feldtypen verwenden kann.

Es seien A und B $2n$-reihige quadratische Matrizen. Wir können dann A und B als zweireihige quadratische Matrizen mit n-reihigen quadratischen Matrizen

$A_{11}, A_{12}, A_{21}, A_{22}$ bzw. $B_{11}, B_{12}, B_{21}, B_{22}$ als Elementen ansehen. Nun zeigt man leicht die Identität:

$$\begin{pmatrix} A_{11} & A_{12} \\ A_{21} & a_{22} \end{pmatrix} \cdot \begin{pmatrix} B_{11} & B_{12} \\ B_{21} & B_{22} \end{pmatrix} =$$

$$\begin{pmatrix} A_{11} \cdot B_{11} + A_{12} \cdot B_{21} & A_{11} \cdot B_{12} + A_{12} \cdot B_{22} \\ A_{21} \cdot B_{11} + A_{22} \cdot B_{21} & A_{21} \cdot B_{12} + A_{22} \cdot B_{22} \end{pmatrix}$$

worin der Punkt "·" die Multiplikation und "+" die Addition der Matrizen bezeichnet. Hat man also eine effiziente Methode (2×2)-Matrizen zu multiplizieren, dann kann man dieses Verfahren nach dem angegebenen Schema auf große Matrizen übertragen, indem man das Schema ebenfalls auf die Multiplikation der $A_{ij} \cdot B_{jl}$ anwendet usw. Man ersieht hieraus, daß es wünschenswert ist, als Datentypen für die Elemente von Feldern selbst wieder Felder zuzulassen.

Im Beispiel der Matrizenmultiplikation nach dem skizzierten iterativen Schema führt das zur rekursiven Definition von Datenstrukturen. Gehen wir etwa von $2^r \times 2^r$-Matrizen aus, dann würden wir der Reihe nach als Datentypen Felder der Größe $(2^{r-1} \times 2^{r-1})$, $(2^{r-2} \times 2^{r-2})$, ..., (2×2) erhalten. Nach unserer Definition der Funktion *typ* erhalten wir also eine rekursiv zu definierende Folge von Datentypen.

Bevor wir ein Programm für dieses Multiplikationschemas angeben, führen wir zwei Zuweisungsfunktionen zwischen verschiedenen Matrixtypen ein.

$$\begin{pmatrix} \bullet & \bullet & \bullet & \bullet \\ \bullet & \bullet & \bullet & \bullet \\ \bullet & \bullet & \bullet & \bullet \\ \bullet & \bullet & \bullet & \bullet \end{pmatrix} \begin{matrix} \longrightarrow \\ \longleftarrow \end{matrix} \begin{pmatrix} \begin{pmatrix} \bullet & \bullet \\ \bullet & \bullet \end{pmatrix} & \begin{pmatrix} \bullet & \bullet \\ \bullet & \bullet \end{pmatrix} \\ \begin{pmatrix} \bullet & \bullet \\ \bullet & \bullet \end{pmatrix} & \begin{pmatrix} \bullet & \bullet \\ \bullet & \bullet \end{pmatrix} \end{pmatrix}$$

Abbildung 4.26: *Unterschiedliche Zusammenfassung der Gitterpunkte in einem 4×4-Gitter*

Die Abbildung 4.26 erläutert die Definition. Die hier links und rechts stehenden Gitter unterscheiden sich nur in der Zusammenfassung von Gitterpunkten. Dies äußert sich in den unterschiedlichen Indizierungen entsprechender Gitterpunkte. So erhält z.B. der links stehende Gitterpunkt [3,4] in der rechtsstehenden Situation die Koordinaten [2,2][1,2].

Wir wollen für Matrizen, die durch das Löschen der Begrenzungen von Untermatrizen einer der beiden Matrizen ineinander übergehen, die Übertragung von

Werten durch einfache Zuweisungen beschreiben. Allgemein wird diese Zuweisung durch die Bijektion

$$a[i_1, i_2][j_1, j_2] \leftrightarrow b[j_1 + (i_1 - 1) \cdot m_1,\ j_2 + (i_2 - 1) \cdot m_2]$$

für die Felder

$$\textbf{var } a\text{: } \textbf{array}[1{:}n_1, 1{:}n_2] \textbf{ of array}[1{:}m_1, 1{:}m_2] \textbf{ of integer}$$

und

$$\textbf{var } b : \textbf{ array}[1 : n_1 \cdot m_2, 1 : n_2 \cdot m_2] \textbf{ of integer}$$

beschrieben.

Seien a und b Felder der Dimension k, die wie folgt deklariert sind:

$$\begin{aligned} typ(a) &= \textbf{array}[n_1{:}m_1, \ldots, n_k{:}m_k] \textbf{ of typ} \\ typ(b) &= \textbf{array } [\overline{n}_1{:}\overline{m}_1, \ldots, \overline{n}_k{:}\overline{m}_k] \textbf{ of array}[s_1{:}t_1, \ldots, s_k{:}t_k] \textbf{ of typ}, \end{aligned}$$

wobei zwischen den Feldgrößen die Beziehung

$$m_\ell - n_\ell + 1 = (\overline{m}_\ell - \overline{n}_\ell + 1) \cdot (t_\ell - s_\ell + 1) \qquad \text{für } \ell = 1, \ldots, k$$

gelte, und **typ** ein Datentyp sei.

Bei diesen Beziehungen zwischen Dimension und Begrenzung der Felder erlauben wir die Zuweisungen

$$a[n_1{:}m_1, \ldots, n_k{:}m_k] := b\,[\overline{n}_1{:}\overline{m}_1, \ldots, \overline{n}_k{:}\overline{m}_k]$$

und

$$b\,[\overline{n}_1{:}\overline{m}_1, \ldots, \overline{n}_k{:}\overline{m}_k] := a[n_1{:}m_1, \ldots, n_k{:}m_k].$$

Die Wirkung dieser Zuweisungen besteht darin, daß

$$\xi(a[i_1, \ldots, i_k]) = \xi(b\,[\overline{\jmath_1}, \ldots, \overline{\jmath_k}]\,[j_1, \ldots, j_k])$$

ist, wenn

$$i_\ell = (\overline{\jmath_\ell} - \overline{n}_\ell) \cdot (t_\ell - s_\ell + 1) + j_\ell - n_\ell + 1 \qquad \text{für } \ell = 1, \ldots, k$$

gilt.

Diese Zuweisungen bewirken eine Umspeicherung der Elemente der Felder, so daß die für Felder definierten Operationen nach dem gleichen Schema ablaufen können. Wir kommen hierauf in dem folgenden Beispiel zurück.

Die bereits früher vereinbarten Feldoperationen erlauben Zuweisungen der Form

$$b\left[\overline{j_1},\ldots,\overline{j_k}\right] := c[s_1\!:t_1,\ldots,s_k\!:t_k],$$

wenn b wie oben definiert ist und die Elemente von c den Typ **typ** haben. Insbesondere können wir damit auch Matrizen nach Wahl zeilen- oder spaltenweise abspeichern.

Nun geben wir für die oben skizzierte Methode der Matrizenmultiplikation, nämlich die iterierte Zurückführung auf die Multiplikation von (2×2)-Matrizen, eine rekursive Prodezur an.

Beispiel 4.13 In dem folgenden Programm für Matrixmultiplikation auf Basis der Matrixmultiplikation von (2×2)-Matrizen verwenden wir für die Matrixaddition keine Prozedur, wie dies in konsequenter Weise erforderlich wäre, sondern wegen der größeren Übersichtlichkeit das "+"-Zeichen in üblicher Notation. Aus dem gleichen Grund schreiben wir anstelle von $2 \uparrow (r-1)$ lesbarer 2^{r-1}.

```
procedure Mamult (invar r, a, b; outvar c)
varr : integer;
    a, b, c : array[1:2, 1:2] of array [1:2^(r-1), 1:2^(r-1)] of integer
    c1 : array[1:2] of array[1:2^(r-1), 1:2^(r-1)] of integer
begin
    if r = 1 then
                c[1,1] := a[1,1] · b[1,1] + a[1,2] · b[2,1];
                c[1,2] := a[1,1] · b[1,2] + a[1,2] · b[2,2];
                c[2,1] := a[2,1] · b[1,1] + a[2,2] · b[2,1];
                c[2,2] := a[2,1] · b[1,2] + a[2,2] · b[2,2];
    else
        call Mamult (r := r − 1, a[1:2, 1:2] := a[1,1], b[1:2, 1:2] := b[1,1];
                                                         c[1:2, 1:2] ≡ c1[1]);
        call Mamult (r := r − 1, a[1:2, 1:2] := a[1,2], b[1:2, 1:2] := b[2,1];
                                                         c[1:2, 1:2] ≡ c1[2]);
        c[1,1] := c1[1] + c1[2];
        call Mamult (r := r − 1, a[1:2, 1:2] := a[1,1], b[1:2, 1:2] := b[1,2];
                                                         c[1:2, 1:2] ≡ c1[1]);
        call Mamult (r := r − 1, a[1:2, 1:2] := a[1,2], b[1:2, 1:2] := b[2,2];
                                                         c[1:2, 1:2] ≡ c1[2]);
        c[1,2] := c1[1] + c1[2];
        call Mamult (r := r − 1, a[1:2, 1:2] := a[2,1], b[1:2, 1:2] := b[1,1];
                                                         c[1:2, 1:2] ≡ c1[1]);
```

```
        call Mamult (r := r − 1, a[1:2,1:2] := a[2,2], b[1:2,1:2] := b[2,1];
                                                      c[1:2,1:2] ≡ c1[2]);
        c[2,1] := c1[1] + c1[2];
        call Mamult (r := r − 1, a[1:2,1:2] := a[2,1], b[1:2,1:2] := b[1,2];
                                                      c[1:2,1:2] ≡ c1[1]);
        call Mamult (r := r − 1, a[1:2,1:2] := a[2,2], b[1:2,1:2] := b[2,2];
                                                      c[1:2,1:2] ≡ c1[2]);
        c[2,2] := c1[1] + c1[2]
    fi
end
```

Erklärung: Die Prozedur *Mamult* (Matrixmultiplikation) übernimmt beim Aufruf die Elemente $a[i,k]$ bzw. $b[i,k]$ der Matrizen vom Typ $(2^r \times 2^r)$ und interpretiert diese als Matrizen vom Typ $(2^{r-1} \times 2^{r-1})$. Das Resultat von *Mamult* steht dann in der Matrix $c[1{:}2,1{:}2]$ vom Typ $(2^{r-1} \times 2^{r-1})$. Diese Matrix wird nach außen abgeliefert als "Teil" $c1[1]$ bzw. $c1[2]$ einer $(2^{r-1} \times 2^{r-1})$-Matrix. Die Summe $c1[1] + c1[2]$ ergibt dann ein Element $c[i,k]$ der Matrix $c[1{:}2,1{:}2]$ vom Typ $(2^r \times 2^r)$. Zur Verständlichkeit trägt es vielleicht bei, die zur Berechnung von $c[1,1]$ führenden Aufrufe von Mamult mit den entsprechenden Werten von r zu indizieren. Wir erhalten dann

```
call Mamult (r := r − 1, a^(r−1)[1:2,1:2] := a[1,1], b^(r−1)[1:2,1:2] := b[1,1];
                                                     c^(r−1)[1:2,1:2] ≡ c1[1]);
        ⋮                        ⋮                          ⋮
call Mamult (r := r − 1, a^(r−1)[1:2,1:2] := a[2,2], b^(r−1)[1:2,1:2] := b[2,2];
                                                     c^(r−1)[1:2,1:2] ≡ c1[2]);
```

Diese Indizierung nimmt nach unserer Verabredung die Maschine automatisch vor.

Vernachlässigen wir die Addition und die Umspeicherungen, und zählen nur die Multiplikationen als Operationen, dann erhalten wir, wenn $T(r)$ die Anzahl der Multiplikationen natürlicher Zahlen bei der Multiplikationen von $(2^r \times 2^r)$-Matrizen ist,

$$T(r) \leq 8 \cdot T(r-1) \leq \cdots \leq 8^r = n^3$$

Operationen für unser Multiplikationsprogramm.

Strassen hat eine Methode angegeben, (2×2)-Matrizen mittels 7 Multiplikationen zu multiplizieren. Verwendet man dieses Schema, dann erhält man anstelle obiger Rekursion

$$T(r) \leq 7^r = n^{\log(7)} \approx n^{2,8}.$$

Das **Schema** von **Strassen** lautet wie folgt:

$$\begin{aligned}
m_1 &= (A_{12} - A_{22}) \cdot (B_{21} + B_{22}),\\
m_2 &= (A_{11} + A_{22}) \cdot (B_{11} + B_{22}),\\
m_3 &= (A_{11} - A_{21}) \cdot (B_{11} + B_{12}),\\
m_4 &= (A_{11} + A_{12}) \cdot B_{22},\\
m_5 &= A_{11} \cdot (B_{12} - B_{22}),\\
m_6 &= A_{22} \cdot (B_{21} - B_{11}),\\
m_7 &= (A_{21} + A_{22}) \cdot B_{11},
\end{aligned}$$

und

$$\begin{aligned}
c_{11} &= m_1 + m_2 - m_4 + m_6,\\
c_{12} &= m_4 + m_5,\\
c_{21} &= m_6 + m_7,\\
c_{22} &= m_2 - m_3 + m_5 - m_7.
\end{aligned}$$

Der Leser möge als Übung das Multiplikationsprogramm auf dieser Basis schreiben. ■

4.4.1.1 Darstellung von Matrizen als lineare Arrays

Die Speicher von sequentiellen Rechenmaschinen sind linear organisiert, d.h. die Speicherzellen eines Speichers sind von 0 bis $N-1$ durchnumeriert, wenn N die Größe des Speichers ist. Man kann also sagen, daß die Speicher von Rechenmaschinen als eindimensionale Felder organisiert sind. Aus diesem Grund ist es interessant, k-dimensionale Felder als eindimensionale Felder darzustellen und die Matrixoperationen auf diese Darstellungen zu übertragen.

Zunächst bemerken wir, daß die Abbildung

$$(i_1, i_2) \longmapsto 1 + (i_1 - m_1) + (i_2 - m_2) \cdot (n_1 - m_1 + 1)$$

das Gitter $[m_1{:}n_1,\ m_2{:}n_2]$ bijektiv auf $\left[1 : (n_1 - m_1 + 1) \cdot (n_2 - m_2 + 1)\right]$ abbildet. Durch die Iteration dieser Abbildung nach dem Schema

$$(i_1, \ldots, i_k) \to \Big(i_1, \ldots, i_{k-2},\ 1 + (i_{k-1} - m_{k-1}) + (i_k - m_k) \cdot (n_{k-1} - m_{k-1} + 1)\Big)$$

erhält man zunächst die Bijektion

$$(i_1, \ldots, i_k) \to (i_1, \ldots, i_{k-2}, j_{k-1})$$

mit

$$j_{k-1} = 1 + (i_{k-1} - m_{k-1}) + (i_k - m_k) \cdot (n_{k-1} - m_{k-1} + 1)$$

auf das Gitter

$$\left[n_1\!:\!m_1,\ \ldots,\ n_{k-1}\!:\!m_{k-1},\ 1:(n_k - m_k + 1)\cdot(n_{k-1} - m_{k-1} + 1)\right].$$

Setzen wir dieses Verfahren fort, dann ergibt sich die bijektive Abbildung $(i_1,\ldots,i_k) \rightarrow j_1$ mit

$$\begin{aligned} j_1 = 1 &+ (i_1 - m_1) \\ &+ (i_2 - m_2)\cdot(n_1 - m_1 + 1) \\ &+ (i_3 - m_3)\cdot(n_2 - m_2 + 1)\cdot(n_1 - m_1 + 1) \\ &\ \vdots \qquad\qquad \ddots \qquad\qquad \ddots \\ &+ (i_k - m_k)\cdot(n_{k-1} - m_{k-1} + 1)\cdot\ldots\cdot(n_1 - m_1 + 1) \end{aligned}$$

auf das lineare Gitter

$$\left[1:(n_k - m_k + 1)\cdot\ldots\cdot(n_1 - m_1 + 1)\right]$$

Setzt man nun für $(i_1,\ldots,i_k) \in [n_1 : m_1,\ldots,n_k : m_k]$

$$b[j_1(i_1,\ldots,i_k)] \ := \ a[i_1,\ldots,i_k],$$

dann überträgt diese Zuweisung das Feld $a[n_1\!:m_1,\ldots,n_k\!:m_k]$ in das Feld $b[1\!:N]$, wenn $j_1(i_1,\ldots,i_k)$ die oben definierte Funktion und N die Größe des Feldes ist. In beiden Feldern trägt man Daten des gleichen Types ein.

Wir betrachten nun den Fall unterschiedlicher Typen, den wir in Abbildung 4.26 bereits skizziert haben. Wir wiederholen die dort bereits angegebene Beziehung zwischen den verschiedenen Koordinaten, die zu den "gleichen" Variablen gehören:

> Sind $[i_1,i_2][j_1,j_2]$ die Koordinaten eines Elementes von a und $[\ell_1,\ell_2]$ eines Feldes b, wie es dort angegeben wurde, dann wird die durch die Abbildung 4.26 beschriebene Bijektion durch
>
> $$\ell_1 = j_1 + (i_1 - 1)\cdot m_1, \qquad \ell_2 = j_2 + (i_2 - 1)\cdot m_2$$
>
> ausgedrückt.

Verwenden wir nun zur Einbettung von Feldern des Types

array$[1\!:n_1,\ 1\!:n_2]$ **of array**$[1 : m-1,\ 1\!:m_2]$ **of integer**

in eindimensionale Felder des Types

array$[1\!:N]$ **of integer**

zunächst die oben beschriebene Einbettung nach Abbildung 4.26 und anschließend die Linearisierung des zweidimensionalen Feldes, dann verursachen die Zuweisungen

$$a := b \qquad \text{bzw.} \qquad b := a$$

keine Umspeicheroperation in den Darstellungen der Feldern. Diese Darstellung hat jedoch den Nachteil, daß Zeilen der Unterfelder, d.h. Zeilen der Felder $a[i,j]$ nicht fortlaufend gespeichert, sondern mit Lücken gespeichert werden. Der Nachteil äußert sich darin, daß Multiplikationsprozeduren für zweidimensionale Felder nicht unmittelbar anwendbar sind, da diese i.a. von der fortlaufenden Speicherung der Zeilen der zweidimensionalen Felder ausgehen.

Verwendet man die oben für k-dimensionale Felder angegebene Darstellung für den Fall $k = 4$, indem man zunächst a in ein vierdimensionales integer-Feld nach der Vorschrift

$$[i_1, i_2][j_1, j_2] \longleftrightarrow [i_1, i_2, j_1, j_2]$$

verwandelt, dann erhält man eine fortlaufende Abspeicherung der Untermatrizen von a, so daß sich auf diese die Multiplikationsprozeduren unmittelbar anwenden lassen. Dies muß man allerdings dadurch bezahlen, daß nun die Zuweisungen

$$a := b \qquad \text{und} \qquad b := a$$

zu aufwendigen Umspeicherungen führen.

Die Umspeicherorganisation erfordert $2 \cdot N^2$ Operationen. In unserem Multiplikationsprogramm auf Basis der Multiplikation von (2×2)-Matrizen würden solche Operationen $\log N$-mal stattfinden, so daß wir im Vergleich zur normalen Matrixmultiplikation einen zusätzlichen Zeitbedarf in der Größenordnung von $N^2 \cdot \log N$ Rechenschritten haben. Hinsichtlich der schnellen Matrixmultiplikation von Strassen, die einen Gewinn in Größenordnung von $N^3 - N^{\log 7}$ liefert, haben wir also erst dann einen Vorteil, wenn $N^3 - N^{\log 7} < N^2 \cdot \log N$ wird, d.h. für $N > 8$.

Dies ist nur eine sehr grobe Orientierung, da wir nur Größenordnungen betrachtet und z.B. auch den ganzen Aufwand für die Prozedurorganisation unterschlagen haben. Ersetzt man die erwähnten einfachen Prozeduren für Matrixmultiplikation durch spezielle Prozeduren für die Multiplikation von Matrizen, deren Einträge Matrizen sind, dann kann man die Einbettung von Abbildung 4.26 nehmen und das Umspeichern auf eine geeignete Initialisierung der Prozedur reduzieren.

4.4.2 Verbunde oder Records

"Verbund" ist die deutsche Bezeichnung für "Record". Verbunde sind Zusammenfassungen von Variablen unterschiedlichen Typs unter einem gemeinsamen

Namen. Solche Zusammenfassungen von Variablen haben wir bereits im Kopf von Prozeduren kennengelernt und in der Tat kann man Verbunde auch in etwa als Deklarationsteil von Prozeduren verstehen: Verbunde können selbst wieder Verbunde enthalten. Die in Verbunden deklarierten Variablen werden als lokal aufgefaßt, und Verbunde können auch rekursiv sein.

Verbunde sind die in unserem Leben alltäglich vorkommende Datenstruktur. Wir finden sie in Gestalt von Fahrplänen und Fahrkarten, Personalausweisen, Überweisungsformularen der Banken und der Post, in Gestalt von Gebrauchsanweisungen und Fragebögen. Die Vereinbarungen zur Adressennotation auf Briefen oder das Layout von Zeitungen, die Anlage von Wörterbüchern oder allgemein von Büchern mit Einteilung in Kapitel und Paragraphen sind Verbunde im hier verstandenen Sinn. Bücher sind einfache Beispiele dafür, daß Verbunde selbst wieder Verbunde enthalten. Das Titelblatt ist ein Verbund mit Vorder- und Rückseite. Die Vorderseite trägt als Inschrift Titel und Verfasser des Buches, die Rückseite Verlag, Verlagsort, Erscheinungsjahr und i.a. weitere Angaben.

Wir betrachten als Beispiel ein Scheckformular. Dieses trägt Namen und Anschrift der ausgebenden Bank und eine laufende Nummer. Beide Angaben bezeichnen den Scheck eindeutig. Der Scheck enthält mehrere freie Zeilen oder Kästchen, die Namen tragen wie "Betrag in Buchstaben", "Währung", "Betrag", "Unterschrift", "Austellungsort" und "Datum". Weiter trägt der Scheck die Aufdrucke "Kontonummer" und "Bankleitzahl". Allerdings werden die hierzu gehörigen Angaben bereits von der Bank eingesetzt. Die genannten Namen sind *Variablen*, denen wir bei der Scheckausstellung einen Wert zuweisen. Dieser Wert kann vom Typ **integer** oder **string** sein oder auch selbst wieder ein Verbund sein, wie z.B. "Datum". Diese Variablen sind insofern von speziellem Typ als ihnen nur ein einziges Mal ein Wert zugewiesen werden kann. Der im Rechner der Bank abgespeicherte Verbund "Kontoauszug" ist insofern ein passenderes Beispiel, da dort die Variablen wirklich variabel sind.

Die Variablennamen sind auf allen Scheckformularen der gleichen Bank dieselben, sind aber als Namen auf verschiedenen Formularen als verschiedene Variablen anzusehen; d.h. sie sind in unserer Sprechweise lokale Variablen.

Wir können den Namen der Bank in Verbindung mit der laufenden Nummer des Scheckformulares als "Namen" des Schecks ansehen. Also zum Beispiel

Dresdner Bank, Scheck-Nr. 0000695997187.

Bezeichnen wir diesen Namen abkürzend durch a, dann können wir den Betrag, auf den der Scheck ausgestellt ist, durch

$$a[\text{Betrag}]$$

und z.B. den Ausstellungstag des Schecks durch

$$a[\text{Datum}][\text{Tag}] \qquad \text{oder} \qquad a[\text{Datum}, \text{Tag}]$$

adressieren.

Die aktuellen Scheckformulare einer Bank sind im Normalfall von einem einzigen Typ. Sie unterscheiden sich nur in der laufenden Nummer. So ist es sinnvoll, dies bei der Spezifikation von Verbunden auch auszunutzen. Ist also b der Verbund "Dresdner Bank, Scheckformular", dann können wir den Typ von a spezifizieren, indem wir auf b Bezug nehmen, also etwa

"**typ** $(a) = b$" oder "Verbund a wie b"

schreiben.

4.4.2.1 Definition des Verbundes

Ein Verbund mit dem *Namen* a wird durch einen Ausdruck

var a: **record** w **end**

deklariert. Hierin ist w eine Folge von var- und const-Deklarationen, deren Namen paarweise verschieden sind und durch Semikolon getrennt sind. Wird in w auch der Name a aufgeführt, dann darf dies nur in der Form "**var** a: **record**" geschehen. Diese Einschränkung gilt nicht für tiefer in "**record**...**end**"-Klammerungen geschachtelte Namen.

Wir definieren weiter

$$typ(a) = \textbf{record } w \textbf{ end}$$

und erlauben anstelle von

var c : **record** w **end**

auch

var c: **typ** a

zu schreiben.

Hierdurch ersparen wir es uns, die gleiche Deklaration im Gültigkeitsbereich der Deklaration von a zu wiederholen. Insbesonders können wir also in einem Verbund a einen Unterverbund b vom gleichen Typ wie a deklarieren. Wir lassen auch zu, daß verschiedenen Namen zugleich ein Verbund zugewiesen wird, indem man z.B

var b, c: **typ** a

schreibt.

Eine Verbunddeklaration kann also selbst Verbunddeklarationen enthalten und der Verbund a kann den Namen a in der Liste seiner Variablendeklarationen enthalten. Verbunde dieser Art heißen **rekursiv**.

Beispiel 4.14 Wir erläutern das Konzept an einem Beispiel. Wir betrachten dazu die Deklaration:

$$\begin{array}{lll} \textbf{var } a\text{:} & \textbf{record var} & x\text{: } \textbf{integer}, \\ & & y\text{: } \textbf{sentence}, \\ & & a\text{: } \textbf{record}, \\ & & b\text{: } \textbf{typ } a \\ & \textbf{end} & \end{array}$$

Dieser rekursiven Verbundvereinbarung ordnen wir den Graph in Abbildung 4.27 zu. ■

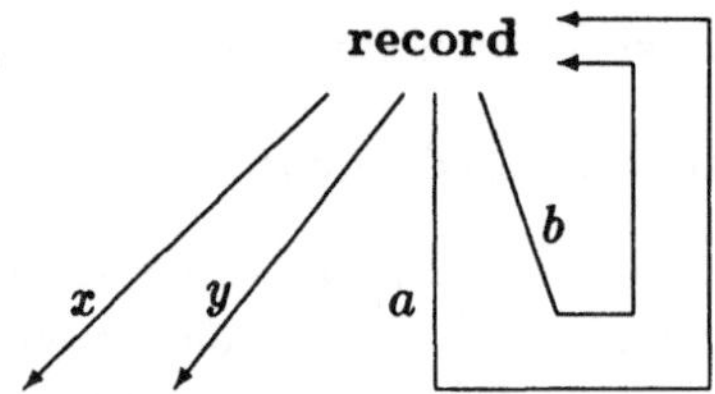

Abbildung 4.27: *Graph zur Verbundvereinbarung von Beispiel 4.14*

Dieser Graph ist knoten- und kantenorientiert. Dies wird durch die Pfeilrichtungen der Kanten angedeutet.

Jede Kante trägt als Markierung den Namen der zugehörigen Namensdeklaration in der Verbundvereinbarung von a. Als Beschriftung des Weges $w = w_1, \ldots, w_n$ mit den Kanten w_i für $i = 1, \ldots, n$ sehen wir

$$s = [\sigma(w_1) \sqcup \sigma(w_2) \sqcup \ldots \sqcup \sigma(w_n)] \in \mathit{Sentence}$$

an, wenn $\sigma(w_i) \in \mathit{Name}$ die Beschriftung der Kante w_i bezeichnet. Der Graph ist ebenfalls knotenorientiert. Diese Orientierung ergibt sich, indem die zu dem Namen gehörigen Kanten gegen den Uhrzeigersinn in der Reihenfolge der Vereinbarung der Namen im Verbund angeordnet werden. Dabei folgt die erste Kante auf die einlaufende Kante, und die einlaufende Kante auf die letzte auslaufende Kante. Die Wege im Graphen werden somit durch ihre Beschriftung eindeutig gekennzeichnet. Durch die Knotenorientierung wird zusätzlich die Möglichkeit gegeben, diese Wege durch "depth first search" d.h. durch unsere Nachfolgefunktion "+" in eindeutiger Weise aufzuzählen.

Als Variablen bzw. Konstanten des Verbundes fassen wir nun die Wege w des Graphs auf, die **record** als Anfangspunkt und eine der Kanten x oder y als Endkante haben. Beispiele für solche Wege sind $[a \sqcup a \sqcup b \sqcup b \sqcup a \sqcup x]$ und $[a \sqcup y]$.

Um den Namen des Verbundes stärker hervorzuheben, schreiben wir ihn vor die Klammer, so daß wir

$$a[a \sqcup b \sqcup b \sqcup a \sqcup x] \qquad \text{bzw.} \qquad a[\sqcup]$$

für diese Wege schreiben.

Nun ist diese Bezeichnung aber noch mißverständlich, indem z.B. y in $a[y]$ als $'y' \in \mathit{Namen}$ interpretiert werden kann oder auch als sentence-Variable. Diese Möglichkeit wollen wir nicht ausschließen, da sie sehr erwünschte Möglichkeiten zur Formulierung von Algorithmen bietet. Daher müssen wir eine Möglichkeit vorsehen, zwischen beiden Interpretationen zu unterscheiden.

Es liegt nahe, $a[y]$ zu schreiben, wenn y als Variable und $a['y']$, wenn y als Namen interpretiert werden soll. Um aber nicht Ausdrücke wie

$$a['a' \sqcup 'a' \sqcup 'b' \sqcup 'a' \sqcup 'y']$$

schreiben zu müssen, verabreden wir, daß alle Komponenten von Selektoren als Strings und nicht als Variablen interpretiert werden. Also $a[a \sqcup a \sqcup b \sqcup a \sqcup y\sqcup]$ wird so interpretiert, wie es der obige Ausdruck festlegen sollte. Die Zeichen für Zwischenräume, nämlich $\sqcup$, ersparen wir uns im gedruckten Text, indem wir wirkliche Zwischenräume verwenden.

Die Menge der Wegmarkierungen identifizieren wir mit den Wegen und definieren die Menge $S(a)$ der Selektoren von a, indem wir

$$S(a) = a \cdot \{\sqcup a, \sqcup b\}^* \cdot \{\sqcup x, \sqcup y, \varepsilon\} \subset \mathit{Sentence}$$

setzen und

$$V(a) \;=\; \{a[s'] \mid a \sqcup s' \in S(a),\; \mathit{last}(s') \in \{x, y\}\,\}$$

als Menge der Variablen von a. Wir setzen

$$\mathit{typ}(a[u\ x]) = \mathit{typ}(x), \qquad \mathit{typ}(a[u\ y]) = \mathit{typ}(y),$$

worin $\mathit{typ}(x)$ bzw. $\mathit{typ}(y)$ die im Verbund für x bzw. y vereinbarten Typen sind.

Die Menge der Variablen von a läßt sich durch den Baum in Abbildung 4.28 veranschaulichen. Die von der Wurzel dieses Baumes ausgehenden terminalen Wege repräsentieren gerade die Menge $V(a)$ der Variablen.

Wir erläutern nun die Möglichkeiten, durch Ausnutzung der sentence-Variablen y Querverweise in dem Baum anzubringen. Hierzu betrachten wir die Zuweisungen

$$\begin{aligned} a[a\ a\ y] \;&:=\; a[b\ b\ x]; \\ a[b\ b\ x] \;&:=\; 314; \end{aligned}$$

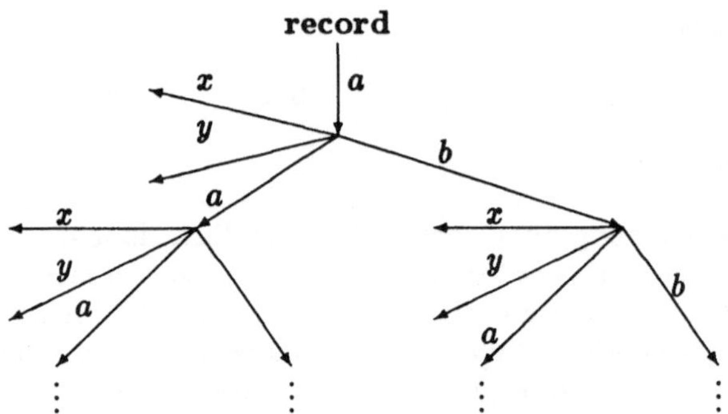

Abbildung 4.28: *Darstellung der Menge der Variablen eines Verbundes a in einem Baum*

Nach Ausführung der Zuweisungen haben wir als momentanten Zustand

$$\xi\big(a[b\ b\ x]\big) = 314 \qquad \text{und} \qquad \xi\big(a[a\ a\ y]\big) = \xi\big(a[b\ b\ x]\big).$$

Damit ergibt sich als naheliegende Interpretation

$$\xi\Big(a\big[a[a\ a\ y]\big]\Big) \;=\; \xi\Big(a\Big[\xi\big(a[a\ a\ y]\big)\Big]\Big) \;=\; \xi\big(a[b\ b\ x]\big) \;=\; 314.$$

Indem wir also zulassen, daß auch Variablen vom Typ **sentence** in die eckigen Klammern eingefügt werden dürfen, und den Inhalt dieser Variablen als Selektoren zulassen, können wir Querverweise in dem Variablenbaum von Abbildung 4.28 in einfacher Weise anbringen.

Auf den ersten Blick erscheint diese Vorschrift nicht eindeutig zu sein, wenn wir an $a[y]$ denken. y ist im Verbund a als sentence-Variable vereinbart worden und scheint die Interpretation $a\big[\xi(y)\big]$ zuzulassen. Dies ist nicht so, da y keine Variable von a ist. Wir müßten also z.B. $a\big[a[y]\big]$ schreiben, wenn wir korrekt realisieren wollen, was uns bei der fehlerhaften Bildung vorschwebte.

Ist z irgendeine sentence-Variable, die z.B. außerhalb von a definiert wurde, dann kann die Bildung $a[z]$ zu Mißverständnissen führen, wenn z.B. $z = y$ ist, indem man $a[z]$ als Variable $a\big[\xi(z)\big]$ verstanden haben möchte. Um dieses Mißverständnis zu vermeiden, legen wir fest, daß sich $a[z]$ im Falle einer Mehrdeutigkeit, immer auf die entsprechende Variable innerhalb des Verbundes bezieht.

Wir führen weiter die in Abschnitt 4.2.4 für knoten- und kantenorientierte Graphen definierten Operationen $s \pm 1$, $s * (\pm 1)$ für Selektoren ein. Wir erinnern an diese Operationen durch die folgenden Beispiele.

Beispiel 4.15 Ist $\xi(a[y]) =$ '*ab*' dann erhält man durch $a[y] := a[y] + i$ für $i = 1, 2, 3, -1, -2$ der Reihe nach für $\xi(a[y])$ die Werte '*abx*', '*aby*', '*aba*', '*ay*', '*ax*' und durch die Operation $a[y] := a[y] * i$ für $i = -1, 1$ die Resultate '*aa*', '*b*'. ∎

Wir können also mittels dieser Operationen alle Variablen des Verbundes durchmustern. Wir haben hier eine Analogie zu den Feldern. Ein wichtiger Unterschied ist allerdings zu betonen.

Während für ein eindimensionales Feld a und eine integer-Variable i die Bedeutung "$i := i + 1$" eindeutig ist, bedarf es bei Verbunden einer Präzisierung. Die Nachfolgeoperationen "+" und "*" hängen von der Struktur des Verbundes ab. Es muß also klar sein, auf welchen Verbund sich diese Operationen beziehen. Ist etwa c ein Verbund mit dem als **sentence** vereinbarten Namen z, dann könnten wir $a[c[z]]$ bilden. Worauf soll sich nun $c[z] := c[z] + 1$ beziehen?

Diese Definition darf sich nur auf c beziehen, da in dieser Zuweisung keine Information über a enthalten ist. Andererseits wird $c[z]$ auch dann, wenn $a[c[z]]$ definiert ist, i.a. nach Anwendung der Zuweisung nicht mehr definiert sein. Die Operation "+" und "*" haben in diesem Zusammenhang also nur dann einen Sinn, wenn die Verbunde a und c gleich sind. Aus diesem Grund lassen wir diese beiden Operationen nur für sentence-Variablen aus $V(a)$ zu.

Wir wenden uns nun dem allgemeinen Fall zu.

4.4.2.2 Konstruktion des zu dem Verbund gehörigen Graphen

Sei also

var a: **record** w **end**

eine Verbunddeklaration. Besteht w nur aus Deklarationen elementarer Datentypen oder Felder von elementaren Datentypen, oder der Deklaration von Verbunden des Types a, dann setzen wir

$$\text{Tiefe}(a) := 1.$$

Enthält w die Deklaration von Verbunden, die nicht von Typ a sind, dann setzen wir

$$\text{Tiefe}(a) = 1 + \max\Big\{\text{Tiefe}(b) \mid b \text{ in } w \text{ deklarierter Verbund}, \\ typ(b) \neq typ(a)\Big\}.$$

Für Namen x, die als Variablen oder Konstanten von elementarem Typ deklariert werden, definieren wir:

> $G(x)$ ist ein Graph mit einer einzigen Kante s und $Q(s) \neq Z(s)$.
> s ist mit x markiert.

Ist a ein Feld mit

$$typ(a) = \mathbf{array}[n_1\!:m_1,\ldots,n_k\!:m_k]\ \mathbf{of\ t},$$

worin **t** ein elementarer Datentyp ist, dann sieht $G(a)$ wie in Abbildung 4.29 aus. Hierin ergibt sich die Kanten und Knotenorientierung aus den angebrachten Pfeilen.

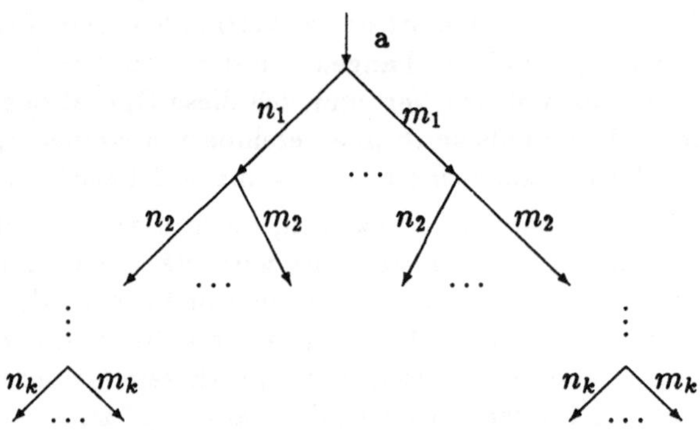

Abbildung 4.29: *Graph zu Feld a mit* $typ(a) = \mathbf{array}[n_1\!:m_1,\ldots,n_k\!:m_k]$ **of t**, *wobei* **t** *ein elementarer Typ ist*

Ist a ein Verbund von der Tiefe 1 und enthält w der Reihe nach die Deklaration der Namen $a_1,\ldots,a_k$, dann erhält man $G(a)$ wie folgt:

> Die Wurzel von $G(a)$ ist $P = (\mathbf{record}, a)$. Von P geht genau eine Kante s aus, deren Endpunkt $P' = Z(s) \neq P$ sei. Wir markieren s durch a. P' ist Anfangspunkt von genau k Kanten $s_1,\ldots,s_k$, die in dieser Reihenfolge von s aus gegen den Uhrzeigersinn die Orientierung von P' bilden. Ist $a_i = a$ oder ist $typ(a_i) = typ(a)$, dann ist $Z(s_i) = P'$. Ist $typ(a_i)$ ein elementarer Datentyp oder ein Feld, dann identifizieren wir die erste Kante von $G(a_i)$ mit s_i. Der so erhaltene Graph ist $G(a)$.

Wir nehmen an, daß $G(a)$ für alle Verbunde a der Tiefe n bereits definiert ist und definieren $G(a)$ für Verbunde der Tiefe $n+1$.

> Insoweit a_i kein Verbund ist, oder $typ(a_1) = \text{typ}(a)$ ist, verfahren wir wie im Falle Tiefe = 1. Ist a_i ein Verbund mit $typ(a_i) \neq typ(a)$, dann konstruieren wir $G(a_i)$ und identifizieren die erste Kante von $G(a_i)$ mit s_i.

4.4.2.3 Definition der Variablen des Verbundes

Sei

$$\mathcal{W}(a) = \{w \mid w \text{ Weg in } G(a) \text{ mit } Q(w) = P'\}.$$

Hierin ist P' der Endpunkt der von (**record**,a) ausgehenden Kante.

Wir bezeichnen die Markierung der Kante s durch $\sigma(s)$ und verstehen bei Wegen w unter $\sigma(w)$ die homomorphe Fortsetzung von σ zu einer Abbildung $\sigma : \mathcal{W}(a) \rightarrow$ *Sentence*. Damit definieren wir

$$\mathcal{S}(a) = \{\sigma(w) \mid w \in \mathcal{W}(a)\}$$

und nennen $\mathcal{S}(a)$ die Menge der Selektoren von a. Aufgrund der vorausgesetzten lokalen paarweisen Fremdheit der in a vereinbarten Namen und da in $u \in$ *Namen* die Zeichen $\sqcup$ und $\hookleftarrow$ nicht vorkommen, ist

$$\sigma : \mathcal{W}(a) \rightarrow \mathcal{S}(a)$$

bijektiv. Jeder Selektor bezeichnet also eindeutig einen von P' ausgehenden Weg von $G(a)$. Ein Weg $w \in \mathcal{W}(a)$ heißt **terminal**, wenn von $Z(w)$ keine Kante ausgeht. Wir setzen

$$V(a) = \Big\{a\big[\sigma(w)\big] \mid w \in \mathcal{W}(a), w \text{ terminal}\Big\}.$$

$V(a)$ ist die zu a gehörige Menge von Variablen und Konstanten. Ist $ws \in \mathcal{W}(a)$ und ist s terminale Kante, dann setzen wir

$$\begin{aligned} sorte\Big(a\big[\sigma(ws)\big]\Big) &= \begin{cases} \textbf{const} & \text{falls } \sigma(s) \text{ als } \textbf{const} \text{ vereinbart wurde} \\ \textbf{var} & \text{falls } \sigma(s) \text{ als } \textbf{var} \text{ vereinbart wurde,} \end{cases} \\ typ\Big(a\big[\sigma(ws)\big]\Big) &= typ\big(\sigma(s)\big) \text{ in } a\big[\sigma(w)\big]. \end{aligned}$$

4.4.2.4 Definition der Operationen für Verbundvariablen

Für alle Verbundvariablen und Konstanten bis auf endliche viele Ausnahmen gilt

$$\xi\big(a[u]\big) = \textit{undefiniert}.$$

Wir nennen die Variable bzw. Konstante $a[u]$ von a **aktuell**, wenn $\xi\big(a[u]\big)$ definiert ist. Im anderen Falle heißt eine Variable bzw. Konstante **potentiell** oder **schlafend**. Eine Variable wird **aufgeweckt**, wenn ihr durch eine Wertzuweisung ein definierter Wert zugewiesen wird. Eine Konstante wird behandelt, wie eine Variable, die nur einmal beschrieben werden kann. Konstanten und Variablen und auch ganze Unterbäume können durch den Befehl

$$\textbf{delete } a[u] \text{ mit } u \in \mathcal{W}(a)$$

wieder in Schlaf versetzt werden. Im übrigen dürfen die Verbundvariablen wie gewöhnliche Variablen behandelt werden.

Die Unterscheidung zwischen aktuellen und potentiellen Variablen hat den gleichen Grund wie die Einführung der lokalen Variablen in Prozeduren. Bei der Übersetzung der Programme in reale Maschinenprogramme, kann man stets nur endlich vielen Variablen Speicherplatz zur Verfügung stellen. Die Operation **delete** erlaubt es, mit diesem Speicherplatz hauszuhalten.

Zusätzlich nehmen wir für Verbundvariablen y vom Typ **sentence** noch die Operationen

$$y := y + i, \quad y := y * i \qquad \text{für } i \in \mathbf{Z}$$

auf, wie wir das bereits für unser Beispiel erläutert haben. Diese Operationen beziehen sich auf den zu $\mathcal{W}(a)$ gehörigen Wegebaum. $a[y]$ ist genau dann definiert, wenn $\xi(y) \in S(a)$ ist.

Die Entscheidung, ob $a[y]$ definiert ist, erfordert i.a. eine linear mit der Länge des Selektors $\xi(y)$ wachsende Rechenzeit. Diese kann vermieden werden im Falle, daß $a[y]$ als definiert bekannt ist und y nur durch eine Operation $y := y \pm i$ verändert wird. Diese Bemerkung hinsichtlich der mit der Länge von $\xi(y)$ wachsenden Zeit für die Entscheidung der Definiertheit, trifft auch für die Zugriffszeit zu. Zur Ermittlung der zu $a[\xi(y)]$ gehörigen Speicherzelle muß der entsprechende Weg im Graphen verfolgt werden. Dies ist nicht erforderlich, wenn zusammen mit $\xi(y)$ auch der zu $\xi(y)$ gehörige Knoten (Maschinenadresse) gespeichert wird. Bei einer Operation $y := y \pm 1$ kann aus dieser Adresse die neue aktuelle Adresse für $a[y]$ schnell berechnet werden.
Was hier für die Operation "+" ausgeführt wurde, ist auf "*" in naheliegender Weise zu übertragen.

4.4.3 Der Datentyp flexibles Array

Der Datentyp **flexibles array** stellt ein Verallgemeinerung des Datentyps **array** dar. Für gewisse Anwendungen ist ein gewöhnliches Array nicht gut zu gebrauchen, so daß eine geeignete Erweiterung des Datentyps **array** wünschenswert ist. Man kann diesen Datentyp auch als Klasse spezieller Verbunde auffassen. Die Einführung des **flexiblen array** erspart eine Menge von Vereinbarungen. Hinzu kommt, daß dieser "Verbund" eine einfache Realisierung zuläßt.
Man betrachte folgendes Beispiel: Wir wollen ein Programm schreiben, das ein englisch-deutsches Wörterbuch benötigt. Zu einem englischen Wort muß also seine deutsche Übersetzung abrufbar sein. Eine mögliche Lösung wäre, jedem gespeicherten englischen Wort eine eindeutige natürliche Zahl zuzuordnen und diese Zahl als Index in einem gewöhnlichen Array zu verwenden. Unter diesem Index wäre dann das entsprechende deutsche Wort aufzufinden. Das Hauptproblem hierbei ist die eindeutige Zuordnung von Wörtern und Zahlen. Man kann

natürlich Strings so in Zahlen kodieren, daß jedem String eine andere Zahl zugeordnet wird, aber dann steht man vor zwei Problemen: Erstens müßte man dann ein Array definieren können, dessen Indexbereich unendlich ist, und zweitens hätte man, selbst wenn man sich auf Strings einer gewissen Maximallänge beschränkt, sehr viele Indizes, die überflüssig sind, da sie Strings repräsentieren, die keinem englischen Wort entsprechen. Man würde also sehr viel Speicherplatz unnütz reservieren. Es ist möglich, diese Probleme zu umgehen, indem man eine geschicktere Kodierung von Strings in Zahlen verwendet (Hashing), aber dann steigt der Aufwand, den der Programmierer in den Entwurf des Programmes stecken muß.

Am besten wäre es doch, wenn man z.B. einfach

```
wb['milk'] := 'Milch';
```

schreiben könnte, wobei `wb` eine Art Wörterbuch-Variable ist. Wir wollen also Strings als Indizes benutzen können. Selbst wenn im obigen Falle des Hashings ein fertiges Unterprogrampaket vorliegen würde, das man einfach benutzen kann, so wäre die Syntax eines Wörterbuchzugriffes komplizierter.

Der Datentyp **flexibles array**, auch **string-indiziertes Array** genannt, soll nun formal definiert werden. Ein flexibles Array wird deklariert durch:

var *Name* [**string**] **of typ**

Eine Variable, die unser englisch-deutsches Wörterbuch aufnehmen kann, wird also durch

var wb [**string**] **of string**

deklariert. Natürlich ist das Wörterbuch in dieser Form relativ eingeschränkt, denn es gibt ja Wörter, die mehrere Bedeutungen haben. Aber man kann

var wb [**string**] **of sentence**

deklarieren und später z.B. schreiben:

```
['fly'] := [' Flug','Fliege']
```

Ist **typ** der in der Deklararation der Variablen wb auftretende Typ, so schreiben wir:

$$typ(\text{wb}) = \textbf{array}[\textbf{string}]\ \textbf{of typ}$$

Gilt $\text{wb}[x] = y$, so nennen wir x einen **Schlüssel** und y den zugehörigen **Eintrag**.

Wir definieren nun die Zustandsmenge Σ einer Variablen mit Namen wb vom Typ "**array**[**string**] **of typ**". Dazu führen wir die Menge $F_A(\textbf{typ})$ ein:

$$F_A(\textbf{typ}) := \{\sigma : String \rightsquigarrow \Sigma(\textbf{typ}) \mid Def(\sigma) \text{ endlich}\}$$

Dann ist die Zustandsmenge von wb definiert als:

$$\Sigma(\{\text{wb}\}) = \{\xi : \{\text{wb}\} \to F_A(\textbf{typ})\}$$

Eine Variable vom Typ "**array[string] of typ**" kann also als Wert ein Element der Menge $F_A(\textbf{typ})$ haben, d.h. eine partielle Abbildung σ. Diese Abbildung ist so zu interpretieren: Die Strings, auf denen σ definiert ist, sind die existierenden Schlüssel des flexiblen Arrays, und ihre Bilder unter σ sind die zugehörigen Einträge.

Um mit flexiblen Arrays arbeiten zu können, benötigen wir natürlich einige Operationen auf diesem Datentyp.

Sei im folgenden wb stets eine Variable des Typs "**array[string] of typ**" und $\sigma = \xi(\text{wb})$ ihr aktueller Wert und

$$S := \{x \in \mathit{String} \mid \sigma(x) \text{ ist definiert}\}$$

die Menge der aktuell existierenden Schlüssel. Betrachten wir zunächst einfache Zuweisungen. Wir beginnen mit

$$x := \text{wb}[y]$$

wobei x eine Variable und y ein Ausdruck vom Typ **string** ist. Bezeichnet man diese Zuweisung mit f, so definieren wir

$$\Delta(f) : \Sigma(V) \to \Sigma(V)$$

durch

$$\Delta(f)(\xi) = \xi'$$

wobei

$$\xi'(v) = \begin{cases} \xi(v) & \text{für } v \neq x \\ \sigma(\xi(y)) & \text{für } v = x \text{ und } \xi(y) \in S \\ \text{undefiniert} & \text{für } v = x \text{ und } \xi(y) \notin S \end{cases}$$

V ist hierbei die Menge der Namen des Programms, das die Zuweisung f enthält. x erhält also als neuen Wert den Eintrag, den man unter dem Schlüssel y findet. Existiert der Schlüssel y nicht, so ist x nach der Zuweisung undefiniert.

Für die Zuweisung

$$\text{wb}[x] := y$$

gilt folgendes: y darf ein Ausdruck vom Typ **string** sein oder das Symbol $*$. Ist y vom Typ **string**, so wird, falls der Schlüssel x bereits existiert, sein Eintrag zu y verändert. Existiert er dagegen nicht, so wird er neu angelegt und sein Eintrag auf den Wert von y gesetzt. Ist y dagegen das Symbol $*$, so wird der Schlüssel x

mitsamt seinem Eintrag gelöscht. Formal: Bezeichne die Zuweisung mit f und definiere:

$$\Delta(f) : \Sigma(V) \to \Sigma(V)$$

durch

$$\Delta(f)(\xi) = \xi'$$

wobei

$$\xi'(v) = \begin{cases} \xi(v) & \text{für } v \neq \text{wb} \\ \sigma' & \text{für } v = \text{wb} \end{cases}$$

mit

$$\sigma' : \mathit{String} \to \Sigma(\mathbf{typ})$$

$$\sigma'(z) = \begin{cases} \sigma(z) & \text{falls } z \neq \xi(x) \\ \xi(y) & \text{falls } z = \xi(x) \text{ und } y \neq * \\ \text{undefiniert} & \text{falls } z = \xi(x) \text{ und } y = * \end{cases}$$

Wir betrachten nun weitere Operationen. Dazu müssen wir uns daran erinnern, daß auf der Menge *String* eine lexikographische Ordnung existiert. Auf diese Ordnung beziehen sich im folgenden Vergleichsoperationen und Minimum- und Maximumbildung. Es gilt, wobei wb, σ und S wie eben definiert sind:

$$\begin{aligned} \#\text{wb} &= \#S \\ \mathit{first}(\text{wb}) &= \min\{x \mid x \in S\} \\ \mathit{last}(\text{wb}) &= \max\{x \mid x \in S\} \end{aligned}$$

#wb liefert die Anzahl der existierenden Schlüssel, *first*(wb) liefert den kleinsten Schlüssel und *last*(wb) den größten Schlüssel von wb. Ist $S = \emptyset$, so sind *first* und *last* undefiniert.

Sei nun v eine Variable vom Typ **string**. Dann ist definiert:

$$\begin{aligned} \mathit{successor}(\text{wb}, v) &= \min\left\{x \in S \mid x > \xi(v)\right\} \\ \mathit{predecessor}(\text{wb}, v) &= \max\left\{x \in S \mid x < \xi(v)\right\} \end{aligned}$$

und

$$\mathit{maxprefix}(\text{wb}, v) = p \iff p \in S \text{ und für alle } x \in S, \text{ die Präfix von } \xi(v) \text{ sind, gilt: } \#x \leq \#p$$

successor bzw. *predecessor* bestimmen zu v den nächstgrößeren bzw. nächstkleineren Schlüssel des flexiblen Arrays. *maxprefix* liefert den Schlüssel, der maximaler Präfix von v ist. Existieren die gesuchten Schlüssel nicht, so ist das Ergebnis jeweils undefiniert.

Mit dem Vergleich

$$\text{wb}[x] = *$$

kann man testen, ob zu dem Schlüssel x ein Eintrag existiert.

Für konkrete Anwendungen ist es natürlich nötig, daß man den Inhalt eines flexiblen Arrays auf einer Datei speichern und beim nächsten Programmlauf wieder einlesen kann. Aus diesem Grund kann man einer Variable das Attribut **extern** hinzufügen. Dies bedeutet, daß der Inhalt der Variablen (also z.B. ein Wörterbuch) extern auf einer Datei gehalten wird. Dies bietet den zusätzlichen Vorteil, daß solche flexiblen Arrays wesentlich größer sein können als der zur Verfügung stehende Speicher im Rechner.

Die Programmiersprache *Comskee* [**Mes**], [**KR**] verfügt über dieses Konzept von flexiblen Arrays. In *Comskee* wurde z.B. ein Bibliothekrechercheprogramm implementiert, das auf einem flexiblen Array von mehreren Megabyte Größe beruht.

4.4.4 Das Modulkonzept

Prozeduren sind Programmeinheiten, die nach außen abgeschlossen sind. Die Lebensdauer einer Prozedur ist beschränkt; insbesondere überleben auch die Daten, die die lokalen Variablen tragen, nicht die Beendigung der Prozedur. Prozeduren sind algorithmische Einheiten, die auf Daten operieren. Der Aufrufmechanismus der Prozeduren erzeugt zwar sehr aufwendige Datenstrukturen, doch liegt die Motivation für die Prozeduren eindeutig nicht auf dem Datenaspekt, sondern sie beruht auf der Ökonomie des Programmierens.

Daten haben aber sehr oft Priorität vor den Algorithmen oder, um es noch deutlicher zu sagen: Prozeduren dienen häufig nur als Operatoren auf großen Datensammlungen und ihr einziger Zweck ist eine effiziente Bedienung solcher Datensammlungen

Zur Veranschaulichung erinnere man sich an die Organisation einer großen Universitätsbibliothek. Das Wesentliche in einer solchen Bibliothek sind die Bücher. Natürlich wäre eine Bibliothek wertlos, wenn sie nur eine unstrukturierte Ansammlung von Büchern wäre. Ebenso wichtig sind auch die Dienste, die eine Bibliothek dem Benutzer anbietet, um auf die für ihn interessanten Bücher auffinden zu können. Wichtig ist die Pflege der Bibliothek, die in der Neuanschaffung von Büchern besteht, in dem Verlagern von Büchern und in der Ergänzung ihrer Dienste. Die Angestellten einer Bibliothek dienen dieser und die Bibliothek überdauert eventuell viele Generationen von Bibliothekaren. Ganz anders verhält es sich mit dem Bücherbestand, den wir zu Hause haben. Diese Bibliothek dient uns und überlebt uns i.a. nicht.

Wir sehen also, daß ein zur Prozedur duales Konzept benötigt wird, nämlich das Konzept einer Struktur, die Daten verwaltet und ein Bündel von Diensten nach außen anbietet. Dieses Konzept wollen wir unter der Bezeichnung "**Modul**" einführen. Ein Modul ist also durch zwei Aspekte gekennzeichnet.

- Er ist eine Sammlung von nach außen sichtbaren Diensten.
- Er vermag Daten zu verwalten, die vielen Programmen zugänglich sein mögen und die unabhängig von diesen Programmen existieren.

Ein Modul, das auf Dauer angelegte Daten verwaltet, heißt auch **Datenbank**. Sind die Datenbankdienste sehr hoch entwickelt, so daß sie den Benutzer sehr weitgehend unterstützen, dann spricht man von intelligenten Datenbanken oder gar von **Expertensystemen**.

Effiziente Lösungen für solch universelle einsetzbaren Module anzugeben, ist sehr schwierig und es ist ganz natürlich, daß sich eine Divergenz zwischen der wünschbaren Unterstützung durch Dienste und ihrer effizienten Implementierbarkeit abzeichnet. Die Steigerung dieser Dienste wird besonders unter dem Oberbegriff "**Artifizielle Intelligenz**" oder "**Künstliche Intelligenz**" angestrebt. Vielleicht ist es sinnvoll, eine Abgrenzung zu suchen, die zwischen Moduln und Datenbanken bzw. Expertensystemen unterscheidet. Eine solche Abgrenzung könnte durch eine Differenzierung der jeweils zugelassenen Dienste möglich werden, indem man etwa verlangt, daß die Dienste von Moduln in ihrem Zeitbedarf nur logarithmisch mit der Größe des verwalteten Datenbestandes anwachsen dürfen.

Wir wollen nun das Konzept des Moduls an einem Beispiel erläutern, indem nur der erste Aspekt, einer Bündelung von Diensten, zum Tragen kommt.

4.4.4.1 Der Modul List

Wir wollen einen Modul skizzieren, der auf Basis des Datentypes **string** den Datentyp **list** zur Verfügung stellt.

Zur Repräsentation der Daten von *List* verwenden wir die in Abschnitt 4.1.5 auf Seite 387 konstruierte Menge $\tilde{\mathcal{L}}$. Wir haben dort $\tilde{\mathcal{L}}$ induktiv definiert, indem wir Strings durch eckige Klammern "[,]" einfaßten. Eine Liste w von der Tiefe $i+1$ haben wir dargestellt durch ein Element $\mu(w) \in \tilde{\mathcal{L}}$.

Also $\tilde{\mathcal{L}}$ ist eine spezielle Menge von Strings. Auf $\tilde{\mathcal{L}}$ haben wir die zentralen partiellen Operationen "*comb*" und "$\bullet$". Darüberhinaus weitere Operationen. Wir listen diese alle in Präfixnotation auf, die auch als Prozeduraufruf dienen könnte:

Operation	**Erläuterung**
$comb(u, v, w)$	klar
$mult(u, v)$	$u \bullet v$
$first(u)$	klar
$last(u)$	klar
$equal(u, v)$	$u = v$
$successor(u, w)$	$u \prec w$
$select(u, s)$	$u[s]$
$inlist(u)$	$u \in \widetilde{\mathcal{L}}$
$tiefe(u)$	klar
$länge(u)$	$\|u\|$

Diese Prozedurnamen mögen auch im Zusammenhang mit anderen Datenstrukturen vorkommen, so daß man sie zusammenfassen muß. Dies könnte z.B. durch eine Prozedur *list* geschehen, die als Parameter auch die Namen der Operationen aufnimmt. Wenn man also etwa $x := comb(u, v, w)$ aufrufen möchte, dann könnte dies durch einen Aufruf

$$list\ (\textbf{invar}\ u, v, w, comb;\ \textbf{outvar}\ x)$$

geschehen. Diese ist natürlich eine extrem schwerfällige und deshalb ungeeignete Notation. Hier setzt nun das Modulkonzept ein. Alle die oben aufgeführten Prozeduren werden unter dem Namen "**Modul** *list*" zusammengefaßt und durch eine Liste als nach außen sichtbar deklariert, indem man z.B. schreibt

modul *list*
export *comb, mult, first, last, equal, successor,*
select, inlist, tiefe, länge

Außer diesen nach außen sichtbaren Prozeduren mag "*list*" noch weitere "lokale" Prozeduren enthalten, die von verschiedenen der "Export"-Prozeduren verwendet werden, so daß **Modul** hier ein Paket von zusammengehörigen Prozeduren schnürt.

Nun kann man jede der Exportprozeduren durch Versetzen von *list* also etwa durch Bildung von *listcomb, listmult,...* eindeutig kennzeichnen und erhält so einen einfacheren Aufrufmechanismus.

Dies ist allerdings nur ein erwünschter Schritt. Wir sind durch die Möglichkeiten der Deklarationen verwöhnt, so daß wir es vorziehen würden, Variablen als vom Typ **modul** *list* zu kennzeichnen, um den Aufruf *listcomb* durch *comb* allein zu ersetzen. In der Sprache *Modula* geht man davon aus, daß auch die in Moduln zusammengefaßten Operationen in ihrem Bezeichnungen eindeutig gewählt sind, so daß sich die Ergänzung durch den Modulnamen erübrigt. Unsere Wünsche gehen natürlich darüber hinaus.

Wir möchten auch die gewohnten algebraischen Ausdrucksweisen verwenden. Eine effiziente Realisierung solcher Konzepte ist schwierig. Die höhere Zuverlässigkeit, der in einer solchen Sprache geschriebenen Programme ist erstrebenswert. Die Fortschritte in der Rechnerentwicklung machen es nun aber möglich, den hierfür erforderlichen Preis in Speichergröße und Compilationszeit zu zahlen.

Diese sehr groben Skizzen eines Modulkonzeptes ergänzen wir durch einige Bemerkungen zur Einordnung des Konzeptes in den hier zugrunde gelegten Aufbau der Theorie.

Wir haben in der vorliegenden Einführung nur den Fall einzelner Programme betrachtet. Im konkreten Fall liegen in einem Rechner i.a. mehrere Programme zur Ausführung vor und darüber hinaus Programme in verschiedenen Programmiersprachen. Zu diesen Programmiersprachen sind in dem Rechner Compiler vorhanden, die die Programme der jeweiligen Sprache in Maschinenprogramme übersetzen. Die Sprachen und die Programme werden durch ein Betriebssystem verwaltet. Man kann nun das Betriebssystem als übergeordnetes Programm auffassen, das alle Compiler und Programme als Prozeduren oder Module verwaltet.

Man kann so verfahren, daß man Module an die Compiler anbindet, wo sie allen Programmen der Sprache zugänglich sind. Man kann diese Anbindung auch so gestalten, daß die Module, die in einer Sprache geschrieben sind, den Programmen anderer Sprachen zugänglich sind. Sehr große Module wird man eventuell direkt dem Betriebssystem unterordnen und die zugehörigen Moduldienste zu einer Programmiersprache ausbauen, die als Teil des Moduls geführt wird.

Häufig ist es so, daß man zwischen den Sprachen der Dienste und der Pflege oder Konfigurierung des Moduls unterscheidet. Der Hersteller verbirgt die Pflegedienste i.a. vor dem Benutzer und hat dieser die Möglichkeit die Pflege selbst zu übernehmen, dann muß er i.a. zwei verschiedene Sprachen erlernen.

Eine Ausnahme ist hier auch die Programmiersprache *Comskee*, die einen Modul "Wörterbuch" enthält, der so verwaltet wird, wie wir es im Abschnitt 4.4.3 "Flexible Arrays" beschrieben haben.

Die Behandlung all dieser Konstrukte ist im Rahmen dieser Theorie möglich, indem man Module und Compiler dem Betriebssystem unterordnet und Programme wie sonstige Daten auch behandelt. Das Betriebssystem ruft für Daten p vom Typ **program** in **PSp** den Compiler mit Eingabe p auf. Der Compiler antwortet mit dem Maschinenprogram p' als Ausgabe. Das Betriebssystem ruft dann p' auf.

Wir sehen, daß in der vorliegenden Einführung eine wichtige Konstruktion zur Beschreibung dieses Vorganges fehlt, nämlich die Umwandlung von Daten in ein Programm. Diese Möglichkeit haben wir zwar in den Maschinen in Kapitel 2 bereitgestellt, nicht aber im Rahmen unserer Programmiersprache. Die

Entwicklung des Programmiersprachenkonzeptes war bis hierhin gekennzeichnet durch eine strenge Trennung von Programm und Daten. Programme operieren auf Daten; Daten selbst werden niemals zu Programmen. Diese Einschränkung macht Programme leichter übersehbar, aber man kann die Einschränkung, wie man sieht, nicht rigoros aufrecht erhalten.

4.5 Reduktionen

In diesem Abschnitt zeigen wir, daß sich die Programme von **PSp** in Maschinenprogramme übersetzen lassen. Den Beweis führen wir in drei Stufen: Zunächst eliminieren wir die Prozeduren. Danach reduzieren wir die verschiedenen Datentypen auf flexible Arrays vom Typ **integer** oder **real**. Die so erhaltenen Programme übersetzen wir in Maschinenprogramme. An sich könnten wir uns den Reduktionsschritt 1 sparen, indem wir die in Kapitel 2 entwickelte Unterprogrammtechnik verwenden. Wir führen diesen Schritt dennoch durch, da er zum Verständnis von Prozeduren und Datenstrukturen beiträgt. Wir schließen das Kapitel mit der Diskussion einer effizienten Realisierung des Datentypes flexibles Array.

4.5.1 Elimination von Prozeduren

Die Auflösung von Prozeduren fällt übersichtlicher aus, wenn wir in unserer Programmiersprache zusätzlich die Sprunganweisung in Verbindung mit variablem Sprungziel zulassen. Wir erlauben also

$$\textbf{goto } \ell$$

für string-Variablen ℓ. Die Anweisung ist genau dann definiert, wenn ℓ einen Namen entfällt, der im Sprungbereich des "**goto**" als Marke auftritt.

Wir schildern zunächst die Idee der Reduktion der Programme, die in einer Elimination von Prozeduren besteht.

Wir betrachten die Reduktion nur für innerste Prozeduren, d.h. solche Prozeduren, die selbst keine Prozeduren enthalten. Weiter beschränken wir uns auf den Fall, daß es parallel zu der betrachteten Prozedur keine Prozedur gibt, die selbst noch Prozeduren enthält. Kurz, wir betrachten tiefst geschachtelte Prozeduren und eliminieren solche Prozeduren. Parallel aufgeführte Prozeduren, die all diese Eigenschaften erfüllen, werden gemeinsam eliminiert.

Wir betrachten aber zunächst nur den Fall einer Prozedur *procu*, die in einer Prozedur *proca* steht und die die einzige Prozedur in *proca* ist. Weiter besitze *procu* keine Prozedurparameter. Wenn wir diesen Fall verstanden haben, ergibt sich der allgemeine Fall durch eine einfache Verallgemeinerung.

Wir gehen wie folgt vor: Die Deklaration von ***procu*** übernehmen wir im wesentlichen in einen Verbund mit dem Namen ***vprocu*** eingeschlossen in die Deklaration von ***proca***. Den Anweisungsteil von ***procu*** versehen wir mit der Marke ***lprocu*** und hängen ihn ans Ende des Anweisungsteiles von ***proca***. ***proca*** überspringt von seiner letzten Anweisung aus diesen eingefügten Anweisungsteil. Der Aufruf des Anweisungsteiles von ***procu*** erfolgt durch ein "**goto** *lprocu*". Am Ende dieses Anweisungsteiles findet sich eine Sprunganweisung "**goto** q" mit einer Variablen q, die als Sprungziel eine Marke enthält, die die Anweisung markiert, mit der nach dem Prozeduraufruf die Berechnung fortgesetzt werden sollte. Der Prozeduraufruf muß durch eine Anweisungsfolge vorbereitet werden, die die Parameterübergaben und die aktuelle Variablenidentifizierung besorgt. Der Rücksprung "**goto** q" wird entsprechend durch Variablenfreigaben vorbereitet.

Die von Aufruf zu Aufruf eventuell verschiedenen Variablenidentifikationen machen es notwendig, die zu jedem Aufruf gehörige Identifikation bis zur Beendigung des Aufrufs aufzubewahren und in den Wertzuweisungen zu berücksichtigen. Dies geschieht, indem wir die outvar-Variablen durch string-Variablen ersetzen, die die Namen der durch die Identifikation zugeordneten Variablen tragen. Diese Variablen verwenden wir zur Indizierung der in den Wertzuweisungen vorkommenden Variablen und berücksichtigen so die Identifizierungen. Man sieht, daß variable Variablen-Identifizierungen bei elementaren Variablen keine Speicherplatzeinsparungen gewährleisten.

Um diese Indizierungen bequem vornehmen zu können, nehmen wir die Variablen von ***proca***, die in Aufrufidentifizierungen von ***procu*** vorkommen, in den Verbund ***vprocu*** mit auf.

In sentence-Variablen s_1 bzw. s_2 bewahren wir die aktuellen Selektoren des Verbundes auf. Um die Rücksprungorganisation einfach zu machen, numerieren wir die Prozeduraufrufe "**call** ***procu***" durch und verwenden den ***procu*** stets, um den Zusammenhang mit dem i-ten Prozeduraufruf herzustellen. Die entsprechende Rücksprungmarke heißt ***lprocu*** und die zugehörige Kante im Graph des "**record** ***vprocu***" heißt ***vliprocu***. Die Einführung von ***vliprocu*** zusätzlich zu ***vprocu*** liefert eine einfache Korrespondenz zwischen den Variablen von ***proca*** und unserer neu konstruierten reduzierten Prozedur ***procred***. An sich würde man mit ***vprocu*** allein auskommen. Wir kommen an geeigneter Stelle hierauf zurück.

4.5.1.1 Die formale Konstruktion

Seien

procedure ***procu*** (**invar** x; **outvar** z)
var a;
const b;
begin c **end**

und

```
procedure proca (invar...; outvar...)
var t;
const u;
procedure v
begin   w   end
```

die beiden gegebenen Prozeduren und es sei **procedure** v die obere der beiden Prozeduren. x und z sind Folgen von Variablennamen. a, b, t, u sind ebenfalls Folgen von Namen und Typdeklarationen. Die Anweisungsteile sind c bzw. w.

Wir definieren nun die reduzierte Prozedur *procred* wie folgt:

Sei **var** y die Teilfolge der Variablendeklarationen aus **var** t, die bei Aufrufen von *procu* mit Elementen aus *procu* identifiziert werden. **var** t' sei die Spezifikation der restlichen Variablen aus t. Wir bilden nun

```
procedure procred (invar...; outvar...)
          var t', q: string;
              s1, s2: sentence;
              vprocu: record
                         var ã;  q: string;
                             y;  z: string;
                             v1procu,...,vjprocu of typ vprocu;
                         const b
                      end
          const u
begin   w̃1;  w̃;
        goto 'Ende';
        lprocu: c̃;
'Ende': end
```

Hierin ist $\tilde{a}$ der Rest der Deklaration von a, wenn man die Deklaration der Variablennamen z herausnimmt. Die Namen der Folge z deklarieren wir als **string**, um sie als Indexvariablen zu verwenden. $\tilde{w}$ und $\tilde{c}$ gehen durch gewisse Substitutionen aus w bzw. c hervor. Zunächst beschreiben wir die Substitution der Prozeduraufrufe

$$\textbf{call } procu(x_1 := x_1', \ldots, x_n := x_n';\ z_1 \equiv z_1', \ldots, z_m \equiv z_m')$$

Hierbei unterscheiden wir wieder zwei Fälle, nämlich Aufrufe aus dem Inneren von *procu* und von außerhalb. Anschließend geben wir die Substitution für **end** an und schließlich die Variablensubstitutionen in w und c.

Vorher erläutern wir die Deklaration: Der Kern besteht in der Definition des Verbundes *vprocu*. In diesem Verbund werden weitere Verbunde des gleichen

Typs *v1procu*,...,*vjprocu* deklariert. Diese Verbundnamen korrespondieren in eineindeutiger Weise mit den Aufrufkanten in dem Programmgraph.

Auf diese Weise können wir jeder Variablen aus *proca* in eineindeutiger Weise eine Variable in *procred* zuordnen. Die sentence-Variablen s_1, s_2 nehmen aktuelle Selektoren auf, q die jeweilige Rücksprungadresse.

FALL 1: PROZEDURAUFRUF VON AUSSEN

Wir ersetzen den Prozeduraufruf durch die folgende Sequenz von Anweisungen:

$$\begin{array}{lll} vprocu[s_1 \sqcup x_1] & := & vprocu[s_2 \sqcup x_1']; \ \ldots \ ; \\ vprocu[s_1 \sqcup x_u] & := & vprocu[\widetilde{s}_2 \sqcup x_1'] \\ \\ vprocu[s_1 \sqcup z_1] & := & 'vprocu[s_2 \sqcup z_1']'; \ \ldots \ ; \\ vprocu[s_1 \sqcup z_m] & := & 'vprocu[s_2 \sqcup z_m']' \\ \\ vprocu[s_2 \sqcup q] & := & 'liprocu'; \ \textbf{goto} \ lprocu; \\ \\ liprocu : \ \ldots & & \text{weiter wie vorher in } proca. \end{array}$$

FALL 2: PROZEDURAUFRUF VON INNEN

$$\begin{array}{rcl} s_2 & := & s_2 \sqcup last(s_1); \\ s_1 & := & s_1 \sqcup 'viprocu' \end{array}$$

$$\begin{array}{lll} vprocu[s_1 \sqcup x_1] & := & vprocu[s_2 \sqcup x_1']; \ \ldots \ ; \\ vprocu[s_1 \sqcup x_n] & := & vprocu[s_2 \sqcup x_n']; \\ \\ vprocu[s_1 \sqcup z_1] & := & 'vprocu[z_1']'; \ \ldots \ ; \\ vprocu[s_1 \sqcup z_m] & := & 'vprocu[z_m']'; \\ \\ vprocu[s_2 \sqcup q] & := & 'liprocu'; \ \textbf{goto} \ lprocu; \\ \\ liprocu: \ \ldots & & \end{array}$$

SUBSTITUTION VON **end**

Die end-Anweisung von *procu* ersetzen wir durch

$$\begin{array}{l} last(s_1) := ''; \\ last(s_2) := ''; \\ \textbf{goto} \ vprocu[s_1 \sqcup q]; \end{array}$$

SUBSTITUTION DER VARIABLEN IN DEN WERTZUWEISUNGEN

Wir ersetzen jede Variable z in Anweisungen im Anweisungsteil von *proca*, die in Variablenidentifikationen vorkommt durch

$$vprocu\left[vprocu[s_2 \sqcup z]\right]$$

und jede Variable x von ***procu***, die nicht in **outvar** liegt durch

$$vproc[s_1 \sqcup x];$$

Die Variablen z aus **outvar** ersetzen wir durch

$$vprocu\big[vprocu[s_1 \sqcup z]\big].$$

DEFINITION DER ZUSÄTZLICHEN INITIALISIERUNG $\widetilde{w}_1$.
$\widetilde{w}_1$ lautet wie folgt:

$$\begin{aligned} s_1 &:= \ 'vprocu'; \\ s_2 &:= \ \varepsilon; \\ vprocu[s_2 \sqcup y_1] &:= \ 'y_1'; \ \ldots; \\ vprocu[s_2 \sqcup y_r] &:= \ 'y_r'; \end{aligned}$$

Hierin sind $y_1, \ldots, y_r$ die Namen von ***proca*** der Variablen, die in einer Variablenidentifikation vorkommen.

4.6 Reguläre Datentypen und Wörterbücher

Wir haben in den vorigen Abschnitten gesehen, daß die Verbunde in übersichtlicher Weise durch Graphen repräsentiert werden können. Mit unserer Forderung der "Lokalität" des Namen erhalten wir aber nicht jeden markierten, knoten- und kantenorientierten Graphen G aus einem Verbund a. Man könnte dies erreichen, indem man neben den lokalen Variablen auch globale Variable einführt.

Wir entwickeln hier eine andere Möglichkeit, die an dem Konzept des endlichen Automaten orientiert ist.

Eine wesentliche Motivation stellen aber auch die Möglichkeiten einer zweidimensionalen Eingabe auf Bildschirmen dar, die in vielen Fällen der eindimensionalen Eingabe durch ihre größere Übersichtlichkeit vorzuziehen ist. Man denke hierbei daran, um wieviel übersichtlicher die üblichen mathematischen Notationen mit indizierten Variablen sind, wie vorteilhaft die zweidimensionale Schreibweise von Matrizen ist.

Die Verwendung von Indizes gestattet uns das für eine Berechnung Wesentliche hervorzuheben und Unterscheidungsmerkmale von Größen, die erst in zweiter Linie interessant sind, "klein" zu schreiben. Man betrachte z.B.

$$a^l_{ik}(x,y) \qquad \text{im Vergleich zu} \qquad a(i,k,l,x,y)$$

oder

$$\frac{b \cdot \frac{a}{c+d} + a}{a \cdot (c+d)} \qquad \text{mit} \qquad (b \cdot (a((c+d)) + a)/a \cdot (c+d).$$

Man sieht beiden Ausdrücken an, daß sie durch a gekürzt werden können, aber bei dem linken ist dies viel leichter zu sehen.

Wir verwenden zur Definition von Datenstrukturen markierte knoten- und kantenorientierte Graphen und erlauben hierarchische Verfeinerungen.

Sei also $G = (E, K)$ ein Graph mit der Kantenmenge E und der Knotenmenge K. Weiter sei $\mu : E \to \mathit{String}$ eine Abbildung. G sei kantenorientiert und jeder Knoten von G sei über einen Weg w von einem Anfangsknoten $Q(G)$ aus erreichbar. $Q(G)$ heißt **Wurzel** von G. Sind s_1, s_2 zwei Kanten von G mit $Q(s_1) = Q(s_2)$, dann gelte $\mu(s_1) \neq s_2)$ für $s_1 \neq s_2$. Über die Markierung der Kanten legen wir eine Knotenorientierung auf G fest, indem wir definieren

$$s_1 < s_2 \iff \mu(s_1) \text{ lexikographisch kleiner als } \mu(s_2)$$

G heißt **lexikographisch markierter Wurzelgraph**. Ist w ein von $Q(G)$ ausgehender Weg, dann definieren wir für $w = (s_1, \ldots, s_n)$

$$\mu(w) = (\mu(s_1), \ldots, \mu(s_n));$$

d.h. $\mu(w) = \mathit{cons}(\mu(s_1), \ldots, \mu(s_n)) \in \mathit{String}^*$. Wir setzen also μ *nicht* zu einer Abbildung in *String* fort.

Ist $\mathcal{W}(G)$ die Menge der Wege w von G mit $Q(w) = Q(G)$, dann definiert

$$\mu : \mathcal{W}(G) \to \mathit{String}^*$$

eine Abbildung. Wir setzen

$$\mathcal{S}(G) \;=\; \mu(\mathcal{W}(G))$$

und bezeichnen $\mathcal{S}(G)$ als die Menge der **Selektoren** von G.

Aufgrund der Forderung $\mu(s_1) \neq \mu(s_2)$ für $s_1 \neq s_2$ und $Q(s_1) = Q(s_2)$ bestimmt also jeder Selektor $s \in \mathcal{S}(G)$ eindeutig den von ihm markierten Weg. Es ist also

$$\mu : \mathcal{W}(G) \to \mathcal{S}(G)$$

bijektiv.

Eine Kante s von G heißt **terminal**, wenn es keine Kante s' von G gibt mit $Z(s) = Q(s')$.

Wir setzen

$$\mathcal{T}(G) \;=\; \{s \in E \mid s \text{ terminal}\}$$

und deklarieren die terminalen Kanten durch elementare Datentypen. Das heißt, wir gehen von einer Abbildung

$$\mathit{typ} : \mathcal{T}(G) \to \mathit{Typ}$$

aus, worin *Typ* die Menge unserer elementaren Datentypen ist.

Definition 4.23 *$r = (a, G, \mu, typ)$ heißt* **regulärer Datentyp**. *Hierin ist $a \in$ String der Name von r, (G, μ) ein lexikographisch orientierter Wurzelgraph und typ eine Deklaration der Terminalkanten durch elementare Datentypen.*
Als Menge der zu r gehörigen Variablen definieren wir

$$V(a) = \left\{ a[\mu(s)] \mid s \in S(G) \right\}$$

und

$$typ\Big(a\big[\mu(s)\top\big]\Big) = typ\big(last(s)\big).$$

Weiter setzt man

$$\Sigma(a) = \Big\{ \xi : V(a) \to \Sigma(Typ) \mid \xi(x) \in \Sigma\big(typ(x)\big) \text{ für } x \in V(a)$$
$$\xi(x) \neq \text{ undefiniert nur für endlich viele } x \Big\} \quad \blacksquare$$

Mit den Variablen aus $V(a)$ darf man umgehen wie mit Variablen allgemein. Wir definieren wie im vorigen Abschnitt für Variablen x aus $V(a)$, die vom Typ **sentence** sind

$$x := x \pm 1 \qquad \text{und} \qquad x := x * (\pm 1)$$

in Bezug auf G, μ.

4.6.1 Hierarchische Verfeinerung regulärer Datentypen

Die Definition eines Graphen für einen regulären Datentyp mag recht groß ausfallen, so daß er auf einem Bildschirm nicht übersichtlich dargestellt werden kann. In diesem Fall ist es hilfreich, hierarchische Verfeinerung von Datentypen als Konstruktionselement für solche Datentypen einzuführen.

Dies erreicht man, indem man erlaubt, Kanten von G als Typ einen regulären Datentyp zuzuweisen. Hierbei tritt die folgende Schwierigkeit auf: Der Graph eines regulären Datentypes b besitzt genau einen Anfangspunkt. Diesen kann man mit dem Anfangspunkt der zu ersetzenden Kante s identifizieren. Die Terminalknoten von b kann man aber nicht sinnvoll mit dem Endknoten der zu ersetzenden Kante identifizieren. Man muß also bei der beabsichtigten Verfeinerung des Datentypes etwas über die Anschlüsse des Datentypes b an $Z(s)$ ausgehenden Kanten ausführen.

4.7 Unvollständigkeit von Programmiersprachen

Wir werfen die Frage nach der Vollständigkeit von Programmiersprachen auf.

Das soll das folgende heißen: Ist $L \subset T^*$ eine Menge von Wörtern und haben wir jedem Wort $w \in L$ eine Maschine $M(w)$ zugeordnet, so mögen wir uns fragen, wie die Menge der Funktionen aussieht, die durch $M(w)$ und $w \in L$ berechnet werden können. L ist eine abzählbar unendliche Menge und es gibt bekanntlich überabzählbar viele Abbildungen, so daß es Abbildungen f gibt, zu denen es kein Programm $w \in L$ gibt, so daß $M(w)$ die Abbildung f berechnet.

Man kann aber mehr zeigen: Es ist leicht zu jeder Programmiersprache L explixit eine Funktion f_L anzugeben, die durch keine der Maschinen $M(w)$ mit $w \in L$ berechnet wird. Wir nennen eine Funktion f **L-berechenbar** genau dann, wenn es ein $w \in L$ gibt, das durch $M(w)$ berechnet wird.

Die Konstruktion der nicht L-berechenbaren Funktion f_L beruht auf einer schon in der Antike bekannten Idee:

> Programme sind Wörter und unsere Maschinen $M(w)$ sind wortverarbeitende Algorithmen. Also sollte es möglich sein, die Maschinen $M(w)$ auch auf die Wörter aus T^* anzusetzen. Wenn dies nicht direkt geht, weil die Argumente für $M(w)$ Wörter aus $X^* \neq T^*$ sind, so können wir doch durch einen injektiven Homomorphismus h von T^* in das Argumentalphabet der Maschinen $M(w)$ kodieren, so daß $M(w)$ für $h(T^*)$ definiert ist.

Nun bringt man die Maschinen in die Situation das "Barbiers, der alle Männer barbiert, die sich nicht selbst barbieren". Barbiert sich der Barbier nun selbst, oder tut er es nicht? Wir kommen auf diese Frage zurück, wenn wir zwei Lemmata bewiesen haben, die Licht in diese Frage bringen werden.

Sei X eine Menge und

$$F \subset \{f : D \to \{0,1\} \mid D \subset X\}.$$

Weiter sei $L_0 \subset X$ und

$$\gamma : L_0 \to F$$

eine Abbildung. Nun definieren wir für $m \in X$

$$u(m) = \begin{cases} 1 & \text{für } m \notin Def\big(\gamma(m)\big) \text{ oder } \gamma(m)(m) = 0 \\ 0 & \text{für } m \in Def\big(\gamma(m)\big) \text{ und } \gamma(m)(m) = 1. \end{cases}$$

Lemma 4.24 *Es ist $u \notin F$ oder γ ist nicht surjektiv.*

Beweis: Sei γ surjektiv. Ist $u \in F$, dann gibt es $m_0 \in L_0$ mit $\gamma(m_0) = u$. Wir diskutieren den Wert $u(m_0)$:

$$\begin{aligned} u(m_0) = 1 \quad &\iff \quad m_0 \notin Def\big(\gamma(m_0)\big) \text{ oder } \gamma(m_0)(m_0) = 0 \\ &\iff \quad m_0 \notin Def(u) \text{ oder } u(m_0) = 0 \end{aligned}$$

Die Annahme $u(m_0) = 1$ führt somit zum Widerspruch. Wir betrachten die zweite Möglichkeit $u(m_0) = 0$ und haben

$$u(m_0) = 0 \iff m \in Def(u) \text{ und } u(m_0) = 1.$$

Also beide Möglichkeiten führen zum Widerspruch. Also war die Annahme "γ surjektiv" falsch, oder es ist $u \notin F$. ∎

Wir betrachten eine zweite Version dieses Lemmas:

Lemma 4.25 *Sei* $D_F = \{m \in X \mid m \notin Def(\gamma(m))\}$ *und* $\tilde{u} : D_F \to \{1\}$. *Unter diesen Voraussetzungen gilt:*

$$\gamma \textit{ ist nicht surjektiv} \quad \textit{oder} \quad \tilde{u} \notin F.$$

Beweis: Wir nehmen an, daß es ein $\tilde{m} \in L_0$ gibt mit $\gamma(\tilde{m}) = \tilde{u}$. Es gibt dann nur zwei Möglichkeiten:

1.) $\tilde{m} \in Def(\tilde{u}) \Longrightarrow \tilde{m} \notin Def(\tilde{u}) = D_F$

2.) $\tilde{m} \notin Def(\tilde{u}) \Longrightarrow \tilde{m} \in Def(\tilde{u}) = D_F$.

Beide Annahmen führen zum Widerspruch. Also gibt es kein $\tilde{m} \in L_0$ mit $\gamma(\tilde{m}) = \tilde{u}$. Hieraus folgt die Behauptung des Lemmas. ∎

Wir wenden nun diese Konstruktionen auf drei Beispiele an.

4.7.1 Die Antinomie des Barbiers

Sei X die Menge der griechischen Männer und D die Menge der barbierenden Griechen. Wir setzen

$$\gamma(m)(m') = 1 \text{ genau dann, wenn } m \text{ barbiert } m'.$$

Damit haben wir jedem Griechen m eine Abbildung $\gamma(m)$ zugeordnet, die als Definitionsbereich die Menge der Griechen besitzt, die von m barbiert werden. Nun ist $\tilde{m}$ ein Barbier, falls $Def(\gamma(\tilde{m})) \neq \emptyset$ und

$$\gamma(\tilde{m})(m) = 1 \Longleftrightarrow m \notin Def(\gamma(m))$$

gilt.

Aufgrund unseres zweiten Lemmas sehen wir, daß es keinen griechischen Barbier gibt, oder der Barbier der Griechen war ein "Gastarbeiter".

4.7.2 Die Nichtabzählbarkeit der unendlichen Dualbrüche

Sei $X = \mathbf{N}$ und $F = \{\xi : \mathbf{N} \to \{0,1\}\}$. Wir definieren nun $u : \mathbf{N} \to \{0,1\}$ durch $u(i) \neq \gamma(i)(i)$.

Offensichtlich ist $u \in F$. Aus dem ersten Lemma folgt nun, daß γ nicht surjektiv ist. Dies ist das **Cantor'sche Diagonalisierungsargument**.

4.7.3 Die Unvollständigkeit der Programmiersprachen

Sei also $L \subset T^*$ eine Programmiersprache und $h : T^* \to Y^*$ ein injektiver Homomorphismus. Wir setzen $X = Y^*$ und nehmen an, daß die Definitionsbereiche der L-berechenbaren Funktionen in X liegen.

Wir setzen $L_0 = h(L)$ und definieren $\gamma_1 : L_0 \to L$ durch $h \circ \gamma_1 = 1_{L_0}$ und $\gamma : L_0 \to M(L)$ durch $\gamma(w) = M(\gamma_1(w))$.

Aufgrund unseres Lemmas folgt nun, daß es zu u und $\tilde{u}$ keine Programme in L gibt.

4.8 Aufgaben

Aufgabe 4.1 Definiere für die arithmetische Operation $* \in \{+, -, \times\}$ und $a, b \in Real(m, d)$

$$\begin{aligned} a \underline{*} b &:= \max\{c \in Real(m,d) \mid c \leq a * b\} \\ a \overline{*} b &:= \min\{c \in Real(m,d) \mid c \geq a * b\} \end{aligned}$$

Nun führe auf der Menge der Intervalle

$$(m,d) := \{[a,b] \mid a, b \in Real(m,d),\ a \leq b\}$$

die folgenden Operationen ein:

$$[a,b] * [c,d] = \left[\min\{a\underline{*}c, a\underline{*}d, b\underline{*}c, b\underline{*}d\}, \max\{a\overline{*}c, a\overline{*}d, b\overline{*}c, b\overline{*}d\}\right]$$

Die so gewonnene Arithmetik heißt **Intervallarithmetik**.

a) Untersuche, welche Körperaxiome in der Intervallarithmetik gelten.

b) Welche Schwierigkeit entsteht bei der Division?

c) Zeigen Sie, daß diese Definition vernünftig ist.

Aufgabe 4.2 Gegeben sei der Programmabschnitt

```
case Ausdruck
     with Marke 1: Anweisung 1;
          :           :
     with Marke n: Anweisung n;
     else Anweisung n + 1;
esac
```

Skizzieren Sie ein Schema, um eine derartige Sequenz in ein Programm der Maschine aus Kapitel 2 zu übersetzen. Geben Sie eine Simulation an.

Aufgabe 4.3 Sei $u \in String$, $A \subset Char$ und $h(a) \in String$ für $a \in A$. Setze $h'(a) = a$ für $a \in Char - A$. h sei die Fortsetzung von h' zu einem Homomorphismus $h : Char^* \rightarrow Char^*$. Sei $u, w \in String$.

a) Schreiben Sie ein Programm, das zu einer Eingabe den Wert

$$\min\{i \mid aba <> h^i(u),\ i \leq 5\}$$

berechnet.

b) Schreiben Sie ein Programm, das feststellt, wie oft a in $h^5(u)$ vorkommt.

c) Schreiben Sie ein Programm, das

$$\max\{n \mid w = w_1 \cdot u \cdot w_2 \cdot u \cdot \ldots w_{n-1} \cdot u \cdot w_n\}$$

berechnet.

d) Schreiben Sie ein Programm, das feststellt, ob es zu w ein u gibt mit $u \cdot u <> w$.

e) Berechnen Sie $\max\{n \mid u^n <> w\}$.

f) Berechnen Sie $\{v \mid v <> w \text{ und } v <> u\}$.

Aufgabe 4.4 Sei $w, u \in String$, $\tilde{v}, v, \ell \in List$. Sei h wie in Aufgabe 4.3 definiert.

a) Schreiben Sie ein Programm, das zu vorgegebenem w eine Liste der Präfixe von w berechnet, auf die in w das Wort u folgt. Berechnen Sie die Länge dieser Liste.

b) Schreiben Sie ein Programm, das feststellt, ob u in v vorkommt.

c) Schreiben Sie ein Programm, das eine Liste der Strings berechnet, welche sowohl in $\tilde{v}$ als auch in v vorkommen.

d) Sei $n \in \mathbf{Z}$. Schreiben Sie ein Programm, das die Dezimaldarstellung von n als String berechnet.

e) Verwenden Sie die Lösung von **d)**, um ein Programm zu schreiben, das als Liste die Dezimaldarstellung aller Teiler von n berechnet.

f) Schreiben Sie ein Programm, das $h^i(w)$ für $i = 1, \ldots, k$ als Liste berechnet.

g) Schreiben Sie ein Programm, das für $u \in String$ die Liste $\ell_h(u) = (h(u_1), \ldots, h(u_n))$ mit $u_i \in Char$ berechnet.

h) Schreiben Sie ein Programm, welches das Programm von **g)** wie folgt iteriert:

Es wird jeder String v mit $|v| > 1$ durch die Liste $\ell_h(v)$ ersetzt.

i) Schreiben Sie ein Programm, das entscheidet, ob es einen String u gibt, aus dem ℓ durch mehrfache Anwendung der Programme von **g)** und **h)** erzeugt werden kann.

Aufgabe 4.5

a) Schreiben Sie ein Programm, das auf Basis der Datentypen *String* und *List* die Operationen von *Sentence* nachbildet.

b) Schreiben Sie ein Programm, das aus einem Satz der deutschen Sprache, der als Sentence vorliegt, alle Hauptwörter extrahiert und diese als *Sentence* ablegt.

c) Sei S eine Menge von Strings und $u \in$ *String*. Berechnen Sie alle Zerlegungen $u_1 \cdot u_2 = u$ mit $u_1, u_2 \in S$.

Aufgabe 4.6

a) Sei $u \in$ *String*. Schreibe ein Programm, das entscheidet, ob u ein arithmetischer Ausdruck ist.

b) Schreiben Sie ein Programm, das einen arithmetischen Ausdruck in einen vollständig geklammerten, arithmetischen Ausdruck übersetzt.

c) Zerlege einen arithmetischen Ausdruck w in ein Programm, das nur elementare arithmetische Ausdrücke enthält, und das die gleiche Funktion berechnet wie w.

Aufgabe 4.7

a) Schreiben Sie eine Prozedur für das Skalarprodukt.

b) Verwende die Prozedur von a), um eine Prozedur für die Matrixmultiplikation zu schreiben.

c) Sei A eine zweireihige *Real*-Matrix. Berechne approximativ

$$\max\left\{ |A \cdot x| \mid x \text{ zweidimensionaler } \textit{Real}\text{-Vektor} \right\}.$$

d) Schreiben Sie eine Prozedur für den Gaußschen Algorithmus zur Lösung linearer Gleichungssysteme.

Aufgabe 4.8

a) Sei ℓ eine Liste von Strings. Schreiben Sie eine Prozedur, die die Wörter von ℓ lexikographisch sortiert in einer Liste ℓ_1 ablegt.

b) Sei a ein *flexibles array* von Strings und u ein String. Finde einen Schlüssel v zu a mit

$$v \ll u \qquad \text{und} \qquad |v| = \max\left\{ |w| \mid w \ll u \right\}.$$

c) Berechne für a, u, v aus Teil b) $v \backslash u$ und teste, ob $v \backslash u$ in einem "*flexiblen array* endung" liegt.

d) Sei w vom Typ *Sentence* und a ein flexibles Array von Strings. Berechne unter Verwendung von **b)** und **c)** ein flexibles Array, das die Einträge in a für die Schlüssel v enthält, die zu den Wörtern u aus w gehören.

Aufgabe 4.9 Sei $G = (E, K)$ ein endlicher, zusammenhängender Graph.
Zeigen Sie: G ist ein Baum genau dann, wenn $\#E = \#K - 1$ ist.

Aufgabe 4.10 Geben Sie ein Programm aus **PSp** zur Matrixmultiplikation nach Strassen an. Schätzen Sie den Speicherbedarf des Programmes inklusive Parameter und Resultaten bei der Multiplikation von $2^r \times 2^r$-integer-Matrizen ab.

Literatur

[Ber] Berstel, J.: Transductions and Context-Free Languages, B. G. Teubner, 1979

[ECS] Engesser, H. [Hrsg.], Claus, V. und Schwill, A. [Bearb.]: Duden Informatik, Dudenverlag, 1988

[Hen] Henrici, P.: Elemente der numerischen Analysis, 2-bändig, B.I., 1972

[Ho74] Hotz, G.: Schaltkreistheorie, Walter de Gruyter, 1974

[KR] Kretschmer, T. und Ries, M.: Die Programmiersprache Comskee, Interner Bericht, 1989

[Me] Messerschmidt, J.: Linguistische Datenverarbeitung mit Comskee, B. G. Teubner, 1984

Ergänzende und weiterführende Literatur

Einführungen

Bauer, F. L. und Goos, G.: Informatik, 2-bändig, Springer-Verlag, 1982 und 1984

Noltemeier, H.: Informatik, 3-bändig, Hanser Verlag, 1981

Rembold, U.: Einführung in die Informatik, Hanser Verlag, 1987

Waldschmidt, E.H. und Walter, H.: Grundzüge der Informatik, 2-bändig, B.I.-Wissenschaftsverlag, 1984 und 1986

Rechnerarchitektur und Programmiersprachen

Aho, A. V., Sethi, R. and Ullman, J. D.: Compilers: Principles, Techniques and Tools, Addison-Wesley, 1986

Jessen, E.: Architektur digitaler Rechenanlagen, Springer-Verlag, 1975

Kulisch, U.: PASCAL-SC, A PASCAL Extension for Scientific Computation, B. G. Teubner and J. Wiley & Sons, 1987

Lagemann, K.: Rechnerstrukturen, Springer-Verlag, 1987

Loeckx, J., Mehlhorn, K. und Wilhelm, R.: Grundlagen der Programmiersprachen, B. G. Teubner, 1986

Messerschmidt, J.: Linguistische Datenverarbeitung mit Comskee, B. G. Teubner, 1984

Nagl, M.: Einführung in die Programmiersprache ADA, Vieweg & Sohn, 1982

Oberschelp, W. und Vossen, G.: Rechneraufbau und Rechnerstrukturen, Oldenbourg Verlag, 1986

Schneider, H. J.: Problemorientierte Programmiersprachen, B. G. Teubner, 1981

Tanenbaum, A. S.: Structured Computer Organization, Prentice-Hall, 1984

Wirth, N.: Programmieren in Modula-2, Springer-Verlag, 1985

Zima, H.: Compilerbau, 2-bändig, B.I.-Wissenschaftsverlag, 1982 und 1983

Numerische Mathematik

Henrici, P.: Elemente der numerischen Analysis, 2-bändig, B.I., 1972

Stoer, J.: Einführung in die Numerische Mathematik I, Springer-Verlag, 1983

Stoer, J. und Bulirsch, R.: Einführung in die Numerische Mathematik II, Springer-Verlag, 1978

Schaltkreise, Schaltwerke und Entwurfsverfahren

Becker, B.: Prüfen und Testen von Schaltkreisen, B. G. Teubner, 1990

Kolla, R., Molitor P. und Osthof H. G.: Einführung in den VLSI-Entwurf, B. G. Teubner, 1989

Lengauer, T.: Combinatorial Algorithms for Integrated Circuit Layout, B. G. Teubner and J. Wiley & Sons, 1989

Wendt, S.: Entwurf komplexer Schaltwerke, Springer-Verlag, 1974

Berechenbarkeit, Formale Sprachen und Komplexität

Brauer, W.: Automatentheorie, B. G. Teubner, 1984

Harrsion, M. A.: Introduction to Formal Language Theory, Addison-Wesley, 1978

Hopcroft, J. E., Ullman, J. D.: Einführung in die Automatentheorie, Formale Sprachen und Komplexitätstheorie, Addison-Wesley, 1988

Hotz, G. und Estenfeld, K.: Formale Sprachen, B.I.-Wissenschaftsverlag, 1981

Paul, W. J.: Komplexitätstheorie, B. G. Teubner, 1978

Rogers, H.: Theory of recursive Functions and effective Computatibility, Mc Graw-Hill Book Company, 1967

Salomoaa, A. K.: Formale Sprachen, Springer-Verlag, 1978

Wegener, I.: The Complexity of Boolean Functions, B. G. Teubner and J. Wiley & Sons, 1987

Weihrauch, K.: Computability, Springer-Verlag, 1987

Effiziente Algorithmen

Aho, A. V., Hopcroft, J. E. and Ullman, J. D.: The Design and Analysis of Computer Algorithms, Addison-Wesley, 1974

Aigner, M.: Combinatorial Search, B. G. Teubner and J. Wiley & Sons, 1988

Kemp, R.: Fundamentals of the Average Case Analysis of Particular Algorithms, B. G. Teubner and J. Wiley & Sons, 1984

Knuth, D. E.: The Art of Computer Programming, Addison-Wesley, 1973

Mehlhorn, K.: Data Structures and Algorithms, 3-bändig, Springer-Verlag, 1984

Mehlhorn, K.: Datenstrukturen und effiziente Algorithmen, B. G. Teubner, 1988

Wirth, N.: Algorithmen und Datenstrukturen, B. G. Teubner, 1983

Index

Liste der Tabellen

Liste der Abbildungen

Verzeichnis der Maschinenbefehle

Verzeichnis der Programme

Symbolverzeichnis

$\lceil x \rceil$	kleinste ganze Zahl $\geq x$
$\log_2(x)$	Logarithmus zur Basis 2
$\log(x)$	Logarithmus zur Basis e
$\sum$	Summe
$\prod$	Produkt
$\emptyset$	leere Menge
$\iff$	genau dann, wenn
$\forall$	für alle
$\exists$	es gibt
$\Rightarrow$	daraus folgt

Kapitel 1

Kapitel 2

Kapitel 3

Kapitel 4